천자문으로 세상 보기

파자로 푸는 인문학 테마 한자 공부법

천자문으로 세상 보기

김동련 지음

인간사랑

들어가면서

나는 마흔넷 되던 해에 고졸 검정고시 준비를 하면서 늦은 공부를 시작했다. 방송통신대에 진학해서 국어국문학을 공부하면서 사실은 가장 어려웠던 과목이 한문 독해였다. 한자를 익히기도 힘들었지만 문장으로 푸는 데는 어려움이 더 많았다. 원문 한 페이지를 해석하려면 밤을 새는 경우가 비일비재했다.

대학을 졸업하고 대학원에 진학하여 동양철학 석·박사 과정을 이수하면서 한문 원전으로 수업을 받았는데 역시 처음에는 한문 독해에 대단히 어려움을 겪었다. 철학박사 과정을 수료한 지금은 어느 경전이라도 원문으로 읽는데 그다지 어려움은 느끼지 않는다. 그러나 이렇게 되기까지 지나온 과정을 돌이켜 보면 한문 공부는 참으로 많은 시간과 노력이 필요하다는 생각이 든다.

철학박사 논문을 쓰는 예비 단계로 중국 명말 청초의 유학자 안원의 저서를 번역하는 중에 문득 초보자들이 쉽게 한자와 한문을 익히는 방법이 없을까 하는 생각이 들었다. 이에 한자를 파자로 풀어서 테마를 넣으면 익히기가 훨씬 쉽지 않을까 하는 아이디어가 떠올랐고, 이 작업이 시작되었다.

일본 학자 시라카와 시즈카(白川靜)의 『한자의 세계』를 참고하여 그가 풀어낸 새로운 갑골문 해석을 파자의 골격으로 삼았다. 시라카와 선생의 갑골문 해석은 중국

학계에 커다란 충격을 주어 중국학자들은 아직도 그 충격에서 벗어나지 못하고 있는 듯하다. 거기에 시라카와 선생이 아끼는 제자 우메하라 다께시(梅原猛)가 펼친 주술의 세계를 가미하니 더 생동감을 주는 테마가 되었다.

시라카와 선생은 새로운 갑골문 해석을 통하여 후한 허신(許愼)이 지은『설문해자』의 오류를 지적하면서 신선하면서 정밀한 학문적 사유의 지평을 연 대학자이다. 선생의 갑골문 해석을 바탕으로 새롭게 한자를 설명한 책은 우리나라에서는 이 책이 처음이다. 그럼에도 불구하고 이 책은 학문적으로 깊이 들어가 천자문을 논의한 책은 아니다.

천자문을 구성하는 천개의 글자 중에서 시라카와 선생이 해석하지 않은 한자가 압도적으로 많기 때문이다. 그래서 그러한 글자는 글자와 관련된 동서양의 고사나 재미있는 이야기를 곁들여 자연스럽게 인문학의 세계로 들어오도록 꾸몄다.

위진남북조시대 남조는 동진東晋·송宋·제齊·양梁·진陳으로 바뀐다. 양나라는 502년에서 557년까지 약 55년 동안 남쪽에서 군림했다.

저자인 주흥사는 470년에서 521년까지 생존했으므로 양나라 중기 사람이다. 양무제가 후경에게 멸망하기까지 불과 30여 년을 앞둔 시기에 쓴『천자문』은 글 내용이 역사적 위기 상황과는 어울리지 않게 안일하고 낙관적이다. 그래서 천자문의 내용은 썩 내 마음에 들지는 않는다. 그것을 가지고 중국 역사와 철학에 대한 새로운 해석을 시도 한다면 역시 현학적이고 구태의연한 글이 되고 말 일이다. 그래서『천자문』을 다만 하나의 텍스트로 삼아 125개로 나눈 문장을 해석만 하고 천 개의 글자에 내 생각을 섞은 재미있는 이야기들로 글을 꾸려 나갔다.

글 배후에 넣은 주제는 나와 세계 그리고 나와 세계의 관계이다. 나라는 것은 무엇이고, 내 밖의 세계라는 것은 과연 무엇이고, 나와 세계의 관계를 어떻게 설정할 것인가? 이 세 가지 주제는 결국 나라는 것은 무엇인가로 압축된다. 결국 이 책은 천자문에 나오는 천 개의 글자를 가지고 나라는 것이 무엇인가에 대한 그동안의 천착을 이런저런 이야기를 통하여 표현한 글이라 할 수 있다.

사람들은 누구나 자기만의 세계를 가지고 있다. 나는 그것을 자토自土라 부른다. 자토는 수많은 담론 속에서 성장하는 개인의 정신과 육체가 가진 경험의 축적이다. 자토를 넘어서야 보이는 세계가 있다.

이 책은 한자를 익히는 데도 도움이 되겠지만, 나아가 독자들이 각자의 자토를 돌아보고 확장하고 다듬어 더 깊은 세계를 찾아가는 계기가 되기를 진심으로 바란다.

차례

001 天地玄黃, 宇宙洪黃
천 지 현 황 우 주 홍 황

하늘은 가물가물하고 땅은 색이 누런데
시간과 공간은 끝없이 길고 넓구나.

天地 : 하늘과 땅은

玄黃 : 가물가물하고 누른데

宇宙 : 천지사방과 고금 즉 공간과 시간은

洪荒 : 끝없이 넓고 길다.

『중용』 '天地位焉 萬物育焉' – 천지가 자리를 잡아 만물을 키운다.
『주역』 '夫玄黃者天地之雜也 天玄而地黃' – 대저 현황이라는 것은 천지가 섞인 것이다. 하늘은 검고 땅은 누렇다.
『회남자』 '宇天地四方 宙古往今來' – 우는 천지사방이고 주는 옛날이 가고 지금이 오는 것이다.

天 **사람(大)이 하늘(一)을 이고 있는 모양**

하늘 천, 만물의 근본 천, 조물주 천, 진리 천, 운명 천, 임금 천, 날 천, 아버지 천, 지아비 천, 중요할 천.

일一은 하늘과 땅이 생긴 근원이며 모든 사물이 나타난 바탕.
대大는 사람을 정면에서 본 모양이다.

달이 바뀌면 보름달이 다시 나타나고, 개기일식皆旣日蝕 뒤에 태양이 다시 나타나고, 밤이 되면 지는 해가 아침에 다시 뜨는 현상은 항상 관찰할 수 있는 충직한 자연의 순환이다. 이러한 순환을 통하여 사람들은 죽음 너머 또 다른 삶을 짐작했고 나아가 하늘은 영생永生·불사不死의 암시가 되었을 것이다.

여기서 더 나아가 해와 별은 계절·식량·기후를 다스리고, 달은 바다의 조수 간만과 여러 동물의 생활 주기와 인간의 월경 주기를 다스린다는 믿음이 생겼다.

❀ 天知地知子知吾知(천지지지자지오지)

후한後漢 양진은 군자였다. 동해군 태수를 제수 받아 부임 도중 창윤에 이르러 객사에 들었다. 그곳 현령 왕밀은 이전에 양진이 추천하여 벼슬을 받았기에 한밤중에 객사로 찾아와 금 10근을 내놓았다. 예전의 은혜를 갚고자 한 것이다. 양진은 물론 거절했다.

이에 왕밀이 말했다.

"이것은 뇌물이 아닙니다. 제 봉록을 모아 은혜에 보답하고자 만든 예물일 뿐입니다. 그리고 이 자리에는 아무도 보는 사람이 없습니다. 그러니 저의 뜻을 받아 주십시오."

양진이 말했다.

"하늘이 알고 땅이 알며 귀공이 알고 내가 아는데 어째 아무도 아는 사람이 없단 말이오?"(天知地知子知吾知 何謂無知者也).

왕밀은 부끄러워하며 물러났다.

地 **흙**(土, 토)**에 뱀**(也, 야)**이 기어가는 모양**

땅 지, 뭍 지, 아래 지, 나라 지, 곳 지, 예비할 지.

이 땅(地)에 캄브리아기 이후로 환경에 잘 적응하는 새로운 형태를 가진 생물들이 속속 나타났다.

최초의 어류에서 척추동물로 이어지고 바다에서만 살던 식물 중에 차츰 서식지를 육지로 옮기는 종이 나타났고 거기에서 최초의 곤충이 태어났다. 곤충의 후손이 육지에서 서식하는 동물의 선구자가 되었다. 뒤를 이어 날개 가진 곤충이 양서류와 함께 나타났다. 이어 지구에 최초의 나무가 등장했고, 최초의 파충류가 출현하더니 공룡으로 진화했다. 포유류가 생기고 얼마 후 최초의 새와 꽃이 나타났다. 공룡이 멸종하자 초기 고래 류가 나오고 같은 시기에 영장류靈長類가 지상에 모습을 드러냈다.

그리고 그 후 지금으로부터 수백만 년 전에 최초의 인간이 나타났다.

❀ **壺中天地**(호중천지)

여남 땅, 비장방이 시장 감독으로 있을 때 저자 거리 모퉁이에 약을 파는 노인이 있었다. 노인이 장사하는 허술한 점포 안에는 작은 단지가 하나 있었는데, 해가 져서 장사가 끝나면 노인은 단지 안으로 모습을 감추었다. 아무도 이 사실을 알지 못했다. 비장방이 어느 날 다락 위에서 노닐다 우연히 노인이 단지 안으로 들어가는 것을 목격하고 신기하게 여겼다.

비장방은 노인에게 간곡하게 부탁하여 같이 단지 속으로 들어갔다. 거기에는 화려한 궁전이 있었고 산해진미山海珍味가 차려진 연회석에서 아름다운 시녀 수십 명이 시중을 들었다.

밖에서는 미미한 장사꾼이었으나 단지 안에서 노인은 신선神仙이었던 셈이다.

작은(幺, 요) 것이 위(亠, 두)를 쳐다보는 모양

아득할 현, 검을 현, 검붉을 현, 하늘 현, 고요할 현, 현묘할 현, 현손 현.

현玄은 검은 색인데, 블랙보다는 다크 블루 정도로 이해하면 쉽다. 검은 하늘이라 하지 않고 푸른 하늘이라 하지 않는가. 때로는 불로 그슬린 것들을 의미하기도 한다.

본래 검은 실을 뜻했는데 『설문해자』에서는 '검은 빛과 붉은 빛이 미묘하게 뒤섞인 심오한 색조'라고 풀었다. 이러한 해석이 세월이 지나가면서 확대되어 무언가 심오하여 분별하기 어려운 것을 가리키게 되었지 싶다. '가물가물하다'라고 해석해도 맛이 있다.

위진남북조시대, 주흥사보다 먼저 살았던 위魏나라의 젊은 천재 왕필은 '현은 깊은 것', '현이란 아득한 것'으로 풀었다. 당시는 현학玄學이 유행하였다. 현학은 도가 시선으로 유가를 재해석하려는 사유였다. 한漢을 휩쓸었던 금고문 논쟁에 물린 당시의 지식인들은 눈에 보이는 세계를 지향하는 유가의 사유에 그들이 가지고 있던 눈에 보이지 않는 세계를 가미했다.

우리는 눈에 보이는 세계와 보이지 않는 세계를 동시에 살고 있다.

黃 축고를 무녀 머리에 얹고 무녀의 팔을 묶어 태우는 모양

누럴 황, 급히 서두를 황, 늙은이 황, 어린아이 황.

상商 갑골문에 가뭄이 들면 사람을 희생시켜 비를 바라는 내용이 나온다. 당시는 기우제를 전문으로 담당하는 유儒 집단이 아직 나타나기 전이므로, 이민족 특히 강羌 족을 잡아다 죽였다.

상나라 왕권을 보좌했던 정인들은 상이 주周에게 멸망하자, 주에게 협력한 부류는 유가의 흐름을 만들고, 주에 거부한 부류는 강호로 돌아가 도가의 흐름을 이어가게 된다.

저는 책임지기 싫고, 남을 잡아다 죽여 비를 기원하는 심사는 참 이기적이다. 잡아 놓은 강 족이 없으면 무녀에게 책임을 물어 죽였다.

황黃은 무녀 머리에 축고를 얹고 팔을 눌러 묶은 다음 아래에서 불을 피워 태워 죽이는 모양이다. 불길과 연기는 서둘러 하늘로 올라가 신에게 비를 내려 주기를 원하는 인간의 간절한 소망을 전달했다.

축고는 신에게 제사지낼 때 읽을 축문을 담아 놓는 나무그릇이다. 갑골문에는 구ㅁ 모양으로 상형되었다.

宇 사당 안에 도끼를 둔 모양

집 우, 처마 기슭 우, 하늘 우, 품성 우, 끝 우.

면宀은 사당.

우干는 의식용 도끼 모양. 신분을 나타내기도 했다. 그래서 선비를 나타내는 사士는 도끼를 거꾸로 놓은 모양이다.

우宇는 사당 안에 주술에 쓰일 도끼를 세워 둔 모양이다. 도끼가 가진 주술적 의미가 얼마나 컸던지 사당을 꽉 채우고 있다.

글을 쓰다 마당에 나갔더니 하얀 낮달이 떠 있었다. 나는 해와 지구와 달의 배열을 음미했다. 그리고 우주 공간에 흩어져 사는 수많은 별들을 사랑했다.

내 몸을 들여다보니 몸을 이루는 100조 넘는 세포들이 몸속의 거대한 바다 위에 둥둥 떠다니고 있었다. 세포 안으로 들어가 쿼크의 세계까지 들여다 볼 필요는 없었다.

밖으로 확장하나 안으로 들어가나 공간은 여여如如하게 실재했다.

아, 나는 헤아릴 수 없는 시공간에 떠있는 신비한 별 하나였구나.

宙 사당 안에 축고를 열어 둔 모양

집 주, 하늘 주, 때 주.

축고는 제사 지내는 축문을 적은 죽간을 넣어두는 나무 상자. 제사 지낼 시간이 되면 먼저 축고를 열었다.

주宙는 사당 안에 축고를 열어 놓은 모양이다.

갑골문에서 축고를 구ㅁ 모양으로 표현했다. 왈曰은 축고에 축문이 들어있는 모양이고 유由나 신申은 축고가 열려 있는 모양.

洪 물(氵, 수)이 많이 모이면(共, 공)

넓을 홍, 큰물 홍, 클 홍, 성 홍.

인간 세상에 큰 권력이 생긴 것은 물과 관계가 있다.

예전에 강 주변에서 농사를 짓고 가축을 기르던 사람들은 때때로 홍수가 나 큰 물洪이 경작지를 쓸어버리면 하루아침에 삶의 터전을 잃어버리곤 했다. 농경뿐만 아니라 사막과 습지를 다스리기 위해 물길을 개척하는 것은 문명의 시작과 깊은 관련이 있었다.

강의 물길을 잡아 경작지를 보존하는 작업은 몇 사람만의 힘으로 되는 일은 아니다. 사람들의 필요에 의해 규모가 큰 공사가 시작되었고 공사 현장에는 많은 사람들이 동원되었을 것이다.

어떤 사람은 흙을 나르고 어떤 사람은 돌을 나르고 어떤 사람은 땅을 팠을 것이고, 또 물을 길어오는 사람, 밥을 하는 사람, 식량을 나르는 사람도 있었을 것이다. 작업을 효율적으로 수행하기 위하여 일을 분담했을 것이다.

그들 중에 전체 공사를 설계하거나 지휘 관리하는 자들도 있었을 터인데 그들이 공사가 끝난 후에도 수로를 관리하거나 새 수로를 건설한다는 명분으로 그 권한을 보존하여 찌럭소가 되었다 이들이 주술사들과 손을 잡고 해치 흙을 돋우다 보니 인간 세상에 점차 거대한 정치권력이 정착하였다. 이 권력은 달력을 만들고 바퀴와 쟁기·돛단배·법전을 만들고 드디어 도시를 건설했다. 그러나 권력을 쥔 자들이 사사로

움에 물들어 저희보다 약한 무리들을 약탈하면서 대다수 사람들은 쪽다리만 걸친 상머슴 신세가 되고 말았다.

역사는 승리한 권력자들의 일방적인 기록이다.

荒 **풀**(++, 초)**이 죽어**(亡, 망) **흐르면**(川, 천)

거칠 황, 폐할 황, 클 황, 흉년들 황, 오랑캐 땅 황, 빠질 황, 멀 황.

가뭄이 들면 무녀는 머리를 장식하고 하늘을 향해 주술적인 춤을 추었다.
황荒은 무녀가 춤추는 모양이다.
춤이 비를 부르지 못하면 책임을 물어 무녀를 태워 죽였다.

❀ **破天荒**(파천황)

당唐 때, 형주 지방에서는 과거에 급제하는 이가 없었다. 이런 상황을 천황이라 하였다. 그 후 유제가 처음으로 대과에 급제해서 사람들은 천황을 깼다하여 그를 파천황이라 불렀다. 유제는 상민 출신이었다.

원래 천황은 천지가 개벽하기 전의 혼돈한 모습을 이르는 말이었다.

002 日月盈昃, 辰宿列張

일 월 영 측 진 수 렬 장

해와 달은 찼다가 다시 기울고
별들은 하늘에 자리 잡고 늘어서 있다.

日月 : 해와 달은

盈昃 : 차고 기울고

辰宿 : 온갖 성좌와 별들이

列張 : 자리 잡고 서 있다.

『주역』 '與日月 合其明' – 해와 달이 더불어 그 밝음을 합한다.

진辰은 십이진十二辰을, 수宿는 이십팔수二十八宿를 나타낸다.

日 해 모양

해 일, 날 일, 하루 일, 날자 일, 먼저 일, 날 점칠 일.

안에 점이 있는 것은 일반적인 동그라미와 구별하기 위해서이다.

일日은 때때로 옥玉을 나타내기도 했다. 옥에는 사악한 기운을 쫓고 인간의 영을 움직이는 힘이 있다고 믿었다.

해는 낮을 달은 밤을 의미하고, 낮은 신神의 세계, 밤은 귀鬼의 세계이다. 신은 펴서 활동하는 기운이니 사람을 돕고, 귀는 웅크려 응축된 기운이니 사람을 해친다.

月 반달 모양

달 월, 한 달 월.

나는 도대체 누구인가?

내가 살고 있는 곳은 도대체 어디인가?

나는 보잘것없는 작은 행성에 살고 있다.

태양은 우리 은하의 변방, 두 개의 나선 팔 사이에 갇혀 있다.

우리 은하는 우주의 후미진 구석에 겨우 십여 개의 구성원을 거느린 작은 은하군의 그저 그런 식구일 뿐이다.

그리고 우주에는 지구의 모든 사람을 합한 것보다 많은 수의 은하가 널려 있고, 지구의 바닷가에 있는 모든 모래알을 합한 것보다 더 많은 별들이 존재한다.

이 모든 것들을 의식하는 나는 도대체 무엇인가?

❀ **月旦**(월단)

후한後漢 말, 여남에 허소와 사촌 허정이 살았다. 이들은 매달 초하룻날 모여 고향 사람들의 인물평을 하였다. 그들의 평이 매우 적절하여 좋은 평판을 얻었다. 사람들은 '여남의 월단평月旦評'이라 부르며 자랑하였다.

조조가 소문을 듣고 찾아왔다. 허소는 조조의 얼굴을 자세히 들여다보고 말했다.

"당신은 치세에는 간신이요 난세에는 영웅이 될 사람이요."(淸平之姦敵 亂世之英雄).

조조는 기뻐하여 돌아갔다.

盈 **이문을 얻어**(夃, 고) **그릇**(皿, 명)**에**

찰 영, 가득할 영, 넘칠 영, 남을 영, 물 흐를 영.

농경이 시작되기 전, 남자들은 사냥을 하고 여자들은 채집을 하며 살았다(狩獵採集). 사냥은 생각보다 쉽지 않아서 식구가 둘러앉아 맛있는 고기를 구워 먹는 저녁 식사는 드물었지 싶다. 그러니 낮 동안 여자들이 이곳저곳을 다니며 채집한 풀이나 열매가 평상시에 주식이 되었다.

남자들은 사냥에 성공하면 택택해진 어깨를 고추 세우고 바로 집으로 돌아갔지만, 여자들은 바구니가 가득 차도(盈) 이곳저곳을 다니며 해가 질 때까지 새로운 먹거리 정보를 찾아 다녔다.

요즘 백화점에서 여자들이 이곳저곳을 서성거리고 있는 모습을 보면 예전의 습관을 아직 보존하고 있는 듯하다.

우리는 과거와 현재를 같이 산다.

해 (日, 일)**가 기울어**(仄, 측)

해 기울어질 측.

측仄은 산기슭에 사람이 서있는 모양.

측昃은 산기슭에서 사람이 해가 기우는 것을 보고 있는 모양이다.

사람은 해를 바라본다. 해도 사람을 바라본다.

서로가 이전의 자기 모습을 보고 있다.

辰 대합으로 만든 농기구 모양

별 진, 때 진, 다섯째 지지 진, 북두성 진, 진 시 진.

고대에는 대합을 농기구로 사용하였다. 대합은 커다란 조개인데 풀을 베거나 곡물을 거둘 때 사용하려면 상당히 커야 했을 것이다. 폴리네시아 핸더슨 섬에서는 거대한 대합조개 조가비로 까뀌를 만들어 썼다.

사람들은 보습을 깎아 땅을 갈고, 대합을 갈아서 풀을 베었으며, 나무로 낫을 만들어 산에 가 땔나무를 잘랐고, 항아리를 들고 물을 날랐다. 그러나 한쪽 갈라먹기로는 생활이 나아지지 않았다.

한참 후에 가래·고무래·호미 등이 만들어졌고, 도끼로 나무를 하고 용두레로 물을 푸게 되었다.

진辰은 문자로 만들어진 이후에는 주술 도구가 되었다. 그래서 별(辰) 이름이 된 것이다. 이는 가래·보습·괭이가 농기구이면서 성스러운 도구로 취급된 것과 마찬가지 맥락이다.

宿 사당(宀, 면)에 백 사람(佰, 백)이

성좌 수, 잘 숙, 주막 숙, 지킬 숙, 쉴 숙, 머무를 숙, 본디 숙, 클 숙, 떼별 수.

사당에서는 신을 불러 뜻을 묻는 신판神判이 자주 열렸다. 그래서 그곳에는 사람들이 자주 모였다. 때때로 하루에 분쟁이 해결되지 않아 속이 폭폭 해진 당사자들은 해치 결정이 나기까지 며칠 동안 사당에서 잠을 자기도(宿) 했다.

해치 결정이란 고대 중국에서 양 두 마리에게 분쟁의 판단을 맡기는 방법이었다.

바빌로니아에서는 용의자를 강물에 빠뜨려 빠져 죽으면 유죄, 살아 나오면 무죄라고 믿었다.

列 앙상한 뼈(歹, 알)를 칼(刂, 도)로

벌릴 렬, 펼 렬, 베풀 렬, 반열 렬, 무리에 들어갈 렬, 항렬 렬, 항오 렬.

제사를 올릴 때에는 희생물을 칼로 잘라 제단 위에 벌여(列) 놓았다. 소·양·돼지·개 등 가축화된 걸어 다니는 동물을 잡아 얼레미에 담아 올렸다. 처음에는 주로 개를 잡았는데 점차 소와 양으로 대치하였다. 가축은 문명 초기부터 인간과 관계를 맺어 여러 용도로 사용되었다.

농경과 더불어 야생동물을 가축화 한 무리는 힘을 축적할 수 있었다. 그리고 가축이 옮기는 전염병에도 면역이 생겼다. 이들의 공격으로 수렵 채집을 하고 살던 사람들은 점차 멸망의 길을 걸었다.

이전에는 사람 목을 잘라 올려놓기도 했다. 제사에 희생되는 사람이 신臣이다.

張 머리가 긴 사람이 활을 메고 있는 모양

베풀 장, 활시위 얹을 장, 벌일 장, 자랑할 장, 속일 장, 어기어질 장, 고칠 장, 차려놓을 장, 큰 체할 장.

장長은 머리가 길게 날리는 사람. 즉 장로나 주술사를 의미한다. 머리카락의 상징에 대해서는 발髮 자를 참고.

궁弓은 활 모양 즉 무력을 의미한다.

권력자는 주로 다른 권력을 멸망시켜 세력을 확장했으며 주술사들은 그 공격을 정당화하는 작업을 담당했다. 정치와 종교는 옛날부터 같이 한 팀으로 고스톱을 쳤던 셈이다. 이긴 자는 스스로 하늘의 아들이나 성인聖人임을 자처했다.

중국에서, 공자 이전의 성인은 왕에 한정했다. 백성을 위한 제도를 펼 권한이 있는 왕이어야 성인이 될 자격이 있었다. 그런데 현명한 사람이 계속 나와 왕이 되었으면 좋았겠으나 차라리 삿갓 미사리를 입에 대고 떨어지는 감을 받아먹는 게 나을 정도로 현명한 왕은 드물었다.

왕조를 세운 자를 제외하면 왕은 운 좋게 핏줄을 잘 타고 나면 올라갈 수 있는 자리였고, 신하는 왕족을 제외하면 나라 안의 우수한 인재 중에서도 가장 우수한 자가 가장 어려운 시험을 거치는 대패침을 맞고 올라온 자들이었다. 그래서 역대 어느 왕도 신하들보다 현명하지는 못했다. 그래서 솔직한 왕들은 뒷전에 남면하여 유능한 재상을 손 맞잽이 삼아 정사를 일정 부분 맡기곤 했다.

역사 이래 그 많은 왕 중에서 성인은 요·순·우·탕·문·무·주공에 불과했다. 이 중 문왕은 상나라의 조그만 제후였고 주공은 사실은 어린 성왕의 섭정에 불과했다. 가장 늦은 공자는 왕이 아니었으므로 유자儒者들이 억지로 소왕素王이라 하여 성인의 반열에 올렸으나 공자 이후로는 성인이 나오지 못했다.

003 寒來暑往, 秋收冬藏

한 래 서 왕 추 수 동 장

추위가 오면 더위는 가고
가을에 곡식을 거두고 겨울에는 저장한다.

寒暑 : 추위와 더위 즉 겨울과 여름이

來往 : 오고 가고

秋收 : 가을에 익은 곡식을 걷어

冬藏 : 겨울에 저장하다.

『주역』 '寒往則署來 署往則寒來' – 추위가 간 즉 더위가 오고, 더위가 간 즉 추위가 오는구나.

『순자』 '春耕夏耘 秋收冬藏 四者不失時' – 봄에 씨 뿌리고 여름에 갈아 가을에는 거두어 겨울에 저장하니 이 네 가지는 때를 잃지 말아야 한다.

寒 **사당**(宀, 면)**에 주술기구**(工, 공)**들이 꽁꽁 얼어**(冫, 빙)

추울 한, 떨릴 한, 뼈에 사무칠 한, 쓸쓸할 한, 가난할 한, 추워서 얼 한, 그만 둘 한, 겨울 한.

공工은 사당에서 물건을 가리던 주술 기구.

색塞 참고. 색塞은 변방에서 지내던 주술. 한寒과 색塞 모두 공工이 첩첩히 쌓여 있다.

정벌을 나가 잘 알지 못하는 이방의 신들과 대적해야 할 때에는 더 강한 주술이 필요했다. 그래서 많은 축고가 필요했고 더 많은 주술기구가 필요했다.

來 보리 모양

올 래, 보리 래, 부를 래, 돌아올 래, 오대 손 래.

흉년이 들어 사람들이 굶주리자 서쪽에 사는 신선이 보리(來)를 전해 구해 주었다는 전설이 있다.

주周나라 조상은 농업신인 후직后稷인데 그가 가화嘉禾, 즉 좋은 작물 씨앗을 보관하고 있었다. 주는 중국 서쪽에서 일어난 나라인데 이때 화禾는 아마 보리였을 것이다. 주나라가 보리 씨앗을 일찍부터 가지고 있었다면 전설대로 보리는 서쪽에서 온(來) 것이 맞겠다.

중국 북방은 주로 기장을 심었고 남쪽은 일찍부터 벼를 재배했다. 보리와 밀은 서아시아에서 중국으로 전해졌는데 이어서 한국과 일본으로 전해진다.

보리와 밀은 농사가 잘 될 때는 심은 곡식의 80배를 수확했다. 올해 보리 한 알을 심으면 다음 해에 보리알 80개, 그 다음 해에는 64,000개를 수확할 수 있었다.

먹고 남는 곡식이 생기면서 부족을 운영하는 지배층, 종교 의식을 주관하는 주술사, 물류를 이어주는 상인, 이들을 적으로부터 지켜주는 군인, 이 모든 이들의 도구를 만들어 내는 장인들까지 다양한 집단이 생겨났다.

기원전 1만 년경에 이러한 농업혁명農業革命이 일어나자 한 지역에 많은 사람들이 머물러 살게 되었다. 기원전 4천 년에서 3천 년에 이르러 인구가 1만 명 이상 되는 도시가 생기기 시작하면서 도시혁명都市革命이 일어났다.

도시는 수로를 관리하던 세력이 지배했다.

暑 **사람**(者, 자) **위에 해**(日, 일)**가 내리쬐는 모양**

더위 서, 더울 서, 여름철 서.

로耂는 늙어서 수염이 난 노인의 모양. 서暑는 노인의 앞뒤로 해가 비치고 있으니 매우 더운 상황.

가운데 있는 주丶는 노인이 더워서(暑) 흘리는 땀방울?

往 **주로**(主, 주) **천천히 걸어서**(彳, 척)

갈 왕, 옛 왕, 이따금 왕.

복문에는 큰 도끼 모양인 왕王 위에 지止(足)를 더한 형태로 되어 있다.
큰 도끼도 창과 마찬가지로 성스러운 기물이었다.
우宇 참고.

삼국시대 강동 사람 정천은 손권을 위해 일했다. 그는 술을 매우 즐겼다. 죽음이 가까워지자 이따금(往) 친구들이 모인 자리에서 말했다.

"내가 죽거든 내 몸을 질그릇 만드는 집 안에 묻어주게. 시간이 흘러 내 몸이 흙이 되었을 때 도가 장인이 그 흙으로 빚어 술병을 만든다면 나는 더 이상 바랄 것이 없겠네."

사위주호死爲酒壺 즉 죽어서 술병이 되겠다는 말이 여기에서 나왔다.

秋 **벼**(禾, 화)**가 익으니**(火, 화)

가을 추, 세월 추, 때 추, 말 뛰어놀 추, 성 추.

화禾는 곡물 모양.

화火는 불길이 타오르는 모양.

흉노匈奴는 몽골 초원에서 소와 말, 양과 낙타 같은 가축들을 키우며 물과 풀을 따라 이동하던 유목민족이었다. 이들은 기원전 4세기경부터 한족과 접촉했다.

춘추전국시대春秋戰國時代, 그들은 가을(秋)이 되면 북쪽 지방을 침범해 가축과 재물을 약탈했다. 가을 내내 한족이 거두어 저장한 곡물도 새걸이를 남기지 않고 모두 빼앗아갔다. 가을이 깊어지면 국경 지방은 초비상 상태였다. 흉노와 국경을 대하고 있는 나라들은 저마다 장성을 쌓아 흉노 침략에 대비했다. 진시황 때 몽염을 시켜 그 장성들을 모두 이은 것이 만리장성萬里長城이다.

요즘 나라와 나라들이 뭉쳐서 공동의 이익을 도모하는 블록화 현상도 만리장성 확장판으로 보인다.

收 **엉킨**(ㄐ, 구) **것을 두들겨**(攵, 복)

거둘 수, 잡을 수, 거뜬히 할 수.

복攵은 사람을 때리는 모양.

이민족을 정벌할 때, 먼저 이민족 무녀를 잡아 고시레의 의미로 때려 죽였다. 전쟁터에서 무녀들은 전선의 최첨단에서 북을 치며 군사들의 사기를 이끌었다. 무녀들이 북을 치면 군사들이 고함을 질러 서로의 기세를 과시했다. 그러한 무녀를 미녀媚女라 불렀다. 북소리는 부족의 신들을 불러일으키는 힘을 가지고 있었다. 그러니 상대편 무녀를 먼저 죽여야 상대편 부족의 신들을 억눌러 싸움의 승기를 잡을 수가 있었다. 비유가 조금 어색하지만 요즘도 전투가 벌어지면 소대를 지휘하는 장교가 가장 먼저 저격 대상이 된다고 하지 않는가. 어쨌든 상대방의 무녀를 잡아 죽임으로써 이민족 신이 내리는 재앙을 피하여 승리할 수 있다고 믿었던 것이다.

冬 **얼음**(冫, 빙) **위에서 뒤로 처지는**(夂, 치) **모양**

겨울 동, 겨울 지낼 동.

치夂는 사람이 뒤에서 천천히 오는 모양.

빙冫은 수氵가 얼은 모양.

藏 **풀**(艹, 초)**과 널빤지**(爿, 장) **밑에서 창**(戈, 과)**을 들고 노예**(臣, 신)**를 감춘 모양**

감출 장, 곳집 장, 장 풀 장.

한쪽 눈을 잃은 노예는 신臣.

여자 포로나 노예는 획獲.

004 閏餘成歲, 律呂調陽

윤 여 성 세 율 여 조 양

윤달로 한해를 이루고
율여로 음양을 고른다.

閏餘 : 윤달로

成歲 : 한 해를 이루고

律呂 : 율여로(율律은 육률六律, 여呂는 육여六呂)

調陽 : 음양을 고르다.

『저상』 '去歲無霜雪 今年有閏餘' – 날이 가도 서리와 눈이 없으니 금년에는 윤달이 있구나.

『국어』 '律呂不易 無姦物也' – 음률은 바뀌지 않으니 간사한 것이 없다.

閏 **문(門, 문) 안에 왕(王, 왕)이 꿈쩍도 하지 않고 앉아 있는 모양**

윤달 윤.

윤달(閏)에는 재수가 없다고 하여 왕은 궁전을 떠나지 않았다.

역법에 음력은 1년에 열흘이 남는다. 이것이 3년이 되면 30일이 남게 된다. 그래서 요堯 임금은 윤달을 두어 세歲를 조절하였다.

餘 나(余, 여)는 먹고도(食, 식)

남을 여, 나머지 여, 끝 여, 나라 이름 여.

식食은 집안에서 사람이 음식을 먹는 모양.

여余는 사람이 서 있는 모양. 또는 커다란 바늘 모양으로 길가에 걸어놓고 부정을 쫓는 주술 도구.

成 창(戈, 과)으로 설득하여(勹, 포)

이룰 성, 화목할 성, 평할 성, 거듭 성, 마칠 성, 될 성, 사방 십리 땅 성.

포勹는 사람이 몸을 구부린 모양.

과戈는 창 모양.

창 앞에 사람이 구부리고 있다. 무기로 협박하여 사람을 굴복시키는 장면이다.

❀ 羽翼已成(우익이성)

한漢 고조는 아들을 여덟 두었다. 조강지처糟糠之妻 여후가 낳은 영盈을 태자로 삼았으나 영은 유약하여 후궁 척부인이 낳은 여의를 다시 태자로 삼으려 하였다.

여후는 장량의 지혜를 빌려 강호에 깊이 숨어 있던 동원공·각리·기리계·하황공 등 네 사람을 초청해 영의 스승으로 삼았다.

기원전 196년 회남왕 영포가 반란을 일으키자 고조는 스스로 출정하여 토벌했다. 그러나 마지막 전투에서 흐르는 화살에 맞은 상처가 도져 귀경하자마자 자리에 눕고 말았다. 그는 태자를 바꿀 결심이 더 굳어졌다.

궁중에 연회가 있던 어느 날 아픈 몸을 이끌고 참석했던 고조는 자기가 그렇게 초청하려 애를 썼으나 거절당했던 현인들이 태자 영 옆에 서있는 것을 보고 다시 마음을 바꾸었다.

"나는 영을 여의로 바꾸려 하였으나 이미 저 네 분 현인들이 영을 보필하고 있으니 태자는 날개가 생겼다. 이제는 나도 어쩔 도리가 없다."(羽翼已成 難動矣).

歲 **지나가는(步, 보) 개를 잡아먹으며(戌, 술)**

해 세, 곡식 익을 세, 돌 세, 새해 세, 풍년 세, 나이 세, 세월 세, 목성 세.

세歲는 제사 이름. 큰 도끼 모양 술戌에 사람이 걷는 모양인 보步가 들어가 있다.

세歲를 지낼 때는 소·양·개·돼지 등을 희생으로 잡았다. 걸어 다니는 동물의 고기를 바침으로써 새로 오는 한 해 동안 귀신이 내리는 저주에 대항할 수 있었다.

❀ 年年歲歲 花相似(연년세세 화상사)

당唐 대 시인 유정지의 「대비백두옹代悲白頭翁」에 나온다.

已見松栢 摧爲薪	이미 보았노라. 송백이 잘리어 땔감이 되는 것을.
更聞桑田 變成海	다시 들었노라 뽕나무 밭이 변하여 바다가 되는 것을.
年年歲歲 花相似	해마다 꽃은 같은 꽃이려니와
歲歲年年 人不同	해마다 사람은 같지 않구나.

律 **사람이 갈(彳, 척) 바를 붓(聿, 율)으로 쓰면**

풍류 률, 법 률, 지을 률, 저울질 할 률.

척彳은 자축거리며 걷는 모양.

율聿은 손으로 무엇을 잡고 있는 모양.

『노자』에 사람이 갈 바를 물에 비유한 대목이 있다.

上善若水	가장 좋은 것은 물과 같다.
水善利萬物而不爭	물은 만물을 잘 이롭게 하지 다투지 않으며
處衆人之所惡	사람들이 싫어하는 곳에 처하니
故幾於道	그러므로 도에 가깝다(그러므로 도는).
居善地 心善淵	낮은 곳에 거하기를 잘하고 마음 깊기를 잘하고
予善天 言善信	베풀 때는 하늘처럼 하고 말을 하면 믿음직하다.
正善治 事善能	바르게 잘 다스리고 일은 능숙하게 처리한다.
動善時	움직일 때는 시기를 잘 살피며
夫唯不爭 故無尤	대저 오직 다투지 않으니 허물이 없다.

呂 **축고가 이어져 있는 모양**

풍류 려, 등골뼈 려, 성 려, 종 이름 려, 칼 이름 려.

주술을 강하게 하기 위해서는 축고가 여러 개 필요하였다.
령靈·기器·강畺 참고.

뽀뽀하는 모양이 아니다.

調 **말(言, 언)로 두루(周, 주) 소통하여**

고를 조, 부드러울 조, 맞을 조, 비웃을 조, 가락 조, 운치 조.

언言은 축고 위에 사람에게 문신을 하는 침 신辛을 세운 모양.

주周는 방형 방패 밑에 축고를 둔 모양.

그래서 조調는 축고 앞에서 인간이 신에게 원하는 것을 말로 고하는 모양이다.

신이 응답하여 내는 소리가 음音이다. 음音은 암暗에서 나온다.

축고는 상商나라 사람들의 삶을 지배했다.

陽 **언덕(阝, 부)에 햇살이 퍼져(昜, 양)**

볕 양, 해 양, 밝을 양, 양양할 양, 환할 양, 양기 양, 거짓 양.

부阝는 부阜이다.

양昜은 옥을 가지고 신의 기세를 왕성하게 일으켜 영묘한 위력을 발휘하게 하는 모양, 또는 햇빛이 아래로 퍼지는 모양.

005 雲騰致雨, 露結爲霜

운 등 치 우 로 결 위 상

구름이 올라가서 비가 되고
이슬이 맺혀서 서리가 된다.

雲騰 : 구름이 올라

致雨 : 비가 되고

露結 : 이슬이 엉겨

爲霜 : 서리가 된다.

『오지』 '恐蛟龍得雲雨 終非地中物' – 두렵게도 교룡이 구름과 비를 얻으면, 마침내 땅 가운데 살지 않는다.

『예기』 '霜露旣降君子履之必有悽愴之心' – 서리가 이미 내려 군자가 밟으니 반드시 슬픈 마음이 있구나.

비(雨, 우)**가 온다고 알리는**(云, 운)

구름 운, 은하수 운, 팔대 손 운, 하늘 운.

운雲은 제단 위에 비가 내리는 모양.

운雲은 본래 용龍 모양의 신이었다. 용龍도 비를 뿌린다.

❀ 朝雲暮雨(조운모우)

전국시대戰國時代, 초楚 양왕이 어느 날 고당으로 놀러 갔다 낮잠을 자게 되었다. 꿈에 아름다운 여인이 나타나 말했다.

"소첩은 무산선녀巫山仙女입니다. 마침 제가 고당에 왔다가 폐하께서 와 있다는 말을 듣고 찾아왔습니다. 제가 그리 추하지 않으면 삼가 모시려 합니다." 하더니 이불 속으로 들어왔다. 두 사람은 운우지정雲雨之情을 마음껏 나누었다.

선녀는 새벽에 헤어지면서 약속했다.

"소첩은 무산 남쪽 산봉우리에 살면서 아침에는 구름, 저녁에는 비가 되어 조석으로 양대 밑에서 낭군을 그리워하겠습니다."

그날 아침 양왕이 무산을 바라보니 과연 봉우리에 아름다운 구름이 날고 있었다. 양왕은 그녀를 위해 사당을 세우고 조운묘朝雲廟라 하였다.

騰 **달(月, 월)이 둥그니(关, 권) 말(馬, 마)이**

오를 등, 달릴 등, 뛰놀 등, 날칠 등.

조선朝鮮에 수도가 들어오기 전 한양의 식수와 용수는 물 도가에서 책임졌다. 각 방향으로 도가를 5개 두어 각 도가에서 물장수를 고용하여 지역을 정하여 물을 대었다. 물장수는 청계천 상류나 한강에 나가 물통에 물을 담아 날랐다.

그들 사이에는 규율이 엄격했다. 남의 지역에서 장사하다 적발되어 받는 형벌로는 불에 지진 쇠로 등을 지지는 단근질, 손의 힘줄을 끊는 단근형이 있었다. 그러나 서로 물 터지듯 의리가 두터워 호형호제呼兄呼弟 했으며, 상을 당하면 장안 물장수들이 상여 뒤를 따랐는데 정승政丞·판서判書가 죽었을 때보다 행렬이 길었다.

다섯 도가 중 북청 도가가 가장 세력이 커 함경도 북청 사람이 상경하면 우선 채용해서 숙식을 대주었고 장학기금을 만들어 자식들 공부까지 시켜주었다. 한말에 재정을 주물렀던 이용익이 북청 도가 출신이고, 먼 땅 헤이그에서 분사한 이준도 북청

도가 장학생 출신이다.

명절이 되면 동소문 밖 삼선 평에서 각 도가 대항 화류회를 열었다. 무거운 물통을 메고 달리는(騰) 시합에는 임금도 와 참관했으니 물장수의 세력을 짐작할 만하다.

致 **그놈을 매우**(至, 지) **쳐라**(攵, 복)

이를 치, 버릴 치, 보낼 치, 극진할 치, 불러올 치, 풍치 치, 드릴 치, 연구할 치, 일으킬 치.

지至는 화살이 도달한(致) 장소. 예전에는 활을 쏘아 화살이 도달한 곳을 보고 점을 쳤다. 지至는 화살이 떨어져 신이 점지한 땅이다.

신과 관련된 활쏘기는 일본에서는 곡식을 수확하거나, 수렵을 하러 갈 때와, 부족 사이 경계를 결정할 때 했다는 기록이 보인다. 이러한 것은 동북아시아 지역에서 상당히 보편적인 풍속이었다.

중국에서도 제사를 지낼 때 활쏘기 시합이 열렸는데, 서주西周 시기 금문에 그러한 내용이 보인다.

복攵은 무녀를 때리는 모양.

雨 **비가 내리는 모양**

비 우, 비 올 우.

秋風唯苦吟 가을바람에 오직 힘들여 읊노니
世路少知音 세상에는 날 알아주는 이 드물고
窓外三更雨 창밖에 깊은 밤, 비가 내리고
燈前萬里心 등불 앞, 만 리를 가는 마음

최치원이 당唐에 유학하여 빈공과를 준비하던 비(雨) 내리는 가을 밤.

육두품이었던 아버지는 5년 안에 급제를 못하면 부자의 인연을 끊자고 했다. 장안에 온 후 해를 등지고 살아도 이미 한 번 시험에 떨어졌으니 이제 기회는 한 번 밖에 남지 않았다.

당시 빈공과는 3년마다 치렀는데 발해인 2명, 신라인 2명, 베트남인 1명, 왜인 1명을 합격시켰다. 상당히 경쟁률이 높은 시험이었다. 그는 결국 합격은 했으나 당의 브레인 헌팅을 수락해 고작 고변 밑에 가서 황소와 싸우는 일을 도왔다.

露 **빗방울(雨, 우)이 길가(路, 로)에 맺혀**

이슬 로, 드러날 로, 드러낼 로, 나라 이름 로.

로路는 무녀가 축고에 고하여 성스럽게 만든 길이다. 로露는 로路에 비가 내리는 모습이다. 성스러운 길을 하늘이 비를 내려 축복하고 있다.

천자가 사용하는 것에는 노거路車·노문路門·노침路枕 등과 같이 노路를 붙여서 말하는 것이 많다.

結 **실(糸, 사)로 좋은(吉, 길) 날에**

맺을 결, 마칠 결, 나중 결, 몫 결.

길吉은 축고를 큰 도끼 모양을 한 주술 도구로 막은 모양.

결結은 그것을 다시 실로 묶은 모양.

❀ 結草報恩(결초보은)

춘추시대春秋時代, 진晉 선공 때, 위무자는 첩이 한 사람 있었는데 두 사람 사이에는 소생이 없었다. 위무자가 병에 걸려 아들 과에게 첩을 개가시키라고 유언했다. 얼마 뒤 위독하게 되자 첩을 순장시키라 하고 죽었다. 과는 이러지도 못하고 저러지도 못하고 고민하다 그냥 개가시켜 드리고 말았다.

후에 진秦 환공이 진晉을 공격하여 보씨에 주둔하였다. 과는 장군이 되어 전쟁터에 나갔다. 그런데 웬 백발노인白髮老人이 전투 중에 열심히 풀을 묶고 있었다. 그 묶은 풀에 적장 두회가 걸려 그만 넘어지고 말았다. 과는 두회를 사로잡고 진 군대는 대패했다.

그날 밤 꿈에 백발노인이 나타났다. 그는 자신이 개가시켜 준 첩의 아버지라고 했다. 딸을 개과시켜 주었으므로 죽어서도 그 은혜를 갚기 위해 다시 와 풀을 묶었노라고 하였다.

여기와 저기는 항상 열려 있다.

爲 궁묘를 건축하는 모양

할 위, 다스릴 위, 하여금 위, 어조사 위, 어미 원숭이 위, 인연 위, 지을 위, 만들 위, 이룰 위, 행할 위, 이름 지을 위, 생각할 위, 배울 위, 흉내 낼 위, 써 위, 위할 위, 호위할 위.

아래는 코끼리 모양이고, 조爪는 손을 얹어 코끼리를 부리는 모양.

❀ 指鹿爲馬(지록위마)

호해는 2세 황제가 되자 더욱 방종하게 살았다. 조고는 옆에서 방종을 부추겼다. 조고는 야심을 품고 황제를 조종하여 조정의 중신과 장수들을 제 편으로 만들거나 죽였다. 초기에 협력했던 이사는 벌써 쫓아 버렸다.

어느 날 조고는 어전에서 황제에게 사슴을 바치면서 일부러 "말을 바치옵니다." 라 고하였다. 어리둥절한 황제는 주위 신하들에게 왜 조고가 사슴을 말이라 하는가 물었다. 좌우에 시립한 신하들은 이구동성異口同聲으로 그 짐승은 말이라고 했다. 그중 가만히 있거나 사슴이라고 곧이곧대로 말한 자들은 곧 처형되거나 낙향했다.

霜 빗방울(雨, 우)이 서로(相, 상) 얼어

서리 상, 해 지낼 상, 흰 털 상, 엄할 상.

상相은 나무를 쳐다보는 주술이다. 사람이 무엇을 쳐다보면 그 대상도 사람을 본다. 서로 마주보면 통한다. 통하는 것이 없다면 서로 오래 마주 보지 않을 것이고, 오래 마주 본들 바로 보이지도 않을 것이고, 바로 보인다 한들 선명하게 인식되지 못할 것이다.

내가 무엇을 보는 사태로 인해 나라는 존재가 드러나고, 보인 대상은 나를 변화시키고, 나의 인식 속에서 나와 하나가 된다.

나무가 둘이면 숲(林)이 된다. 숲을 바라보며 자연이 가지고 있는 생생한 생명력을 내 삶으로 가져오기를 바라던 주술이 상相이다.

상霜은 숲을 바라보는 주술에 하늘이 관여하고 있다.

006 金生麗水, 玉出崑岡
금 생 려 수 옥 출 곤 강

금은 여수에서 나고
구슬은 곤륜산 등성이에서 난다.

金生 : 금이 나오고

麗水 : 려수에서

玉出 : 옥이 나온다.

崑岡 : 곤강에서

『한비자』 '荊南之地 麗水之中 生金 人多竊采金' – 형남 땅 여수 가운데 금이 나서 사람들이 자주 가만히 금을 캐어 간다.

金 대장간 모양

쇠 금, 한 근 금, 병장기 금, 금 금, 금나라 금, 돈 금, 귀할 금, 오행 금, 풍류 이름 금.

상商 후기와 서주西周 초기에 이미 운철(金)로 무기를 만들었다.

서주 말기에는 괴련법이 발명되어 숙철을 주조해 도구를 만들었다.

춘추春秋 중엽 이후에는 풀무가 발명되어 주철 즉, 생철을 제련하는 새로운 기술이 나왔다. 이것은 유럽보다 천몇백 년 앞선 것이었다.

❀ 金城湯池(금성탕지)

기원전 210년 진시황이 사망하자 전국시대戰國時代 강대국의 유신들이 진秦에 저항하여 군사를 일으켰다. 그 무렵 항량은 조趙 땅을 평정하고 스스로 무신군이라 칭했다.

무신군은 망양을 공격했다. 괴통은 망양 현령 서공을 찾아가 항복을 권했다. 서공은 괴통을 무신군에게 보냈다.

"서공의 항복을 받아들이지 않고 그를 죽여 버린다면, 다른 지방수령들은 모두 두려워 군비를 더욱 충실히 하여 그들의 성을 금성탕지로 만들 것입니다. 그렇게 되면 무신군은 성 몇 개 정도는 점령할 수 있을 지라도 전국을 평정하기에 매우 곤란을 겪을 것입니다. 서공이 항복하면 그를 전관예우 하십시오. 그래서 서공이 각 고을 수령에게 항복을 권유하는 편지를 보내면 그들은 모두 항복할 것입니다. 이것이 천리 끝까지 싸우지 않고 천하를 평정하는 방법입니다."

무신군은 괴통의 말을 옳게 여겨 서공의 항복을 받아들이고 약속을 이행해 화북 30여 개 고을을 싸우지 않고 얻었다.

生 왕성하게 자라는 초목 모양

날 생, 낳을 생, 날 것 생, 살생 생, 목숨 생, 생활 생, 어조사 생, 끝이 없을 생, 접때 생, 닭이 알 낳을 생, 자랄 생, 나 생, 저절로 생, 늘일 생, 저절로 생.

초목이 번성하는 것은 자연이 주는 생명력이 신장하는 것이다.

생生은 더욱 자라나 세世가 되고 나아가 엽葉이 된다. 생生을 생眚으로 쓰는 일도 있는데, 이때 밑에 있는 목目은 씨앗이 싹을 틔운 모양이다.

사람이 태어나는 것은 산産이라 하는데, 산産은 언彦과 마찬가지로 이마에 문신을 한 아이 모습이다.

麗 사슴(鹿, 록) 뿔(丽, 무)이

빛날 려, 고울 려, 부딪칠 려, 걸릴 려, 베풀 려, 짝 려, 문루 려.

록鹿은 사슴을 옆에서 본 모양. 옆모습이 앞모습보다 역동적이다.
무 한자는 수사슴 뿔을 아름답게 상형했다.

연암이 술에 취하여 그린 자화상 찬.

제를 위함은 양주와 짝(麗)하고
겸애함은 묵자를 닮았고
집안에 양식이 자주 떨어지는 건 안회를 닮았고
고요히 앉았기는 노자를 닮았고
자유롭고 거리낌 없기는 장자를 닮았고
참선하는 모양은 부처를 닮았고
불공스럽기는 유하혜를 닮았고
하염없이 자는 건 자상호를 닮았고
저술하는 건 양웅을 닮았고
자신을 큰 인물에 견주는 건 공명을 닮았으니
나는 얼추 성인일세!
다만 키가 조교만 못하고
청렴함이 어릉을 못 따라가니
부끄럽네, 부끄러워!

水 물이 흐르는 모양

물 수, 강 수, 홍수 수, 물길을 수, 국물 수, 고를 수.

물은 순환한다. 숲속 옹달샘에서 솟아오른 물은 흘러 시내가 되고 시냇물은 모여서 강물이 된다. 강물은 바다와 마주보는 포구에 이르면 이윽고 바다로 들어가 강물로서의 생명을 마감한다.

그러나 강물은 죽는 순간 바닷물로 다시 태어난다. 바다는 수많은 강에서 흘러온 물들을 모두 받아들인다.

바다 속으로 들어간 강물들이 그 안에서 서로 지역 출신을 구분하여 패를 지어 다툴까? 글쎄, 본래 하나였던 그들이 다시 모여 반갑게 어울려 춤을 출지도 모른다. 그래서 파도가 이는 것이겠지.

홍수가 나거나 가뭄이 들어도 바닷물 양은 항상 일정한 듯하다.

바닷물은 태양을 마주보고(相) 수증기가 되어 하늘로 올라 구름이 된다.

마주 본다는 것은 주술이다. 변화變化는 사물이 마주 보는 데서 시작한다. 변은 급하게 변하는 것이고 화는 천천히 변하는 것이다.

바다는 죽음과 재생과 부활의 장소이다. 구름은 비가 되어 땅속으로 스며들어 이윽고 샘물이 되어 다시 땅위로 솟아오른다. 자연의 치임개질이다.

사람도 그렇지 않을까. 우리는 태어나서 소년과 청년기를 거쳐 노년에 이른다. 그리고 드디어 죽음을 맞이한다. 그러나 그것이 끝일까? 물의 도도한 순환을 보면 인간에게 죽음은 또 하나의 새로운 탄생이 아니라고 단언할 수 있는 용기는 스러진다.

❀ 覆水不返盆(복수불반분)

여상은 주 문왕이 발탁하여 왕사가 되었고 후에 제나라 제후로 봉해졌지만 젊었을 때는 매우 가난하여 끼니를 잇기 어려웠다. 그래도 그는 방안에 앉아 글만 읽었다. 부인 마馬 씨는 그런 남편을 버리고 친정으로 가버리고 말았다.

오랜 세월이 흐르고 여상이 제나라 제후가 되어 부임할 때 마 씨가 찾아와 지난 일을 후회하면서 다시 거두어 주기를 호소했다. 여상은 대야에 물을 가득 떠다 마당에 엎지르고 그것을 다시 담아보라 하였다. 마 씨는 망연히 있다 자리를 떠나고 말았다.

여상은 해가 지자 다시 마 씨를 불러 많은 재물을 주었다. 그러나 다시 거두지는 않았다.

玉 임금(王, 왕)이 사랑하는(丶, 주)

구슬 옥, 사랑할 옥, 이룰 옥.

롱弄은 갓 태어난 아기에게 주는 옥으로 된 물건, 아기의 영을 지속시키는 주술이 깃든 소지품이다.

옥 두 개를 각玨, 옥을 나누는 것을 반班이라 한다.

옥玉이나 조개는 사악한 기운을 쫓는 주술 도구였고 영을 담는 도구이기도 했다. 여인이 구애하는 상대에게 옥을 건네는 것은 자신의 영혼靈魂을 주겠다는 의사표시意思表示가 되었다.

남자가 좋아하는 여자에게 다가가 과일을 건네주거나 이름을 물어보았을 때, 그 여자가 남자에게 마음이 있으면 옥을 던져 자신의 속내를 표현하였다. 혹여 수중에 옥이 없으면 대신 자신의 이름을 알려 주었다.

예전에는 이렇게 이성간의 만남이 서로 진실하여 단순하였다.

요즘은 사람이 너무 사물화되어 버렸다.

出 풀이 땅위로 나오는 모양

날 출, 토할 출, 도망할 출, 보일 출, 낳을 출, 물러갈 출, 밖에 나갈 출, 갈릴 출, 잃을 출, 갈 출, 표할 출, 발족할 출, 자리에서 떠날 출, 자손 출, 생질 출.

❁ **靑出於藍**(청출어람)

『순자』「권학편」 '君子曰 學不可以己 靑出於藍 而靑於藍 氷水爲之 而寒於水' – 군자가 이르기를 학문은 스스로 이루지 못하니, 푸른색은 원래 쪽 풀에서 나오나 쪽 풀보다 푸르고, 물에서 생긴 얼음은 물보다 차다.

출람出藍이라고도 한다.

崑 **태양**(日, 일) **만**(比, 비)**한 산**(山, 산)

곤륜산 곤.

곤昆은 곤충의 모양.

곤륜산(崑)은 서왕모西王母가 사는 서방 낙토로 아름다운 옥이 많이 난다. 서쪽으로 파미르 고원에서 시작하여 동쪽으로 청해성과 사천성 서북부를 거쳐 신강과 티베트를 관통한다.

요지와 낭원 같은 선경이 있다 한다.

멀리(冂, 경) **보이는 산**(山, 산) **위**(亠, 두)

산등성이 강.

어린 시절을 나는 강원도 묵호에서 보냈다. 묵호는 추억으로 가득한 고향이다.

가을이 되면 또래 친구들 몇이 어울려 산에 도토리를 주우러 다녔다. 도토리를 자루에 가득 주어오면 어머니가 묵을 만들어 주었다. 그런데 우리는 산에 오르면 도토리 줍는 것보다 사실은 살 찐 뱀을 찾아 산등성이(岡) 돌밭 사이를 작대기로 뒤지고 다녔다. 겨울잠에 들어가기 직전 뱀들은 독이 강하고 재빨랐지만 우리에게 걸리면 도망치지 못했다.

아! 등성이 풀밭에 둘러 앉아 뱀을 구워 맛있게 나누어 먹던 어린 시절 친구들이 그립다.

그때 등성이를 지나가던 서늘한 바람도.

007 劍號巨闕, 珠稱夜光
검 호 거 궐 주 칭 야 광

'거궐'이라 부르는 명검이 있고 '야광'이라 일컬은 구슬이 있다.

劍號 : 불리우는 검과

巨闕 : 거궐이라(구야자가 만든 보검으로 조나라의 국보)

珠稱 : 일컬는 옥이 있다.

夜光 : 밤에 빛나는 야광주라(야광주 야광벽의 약칭)

『荀子』 '干將莫耶巨闕辟閭 此皆古之良劒也' – 간장·막야·거궐·벽려 등은 모두 옛적의 좋은 검이다.

『신서』 "어진 이의 병법이란 이를 쓰면 마치 '막야'라는 명검의 날카로운 칼날과 같아서 어린 아이라도 무엇이든 자를 수 있고, 날카롭기는 '막야'의 칼끝과 같아서 여기에 닿기만 해도 무너지고 마는 것입니다."

『述異記』 '南海有珠卽鯨目 夜可以鑑謂之夜光' – 남쪽 바다에 구슬이 있으니 곧 경목이라 한다. 밤에도 비출 수가 있어 야광이라 부른다.

양쪽(僉, 첨)에 칼날(刃, 인)이 있어

칼 검, 칼로 찔러 죽일 검, 칼을 쓰는 법 검.

양쪽 날이 있는 칼은 검劍, 한쪽 날이 있는 칼은 도刀.

수정 후 관우가 쓰던 무기는 한 쪽에만 날이 있어 청룡언월도靑龍偃月刀라 한다.

號 호랑이(虎, 호)가 부르짖어(号, 호)

부를 호, 부르짖을 호, 엉엉 울 호, 닭 울 호, 오호 활 호, 이름 호, 호령할 호.

호虎는 호랑이 옆모양.

호号는 입을 크게 벌린 모양.

백두대간에서 시베리아까지 이어지는 상수리나무 벨트의 먹이 사슬 가장 꼭대기에 있는 것이 호랑이이다.

호랑이 한 마리가 살려면 산돼지 수백 마리가 있어야 하고, 산돼지 수백 마리가 살려면 다람쥐 수십만 마리가 있어야 하고, 다람쥐 수십만 마리가 살려면 상수리나무 수천억 그루가 있어야 한다. 그래서 호랑이 한 마리가 지배하는 영역은 매우 넓다.

호랑이는 자기 영역에 포수가 들어오면 본능적으로 그것을 알아챈다. 쇠 냄새는 매우 짙다. 호랑이는 경고 조로 먼 산위에서 한 번 우렁차게 부르짖는다(號).

옛날 사람들은 조용한 산속에서 호랑이가 부르짖는 소리를 신령이 내는 소리(音)로 받아들였다. 신령은 호랑이 울음을 통하여 자신을 드러냈다.

巨 유방이 큰 모양

클 거, 많을 거, 억 거.

희姬는 유방이 풍성한 여자 모양.

여자의 매력 포인트가 엉덩이 대용으로 가슴이 대두된 것은 인류가 직립보행直立步行 한 이후부터인 듯하다. 서서 다녀서 보이지 않게 된 성기는 붉은 입술로 대치되었다.

그게 벌써 사백만 년 전이다.

闕 문(門, 문)이 숨차도록(欮, 궐) 많은

대궐 궐, 뚫을 궐, 궐할 궐, 허물 궐, 빌 궐.

루브르나 베르사유 궁(闕)에는 화장실이 없다. 그래서 성에 들어오는 사람들은 큰 볼일은 미리 보고 와야 했고, 작은 볼 일은 정원에 늘어서 있던 많은 조각과 분수 옆에서 살짝 해결했다.

일반 민가에도 화장실이 거의 없어서 큰일을 보면 그릇에 담아 창문을 통해 길가에 던졌다. 길에 떨어진 그 무시무시한 것들을 밟지 않으려고 발명한 것이 하이힐이었다.

베르사유 궁전은 무려 50년이 걸려 완공되었다. 루이 14세는 이 궁전을 짓기 위해 무리하게 돈을 갖다 부었다. 가끔 국고가 바닥나 궁전을 짓던 인부들의 급료를 지급하지 못하기도 했다.

조선 광해군도 외교는 잘 했으나 권위를 높인답시고 무리하게 궁궐을 다시 짓는 통에 실책을 범하고 말았다. 국가 재정 규모의 차이였을까. 광해군은 궁궐을 다 짓지도 못하고 정변을 만났으나 루이 14세는 무사히 완성했다.

궁전이 완성되자 하인 4천 명, 신하 천 명이 거주했고 30만 평이 넘는 정원에 1,400개의 분수가 있었다. 분수로 파리 시민들이 소비하는 물과 동일한 양의 물이 소모되었다.

예전에 추장들이 자신의 권력과 부를 자랑하던 포틀리치의 연장으로 보인다.

珠 **붉은**(朱, 주) **구슬**(玉, 옥)

구슬 주, 진주 주, 눈동자 주.

주朱는 솟대 모양. 솟대에는 군데군데 붉은 칠을 하였다. 또는 동물의 피를 바르기도 했다.

주珠는 신이 드나드는 통로인 솟대에 구슬을 달아 놓은 모양.

옥을 다듬는 것은 매우 어려운 연마 기술이 필요하였다.

양저 유적에서, 청동기靑銅器 문명 이전에 옥기玉器 문명이 있었다고 해도 좋을 정도로 정교하게 세공된 옥이 많이 발굴되었다. 그렇게 정교한 기술이 5천 년 전에 있었다니 그저 놀라울 뿐이다. 옥에 새긴 무늬는 눈으로는 식별할 수 없을 정도로 아주 작지만 돋보기로 비춰보면 아름답고 정밀하다. 재미있는 것은 바깥에서 옥을 보면 분명히 불투명한데, 불을 비추면 옥에서 영롱한 빛이 새어 나온다는 것이다.

양저 유적에서 발굴된 유명한 옥기가 3개 있다.

종琮은 네 귀퉁이에 천신을 나타내는 얼굴을 조각한 팔찌인데, 대지에 제사 지낼 때 사용하였으며 정신적精神的인 가치를 의미한다.

벽璧은 원형 판 모양이다. 부활을 바라는 제의 때 사용한 듯 하고 때로는 주술로 사용하기도 한 것 같다. 경제적經濟的인 가치를 의미한다.

그리고 월鉞은 왕이 의례 때 쓴 손도끼 모양 옥기이다. 옥좌에 날을 걸어 놓아두었는데 그것이 왕王이라는 글자이다. 나중에는 길게 만들어서 기원전 3세기경까지 사용하였다. 이것은 군사적軍事的인 가치를 의미한다.

稱 **곡식**(禾, 화)**을 손**(爪, 조)**으로 헤아려**(冉, 염)

일컬을 칭, 저울질 할 칭, 날릴 칭, 들 칭, 이름 할 칭, 저울 칭, 헤아릴 칭.

칭稱은 손으로 축고를 열어 놓고 신에게 곡식을 바치는 모양이다.

「송인」은 정지상의 대표작으로 일컬어(稱)진다.

雨歇長堤草色多　비 갠 긴 둑에 풀빛이 짙은데
送君南浦動悲歌　임 보내는 남포에 슬픈 노래만 떠도는구나.
大同江水何時盡　대동강 물이야 어느 때나 마르겠나?
別淚年年添綠波　이별의 눈물이 해마다 푸른 물결에 더해 질 텐데.

이 시의 마지막 결구를 김부식이 욕심을 내었다. 은밀히 사람을 보내 이 구절을 자기에게 넘겨 줄 것을 정지상에게 청했으나 무참하게 거절당하고 말았다.

묘청의 난이 일자 김부식은 가장 먼저 정지상을 서경 천도에 엮어 죽여 버리고 말았다.

夜 **사람(人, 인)이 머리(亠, 두)를 뒤로 눕히는(夂, 치) 때(丶, 주)**

밤 야, 헤칠 야, 어두울 야, 광중 야, 풀이름 야, 쉴 야.

밤(夜)은 소리(音)의 시공간이다. 캄캄한 공간에서 날이 새도록 온갖 소리가 들려온다. 적막한 곳에서는 내 심장소리가 커진다.

소리는 신이 보내는 편지이다. 어둠은 신성해서 두려움을 느끼게 한다. 주술사들은 어둠 속에서 홀로 신의 편지를 읽었다.

라스코나 알타미라, 페슈 메를 또는 쇼베 동굴에 그려진 벽화들을 보면 어두운 곳에서 신의 소리를 들으며 그것을 납득하고(聖) 표현하는 고독한 주술사의 모습이 떠오른다.

❁ **夜郎自大**(야랑자대)

야랑은 지금 귀주성 서쪽에 있던 민족이었다. 한漢 때, 귀주 서쪽에는 군소 국가들이 수십 개 난립해 있었다. 그중 야랑국이 가장 강성했다. 야랑 서쪽 부근의 조그마한 나라 중 가장 큰 나라가 진滇이었다. 이 두 나라만 한으로부터 왕에 봉해졌다. 비록 왕에 봉해졌으나 한의 문물과 비교하면 사실은 우물 안의 개구리에 불과했다.

그러나 야랑의 왕은 자뻑이 심하여 스스로 대국의 왕이라 생각했다. 한의 사신이 왔을 때 그는 의기양양하게 질문했다.

"한이라는 나라는 우리 야랑국과 비교하면 과연 어느 쪽이 더 강성하오?"

光 불이 빛나는 모양

빛 광, 빛날 광, 색 광, 기운 광, 문물이 아름다울 광, 영광 광, 비출 광, 위엄 광.

제단 위에 켜둔 촛불이 타는 모양이다.

❁ **和光同塵**(화광동진)

『노자』 56장 '挫其銳 解其粉 和其光 同其塵' – 예리함을 꺾고, 구분을 해소하고, 빛을 조화시키고, 세속과 같아진다.

빛을 합하고 먼지를 같이 한다는 뜻은 깊은 지혜를 감추고 세속과 섞여 평범平凡하게 살아간다는 의미이다. 그러나 그 평범은 이미 평범한 평범은 아니다.

008 果珍李柰, 菜重芥薑
과 진 리 내 채 중 개 강

과일에는 오얏과 사과가 보배이고
나물은 겨자와 생강이 중요하다.

果珍 : 과일 중 보배가

李柰 : 오얏과 사과이고

菜重 : 채소 중 중요한 것이

芥薑 : 겨자와 생강이다.

『본초』 '李有綠李黃李紫李牛李水李 並甘美堪食' – 오얏에는 녹리·황리·자리·우리·수리 등이 있는데 모두 맛이 좋아 먹을 만하다.

果 열매가 나무에 달린 모양

열매 과, 감히 할 과, 과연 과, 냅뜰 과, 결단할 과, 배 불룩할 과, 짐승 이름 과, 맺힐 과, 모실 과.

나무에 축고를 매달아 열어 놓은 모양.

신령神靈의 기운을 받아 열매가 맺었다.

珍 사람(人, 인) 머릿결 무늬(彡, 삼)가 있는 옥(玉, 옥)

보배 진, 서옥 진, 귀중할 진, 맛 좋을 진.

옥玉은 무늬 결에 따라 자르고 다듬어 상품을 만들었다.

삼彡은 터럭이 바람에 날리는 모양. 또는 날리면서 빛나는 모양.

李 나무(木, 목) 중에 선생(子, 자)은

오얏 리, 선비 천거할 리, 역말 리, 행장 리.

❀ 李下不整冠(이하부정관)

전국시대戰國時代, 제齊 위왕은 주색에 빠져 정사를 돌보지 않았다. 간신 주파호가 위왕의 신임을 얻어 국정을 농단했다. 이에 나라 안에 민란이 일어나고 조정에는 기강이 서지 못했다. 위왕의 딸 우희가 보다 못해 아버지에게 말했다.

"주파호는 중용해서는 안 됩니다. 북곽이라는 덕망이 높은 분이 계시니 그분을 불러 써 보시지요."

이 말이 주파호에게 흘러 들어갔다. 그는 우희와 북곽이 부적절한 관계에 있다고 위왕에게 모함하였다. 위왕은 일단 우희를 하옥하고 형리더러 심문하게 하였다. 형리는 주파호 사람이어서 사실을 허위로 과장하여 보고하였다. 그러나 그 내용은 왕이 보기에도 허황하여 위왕은 직접 딸을 불러 신문했다. 우희는 울면서,

"소녀는 이제까지 부왕을 보필하려 진력하였습니다. 비록 간신에 의해 모함 당했으나 소녀는 결백합니다. 저에게 죄가 있다면 '참외 밭에서 신발을 신지 말고, 오얏나무 밑에서 관을 고치지 말라.'는 옛말을 실천하지 못한 것뿐입니다." 하더니 주파호의 실정을 낱낱이 고해 바쳤다.

아둔한 왕도 그제야 잘못을 깨닫고 주파호와 그 일당을 체포하여 처형하였다.

제齊는 이때부터 점차 부강해졌다.

柰 제사상 위에 놓은 나무 모양

사과 내, 벚 내, 사과 내, 어찌 내.

식탁 위에 놓인 사과(柰)를 과일이라 부른다. 우리는 그것을 먹는다.

미술시간에 교탁 위에 놓인 사과를 정물이라 부른다. 무심코 그것을 과일로 여겨 집어 먹으면 당장 미술 선생님의 호통이 날아 올 것이다.

캄캄한 그믐밤, 집에 침입한 도둑에게 주인이 어둠 속에서 당장 손에 잡히는 사과를 던졌다면 그것은 과일인가? 정물인가? 운 사납게 그 사과에 얼굴을 맞아 황당하게 도망치는 도둑에게 사과는 과일도 아니고 정물도 아니고 느닷없이 날아온 흉기로 느껴질 것이다.

그렇다면 사과는 과일인가? 정물인가? 흉기인가?

사과에게는 자성自性이 없다.

우리 주변의 많은 것들이 그렇다.

菜 풀(艹, 초)을 캐니(采, 채)

나물 채, 반찬 채.

초艹는 초草이고, 채采는 손으로 나무를 잡은 모양이다.

重 장대에 축고를 매달아 둔 모양

무거울 중, 거듭 중, 늦은 곡식 중, 삼갈 중, 두터울 중, 두 번 중, 높일 중.

나하고 친한 박수가 있다. 그는 도력이 떨어지면 지리산智異山으로 들어가 작은 토굴에서 며칠 동안 기도하고 내려온다.

한밤중에 기도하다 서늘하고 무거운(重) 기운이 느껴져 옆을 보면 귀신이 바로 옆에서 빤히 쳐다보고 있단다. 처음에는 기겁을 하고 놀랐는데, 요즘은 장면이 바뀌어 서로 속이며 같이 논단다.

한밤중 서늘한 기운이 느껴지면 모르는 채 가만히 있다가 갑자기 돌아보며 소리를 꽥하고 지르면 오히려 귀신이 깜짝 놀라서 도망간단다.

芥 **맛을 도와주는**(介, 개) **풀**(++, 초)

겨자 개, 지푸라기 개, 티끌 개.

사당을 풀로 장식한 모양.

당唐 현종이 주연을 베풀다 흥이 나자 이백을 불렀다. 이백은 어염 주막에서 이미 고주망태가 되어 있다 갑작스런 부름에 불려 나갔다. 현종은 이백에게 시를 청했다.

이백이 말했다.

"티끌(芥) 같은 사람을 불러 주시어 몸 둘 바를 모르겠습니다. 그러나 시를 짓기에는 술이 조금 모자랍니다. 저에게 술 한 말만 하사하시면 곧 시를 지어 올리겠습니다."

현종은 술 한 말을 내렸다. 이백은 그 자리에서 술 한 말을 다 마셨다.

마침 후원에는 모란꽃이 활짝 피어 있었다. 현종은 양귀비와 모란꽃을 견주어 시를 지으라 했다. 이백의 입에서 즉시 시가 흘러 나왔다.

요염한 꽃 한 가지 짙은 향기는
무산선녀의 정보다 짙어

한나라 궁중에 누가 이를 닮으리오.

곱게 차려입은 비연의 모습이 아닌가?

이백을 시기한 무리가 이백이 어리석은 황제를 유혹하여 나라를 망치게 한 비연과 양귀비를 견주었다고 비판하였다. 현종은 이를 받아들이지 않았다. 그러자 이들은 이번에는 양귀비에게 무산선녀의 운우정사는 망칙하고 모욕적이라고 고자질했다. 양귀비가 시를 알겠는가? 그저 그 말만 듣고 화가 나 얼굴을 붉히자 현종은 이백의 관직을 빼앗고 지방으로 추방해 버렸다.

권력에 가까이 가면 다치기 쉽다.

薑

변방(畺, 강)**에 나는 풀**(艹, 초)

생강 강.

강畺은 쌓아놓은 축고 위를 풀로 장식한 모양.

강畺은 축문을 넣은 축고를 겹겹이 쌓아 놓은 모습.

009 海鹹河淡, 鱗潛羽翔
해탈하담 린잠우상

바닷물은 짜고 강물은 싱겁고
물고기는 물속에서 자맥질하고 새는 돌아 난다.

海鹹 : 바다는 짜고

河淡 : 강은 싱겁다.

鱗潛 : 물고기는 잠기고

羽翔 : 새는 빙 돌아 난다.

『사기』 '河海不擇細流故能就其深' – 하해는 세류를 마다하지 않는다. 그러므로 능히 깊음을 이룬다.
「이라」 '河水者 皆山泉 必淡也' – 냇물은 모두 산속 샘에서 나고 반드시 싱겁다.
『시경』 '鳶飛魚躍' – 솔개는 날고 물고기는 뛰어 오른다.

海 물(氵, 수)이 늘(每, 매) 있는

바다 해, 세계 해, 물 많을 해, 넓을 해.

제齊 재상 안영은 근검절약勤儉節約하고 솔선수범率先垂範하는 사람이었다. 그는 재상 지위에 있었음에도 불구하고 호구 한 벌로 30년을 입었고 제상에 올리는 돼지 다리도 고베를 덮을 만큼 큰 것을 놓지 못하게 하였다. 자신은 그렇게 검소하게 살면서도 사사로이 돌보아 주었던 병사가 70명이 넘었다.

마음이 바다(海)처럼 넓었던(海) 사람이었다.

鹹 이(齒, 치)가 다(咸, 함) 삭겠네

짤 함.

30억 년 전 지구는 커다란 하나의 바다였다. 생명은 바다에서 시작되었다. 짠(鹹) 물에서 초기 생명체生命體인 단세포單細胞가 처음 생겼다. 그들은 10억 년을 죽지 않고 살았다. 무성생식을 했기 때문이었다. 죽지 않고 오래 사는 것이 지겨웠던지 이윽고 단세포는 유성생식을 하기 시작했다. 생명은 죽음을 받아들이는 대신 섹스를 얻었던 것이다. 암수가 갈라져 유성생식을 하며 돌연변이를 통하여 오늘날 보이는 수많은 종으로 갈라지게 되었다.

지구 내부가 요동쳐 대륙이 마구 솟아오를 때, 바다에서 생존경쟁生存競爭에 밀린 물고기들이 뭍으로 올라왔으나 종족보존種族保存을 위해서 필히 바닷물이 필요했다. 처음에 그들은 알을 낳기 위해 바다로 다시 돌아가야 했다.

그러나 차차 그들은 뭍에 익숙해졌다. 알 속을 바다와 같이 짜게 해서(鹹) 바다로 돌아가지 않아도 종족을 보존할 수 있게 되었다.

河 물(氵, 수)은 다 받아들이는(可, 가)

강물 하, 황하 수 하, 은하수 하, 복통 하.

중국의 북방에서는 강의 이름에 하河를 넣어 사용하는데, 그냥 하河라고 하면 다만 황하를 가리킨다.

황하를 지배하는 신은 북방에 위치한 하천의 여러 신들을 대표했는데 상商 조상신 계열에도 들어가 있다. 하河가 상 조상신 '고조하'로 모셔진 것은 하신에 대한 제사권이 상 왕조에 넘어갔음을 의미한다.

상나라 왕 무덤과 사당에는 수천에 이르는 목이 잘린 인간 희생물이 발견되었는데, 복사를 살펴보면 대량으로 희생된 이 사람들은 강인 외에는 찾기 어렵다. 이것이 하와 악 자손들 운명이었다.

상에게 멸망당한 강 족은 악신岳神을 제사지내는 권리를 상 왕조에 탈취 당하였으며 악신은 토土·하河와 함께 상의 먼 조상 열에 더하여 졌다.

고대의 정치적 지배가 다른 부족의 신앙과 제사의례를 약탈하는 방법으로 행해졌다는 것은 하河나 악岳에 대한 제사에서 현저하게 드러난다.

상은 하 성지를 점령하고 낙양에 가까운 언사에 진출하여 그곳에 이리두 문화를 남겼는데 정주의 이리강 문화보다 앞선 시기이다. 그때 하 성지만 상 지배 아래에 들어간 것은 아니다. 산의 성지 악岳도 상 지배로 들어갔다. 이 하·악 성지 제압은 사실상 상 왕조 성립을 의미한다.

淡

물(水, 수)**을 끓이면**(炎, 염)

싱거울 담, 물 질펀할 담, 묽을 담.

염炎은 불꽃이 왕성하게 타오르는 모양.

담淡은 물을 끓이는 모양.

鱗

물고기(魚, 어)**가 번쩍거려**(鱗에서 魚를 뺀 글자, 린)

비늘 린, 물고기 린.

어魚는 물고기 모양.

린粦은 불꽃이 번쩍이는 모양.

❀ **逆鱗**(역린)

『한비자』「세난편」 "용은 온순한 동물이다. 친해지고 길들이면 사람이 등 위에 올라 탈 수도 있다. 그러나 턱 밑에 직경이 한 자 되고 거꾸로 난 비늘이 하나 있는데 이것을 건드리면 용은 당장 화가 나 그 사람을 해친다. 군주에게도 이런 역린이 있으니 신하가 의견을 낼 때에는 왕의 역린을 건드리지 않도록 조심해야 한다."

潛 **물속(氵, 수)에 일찌감치(朁, 참) 들어가**

잠길 잠, 자맥질할 잠, 감출 잠, 깊을 잠, 너겁 잠.

태종은 파란이 많았던 임금이었다. 역성혁명을 주도했고 왕자의 난을 겪었고 맏아들을 버리고 셋째 아들 충녕에게 왕위를 물리는 등, 바람이 풀풀한 삶을 살았다.

『태종실록』이 완성된 것은 세종 13년이었다. 아버지에 대하여 어떻게 기록되었는지 아들 세종은 매우 궁금했던 모양이다. 그는 정승들에게 실록이 완성되었다 하니 한 번 보고 싶다고 하였다. 우의정 맹사성이 이를 깊이(潛) 걱정했다.

"실록에 기록된 것은 당대의 역사적 사실로 후세에 전하여 알릴 소중한 기록입니다. 전하가 보더라도 부왕을 위하여 실록을 고치지 못할뿐더러 한 번 선례를 남기면 후세 임금들도 따를 것이니 사관들은 의구심으로 사실을 사실대로 기록하지 못하게 됩니다. 나라의 역사를 임금의 비위에 맞도록 비뚤게 쓰게 할 수는 없습니다. 부왕의 넋도 전하가 실록을 열람하는 것을 원치 않을 것입니다."

세종은 이 말을 좇았고 그것이 법통이 되어 내려갔다.

羽 **조류 깃 모양**

깃 우, 우성 우, 펼 우, 모을 우.

조류의 깃(羽)은 축고를 장식하기에 좋았다. 또는 크게 엮어 비처럼 축고 주위를 쓸기도 하고 울창주鬱鬯酒를 부어서 사당 안에 향을 퍼뜨리기도 하였다.

翔 양(羊, 양)에게 날개(羽, 우)가 있다면

빙빙 돌아날 상, 엄숙할 상.

후한後漢 영제 때 매관매직賣官賣職이 성행하였다. 최열은 500만 금으로 사도를 사 거드름을 피우고(翔) 다녔다. 어느 날 최열은 아들에게 세상 사람들이 자기를 어떻게 평하는가 물었다. 아들 균은 솔직하게 말했다.

"사람들은 아버지께 실망하고 있습니다. 그 이유는 아버지의 동취銅臭 때문입니다."

동취는 돈으로 벼슬을 산 사람을 비웃어 하는 말이다.(崔烈以五百金 得司徒 問其子 以外議如何 曰人嫌其銅臭耳).

010 龍師火帝, 鳥官人皇

용 사 화, 제 조 관 인 황

복희(伏羲)와 신농(神農)이 있었고
소호와 인황도 있었다.

龍師(伏羲) : 중국 고대 전설상의 임금. 처음으로 백성에게 고기잡이·사냥·목축을 가르치고 팔괘와 문자를 만들었다.

火帝(神農) : 중국 고대 제왕. 농사짓는 법을 처음 가르치고 팔괘를 겹쳐서 64괘를 만들었다.

鳥官(小昊) : 『한서』 '小昊鳥師鳥名' - 소호조사는 새 이름으로 관명을 지었다.

人皇 : 태고에 있었다는 삼성. 삼성은 천황·지황·인황.

龍 용 모양

용 룡, 귀신 이름 룡, 별 이름 룡, 말 이름 룡, 임금님 룡.

『설문』 '龍鱗蟲之長 能幽能明能細能巨能長能短 春分卽登天 秋分卽潛淵' - 용은 비늘을 가진 충류의 장이다. 능히 아득하고 밝으며 가늘어졌다 커지며 길어졌다 짧아진다. 춘분에는 하늘에 오르고 추분에는 못에 잠긴다.

운雲 참고. 둘 다 비를 뿌린다.

신라新羅, 박혁거세朴赫居世 60년 금성 정에서 용이 두 마리 승천했다는 기록이 있다.

세종 18년 제주 안무사가 정의 현에서 용 다섯 마리가 일시에 승천하고, 그중 한 마리는 다시 내려와 수풀 속을 노니다 다시 하늘로 올라갔다고 조정에 보고했다.

선조 때 이수광은 전라도 여산에서 백룡이 강가에 나와 비늘을 번쩍이면서 승천하는 것을 보았다 했다. 이익도 포천에서 태풍 끝에 산이 갈라지더니 용이 승천하는 것을 직접 보았다고 했다.

師 **많은**(𠂤, 퇴) **지식을 굴리는**(帀, 잡)

스승 사, 본받을 사, 어른 사, 군사 사, 서울 사, 벼슬 이름 사, 신 이름 사, 괘 이름 사, 뭇 사람 사.

사師의 초기 문자인 𠂤(퇴)는 짐승의 고기를 덩어리로 커다랗게 자른 모양이다. 이는 군대가 전쟁에 나갈 때 올렸던 의례에 사용된 자른 고기, 즉 신脤을 의미한다. 옛날 씨족들은 제사가 끝나면 제사지낸 고기를 함께 나누어 먹었다. 제사에 사용한 고기를 동족에게 나누는 일을 '신번의례'라고 하였다.

군대가 전쟁터에 나갈 때도 병사들은 출병을 알리는 제사상에 올렸던 고기를 잘라 조금씩 나누어 가졌다. 병사들은 그들 조상의 영을 대신하는 그 고기조각을 품고 전쟁터에 나갔다. 고기 조각은 거칠고 허망한 전쟁터에서 병사들의 목숨을 보호하는 수호신이 되어 줄 것이다. 그래서 이윽고 그들을 무사히 집으로 돌려보내 줄 것이다.

그러한 고기 덩어리를 신육이라고 하였는데 신육을 두기 위해서 특별히 마련한 집을 관官이라 하였다.

잡帀은 밑을 향한 가시가 달려있는 구부러진 침 모양이다.

사師도 잡帀 자 모양의 구부러진 침을 가지고 고기를 자르는 모양이므로 신육을 관장하는 사람을 뜻하는 글자이다.

재宰가 사당에서 제물로 사용할 고기를 처리하는 권한을 가지고 있어서, 나중에 총재冢宰·재상宰相 등과 같은 집정관을 가리키는 글자가 된 것과 마찬가지 맥락이다.

사師는 군사 조직과 전투 기능을 갖춘 고대의 씨족 지도자였다.

火 불이 타오르는 모양

불 화, 사를 화, 등불 화, 빛날 화, 불날 화, 빨갈 화, 탈 화, 급할 화, 화날 화.

❀ 燎原之火(요원지화)

기원전 1751년 상商 탕왕은 하夏 걸왕을 물리쳐 새로이 나라는 세워 수도를 박亳에 정했다. 기원전 1111년 주周 무왕에 멸망하기까지 640년간 다섯 번 천도했는데 마지막 천도가 17대 반경 때, 즉 기원전 1384년의 은殷이다.

반경이 도읍을 옮기기로 결심한 것은 당시 수도인 경이 황하에 가까이 있어 홍수의 피해가 심했기 때문이었다. 일단 신하들을 설득한 반경은 백성들을 궁으로 불렀다. 백성 중에는 왕의 천도를 비판하는 여론이 일고 있었기 때문이었다.

반경은 좀 강하게 나가기로 했다.

"불이 들을 태우면(火之燎千原) 좀처럼 접근하기 어렵다. 그러나 나는 마음만 먹으면 그 불을 끌 수 있다."

반경은 결국 은으로 천도했다.

帝 커다란 제사용 탁자 모양

임금 제, 하느님 제.

시示와 닮았는데 시示는 조그만 신탁이고, 제帝는 아래 부분에 비스듬한 버팀목을 달아서 시示보다는 커다란 신탁이다.

鳥 새 모양

새 조.

조鳥는 새를 특별히 신격화神格化할 때 쓰이고, 추隹는 그냥 보통 새를 가리킨다.

새로 점을 치는 것을 진進이라 한다. 집에서 새 점을 치는 것이 고雇이고, 새 점을 절을 하듯이 정중하게 보는 것이 고顧이다. 신의 말에 주의를 기울인다는 뜻이 들어갔다. 기근이 닥쳤을 때 무녀 머리에 축고를 얹고 불에 태워 죽이는 모양이 난難이다.

새(鳥)는 영을 저 세상에서 이 세상으로 옮기는 존재이다. 물고기도 그런 존재로 여겨졌다. 새나 물고기는 영을 모시는 사자 대접을 받았다.

옛 사람들은 자연을 그 자체로 영적인 세계라 여겼고, 그러한 영적인 세계에 나타나는 다양한 모습들을 유연하게 각자의 삶에 받아 들였다. 그런 세계가 주呪이다. 주呪는 축고를 든 무당 모양이다.

새를 영이 보내는 사자로 보는 기원은 아마도 철새로부터 시작되었을 것이다. 철새는 거주하던 곳을 떠나갔다 때가 되면 일제히 되돌아온다. 그렇게 반복하는 모습을 보면서 사람들은 어느 시기부터 자기들 조상이 죽은 뒤에 어딘가로 갔다가 일정한 시기에 새를 타고 다시 고향으로 돌아온다고 생각했다. 강물이 바다에 들어갔다가 다시 비가 되어 오는 것을 보고 사람도 윤회輪回할 것이라 믿는 발상과 같은 맥락이다.

그래서 물가에 사당을 세우고 조상에게 제사를 지냈는데 그것을 벽옹辟雍이라 한다. 벽辟은 벽옥碧玉과 같이 써 동그라미를 의미한다.

물이 먼 곳에서는 일부러 둥근 연못을 만들고 그 가운데 사당을 세웠다. 옹雍은 강이고 그곳에 물이 있으면 조상인 추隹가 날아오는 것이다. 이것이 훗날 읍邑이 되었고 글자를 조립하면 옹雝이 된다.

중국에 7천 년 전 농경 유적 가운데 하모도 유적에서 발굴된 토기 표면에 무언가 둥근 것을 새 두 마리가 안고 있는 그림이 있다. 둥근 것은 아마 태양일 것이다. 태양은 영혼을 상징한 것으로 여겨진다. 즉 이 그림은 새가 영을 운반하는 모습인 것이다.

새와 영의 관계는 이렇게 오래 전부터 결합되어 왔다. 라스코 벽화에 내장이 흘러나온 소 앞에 누워있는 사람은 새의 머리를 하고 있다. 고대 이집트나 고대 그리스에서도 같은 경우가 보인다.

官 크게 자른 고기(신육)를 두기 위해 특별히 마련한 집 모양

관가 관, 벼슬 관, 관가 관, 마을 관, 부릴 관, 공변될 관, 일 관, 맡을 관.

장군은 반드시 관官에서 신육을 받들어 제사지낸 후 병사들과 고기를 나누고 나서야 전쟁터로 나갔다. 그 다음부터 벌어지는 전투는 조상신祖上神들끼리의 싸움이 되는 것이다.

전투에서 진 장군은 조상신들에게 버림받았다는 의미에서 자결하였다.

人 사람이 몸을 웅크린 모양

사람 인, 나라 사람 인, 남 인, 성질 인, 잘난 사람 인, 사람 됨됨이 인.

초기에는 민民·신臣과 같이 피지배 계급의 뜻으로 쓰였으나 나중에 지배계급支配階級을 뜻하게 되었다.

❁ 他人之鼾睡(타인지한수)

송宋 태조 조광윤은 가난한 농민의 아들로 태어나 일개 병사에서 몸을 일으켜 천하를 얻었다. 그가 장강 이북 지역을 거의 통일하고 황제가 되었을 때, 장강

이남에는 아직 이욱이 금릉 남경을 도읍으로 삼아 독립해 있었다.

이욱은 서현을 파견하여 송의 속국이 되기를 간청하였다. 송 태조가 결정을 내리지 못하고 답변을 머뭇거리자 서현은 어전에 나와 몇 번이나 강남은 죄가 없음을 주장하였다. 이것이 역린이 되었다.

처음에는 부드럽게 대했던 조광윤은 화를 냈다.

"강남의 무죄는 이제 알았다. 다만 천하는 한 집안이어야 한다. 같은 침상에서 코를 고는 사람은 참을 수 없는 법이다."

이리하여 금릉은 미구에 송의 대군에 의해 멸망하고 말았다.

왕(王, 왕)**이라 부르면**(白, 백)

임금 황, 클 황, 바를 황, 비롯할 황, 아름다울 황, 성할 황.

제단 위에 백골을 올려놓은 모양.

이민족 수장의 백골은 강한 주술력을 지니고 있었다. 그 주술력을 강화시키기 위하여 술잔으로 쓰거나 때로는 약화시키기 위하여 변기통으로 사용했다.

011 始制文字, 乃服衣裳
시 제 문 자 내 복 의 상

비로소 문자를 정하고
이어 저고리와 치마를 입었다.

始制 : 비로소 제정하고

文字 : 문자를

乃服 : 나아가 입혔다.

衣裳 : 의상을(상의와 하의. 저고리와 치마)

『주역』 '黃帝堯舜 垂衣裳 而天下治' – 황제와 요순은 의상을 드리우고 천하를 다스렸다.
호조胡曺가 처음으로 옷을 만들어 입혔다 한다.

始 경작을 시작할 때의 매우 성적인 주술의례 모양

비로소 시, 처음 시, 시작할 시, 풍류 이름 시, 별 이름 시.

여女는 여자가 구부리고 앉아 고개를 든 모양. 가운데 가슴께가 두툼하다.
태台는 축고 위를 풀로 장식한 모양.

농경의례는 주로 경작지耕作地에서 올렸다. 농부들은 추운 겨울이 지나 봄이 되면 비로소(始) 경작지 두둑에 모여 그 해 풍년을 기원하는 제사를 지냈다. 제사를 주관하는 무녀는 사람들 앞에서 선정적인 춤을 추었다.

『사기』에도 어떤 농부가 논두렁에서 돼지 발 하나와 술 한 잔을 차려놓고 "높고 척박한 땅이지만 수확이 수레에 가득 차게 해주소서. 오곡이 무르익어 풍성하여 집에 가득 차게 해주시옵소서."라고 기원하면서 성적인 춤을 추는 내용이 보인다.

모내기를 하며 부르는 우리 민요에도 노골적인 성묘사가 자주 보인다. 그것은 섹시한 노래를 불러주면 하늘뿐만 아니라 곡물도 흥분하여 빨리 잘 자라리라는 소박한 믿음이 있었기 때문이리라.

制 신성한 장소에서 희생으로 바칠 동물을 잡는 모양

지을 제, 누를 제, 마를 제, 절제할 제, 어거할 제, 단속할 제, 금할 제, 법도 제, 직분 제, 제 마음대로 할 제, 모양 제.

동물을 눕혀 놓은 옆에 칼이 놓여있다.
희생을 제단에 올릴 준비가 되어 있다.

文 가슴에 문신을 새긴 모양

글자 문, 글월 문, 글자 문, 문채 문, 어귀 문, 빛날 문, 착할 문, 아롱질 문, 현상 문, 꾸밀 문, 아름다울 문, 채색 문, 결 문, 수식할 문.

『회남자』에 '옛날에 창힐이 문자(文)를 만드니 하늘은 곡식을 떨어뜨리고, 귀신은 밤에 울었다.'는 글이 보이는데, 하늘이 곡식을 떨어뜨렸다는 것은 기상 이변을 의미하는 것이고, 귀신이 밤에 울었다는 것은 인간 지혜가 신이 가진 능력을 침범한 것을 귀신이 한탄한 것을 표현한 것이다.

자연적으로 발생한 음성언어가 인위적인 문자언어가 되어 인간이 신에게 벗어나 자유로운 정신세계를 개척할 수 있게 되었다는 말에 다름 아니다.

이미 귀신이 독주하던 시대는 끝나고 문자가 신神이 하던 일에 인간 의지를 개입시켜 신과 소통하는 수단으로 사용되었음을 알 수 있는 대목이다.

字 사당(宀, 면)에서 아이(子, 자)에게 가르치는

글자 자, 자 자.

부인이 방안에서 아이에게 젖을 주어 기른다는 뜻이 있다.

문文이나 자字는 본래 가입의례를 뜻했는데 나중에 문자라는 뜻으로 사용되었다. 명名도 그렇다.

복희가 팔괘를 만들고 신농이 결승을 만들었다. 결승은 글자(字) 이전 의사소통意思疏通 방법이다. 팔괘를 문자 기원으로 삼는 것은 다른 지역에서는 찾아 볼 수 없는 중국만의 독특한 사유이다. 중국인들은『주역』에 나타나는 상징적인 세계관이 문자 체계와 관련이 있다고 생각한 모양이다.

문자는 황제 밑에서 사관을 지냈던 창힐이 새 발자국을 보고 처음 만들었다 한다.

그 후 상商 대에 이르러 갑골문이 나왔고, 후한後漢 허신이 지은『설문해자』에는 음양오행陰陽五行의 자연관이 보인다. 그리고 송학의 리일분수理一分殊, 즉 존재로서의 리가 개체를 통하여 만물로서 구체화된다는 사유도 문자학에 들어왔다. 그래서 문자는 종종 도에 대한 구체적인 표현으로 이해되기도 하였다(文以載道).

그러나 문자는 지시대상을 고정시켜 인간에게 인식의 오류를 주는 주범이 되고 말았다. 언어를 고정시킨 것이 문자이다. 언어는 인간이 인간에게 내린 저주라 하겠다.

乃 층계 모양

이에 내, 어조사 내, 곧 내, 겨우 내, 옛 내, 너 내.

제齊가 위魏를 치려하자 순우곤이 말했다.

“한려라는 날쌘 개가 동관준이라는 빠른 토끼를 쫓았습니다. 둘은 산기슭을 세 바퀴 돌았고 산꼭대기를 다섯 번이나 오르내렸습니다. 결국 둘 다 기진맥진해 토끼는 앞에 개는 뒤에 쓰러져 죽었습니다(犬免之爭).

이에(乃) 이곳을 지나가던 촌로 전부가 아무 힘도 들이지 않고 두 짐승을 얻었습니다(田父之功). 이제 제와 위가 싸우면 진과 초는 전부지공을 차지하려 기다릴 것입니다. 그러니 어찌 하시겠습니까?”

服 머리를 구부리고 고기를 들고 있는 무녀 모양

옷 복, 수레 첫째 멍에 복, 직분 복, 생각할 복, 다스릴 복, 익힐 복, 행할 복, 좇을 복, 갓 복, 제후 나라 복, 친숙할 복.

진秦이 초楚를 치려고 사자를 보내 초나라 보물을 살펴오라 하였다. 초 선왕이 이 소식을 듣고 영윤 자서를 불렀다.

“진나라가 우리 보물을 보겠다고 합니다. 우리에게는 ‘화씨지벽’과 ‘수후지주’가 있는데 이를 보여 주면 되겠습니까?”

자서는 대답했다.

“저는 모르겠습니다.”

임금은 다시 소해휼을 불러 똑같이 물었다. 소해휼이 말했다.

“이는 우리의 태도를 탐지한 후 치고자 하는 것입니다. 나라의 존망은 보물에 달려있는 것이 아니라 어진 신하에 달려있습니다. 어여쁜 구슬이나 보배 같은 노리개는 치떠는 것입니다.”

선왕은 소해휼에게 진의 사신을 응대하게 했다. 소해휼은 정병 300명을 뽑아 갑옷을 입혀服 궁궐 서쪽 문에 배치하고 동쪽에 하나, 남쪽에 넷, 서쪽에 하나 단을 만들어 놓았다.

진의 사신이 도착하자 소해휼이 말했다.

"귀하는 손님입니다. 그러니 동쪽 단으로 오르십시오."

그리고 남쪽에 영윤 자서, 태종 자오와 섭공 자고, 그리고 사마 자반을 같이 서게 했다. 그리고 자신은 서쪽 단에 올라가서 브리핑을 시작했다.

"사신께서 우리나라의 보물을 보고자 하기에 이렇게 보여 드립니다. 초에서 보물로 여기는 것은 바로 남단 위에 서 있는 어진 신하들입니다. 백성을 다스리고 곳집을 실하게 하여 백성들이 각자 나름대로 살아 나갈 수 있게 한 것은 영윤 자서가 있기 때문입니다. 또 규벽을 받들고 여러 제후에게 사신으로 가 서로 원망하거나 오해하는 일을 풀어 나라 사이에 이익을 교환하여 전쟁의 근심이 없도록 한 것은 바로 태종 자오가 있기 때문입니다. 그런가 하면 국토를 지키고 그 경계를 관리함에 게으름이 없도록 하여 이웃 나라를 침략하지도 않고 이웃 나라의 침략 역시 받지 않도록 하는 것은 바로 섭공 자고의 역할입니다. 군대를 잘 관리하고 무기를 정비하여 강한 적과 부딪쳤을 때, 전쟁의 북채를 잡고 백만 군사를 움직이되 명령만 하면 모두 끓는 물과 무서운 불길에도 아랑곳하지 않고 뛰어나가고, 시퍼런 칼날조차 서슴지 않고 밟고 지나가며 설령 죽어도 두려워하지 않도록 훈련시킨 것은 바로 여기 사마 자반의 덕택입니다. 또 패왕의 시대를 누렸던 의논거리가 아직 남아 있도록 하고 치란의 유풍이 이어지도록 하는 것은 바로 나 소해휼이 하는 일입니다. 오직 이것이 초나라의 보물이니 사신께서는 자세히 보시기 바랍니다."

衣 **옷 모양**

옷 의, 입을 의.

옷깃을 뜻하는 금襟에 축고(口)를 더하면 애哀가 되고 여기에 목目을 더하고 가슴에 옥환(環)을 넣어서 죽은 후에 다시 혼이 돌아오라는 의미를 부여하면 환還이 된다.

사람이 죽은 다음 봉할 때 옷깃 금襟을 덮으면 졸卒이 된다.

회褢(생각하다)·양襄(부정을 물리치다)·상喪(잃다)·원袁(멀어지다)은 모두 죽었을 때 의衣를 사용하는 것을 뜻하는 글자이다.

裳 치마를 입고 머리를 장식한 무녀 모양

치마 상, 성할 상.

무녀들은 의례 때 발을 덮는 긴 치마裳를 입고 눈썹화장을 하거나 머리에 깃을 꼽아 화려하게 장식하였다.

주술사들은 구리거울을 목에 걸고 해를 마주보고 섰다. 도력이 약한 주술사는 여러 개를 목에 걸었다. 구리거울을 축고 대신 사용했다. 구리거울은 햇빛을 받아 번쩍거리면서 무언가 신비로움을 자아내 그들의 뻥이 잘 먹히도록 도왔다.

주술사들이 목에 걸었던 구리거울은 요즘 거리에 나가면 흔히 보이는 네온사인 광고판의 원조쯤으로 보아도 좋겠다.

012 推爲讓國, 有虞陶唐

추 위 양 국 유 우 도 당

자리를 밀어서 나라를 양보하니
바로 요(堯)와 순(舜)이다.

推位 : 자리를 밀어

讓國 : 나라를 양보하니

有虞 : 순 임금과

陶唐 : 요 임금이다.

『사기』 '先富有而後推讓' – 먼저 부가 있은 후에 밀어서 양보한다.

推 손으로 새를 잡아 옮기는 모양

옮길 추, 가릴 추, 기릴 추, 궁구할 추, 파묻을 추, 밀 퇴.

당唐 승려 가도가 밤에 시를 짓다가 막혀버렸다.

鳥宿池邊樹　　새는 연못 가 나무에서 잠들고
僧推月下門　　중은 달빛 아래 문을 민다.

여기까지 지어놓고 '중이 달빛 아래 문을 민다.'의 추推가 마음에 들지 않아 고敲(두드린다)로 고쳤으나 어느 표현이 더 좋을지 망설이다 밤이 새고 말았다.

다음 날 아침 탁발 길을 걸으면서도 이 문제를 고민하다 그만 등청하던 고관의 마차에 부딪치고 말았다. 호위하던 병사가 놀라서 가도를 붙잡아 고관 앞에 꿇어 앉혔다. 고관은 경윤이었던 한유였다.

한유도 글이라면 내 노라 하는 인물이 아니던가. 가도가 사실대로 말하자 두 사람은 길 한 가운데 아예 수레를 멈추고 같이 고민했다. 결국 한유는 민다보다는 두드린다가 좋겠다고 훈수했다.

한유의 호가 퇴지이다. 그래서 이후 사람들은 글을 고치는 것을 퇴고推敲라 쓰고 읽기는 퇴고退敲라 하였다.

길 한가운데 수레를 멈추고 있었으니 요즘 같으면 뒤에서 경적소리가 요란했을 것이고, 교통경찰이 호각을 불면서 달려올 것이다.

지금은 잃어버린 낭만 조각이다.

位 사람이 제단 앞에 서있는 모양

임금의 신분 위, 벼슬 위, 위치 위, 자리가 정해 있을 위, 바를 위, 분 위, 벌일 위.

봉선封禪을 올릴 수 있는 자격은 임금에 한했다(位).

봉선에서 봉封이란 제왕이 즉위한 후 태산에 흙을 쌓아 제단을 만들고 천신에게 제사를 지내 그 공덕에 보답하는 것이고, 선禪이란 태산 아래 양보 산에서 땅의 신에게 제사를 지내 그 공덕을 기리는 것이다. 하늘과 땅의 천지신명에게 제를 지내야만 진정한 제왕이 된다는 이유다.

최초로 봉선한 것은 BC 219년에 진시황秦始皇이 태산에서 지냈고 그 후 한漢 무제, 당唐 고종, 무 측천, 청淸 강희제, 건륭제 등 12명의 황제가 제를 지냈다.

讓 말(言, 언)로 넘겨주다(襄, 양)

사양할 양, 꾸짖을 양.

축문을 읽어서 부정을 물리치는 의미.

양襄은 춤을 추는 무녀 모양.

양讓은 장식한 축고 앞에서 춤을 추는 무녀의 모습.

늘(或, 혹) 둘러싸서(囗, 위) 지키는

나라 국, 고향 국.

방邦은 제후로 봉해질 때 받는 땅이며, 국國은 무장한 도시를 가리키며, 읍邑은 백성이 거주하는 마을이다.

국國은 밀폐된 곳에서 창을 들고 축고를 지키는 모양.

국가國家는 공적인 지배·피지배 관계를 기능하게 하는 정치적 기구나 그 영역을 나타냈다. 본래 이 말은 주대 봉건제도에서 국國과 가家를 포함한 개념으로 생겨난 용어로서 오늘날 근대적·보편적인 국가와는 구별된다.

선진시대에 같은 말로 국國·방邦·방가邦家·방국邦國·사직社稷 등이 있었다. 또 일정한 지배영역을 나타내는 용어로는 천하天下·우내宇內·해내海內 등이 있었고, 구체적인 지배영역과 관련된 용어로는 중국中國·중토中土·중화中華·중하仲夏 등이 있었다.

국가라는 말은 봉건적인 읍제 질서에 직접적으로 관련되어 있다. 정치기구나 영역과 관련된 국가라는 말은 춘추전국春秋戰國 시기에 생겼다고 보면 된다. 진한시대에 들어서면 국가는 국國과 가家 체제가 발전적으로 해소된 것을 전제로 하여, 제실 별칭 또는 황제 개인에 대한 존칭으로 부활한다. 그 이후에는 정치기구나 영역을 표상하는 용어로 국·천하·중국을 썼다. 한편 전제 정치가 강화되어 천하를 공적인 일가로 본다는 새로운 국가 개념이 진한시대 이후로 계승되었다.

중국이 다시 통일되어 대외적으로 발전한 수당시대는 주변 여러 민족과 정면으로 대치했던 시대였다. 따라서 중앙과 주변 사이 긴장관계가 배경이 되어 국가는 주변과 대비되어 규정되는 영역이라는 보다 보편적인 개념이 생겨나게 되었다.

有 **고기를 손에 들고 있는 모양**

있을 유, 얻을 유, 취할 유, 질정할 유, 가질 유, 친할 유.

전쟁에 나가는 병사에게 신육을 자른 고기 조각은 대단히 중요한 소지품이었다.

유有는 병사가 신육 조각을 손에 들고 있는 모양.

虞 **호랑이**(虍, 호)**가 으르렁거리니**(吳, 오)

염려할 우, 추우 짐승 우, 즐거울 우, 갖출 우, 그릇할 우, 편안할 우, 우제지낼 우, 우 벼슬 우, 나라 이름 우.

우虞는 순이 살던 곳 지명. 순은 우를 자신의 성으로 삼았다. 그리고 천자가 된 뒤에는 우를 나라 이름으로 삼았다.

순은 스스로 밭을 갈아 농사를 짓고 그릇을 굽고 고기를 잡아 부모에게 효도하고 형제간 우애를 중시하였다. 아버지 고수는 어리석었고, 어머니가 죽고 나서 들어온 계모는 사나웠고, 씨 다른 동생 상은 오만했다.

계모와 상이 여러 번 순을 죽이려 했으나 순은 슬기롭게 화를 피하곤 했다. 그러나 밭에 나가 일할 때 가끔 홀로 울음을 터뜨리곤 하였다.

그런 까닭에 순이 역산에서 농사를 짓자 역산 농부들이 밭두둑을 서로 양보하였고, 하수 가에서 그릇을 구울 때는 도공들이 그릇을 기울거나 찌그러지게 굽는 일이 없었다. 또 뇌택에서 고기잡이를 할 때는 어부들이 서로 양보하여 모두 각자 몫을 고르게 나누어 가졌다.

이런 순이 천자가 되자 천하가 스스로 교화되었고 사방 이민족들이 몰려와 복종하였다. 그의 이름은 북으로는 기수까지 퍼졌고 남으로는 교지까지 위무하였다. 기린과 봉황이 교외에 나타났고 샘에서 감로가 나오고 상서로운 구름이 하늘에 떴다.

陶 언덕(阝, 부)에서 구은 도자기(匋, 도)

질그릇 도, 통할 도, 불쌍히 생각할 도, 화할 도, 땅이름 도, 달릴 도.

요堯가 처음 살던 곳.

요는 제곡 고신의 아들로 이름은 방훈放勳이고 당요唐堯 또는 제요도당帝堯陶唐으로도 부른다. 이는 요가 당唐 지방을 다스렸기 때문에 붙은 칭호이다. 요는 도당씨陶唐氏라고도 부르는데, 요가 처음에 도陶라는 지역에 살다가 당唐이라는 지역으로 옮겨 살았기 때문이다.

요는 20살에 덕으로 왕위에 올랐다. 요의 치세에 백성들은 화합하고 백관의 직분은 공명정대하여 모든 제후국들이 화목하였다.

요는 희씨羲氏와 화씨和氏 일족에게 계절에 따라 농사의 시기를 가르쳐 주도록 하였으며, 1년을 366일로 정하였다. 또한 자신이 독단적인 정치를 할 것을 염려하여 궁전 입구에 감간고敢諫鼓를 달아 경계하도록 하였다.

요의 만년에는 황하가 범람하여 큰 홍수가 났으며, 요는 이를 다스리기 위하여 곤鯀을 시켜 9년 동안 치수공사를 하게 했지만, 실패하였다.

요가 왕위에 오르고 70년이 지난 후 요는 신하들에게 후계자를 추천하라고 했다. 신하들은 전욱과 고양의 후손이며 효성이 지극한 순舜을 추천하였다.

요는 순에게 두 딸을 시집보내고 여러 가지 일을 맡겨 순의 사람됨과 능력을 시험해 보다 3년 후 등용하여 천하의 일을 맡겼다. 20년이 지나자 요는 순을 섭정으로 삼고 은거하다 8년 후 세상을 떠났다.

그러나 『죽서기년』에서 순이 쿠데타를 일으켜 요를 폐위시켜 감금했다고 하는 것으로 보아 요 시대에 황하 유역에 농경을 바탕으로 한 중앙집권적中央集權的인 정치세력이 형성되었다고 추정된다. 모두 수로水路와 관련이 있다.

唐 집(广, 엄)에 임금(君, 군)이 들어왔다. 웬일로?

황당할 당, 복도 당, 갑자기 당, 제방 당, 당나라 당.

요는 본래 도에서 살다가 당唐으로 옮겼다. 이 두 곳을 합쳐서 도당陶唐이라 부른다.

013 弔民伐罪, 周發殷湯

조 민 벌 죄 주 발 은 탕

백성을 위로하고 죄지은 자는 쳤으니
주나라 무왕과 은나라 탕 왕이다.

弔民 : 백성을 위로하고

伐罪 : 남의 허물을 쳤다.

周發 : 주 무왕과

殷湯 : 상 탕왕이

弔 활(弓, 궁)을 세우고(丨, 곤)

조상할 조, 서러울 조, 불쌍히 여길 조.

예전에는 사람이 죽으면 시체를 들판에 버려 풀로 덮어 두었다. 그래서 짐승들이 시체를 훼손하지 못하도록 활로 무장하고 시체 주변을 서성이면서 장사를 지냈다(弔).

갑골문에서 죽음은 사방이 에워싸인 곳에 사람이 있는 모습이다. 이것은 사람이 관에 들어가 있는 모양으로, 지금 한자로 바꾸면 수囚이다. 수囚는 아직 신체가 남아 있기 때문에 재생이 가능한 상태이다.

시체 살이 모두 썩어 뼈만 남게 되어야 해골만 남아 절을 받는 형태, 즉 재생이 불가능한 사死가 된다. 시체를 풀밭에 버렸기 때문에 장葬이라는 글자가 생겼는데 초원에 버린 다음 살이 썩으면 뼈만 수습해서 제사를 지냈다.

民 한쪽 눈을 칼에 찔린 노예 모양

백성 민.

신臣은 신에게 바쳐진 노예이고 민民은 자기 씨족이 아닌 백성을 부를 때 사용한 말인 듯. 즉 종속관계從屬關係에 있는 사람을 부르는 말이었다. 원래 민民도 신臣과 마찬가지로 신에게 희생으로 바쳐야 할 대상이었다.

모든 피정복자는 정복자의 씨족 신에게 희생으로 바쳐야만 했다. 전쟁에 진 부족 성인남자는 모두 정복자가 노예로 삼았다. 혹여 있을 그들의 저항을 약화시키기 위하여 먼저 한 쪽 눈을 찔러 실명시키고, 그래도 사나운 자는 다시 한 쪽 다리의 아킬레스건을 잘라서 다리를 절게 했다. 민民은 그러한 노예 모습을 본뜬 자이다.

인人도 예전에는 이민족 포로를 가리키는 경우가 있었지만 나중에 지배계급에 속한 사람으로 의미가 승격되었다.

중衆은 원래 경작자를 의미했는데 나중에 신분적 의미를 띄는 말이 되었다. 후세 같은 의미로 쓰이게 된 말에 서민庶民·서인庶人·백성百姓이 있으며, 민民이 지배자로부터 이념상으로는 평등하다고 간주되었을 때는 제민齊民으로 불리기도 했다.

伐 잡아온 강인(羌人) 목을 치는 모양

칠 벌, 벨 벌, 공 벌, 자랑할 벌, 방패 벌, 갈아 눕힌 흙 벌.

중국 사람들이 이승에서 가장 행복한 사람을 오복완인이라 불렀다. 다섯 가지 복을 순서대로 쓰면 자子·수壽·재財·명名·리利이다. 오복 중에 가장 중요시 한 것이 자식 복이다.

안휘성 소학교 1학년 산수 시간에 채왕이 수업 중 갑자기 큰 소리로 노래를 불렀다. 선생이 그치라고 몇 번 주의를 주었으나 아이는 그치지 않았다. 선생은 교과서로 아이의 머리를 몇 번 때렸다(伐).

아이가 울면서 집에 돌아와 자초지종自初至終을 부모에게 이르자 부모가 득달같이 학교에 달려왔다. 아버지 채사랑은 들고 간 곤봉으로 선생을 내리치고 어머니 마지혜는 선생의 가슴을 쥐어뜯어 선생은 그만 죽고 말았다.

요즘 중국에서 계획생육, 우리말로 산아제한産兒制限을 하다 보니 가정마다 아들딸 하나씩만 가지게 되어 자식을 과잉보호過剩保護하는 풍조가 흔한 모양이다.

罪 그물이 어긋난 모양

허물 죄, 죄줄 죄, 고기 그물 죄.

❁ 餘桃之罪(여도지죄)

위衛 미자하는 미소년이어서 왕의 총애를 받았다. 어느 날 어머니가 병을 얻자 왕의 허가 없이 왕이 타는 마차를 몰고 병문안을 다녀왔다. 이것은 발목을 자르는 형벌에 해당되었으나 왕은 오히려 그의 효도를 칭찬하며 용서해 주었다.

어느 날 왕을 모시고 과수원에 갔을 때 자기가 한 입 베어 먹은 복숭아를 왕에게 주었다. 왕은 자기가 먹던 것까지 나를 생각하여 주니 정성이 갸륵하다 좋아하였다.

그러나 어느덧 세월이 흘러 미자하의 아름답던 모습이 시들자 왕은 총애를 거두더니 급기야 증오하는 마음이 생겼다. 왕은 지난날을 회상하며 말했다.

"미자하는 전날 나를 속이고 마차를 탔으며 제가 먹던 복숭아를 내게 준 놈이다."

周 방형 방패에 그린 문양

나라 이름 주, 두루 주, 주밀할 주, 두루 할 주, 미쁠 주, 구할 주, 구부러질 주.

방패 문양에 축고(口) 모양을 더하여 수불修祓(푸닥거리) 의미가 된다.

주周는 주 왕조 이름이기도 하다.

發 **활을**(弓, 궁) **들고 가서**(癶, 발) **쏘아라**(殳, 수)

일어날 발, 찾아낼 발, 일으킬 발, 펼 발, 열 발, 쏟을 발, 밝힐 발, 들날릴 발, 떠날 발, 활 쏠 발, 빠를 발.

발發은 주 무왕 이름이다

주 족은 희姬 씨 부락으로 처음에는 강羌 족 중 강 씨 부락과 통혼을 통해 부락 연맹을 이루고 있었다.

태邰 씨 딸 강원이 광야에서 거인의 발자국을 밟은 후에 잉태하여 기棄를 낳았는데 이 시기가 주 족이 모계사회에서 부계사회로 넘어가는 과도기였다. 기는 하夏의 농관을 지냈기 때문에 후에 농신 후직으로 제사지내게 된다.

주 족은 대략 하나라 말년에 섬서와 감숙성 일대에서 활동하였고, 아울러 오랫동안 융적과 함께 살았기 때문에 문화는 비교적 낙후하였다.

후직의 3세손인 공유 때 빈으로 이주하였고, 공유 이후 9세가 지난 고공단보 때 융족과 적인의 침략을 받아 다시 기산 남쪽 주원으로 터를 옮겼다. 주 족은 이곳에서는 정착하여 세력을 쌓아 나갈 수 있었다.

문왕이 죽고 태자 발이 왕위를 계승하니 그가 무왕이다. 무왕은 호鎬로 다시 천도하고 여러 부족과 연합하여 맹진에서 황하를 건너 상商 주왕과 목야牧野에서 일전을 벌여 이겼다. 그 후 무왕은 상에 복속하던 각 지역 제후를 차례차례 정복하였다.

무왕은 죽은 주왕의 아들 무경을 은殷의 후예로 삼아 그를 이용하여 상 유민들을 통제했다. 그리고 상왕이 직접 다스리던 지역을 동생 관숙과 채숙·곽숙에게 나누어 주어 각각 다스리게 하여 무경을 감시하였다.

무왕이 죽자 아들 성왕이 뒤를 이었으나 성왕의 나이가 어렸으므로 무왕 동생 주공 단이 성왕을 포대기에 싸 등에 업고 섭정을 하였다.

殷 사람을 마구 때리는 모양

은나라 은, 많을 은, 무리 은, 클 은, 가운데 은, 융성할 은, 천둥소리 은.

은殷은 상商나라 수도. 옛날에는 수도를 국명으로 사용하기도 하였다.

『맹자』에 위 혜왕이 양으로 수도를 옮기자 양 혜왕이라 불렀던 것이 같은 맥락이다.

상商은 형벌권을 나타내는 바늘 모양의 기구 신辛을 받침대 위에 세우고 여기에 축고(口)를 더한 모양이다.

상족은 소호 씨의 한 지파였을 가능성이 크다. 상족 시조인 설은 유융의 딸 간적이 현조 알을 삼키고 낳았다. 순이 왕으로 있을 때 설은 우의 치수사업을 도운 공으로 사도에 임명되었고 상商에 봉해졌다.

은殷은 이夷라고도 발음되고 또 의衣와도 관계가 있어 보인다. 상나라 사람들은 옷으로 혼을 불러왔다.

은殷은 아마도 주나라 사람들이 정복된 상나라 사람들에게 미개인未開人 또는 오랑캐라는 의미로 폄하하여 사용한 말인 듯하다.

상은 원래 조나 기장을 재배하며 목축을 하고 살았는데 하남성에서 섬서성으로 들어와 굴가령 문화와 접촉했다. 거기서 벼농사를 배웠을 것이다.

상은 통일을 이룬 나라는 아니었다. 겨우 씨족 세력을 통합한 정도였다. 그래서 여기저기에 왕자를 파견해서 분자봉건分子封建이라는 방식으로 정치력을 얻었다. 따라서 각 부족이 불만을 가지고 분열하면 곧바로 붕괴되는 구조였다.

국가라고는 할 수 없는 형태였기에 신이 절실하게 필요했을 것이다.

❀ **殷鑑不遠**(은감불원)

하夏, 걸桀 왕은 매희에게 빠져 국정에 소홀해 민심이 이반하고 말았다. 탕湯이 걸을 치고 상商을 세웠다. 6백여 년 후 주왕은 달기에 빠져 폭정을 일삼았다. 서백이 주왕에게 간했다.

"은왕의 거울이 된 선례가 멀지 않은 하 왕조의 걸에게 있습니다."(殷鑑不遠 在夏後之世).

주는 서백을 궁중에 가두어 버렸다. 서백이 문왕이다.

湯 **물(氵, 수)에 뜨거운 볕(昜, 양)을 쬐면**

끓을 탕, 물 끓일 탕, 물 이름 탕.

상商의 시조에 대한 의견은 분분한데 황제黃帝의 후손 탕왕湯王이 세웠다는 게 대세이다. 탕왕은 하나라의 마지막 왕이자 폭군인 걸왕을 무찌르고 상나라를 개국하였다. 설로부터 13대째인 탕은 박을 수도로 삼았다. 탕은 현인 이윤의 도움을 빌려 정치를 하였다.

상 마지막 왕은 무희 달기와 함께 국민을 잔혹하게 다룬 30대 주왕紂王이며, 주周나라 시조인 무왕에 의해 멸망하였다.

상은 19세기 말까지 전설상의 왕조로만 다루었으나 20세기 초에 수도였던 은허殷墟가 발굴되면서 고고학적 증거들이 나타나 실재하는 왕조였음이 인정되었다. 출토된 청동기나, 갑골문자甲骨文字를 독해함으로써 선사 사회부터 역사시대로 옮겨진 은나라 사회의 실태가 점차 해명되었다. 요즘 나온 재레드 다이아몬드의 『총, 균, 쇠』를 보니 서양에서는 하夏까지 인정하는 학자들이 나오는 모양이다.

어느 때, 탕湯은 3년 동안 가뭄이 계속되자 비를 청하기 위하여 장작더미를 쌓고 무녀 대신 자기가 그 위에 올라가 앉았다.

당시는 가뭄이 계속되면 강 족이나 무녀를 태워 죽이는 풍습이 있었다(黃·難).

그런데 막 불을 붙이려는 순간 비가 억수처럼 쏟아져 내렸단다.

014 坐朝問道, 垂拱平章

좌 조 문 도 수 공 평 장

아침에 앉아서 다스리는 법을 물으니
겸손하게 팔짱을 끼고 있어도 밝게 다스려 진다.

坐朝 : 아침에 앉아

問道 : 도를 묻고

垂拱 : 늘어뜨려 팔짱을 끼고

平章 : 백성을 다 같이 밝게 다스린다.

『논어』 '朝聞道 夕死可矣' – 아침에 도를 들으면 저녁에 죽어도 좋다.
『서경』 '平章百姓' – 백성을 다 같이 밝게 다스림.

坐 두 사람(人, 인)이 땅(土, 토)에

앉을 좌, 무릎 꿇을 좌, 자리 좌, 지킬 좌, 죄를 입을 좌, 대심할 좌, 손발을 움직이지 않을 좌.

사당에서 신판神判을 할 때 피의자에게 수갑(幸)을 채워서 돌 위에 앉히는데 그 자리를 가석과 폐석이라고 하였다. 가석과 폐석에 피의자를 앉히고 심문했다.

좌坐는 그 당사자들이 앉아 있는 모습이다.

朝 달(月, 월)이 지고 해가 돋으니(𠦝, 간)

아침 조, 이를 조, 보일 조, 조회 받을 조, 조정 조, 찾을 조, 나라 이름 조.

❀ 朝三暮四(조삼모사)

송宋 저공은 원숭이를 좋아하였다. 그는 원숭이의 말도 알아들었다. 원숭이 수가 점차 늘어나자 먹이 값도 같이 늘어나 재정적財政的인 부담이 왔다. 저공은 원숭이들에게 물었다.

"도토리를 아침에 세 개 저녁에 네 개씩 주면 어떻겠니?"

원숭이들은 모두 적다고 화를 냈다.

저공이 다시 물었다.

"그럼 아침에 네 개 저녁에 세 개 주면 어떻겠니?"

이 말에 원숭이들은 만족하여 모두 웃었다.

問 문아래 축고가 있는 모양

물을 문, 문안할 문, 문초할 문, 분부할 문.

❀ 問鼎之輕重(문정지경중)

주周 정왕 때, 초楚 장왕은 명목상 맹주이던 주周를 정복하려 국경에 대군을 집결시키고 무력시위를 벌였다. 정왕은 대부 왕손만을 보내 융戎을 토벌한 장왕의 승리를 축하했다.

장왕은 슬며시 왕손만에게 주周 조정에 전해오는 세 발 솥의 무게를 물었다. 왕실에 전해 내려오는 세 발 솥은 왕가의 상징이고 신성한 기물이었다. 하夏 우왕은 구주에서 금속을 거두어 세 발 솥 9개를 만들었는데 이것을 구정九鼎이라 하여 하·상·주 3대의 보기寶器로 세세손손 계승토록 했던 것이다. 이로부터 세 발 솥의 몸통은 제왕을, 세 발은 삼공을 의미했다.

장왕의 질문을 받은 왕손만은 주의 세 발 솥의 유래부터 설명했다.

"세 발 솥의 경중이 문제가 아닙니다. 요는 제왕의 덕입니다. 세 발 솥은 항상 덕망이 높은 곳으로 옮아갔습니다. 지금 주 임금은 비록 덕이 장왕만큼은 미치지 못할 지라도 오늘날까지 세 발 솥을 보전하고 있는 것은 하늘의 명이 닿아서가 아니겠습니까? 저는 아직 천명이 바뀌었다고 보지는 않습니다. 그러므로 지금 세 발 솥의 경중에 대하여 대답할 이유는 없다고 봅니다."

말 빨 외교가 통해 장왕은 힘으로 주를 공략할 생각을 미루고 군사를 이끌고 초로 돌아갔다.

道 이민족 머리(首, 수)를 베어들고 걸어가는(辶, 착)

길 도, 이치 도, 순할 도, 도 도, 말할 도, 말미암을 도, 좇을 도, 행정구역 이름 도.

도道는 이민족 머리를 잘라 손에 들고 길을 걷는 모습이다.

다만 자기가 이미 지배하는 영역에서는 이런 짓을 하지 않았다. 자기들 영역 밖으로 나갈 때에 그 이민족의 영을 퇴치하면서 나가려는 주술적呪術的인 행위였다.

❁ 道聽塗說(도청도설)

『논어』「양가편」 '道聽而塗說 德之棄也' – 항간에 떠도는 소문을 다른 이에게 옮기는 것은 덕을 버리는 짓이다.

『한서』「예문지」 '小說家者流 蓋生於稗官 街談巷說 道聽塗說 者之所造也' – 소설가와 같은 사람들은 대개 패관에서 나왔는데 길가에 떠도는 이야기나 항간의 뜬소문으로 글을 지은 자들이다.

요즘말로 하면 가십·에피소드·인터넷 괴소문이라고나 할까?

垂 나무에 축고를 건 모양

드리울 수, 변방 수, 거의 수, 미칠 수, 남길 수.

동東·중重 참조.

❀ **垂簾聽政**(수렴청정)

측천무후則天武后는 14세 때 당唐 태종의 후궁으로 들어갔다 태종이 죽자 감업사 비구니가 되었다. 고종은 태자 시절부터 아버지의 궁녀였던 그녀를 몰래 좋아하였기에 비밀리에 입궁시켜 소의로 앉혔다. 그리고 1년 후 그녀를 황후로 봉했다. 무지무지하게 좋아했던 모양이다.

그녀는 황후가 된 후 이전에 자신의 반대편에 있었던 장손무기와 저수량 등을 귀양 보내거나 자살하게 했고, 정실 황후였던 왕 씨와 조숙비의 수족을 자르고 술통에 넣어 죽였다. 조숙비가 술통으로 들어가면서 한 "나는 죽어 고양이가 되어 늙은 쥐가 될 너를 찢어 죽이겠다."라는 말 때문에 장안에서는 일체 고양이를 기를 수가 없었다.

고종이 간질을 앓아 국정을 비우는 일이 잦자 그녀는 후궁 소생 태자 충을 폐하고 자기 아들 홍을 세웠다. 그리고 국정을 전횡하기 시작했다. 674년 그녀는 천후天后라는 칭호를 받았다.

고종이 죽자 그녀는 아들을 천자에 앉혀 발을 치고 정사를 간섭하다(垂簾聽政) 마침내 국호를 주周로 고치고 스스로 성신황제가 되었다.

拱 **손(扌, 수)을 함께(共, 공) 잡아**

팔짱 낄 공, 손길 잡을 공, 아람 공.

위魏 문제가 노육에게 이부상서를 제수하며 말했다.

"경은 괜찮지만, 가문이 좋다는 이유만으로 팔짱만 끼고 있는(拱) 자를 높은 벼슬에 임명할 수는 없소. 땅에 그린 떡은 먹을 수가 없기 때문이오."(畵地爲餠 不可食也).

平 저울 모양

평탄할 평, 바를 평, 화할 평, 다스릴 평, 고를 평, 쉬울 평, 화친할 평, 풍년들 평.

원元 마지막 황제 순제는 왕권에 항거하여 폭동을 일으킨 백성들을 무자비하게 처형했다. 한때 순제는 창·왕·리우·리·차오라는 성을 가진 모든 백성을 처형하도록 명령했다. 이러한 성들은 우리나라 김·이·박 씨처럼 중국에서 가장 흔한 평범한(平) 성으로 그 당시 중국 인구 5,600만 명 중 약 5,000만 명이 여기에 해당되었다.

그러나 살육이 벌어지기 직전 왕조가 무너지면서 명이 들어섰다.

권력은 완전히 기울어질 때까지 결코 포기하지 않는 모양이다.

章 제단 위에 축고를 놓고 그 위에 장식을 한 모양

표할 장, 물채 장, 장정 장, 글 장, 밝을 장, 큰 재목 장, 문장 장, 인장 장.

제단祭壇 위로 신의 응답이 오는 모양이다. 축고 앞에서 고하는 것을 언言이라 하고 신이 응답하는 것을 음音이라 한다.

신비하고 엄숙한 장면이다.

015 愛育黎首, 臣伏戎羌

애육려수 신복융강

백성을 사랑하여 기르니
융과 강 민족도 신하로 복종하다.

愛育 : 사랑하여 기르니

黎首 : 백성을

臣伏 : 신하로 복종한다.

戎羌 : 융과 강 족이

『북사』 '愛養' – 사랑하여 기름.

『채전』 '黎黑也 民首皆黑 故曰黎民' – 려는 검다는 뜻이다. 백성은 관을 쓰지 않아 머리가 검어서 려민이라 한다.

愛 춤추는 무녀 모양

사랑 애, 친할 애, 은혜 애, 어여삐 여길 애, 괴일 애, 사모할 애, 측은히 여길 애, 아낄 애, 좋아할 애, 몰래 간통할 애.

'楚王愛細腰 宮中多餓死'(초왕애세요 궁중다아사)

『순자』「군도」 초楚 영왕이 허리가 가는 궁녀를 사랑했다. 그래서 살을 빼 허리를 가늘게 하려 감식한 탓으로 많은 궁녀가 굶어 죽었다.

『당시선』 '楚腰纖細 掌中輕' – 초나라에 허리가 가는 여자는 손바닥 가운데에 설 정도로 가벼웠다.

비연은 손바닥 위에서 춤을 추었다 하니 얼마나 몸이 가벼웠을지 짐작이 간다.

育 **제사에 올릴 고기 위에 뚜껑을 한 모양**

기를 육, 날 육, 자랄 육.

고기를 가리기 위하여 뚜껑을 덮은 모양으로 보기도 하고, 신육 위를 풀로 장식한 모양으로 보기도 한다.

黎 **기장(黍, 서) 차를 잔질하다(勺, 작) 보니**

검을 려, 동틀 려, 무리 려, 배접할 려.

서黍는 기장 모양. 고대 중국 북방에서는 기장이 주식이었다.

나는 차(茶)를 부산 사는 친구 김명섭 시인에게 배웠다. 김명섭 시인은 여러분들이 다 잘 아는 '거리의 시인'·'배트맨 아저씨'·'KBS 홍보대사'인 바로 그분이다.

나와 만나기로 약속하면 시인은 아침 일찍 구봉산에 올라 동쪽으로 흐르는 물을 골라 말 통으로 길러다 둔다. 어스름에 만나 초량 돼지갈비 집에서 저녁을 든든하게 먹어 차를 마실 준비를 마치면, 바로 산복도로山腹道路 중간쯤에 있는 시인 집에 가서 둘이서 새벽 동이 틀 때까지(黎) 차를 마신다.

향이 천천히 타고 가야금 산조가 전설처럼 흐르는 가운데 서로 별반 말도 하지 않지만 한 사람이 삼백 잔은 거뜬히 마신다.

首 머리 모양

머리 수, 먼저 수, 비롯할 수, 처음 수, 임금 수, 우두머리 수, 괴수 수, 향할 수, 꾸벅거릴 수, 자백할 수, 시 한 편 수, 항복할 수.

머리(首) 사냥은 주로 자기 씨족을 보호해 줄 영을 더 얻기 위해서했다. 새로 얻은 머리는 나무 기둥 위에 걸어 놓고 여러 가지 주술 장식을 하고 제사에 사용하기 위하여 정중하게 다루었다.

대만 타이얄 족은 머리의 영혼이 하늘로 잘 오르도록 성스러운 사다리를 준비하기도 했다. 사람 머리를 자르는 풍속은 남아시아로부터 널리 태평양권에 걸쳐 광범위하다. 특히 대만 타이얄 족은 20세기 초반에도 그 풍속을 그대로 유지하고 있었다. 사람 목을 자르는 것은 사실 예전에는 그 나름 이유가 있는 엄숙한 의식이었다. 여러 민족의 고대 풍속에서 자주 발견된다.

중국 여러 민족에게도 과거에 그러한 풍속이 있었는데, 아마 일찍부터 많은 이민족과 접촉해야 했던 중원 사람에게 다른 민족 신에 대한 두려움이 가슴속 깊숙이 흐르고 있었던 모양이다.

상商나라는 이민족 방백 두개골에 방백 이름과 그것을 사용한 제사의례 등을 기록하였는데, 문자를 새긴 부분은 빨강색으로 칠했다.

복사를 기록한 갑골문과 함께 문자가 새겨진 두개골頭蓋骨이 다수 출토되는데, 특히 적 우두머리 두개골은 뛰어난 주술적 효능을 지닌 것으로 여겨졌다.

사냥한 짐승 희생물의 머리도 문자를 새겨 보존했다.

臣 신에게 바쳐진 희생물 모양

신하 신, 두려울 신.

눈을 크게 부라린 모양이나 한쪽 눈을 실명한 모양이기도 하다.

현賢은 상처를 입은 눈이다.

『설문』에 '臣事君者 象屈服之形'(신은 임금을 모시는 자인데 무릎을 꿇고 구부리고 있는 모양이다.)라고 했는데 이는 잘못된 해석이다. 본래는 신에게 바쳐진 노예를 의미했다.

伏 사람(人, 인)이 제사에 올릴 개(犬, 견)를 잡으려

엎드릴 복, 공경할 복, 숨을 복, 숨은 죄 복, 굴복할 복.

고대 중국에서 제사를 지낼 때 초기에 주로 개를 잡아 고기를 올렸다. 제사가 끝나면 고기는 씨족 성원이 골고루 나누어 가졌다.

戎 창(戈, 과)을 든(左, 좌) 사람

서쪽 오랑캐 융, 병장기 융, 싸움 수레 융, 클 융, 너 융, 도울 융.

중국에서 사람 기질이 가장 거친 지역을 고른다면 단연 동쪽의 연燕과 서쪽의 융戎을 들 수 있다. 연을 대표하는 주먹이 장비이고 융을 대표하는 짱이 마초이다.

일본은 규슈 지방 사내들이 펀치가 센 모양이다.

우리나라는 '여수에 가서 돈 자랑하지 말고 벌교에 가서 주먹 자랑하지 말라.'고 한다. 여수나 벌교는 서쪽 지방이다.

동쪽 지방에서 중국의 연나라와 맞먹는 곳을 꼽으라면 나는 내 고향 묵호를 들겠다. 항구도시 묵호 사내들은 거센 바닷바람을 먹어 주먹이 맵다.

그렇다고 여수·벌교와 묵호 사내들이 오랑캐라는 말은 아니다.

羌 **양**(羊, 양)**처럼 어진 사람**(儿, 인)

오랑캐 강, 말 끝낼 강.

강羌 족 조상으로 여겨지는 백이는 주周 무력전쟁에 반대하여 수양산에서 굶어 죽었고, 또 강 족이었던 허유도 요 임금이 제의한 선양을 사양하고 영수에서 귀를 씻은 다음 몸을 감추었다. 이들은 전국시대 문헌에 모두 세상을 피하여 몸을 감춘 사람이라고 씌어있다.

정착생활定着生活에 들어가지 못했던 강인 대부분은 서쪽 산언덕 지대에서 양을 치면서 이동하는 생활을 계속하였다. 그들은 상나라 사람들이 이민족 희생 대상으로 삼았기 때문에 자주 포획되었다.

016 遐邇壹體, 率賓歸王
하 이 일 체 솔 빈 귀 왕

멀고 가까이서 한 몸이 되어
손님을 인도하여 왕에게 돌아온다.

遐邇 : 멀고 가까이서

壹體 : 한 몸이 되어

率賓 : 손님을 이끌고

歸王 : 왕에게 돌아온다.

『사마상여』 '遐邇壹體' – 먼 곳과 가까운 곳이 한 몸이다.

遐 **돈을 빌리고**(叚, 가) **멀리 도망가니**(辶, 착)

멀 하, 어찌 하.

어떤 왕이 스승을 구했다. 스승은 왕이 지금 누리는 권력과 쾌락은 사실은 허망한 것이며, 눈에 보이는 모든 것들은 다만 무지에 의해 일시적으로 나타난 것일 뿐 실재하는 것이 아니라고 했다. 왕은 잘 납득이 되지 않아 스승을 시험해 보기로 했다.

다음 날 스승이 궁전으로 들어올 때 왕은 미친 코끼리를 길에 풀어 놓았다. 코끼리는 시뻘건 눈을 부라리며 스승에게 달려들었다. 스승은 마치 원숭이처럼 날렵하게 길옆의 종려나무 위로 올라갔다.

나중에 왕이 스승에게 물었다.

"선생님은 세계는 무지에 의하여 일시 나타난 환상일 뿐이라고 가르쳐 주셨는데 어찌하여(遐) 코끼리를 보고는 그렇게 재빨리 도망가셨습니까?"

스승이 말했다.

"여보게, 그 코끼리는 실재가 아닐세. 마찬가지로 자네가 보았던 그 광경도 실재가 아니었네."

도망갈 구멍을 미리 만들어 놓았다.

邇 **그렇게(爾, 이) 쉬엄쉬엄 가도(辶, 착)**

가까울 이.

상商 왕조는 그들이 정복한 이민족을 지배하기 위해 문자가 필요했다.

왕조는 절대적인 권위를 필요로 했기 때문에, 왕은 필연적으로 스스로 신이 되거나 신과 유일하게 가까이(邇) 소통할 수 있는 존재가 되어야 했다. 왕이 신과 소통하는 수단이 바로 문자였다.

이집트의 히에로글리프(상형문자)도 피라미드 속에만 있었다 하지 않는가.

갑골문을 보면 신에게 '이 문제에 대한 해답을 주십시오.'라고 자주 묻는데, 신이 체면이 있지. 직접 인간의 말로 허락할 수는 없지 않겠나. 인간은 거북의 배딱지나 소 어깨뼈가 불에 타 쪼개지는 애매모호한 금을 보며 신의 뜻을 추측할 수밖에…….

왕은 문제가 생기면 자기가 원하는 답이 나올 때까지 계속 점을 쳐 결국 원하는 답이 나오면 '신도 승낙했다.'고 내외에 알렸다.

현대인은 문자가 사람과 사람이 소통하기 위한 수단이라고만 생각한다. 신이 사라진 상태에서 문자를 사용하기 때문이다.

壹 제단 위에 주술용 도끼를 올려놓은 모양

한결 일, 정성 일, 순박할 일, 통일할 일, 막힐 일, 모두 일.

사士는 주술용 도끼 모양인데 두豆는 제사를 지내는 제단의 모양이다. 멱冖은 무엇을 덮는다는 뜻이 있다.

體 뼈(骨, 골)가 튼튼해야(豊, 풍)

몸 체, 사지 체, 몸 받을 체, 모양 체, 꼴 체, 물건 체, 근본 체, 본받을 체.

유부는 병을 치료할 때에 탕액·예쇄·참석·교인·안올·독위 같은 전통적인 처방을 쓰지 않았다. 그는 병의 증상을 잠시 살펴보는 것만으로 오장의 수혈을 읽어내고 바로 피부를 갈라 살을 열어 끊어진 힘줄을 잇고 막힌 맥을 통하게 했다. 척수와 뇌수를 눌러 고황과 횡격막을 바로잡고, 장과 위를 씻어 정기를 다스려 몸(體)을 바로잡았다.

요즘의 서양의학 의사를 연상시키는 사람인데 화타와는 병을 고치는 방법이 달랐다.

率 활 과녁 모양

거느릴 솔, 좇을 솔, 다 솔, 쓸 솔, 행할 솔, 대강 솔, 소탈할 솔, 경솔할 솔, 뱀 이름 솔, 헤아릴 률, 과녁 률, 표할 률, 비례 률, 새 그물 수.

활을 쏘는 방법은 동서양이 다르다. 서양은 활시위를 당겨 과녁(率)을 조준하나 동양은 활대를 밀면서 조준하여 쏜다.

이것은 서로의 기질 차이일 텐데 대개 서양은 외향적外向的이고 동양은 내향적內向的이라 할 수 있겠다. 기질이 행위로 나타나면 대단한 차이가 난다.

서양은 인간을 작고 하찮은 존재로 규정한다. 그래서 신 앞에서는 언제나 죄인이 되어 낮은 자세를 취해야 뒤탈이 없다. 이 신을 세속으로 끌어내리면 빈틈없고 근심 많으며 독실하고 기업적이고 탐욕스러운 서양인의 모습이 나타난다. 그들은 주로 재산·건강·지식·기술 습득·권력·정복과 같은 것들을 추구한다.

한 마디로 말하면 '네 것은 내 것이고 내 것도 내 것이다.'는 것이다.

그들은 이기적 동기를 숨기고 더 많은 물질을 챙기기 위해 가장된 이타주의利他主義를 고안해서 학자와 선교사를 통해 퍼뜨렸다.

동양은 서양과는 달리 신보다 개인의 정신적 실체를 중시한다. 정신을 존재의 중심이자 유일한 조건으로 보는 것이다. 삶의 철학적 깊이는 있으나 어쨌든 서양의 물리력에 밀려 한동안 혼이 났던 시절이 있었다. 동양에서는 서양의 외향성을 속세의 헛된 욕망과 세상의 모든 고통으로 인도하는 원인으로 본다. 서양인들은 이러한 동양의 내향성을 물꼬 막히고 논두렁 터진, 물정에 어두운 바보 정도로 취급한다.

둘 사이에 다리를 놓는 작업은 쉽지 않다.

賓 **사당(宀, 면)에 젊은이(少, 소)가 돈(貝, 패)을 가지고 오니**

손님 빈, 인도할 빈, 복종할 빈, 배척할 빈, 성 빈.

사당 안에 제사 지낼 도구가 많이 쌓여 있는 모양.

歸 **고기 덩어리(신육)(𠂤, 퇴)가 다시 돌아와(止, 지) 띠 풀(帚, 추)로 깨끗이 하는 모양**

돌아올 귀, 돌아갈 귀, 돌려보낼 귀, 던질 귀, 붙좇을 귀, 허락할 귀, 시집갈 귀, 사물의 끝 귀.

귀歸는 전쟁터에 나갔다가 돌아오는 것 또는 수렵에서 돌아오는 것을 뜻하기도 하나 본래는 신육이 돌아왔을 때의 의례를 의미한다.

귀추歸帚는 관官의 신육이 돌아왔을 때 의례이다.

돌아온 신脤, 즉 귀신歸脤이 귀歸의 본래 뜻이다.

귀歸는 개선 음악을 연주하며 전쟁터에서 돌아와 사당에 승리를 보고하는 묘고 의례이다.

추帚는 띠 풀을 묶어서 울창주에 적신 모양. 설화에는 술을 만들었던 소강이 처음으로 추帚를 만든 사람이라고 한다. 술을 추帚에 뿌려 흔들어 그 향기로 사당을 깨끗이 하였다. 그러한 일을 소掃라고 한다.

귀歸가 시집간다는 의미로 사용되기 시작한 것은 서주 후기이다.

王 하늘과 사람과 땅을 꿰는

임금 왕, 할아버지 왕, 왕 노릇할 왕, 어른 왕, 왕성할 왕, 갈 왕.

삼三은 하늘과 땅 사이에 있는 사람 모양. 이것을 천지인天地人이라고 한다.

천지인을 관통(丨)하는 사람을 왕王이라고 하였다.

공자도 일一을 가지고 삼三을 관통하는 사람을 왕王이라 하였다.

017 鳴鳳在樹, 白駒食場

명 봉 재 수 백 구 식 장

봉새는 나무에서 울고
망아지는 궁전 마당에서 풀을 뜯는다.

鳴鳳 : 봉새가 울고

在樹 : 나무에서

白駒 : 두 살 난 망아지는

食場 : 현인이 임금의 부름을 받아 헌책할 때, 그가 타고 온 백구가 궁궐 마당에서 풀을 뜯는다.

『정전』 '鳳凰之性 非梧桐不棲 非竹實不食' – 봉황의 성향은 오동나무가 아니면 쉬지를 않고 대나무 열매가 아니면 먹지 않는다.

鳴 **새**(鳥, 조)**가 부리**(口, 구)**로**

울 명, 새 울음 명.

조상의 영을 옮기는 새와 축문을 넣어두는 그릇이 같이 있어 엄숙하고 신비한 분위기를 자아낸다.

鳳 **무릇**(凡, 범) **새**(鳥, 조) **중에 짱은**

봉황 봉.

고대 중국에서 신성시했던 상상의 새로 기린·거북·용과 함께 사령四靈의 하나로 여겼다. 수컷을 봉鳳, 암컷을 황凰이라 하는데 그 생김새는 문헌에 따라 조금씩 다르게 묘사되어 있다.

『설문해자』에는 봉의 앞부분은 기러기, 뒤는 기린, 뱀의 목, 물고기의 꼬리, 황새의 이마, 원앙새의 깃, 용의 무늬, 호랑이의 등, 제비의 턱, 닭의 부리를 가졌으며, 오색을 갖추고 있다고 하였다.

『악집도』에는 닭의 머리와 제비의 부리, 뱀의 목과 용의 몸, 기린의 날개와 물고기의 꼬리를 가진 것으로 묘사하고 있다.

『주서』에는 봉의 형체가 닭과 비슷하고 뱀의 머리에 물고기의 꼬리를 가졌다고 하였다.

봉황은 상서롭고 아름다운 상상의 새였다. 봉황은 동방에서 나와 사해四海 밖을 날아 곤륜산崑崙山을 지나 지주砥柱의 물을 마시고 약수弱水에 깃을 씻고 저녁에 풍혈風穴에 자는데, 천하가 크게 평화로워야 세상에 모습을 드러낸다.

그래서 봉황은 성천자聖天子의 상징으로 인식되었다. 천자가 거주하는 궁궐 문에 봉황의 무늬를 장식하고 그 궁궐을 봉궐鳳闕이라 했으며, 천자가 타는 수레를 봉련鳳輦·봉여鳳輿·봉차鳳車라고 불렀다. 천자가 도읍한 장안長安을 봉성鳳城이라 하였고 궁중의 연못을 봉지鳳池라고 불렀다.

在 도끼로 성스럽게 한 곳

있을 재, 살 재, 살필 재, 곳 재.

십자형으로 짜 맞추어진 나무인 재才가 재在 초기 모양이고 재在는 거기에 무기를 첨가한 것이다.

무기는 칼날 부분을 밑으로 한 도끼 모양, 즉 사士인데 이는 신분을 나타내는 의식용 무기이다.

樹 나무에 북을 걸어놓고 손으로 치는 모양

나무 수, 심을 수, 막을 수, 세울 수.

전쟁터 최전방最前方에서 치는 북은 대단히 커서 나무(樹)에 걸어서 사용했다.

북을 치는 주술사는 여자였는데 눈썹 장식을 독특하게 하여 미녀媚女라고 불렀다.

전쟁에 승리하기 위해서는 먼저 상대방 미녀부터 죽여야 했다.

白 흰 두개골을 본 뜬 모양

흰 백, 분명할 백, 밝을 백, 깨끗할 백, 결백할 백, 말할 백, 아뢸 백, 아무 것도 없을 백.

백伯의 초기 문자. 하얀색을 뜻한다.

❁ 白眉(백미)

유비의 참모 마량은 눈썹에 하얀 털이 섞여 있어 사람들이 그를 백미白眉라 불렀다. 그는 다섯 형제였는데 형제가 모두 재능이 있었다. 그 가운데 마량이 가장 뛰어났으므로 백미라 하면 여럿 중에서 가장 우수한 사람을 일컬은 말이 되었다(兄弟五人 並有才名 鄉里爲之諺曰 馬氏五常 白眉最良 良 眉中有白毛 故以稱之).

駒 말(馬, 마)이 돌보는(句, 구)

망아지 구, 애말 구, 나무 등걸 구.

구句는 축고를 소중히 감싸 안은 모양.

왕부의 아버지 왕의는 진秦 문제 때 국방장관인 사마 벼슬을 지냈다. 그러나 문제를 비난하다 살해당했다. 왕부는 아버지가 비명에 죽은 것을 슬퍼해서 진이 천하를 통일한 후에도 낙양이 있는 서쪽을 향하여 앉지 않았고 진의 신하가 되지도 않았다.

은둔해서 제자를 가르치면서 조정에서 여러 번 불렀으나 삼가고 나아가지 않았다. 아버지 묘소 부근에 움막을 짓고 망아지(駒)를 기르며 아침저녁 묘소에 가서 무릎을 꿇고 절을 올렸다. 그리고 잣나무에 매달려 울부짖으며 낙수 같은 눈물을 흘려 애꿎은 나무가 스트레스를 받아 그만 말라죽고 말았다.

왕부의 어머니는 살았을 때 천둥을 무서워했다. 그래서 왕부는 어머니가 돌아가시자 천둥이 치는 날에는 어머니 묘소를 찾아 "왕부가 여기 있으니 걱정하지 마십시오." 하고 소리를 질렀다.

食 **사람**(人, 인)**에게 좋은**(良, 량)

밥 식, 먹을 식, 씹을 식, 제 식, 헛말할 식, 먹일 사.

식食은 집에서 사람이 밥을 먹는 모양.

❀ 食指動(식지동)

정鄭 영공 때 공자 송宋이 입궐하는 도중에 집게손가락이 움직였다. 송은 같이 가던 자가에게 말했다.

"내 집게손가락이 움직이면 반드시 맛있는 음식을 얻어먹는다네."

입궐해 보니 아니나 다를까 숙수가 커다란 자라를 요리하고 있었다. 두 사람이 마주보고 웃자 영공이 이유를 물었다. 자가가 대신 대답했다.

식사 때가 되자 영공은 일부러 송을 불어 다른 심부름을 시켰다. 집게손가락이 움직인 것을 무효로 만들려고 장난을 친 것이다. 송은 화가 나서 냄비 속에 집

계손가락을 넣어 국물을 빨아 먹고 곧장 퇴궐하고 말았다.

이 사소한 장난이 원인이 되어 영공에게 원한을 품게 된 송은 훗날 영공을 죽이고 만다. 요즘도 농담이나 장난이 오해를 불러 뜻밖의 화를 입는 경우가 더러 있다.

場 **햇살이 비치는**(昜, 양) **땅**(土, 토)

마당 장, 제사하는 곳 장, 싸움터 장.

양昜은 햇살이 넓게 퍼지는 모양.

018 化被草木, 賴及萬方
화 피 초 목 뢰 급 만 방

풀과 나무에도 덕화가 미치고
만방이 더불어 의지한다.

化被 : 덕화를 입고

草木 : 풀과 나무도

賴及 : 신뢰가 미치다.

萬方 : 사방의 여러 나라에

『예기』 草木黃落 – 풀과 나무가 누렇게 떨어진다.

『서경』 '嗟爾萬方象衆' – 사방의 여러 나라에 사는 무리의 모습은 다르다.

化 잡아온 강인羌人 목을 치는 모양

죽을 화, 될 화, 화할 화, 변화할 화, 본받을 화, 무역 화, 마술 화, 저절로 생길 화, 중이 동냥할 화.

화化는 목이 잘려 쓰러진 시체가 여럿 있는 모양이다.

더 많으면 비比.

被 가죽(皮, 피) 옷(衤, 의)으로

씌울 피, 이불 피, 겉 피, 창피할 피, 딴 머리 피, 상처 받을 피, 더할 피.

피皮는 짐승 가죽을 벗기는 모양.

草 제단 위 축고를 풀로 장식한 모양

풀 초, 추할 초, 초조할 초, 글씨 쓸 초, 초서 초.

제단 위는 주로 풀로 장식을 하였는데 풀의 생생한 생명력生命力으로 축고를 지키려는 주술이다.

木 나무 모양

나무 목.

나무가 둘 있으면 숲(林)이다. 여기에 눈(目)을 붙이면 상相이 된다. 상은 은나라의 주술이 문자로 정착된 것이다. 숲을 바라보면서 숲의 기운을 내 몸으로 가져오려는 주술이다.

메소포타미아에서도 나무는 번영을 의미했다.

세계 각지의 신화와 전설에서 나무는 중요한 상징으로 등장하는데 서쪽에서는 앗시리아의 아슈르나시르팔 2세가 나오는 생명의 나무라는 부조에서부터 번영의 의미가 시작되었다 한다.

❀ **風木之嘆**(풍목지탄)

『한시외전』 '夫樹欲靜而風不止 子欲養而親不待 往而不可返者年也 逝而不可追者親也' – 대저 나무가 조용하려 하나 바람이 그치지 않고, 자식이 봉양하려 하나 부모가 기다려 주지 않는다. 가는 해를 돌이킬 수 없고 가는 부모를 따라갈 수 없구나.

賴 **칼(刀, 도)로 윽박질러 돈(貝, 패)을 묶으라고(束, 속)**

의뢰할 뢰, 믿을 뢰, 힘입을 뢰, 얻을 뢰.

사내의 정에 의탁하여(賴) 이를 빼는 못된 풍습이 있었다.

제주 기생 애랑은 배비장과 이별할 때 이빨 하나를 정표로 빼 달라고 한다.

홍만종이 지은『명엽지해』에 함경감사의 아들 최생이 함흥 기생과 사랑에 빠졌다 이별할 때 사랑을 변치 않겠다는 맹서로 명주실을 발에 걸고 이빨 하나를 빼주고 가는 이야기가 있다.

최남선도 경대 서랍 속에 정을 나누었던 사내들의 이빨을 가득 넣어두고 이를 만지며 추억을 반추하는 늙은 기생의 이야기를 썼다.

기생이 죽으면 가지고 있던 이빨을 주머니에 넣어 같이 묻었는데 그 주머니 크기가 클수록 영예롭게 여겼다. 옛 무덤에서 이빨 주머니가 나오면 무덤 주인은 바로 기생이라 보면 맞다.

及 **이에(乃, 내) 더불어 파니(乀, 예)**

미칠 급, 더불어 급, 미쳐 갈 급, 죄 미칠 급, 및 급, 찰 급, 때가 올 급, 같을 급.

혜왕이 냉채를 먹다 거머리가 들어 있는 것을 보고도 그냥 삼켜버렸다. 머리털이 곤두섰으나 내색을 하지 않았다. 결국 거머리는 뱃속에서 탈을 일으켜 혜왕은 음식을 먹지 못할 지경이 되고 말았다. 영윤이 들어와 이를 보고 물었다.

"대왕께서는 어쩌다 이런 배탈이 났습니까?"

혜왕이 말했다.

"내가 한저를 먹다가 그릇 안에 있는 거머리를 보았습니다. 꾸짖을 생각을 하였지만 그러면 주방 사람들에게 죄를 묻지 않을 수가 없지 않습니까? 죄를 묻지 않고 넘어가면 나라의 법도가 서지 않아 위엄이 사라집니다. 견책해서 형벌에 처하면 포재와 식감에 미쳐(及) 모두 사형에 처해야 하는데 이 또한 차마 못할 일입니다. 그래서 과인은 거머리가 남에게 보일까 두려워 얼른 삼켜버렸던 것입니다."

영윤은 이 말을 듣고 자리를 피하여 두 번 절하고 이렇게 축하했다.

"제가 들은 바 천도는 사사로운 친함이 없으며 오직 덕 있는 자를 도울 뿐이라 합니다. 임금께서 이렇게 어진 덕이 아름다우니 하늘이 반드시 받들어 도울 것입니다. 그 병이 더 이상 임금을 상하게 하지 못할 것입니다."

이 날 저녁 혜왕 대변에 거머리가 나왔다. 거머리는 혜왕 뱃속에 쌓였던 속병을 통통히 다 먹고 나왔다.

萬 벌 모양

일만 만, 벌 만, 춤 이름 만, 많을 만, 여럿 만, 만약 만, 결단코 만.

벌은 수만 마리가 모여 함께 산다.

❀ 萬事休矣(만사휴의)

당唐에서 송宋으로 넘어가는 과도기 오대십국 50년 사이에 일어난 형남 왕 고종회는 아들 보욱을 사랑했다. 세상에 아들을 사랑하지 않는 아버지가 있겠냐마는 너무 사랑한 나머지 그만 버릇없이 키우고 말았다. 보욱은 잘못을 저질러 고종회가 화를 내도 싱글거리기만 하였다. 사람들이 이를 보고 말했다.

"만사휴의로다."

이 아이의 대에서 왕통이 끊어지리라는 뜻이었다.

과연 보욱은 자라서 왕위를 계승하자 정사에는 뜻이 없어 방탕한 생활에 젖었다. 이윽고 보욱의 대에 형남은 망하고 말았다.

方 가로지른 나무에 사람을 죽여서 걸쳐 놓은 모양

견줄 방, 모 방, 방위 방, 이제 방, 떳떳할 방, 바야흐로 방, 있을 방, 배 아울러 멜 방, 방법 방, 책 방, 방서 방.

방方은 권역 밖을 가리키는 말로서 다른 부족을 뜻하기도 한다.

보습 모양, 또는 칼을 들어 올린 모양이라는 설도 있다. 그러나 들어 올린 것은 칼이 아니라 사람이었다.

방方은 H형으로 묶어 놓은 나무 횡목에 사람을 죽여서 걸쳐 놓은 모양이다. 걸桀과 같은 문자이다.

방放은 시체를 때려서 사악한 영을 물리치는 의례이다.

019 蓋此身髮, 四大五常
개 차 신 발 사 대 오 상

대개 사람의 몸과 머리털은 사대와 오상이다.

蓋此 : 대개 이

身髮 : 신체와 머리칼과 피부는(身體髮膚)

四大 : 사대와(몸을 이루는 것으로 地〔堅, 단단한 것〕·水〔濕, 습한 것〕·火〔煖, 따뜻한 것〕·風〔動, 움직이는 것〕을 말한다.)

五常 : 오상이다(마음을 이루는 것으로 인의예지신仁義禮智信을 말한다.).

『효경』 '身體髮膚受之父母 不敢毁傷孝之始也' – 몸과 머리털을 부모에게서 받았으니 감히 훼손하지 않는 것이 효도의 시작이다.

『한서』 '仁義禮智信 五常之道 王者所當修飾也' – 인의예지신은 오상의 도이니 왕이 된 자는 마땅히 닦아야 하는 바이다.

蓋 풀(艹, 초)을 **가지고 가서**(去, 거) **그릇**(皿, 명) **위에**

덮을 개, 뚜껑 개, 덮개 개, 이엉 개, 가릴 개, 우산 개, 대개 개, 이엉 덮을 합, 부들자리 합.

제단을 풀로 장식한 모양.

此 칼질(匕, 비)은 그만(止, 지)

그칠 차, 이 차.

동주시대東周時代가 되면 천자는 이름만 남게 된다. 실권은 제후들이 잡게 되는데 제후 가운데 가장 강한 쪽이 패자가 되었다. 제후들은 서주 초기에는 모두 동일한 이득을 위해 서로 도왔으나 시간이 지나면서 세력에서 조금씩 차이가 나자 자기 마음대로 서로 침범하였다.

제齊는 동쪽 끝에 위치해 바다에서 나오는 물고기와 소금 이익이 좋았다. 처음 패권을 쥔 것이 제나라 환공이고 그 뒤를 진晉 목공이 잇는데 이것이 오패의 시작이다.

오패는 지금 미국과 같이 패자 주도 아래 국제연합國際聯合을 만들고 여러 국제회의를 연 다음, 거기에 주周 천자를 얼굴마담으로 내세우고 뒤에서 여러 나라를 규제하였다.

춘추시대가 시작된 것이 기원전 770년이고 그 후 백 년쯤 지난 뒤부터 패자시대가 시작된다. 맹자는 오패 중 환공이 가장 뛰어났다 평했다.

관중은 제나라 공자 규의 스승이었고, 포숙은 공자 소백의 스승이었다. 제나라 공손무지가 양공을 죽이자 공자 규는 노로, 소백은 거로 각각 도망쳤다.

그 후 제나라 사람들이 공손무지를 죽이고 노에 있는 공자 규를 왕으로 맞이하려 하였다. 이에 망명지에 있던 공자 규와 소백이 먼저 제에 들어가려고 다투어 말을 달렸다. 도중에 관중이 소백을 발견하고 활을 쏘았는데 화살이 소백의 허리띠 고리에 맞고 떨어졌다. 소백은 거짓으로 죽은 체 하여 상대를 안심시키는 작전을 써 마침내 먼저 제나라에 들어가 왕이 되었다. 그가 곧 제 환공이다.

공자 규가 죽고 나서 관중은 다시 노로 도망쳤다. 환공은 즉위하여 나라가 안정되자 포숙의 추천을 받아 노에 사람을 보내 관중을 모셔와 중부에 앉히고 정사를 맡겼다. 관중은 40여 년간 재상을 맡아 제나라 국력을 크게 신장시켰다. '관포지교管鮑之交'는 여기서 나온 말이다.

그랬던 환공은 말년에 자식들 왕위 쟁탈전에 말려 궁중에 유폐되어 결국 굶어 죽었다. 67일이 지나도 장사를 치르지 못해서 시체 썩는 냄새가 사방에 진동했다고 한다.

이것 참(此), 사람의 일은 한 치 앞을 알 수가 없다.

身 배가 커다란 사람 모양

몸 신, 아이 밸 신, 교지 신, 몸소 신.

요즘은 모두 어떻게 하면 오래 살 수 있는가에 정신이 팔려있는 듯하다. 자신이 영원히 살기라도 할 것처럼 오만하게 사는 세상에서 죽음은 하나의 금기가 되어버렸다.

예전에 이집트 사람들은 죽음 뒤에도 육체를 영원히 보존하기 위해 몸(身)을 미라로 만들었다. 그리고 카노푸스 단지를 만들어 간을 보호하는 인간 모양의 단지를 임세티, 폐를 보호하는 비비원숭이 모양의 단지를 하피, 창자를 보호하는 매 모양의 단지를 케베세누프, 위를 보호하는 자칼 모양의 단지를 두아무테프라 하였다.

오늘날 12개의 유리병에 인체에서 나오는 액체를 하나씩 담아 놓은 키키 스미스의 '무제'라는 작품이 있는데 꼭 옛 이집트의 카노푸스 단지를 연상하게 한다. 인간의 생리적生理的인 분비물分泌物을 재료로 하여 작품을 만드는 작가도 적지 않다. 심지어 어떤 작가는 똥과 오줌을 사용하기도 한다. 걸레스님 중광도 그랬다.

카노푸스 단지에는 신의 형상이 새겨져 있어 신성해 보이지만, 키키 스미스의 작품은 모두 똑같은 유리병에 체액을 담아 놓아 마치 해부학解剖學 교실의 실험대를 연상시켜 혐오감을 불러일으킨다. 죽음과 인간 육체의 한계를 표현한 듯한데 카노푸스나 키키 스미스나 사유의 한계를 보여주기는 마찬가지다. 정복수의 작품 '사람2' 등도 그런 느낌을 준다.

카노푸스 단지가 보여주는 신체에 대한 애정과 신뢰에 비하여 현대 미술은 인체의 허무함과 유한성을 강조하여 죽음의 두려움을 증폭시킨다. 그러나 죽음이라는 것이 과연 가능한가? 잘 생각해 보자. 그것은 신성한 변화일 따름이다.

사람들은 너무 문명화되었고 현대문명은 매우 야만적野蠻的이다.

❀ 縮身童生(축신동생)

겁을 먹거나 추위에 떨어 몸(身)이 우그러들어 있는 모양을 말한다. 중국에서는 과거에 응시하는 서생을 나이에 관계없이 동생童生이라 불렀다. 복시나 전시는 2~3월 추운 계절에 치렀기에 동생들은 시험에 대한 정신적 부담과 추위로 오는 육체적 고통을 감당하려 몸을 움츠렸다. 그런 모양을 '축신동생'이라 했다.

시험은 나이와 관계없이 부담스러운 것이다. 강호에서 산전수전 공중전까지 다 겪었다 자부하는 내가 그것도 적지도 않은 오십 줄 나이에 대학원에 들어가 첫 학기 중간시험을 보는데, 세상에! 손이 떨리다니!

요즘 공무원 시험장은 냉난방이 잘 되어 있지만 옛날 과거 시험장에 그런 시설이 있을 리가 없어, 시험 날 날씨가 매우 추우면 감독관이 시험성적에 추위를 감안한 가산점을 주었다.

감독관은 도장을 여러 개 가지고 있었는데 일단 부정행위不正行爲를 적발하면 시험지에 도장을 찍었다. 허락 없이 자리를 이탈하면 '이식', 답안지를 바꾸면 '환권', 커닝을 하면 '고반', 중얼대는 척 하며 옆 사람에게 답을 알려주면 '금아'라고 새긴 도장을 찍어 감점 처리했다. 부정시험의 역사는 이렇게 오래 되었다.

날씨가 너무 추워 몹시 떠는 사람은 '기쇠', 손이 곱고 떨려 글자가 제대로 써지지 않으면 '진필' 도장을 찍어 주었다. 이 도장을 받으면 가산점을 받는다.

요즘보다는 인간적 배려가 있었던 셈인가?

우리는 추운 겨울날 서당에 가는 아이에게 버선에는 마른 고추를 넣고 뱃속에는 생파를 넣어 주었다.

요즘 수능 시험을 치는 아이에게 엿을 주는 것은 엿처럼 시험에 딱 붙으라는 기원도 있겠으나 사실 엿은 마른 고추나 생파처럼 추위를 막아주는 효능이 있기 때문이다.

髮 머리털이 길게 바람에 날리는 모양

터럭 발, 머리카락 발, 모래 땅 발, 메마른 땅 발.

갑신정변甲申政變 때 김옥균을 도왔던 궁녀 고대수는 키가 칠 척이고 쌀 한 섬을 두 손에 들고 달릴 정도로 힘이 셌다. 정변이 실패하자 체포하여 옥에 가두었으나 그녀가 한 번 힘만 욱하고 쓰면 포승이 툭 끊어졌다. 의금부義禁府에서는 할 수 없이 고대수의 머리카락(髮)을 잘라 힘을 줄이라고 했다. 머리칼이 괴력의 원천이라고 생각했던 모양이다.

『구약성서』에 나오는 삼손도 괴력이 머리카락에서 나온다고 믿었다.

유럽에서는 빠진 머리카락을 새가 물어다 둥지를 틀면 머리카락 주인은 평생 두통에 시달린다고 믿었다. 원한이 있는 사람의 머리카락을 구해 꼬아 놓으면 그 사람이 하는 일마다 꼬여 잘 풀리지 않는다고도 믿었다. 이것은 머리카락을 사람의 생명과 동일시 한 것이다.

머리카락은 섹스를 상징하기도 했다.

서양에서는 젊은 여인이 자신의 머리칼을 잘라 남자에게 보내면 몸을 맡기겠다는 의사표시였다.

우리도 옛날 남편이 밤중에 하녀 방을 드나들면 아내가 남편이 잠든 사이 가위로 상투를 잘라 버렸다. 품행이 문란한 하녀나 과부나 무당은 삭발시켜 동구 밖으로 추방했다.

제2차 세계대전 중 나치에게 몸을 판 파리 여인들이 레지스탕스 조직에 적발되면 삭발을 당했다.

❀ **怒髮衝冠**(노발충관)

진 제국 수도 함양 교외 홍문에서 항우와 유방이 회동했을 때, 항우의 군사 범증은 항장에게 검무를 추게 하여 기회를 보아 유방을 죽이라고 지시를 내렸다. 그러나 항우의 숙부 항백이 장양과 친해서 미리 귀띔을 주었고, 번쾌가 항우에게 항의함으로써 이 계획은 실패했다. 번쾌는 노한 머리칼이 관을 뚫고 나온 무서운 형상으로 항우를 노려보았다. 유방에게 일이 생기면 먼저 항우를 단칼에 베어버릴 기세였다. 이에 항우는 기싸움에 밀렸다.

유방은 겨우 피해 본진인 패상으로 돌아갔다.

사람(儿, 인)**을 에워싼**(口, 위) **모양**

넷 사, 사방 사, 네 번 사.

❀ **四面楚歌**(사면초가)

항우는 기원전 202년 12월 해하에서 유방의 대군에 포위되었다. 살아 있는 군사가 얼마 남지 않았고 대부분 부상이 심했다. 밤이 되자 사방에서 초나라 노래가 들려왔다. 초군 중에는 눈물을 흘리는 사람이 많았다. 항우는 탄식했다.

"한은 이미 초를 얻었단 말인가?"

항우는 우희를 막사에 불러 마지막 술을 마시며 노래를 불렀다.

力拔山兮氣蓋世	힘은 산을 뽑고 기운은 세상을 덮었다.
時不利兮騅不逝	때가 불리하니 추도 움직이지 않는구나.
騅不逝兮可奈何	추가 움직이지 않으니 이를 어찌할꼬.
虞兮虞兮奈若何	우여 우여 그대를 또 어찌할 것인가.

우희는 노래에 맞추어 춤을 추었다. 노래가 끝나자 우희는 항우의 칼을 빼 자

결하여 그의 사랑에 보답했다.

항우는 가까스로 포위를 뚫고 장강 오구까지 후퇴했다. 따르는 장수는 불과 28기였다. 오구 정장이 강을 건너 돌아가 재기하기를 권했으나 항우는 듣지 않았다.

"저 강을 건널 때 강동 출신 자제 8천 명이 나를 따라 왔는데 한 사람도 남지 못했다. 내가 이제 고향으로 돌아간들 무슨 면목으로 그들의 부모를 대할 것인가. 하늘이 나를 버렸으니 여기서 매듭을 짓는 것이 옳다."

유방의 군사가 밀어닥치자 항우는 끝까지 싸우다 결국 스스로 목을 찔러 죽었다.

大 사람 몸을 정면에서 본 모양

큰 대, 지날 대, 높이는 말 대, 극할 다, 심할 다.

❀ **大器晩成**(대기만성)

삼국시대 위魏 최염은 위엄 있게 잘 생긴 무장이었으나 그의 외사촌, 임은 못생겨 노상 사람들의 업신여김을 받았다. 최염은 항상 그를 격려하며 말했다.

"대형 종이나 세 발 솥은 쉽게 만들지 못하네. 큰 인물도 마찬가지로 시간이 많이 걸린다네. 자네도 내가 보기엔 대기만성大器晩成 할 인물이니 두고 보게나."

과연 임은 나중에 천자를 보필하는 자리에 앉았다.

五 나무토막 다섯 개

다섯 오, 다섯 번 오.

축고 위를 무엇으로 장식한 모양이 오likely이다.

보통 풀로서 장식하는데 오五에서 보이는 장식한 물건이 무엇인지는 학자들도 아직 밝혀내지 못했다.

❀ **五十步百步**(오십보백보)

양梁 혜왕은 부국강병富國强兵을 위해 백성의 수를 늘려야 한다고 생각했다. 그러나 몇 해가 지나도 인구가 늘어나지 않았다. 마침 맹자가 왔기에 물어보았다.

"전쟁을 예로 말씀드리겠습니다. 전쟁터에서 도망치던 병사가 백 보에서 멈췄습니다. 그런데 어떤 병사는 오십 보에서 멈추었습니다. 오십 보에서 멈춘 병사는 백 보를 도망간 병사더러 겁쟁이라고 비웃었습니다. 어떻습니까?"

"오십 보건 백 보건 도망친 건 같지 않습니까?"

"바로 보셨습니다. 대왕이 백성 수를 늘이려 선정을 베푼 것은 근본적인 선정善政이 아니기에 이웃 나라와 오십보백보일 뿐입니다."

常 **언제나 수건(巾, 건)을 잘(尙, 상) 들고**

항상 상, 떳떳할 상, 두 길 상, 아가위 상, 오랠 상.

나는 밥인가? 먹지 못하면 몸은 곧 쇠한다.

나는 숨인가. 생명이 없으면 나는 곧 사라진다.

나는 생각인가? 무엇을 인식하지 못한다면 나는 없는 것이나 마찬가지이다.

아니 나는 지성인가? 인간답게 살려는 의지가 없으면 나는 동물과도 다를 바 없다. 아니면 나는 환희로 가득 찬 존재인가? 그렇다면 왜 이렇게 세파 속에서 괴로움을 겪어야 할까?

나는 항상(常) 진리 속에서 살고 있지만 계속 묻는다. 나는 도대체 무엇인가.

020 恭惟鞠養, 豈敢毁傷

공 유 국 양 기 감 훼 상

삼가 낳아 길러준 것을 생각하니 어찌 감히 내 몸을 훼손하고 상하게 하겠는가?

拱惟 : 공경하여 생각하니

鞠養 : 길러주심을

豈敢 : 어찌 감히

毁傷 : 몸에 상처를 입히겠는가.

『효경』 '不敢毁傷孝之始也' – 감히 몸에 상처를 입히지 않는 것이 효의 시작이다.

恭

마음(忄, 심)을 같이하여(共, 공)

공순할 공, 엄숙할 공, 공경할 공, 받들 공.

스승은 세상은 차별로 이루어지지만 그 본성은 영원하고 단일한 실재여서 '네가 바로 그것이다.'라고 가르쳤다.

제자는 온몸에 파도 같은 전율이 일었고, 자신이 구름이 되어 하늘을 나는 환희를 느꼈다. 갑자기 새로운 세계를 만난 제자는 자신도 잊은 채 길 가운데를 걷고 있었다.

길 저편에서 코끼리를 타고 오던 몰이꾼이 다급하게 소리 질렀다.

"젊은이, 길을 비키시오. 가까이 오면 다칩니다."

그러나 제자는 "나는 신이다. 코끼리도 신이다. 신이 왜 신을 두려워 할 것인가?"

라고 중얼거리며 길 한복판을 계속 걸어갔다.

코끼리는 화가 나서 긴 코로 제자를 감아 길 밖으로 던져 버렸다. 보리수나무에 부딪쳐 다리가 부러진 제자가 절뚝거리면서 스승에게 가자 스승이 웃었다.

"그래, 너는 신이다. 코끼리도 신이다. 코끼리 몰이꾼도 신이다. 그런데 너는 신인 코끼리 몰이꾼이 길을 비키라고 했는데도 불구하고 왜 신의 말을 귀담아 듣지 않았느냐?"

惟 **새(隹, 추)도 오직 마음으로**(忄, 심)

생각할 유, 오직 유, 꾀 유, 꾀할 유, 어조사 유.

왕이 스님을 불러 자신을 위하여 기도해 달라 했다. 스님은 명을 어길 수 없어 일단 궁궐로 들어왔으나 기도하는 것은 거부했다.

"세상에는 스스로 해야 할 일들이 있습니다. 아름다운 여인을 안고 싶다면 직접 안아야 진정한 기쁨을 느낄 수 있습니다. 맛있는 음식을 먹고 싶다면 직접 먹어야 진정한 맛을 음미할 수 있습니다. 기도도 같습니다. 왕이 직접 고해야 진실로 신의 가피를 얻을 수 있습니다. 제가 왕을 대신해 기도를 해 드릴 방법은 없습니다. 저는 오직(惟) 저만 위하여 기도할 수 있을 뿐입니다."

鞠 **가죽**(革, 혁) **안에 쌀**(米, 미)**을 넣고**(勹, 포)

찰 국, 기를 국, 칠 국, 제기 국, 고할 국, 구부릴 국, 어린 아이 국, 궁할 국.

스승이 제자에게 화두를 주었다.

"계란을 주둥이가 좁고 길쭉하지만 아래는 커다랗게 불룩한 암포라에 넣었다. 계란에서 병아리가 나와 커서 큰 닭이 되었다. 그러나 병 입구가 작아 닭은 밖으로 나올 수가 없었다. 병도 깨지 말고 닭도 죽이지 말고 닭을 병 밖으로 꺼내 보아라."

제자는 날마다 화두를 잡고 고민해 보았으나 조그만 실마리조차 잡지 못했다. 어느 날 제자는 강가를 지나다 아름다운 조약돌을 주우려 몸을 구부리다(鞠) 홀연히 깨달았다.

"스승은 병이나 닭에는 관심이 없다! 병은 마음이요 닭은 나였다. 그래! 마음 밖에서 마음을 보는 것이 닭을 병 속에서 꺼내는 일이구나."

그는 스승에게 가 닭이 병 밖으로 나왔다고 말했다.

스승은 기뻐했다.

"그래 깨우쳤구나. 이를 잘 간직하여라. 닭은 절대로 병 속으로 들어간 적이 없다."

養 **양**(羊, 양)**을 풀을 먹여**(食, 식)

기를 양, 자랄 양, 취할 양, 마음 수란할 양, 하인 양, 봉양할 양.

철학박사 과정을 마치고 박사 논문 준비로 진주 이문학숙에서 꼼짝도 하지 않고 공부만 하는데, 그러다 병난다고 부산에 바람도 쐴 겸 한 번 내려오라고 울가망하시는 호산 선생님 전화가 왔다.

호산 선생님은 서예 대가이시다. 팔순인데도 불구하고 마라톤 풀코스를 뛰는 분이다. 선생님이 부르는데 내가 거역할 수가 있나. 약속을 잡아 부산으로 내려갔다.

부산역 건너편 생선구이 집에서 선생님을 모시고 저녁을 같이 먹었다. 친구 김명섭 시인과 동양학을 하는 아우 취산이 자리를 같이 했다. 저녁을 먹고 나서 중앙동으로 나가 다래헌에서 차를 마셨다. 차만으로는 무엇이 좀 부족한 듯싶어 우리는 다시 인근 부산포에 가서 가오리찜으로 동동주를 마셨다. 항아리 몇 개를 비웠다.

부산에서 진주 가는 심야 버스가 부산역 앞에서 새벽 한 시에 있었다. 선생님은 밤바람이 서늘한데도 불구하고 심야버스가 올 때까지 길가에 서서 나를 바래주었다.

나는 술보다 선생님이 베풀어 주신 사랑에 더 취했다.

豈 북 윗부분에 깃털 장식을 한 모양

어찌 기, 일찍 기.

전쟁에서 이긴 후 군대를 거두어 도성으로 돌아올 때는 북 위에 깃털을 장식하고 군악을 연주한다. 개선 음악을 연주하고 노래를 불러 왕에게 전과를 보고하면 전쟁 의식은 모두 끝난다.

미녀媚女 북소리로 시작된 전쟁은 개선의 음악을 연주함으로써 끝나는 것이다.

敢 무장한 사람을 때리는 모양

감히 감, 구태여 감, 과단성 있을 감, 날랠 감, 범할 감.

자로는 무를 숭상하는 용감한(敢) 사내였다. 어느 날 공자가 안연을 칭찬했다. 자로는 샘이 나서 스승에게 물었다.

"선생님이 군대의 장수라면 용기 있는 사람과 얌전한 선비 중 누구와 같이 전투를 하겠습니까?"

공자가 말했다.

"포호빙하暴虎馮河 하는 사람과는 행동을 같이 하지 않겠다."

포호빙하는 손으로 호랑이를 때려잡고 황하를 걸어 건넌다는 뜻으로 무모한 용기나 쓸데없는 모험을 뜻한다.

그러나 인생에는 가끔 포호빙하 해야 할 때가 온다.

毁 **절구**(臼, 구)**를 만들려고**(工, 공) **두드리다가**(殳, 수)

헐 훼, 무너질 훼, 험담할 훼, 이갈 훼, 상제 얼굴 파리할 훼, 헐어질 훼.

흔히들 욕망을 불로 은유한다.

나는 욕망을 통해 나를 확인하며 욕망을 성취하여 나를 보다 확대시키고 강화시킨다. 그러나 욕망은 때로 나를 왜소하게 만들고 파멸시키기도(毁) 한다.

나는 욕망과 더불어 천국의 열락을 누리기도 하지만 때로는 지옥의 절망을 맛보기도 한다. 나는 욕망을 끊임없이 확대 재생산再生産함으로써 인생이라는 무대 위에서 다양한 형태의 자아를 경험한다.

그러면서도 항상 묻는다. 참된 자아란 과연 어떠한 존재인가를.

傷 **태양**(陽, 양) **주위에 두 사람**(人, 인) **모양**

상할 상, 아플 상, 근심할 상, 해할 상.

상傷은 화살에 다친 상처로 보기도 한다.

역昜 위에 뚜껑을 덮은 모양은 옥이 내는 광채를 덮어 버린 모양, 즉 옥이 희미하게 빛나는 상태로 보기도 한다.

021 女慕貞烈, 男效才良

여 모 정 렬 남 효 재 량

여인은 곧은 절개를 사모하고
남자는 재능을 닦아 어진 것을 본받아야 한다.

女慕 : 여인이 바라는 건

貞烈 : 지조가 곧고 매움이며

男效 : 사내가 본받는 건

才良 : 지혜가 있고 마음이 어짊이다.

『두보』 '好學尙貞烈' – 바라건대 지조가 곧고 매울 것을 배우기 좋아한다.

女 무릎을 꿇고 상반신을 편 여자 모양

계집 녀, 딸 녀, 여자 녀, 너 녀, 별이름 녀.

『예기』에 '여자(女)는 남자를 따른다. 어려서는 부형을 따르고 출가해서는 지아비를 따르고 지아비가 죽으면 아들을 따른다. 남자는 집안일에 대해 말하지 않으며 여자는 바깥일에 대해 말하지 않는다.'고 했다. 요즘 여성들이 들으면 승복하지 못할 소리다.

여성 억압에 대한 연구가 광범위廣範圍하게 시작된 것은 1970년대 이후의 일이다.

근래에는 양성 이념 자체가 단순히 여성 억압적이라고는 말할 수 없다는 입장도 보인다. 여성들이 김이 샐 일이다.

또 문자문화가 거의 남성에 독점된 가운데 여성의 사유가 어떻게 이루어졌는지를 다시 묻기도 하고, 근현대 여성 비하는 전근대에서 이어진 잔류물이 아니라 자본주의資本主義나 사회주의社會主義 진행 과정에서 새롭게 구축된 것으로 보는 시각도 있다.

慕 **마음(忄, 심)을 다 하여(莫, 막)**

사모할 모, 생각할 모, 모뜰 모.

대학원 시절 지도교수는 오이환 선생님이었다. 석두인 나는 항상 선생님의 염려덩어리였다. 선생님은 내가 비록 철학박사 과정을 마치기는 했으나 아직도 학력이 부족하고 사물에 대한 문제의식도 희박하고 논문이 무엇인지도 이해를 못하고 있다고 걱정하신다.

아! 나는 평생을 노력해도 학자로서는 선생님께 도저히 미치지 못할 지도 모른다.

다만 문학의 길을 성실하게 걸어감으로써 선생님의 염려에 보답하려 한다(慕).

貞 **조개(貝, 패)로 점(卜, 복)을 치면**

곧을 정, 굳을 정.

정貞은 세 발 솥 모양이다.

솥 속의 뜨거운 물에 손을 넣어 옳고 그름을 판단하는 풍속이 있었다. 이것을 정문貞問이라고 했다.

烈 늘어놓고(列, 렬) 불(灬, 화)을 붙이니

불 활활 붙을 렬, 빛날 렬, 공 렬, 아름다울 렬, 위엄스러울 렬,, 독할 렬, 사나울 렬, 매울 렬, 충직할 렬.

동진東晋, 호남성 무릉에 사는 어부가 강에 나갔다가 낯선 지류를 발견하고 상류로 계속 노를 저었다. 계곡 주위는 복숭아꽃이 만발했고 바람이 불 때마다 꽃잎이 하늘하늘 강물 위에 떨어졌다.

한참을 가니 절벽 아래 동굴이 보였다. 어부는 호기심이 나서 동굴로 들어가 보았다. 동굴 입구는 좁았으나 조금 가니 사방이 트이면서 넓은 평야가 나타났다. 논과 밭이 잘 정돈되어 있고 개와 닭소리가 들렸다. 마을로 들어가니 오고 가는 사람들은 모두 열렬하게(烈) 환영해 주었다. 사람들은 비단옷을 입고 있었고 기쁨에 넘쳐 있었다. 서로 어부를 자기 집에 초대하겠다고 나섰다. 어느 집에 들어가 같이 저녁을 먹으며 어부는 놀라운 이야기를 들었다.

그들은 옛날 진시황秦始皇의 폭정을 견디지 못해 가족을 이끌고 이곳으로 피난왔다고 했다. 바깥세상은 이미 진이 망하고 한이 섰다가 삼국으로 갈라져 서진이 일어났다고 말해주자 그들은 벌어진 입을 다물지 못했다. 그들이 동굴에 들어온 지 이미 6백 년이 지나갔던 것이다.

마을에서 그를 위해 크게 잔치를 베풀어 주었다. 며칠을 잘 보낸 다음 떠나려 하자 그들은 금은金銀·보화寶貨를 꾸려 주며 신신당부申申當付했다.

"절대로 이곳을 밖에 알리지 말아 주시오."

그러나 어부는 돌아가면서 계곡 주위에 표시를 해 두었다. 그리고 나중에 여러 사람과 같이 표시를 찾았으나 표시는 이미 흔적도 없이 사라지고 말았다.

男 밭(田, 전)에서 일하는(力, 력)

사내 남, 아들 남, 벼슬이름 남.

력力은 가래의 모양.

남男은 신분이 농경지 관리자였다.

❀ **男女七歲不同席**(남녀칠세부동석)

남녀가 일곱 살이 되면 자리를 같이 하지 않는다는 뜻인데 『예기』「내칙」에 나온다.

"남녀가 일곱 살이면 같이 앉지 않으며 식사를 같이 하지 않는다."

效 **서로 만나**(交, 교) **툭툭 치는**(攵, 복) **모양**

본받을 효, 효험 효, 공 효, 닮을 효, 배울 효, 형상할 효, 힘쓸 효, 이를 효, 드릴 효, 줄 효, 법 받을 효.

공자가 말했다.

"지사와 어진 사람은 살기 위해 인仁을 해치는 일이 없고 오히려 몸을 죽여 인을 이룰 따름이다."(志士仁人 無求生以害仁 有殺身以成仁).

공자를 본받은(效) 맹자가 말했다.

"생선도 내가 원하는 것이고 곰 발바닥도 내가 원하는 것이지만 둘을 함께 추가할 수 없다면 생선보다 곰 발바닥을 취할 것이다. 마찬가지로 생生도 원하고 의義도 원하는데 둘 다 취할 수 없다면 생을 버리고 의를 취하겠다."(捨生取義).

才 **나무를 종횡으로 묶은 모양**

재주 재, 능할 재, 현인 재, 바탕 재, 근근이 재, 재단 재.

재才의 원래 글자는 종횡으로 묶은 나무 매듭 모양이다.

나무를 세우는 것은 기둥을 세우거나 굿을 할 때 장대를 세우는 것처럼 신을 부르는 방법이다. 이렇게 종횡으로 묶은 나무 매듭에 축문을 넣은 나무그릇을 달아놓고 그곳을 신성한 장소로 정했다. 그것이 재才이다.

여기에 봉분을 한 무덤을 덧붙이면 재在가 된다.

여기에 사람이 살게 되면 존存이 된다.

따라서 존재存在라고 하는 말은 '신성한 땅과 사람'이라는 의미가 있다.

무엇을 신성하게 할 때 재才를 붙였다.

재才가 창을 뜻하는 과戈에 붙으면 여러 글자가 나오는데, 예를 들면 옷을 지을 때에는 재裁가 되고 수레와 관련되면 재載가 된다.

良 사람이 무엇을 먹고 있는 모양

어질 량, 착할 량, 자못 량, 남편 량, 장인 량, 깊을 량, 머리 량.

식食은 집에서 사람이 무엇을 먹고 있는 모양.

❀ 良賈深藏(양고심장)

공자가 주周 왕실 도서관 관장 노자를 찾아가 예를 물었다. 노자는 예에 대해 답하지 않고 다만 이렇게 말했다.

"유능한 장사꾼은 상품을 깊이 감추어 두고 겉으로는 별반 신통한 것이 없는 듯하고 군자는 성덕을 간직하면서도 마치 어리석은 양 꾸민다고 들었습니다. 그러니 당신도 오만과 욕심을 버리는 것이 어떠하오?"(老子曰 吾聞 良賈深藏 若虛 君子盛德 容貌若愚).

022 知過必改, 得能莫忘
지 과 필 개 득 능 막 망

잘못을 알면 반드시 고치고 무엇을 배우면 능히 잊지 말아야 한다.

知過 : 과실을 알면

必改 : 반드시 고치고

得能 : 능히 얻으면

莫忘 : 잊지 않는다.

知 축고 옆에 둔 화살 모양

알 지, 깨달을 지, 생각할 지, 기억할 지, 이를 지, 하고자 할 지, 주장할지.

지知는 지智와 어원이 같다. 단옥재의 『설문해자 주』에서 '이 두 글자는 서로 통용된다.'고 했다. 다만 지智는 명사적으로 사용되는 경우가 많다.

지知는 앎·지각·인지·지식·지력·지혜 등 의미가 광범위하다. 따라서 인간 감각이나 인식작용, 나아가 인격·도덕·수양·학문 등 영역에 폭넓게 관련되어 있다.

이처럼 다양한 의미가 있기 때문에 사상사思想史에도 다양한 방식으로 나타난다. 그러나 그 다양성이 명확하게 구분되어 쓰이지 않았기 때문에, 이 개념은 다루기가 쉽지 않다. 이러한 다양성과 미분화에 중국 전통적 사유의 모습이 나타난다.

선진시대 지知는 인식과 인격을 동시에 의미해서 도덕적 덕목이기도 하였다.

송명 유교에서는 지知와 행行 선후 관계가 문제가 되었는데, 이때도 인간이 가진 도덕적 판단능력이 지의 중요한 요소로 이해되었다. 성인이 되는 것을 학문과 수양의 목표로 삼았던 송명 유교에서 지는 사람이 성인에 도달하는 과정으로 자리매김했다.

근대에 들어와서야 전통적으로 지知라는 용어로 포괄되었던 넓은 영역이 여러 가지로 세분되어 철학·사회학·생리학 등의 대상이 되었을 때, 사상개념으로서의 지知는 그 생명을 마치게 된다.

過 **입이 삐어져서**(咼, 괘) **가버렸다**(辶, 착)

넘을 과, 그릇할 과, 허물 과, 지날 과.

괘咼는 살이 없이 마른 사람의 뼈이다.

또는 얼굴을 일그러뜨린 모양이다.

必 **마음**(心, 심)**에 새겨야**(丿, 별)

반드시 필, 그럴 필, 오로지 필, 살필 필, 기약 필.

기원전 204년 한신은 조趙를 쳤다. 조의 이좌거는 한군 보급부대를 공격하고 정형의 골짜기에서 협공하자고 했다. 그러나 재상 진여는 반드시(必) 정정당당하게 싸워야 한다며 이 계략을 채택하지 않았다. 결과 조군은 한신의 매복 기습과 배수진背水陣에 패하여 조왕은 포로가 되고 진여는 처형되었다. 포로가 된 이좌거가 끌려오자 한신은 전투를 돌아보고 이좌거의 능력을 인정해 포박을 풀어주고 스승으로 대했다. 그리고 연燕과 제齊를 공격할 전략을 물었다. 이 좌거는 거절했다.

"패군지장敗軍之將은 용맹을 말할 자격이 없고 망한 나라의 대부는 방책을 논할 수 없소이다. 나는 패군 망국의 포로인데 어찌 그런 대사를 논할 수 있겠습니까?"

그러나 한신이 간절하게 가르침을 청하자 이좌거는 승복하고 말았다.

"지자도 천려일실이 있고 우자도 천려일득이 있다 합니다(智者千慮必有一失 愚者

千慮必有一得). 미흡한 사람이지만 한 말씀 올릴까 합니다."

한신은 이좌거의 도움을 받아 연과 제를 격파했다.

改 **자신**(己, 기)**을 때려서**(攵, 복)

고칠 개, 거듭할 개, 바꿀 개, 새롭게 할 개, 지을 개.

사악한 힘을 지닌 뱀을 때려서 그 재앙을 쫓아버리는 주술행위.
제사를 지내기 전에 먼저 부정한 기운을 쫓았다.

得 **자축거리며**(彳, 척) **아침**(旦, 단)**부터 일해야**(寸, 촌)

얻을 득, 탐할 득, 상득할 득, 만족할 득, 잡을 득, 잘할 득.

조개를 품에 지니고 외출한다는 의미.
이것도 신령의 보호를 얻는 방법이었을 것이다.

❀ 一擧兩得(일거양득)

진秦 혜문왕 앞에서 장의와 사마착이 촉蜀을 치는 문제에 대하여 논쟁하고 있었다. 장의는 신중론을 내놓았고 사마착은 적극론을 폈다.

사마착이 말했다.

"원래 촉은 융적戎狄의 나라입니다. 이곳을 병합하면 진은 영토가 광대해지고 부도 많아집니다. 그리고 중원의 제후들도 융적을 토벌하는 것을 반대하지 않고 있습니다. 촉을 공격하게 되면 이렇게 단번에 명실상부名實相符한 두 가지를 한꺼번에 얻을 수 있습니다."

能 **아무리 혼자**(厶, 사) **몸**(肉, 육)**이라도 숟가락**(匕, 비) **두 개는**

능할 능, 착할 능, 곰 능, 세 발 자라 내.

❀ 能書不擇筆(능서불택필)

당唐 대 저수량·우세남·안진경·구양순 등 명필이 많이 나왔지만 그중 가장 유명한 사람이 구양순이다. 저수량은 붓과 먹이 좋지 않으면 아예 글씨를 쓰지 않았다.

어느 날 저수량이 우세남에게 물었다.

"나와 구양순의 글씨 가운데 어느 쪽이 위일까?"

"구양순은 종이나 붓을 문제 삼지 않고 마음대로 썼으니 자네는 도저히 그를 따라가지 못하네."

저수량은 아무 말도 못했다.

莫 **큰**(大, 대) **해**(日, 일)**가 풀**(艹, 초) **밑으로**

없을 막, 말 막, 정할 막, 무성할 막, 꾀할 막, 클 막, 엷을 막.

풀로 장식한 축고 앞에 사람이 서 있는 모양.

❀ 莫逆友(막역우)

자사子祀·자여子輿·자리子梨·자래子來 네 사람은 노장사상을 깊이 터득했다. 어느 날 네 사람이 한자리에 모여 앉아 화기애애和氣靄靄하게 담소하고 있었는데 서로 마음에 거슬림이 없어 의기투합意氣投合했다.

여기서 막역우莫逆友란 말이 나왔다.

忘 마음(心, 심)이 달아나니(亡, 망)

잊을 망, 깜짝할 망, 잃어버릴 망, 기억이 없을 망, 없애버릴 망.

비장방은 어떤 노인을 따라 신선이 되는 길을 가고 싶었지만 가족들이 마음에 걸려 주저했다. 노인은 푸른 대나무를 비장방의 키와 같게 잘라 집 뒤에 매달았다. 가족들이 보니 바로 장방의 몸뚱이어서 장방이 목을 매어 죽었다고 믿어 그대로 장사 지내고 세월이 지나자 차차 잊었다(忘).

비장방은 노인의 뒤를 따라 깊은 산으로 들어갔다. 노인은 호랑이 무리 속에 비장방을 두었지만 그는 두려워하지 않았다. 또 빈집에서 잠을 자게 했는데 가슴 위에다 썩은 새끼로 일만 근이 나가는 돌을 배달았고 뱀들이 썩은 새끼를 갉아 먹어 금방이라도 끊어질 것 같았다. 그러나 비장방은 두려워하지 않았다.

노인이 이번에는 똥을 맛보게 했는데 똥 속에는 구더기가 구물거렸고 악취가 심하게 났다. 그러자 비장방은 역겹다는 생각이 들었다. 노인이 말했다.

"너는 신선의 도에 거의 가깝게 왔으나 이 고비에서 멈추고 말았구나. 안타깝지만 하산할 준비를 하여라."

비장방이 이별을 고하자 노인은 대나무 지팡이를 하나 주었다.

"여기에 타고 가는 대로 맡기면 고향에 도착할 것이다. 도착하면 지팡이를 갈대 연못 속에 던져 버려라."

또 호신부를 한 장 만들어 주었다.

"이것을 가지고 지상의 귀신들을 마음대로 부려라."

비장방은 지팡이를 타고 순식간에 고향으로 돌아왔다. 자신은 집을 떠난 지 꼭 열흘이 지났다고 생각했는데 벌써 십 년이 흘러 있었다. 지팡이를 연못에 던지니 용이 되어 날아갔다.

그는 온갖 병을 고치고 귀신들을 곰배곰배 마음대로 부렸다.

그러나 뒤에 호신부를 잃어버려 귀신들에게 살해당했다.

023 罔談彼短, 靡恃己長
망 담 피 단 미 시 기 장

남의 단점을 이야기하지 말며
자신의 장점에 너무 의지하지 말라.

罔談 : 말하지 말고

彼短 : 남의 단점을

靡恃 : 믿지 않는다.

己長 : 나의 장점을

『문선』 '최자옥은 남의 단점을 할하지 말고 자기의 장점을 기뻐하지 말라. 남에게 물건을 주었거든 생각지 말고 물건을 받았거든 잊지 말라는 좌우명을 가지고 있었다.'

귀신(芒, 망)**을 멀리**(冂, 경)**하지**

말 망, 속일 망, 맺을 망, 그물 망, 흐릴 망.

춘추시대春秋時代, 진晉 도공은 사마위강을 등용했다. 사마위강은 법을 엄하게 집행했다.

하루는 도공의 동생 양간이 군법을 어기자 사마위강은 그의 마부를 참수했다. 양간이 도공에게 하소연했다.

"사마위강은 눈에 보이는 게 없는 모양입니다. 우리 왕실을 욕보였습니다."

영문을 모르고 있던 도공은 당장 사마위강을 잡아오라 일렀다.

양설이 옆에서 말렸다.

"사마위강은 충신입니다. 필히 곡절이 있을 것입니다."

그때 사마위강이 궁문에 도착했다. 그는 품에서 상소문을 꺼내 궁지기에게 전하고 자결하려 했으나 문지기가 만류하는 통에 뜻을 이루지는 못했다.

상소문을 읽어 본 도공은 내막을 알게 되었다. 도공은 신발을 벗은 채 계단을 내려와 사마위강을 껴안았다.

"양간이 나를 속였소(罔). 당신은 아무 잘못도 없소."

談 말(言, 언)이 타오르면(炎, 염)

말씀 담, 바둑 둘 담.

언言은 신에 대한 기도나 맹세이고, 그에 대응하여 신이 저절로 내는 소리가 음音이다. 음을 듣고 신의 뜻을 추측하는 것이 의意이고, 음을 듣고 제대로 해석할 수 있는 것을 성聖이라 한다.

❀ **清談**(청담)

위진남북조시대 죽림칠현竹林七賢은 원적·혜강·산도·향수·유령·왕융·원함 등 일곱 사람을 말한다. 이들은 세상사를 외면하고 죽림에 들어가 술을 마시고 시를 읊으며 노장의 학설을 음미했다. 『후한서』「정태전」에 '清談高論 噓枯吹生'(청담을 높이 논하고 지난 일을 읊어 생을 고취했다.)는 글이 나온다.

彼 껍질이 벗겨져서(皮, 피) 절룩거리는(彳, 척)

저것 피, 저 피.

피皮는 짐승 껍질을 벗기는 모양.

❀ **知彼知己 百戰不殆**(지피지기 백전불태)

『손자』「용간편」에 나온다. '知彼知己 百戰不殆 知己而不知彼 一勝一負不 知彼而不知己 每戰必殆'(적을 알고 나를 알면 백 번 싸워도 위태롭지 않고, 나를 알고 적을 모르면 한 번 이기고 한 번 패하며, 적도 모르고 나도 모르면 매번 싸울 때 반드시 위태롭다.).

短 **화살(矢, 시)로 콩(豆, 두)을 쏘니**

짧을 단, 남의 허물 지목할 단, 잘못 단, 젊어서 죽을 단.

제단 앞에 주술용 활을 세워 둔 모습이다.

靡 **집(广, 엄)에 두 나무기둥(林, 림)이 어긋나면(非, 비)**

쓰러질 미, 없을 미, 사치할 미, 어여쁠 미, 붙좇을 미, 벋을 미, 흐트러질 미, 얽을 미, 썩을 미, 허비할 미.

송宋나라 사람이 보옥을 얻었다. 그는 이것을 토목공사土木工事를 담당하는 사성 자한에게 바쳤다. 자한은 극구 사양했다. 송나라 사람은 어색해서 얼굴빛이 변했다.

"이 옥은 세공사가 보증한 훌륭한 보물입니다. 어찌하여 받지 않는(靡) 것입니까?"

자한이 말했다.

"내가 이 보옥을 받지 않는 것은 옥의 좋고 나쁨 때문이 아니라, 내가 재물을 탐내지 않는 마음을 가장 귀한 보물로 여기고 있기 때문일세. 만약 자네가 나에게 보옥을 준다면 자네는 보옥을 잃고 나는 소중한 마음을 잃지 않겠나? 그러나 내가 그 보옥을 받지 않으면 두 사람 모두 소중한 보물을 잃지 않게 되니 이보다 더 좋은 일이 있겠나?"

恃 절(寺, 사)에서 가지는 마음(忄, 심)

믿을 시, 의지할 시, 어머니 시.

자유가 무성 고을 원님이 되자 공자가 몇 제자를 거느리고 찾아 갔다.

"자네는 고을을 다스리는데 믿을만한(恃) 인재를 얻었는가?"

"예, 담대멸명이라는 사람입니다. 그는 샛길이나 지름길을 다니지 않고 언제나 큰 길만 당당하게 걸어갑니다. 게다가 공적인 일 이외에는 절대로 저에게 오지 않습니다."

여기서 '행불유경行不有徑'이란 말이 나왔다.

己 사람 몸 모양

몸 기, 저 기, 사사 기, 마련할 기, 여섯째 천간 기.

우리 몸(己)을 살펴보면 참 재미있다.

입에서부터 항문까지 이어지는 긴 관은 사실은 체내가 아니고 체외이다. 몸 안에 있는 몸 밖이다.

입으로 들어간 음식은 잘게 부서져서 몸 안으로 흡수되어 각종 대사 작용에 참여한다. 그러나 몸 안으로 들어가지 못하는 친구들도 많다. 그들은 오랫동안 대기하다 끝내는 몸 밖으로 방출되고 만다.

그러니까 우리 몸은 세계가 드나드는 통로이기도 하다.

먹는 것뿐만 아니라 숨 쉬는 것도 마찬가지다. 숨을 쉰다는 것은 하늘이 내 몸 속으로 들락날락하는 사태가 아닌가.

'혼났다'라는 말도 있다. 어떤 상황에 깜짝 놀라서 혼이 몸 밖으로 나갔다 들어왔다는 표현이다.

나와 세계가 함께 들락날락하는 곳이 바로 우리 몸이다.

長 머리털이 길게 날리는 모양

길 장, 늘 장, 클 장, 오랠 장, 착할 장, 넉넉할 장, 맏 장, 나아갈 장, 기를 장, 높을 장, 나머지 장, 좋을 장, 멀쑥할 장, 많을 장, 잴 장.

머리털이 긴(長) 사람은 특별한 위치에 있는 경우가 많았다.

옛날에는 머리를 길게 기르면 세속적인 생활에서 벗어난 사람으로, 남자라면 무격·의사·점쟁이·주술사에 속했고, 여자라면 무녀와 주술사들이었다.

024 信使可覆, 器欲難量
신 사 가 복 기 욕 난 량

믿음을 가지고 일을 처리하니
재능은 깊어서 헤아리기 어렵다.

信使 : 믿음으로 하여금

可覆 : 거듭하고

器欲 : 재능을 원하라.

難量 : 헤아리기 어려운

『위문제』 '器量優絶' – 재능과 덕량이 넉넉하여 으뜸이다.
『후한서』 '태가 말하기를 숙도의 기량은 천경이나 되는 물과 같아서 제아무리 맑게 하고자 해도 더 맑아지지 않고, 흐리게 하고자 해도 더 흐려지지 않을 만큼 측량하기 어렵다.'

信 **사람(亻, 인) 말(言, 언)은**

믿을 신, 참될 신, 밝힐 신, 징험할 신, 인장 신, 맡길 신, 이틀 밤을 잘 신, 소식 신, 사신 신.

나의 진심을 상대방에게 명백히 알도록 보여주는 것이 신信이다.

使 **축고(口)를 커다란 장대에 붙이고 거기에 바람에 나부끼는 좁고 기다란 헝겊을 여러 개 붙인 모양**

하여금 사.

❀ **民可使由之 不可使之**(민가사유지 불가사지)

『논어』「태백편」 백성들을 정부에 의지하게 하되 알려주면 안 된다.

이 말은 백성을 정부정책政府政策에 복종시킬 수는 있으나 백성들에게 정부정책을 알릴 필요는 없다고 해석되기도 하고 상급자가 하급자를 억압하는 구실로 쓰이기도 한다.

可 나뭇가지를 들고 축고를 꾸짖는 모양

옳을 가, 허락할 가, 가히 가, 바 가, 마땅할 가, 착할 가, 만큼 가, 겨우 가, 오랑캐 극.

주처는 안서장군 하후준의 부관으로 서남쪽 오랑캐 정벌에 참가하였다. 복파장군 손수가 말했다.

"자네는 어머니 봉양을 구실로 출정을 사퇴하는 것이 옳지(可) 않겠나?" 주처가 말했다.

"국가에 대한 충성과 부모에 대한 효도를 동시에 다 할 수는 없습니다. 부모 곁을 떠나 군주에게 충성을 맹세한 바 제 목숨은 이미 군주 것입니다."

그리고 싸움터로 향했으나 패하고 말았다. 주처의 부하들이 잠시 퇴각하는 것이 좋겠다고 하였으나 그는 손에 칼을 쥔 채로 말했다.

"오늘이야말로 내가 충성을 다해서 군주에게 목숨을 바칠 때이다. 장수는 군주의 명으로 출정할 때 살아서 돌아가지 않겠다는 각오로 나오는 법일세."

그러더니 온 힘을 다해 싸우다 결국 애꿎은 부하들과 모두 죽고 말았다.

담론談論은 이렇게 사람을 어리석게 만든다.

覆 다시(復, 복) 덮어(襾, 아)

돌이킬 복, 엎칠 복, 엎지를 복, 오히려 복, 살필 복, 먹국할 복, 덮을 부, 가릴 부, 쌀 부, 고루고루 퍼질 부, 엎드릴 부.

오吳왕 합려가『손자』를 읽고 무릎을 쳤다. 그러나 그 이론이 실전에 얼마나 능할 수 있을지 궁금해 손무를 불렀다.

"선생의 병법은 모두 읽어 보았소. 내 앞에서 실제로 병사를 훈련시켜 보일 수 있겠소?"

"예."

"여자라도 괜찮소?"

"예."

합려는 궁녀 180명을 불렀다. 손무는 그들을 90명씩 양편으로 나누고 합려가 가장 총애하는 궁녀를 대장으로 삼았다. 그리고 전투 사항을 자세히 알려 주었다.

손무가 막상 명령을 내렸으나 궁녀들은 허리를 꼬며 웃었다.

"전법이 분명하지 않아 명령이 제대로 전달되지 않은 것은 장수의 책임이다."

손무는 큰 소리로 다시 전투 사항을 설명하고 명령을 내렸다. 그러나 궁녀들은 더 크게 웃었다.

"전법을 자세히 설명했음에도 불구하고 듣지 않는 것은 대장의 죄다."

손무는 칼을 뽑아 두 명의 총희의 목을 베려 하였다. 합려가 놀라서 대 위에서 소리를 질러 만류했다.

"선생 나는 두 여인이 없으면 아무 낙도 없다오. 그녀들을 용서해 주시오."

그러나 손무는 물러서지 않았다.

"저는 이미 임금의 명을 받고 장수가 되었습니다. 이것은 돌이킬(覆) 수 없습니다. 그리고 장수가 군진에 있을 때에는 자신의 판단에 따라 임금의 명령을 듣지 않을 수도 있습니다."

손무는 그 자리에서 두 총희의 목을 베어 버렸다(一罰百戒). 그리고 다시 대장을 임명해 명령을 내리자 궁녀들은 마치 수족처럼 질서정연하게 움직였다.

손무가 합려에게 말했다.

"부대를 갖추었습니다. 직접 명을 내려 보십시오. 왕의 명령이라면 불속이라도 뛰어들 것입니다."

합려는 두 총희를 잃고 식음을 전폐하고 몸져 누웠다. 그러나 그는 손무를 대장군에 기용했다.

器 곡(哭)에서 두 개의 축고 구(口)를 더한 모양

도량 기, 그릇 기, 쓰일 기, 그릇다울 기, 중히 여길 기.

곡哭은 개를 잡아 제단의 축고 앞에 올린 모양이다. 거기에 축고를 더 놓은 모양이 器다.

축문을 담는 용기는 구口이고 그 안에 축문을 담은 것은 왈曰, 서약을 위하여 구口 위에 문신을 하는 바늘인 신辛을 더한 것이 언言이다.

欲 축고 앞에서 신이 내리기를 기다리는 모양

하고자 할 욕, 탐낼 욕, 욕심낼 욕, 사랑할 욕, 장차 욕, 필요할 욕.

신이 나타나면 인간에게 도움을 주는데 이를 유裕라고 한다.

욕欲에서 흠欠은 갑골문과 금문에서는 사람이 입을 벌리고 몸을 구부리고 있는 모습을 나타낸다.

이것과 허虛를 의미하는 곡谷이 합해서 이루어진 욕欲은 뱃속이 공허하여 입을 벌리고 먹을 것을 찾는 뜻이라는 설도 있다.

욕慾 또한 욕欲과 동의어인데 욕欲이 명사와 동사로 사용되는 반면 욕慾은 주로 명사로 쓰인다.

두 글자는 욕망慾望·욕구欲求·원망願望 등으로 해석할 수 있는데, 식욕과 성욕, 물질적 이익과 사회적 지위에 대한 욕망 등을 포괄한다.

難 **진흙탕**(菓, 근)**에 새**(隹, 추)**가 빠지니**

어려울 난, 구슬 이름 난, 근심 난, 막을 난, 꾸짖을 난. 힐난할 난, 성할 나.

기근이 들어 무녀를 불에 태워 죽이는 모습.

量 **아침**(旦, 단)**부터 저쪽 마을**(里, 리) **여자만**

생각할 량, 헤아릴 량, 예상할 량, 양 량, 국량 량.

축고가 여러 개 겹쳐 있는 모양.

025 墨悲絲染, 詩讚羔羊
묵 비 사 염 시 찬 고 양

묵적은 실에 물이 드는 것을 슬퍼했고 『시경』에서 새끼 양을 기렸다.

墨悲 : 묵자는 슬퍼했다.

絲染 : 실에 물이 드는 것을

詩讚 : 『시경』은 기렸다.

羔羊 : 염소와 양, 즉 「고양 편」

『묵자』 '이 흰 실은 파랗게 물들이면 파랗게 되고 노랗게 물들이면 노랗게 된다. 마찬가지로 사람도 선善에 물들면 선하게 되고 악惡에 물들면 악하게 된다.'
『시경』 '소남召南의 국왕이 문왕文王의 덕정에 감화되자 경대부들도 절검하여 정직하게 되었다. 그러자 모든 백성이 모두 양같이 순종하였다.'

땅(土, 토) 위에 있는 검은(黑, 흑)

그을음 묵, 먹 묵, 먹줄 묵, 자자할 묵, 탐할 묵, 어두울 묵, 말을 하지 않을 묵, 오 척 길이 묵.

얼굴에 문신을 하는 것을 묵墨 또는 경黥이라 한다. 이마 위에 문신하는 것은 탁록이라 한다.

도망친 노비를 잡으면 얼굴에 문신을 했는데 위진남북조시대까지 이런 일이 행해졌다. 노비가 한 번 도망치면 푸른색으로 두 눈 위에 문신을 하였다. 다시 도망치면 두 빰 위에 하고 세 번째 도망치면 눈 밑에 옆으로 길게 했다. 모두 길이는 일 촌

오 분이고 폭은 오 분이다.

세 번 정도 도망쳤다 잡혀오면 얼굴이 완전히?

悲 마음(心, 심)이 어긋나면(非, 비)

슬플 비, 불쌍히 여길 비, 한심할 비.

송宋대 증자고가 지은「우미인초」이다

홍문의 옥두는 깨어져 눈처럼 부서지다.
십만 항병은 하룻밤 사이에 피 흘리고 죽었는데
함양 궁전은 석 달을 불탔으니
항우의 패업도 연기처럼 멸하더라.
강강은 반드시 죽는 것, 인의만이 왕이라.
음릉 실도는 결코 천망이 아니었다.
영웅은 본디 만인적을 배웠을 텐데
그것이 무슨 소용이리오. 고작 홍장을 슬프게 했으니.
삼군이 흩어지고 정기는 꺾여
옥장의 가인도 순식간 늙다.
향혼은 밤이 들자 검광을 따라 날고
청혈은 변해 무덤 위 풀이 되었다.
미인의 마음이 가지 끝에 매달린 듯
옛 가락에 귀를 모으고 눈썹을 찡그린 듯
가슴에 품은 애원 바람 속 배회하며 시름하니
사면초가를 처음 듣던 때와 같구나.
도도한 물은 예나 다름없으나

홍망을 지나고 보니 모두 한줌 흙인데
옛일은 자취가 없어 사라지고 말았네.
임 술잔 앞에서 슬퍼하며 몸부림치던
지금이사 누구를 위해 하늘거리는가.

絲 두 가닥 실 모양

실 사, 지을 사.

굴원은 초楚의 대부였다. 지혜가 깊고 행동이 청아하여 회왕에게 등용되었다. 당시 진은 천하를 합병할 야망을 가지고 있었다. 굴원은 이에 대비하여 제나라에 사신으로 가 초와 동맹을 맺었다. 그러자 진에서는 장의를 시켜 초나라 상관대부 근상을 매수하고 영윤 지란·사마 자초 그리고 초왕 부인 정수까지 매수하였다. 그들이 굴원을 헐뜯자 이윽고 굴원은 조정 밖으로 추방되었다. 굴원은「이소」를 지어 안타까운 심정을 토로하였다.

장의가 제와 동맹을 끊는 조건으로 초에 진의 땅 6백 리를 주기로 약속하자 회왕은 결국 제와의 외교 관계를 파기하고 말았다. 그러나 진이 약속한 땅을 주지 않자 회왕은 분개하여 진을 공격했다. 그러나 진의 군대에 참패하고 말았다.

회왕은 굴원의 의견을 듣지 않아 이런 지경에 이를 것을 뉘우치고 다시 굴원을 등용했다. 후에 진에서 회왕에게 딸을 시집보내겠다고 제의하자 회왕은 여기에 넘어가 남진에서 회맹을 가지기로 약속하였다. 굴원은 진은 믿을 수 없으니 회의에 참가하지 말라고 간했으나 회왕은 이를 듣지 않고 회의에 참가했다가 진의 포로가 되고 말았다. 끝내는 진에 잡혀가서 객사하니 천하에 웃음거리가 되고 말았다.

회왕의 아들은 경양왕인데 그 역시 신하들 아첨에 빠져 굴원을 내치고 말았다. 굴원은 몽매한 임금과 어지러운 세상이 무지와 침묵으로 진실을 가리는 것을 슬퍼했다. 어진혼이 나가 멱라수에 몸을 던지려 하는데 한 어부가 만류하였다.

"목숨은 무거운 것입니다. 살아 있어야 무슨 일이건 이룰 수 있지 않겠습니까?"

"세상은 다 취해 있는데 나 홀로 깨어 있고, 세상은 모두 혼탁한데 나 홀로 맑구나. 새로 몸을 씻은 자는 옷을 털어 입는 법이요, 새로 머리를 감은 자는 모자를 털어 쓰는 법이다. 내가 어떻게 차갑고 깨끗한 몸으로 다시 세상 어두운 자들을 섬길 수 있으리오. 내 차라리 깊은 물에 빠져 죽으리라."

굴원은 실(絲)처럼 가늘어진 목숨을 상수 멱라에 가라앉혔다.

染 **나뭇가지(朵, 타)가 물(氵, 수)에 젖어**

물들일 염, 꼭두서니 염, 부드러울 염.

유수가 아직 하북의 군웅과 분전하고 있을 때 조趙 도성 한단에는 점쟁이 출신 왕랑이 세력을 키워 자신이 한실의 직계라며 스스로 황제를 사칭하고 있었다.

유수의 부장 경감은 어느 부하가 왕랑을 지지하는 발언을 하자 칼을 빼들고 소리쳤다.

"점쟁이 왕랑 무리와 같은 오합지중烏合之衆이 연과 조의 북쪽을 흔들고 있지만(卜者王郎 集烏合之衆 震燕趙之北) 단 한 번의 전투로 끝장을 내 한단을 피로 물들여(染) 주겠다."

詩 **절(寺, 시)에서 하는 염불(言, 언)은**

귀글 시, 풍류가락 시, 받들 시.

시詩시는 송誦이라고도 불리며 송축하기 위한 주술적인 노래였다.

시는 가끔 저주에도 사용되었다.

쇠퇴기에 접어든 서주는 정치의 부패와 사회적인 불안이 귀족들 간의 불신을 심화시켰다. 상대방의 공격에 대응하기 위하여 그들은 시를 통해 저주의 말들을 늘어놓았다. 시에는 시요詩妖라는 뜻이 있어 시로 인하여 재난이 일어난다고 믿었던 것이다.

선진시대에 시詩는 황하유역에서 불렀던 노래 가사를 의미했다.

양자강 중류 지역 초나라에서는 중원과 다른 형태로 노래를 불렀다. 이것을 가歌 또는 사辭라 한다.

북방 노래가 나중에『시경』이라 불리는 가요집으로 정리된 이후 시라고 칭하는 작품은 오랜 기간 창작되지 않았다.

시가 다시 등장하는 것은 한대 이후이다. 처음에는『시경』을 본떠서 1구 4문자로 이루어진 사언시였고, 후한 때는 1구 5문자의 오언시가 유행하였다.

문학에서 이후 2천년에 걸쳐 계승되는 틀이 형성된 것은 한대 후반기이다. 시는 오언시와 이보다 조금 늦게 발달한 칠언시를 주요한 형식으로 삼았다. 시는 악곡의 가사로부터 독립하여 그때부터 반주 없이 읊조리게 되었다.

讚 **사내**(夫, 부) **둘이 돈**(貝, 패)**을 벌자고**(言, 언)

기릴 찬, 도울 찬, 밝을 찬.

채옹은 문학·수학·천문학을 좋아하고 음악을 잘했다. 항상 조용히 살면서 옛날을 사색하여 같은 시대 사람들과는 잘 사귀지 않았다.

헌제가 서쪽으로 도읍을 옮기자 왕찬도 장안으로 이주했다. 채옹은 왕찬이 왔다는 소식을 듣고 직접 찾아가 만나보았다. 당시 채옹은 조정에서 크게 존경받아 그의 집 앞에는 항상 술을 실은 말이 길을 메우고 사랑에는 손님이 가득하였다. 그럼에도 불구하고 그는 초라한 왕찬의 집을 방문해 같이 술을 마셨다.

어느 날 채옹은 왕찬이 답례로 자기를 만나러 집 문 앞에 왔다는 말을 듣자 신을 거꾸로 신고 달려가 맞아들였다. 왕찬이 사랑에 들어왔는데 나이가 젊고 땅딸막한 모습을 하고 있어서 좌중의 사람들이 모두 웃었다. 그러나 채옹이 말했다.

"이분은 뛰어난 재능을 가지고 있습니다. 이분의 학문은 나도 감히 따라가지 못합니다. 나는 내가 소지한 책과 글을 전부 왕찬에게 주려고 합니다."

왕찬의 증조 왕공, 할아버지 왕창은 모두 삼공 벼슬의 대신이었다.

뒤에 왕찬은 조조 밑으로 가 문학을 좋아하는 조조 부자에게 사랑을 받고 뛰어난 오언시를 많이 지었다.

식물도 북돋아 주면 자라남이 다르다. 하물며 사람이겠는가?

羔 양(⺶, 양)을 삶는(灬, 화) 모양

새끼 양 고, 염소 고.

연燕 소왕이 왕위에 오르자 아버지 원수를 갚기 위해 후한 선물로 천하의 현인을 불러 모으고자 곽외에게 말했다.

"제齊는 우리가 혼란한 틈을 타 불시에 습격하여 우리를 멸망시켰소. 나는 연나라 영토가 작고 국력이 약해 이대로는 제나라에 복수할 수 없다는 것을 잘 알고 있소. 그러나 현명한 인재를 얻어 죽은 부왕의 치욕을 씻는 것은 진실로 내 평생의 염원이오. 그러니 그대가 현인을 추천하면 그 사람에게 국정을 맡겨 그의 의견에 따르겠소."

곽외가 말했다.

"왕께서 어진 인물을 가까이 두려 한다면 먼저 새끼 양羔을 잡아 조상께 제를 지낸 다음 저부터 등용하는 것이 좋습니다. 왕께서 저 같이 어리석은 사람도 중용한다면 저보다 뛰어난 사람은 천리 길도 마다하고 찾아올 것입니다."

소왕은 제사를 마치자 곽외를 위해 궁전을 짓고 스승으로 우러러 받들었다. 그 일이 세상에 알려지자 장수 악의가 위나라에서 오고, 음양가陰陽家로 유명한 추연은 제나라에서 왔으며, 극신은 조나라에서 오는 등 천하의 뛰어난 인물들이 앞을 다투어 연나라로 왔다.

그 후 연은 진·초 및 삼진과 모의해서 제를 정벌했다.

羊 양 모양

양 양, 노닐 양.

❁ 羊頭狗肉(양두구육)

제齊 경공은 궁중 궁녀들을 남장시키고 그것을 즐거워했다. 그래서 한때 남장가인男裝佳人이 제에서 유행했다. 경공이 일반 백성에게 이런 유행을 금지했으나 소용이 없었다. 재상 안자가 간했다.

"궁중에서 남장시키면서 일반 백성은 금지한다는 것은 마치 양머리를 간판으로 걸어놓고 말고기를 파는 것과 같습니다."(懸羊頭賣馬肉).

경공이 깨닫고 궁중의 남장 풍습을 없앴더니 민간에서도 없어지고 말았다.

원래 이 말은 후한 광무제가 내린 소칙에 나온다.

"양머리를 매달고 말고기 말린 것을 팔고, 도척이 공자 같은 말을 한다."

026 景行維賢, 克念作聖
경 행 유 현 극 념 작 성

행실을 밝게 하니 이는 어진이이고
극기를 생각하면 성인을 이룬다.

景行 : 큰 길, 훌륭한 행실은

維賢 : 오직 현명하고

克念 : 극기를 생각하면

作聖 : 성인이 된다.

『시경』 '高山仰止景行行止' – 높은 산은 우러러 머물고 훌륭한 행실은 행하여 머문다.

景 **도시**(京, 경)**에 해**(日, 일)**가 뜨니**

빛 경, 볕 경, 밝을 경, 경치 경, 클 경, 형상할 경, 우러러볼 경, 그림자 영, 옷 영.

예전부터 해의 방위나 시각을 재 농경에 이용했다. 해가 가는 길을 관측하여 방위를 정하고 사당을 건축하였다.

멕시코 마야족에게는 신전이 세 개 나란히 선 정면에 관측대가 있었고 또 원형으로 된 천체 관측 탑이 있었다.

정해진 곳에 장대를 세우고 해를 관측하는 일은 고대부터 일상적으로 해온 일이었다.

行 사거리 모양

다닐 행, 행실 행, 길 귀신 행, 오행 행, 그릇 얄궂거릴 행, 길 행, 행서 행, 쓸 행, 순행할 행, 운반할 행, 갈 행, 항오 항, 시장 항, 항렬 항.

❀ **斷而敢行 鬼神避之**(단이감행 귀신피지)

진시황이 죽자 왕위는 맏아들 부소에게 돌아가게 되었다. 부소·몽염과 사이가 껄끄러웠던 환관 조고는 호해를 옹립하고 나아가 제위를 찬탈하고자 하였다. 처음에 호해는 거절했다.

"형님이 계신데 내가 제위에 오르는 것은 불의입니다. 백성들이 용납하지 않을 것입니다. 어떻게 사직을 보전할 수 있겠습니까?" 이에 조고는 이사를 설득하여 제 편으로 들이고 다시 호해를 설득했다.

"작은 일에 구애되어 큰일을 놓치면 후일 반드시 후회하게 됩니다. 단호하게 밀고 나가면 귀신도 기백에 눌려 피하므로 반드시 성공하는 것입니다. 지금은 잠자코 제게 맡겨 주시면 됩니다."

維 실(糸, 사)로 새(隹, 추)를

맬 유, 이 유, 오직 유, 이를 유, 벼리 유, 맺을 유, 모퉁이 유, 발어사 유, 개혁 유, 끌어 갈 유, 굵은 줄 유.

유현은 광무제의 족형이다. 왕망 정권 말년에 진목이 군대를 모아 평림에서 기병하자 유현은 이에(維) 호응하여 참가했다. 왕망의 군대를 무찌르자 유현에게 '갱시장군'이라는 칭호가 붙었다. 사람들은 갱시장군 유현을 천자로 삼았다. 유현은 남면해서 군신들의 알현을 받았지만 천성이 나약하여 땀을 흘리며 손을 올리는 것만으로 생각을 표할 뿐이었다.

유현은 완성을 수도로 삼았다.

그때 한나라 병사들이 왕망을 죽이고 왕망의 머리를 완성에 보냈다. 유현은 그것을 창끝에 꿰어 거리에 매달았다. 그 후 유현은 북쪽으로 올라가 낙양을 수도로 삼았다 다시 장안으로 수도를 옮겼다.

장안은 왕망이 패망했을 때 미앙궁은 불탔으나 다른 궁전은 보전되었고 관청과 시장도 그대로 남아 있었다. 유현은 장락궁에 기주하였는데 궁중의 나인인 낭리들이 광장에 열을 지어 늘어서 시중을 들었다.

유현은 이것만으로도 얼굴이 붉어져 고개를 숙인 채 다만 손으로 자리를 문지를 뿐이었다. 참으로 천성이 착하고 순진한 사람이었다.

결국 왕위는 유수에게 넘어갔다.

賢 **패물**(貝, 패)**을 노예**(臣, 신)**가 굳게**(又, 우) **지키니**

어질 현, 어진이 현, 좋을 현, 구멍 현, 나을 현.

노예 눈에 손으로 상처를 입힌 모습이 현**賢**인데, 그리스나 로마 현인들 중에도 종종 노예출신들이 보인다.

克 **옛날**(古, 고)**에는 어진 사람**(儿, 인)**이**

이길 극, 능할 극, 마음 억누를 극, 세금 많이 받을 극, 멜 극.

신판에서 승리하여 장식한 축고 앞에 엎드려 감사드리는 사람의 모양.

念 지금 막(今, 금) 마음(心, 심)으로

생각할 념, 읽을 념, 스물 념, 대단히 짧은 시간 념.

혜제가 황태자가 되었을 때 사람들은 태자가 자리를 감당하지 못할 것이라고 생각했다(念). 무제도 의구심을 가지고 있었다. 하루는 무제가 궁정의 업무를 전담하는 상서의 사무를 결재해 보라고 시켰지만 혜제는 제대로 수행하지 못했다.

황후 가 씨가 급하게 측근을 보내 대신 처리하게 해서 겨우 위기를 모면할 수 있었다.

그가 천자의 지위에 오르자 결국 기강이 엉망이 되어 뇌물이 공공연히 행해졌다 권세 있는 집안은 신분을 이용해 사사로움을 취하고 충신과 현자가 조정에서 밀려났다. 참언 하는 자와 사악한 자가 때를 만나 서로 추천했다. 이것을 두고 백성들은 '누이 좋고 매부 좋은 일'이라고 비꼬았다. 혼란의 근원은 무지한 혜제였다.

어느 날 혜제가 혜림원에서 산책할 때 두꺼비 울음소리를 듣고 곁에 있던 신하에게 물었다.

"이 울음소리는 국가를 위해 우는가? 개인을 위해 우는가?"

한심한 질문에 신하가 당황하여 대답했다.

"공유지에 있는 두꺼비는 국가를 위해 울고 사유지에 있는 두꺼비는 개인을 위해 웁니다."

천하가 황폐해져 백성이 굶주려 죽는 지경에 이르자 혜제는 이렇게 말했다.

"쌀이 없으면 고기죽을 끓여 먹으면 되지 않은가?"

作 그 사람(亻, 인)은 잠깐 사이(乍, 사)에 다시

일어날 작, 지을 작, 이룰 작, 비롯할 작, 일할 작.

궁묘를 건축하는 모양.

❀ **作俑**(작용)

『맹자』「양혜왕편」'始作俑者 其無後乎' – 맨 처음 허수아비를 만든 사람은 틀림없이 자손이 끊겼을 것이다.

용俑은 목우로 죽은 사람과 같이 묻는 인형이다. 스프링 같은 것을 장치하여 손발이 움직이게 만들었다. 공자는 처음에는 인형을 순장할 지라도 나중에는 산 사람을 묻을 수 있음을 염려한 것이다.

聖 귀(耳, 이)와 입(口, 구)을 맑게(壬, 제) 쓰면

성인 성, 착할 성, 통할 성, 지극할 성, 잘할 성, 거룩할 성, 임금 성, 약주 성.

성인聖人은 인간으로서 최고 경지에 이른 사람이다.

종교에서 쓰이기도 하지만 철학·정치·윤리 등 범주에 본래 속해 있던 말이다. 주로 유교에서 많이 쓰였으며 불교와 도교 및 이슬람교에서 이 말을 차용하기도 했다.

지극히 뛰어난 인간, 이상적인 군주, 도덕적으로 완전한 자, 인격을 완성한 자, 천지의 도와 일체가 된 자, 문화의 창출자, 높은 덕을 지닌 종교가 등을 의미한다.

인류는 기원전 6세기 이후에 성인을 맞이하지 못했다.

027 德建名立, 形端表正
덕 건 명 립 형 단 표 정

덕을 행하면 이름이 서고
마음이 바르면 몸도 바르다.

德建 : 덕을 세우면

名立 : 이름이 나고

形端 : 모양이 단정하면

表正 : 겉도 바르다.

『예기』 '儀狀端正者補博士弟子' – 거동이 단정한 자는 너그럽고 넓은 선비의 제자이다.

『예기』 '形正則影必端' – 형태가 바르면 곧 그림자도 반드시 바르다.

『논어』 '表正則何物不正' – 겉이 바르면 즉 어느 것인들 바르지 않겠는가.

德 **살아가면서**(彳, 척) **가장 큰**(悳, 덕)

품행 덕, 큰 덕, 은혜 덕, 덕이 되게 여길 덕, 날 덜, 군자 덕, 좋은 가르침 덕, 목성 덕, 왕기 덕.

눈의 주술적인 힘에 호소하는 행위로, 대상을 바라봄으로써 상대방에 영향을 미쳐 서로 영적 교류를 하는 것이 덕德이다.

建 붓(聿, 율)을 길게 세운(廴, 인) 모양

세울 건, 설 건, 둘 건, 심을 건, 별이름 건, 칼집 건.

혜제의 부인 가 씨는 이름이 남풍이다. 처음 무제는 태자비로 위관의 딸을 들이고 싶었다. 그대서 두 여인을 살피고 말했다.

"위공의 딸에게는 다섯 가지 좋은 점이 있고 가공의 딸에게는 다섯 가지 나쁜 점이 있다. 위관의 혈통은 총명하며 아들이 많고 아름답고 키가 크고 피부가 희다. 가충의 혈통은 질투심이 강하고 아들이 귀하고 못생기고 키가 작고 피부가 검다."

그 후 원후가 간곡하게 원하고 순의와 순욱이 가충의 딸이 가지고 있는 좋은 점을 극구 칭찬해서 결국은 가 씨를 태자비로 세우게(建) 되었다.

무제의 걱정대로 남풍은 질투심이 강하고 속임수가 교묘해서 태자는 처음부터 그녀를 꺼려했다. 대신 후궁들 중 몇몇이 태자의 총애를 받았다. 가 씨를 그것을 못 견뎌 자기 손으로 후궁 몇 사람을 죽였다. 임신한 후궁을 세워놓고(建) 창을 던져서 낙태시킨 적도 있었다. 무제는 태자비를 폐하려 했지만 순욱 등이 도와 폐위 당하지는 않았다.

드디어 혜제가 즉위하여 남풍이 황후의 지위에 오르자 그녀는 대놓고 음란하고 방자하게 행동해 궁 안팎을 발밑에 복종시켜 정치를 좌지우지 하였다. 이에 반발하는 양준과 여남왕 양, 태보 위관, 초왕 위 등은 자객을 보내 죽여 버렸다.

결국 자기가 낳은 태자까지 폐위 시키자 조왕 윤 등이 여론을 타 가 황후를 폐위 시키려 시도했다. 이런 낌새를 안 가 황후는 결국 태자마저 죽여 버렸다.

드디어 조왕 윤은 병사를 동원하여 궁전으로 들어가 그녀를 폐위 시키고 금가루가 들어간 술을 먹여 죽였다.

名 어두워지면(夕, 석) 아이를 부른다(口, 구)

이름 명, 이름 지을 명, 공 명, 사람 명, 글 명, 명령할 명, 말뿐 명.

본래 명名의 상부는 석夕이 아니라 제사지낼 때 쓰는 고기 모양인 육月이었다.

육月 아래 부분인 구口는 축문 넣는 나무그릇을 의미한다.

명名은 실체를 지시한다.

내가 아는 사람의 이름을 다른 사람에게 누설하는 것은 금기시되었다. 그 사람의 이름이 남에게 알려지면 모르는 사람에 의해 터무니없이 저주의 대상이 될 염려가 있었기 때문이다.

신라新羅 때 마음에 드는 여자가 보이면 남자는 가까이 다가가 이름을 물었다. 여자가 남자에게 자신의 이름을 알려주면 오늘 밤 몸을 허락하겠다는 의사 표시가 되었다. 그러면 두 사람은 여자의 집에 가서 그날 밤을 같이 보냈다. 그것이 신라시대의 혼인이었다.

김대문의 『화랑세기』에 신라시대 방혼에 대한 이야기가 나오는데 그것은 다부다처多夫多妻제였다. 일부일처一夫一妻제가 무너지고 있는 요즘 한번 검토해 볼만한 제도가 아닐까?

『겐지모노 가타리』를 보면 방혼은 같은 시대에 일본에 건너가 유행했던 모양이다.

요즘은 뉴욕 맨해튼 주변에 가끔 목격되는 모양이다.

立 사람이 서있는 모양

설 립, 세울 립, 이룰 립, 굳을 립, 곧 립, 밝힐 립, 정할 립, 리터 립.

어느 선비가 스님을 찾아와 물었다.

"마음을 고요하게 가라앉히고 싶습니다."

"기다려 보게."

이윽고 저녁이 되자 절에 왔던 사람들이 모두 떠났다. 달이 떠오르고 있었다. 보름달이었다.

선비가 말했다.

"이제는 대답해 주시지요?"

스님이 말했다.

"나는 종일 여러 사람들의 질문에 대답해 주었소. 당신이 내 말을 제대로 들었다면 이미 대답을 얻었을 거요. 일단 밖으로 나가봅시다."

대웅전大雄殿 뜰에 거대한 잣나무가 달에 닿을 만큼 높이 서 있고 사방은 고요했다. 잣나무 가지 아래에 작은 나무가 한 그루 서(立) 있었다. 스님은 선비를 데리고 작은 나무 앞으로 갔다.

"이 작은 나무와 저 큰 잣나무는 여러 해 동안 함께 자랐다오. 하지만 작은 나무가 잣나무에게 나는 왜 너처럼 쑥쑥 키가 크지 않을까 하고 묻는 소리를 나는 듣지 못했소. 잣나무는 잣나무고 작은 나무는 작은 나무일뿐이오. 둘은 그냥 자기 자신에 대해 행복해 할 뿐이라오."

形 **가느다란 것(一, 일)을 들어(廾, 공) 나부끼는(彡, 삼) 모양**

형상 형, 형상할 형, 나타날 형, 형편 형.

초楚와 한漢이 다툴 때 항우는 계포를 장군으로 삼았다. 당시 계포는 여러 번 유방을 곤경에 빠뜨렸다.

항우가 죽고 한이 천하를 통일하자 유방은 계포를 죽여서 이전의 원한을 풀려 하였다. 계포를 잡아오는 자에게는 천금의 상금을 주고 만약 그를 숨겨 두다 발각되면 삼족을 처벌하겠다고 엄포를 놓았다.

이때 계포는 복양의 주 씨 집에 숨어 있는 형편(形)이었다. 주 씨는 계포의 머리를 깎고 목에 칼을 씌우고 모직물로 된 누더기 옷을 입혀서 노예처럼 보이게 했다. 그리고 관을 싣는 마차에 태워 노나라 사람에게 노예로 팔았다. 노나라 사람은 금방 계포를 알아보았다.

그는 계포를 살리고 싶었다. 그래서 유방의 측근인 하후영을 만나 의논했다.

"사실 계포에게야 무슨 죄가 있겠습니까? 신하란 원래 섬기는 주군을 위해 직분을 다하는 것이니 계포가 폐하를 괴롭힌 것은 자기 직분을 다한 것일 뿐입니다. 그것이 나쁘다고 벌을 준다면 예전에 잠시라도 항우의 신하였던 자들은 한 사람도 남김없이 다 죽여야 하는데 그런 일이 지금 현명하겠습니까? 지금 폐하는 천하를 장악하였습니다. 천하의 백성들이 이제 올바를 정사를 펴 주기를 간절히 바라고 있는 시기에 개인적인 원한으로 계포를 죽인다면 백성들은 폐하의 도량이 좁다고 생각할 것입니다."

하후영은 노나라 사람의 말을 유방에게 전했다. 유방은 그 말이 옳다고 여겨 계포를 용서하고 비서관에 해당하는 낭중 벼슬을 주었다가 나중에 하동군 태수로 임명했다.

계포가 유방에게 충성을 다 했을 것은 보지 않아도 알겠다.

端 **네(而, 이)가 산(山, 산)처럼 서 있는(立, 립) 자세가**

바를 단, 머리 단, 비롯할 단, 실마리 단, 오로지 단, 살필 단, 근본 단, 끝 단, 단오 단.

❀ **首鼠兩端**(수서양단)

전한 경제부터 무제 사이 위기후 두영과 무안후 전분은 서로 다투었다.

다툼의 시발은 두영의 친구이며 용장이었던 관부가 사고를 쳐 어전에서 그의 처벌을 놓고 두영과 전분이 의견이 달라 다툰 것이었다. 결론이 나지 않자 경제는 누구 말이 옳은지 측근 신하들에게 물었다. 내시 정이 처음에는 두영의 주장을 지지했으나 형세가 불리해지자 입을 다물고 말았다.

나중에 어전에서 물러나 전분은 정에게 대들었다.

"어째서 쥐가 구멍에서 머리를 내밀고 좌우를 둘러보며 나갈지 말지를 망설이는 태도를 취한 거요?"(田蚡怒曰 何爲首鼠兩端).

表 옷(衣, 의)을 입고 선비임(士, 사)을

나타낼 표, 웃옷 표, 거죽 표, 밝을 표, 표 꽂을 표, 정문세울 표, 거드름 부릴 표, 글 표, 표표할 표.

옷(衣)에는 혼을 주고받는다는 의미가 있었다. 그 사람이 입고 있는 옷에 그 사람의 혼이 깃들어 있다고 믿었다. 남이 입던 옷을 입으면 그 사람 혼이 내게 들어온다고 생각했다.

『서경』에 '지금 왕이 살날이 얼마 남지 않으면, 왕이 입고 있던 옷을 벗겨 중정에 둔다. 그러면 왕위를 계승할 사람이 신하들을 거느리고 중정으로 와 그 옷을 받는 형태로 왕위 계승이 이루어진다.'는 글이 보인다.

의지한다는 의미의 의依는 사람에게 의지하는 것이 아니라 사람에게 혼을 옮긴다는 의미가 들어 있다.

正 전진하는 군대 모양

바를 정, 첫 정, 정월 정, 과녁 정, 남쪽 창 정, 평할 정, 마땅할 정, 정할 정, 어른 정, 떳떳할 정, 분별할 정, 질정할 정, 미리 작정할 정, 살코기 정.

도시를 향해 나아가는 정正은 정征의 초기 문자이다. 즉 이민족을 정복하여 약탈하고 이윽고 지배하는 것을 정正이라 한다.

권력에 의하여 강제로 조세를 징수하는 것을 정政이라고 한다.

정복에 의한 지배관계는 사회적 신분의 분화를 촉진하여 인간이 사는 세상의 비극을 심화시켰다.

028 空谷傳聲, 虛堂習聽

공 곡 전 성 허 당 습 청

빈 골짜기에도 소리가 전달되고 빈방에서도 익히 들린다.

空谷 : 인기척이 없는 빈 골짜기도

傳聲 : 소리를 전하고

虛堂 : 빈 집도

習聽 : 익히 듣는다.

『문선』 '말은 아무리 작게 해도 영화와 치욕이 따른다. 아무도 없는 어두운 곳이라 해도 신령스러운 눈은 어디에서나 보고 있다. 소리가 없는 광막한 들에서도 신은 듣는다.'

空 구멍(穴, 혈)을 만드니(工, 공) 속이

빌 공, 다할 공, 하늘 공, 클 공, 구멍 공, 궁할 공, 이지러질 공, 없을 공, 벼슬 이름 공.

대승불교大乘佛敎의 공空은 '아무것도 없음'이라는 의미는 아니다. 그들이 말하는 공은 논리의 영역을 넘어 있어서 이름과 모습의 세계에서는 어떤 방법으로 그것을 설명할 길이 없다.

그래서 인도 베단타학파에서는 오히려 공을 '있음'이라고 설명했다. 공은 모든 규정과 정의를 초월해 있지만 그 자체의 있음까지도 부정하는 것은 아니라는 것이다.

그렇다. 공은 아무것도 없는 '허무虛無의 세계'는 아니다. 형태와 이름의 세계에 갇혀 사는 사람들은 공을 이해하기 어려우며 나아가 체험할 수조차 없으므로 그들에게는 공이 무無일 수밖에 없다. 현대 정상과학이 귀신을 설명하지 못하기 때문에 귀신이 없다고 하는 것과 같은 맥락이다.

공은 제한된 경험 세계로부터의 해방을 통해 일어나는 완전한 궁극의 체험이다.

인식론적認識論的 측면에서 공은 무의식의 어둠에 의해 흐려지지 않은 완전한 의식이다. 모든 한계로부터 자유로운 의식이다.

감정적感情的 측면에서 공은 정에 지배되지 않는 순수한 거울이다.

의지적意志的 측면에서 공은 행위로부터의 자유이고 전능한 힘이다.

공 체험은 시간을 초월한다. 불완전한 체험 역시 영원한 것이다. 왜냐하면 그 체험이 일어나는 우주 자체가 영원한 것이고 그 체험 역시 영원 속에 내재되어 있기 때문이다.

문제는 불완전한 체험이 완전한 체험 속으로 녹아들어갈 수 있는 방법이다.

궁극적窮極的으로 공의 세계와 현상의 세계는 하나일 수밖에 없다. 공은 스스로 존재하고 생각과 말을 초월해 있다. 만일 그 둘이 하나가 아니라면 현상 세계로부터의 해방은 이루어질 수 없는 희망이 되고 만다.

우리는 사실 태어날 때부터 이미 자유로운 존재이지만 다만 그 사실을 잊고 있을 뿐. 우리가 그러한 사실을 때달을 때 우리는 진실한 자유를 획득한다.

谷 축고 위로 신령한 기운이 내려오는 모양

골 곡, 궁진할 곡, 기를 곡.

곡谷은 태兌 위에 팔八을 더해서 신령한 기운이 왕성하게 내려오는 모양이다.

종묘에 고할 때 왕성한 기운이 내려오는 것은 용容이라 한다.

그 신 모습을 기다리는 것은 속俗, 즉 욕欲이다.

속俗은 신령을 맞이하여 신의 뜻이 나타나는 모양이다.

傳 專을 등에 진 모양

전할 전, 줄 전, 펼 전, 이을 전, 옮길 전, 주막 전, 역말 전, 전기 전, 책 전.

전專은 주머니 안에 물건을 넣고 밖에서 죄어 매는 모양.

죄를 범한 사람은 수염을 자르고 손톱과 발톱을 뽑아 추방시켰다. 따라서 전傳은 고대 추방 형식이다.

사람 대신 머리카락이나 손톱을 잘라 강물에 떠내려 보내는 상징적인 추방 형식은 고대 그리스에도 보인다.

중국 고대에 신판神判에서 패배한 사람이 추방당하는 대신 화살 묶음과 금을 바치고 속죄받기도 하였다.

聲 귀(耳, 이)를 두드리는(殳, 수) 소리(声, 성)

소리 성, 풍류 성, 명예 성, 소리 들릴 성.

❀ 風聲鶴唳(풍성학려)

동진東晋 효무제 때 전진前秦 선소제 부견은 보병 60만과 기병 27만 합하여 87만 대군으로 비수 강가에 진격했다. 부융이 선봉대先鋒隊를 지휘했다. 대군의 행렬은 천 리에 이르렀고 군량미軍糧米 운반선도 만 척이었다. 부견은 고구려高句麗에 승려 순도를 보냈던 바로 그 사람이다.

동진은 재상 사안이 8만 병사를 이끌고 이를 맞았다. 사안은 동생 사석을 선봉장으로 삼았다. 두 진영은 비수를 사이에 놓고 대치했다.

먼저 사안이 사람을 보내 부견에게 강가에 조금 물러나 주면 동진 군이 강을 건너 한 판으로 승부를 결정하자고 제의했다. 부견의 부장들은 모두 반대했으나 오직 부견이 적이 강을 건널 때 기습하면 승산이 있다 여겨 전군을 조금 뒤로 후퇴하라 명을 내렸다. 그러나 워낙 대부대인지라 명이 제대로 전달되지 않아 일부 부대는 본국으로 다시 돌아가는 줄 알고 긴장을 풀고 말았다.

이러한 혼란을 틈타 사안은 비수를 건너자마자 전진 군을 바로 공격했다. 전진 군은 대패하고 부견도 활에 맞아 부상했다.

패잔병敗殘兵들은 바람소리나 학 울음소리만 듣고도(風聲鶴唳) 동진 군이 공격하는 줄 알고 혼비백산魂飛魄散했다.

虛 **호랑이**(虍, 호)**가 함정에 빠진 모양**

헛될 허, 빌 허, 다할 허, 버금자리 허, 약할 허, 거짓말 허, 터 허, 하늘 허.

남북조시대南北朝時代, 왕경칙이 반란군을 이끌고 제齊 수도 건강을 향해 진격했다. 제 황제는 왕경칙이 도망치고 있다고 유언비어(虛)를 퍼뜨렸다. 왕경칙은 코웃음 치며 말했다.

"단 장군의 전술에 36가지가 있었다. 그중 도망치는 것이 첫 번째였다. 그러니 제 황제 너희 숙도성 부자야말로 지금 당장 도망치는 것이 생명을 보존하는 방법이다." (三十六策走爲上計).

단 장군은 남송의 명장 단도제인데 그가 위魏와 싸울 때 위 군을 만나면 자주 피했다. 그래서 비겁한 사람을 일컬어 쓰곤 했다.

堂 **흙**(土, 토) **위에 높인**(尙, 상) **집 모양**

집 당, 마루 당, 번듯할 당, 정당할 당, 집무하는 곳 당, 가까운 친척 당, 훌륭한 태도 당, 훌륭한 용모 당.

촉蜀을 세운 유비는 한漢 무제의 형인 중산정왕 유승의 자손이다. 어려서 일찍 아버지가 죽고 어머니와 함께 짚신과 자리를 짜서 생계를 유지했다.

살던 집(堂) 동남 쪽 구석 울타리 옆에 뽕나무가 한 그루 자라고 있었다. 높이는 다섯 자 정도이고 멀리서 보면 울창한 것이 마치 큰 수레 덮개 같았다. 어떤 사람이 그것을 보더니 귀한 사람이 나올 징조라고 했다. 유비는 어려서 아이들과 그 뽕나무 아래서 놀며 말했다.

"나는 꼭 이 뽕나무처럼 생긴 덮개 마차를 탈거다."

유비는 손을 내리면 무릎 아래까지 닿을 정도로 팔이 길고 스스로 자신의 귀를 볼 수 있을 정도로 귀뿌리가 길었다. 호걸이나 협객들과 사귀기를 좋아하여 여러 젊은이들이 그를 따랐다.

영제 말년에 황건적黃巾賊이 일어나 여러 지역에서 이를 토벌하기 위하여 의병을 일으켰다. 유비도 자신의 무리를 거느리고 황건적을 무찔러 인회현의 치안 책임자인 위에 임명되었고 승진해서 예주의 지방장관인 목에까지 올랐다.

한때 조조를 따라 허창 땅에 들어갔는데 조조는 그를 시험해보려 했다.

"이제 천하의 영웅은 단지 유공과 내가 있을 뿐이오. 본초 같은 녀석들은 여기에 들 수도 없소."

유비는 한참 밥을 먹고 있었는데 이 말을 듣자 짐짓 놀란 듯 젓가락을 떨어뜨렸다.

욕심쟁이들의 음흉한 액션이다.

축문을 넣은 상자(曰, 왈) 위에 깃(羽, 우)을 올린 모양

날기 익힐 습, 거듭 습, 익을 습, 가까이 할 습.

왈曰 위에 우羽를 두고 우羽로 어루만져 주술의 힘을 촉진시키는 모양.

아마도 깃털을 사용하여 깃털의 주술적 효능에 호소하는 행위일 것이다.

우羽는 성스러운 기물이나 무기에 한 주술적 장식, 또는 무악에 사용하였다.

聽 왕(王, 왕)은 귀(耳, 이)가 커야(悳, 덕)

들을 청, 받을 청, 좇을 청, 결단할 청, 꾀할 청, 기다릴 청, 수소문할 청, 맡길 청.

성聖과 덕德을 합한 글자.

초기 문자는 이耳에 두 개의 구口를 더한 것이다.

아마도 신의 뜻을 잘 듣는다는 의미일 것이다. 잘 들어 해석이 된 것이 성聖이고 다만 추측하는 것이 의意이다.

전쟁을 할 때 정복한 지역 음악을 연주시켜 보는 일이 있었다. 신의 뜻은 음악에도 나타난다고 여겨졌기 때문이다. 소리는 신이 내는 음성이다.

029 禍因惡積, 福緣善慶
화 인 악 적 복 연 선 경

재앙은 악을 쌓음으로 말미암고
복은 착한 선행이 인연이 된다.

禍因 : 인하여 화가 되고

惡積 : 악이 쌓이면

福緣 : 복을 맺는다.

善慶 : 착하고 경하스러움은

『주역』 '積善之家必有餘慶 積不善之家必有餘殃' – 선을 쌓은 집은 반드시 경사가 있고, 불선을 쌓은 집에는 반드시 재앙이 있다.

禍

제단 앞(示, 시)**에서 입을 삐죽거리면**(咼, 괘)

재앙 화, 앙화 화.

괘咼는 얼굴을 우그린 모양.

사람이 울타리를 튼튼히 친 모양

의지할 인, 인할 인, 이을 인, 헤질 인, 부탁할 인, 따를 인, 겹칠 인, 근본 인, 까닭 인, 말미암을 인, 인연 인.

전한前漢 정공은 노魯 설현 사람으로 계포의 동생이다. 계포와 함께 항우 군 장군이 되어 유방을 팽성 서쪽으로 몰아넣었다.

유방과 계포가 서로 검을 부딪칠 정도로 가까이 접전했는데 유방이 위험한 지경에 이르자 정공을 돌아보고 말했다.

"자네와 나는 모두 뛰어난 사람인데 어째서 서로 괴롭히는가?"

정공은 그 말에 공감하여 유방을 놓아주고 군사를 거두어 돌아왔다.

그 뒤 항우가 죽자 정공은 자기로 인해(因) 유방이 승리했다고 자부하여 상을 받을 것을 기대하고 유방을 찾아갔다. 그러나 유방은 정공을 붙잡아 묶어 끌고 다니면서 여러 군사들에게 보여 주었다.

"정공은 항우의 신하이면서 불충해서 항우가 천하를 잃게 만든 자이다."

그리고 정공의 목을 베어 신하들을 훈계했다.

惡 마음(心, 심)을 억지로 누르면(亞, 압)

모질 악, 악할 악, 더러울 악, 나쁠 악, 못생길 악, 미워할 오, 부끄러워할 오, 욕설할 오.

옛날에 곡비哭婢라는 직업여성職業女性이 있었다. 권문세가權門勢家나 부잣집에 초상이 나면 불려가 대신 울어주는 직업이었다. 그들은 얼마나 서럽게 우는 가에 따라 등급이 나뉘었다. 일패 곡비는 국상이 있을 때 차출되었다.

일패가 눈물을 비 오듯이 흘리는 비결은 따로 있었다. 허리춤에 겨자와 후추 아니면 고추씨를 갈아 담은 주머니를 차고 있다가 때가 되면 마음을 모질게(惡) 먹고 눈물주머니에서 분말을 꺼내 손등에 칠하고 울면 된다.

이렇게 울어주고 받는 돈을 누대라 한다. 국상의 누대는 베 다섯 필이었다.

積 곡식(禾, 화)을 책임지고(責, 책)

쌓을 자, 저축할 자, 포갤 적, 모을 적, 넓이 적.

楚 고열왕은 황혈을 재상으로 삼고 춘신 땅 제후로 봉하여 사람들은 황혈을 춘신군이라 불렀다.

그를 비롯하여 조 평원군과 위 신릉군 그리고 제 맹상군을 일컬어 전국시대 사군자라 한다. 같은 시대에 활동한 그들은 서로 다투어 예의를 갖추어 인재를 초빙하여 국력을 쌓아(積) 상대를 이기려 하였다.

어느 날 평원군이 춘신군에게 사신을 보냈다. 춘신군은 사신을 관사에 머물게 하였다. 사신은 춘신군에게 조의 국력을 자랑하려고 바다거북 독모로 만든 비녀를 하고 비싼 진주로 장식한 칼집을 차고 춘신군을 만났다.

춘신군의 집에 손님으로 머무르고 있는 사람이 삼천여 명이 있었는데 그 가운데 좋은 대접을 받는 식객 천여 명이 진주로 장식한 신발을 신고서 사신을 맞았다. 신발조차 진주로 장식할 정도였으니 다른 것은 미루어 짐작할 수 있었다. 조 사신은 크게 부끄러워 무슨 말을 하지 못했다.

福 제사(示, 시)에 음식이 풍족한(畐, 복) 모양

복 복, 아름다울 복, 착할 복, 상서 복, 음복할 복, 내릴 복.

예전에 '복수결혼福收結婚'이라는 것이 있었다.

혼담이 성립되고 양가에서 날을 잡으면 혼례 전날 밤에 신부는 댕기머리를 자르고 귀밑머리는 땋아 쪽을 진다. 신랑도 댕기머리를 자르고 상투를 튼다. 쪽을 지고 상투를 트는 사람을 복을 부른다 하여 복수라 했다. 혼삿날, 밥상에 찬 물 한 그릇을 떠놓고 신랑이 신부의 귀밑머리를 얹어주고 산부가 신랑의 상투에 동곳을 꽂아주면 혼사가 끝났다.

'화촉결혼華燭結婚'도 있었다.

혼삿날 신랑과 신부 사이에 무거운(重) 촛대를 좌우에 세워 놓는다. 동네에서 덕망이 높고 자손이 많고 부유한 어른을 모셔 좌측 촛대에 불을 붙이고, 아들 많이 낳고 살림 잘하며 정숙한 부인을 모셔 우측 촛대에 불을 붙인다. 그 다음 신랑과 신부가 서로 마주 절을 하면 식이 끝난다. 모셔온 두 분은 신혼부부新婚夫婦의 정신적인 지주로 평생 인연을 유지한다.

'합근혼례合根婚禮'도 있었다.

'표주박 시집'이라고도 하는데 표주박을 갈라 술잔 두 개를 만든다. 하나는 청실 술을 달아 '청실박 잔'이라 하고 하나는 홍실 술을 달아 '홍실박 잔'이라 한다. 혼례 때 신랑은 청실박 잔에 술을 따라 신부 입에 대어주고 신부는 홍실박 잔에 술을 따라 신랑 입에 대어준다. 서로 청실홍실박 잔으로 입을 맞추면서 백년해로百年偕老를 약속하는 것이다. 이것으로 혼례가 끝난다. 혼례가 끝나면 두 박 잔을 맞추어 신방의 천정에 걸어주었다.

緣 실(糸, 사)로 맺은(彖, 단)

인연 연, 인연할 연, 서두를 연.

❁ 緣木求魚(연목구어)

맹자가 제齊 선왕과 만났다. 선왕은 제 환공과 진 문공의 패업을 들려 달라 하였다. 맹자가 물었다.

"왕께서는 백성들의 목숨을 위태롭게 하고 이웃 나라와 원한을 사는 것을 좋아하십니까?"

"좋아 하는 것이 아니고 나에게 대망이 있기 때문이오."

"왕의 대망이란 진晉과 초楚에게 조공을 받고 나아가 천하를 지배하는 것이 아닙니까? 그러나 무력으로만 그것을 얻으려면 마치 나무에 올라가 물고기를 잡으려는 것과 같아서 성사되기 어려울 것입니다."

善 **양고기(羊, 양)를 두 손에 들고(廾, 공) 먹으니(口, 구)**

좋을 선, 착할 선, 길할 선, 좋아할 선, 옳게 여길 선.

송사의 시비를 결정할 때 축고 앞에서 羊(해치)의 뜻을 따르는 모양.

慶 **廌(치)에 心을 더한 모양**

경사 경, 착할 경, 즐거워 할 경, 포상할 경, 선행 경, 복 경, 하례할 경.

심心은 문신을 나타낸다.

신판에서 승리한 자의 해치에 문신을 하였다.

치廌는 양羊 옆모습이다.

따라서 경慶은 신판에서 승소한 기쁨을 표시한 글자다.

극克 참고.

❁ **弄璋之慶**(농장지경)

『시경』「사간」에 아들을 낳으면 침대에 누이고 꼬까옷을 입혀 손에는 구슬을 쥐어 주겠다는 구절이 있다. 그렇게 아들의 입신양명立身揚名을 기대했다. 딸을 낳으면 맨바닥에 재우고 포대기를 두른 다음 손이나 실감게 쥐어 주었다.

'농와지경弄瓦之慶'도 뜻이 통한다.

030 尺璧非寶, 寸陰是競
척 벽 비 보 촌 음 시 경

한 자나 되는 옥이 보배가 아니고
짧은 시간도 이를 아껴 써야 한다.

尺璧 : 지름이 한 자 되는 보옥이

非寶 : 보배가 아니고

寸陰 : 아주 짧은 시간도

是競 : 다투어야 한다.

『회남자』 '聖人不貴尺之璧而重寸之陰' – 성인은 한 자 되는 보옥을 귀히 여기지 않고 짧은 시간을 중히 여긴다.

『진서』 '侃 常語人曰 大禹聖人 乃惜寸陰 至於衆人 當惜分陰' – 간이 항상 남에게 이르기를 우는 성인이면서도 촌음을 아꼈다. 보통 사람에 이르러 마땅히 시간을 나누어 아껴야 한다.

『진서』 '大禹聖者 乃惜寸陰' – 우와 같은 성인도 짧은 시간을 아꼈다.

『회남자』 '해와 달은 돌아 시간은 사람과 같이 있으려 하지 않는다. 따라서 한 자나 되는 큰 보배는 귀하지 않아도 한 치의 시간은 소중하다. 시간이란 얻기는 어려워도 잃기는 쉬운 까닭이다.'

尺 **집 높이를 재는 모양**

자 척, 가까울 척, 법 척.

배해는『노자』와『주역』에 밝았다. 당시 사람들은 그를 구슬처럼 잘 닦인 사람이라고 해서 옥인玉人이라 불렀다. 나중에 이부랑에서 중서랑으로 옮겼는데 배해가 관청을 출입할 때마다 그를 보면 사람들이 스스로 몸가짐을 단정하게 했다.

무제가 제위에 올랐을 때 진나라가 몇 세대나 이어질지 댓가지로 점을 쳤다. 그런데 1이라는 숫자가 나왔다. 무제는 기분이 나빴다. 신하들도 얼굴빛이 바뀌어 근심스러운 모습을 하였다. 그때 가까이(尺) 있던 배해가 이렇게 풀이했다.

"제가 듣기로 노자의 말에 '하늘은 하나를 얻어 깨끗하고 밝으며, 땅은 하나를 얻어 만물을 편안하게 떠받치며, 왕이나 신하들도 하늘과 땅처럼 하나의 도를 얻어서 천하를 바르게 한다.'고 했습니다. 점에 나타난 하나란 바로 이 가르침입니다. 따라서 이렇게 한다면 진나라가 억만 년이라도 계속된다는 경사스러운 징조인 것입니다."

노자를 엉뚱한 곳에 갖다 대어 써먹은 것이다. 노자가 들었으면 배를 잡고 웃었을 노릇이다.

그러나 무제는 크게 기뻐했다. 사람이 모인 곳에는 항상 상황을 잘 마무리하는 자가 있기 마련이다. 그 후 배해는 자리가 계속 바뀌어 중서성의 경관과 문하성의 장관이 되었다.

璧 임금(辟, 벽)이 가진 옥(玉, 옥)

도리 옥 벽, 둥근 옥 벽, 별 이름 벽.

❀ 和氏之璧(화씨지벽)

전국시대, 진秦 양왕은 조趙 혜문왕이 가진 보석 '화씨의 벽'이 탐이 났다. 그래서 진의 성 15개와 바꾸자고 제의하여 보석을 진으로 가지고 오게 했다. 조나라 사신 인상여가 꾀를 내어 무사히 모면하였다. 이때부터 화씨지벽을 연성지벽連城之璧이라 불렀다.

非 날고 있는 모양

아닐 비, 나무랄 비, 어길 비, 그를 비, 없을 비, 몹쓸 비.

한 쪽 날개를 내리고 있으니 장차 기울어질 모양이다.

❁ 天道是耶非耶(천도시야비야)

한漢 무제 때 태사령 사마천은 이릉을 변호하다 궁형을 당했다.

이릉은 5천 명의 보병을 거느리고 3만 명 흉노와 열흘이나 싸우다 결국 다시 8만 명의 흉노 병사가 포위하자 활도 떨어지고 칼도 부러져 부하들의 목숨을 구하기 위해 할 수 없이 항복했다.

무제는 화가 나 이릉의 노모과 아내를 잡아 주살했다. 사마천이 이를 비판하며 이릉을 변호하다 역린을 건드려 변을 당한 것이다.

사마천은 치욕을 견디고『사기』를 완성했는데「백이전」에 자신의 마음을 담아 놓았다.

“인을 쌓고 행동이 결백한 백이·숙제는 굶어 죽었으나 천하의 도적 도척은 천수를 누렸다. 공자의 수제자 안연도 극빈 속에 요절하였으니 이러한 잘못된 일은 세상에 얼마든지 보인다. 여기에 나는 의문을 가지지 않을 수가 없다. 과연 하늘의 도가 있는 것인가. 없는 것인가.”

그는「임안에게 보내는 글」에서 다음과 같이 썼다.

“세상에서 내가 받은 벌은 아홉 소에서 털 하나가 빠진 정도에 지나지 않는다.”(九牛一毛).

사당(宀, 면)에 왕(王, 왕과 장군(缶, 부))이 바친 패물(貝, 패)

보배 보, 귀할 보, 옥새 보, 돈 보.

이광은 집안 대대로 궁술을 보배(寶)로 여겼다.

그는 무제 때 우북평 태수로 임명되었다. 우북평은 지금의 하북성에 해당하는 곳으로 흉노와 국경을 맞대고 있었기 때문에 매우 위험한 곳이었다. 흉노는 이광을 날쌔고 용맹한 장군이란 의미로 '비장군'이라 부르며 두려워했다. 그들은 이광의 군사와 싸우는 것을 피해서 몇 년간 한나라 국경을 넘지 않았다.

어느 날 이광이 사냥을 나갔는데 풀밭에 가린 무늬 있는 돌을 호랑이로 보고 깜짝 놀라 활을 쏘았다. 화살은 깃이 보이지 않을 정도로 바위에 깊숙이 박혔다. 그는 나중에 다시 이 돌을 몇 번이나 쏘아 보았지만 다시 화살이 박히는 일은 없었다.

寸 손마디 모양

마디 촌, 치 촌, 헤아릴 촌, 조금 촌.

이광은 대장군 위청을 따라 흉노와 싸웠다. 흉노를 공격하다 길을 잘못 드는 바람에 그만 패배하고 말았다. 평소에 이광을 경계하던 위청은 전투에 패한 책임을 물었다. 군대의 감시관 장사까지 이광에게 대장군 진지에 와서 경위서를 쓰라고 독촉했다. 이광은 잠시 헤아려(寸) 보고 부하들 앞에서 비장하게 말했다.

"내가 군적에 이름을 올린 후 흉노와의 크고 작은 전투를 칠십여 차례나 치렀지만 아직까지 한 번도 패배한 적이 없었다. 그러나 이번에 길을 잘못 드는 실수를 하여 지고 말았다. 이제 나에게 운이 다한 것인가? 게다가 내 나이 올해 예순이 넘었는데 지금 붓대나 휘두르는 새파란 감독관 앞에 나가서 조사 따위를 받아야 한단 말인가?"

그러고 나서 허리에 찼던 칼을 빼 스스로 목을 쳐 죽었다.

자부심自負心이 너무 강해도 탈이다.

陰 말하자면(云, 운) 지금(今, 금) 언덕(阝, 부)이 가려

응달 음, 부인에게 예 가르칠 음, 가만할 음, 가릴 음, 음침할 음. 세월 음, 몰래 음, 그림자 음, 음기 음, 그늘 음, 생식기 음.

주술에 사용하던 용기를 폐쇄한다는 의미가 있다.

진평은 황로술에 능통했다. 그는 풍채가 좋고 얼굴은 옥처럼 빛이 났다. 아내를 맞아들일 때가 되었지만 부자 중에는 딸을 줄 사람이 없었고 가난한 사람은 진평 쪽에서 마다했다.

부자인 장부에게, 다섯 번 시집갔으나 다섯 번 모두 남편이 죽어버린 손녀가 있었다. 아무도 그녀를 데려가려 하지 않았으나 진평이 그녀를 맞아들이고자 했다. 장부는 진평의 사람됨을 살피려 아무도 몰래 그의 집에 가보았다. 그의 집은 성벽을 등진 가난한 거리에 있었고 입구에는 문이라고도 할 수 없는 거적이 달려 있었다. 그런데 문 밖에는 지체 높은 사람들의 수레바퀴 자국이 수없이 있었다. 장부는 집으로 돌아와 아들 장중에게 말했다.

"나는 진평에게 손녀를 주려고 한다."

장중은 반대했다.

"진평은 집이 가난한데도 생업에 힘쓰지 않아 마을 사람 모두가 비웃고 있습니다. 그런데 왜 그런 사람에게 소중한 제 딸을 주라고 하십니까?"

장부는 다시 말했다.

"그렇지 않다. 진평 같은 훌륭한 남자가 오래도록 가난한 것은 무슨 이유가 있을 것이다."

결국 장부는 혼례에 필요한 술과 고기 살 돈을 손녀에게 주어서 시집을 보냈다. 보낼 때 손녀에게 이렇게 훈계했다(陰).

"그를 가난하다고 무시해서 섬기는데 소홀해서는 안 된다."

마을에서 제사를 지내면 진평은 고기를 나누어주는 일을 했다. 고기를 나누는 방법이 대단히 공평했다. 지역 유지들이 칭찬하자 진평이 말했다.

"나에게 천하를 관리하게 한다면 이 고기를 나누는 것처럼 고르게 할 수 있습니다."

그 후 그는 유방을 좇아 호군중위가 되어 여러 장군들을 통솔했다. 유방은 황금 사만 근을 진평에게 주면서 쓰고 싶은 대로 쓰라 했다. 진평은 금을 풀어 초나라 군대에 첩자를 넣었다.

유방을 처음 따를 때부터 천하가 평정될 때까지 여러 번 계책을 써서 한을 승리로 이끌어 천하가 평정된 뒤에 곡역후에 봉해졌다.

是 해(日, 일)는 바른 길(辵, 소)로 가는 모양

옳을 시, 이 시, 바를 시, 곧을 시.

올해는 첫 학기 강의를 쉬고 소설『인간냄새』소재를 보충하려 인력회사에 나갔다. 4월 초부터 시작해서 7월 말까지 막노동을 했다.

나는 우리 사회에 문제가 많다면 그 문제를 해결하고 새로운 시대로 나아갈 수 있는 동력은 가장 낮은 곳에서 노동으로 먹고사는 사람들이 아직 가지고 있는 정직과 성실에 있다고 생각한다. 사실 이(是) 분들은 대단한 사람들이다.

모두 넉 달이 채 못 되는 시간을 나는 여러 사람과 같이 일하며 대화했다. 그리고 그들에게서 다시 많은 것들을 배웠다. 택택한 사람들이었다. 매일매일 나 자신과 직면해서 육체의 극한을 이겨냈다. 막노동만큼 존재를 선명하게 드러내는 일은 없다. 우리는 힘든 노동을 통해 서로의 존재를 깊이 들여다보았다.

자료가 충분치 못한 상태에서 여름 폭염이 닥쳤다. 나는 내 몸의 한계를 느꼈다. 다음 학기 강의 준비도 해야 했다. 나는 비겁하게 다시 소설가의 자리로 돌아와 컴퓨터 앞에 앉았다. 너무 늦지 않은 시기에 다시 도전할 것을 다짐하며……

競 두 사람이 축고 앞에 서서 다투면서 겨루는 모양

다툴 경, 굳셀 경, 높을 경, 급할 경, 쫓을 경, 성할 경.

동선은 광무제 때 낙양의 장관이 되었다. 천자의 누이 되는 호양공주의 하인이 대낮에 사람을 죽이고 공주 집에 숨어버렸다. 관리들은 공주가 두려워 하인을 잡아내지 못하고 날짜만 보내고 있었다.

어느 날 공주가 외출하면서 그 하인을 마차에 태우고 함께 나왔다. 동선은 이것을 알고 달려가 공주의 마차를 세우고 여러 사람이 보는 앞에서 공주가 살인을 한 죄인을 숨긴 과실을 큰 소리로 책망했다. 그리고는 그 하인을 마차에서 끌어내려 때려 죽였다.

공주는 동선의 무례함을 광무제에게 호소했다. 광무제는 동선을 채찍으로 때려 죽이라 했다. 동선은 얼굴을 땅에 박으며 말했다.

"한 말씀만 올리겠습니다. 폐하는 성덕으로 한나라를 다시 부흥시켰습니다. 그런데 지금 저 무도한 하인이 양인을 죽인 죄를 처벌하지 않는다면 앞으로 백성들 사이에 일어날 수많은 다툼을(競) 어떻게 다스릴 것입니까? 소인이 잘못했다면 채찍으로 맞아 죽을 것도 없이 스스로 죽겠습니다."

그러더니 머리를 기둥에 부딪쳐 피가 얼굴에 흘러내렸다. 광무제는 용서해주려 동선더러 공주에게 사죄하라고 일렀다. 동선은 거절했다. 신하들이 동선을 동정해서 억지로 동선의 머리를 눌러 공주에게 숙이려 하였으나 동선은 양손을 땅에 대고 버티면서 끝내 굽히지 않았다.

공주는 화가 나서 말했다.

"아버지께서 평민일 때는 죄를 범해서 오갈 데 없는 자를 숨겨 주거나, 죽을죄를 지은 사람을 옹호해 주어도 관리가 함부로 대하지 못하는 권세가 있었습니다. 그런데 지금은 천자가 되었으면서도 오히려 그 권위가 일개 장관에게도 펼칠 수 없음은 어째서입니까?"

광무제는 웃으면서 말했다.

"천자라는 자리를 평민과 똑같이 생각해서는 안 된다."

광무제는 동선의 벼슬을 높여 주었다.

그 뒤로도 동선은 재산과 권력을 앞세워 백성을 괴롭히는 자들을 엄하게 벌주었기 때문에 힘 있는 사람들은 모두 그를 두려워하였다. 사람들은 그를 '누워있는 호랑이'(臥虎)라고 불렀다.

031 資父事君, 日嚴與敬
자부사군 왈엄여경

아비를 모시듯 임금을 섬기는데
말하자면 엄숙하고 공경해야 한다.

資父 : 아버지를 모시듯

事君 : 임금을 섬기고

日嚴 : 일컬어 엄하고

與敬 : 더불어 공경한다.

『좌전』 '君父之命不校' – 임금의 명을 따르지 않다.

『효경』 '資於事父 以事君 而敬同' – 아비를 섬기는 것에 취하여서 임금을 섬기니 공경함은 같다.

『효경』 '親生育之以養父母日嚴 聖人因嚴以教敬因親生以教愛' – 친히 낳아 길러 주었으니 부모 봉양을 매일 엄하게 한다. 성인은 엄하게 공경을 가르쳤고 친히 낳아주셨음을 사랑하도록 가르쳤다.

資 건강 다음으로(次, 차) 중요한 돈(貝, 패)

재물 자, 취할 자, 쓸 자, 도울 자, 자품 자, 밑천 자.

위魏 문후가 신하들과 자리를 함께 했다.

"나는 어떤 군주인가?"

신하들이 문후에게 아첨하여 "폐하는 어진 군주입니다."라고 하였다. 적황이 차례가 되자 말했다.

"폐하는 어진 군주가 아닙니다. 그 이유는 중산국을 정벌하고 그 땅을 취했을(資) 때 정벌에 공이 큰 폐하의 동생을 중산국 군주로 임명하지 않고 아무런 공도 없는 폐하의 아들을 임명하였습니다. 이것은 어진 군주가 할 일이 못됩니다."

문후는 화가 나서 적황을 물러가라고 하였다. 그 다음 임좌의 차례가 되었다.

"폐하는 어진 군주입니다. 제가 듣기를 군주가 어진 분이면 그의 신하 가운데 틀림없이 충직한 자가 있다고 하였습니다. 바로 조금 전의 적황이 바로 충직한 신하가 아니겠습니까? 이처럼 충직한 신하가 있는 것으로 보아 폐하는 진실로 어진 군주가 분명합니다."

문후는 적황을 다시 불러 들여 상경으로 임명했다.

남의 밑에서 밥 먹고 살기란 참 어려운 법이다.

父 수염이 난 사람 모양

아비 부, 늙으신네 부, 할아범 부, 남자의 미칭 보.

'장수가 편안함과 위태로움을 함께 하는 군사들은 뭉쳐서 흩어지지 않고 항상 쓸 수 있지만 지치지 않습니다. 전투가 있는 곳마다 이들과 함께 싸우면 천하의 그 어느 군대라도 대적할 수 있을 것이니 이런 군사들을 부父자의 군사라고 합니다.'

오기가 한 말인데 장수가 진정으로 병사를 대하는 태도라면 좋을 텐데 전쟁에 이길 목적으로 전략적으로 그렇게 병사를 대하였기에 문제가 되는 것이다.

수단과 목적은 같이 의로워야 하는 법이다.

事 축고(口)를 커다란 장대에 붙이고 거기에 바람에 나부끼는 좁고 기다란 헝겊을 여러 개 붙인 모양

일 사, 일삼을 사, 섬길 사, 벼슬 사, 큰 일 사, 변사 사, 다스릴 사, 경영할 사, 반역 사.

강유는 중군 장군 은호의 참모로써 자의참군에 임명되고 곧 서기관인 장사로 승진했다. 서북쪽 강羌 족과 정령 족이 반란을 일으키자 은호는 두려워했다.

강 족 족장 요양이 은호로부터 십 리 떨어진 거리에 진영을 세우고 압력을 가해왔다. 은호는 강유에게 요양을 공격하라 시켰다. 강유는 군대를 몰아 요양의 진영 근처에 와서 말했다.

"지금 우리 병사들은 정예병이기는 하나 그 수가 강 족보다 적다. 더구나 적의 참호와 방책은 매우 견고하다. 그러니 적들과 정면으로 힘을 겨루는 것은 무모한 일(事)이므로 계략을 써야한다."

강유는 닭을 수백 마리 모아 긴 끈으로 연결하고 다리에 불을 달고 한밤중에 풀어놓았다. 닭들은 놀라서 요양의 진영으로 날아들었다. 강 족은 큰 뱀이 달려드는 것으로 알고 혼란에 빠졌다. 강유가 그 틈을 타 공격하자 요양은 피해를 입고 물러났다.

강유는 뒤에 의전을 담당하는 태상으로 승진했다.

君 지팡이를 쥐고(尹, 윤) 축문을 읽는(口, 구) 모양

임금 군, 아버지 군, 아내 군, 남편 군, 선조 군, 그대 군, 귀신 존칭 군.

군君은 본래 신과 사람 사이를 매개하는 사제였다.

왕王은 커다란 도끼 즉 의식용 무기에 의존하여 권위를 나타내는데, 군君은 신의 지팡이를 가지고(尹), 신에게 아뢴다(口). 따라서 군君은 최고의 무당이었다.

옛날에는 여성이 그 지위에 있었던 것으로 보인다.

보保·윤尹·군君은 모두 성직자를 부른 호칭이었다.

曰 나무상자 속에 축문을 넣은 모양

가로되 왈, 가라사대 왈, 이를 왈, 에 왈, 의 왈, 말 낼 왈, 얌전하지 못한 계집 왈.

말은 몸짓 언어로부터 발달하였다. 몸짓 언어는 구체적具體的이지 않아 신에게 인간이 원하는 것을 충분하게 전달하지 못했다.

말은 실체를 가진다. 신 이름을 부르는 것은 신을 그곳에 불러오는 일이다.

시에서 시적 화자가 누구를 부르면 불리어진 대상은 바로 시적 화자 앞에 와 대기해야 한다. 그것을 돈호법頓呼法이라고 한다.

「공무도하가」 첫 구절에 백수광부의 아내가 강물을 건너려는 남편을 다급하게 '임이시여!'하고 부르는 것이나, 「정읍사」에서 장사나간 상인 아내가 남편의 안위를 걱정하여 산마루에 올라 '달님이시여!'하고 안타깝게 부르는 것은 모두 불린 대상이 바로 시적 화자 앞에 나타난다는 믿음이 있기 때문이었다. 따라서 죽은 사람의 이름을 입에 담는 일도 그 영혼을 불러올 위험이 있는 것으로 여겨졌다.

말은 속에 있던 생각을 나로부터 풀어 놓는 일이며 그것에 형상을 부여하여 드러내는 일이다. 그래서 말로서 실체화實體化된 것은 일단 나의 통제를 벗어난다.

말 귀신 신앙은 고대 제사의례와 주술의례 전반에 걸쳐있고 일상 풍속에까지 광범위廣範圍하게 퍼져있다.

기슭(厂, 엄)에서 굳세게(敢, 감) 여럿이 소리치니(口, 구)

엄할 엄, 굳셀 엄, 높을 엄, 공경할 엄, 씩씩할 엄, 계엄할 엄, 혹독할 엄, 무서울 엄.

양병은 환제 때 국방을 담당하는 태위에 임명되었다. 그는 조정의 정치가 어긋날 때마다 성의를 다해 간하였고 환제는 대개 그의 의견을 받아들였다.

양병은 술을 마시지 않았다. 또 젊었을 때 아내가 죽었으나 죽을 때까지 새 아내를 맞지 않았다. 어디를 가도 인정이 많고 결백한 사람으로 인정받았다.

그는 자신에 대하여 말했다.

"나는 마음을 흩트리지 않기 위하여 엄하게(嚴) 경계하는 것이 세 가지 있다. 술과 여자와 재물이 바로 그것이다."

與 **양손(𦥑, 국)을 받들어(廾, 공) 같이하는(爲, 위) 모양**

더불어 여, 줄 여, 편들 여, 너울너울할 여, 어조사 여, 좋아할 여, 허락할 여, 미칠 여, 같을 여, 기다릴 여, 화할 여, 셈할 여, 한적할 여, 무리 여, 참여할 여.

유하혜는 노魯의 재판관 사사가 된 후 공평무사公平無私한 재판을 했기 때문에 그를 시기하는 자들에게 모함을 당해 여러 번 벼슬을 잃었다.

어떤 사람이 물었다.

"당신은 이렇게까지 모욕을 당하면서도 왜 다른 나라로 가서 일하지 않는가?"

유하혜가 대답했다.

"지금 세상은 도리에 벗어나 있기 때문에 올바른 도리를 지키면서 더불어(與) 사는 이치를 섬기면 어느 나라에 가더라도 매번 쫓겨날 것이다. 그렇지 않고 만약 바른 도리를 왜곡하고 적당히 사욕을 챙긴다면 이 나라에서도 쫓겨나지 않고 오래 자리를 지킬 수 있을 것이다. 그러니 왜 내 부모가 있는 조국을 버리고 다른 나라로 가서 일할 필요가 있겠는가?"

敬 **진실로(苟, 구) 사람을 치는(攵, 복) 것을**

삼갈 경, 공경할 경, 엄숙할 경, 경동할 경.

경을 표현하는 네 가지 문구가 있다.

정제엄숙·주일무적·상성성법·기심수렴이 그것이다.

단정히 입고 표정을 근엄하게 하고, 하나를 잡되 흔적이 없이 한다는 것은 정이가 한 말이고, 항상 깨어있다는 것은 사상채가 한 말이고, 그 마음을 수렴해야 한다는 것은 윤돈이 한 말이다.

퇴계는 경敬으로 몸을 닦았다. 남명은 하나 더 보태서 경敬과 의義를 소중히 여겼다. 율곡은 성誠을 중시했다.

032 孝當竭力, 忠則盡命
효 당 갈 력 충 즉 진 명

효도는 마땅히 온 힘을 다하고
충성은 곧 목숨을 다해야 한다.

孝當 : 효도는 마땅히

竭力 : 모든 힘을 다하고

忠則 : 충성은 곧

盡命 : 목숨을 다해야 한다.

『한서』 '奉安君父忠孝之至也' – 임금과 아비를 받들고 편안히 하는 것이 충효의 지극함이다.
『논어』 '子夏曰 事父母能竭其力 事君能致其身' – 자하가 부모를 모실 때는 능히 힘을 다해야 하고 임금을 모실 때는 능히 몸을 다해야 한다고 말했다.

孝 늙은이(老, 노)를 자식(子, 자)이 업은 모양

효도 효, 상복 입을 효.

효孝는 부모에 대한 경애를 나타내는 말이다. 조상을 제사 지내거나, 제사를 계속하기 위해 자손을 남기는 것도 효이다.

『논어』에서는 효가 주로 부모에 대한 덕목으로 다루어지고 있으며, 이때 효에 대응되는 말은 부모 이외에 손윗사람에 대한 덕목인 제弟이다.

當 **비옥한**(尙, 상) **밭**(田, 전) **모양**

마땅 당, 대적할 당, 적합할 당, 당할 당, 방비할 당, 막을 당, 법 당, 번들 당, 일 도맡아할 당, 이을 당, 주장할 당, 뽑을 당, 전당할 당, 밑 당.

여러 개의 축고를 쌓아 놓고 위를 풀로 장식한 모양.

竭 **서서**(立, 립) **포기하면**(曷, 갈)

다할 갈, 마를 갈, 질 갈.

한 병사가 독화살을 맞아 고통 속에서 생명이 져가고(竭) 있었다. 옆에 있던 동료가 급하게 의사를 불러왔다.

그러나 병사는 독화살을 쏜 자가 누구인지, 그의 성은 무엇이며 이름은 무엇인지, 어떤 신분인지, 키가 큰지 작은지, 피부가 고운지 거친지, 동쪽에 사는지 서쪽에 사는지에 대해 알기 전에는 독화살을 뽑을 수가 없다고 우겼다.

또 자기를 겨눈 활은 산뽕나무로 만들어졌는지 물푸레나무로 만들어졌는지 뿔로 만들어졌는지, 활줄은 실로 만들어졌는지 사슴 힘줄로 만들어졌는지, 화살에 달린 깃털은 매의 것인지 닭의 것인지, 활촉은 창 모양인지 칼 모양인지를 알기 전에는 화살을 뽑을 수 없다고 우겼다.

병사는 결국 여기에 대해 알지도 못한 채 죽고 말았다.

살아가면서 먼저 해야 할 일들이 있다.

力 가래 모양

힘 력, 육체 력, 부지런할 력, 심할 력, 종 부릴 력, 특유한 일 력, 일 할 력, 덕 력, 위엄 력, 용기 력, 힘 쓸 력, 작용할 력.

학자렴은 아무리 굶주려도 자기 것이 아닌 음식은 먹지 않았고, 아무리 심한(力) 추위에도 자기 옷이 아니면 입지 않았다.

한 번은 멀리 있는 누이를 방문해서 밥을 같이 먹었는데 방석 아래 돈을 두고 떠났다. 밖을 다니다 목이 말라 우물물을 마시면 꼭 1전을 우물 속에 던져 넣었다.

남과 더불어 사는 묘미를 잘 모르는 사람이다. 때로는 남의 배려를 받을 줄도 알아야 한다.

忠 마음(心, 심) 가운데(中, 중)

충성 충, 곧을 충, 정성껏 할 충, 공변될 충.

충忠은 자신의 진심을 다하는 것이다.

이에 대응되는 말로 나의 진심을 상대방에게 명백히 알도록 보여주는 신信이 있다. 전국시대, 충은 전적으로 군신관계를 규정하는 도덕개념으로 쓰이게 되었고, 효는 부자관계를 규율하는 가족도덕으로 간주되었다.

한대 이후가 되면 충효는 개인도덕의 틀을 넘어서 국가와 사회의 질서를 지탱하는 사회적社會的·정치적政治的 이데올로기가 되고 말았다.

則 조개(貝, 패)를 칼(刂, 도)로 따는 모양

곧 즉, 어조사 즉, 법칙 칙, 본받을 칙, 모범 칙, 때 칙, 그 후 칙, 혹은 칙, 조목 칙.

❀ **壽則多辱**(수즉다욕)

요가 화華 지방을 순시하는데 국경을 지키는 경비사령관이 요에게 부디 장수하고 부를 모으고 다남다복 하라고 기원하였다. 요는 그것을 사양하였다. 봉인이 이유를 묻자 요가 말했다.

"아들이 많으면 근심할 일이 많고 부자가 되면 번잡한 일이 생기며 명이 길면 그만큼 욕된 일이 생긴다. 이 세 가지는 모두 덕을 쌓는 데 아무 소용이 없다."

(多男子則多畏 富則多事 壽則多辱 是三者非所以養德也).

盡

그릇(皿, 명)에 붙은 불(灬, 화)을 손(⺺, 우)으로

다할 진, 마칠 진, 모두 진, 비록 진, 자세할 진, 극진할 진, 다하게 할 진.

❀ **一網打盡**(일망타진)

송宋 인종 때, 북쪽은 거란 남쪽은 안남이 독립했다. 송은 건국 이래 외정에 실패만 해왔는데 인종 역시 정벌보다 회유책에 의존했다. 그 대신 내정은 진력해서 현인을 등용했고 학술을 장려하고 군비를 충실하게 하려 노력했다. 한기·범중엄·구양수·사마광 등이 인종을 보필했다. 그래서 경력의 치를 이룩했다.

묘당에서는 정책을 토론하여 명론탁설名論卓說이 그치지 않아 대신들은 점차 당파를 만들어 대립했다. 그러던 중 두연이 정권을 잡았다. 두연은 황제의 은소를 못마땅하게 여겨 중간에서 멋대로 압살하였다. 마침 두연의 사위 소순흠이 하늘에 제사를 지낸다며 공금을 횡령해서 집에서 성대한 파티를 열었다. 왕공진은 군사를 이끌고 연회장을 급습하여 두연과 관련된 사람들을 모두 검거하고 말했다.

"나는 한 그물로 모두 잡아 버렸다."

두연은 결국 실각했다.

命 두목(亼, 령) 입(口, 구)에서

시킬 명, 목숨 명, 명령할 명, 이름 명, 도 명, 운수 명, 일러 보일 명.

참고로 혁명革命이라는 말은 새 왕조가 수립될 때, 상제가 옛 왕조에 부여해 주었던 천명을 바꾸어 새 왕조에게 주었다 해서 그 정당성正當性을 입증하려 한 개념이다.

『역경』'하늘과 땅이 바뀌어 사시가 이루어진다. 탕무가 명을 바꾸어 하늘을 따르고 사람들에 응했다. 혁의 때는 크도다.'에서 유래하는데 일반적一般的으로 쓰이게 된 것은 근대에 들어선 이후에는 일본에서였고, 그것이 다시 중국에 역수입逆輸入되었다.

033 臨深履薄, 夙興溫凊
림 심 리 박 숙 흥 온 청

깊은 곳에 임한 듯, 얇음을 밟듯 매사에 주의하고 일찍 일어나 부모의 따뜻함과 서늘함을 살핀다.

臨深 : 깊은 늪을 들여다보듯이

履薄 : 얇은 것을 밟듯이 하고

夙興 : 일찍이 일어나서(夙起)

溫凊 : 따뜻함과 서늘함을 살핀다.

夙興夜寐 – 아침에 일찍 일어나고 밤에는 늦게 자며 부지런히 일함.

『시경』 '戰戰兢兢 如臨深淵 如履薄氷' – 전전긍긍하는 것이 깊은 못에 이른 것 같고, 엷은 얼음을 밟는 것 같다.

『시경』 '夙興夜寢 無忝爾所生' – 일찍 일어나고 밤에 자며 너의 생겨난 바를 더럽히지 말라.

『곡례』 – 대체로 사람 자식으로서 예의는 부모 섬김에 있어서 겨울에는 따뜻하게 해드리고 여름에는 서늘하게 해드리고, 날이 저물면 자리를 펴드리고 새벽에는 잘 쉬셨는지 살펴야 한다.

臨 **노예**(臣, 신)**가 손에 든**(左, 좌) **물건**(品, 품)

임할 림, 볼 림, 클 림, 군림할 림, 여럿이 울 림, 굽힐 림.

❀ **'戰戰兢兢 如臨深淵 如履薄氷'**

『시경』「소아편, 소민」에 나온다. 전전긍긍하기를 마치 깊은 연못가에 서는 듯하고 살얼음을 밟듯 한다.

전전긍긍戰戰兢兢은 몹시 두려워 벌벌 떨면서 조심하는 모습이다.

深 **나무(木, 목) 위에서 그물(罒, 망)을 치니 물(氵, 수)이**

깊을 심, 으슥할 심, 멀 심, 감출 심, 잴 심.

송宋 재상 구준은 정의롭고 마음이 깊은(深) 인물이었다. 그는 유능한 인재를 과감하게 등용했는데 정위도 그중 한 사람이었다. 정위는 참정의 벼슬을 받아 구준을 모셨다. 어느 날 연회에서 구준의 수염에 국건더기가 붙은 것을 보자 정위는 다가가 손수건으로 닦았다(拂鬚).

구준은 웃으며 말했다.

"여보게 참정, 당신은 당상관인데 상관의 수염을 닦는 것은 체통이 없는 짓일세."

이 말을 듣고 정위는 매우 부끄러워하였다.

수염의 먼지를 닦아 낸다는 불수拂鬚는 불수진拂鬚塵이 원어인데 높은 지위나 권력이 있는 자에게 아첨이나 아부한다는 뜻이다.

履 **집(尸, 시)으로 걸어서(彳, 척) 돌아오는(复, 복) 모양**

밟을 리, 가죽신 리, 신을 리, 녹 리.

석분은 문제 때 태중대부 벼슬에 올랐다. 그는 많이 배우지는 못했지만 신중한 성격이었다. 그의 네 아들 역시 착하고 효성스러워 모두 2천 석의 녹(履)을 받는 관료에 올랐다.

경제가 말했다.

"석분과 네 아들은 모두 2천 석의 지위에 있다. 신하로서 받을 수 있는 은총이 모두 그의 가문에 모여 있다."

사람들이 이 다섯 부자의 녹봉을 합쳐서 석분을 만석꾼이라고 불렀다.

薄 풀(艹, 초)이 넓게 펴지면(溥, 부)

얇을 박, 가벼울 박, 적을 박, 힘입을 박, 외로라지 박, 모을 박, 입힐 박, 풀 서리 박, 혐의 박, 발 박, 빨리 달릴 박, 다닥칠 박, 땅거미 박, 넓을 박.

공광은 복사상서령으로 10여 년 재직했다. 그 동안 임금의 잘못에 대한 의견서를 올릴 때는 그 사안이 아무리 가벼워도(薄) 반드시 글을 적은 종이를 없애버렸다. 임금의 잘못을 드러내는 것은 충직한 신하의 도리가 아니라고 생각하였기 때문이었다. 또 어떤 인물이 조정에 추천되면 다른 사람들에게 그것이 알려지는 것을 매우 꺼려했다. 요즘 식으로 말하면 인사 기밀이 밖으로 새어나가지 못하도록 조심했다는 것이다.

닷새에 한 번 집으로 돌아가 쉬는데 형제나 처자에게 조정의 정사에 대한 말은 일절 하지 않았다. 어떤 사촌이 공광에게 조정의 온실에 있는 나무는 진귀한 나무라 하던데 도대체 어떤 나무냐고 물었다. 그러나 공광은 속으로 중얼거리며 딴청을 하다가 잠자코 얼버무려 버렸다.

애제는 공광을 승상과 천자의 스승인 태사에 임명했다.

그 후 왕망의 권세가 높아지자 그는 벼슬을 그만두고자 하였다. 이 소식을 들은 태후가 조서를 내렸다.

"나라가 흥하려 할 때는 천자의 스승을 존중하는 법입니다. 태사는 노년이니 매일 궁중에 나와 조회하지 않아도 됩니다. 열흘에 한 번만 나오고 나올 때마다 나와 같이 식사만 하시면 됩니다. 그리고 노년의 신하를 존중하는 뜻으로 영수장이라는 지팡이를 드리니 왕이 잘못을 범하면 이 지팡이로 벌을 주시기 바랍니다."

夙 **나무 상자(几, 궤) 속에 뼈(歹, 알) 모양**

아침 일찍 숙, 이를 숙, 빠를 숙, 일찍 일어날 숙, 공경할 숙.

들판에 버려진 시체는 뼈만 추슬러 다시 장례를 치렀다. 나무상자 속에 뼈를 넣어 아침 일찍(夙) 산에 묻었다.

興 **同 자 형태 술잔 안에 있는 것을 땅에 부어서 토지의 신령을 부르는 모양**

일어날 흥, 일 흥, 지을 흥, 성할 흥, 일으킬 흥, 거두어 모을 흥, 기쁠 흥, 감동할 흥, 형상할 흥, 흥 흥.

천신에게는 내려온다는 뜻으로 강降을 사용하고 지신을 불러올 때는 일으킨다는 뜻으로 흥興을 사용했다.

산천이나 토지 신·오곡 신에게 제사를 지내거나, 나라에 가뭄이 들었을 때에는 울창주를 부어서 지신을 불러오는 의례를 행했다. 이를 흥무興舞라 한다.

흥興은 토지 신령에게 울창주를 부어 누워 있는 신을 기분 좋게 일어나게 하는 모양이다.

溫 **죄수(囚, 수)에게 물(氵, 수) 한 그릇(皿, 명) 주어**

따뜻할 온, 데울 온, 익힐 온, 화할 온, 부드러울 온, 온천 온.

기신은 한漢의 장군이었다. 당시 항우가 유방을 형양현으로 몰아넣고 포위해서 유방은 도망갈 길이 없었다. 형양은 온천(溫)이 많은 지역이었다.

기신이 유방에게 말했다.

"성이 곧 함락될 것 같습니다. 제가 초나라 군대를 속일 터이니 한 왕께서는 그 틈을 타서 도망하십시오."

그는 한밤중에 부녀자 이천 명을 동문 밖으로 내보냈다. 초의 군대는 한 왕이 탈출하는 것으로 여겨 사방에서 공격했다. 기신은 왕의 마차를 타고 노란 비단으로 둘러친 비단 우산을 쓰고 깃털로 장식된 깃발을 마차의 왼쪽에 세워 자신을 한 왕으로 위장한 다음 초의 군사들을 향하여 외쳤다.

"성 안은 이미 음식이 떨어져서 더 이상 버틸 수가 없다. 이에 한 왕이 초에 항복하러 온 것이다."

이를 들은 초의 군사들은 긴장을 풀고 동쪽 문으로 몰려왔다. 유방은 그 틈을 이용하여 병사 수십 명만 데리고 서쪽 문으로 탈출하였다.

항우는 마차 위에 유방 대신 기신이 있는 것을 보고 한 왕은 어디에 있느냐고 물었다. 기신은 마차에서 내려 서쪽을 향해 절을 하였다.

"한 왕은 이미 탈출하였으니 이제 저를 죽이시면 됩니다."

항우는 화가 나서 기신을 태워 죽였다.

凊 **얼음(冫, 빙)이 푸른(靑, 청) 모양**

서늘할 청.

역기는 한 승상 역상의 아들이다. 그는 여후의 친족인 여록과 친했다. 고조가 죽자 대신들은 여 씨 일족을 멸망시키고자 했다.

당시 여록은 천자의 근위부대인 북군의 장군으로 있었으므로 대장군인 태위 벼슬에 있던 주발은 북군으로 침투할 방법이 없었다. 주발은 사람을 보내 역상을 위협했고 그의 아들 역기에게는 여록을 끌어내도록 명령했다. 여록은 역기를 믿고 함께 북군에서 나왔다. 주발은 그 틈을 이용하여 간신히 북군에 들어가 거점據點을 만들어 마침내 여 씨 일족을 멸망시켰다.

세상 사람들은 이 일을 두고 역기가 친구를 팔았다고 말했다.

듣기에 서늘하다(凊).

034 似蘭斯馨, 如松之盛
사 란 사 형 여 송 지 성

행실은 난초처럼 향이 퍼지고
절개는 소나무처럼 푸르고 무성하구나.

似蘭 : 난초처럼

斯馨 : 향기가 나고

如松 : 소나무처럼

之盛 : 번성한다.

『효경』 '夫孝者德之本也 敎之所由生也' – 대저 효라는 것은 덕의 근본이다. 가르침으로 말미암아 생기는 바이다.

似 **사람(亻, 인)이란 생각해보면(以, 이) 본래**

같을 사, 본 딸 사, 이을 사, 드릴 사, 받들 사.

사以는 보습 모양.

❀ **似而非**(사이비)

만장이 맹자에게 물었다.

"향리 안에서 근치지사謹直之士라 불리는 사람은 훌륭한 인물로 사료되는데 왜 공자님은 그런 사람을 향원이라 했습니까?"(鄕原 德之賊也).

"그것은 세속에 아부하여 칭찬 받거나 자기 만족하는 무리로 도를 구하는 자가 아니기 때문이다. 그래서 공자님은 사이비 한 것을 미워한다고 했다."(惡似而非者 惡莠恐其亂苗也).

군자 같은데 아닌 자를 미워하는 것은 그것이 혼란의 싹이 되는 것이 두려워 미워하는 것이다(惡似而非者 惡莠恐其亂苗也).

蘭 **창문**(門, 문)**을 가리고 있는**(柬, 간) **풀**(++, 초)

난초 란, 목란 꽃 란, 난간 란.

❀ 金蘭之契(금란지계)

『주역』「계사하편」'二人同心 其利同金 同心之言 其臭如蘭'(둘이 마음을 합하면 굳기가 쇠를 베고 마음을 하나로 한 말은 마치 난향과 같다.)에서 나왔다.

교우의 아름다움을 마치 난초가 방향을 뿜는 것에 비유했다.

금란지교金蘭之交·단금지계斷金之契도 같이 쓰인다.

斯 **이 도끼**(斤, 근)**가 그것이냐**(其, 기)

이 사, 어조사 사, 쪼갤 사, 곧 사, 말 그칠 사, 천할 사.

주운은 괴리현 수령으로 있을 때 승상 위현성의 부정을 캐내 상소를 올린 일로 위현성의 노여움을 사 벼슬을 잃고 옥에 갇힌 일이 있었다.

성제 때 장우는 천자의 사부가 되어 조정 안팎에서 권력을 휘두르고 있었다. 주운은 성제에게 상소를 올려 알현을 허락받았다.

"지금 조정에 있는 대신 가운데 위로는 천자가 바른 정치를 하도록 간하는 사람이 없고, 아래로는 만백성을 이롭게 할 생각을 가진 사람이 없습니다. 제사 때 자리만 지키다 젯밥만 찾아 먹듯이 그냥 지위만 유지하면서 봉록을 타 먹고 있을 뿐입니다. 폐하께서는 바라건대 부디 창고에 박혀 있는 저 참마검을 꺼내어 저에게 주십시오. 그 칼로 말만 앞세우며 정치를 어지럽히는 간신 한 사람을 베어 다른 관리의 마음을 다스리도록 하겠습니다."

성제가 물었다.

"그 한 사람이 도대체 누구인가?"

"안창후 장우입니다."

성제는 크게 노했다.

"너와 같이 낮은 지위에 있는 자가 자신의 신분도 모르고 상관의 흠을 잡아 천자의 사부인 사람을 조정에서 모욕을 주다니, 너의 죄는 죽더라도 다하지 못할 것이다."

관리를 감독하는 어사가 주운을 데리고 나가려고 했으나 주운은 난간을 붙들고 저항했다. 드디어 난간이 쪼개지자(斷) 주운은 큰 소리로 말했다.

"저는 죽어 지하에 가서 옛날의 충신 용봉이나 비간과 만날 수 있다면 그것으로 만족하니 부디 처벌하여 주십시오."

결국 어사는 주운을 끌고 사라졌다. 그때 좌장군 신경기가 관을 벗고 좌장군의 도장을 떼어 내고서 말했다.

"주운은 주변에서 미쳤다고 손가락질을 할 정도로 고지식하고 정직한 사람입니다. 만약 그의 말이 틀리지 않다면 주운을 처벌해서는 안 될 것이고 그의 말이 틀리다면 미친 사람의 말이므로 마땅히 용서해야 할 것입니다. 제 목숨 걸고 말씀드립니다."

신경기는 머리를 땅에 부딪쳐 피를 흘렸다. 성제는 주운을 용서했다.

그 후 부러진 난간을 수리할 때 성제가 말했다.

"그 난간을 완전하게 수리하지 말고 부러진 곳을 다시 모아서 맞추기만 하여라. 부러진 자국을 그대로 두어서 충직한 신하의 행동을 널리 드러내게 하리라."

馨 소리(聲, 성)가 퍼지듯(殳, 수) 향내(香, 향)도

향내 멀리 날 형, 이러할 형.

후한後漢 신도강은 평제 때 관리 채용을 담당하는 현량방정관에 임명되어 시험 답안을 관리하였다. 왕망은 신도강이 평제에게 직언하여 자신을 방해하자 누이인 원후를 꼬드겨 신도강의 벼슬을 빼앗아 고향으로 내려 보냈다.

그 후 왕망 정권이 무너지자 광무제는 신도강을 다시 불러 왕실의 도서를 관리하는 시어사에 임명했다. 얼마 뒤 그는 궁중 문서를 담당하는 상서령으로 올랐다.

하루는 광무제가 사냥을 가고자 했다. 신도강이 간했다.

"농이나 촉이 아직 완전하게 평정되지 않았습니다. 이럴(馨) 때 한가롭게 밖에 나가서는 안 됩니다."

광무제가 그의 말을 듣지 않자 그는 자신의 머리를 광무제가 타고 나갈 수레바퀴 밑에 넣었다.

"꼭 나가시려든 제 머리를 밟고 지나가십시오."

이에 광무제는 굴복하였다.

如 여자(女, 여자)가 하는 말(口, 구)은 대부분

같을 여, 무리들 여, 맞먹을 여, 만약 여, 그러할 여, 어떠할 여, 이를 여, 미칠 여, 첩 여, 이 월 여.

위魏 문후가 중산국을 정벌하고 그 땅을 아들 자격에게 주었다. 자격이 중산국에 부임하던 중 조가에서 전자방을 만났다. 전자방은 문후의 예전 스승이었다. 자격은 마차를 길옆으로 몰아 길을 양보하고 수레에서 내려 공손하게 인사를 하였다. 그러나 전자방은 자격을 못 본 체 그냥 지나갔다. 자격은 따라가 물었다.

"부귀한 자와 비천한 자 중 누가 교만할까요?"

전자방이 빙그레 웃었다.

"내 생각은 백성들과 같습니다(如). 비천한 자만이 다른 이에게 교만할 수 있지요. 제후의 신분에 있는 자가 교만하면 나라가 멸망에 이르고, 대부가 교만하면 집안이 멸망하게 됩니다. 그러나 비천한 자는 다른 사람에게 교만해도 가진 것이 없으니 잃을 것도 없습니다. 자기가 있는 곳이 뜻에 맞지 않거나 의견이 채택되지 않으면 그 나라를 떠나 초나 월 같은 먼 나라에 가는 것을 마치 짚신을 벗어버리는 일과 같이 할 수 있습니다. 그러니 비천한 자와 부귀한 자가 어찌 같겠습니까?"

사실 전자방의 속내는 공이 없는 자가 중산국에 오는 것을 비꼬아 한 이야기였다.

松 **나무**(木, 목) **중 공자**(公, 공)

소나무 송, 향풀 송, 강 이름 송, 땅 이름 송.

대부 조간자에게 주사라는 신하가 있었다. 주사는 자기가 생각하는 것을 언제나 거리낌 없이 말했다. 사람들은 그를 소나무(松)에 비유하여 송공이라 불렀다. 주사가 죽은 다음 조간자는 조정에 나가 정무를 볼 때마다 마음이 언짢아 얼굴을 찡그렸다. 신하들은 자신들에게 잘못한 점이 있다 여겨 처분을 내려주기를 원했다. 그러자 조간자가 말했다.

"그대들에게는 아무런 잘못도 없네. 그러나 나는 예전에 천 마리의 양가죽이 한 마리 여우 겨드랑이 가죽에 미치지 못한다는 말을 들었네. 지금 이곳 신하들은 내가 하는 말에 그저 예예 하고 대답할 뿐 송공처럼 꽥꽥거리며 거리낌 없이 직언하는 사람을 볼 수가 없네. 그래서 기분이 좋지 않았던 것일세."

야자 게임의 원조라고나 할까? 걸리면 약이 없다.

之 발이 머무는 모양

이를 지, 갈 지, 이 지, 의 지, 이에 지, 어조사 지.

❀ 塗炭之苦(도탄지고)

걸을 쳐부수기 위해 탕이 대군을 출병하려 할 때 군중 앞에서 선서를 했다. 그러자 신하인 중훼가 「중훼지고仲虺之誥」라는 문서를 사람들 앞에서 읽고 탕에게 바쳤다.

"하夏는 도덕에 어긋나는 일을 하였기 때문에 백성은 흙과 불 속에 빠진 고통을 겪고 있습니다."(有夏昏德民墜塗炭).

盛 그릇(皿, 명)에 가득 찬(成, 성) 모양

많을 성, 성할 성, 장할 성, 갈 성, 클 성, 이룰 성, 정제할 성, 담을 성.

질도는 경제 때 궁중 근위대 중랑장이 되었다. 그는 천자라도 잘못이 있으면 그 자리에서 바로 간하고 대신이 잘못이 있으면 조정에서 마주보고 꾸짖었다. 후에 그는 수도의 치안을 담당하는 장관인 중위로 승진했다.

이 시대 백성들은 순박해서 죄를 짓는 것을 두려워하고 매사를 신중하게 처신하며 살았다. 나라의 문물이 성장하는(盛) 시기였다. 그런데도 불구하고 질도는 전체적인 상황을 읽어낼 힘이 없었다. 그저 엄격하고 냉정하게 법을 집행해 백성은 말할 것도 없고 황족이나 외척도 예외를 두지 않았다. 사람들은 그를 '창응리'라고 불렀다. 창응은 청백색青白色을 띤 큰 매로 잔혹한 관리를 지칭하는 말이다.

흉노는 질도와 닮은 인형을 만들어 과녁에 달아놓고 말달리며 활을 쏘는데 명중시키는 자가 없을 정도로 질도를 싫어했다. 그를 못마땅하게 여기던 두 태후는 결국 그를 참수해 버렸다.

035 川流不息, 淵澄取映
천 류 불 식 연 징 취 영

흐르는 물은 쉬지 않고
깊고 맑아서 다 비치는 구나.

川流 : 물은 흘러
不息 : 쉬지 않고
淵澄 : 깊고 맑아서
取映 : 속까지 비친다.

『후한서』 '處士山積學者川流' – 벼슬하지 않은 선비가 산처럼 쌓여 있고 배우는 사람은 끊임없이 흐른다.
『논어』 '水哉' – 공자가 물이 쉬지 않고 흐르는 것을 보고 탄식했다.

川 물이 흐르는 모양

내 천, 굴 천,

제갈량이 죽은 뒤에 종사관 양의는 촉군을 정비하여 내(川)를 건너 귀국길에 올랐다. 사마의는 이 보고를 받자 바로 촉군을 추격했다. 제갈량을 이어 촉군을 통솔하던 대장군 강유는 양의에게 명령해 군대를 되돌리고 북을 울려 사마의에게 반격하는 척하게 하였다.

예상치 않았던 북소리에 사마의는 의심을 품고 촉군 진영에 감히 가까이 가지 못했다. 양의는 군진을 유지하면서 천천히 귀국길에 올라 국경을 들어선 뒤에야 비로

소 제갈량의 장례를 치렀다.

사마의가 퇴각하는 촉군을 공격하지 못한 데에 대해 사람들이 말했다.

"죽은 공명이 산 중달을 쫓았다."

어떤 자가 사마의에게 그 말을 전하자 그는 탄식했다.

"나는 삶은 예측할 수 있지만, 죽음을 예측할 수는 없다."

流 어린아이를 물에 떠내려 보내는 모양

흐를 류, 번져나갈 류, 구할 류, 내릴 류, 내칠 류, 펼 류, 달아날 류, 무리 류, 귀양 보낼 류, 근거 없을 류, 등급 류, 은혜 류, 갈래 류, 돌림 류.

갓 낳은 아기를 강에 떠내려 보내는 일은 일본 신화 '하루코 이야기'에도 있다.

이자나기노미코토와 이자나미노미코토라는 두 신이 하늘 기둥을 돌면서 맹세하자 하루코가 태어났다. 이 아이는 갈대로 만든 배에 넣어서 강에 떠내려 보냈다.

신생아 유기는 구약의 모세 신화를 비롯하여 세계 여러 지방에 널리 퍼져 있다.

악카드의 사르곤 1세는 여 사제의 사생아로 태어나 갈대바구니에 담겨 버려졌다. 정원사가 그를 구출해 키워, 이후 이슈타르 여신의 총애를 받아 왕위에 오른다.

로물루수와 레무스도 아이네이스의 왕자로 태어났으나 외삼촌 아물리우스의 흉계로 강보에 싸인 채 티베르 강에 버려졌다. 강의 신이 그들을 무사히 옮겨주었고 늑대가 젖을 먹여 키워 이후에 로물루스가 레무스를 죽이고 팔라티노 언덕에 로마를 세운다.

진의 장하가 지은『박물지』에 형주 서남쪽 부근에 사는 요족 풍습에 대해 '부인이 임신하여 일곱 달이 되면 물가에서 아이를 낳는다. 이 아이를 물속에 넣어 물 위에 뜨면 기르고 가라앉으면 버린다.'라는 대목이 보인다.

갓난아이는 원래 물에 뜨는 법이다. 어머니 뱃속에서 인간은 물고기가 아닌가?

주周 시조 전설에도 아기를 버리는 내용이 있다. 강원은 거인 발자국을 밟고 임신하여 기를 낳았는데, 이를 상서롭지 않게 여겨서 아이를 좁은 골목과 숲 속, 또는 차가운 얼음 위에 버렸다. 그러나 매번 기이하고도 신비한 힘에 의하여 구원을 받아 마침내 그 아이는 시조 후직이 되었다.

不 꽃봉오리가 아니 핀 모양, 또는 꽃받침 모양

아니 불, 아니 핀 꽃봉오리 부, 뜻이 정하지 않을 부.

❀ 强弩末(강노말)이면 不能穿魯縞(불능천로호)

전한 경제 때 흉노 사신이 화친을 바라고 장안에 들어 왔다. 중신들은 화친할 것이 아니라 정벌하자고 주장했다. 그러나 한 장유는 이에 반대하였다.

"한 군대가 수천 리 밖에 있는 흉노에 원정하여 거기서 싸워 이기기란 무척 어려운 일입니다. 왜냐하면 수천 리를 이동하면 인마가 매우 피폐해지기 때문입니다. 강한 활의 마지막 힘은 노나라 얇은 명주천도 뚫지 못하는 법입니다."

경제는 화친을 받아 들였다.

息 마음(心, 심)이 스스로(自, 자)

쉴 식, 그칠 식, 처할 식, 숨 쉴 식, 한숨 쉴 식, 아직 편할 식, 자식 식, 기를 식, 날 식.

원앙은 문제 때 천자의 근위부대 중랑장이 되었다. 어느 날 문제가 상림원으로 행차할 때 황후와 신부인을 수행했다.

신부인은 문제의 총애를 받아 궁 안에서는 항상 황후와 같은 자리에 앉았으나 원앙은 상림원에서 신부인의 자리를 황후 아래에 두었다. 신부인은 노해서 자리에 앉지 않았다. 문제도 어색한 표정을 짓자 원앙이 말했다.

"소신이 듣기에 존귀함과 비천함에 따라 서열이 정해지면 윗사람과 아랫사람 모두가 화평해진다고 합니다. 그런데 폐하께서는 이미 황후를 세웠으므로 신부인은 첩의 신분입니다. 폐하께서 신부인을 진실로 사랑하신다면 예를 어기시면 안 됩니다. 폐하가 신부인을 위한다고 예를 어기는 일을 그치지(息) 않으면 신부인에게는 그것이 재앙이 될 수도 있습니다. 고조 때 인돈의 선례가 그런 것이옵니다."

그 말을 듣고 문제는 신부인을 설득했다. 신부인은 원앙에게 황금 오십 근을 하사했다.

한 고조가 총애한 후궁으로 척부인이 있었다. 고조가 죽자 여후는 척부인의 팔다리를 절단하고 눈을 뽑았다. 그리고 약으로 귀를 멀게 하고 입은 말하지 못하게 꿰맨 다음 항아리에 집어넣었다. 그것을 사람 돼지 즉 인돈人豚이라 하였다.

淵 물(氵, 수)에 그림자가 아롱지는 모양

못 연, 깊을 연, 북소리 둥둥할 연, 모래톱 연.

❀ 揭斧入淵(게부입연)

노魯나라 백성에 남편은 관모를 아내는 포혜를 만드는 기술자가 있었다. 부부는 장사를 위하여 남쪽 월越로 이사했다. 월 사람들은 평소에 모자나 신발을 사용하지 않았기 때문에 통 장사가 되지 않았다.

그러니 낚싯대를 가지고 산으로 간다거나, 도끼를 가지고 강 속으로 들어가는 사람은 목적을 이루기 매우 어려운 법이다.

澄 높은 곳(登, 등)의 물(氵, 수)이

맑을 징, 술 이름 징.

맹가는 정서대장군 환온의 참모로 일했다. 어느 날 환온이 용산에서 부관들과 연회를 열었다. 갑자기 바람이 불어 맹가가 쓴 두건이 날아갔으나 맹가는 술에 취해 모르고 있었다. 환온은 부관들에게 가만히 있도록 눈짓을 했다. 맹가는 조금 있더니 측간에 갔다.

환온은 두건을 주워 맹가의 자리에 다시 두고 손성에게 맹가를 칭송하는 글을 지어 두건 밑에 넣게 하였다. 맹가는 자리에 돌아와 그 글을 보더니 즉석에서 답했는데 문장이 맑고(澄) 아름다웠다.

맹가는 술을 좋아하여 얼마든지 마셔도 취하지 않았다. 환온이 물었다.

"자네는 어떤 술을 좋아하나?"

"저는 술 속에 들어있는 풍취를 좋아하지 술을 가리지는 않습니다."

환온이 다시 물었다.

"기녀의 음악을 들어보면 현악은 관악에 못 미치고 관악은 육성에 못 미친다. 어째서인가?"

"점점 자연의 음에 가깝게 되기 때문에 그런 결과가 나옵니다."

取

또(又, 우) **귀**(耳, 이)를

거둘 취, 받을 취, 찾을 취, 빼앗을 취, 장가들 취.

옛날에는 전쟁에서 적을 죽이고 그 증거로서 죽은 자의 왼쪽 귀를 잘랐다(獲者取左耳).

우又는 주먹을 쥔 모양.

映 가운데(央, 앙)에 빛(日, 일)이

비칠 영, 빛날 영.

유개는 키가 칠 척이고 허리둘레는 십위나 되는 거한이었다. 눈에서 빛이나(映) 매우 총명하게 보였다. 세속 일을 하찮게 보는 기개가 있었다.

동해왕 월의 참모가 되고 나중에 참모장參謀長이 되었다. 당시 유여가 월에게 신임 받았는데 신하 중에는 유여를 시기하는 자가 많았다. 그러나 유개는 같이 끼지 않았다.

신하들은 유여의 집안이 부유하다는 점을 들어 월에게 그에게 천만 전을 빌리자고 꼬드겼다. 만약 유여가 돈을 빌려주기를 아까워하면 그것으로 그를 모함하려 함정을 판 것이다. 월은 측근들을 모아놓고 이 일에 대하여 먼저 유개에게 물었다. 유개는 곤드레만드레 취해서 두건을 상위에 떨어뜨렸다. 그리고 머리를 두건에 박은 채로 천천히 말했다.

"우리 집에는 모아 놓은 재산이 이천만 전 정도는 있었습니다. 나리께서 가져가시겠다면 드리겠습니다."

유여는 그것을 보고 할 수 없이 월에게 천만 전을 바쳤다. 월은 대단히 기뻐서 말했다.

"소인배의 생각으로는 군자의 마음을 헤아릴 수 없다."

아랫사람의 재산을 빼앗는 군주가 잘될 일은 없을 것이다.

036 容止若思, 言辭安定
용 지 약 사 언 사 안 정

몸가짐은 조용히 생각을 좇고 말씨는 침착하게 안정되어야 한다.

容止 : 몸가짐, 진퇴와 거동은

若思 : 생각하는 듯하고

言辭 : 말씨는

安定 : 편안하고 일정하다.

『효경』 容止可觀進退可度 – 몸가짐은 볼만하고 나아가고 물러섬엔 법도가 있다.
『오지』 '威儀虧替言辭流渫' – 위엄과 엄숙함은 차례로 이지러지고 말씨는 흘러서 사라진다.

容 **사당 축고 위에 신이 내리는 모양**

꾸밀 용, 얼굴 용, 모양 용, 쌀 용, 놓을 용, 용납할 용, 용서할 용, 쓸 용, 내용 용, 안존할 용, 펄렁거릴 용, 천천히 할 용.

대과에 급제하여 진사가 된 왕광원은 당시의 권문세가權門勢家에 잘 보여 좋은 자리에 앉고자 고관대작高官大爵을 찾아 다녔다. 여러 집에서 문전門前 축객逐客 당했으나 그는 부끄러운 줄 몰랐다. 이것을 본 사람들이 말했다.

"광원의 낯가죽이 두껍기로는 철판을 열 장이나 씌운 것 같다."(顔厚 如十重鐵甲).

여기서 '철면피鐵面皮'라는 말이 나왔다.

止 발 모양

말 지, 그칠 지, 고요할 지, 쉴 지, 살 지, 마음 편할 지, 예절 지, 거동 지, 이를 지.

❀ 明鏡止水(명경지수)

노魯에 왕태는 덕망이 높았지만 몸이 자유롭지 못했다. 그러나 제자들이 몰려 그 수가 공자보다 많았다. 공자 제자 상계가 시기가 나서 말했다.

"저 병신은 어떻게 제자들에게 경모되는 것일까?"

공자가 타일렀다.

"왕태는 마음이 고요한 사람이다. 사람들이 거울 대신으로 물을 들여다보는 것은 물이 잔잔해서 흐르지 않기 때문이다."

若 여자 무당이 엑스터시 상태에 있는 모양

같을 약, 순할 약, 및 약, 좇을 약, 너 약, 만일 약, 반야 야.

장발을 흐트러뜨리고 두 손을 높이 들고 있는 엑스터시 상태 무녀를 나타낸다.

밑에 놓여 있는 구ㅁ는 신령을 부르기 위한 축고다. 불리어 온 신령은 무녀에게 깃들고 신 뜻은 무녀에 의하여 전해진다.

또 약若에는 승낙한다는 의미가 있다. 제帝가 나타나 무녀가 청하는 것을 승낙하는 것이다.

신탁을 받기 위해 무녀는 사람 눈에 띄지 않는 곳에서 비밀히 의례를 행했다.

아폴론 신전에서 무녀는 본당에 있는 사람들을 피해 지하 굴 안으로 들어갔다. 지하에는 성스러운 우물이 있었다. 그 밀실 삼각대에 앉은 무녀는 사제도 볼 수 없는 은밀한 장소에서 몸을 떨며 엑스터시 상태에 들어가 광기 속에서 신탁을 받는다. 영감은 그 삼각대 바로 밑에 대지가 갈라진 틈으로 신이 내는 숨결에 의하여 전해진다.

익匿은 무녀가 한 저주와 숨겨진 악행을 의미한다.

思 마음(心, 심)은 콩밭(田, 전)에

생각할 사, 원할 사, 어조사 사.

전田 자는 원래 구획이 많고 조리 정연한 형태를 가지고 있었다.
아마 관개를 하지 않았다면 이런 정지가 필요 없었을 것이다.

❀ 思過半(사과반)

『주역』「계사」 하편에 있는 '知者 觀其象辭 則思過半矣'(지자는 단사만 보면 그 괘의 뜻 태반을 알 수 있다.)에서 나온 말이다. 단사는 각 괘의 뜻을 포괄적包括的으로 표현한 글이다.

축고 위에 침(辛, 신)을 세운 모양

말씀 언, 말할 언, 어조사 언, 한 마디 언, 나 언, 우뚝할 언.

언言은 신에게 서약하던 기도이다. 수염이 난 사람 얼굴이 아니다.

절대로 배반하지 않겠다는 자기 맹세이다. 만약 맹세에 어긋난다면 묵형을 받겠다는 서약이다.

주로 국가 간 맹약이나 개인적인 소송을 할 때 행해졌다.

언言은 신 앞에 서약하는 의례를 나타내기도 하다.

신信은 신에게 인간이 하는 말이다.

❀ 桃李不言(도리불언)이나 下自成蹊(하자성혜)

한漢 경제 때 이광은 변방에서 흉노와 싸우고 있었다. 한 번은 불과 병사 백여 명으로 흉노를 기습했다가 대군에 포위되고 말았다. 이광은 부하들에게 말했다.

"모두 침착하게 말에서 내려 말안장을 떼라."

흉노는 너무도 어이없는 행동을 보고 오히려 무슨 계략이 있을 것으로 지레 짐작하고 잠시 주저했다. 이 틈을 타고 이광은 십여 기의 군사를 이끌고 질풍처럼 흉노군 선봉으로 달려가 적장의 목을 베고 포위망包圍網을 뚫었다. 진지로 돌아왔을 때는 전사자가 한 명도 없었다.

사마천이 이에 대해 말했다.

"장군은 능변가는 아니지만 성실은 천하에 알려져 있다. 복숭아와 살구는 뽐내지 않으나 사람들이 꽃과 향을 좇아 모여들어 나무 밑에는 스스로 길이 생긴다. 이 장군이 바로 그런 사람이다."

辭 **혀**(舌, 설)**가 맵게**(辛, 신)

말씀 사, 사례할 사, 글 사, 감사할 사, 거절할 사, 사양할 사.

란亂은 실패에 실이 흐트러져 위아래에서 손을 더하여 그것을 풀려고 하는 모양으로 다스리기 어렵다는 뜻이다.

란亂 초기 문자가 사辭이다. 침(辛)을 가지고 흐트러진 실을 풀어내는 모양. 이것을 말에 적용시켜 사辭라고 했다.

재판에서 항소하여 변명하는 것을 사辭라고 하는 것은 그런 연유이다. 사辭는 원래 신에게 호소하는 서사 무가였다. 그러나 사가 무축 자신의 운명을 탄식하고 호소하는 말만으로 구성되면서 문학성은 종말을 고하고 말았다.

넋두리만으로는 문학이 되지 않는다.

安 **조상의 영에게 다른 성 씨로부터 맞이한 여자를 어루만져 주기를 구하는 의례 모양**

편안할 안, 고요할 안, 즐거울 안, 무엇 안, 자리 잡을 안, 값쌀 안, 어찌 안.

즉 성 씨가 다르고 씨족이 다른 여자를 데려와서 어루만져 길들이는 의례.

안宴은 옥玉을 여자에게 주어 혼을 흔드는 의례를 사당 안에서 행하는 모양.

定 **사당(宀, 면)에서 발을 펴고(疋, 소)**

정할 정, 바를 정, 고요할 정, 그칠 정, 이마 정, 익은 고기 정.

중국 고대에는 신판에서 패배한 사람이 추방당하는 대신 화살 묶음과 금을 바치고 속죄 받도록 정했다(定).

고대에는 범죄를 씨족 질서와 사회 전체에 대한 반역, 즉 신에 대한 모독이라고 생각했으며 따라서 형벌은 불제祓除의 의미를 가졌다. 씨족의 기존 질서나 관습을 유지하기 위하여 그 모독을 씻어낼 필요가 있었다.

그래서 중죄를 저지른 자는 추방하였다. 신의 뜻을 거역한 행위는 사악한 신이 하는 일이며, 어떠한 처벌로도 속죄시키기 어렵다고 생각했기 때문이다.

범죄자犯罪者를 사악한 영이 있는 변경으로 추방하여 신의 뜻을 만족시키면 벽사辟邪하는 힘은 강화되었다. 방方·변邊은 모두 나무에 시체를 걸어 놓은 모양인데, 방放은 그 시체를 사악한 신에게 보내는 의미였다.

추방할 정도로 중한 죄가 아니라면 범죄자를 신의 노예로 삼았다. 그들은 벌로 문신을 했는데 문신은 모두 그들 코에 하는 것이 원칙이었다.

037 篤初誠美, 愼終宜令
독 초 성 미 신 종 의 령

처음을 두터이 함은 성실하게 신중하고 끝맺음도 좋게 하는 것이 마땅하다.

篤初 : 시작을 두텁게 하고

誠美 : 정성이 아름다우니

愼終 : 일의 끝장을 삼가기를

宜令 : 경계함이 마땅하다.

『서경』 '愼闕終惟其初' – 그 끝을 삼가고 그 시작을 생각하라.

『시경』 '靡不有初鮮克有終' – 시작이 없지는 않으나 극복하여 끝이 있기는 드물다.

'嗚呼愼厥終惟其始' – 오호라! 그 마지막을 삼가기를 시작하듯이 생각하라.

'九仞功虧一簣' – 아홉 번 참은 공이 한 바구니에 일그러진다.

篤 말(馬, 마) 등에 대나무(竹, 죽)가 가득 실린 모양

도타울 독, 굳을 독, 순전할 독, 병이 위독할 독, 말 걸음 느릴 독.

편작은 환자의 맥을 짚거나 기색을 살피고 목소리를 들어 보아 어디에 무슨 병이 생겼는지 알 수 있었다. 양에 관한 증상을 진찰하면 음에 관한 증상을 미루어 알 수 있었고, 음에 관한 증상을 진찰하면 양에 관한 증상을 미루어 알 수 있었다.

몸속의 병은 겉으로 두텁게(篤) 드러나 감추려고 해도 감출 수가 없었다. 그래서 먼 곳에 있는 환자도 증상만 전해 듣고 처방해 주곤 하였다.

요즘 의사와 환자가 인터넷으로 주고받는 진단의 원조로 보아도 좋겠다.

初 옷(衣, 의)에 처음으로 칼(刀, 도)을 대어 마름질

처음 초, 비롯할 초, 근본 초, 이전 초, 옛 초, 맨 앞 초.

갓 태어난 아이에게 입히는 옷이나 신에게 제사 지낼 때 입는 옷을 만든다는 뜻이다.

誠 말(言, 언)을 이루니(成, 성)

정성 성, 미쁠 성, 공경할 성, 살필 성, 진실 성.

주周 문왕이 사냥을 가려고 태사에게 점을 치라 했다. 태사가 점을 치고 나서 점괘를 말했다.

"위수 북쪽에서 사냥을 한다면 큰 사냥감이 있을 것입니다. 그것은 이무기도 아니고 기린도 아니며 호랑이도 아니고 큰 곰도 아닙니다. 아마 재상이나 제후가 될 큰 인물을 보게 될 것입니다. 하늘이 임금의 스승이 될 만한 인물을 내려 주시는 것이니 그가 임금을 보좌하면 삼대까지 나라가 보전될 것입니다. 저의 선조가 순임금을 위해 점을 쳐 고요라는 현인을 얻었는데 지금 나온 점괘는 그때의 점괘와 비슷합니다."

문왕은 3일 동안 목욕재계하고 정성(誠)을 드리고 위수 북쪽으로 사냥을 나갔는데 과연 띠 풀 위에 앉아 미늘이 없는 낚시를 드리우고 있는 여상을 만나게 되었다.

문왕은 마차에서 내려 먼저 인사를 건넨 다음 여러 가지를 묻고 답하면서 그가 큰 인물임을 확인하였다. 문왕은 여상을 마차에 태우고 궁으로 돌아와 태공망太公望

이라 부르며 스승으로 삼아 국정을 같이 하였다.

美 **큰(大, 대) 양(羊, 양) 모양**

아름다울 미, 예쁠 미, 좋을 미, 맛날 미.

중국 사대 미인은 왕소군·서시·양귀비·초란이다. 그중에서 서시가 가장 아름다웠다고 한다.

초란은 여포가 죽을 때까지 함께 살다 나중에 조조에게 간 듯하고, 왕소군은 흉노 땅 사막에서 독을 마시고 자살했고, 서시는 부차가 죽은 다음 범려와 사라졌고, 양귀비는 안록산의 난 때 피난 도중 마외파에서 병사들에게 살해되었다.

愼 **마음(心, 심)이 참되려면(眞, 진)**

삼갈 신, 정성스러울 신, 고요할 신, 생각할 신, 삼가게 할 신.

❁ **愼終追遠**(신종추원)

『논어』에서 증자가 한 말이다. '愼終追遠 民德歸厚矣'(부모의 임종을 엄숙하게 하고 먼 조상을 정성껏 추모하면 백성의 덕이 두텁게 돌아올 것이다.).

증자는 계모 밑에서 온갖 구박을 받았으나 잘 봉양했고 아내가 부모의 밥상에 나물을 덜 익힌 채로 올리자 아내를 내쫓는다. 그리고 평생 홀로 살았다.

"옛날 고종은 후처 때문에 효기를 죽였고 윤길보도 후처 때문에 백기를 내쳤다. 나는 위로는 고종에 못 미치고 중간으로 길보에게도 비할 수 없으니 그들이 겪은 나쁜 일들을 내가 하지 않는다고 어찌 보장할 수 있겠는가."

終 실(糸, 사)이 얼어버린(冬, 동) 모양

끝 종, 마침내 종, 마지막 종, 마칠 종, 죽을 종.

극맹은 협객이었다. 오吳와 초楚가 반란을 일으켰을 때 조후 주야부는 대장군 태위로 임명되어 하남 땅으로 진군했다. 그는 반란군과 싸우기에 앞서 극맹을 자기편으로 끌어들이려 애를 썼다. 극맹은 사양했으나 주야부가 워낙 정성을 들였기에 마침내(終) 승낙하였다. 주야부는 기뻐서 말했다.

"오나 초는 전쟁을 일으키면서도 극맹을 자기편으로 만들지 못했다. 이제 나는 그들이 얼마나 무능한지 알겠다."

대장군은 그를 자기편으로 만든 것을 마치 적국 하나를 손에 넣을 것처럼 기뻐했다.

宜 도마와 비슷한 제기 위에 고기를 올려놓은 모양

옳을 의, 마땅할 의, 화목할 의, 유순할 의, 일할 의, 좋아할 의.

그 고기를 신에게 바치니 옳고 마땅하다는 의미이다.

令 예관을 하고 무릎을 꿇고 신의 말을 받는 사람 모양

하여금 령, 시킬 령, 가령 령, 개 목소리 령, 명령할 령, 법 령, 장관 령, 착할 령, 철 령, 벽돌 령.

주초는 대단한 장사였다. 조선朝鮮 명종 때 임꺽정과 맞먹을 정도였던 모양이다. 워낙 힘이 세서 그런지 주초는 일상적日常的인 일을 시시하게 생각했다. 오히려 엉뚱한 사고를 자주 저질러 마을 사람들은 별로 그를 좋아하지 않았다.

어느 날 주초는 마을길을 지나다 노인들이 모여 앉아 걱정하는 소리를 들었다.

주초가 물었다.

"지금은 정치가 안정되고 사계절이 순조롭고 비바람이 온화하여 오곡이 풍작인데 무슨 걱정할 일이 있습니까?"

노인들이 탄식하며 말했다.

"아직 두려운 일이 세 가지 남아 있다네."

"그 세 가지가 도대체 무엇입니까?"

"남산에 사는 이마가 흰 맹호와 장교 아래에 사는 이무기 그리고 힘만 믿고 난폭한 행동을 하는 자네, 이 세 가지일세."

주처는 이 말을 듣고 말했다.

"그런 일은 진작 제게 시키실(令) 것이지 이제까지 두려워했습니까? 바로 해결하겠습니다."

그는 곧장 남산으로 들어가 맹호를 활로 쏘아 죽이고, 장교 아래 물속에서 이무기를 손으로 때려 죽였으며, 마지막으로 뜻을 세우고 열심히 학문에 정진함으로써 세 가지를 모두 해결하였다.

038 榮業所基, 籍甚無竟
영 업 소 기 적 심 무 경

무성한 사업에 근본 된 바가 있으면
명성이 퍼져 끝이 없을 것이다.

榮業 : 번창하는 사업에는

所基 : 기초하는 바가 있고

籍甚 : 명예, 평판이 여러 사람 입에 오르내려

無竟 : 다함이 없구나.

『한서』 '公卿間 名聲籍甚' – 공경 사이에 명성이 자자하다.

榮 **나무(木, 목)에 불꽃(火, 화)을 덮은(冖, 멱) 모양**

영화 영, 오동나무 영, 추녀 영, 꽃다울 영, 무성할 영, 명예 영, 피 영.

❁ **衣食足 則知榮辱**(의식족 즉지영욕)

『관자』「목민 편」 '倉廩實 則知禮節 衣食足 則知榮辱' – 창고가 차야 예절을 알고, 의식이 족해야 영화와 욕됨을 안다.

『한서』「식화 편」 '衣食足 知榮辱 兼讓生 而爭訟息' – 의식이 족해야 영화와 욕됨을 알아 겸양이 생기고 쟁송이 그친다.

業 화초가 무성하게 자라는 모양

씩씩할 업, 업 업, 일할 업, 위태할 업, 벌써 업, 처음 업, 공경할 업, 이미 업.

판축版築할 때의 커다란 판.

작丵을 목木 위에 세운 형태.

❀ 창업(創業)은 쉽지만 수성(守成)은 어렵다.

수隋 양제를 뒤엎고 당唐을 세운데 공이 큰 태종은 정관의 치적을 남겼다. 이 치적을 기록한 책이 『정관정요』이다.

어느 때 태종과 측근들이 창업과 수성 중 어느 것이 더 어려운 것인가에 대하여 토론하였다. 재상 방현령이 먼저 말했다.

"창업 초기는 천하가 난마처럼 혼란하여 각지에 군웅이 할거했습니다. 대업을 성취하기 위해 이 군웅들과 쟁패하여 이겨야 합니다. 그래서 나는 창업이 더 어렵다 생각합니다." 중신인 위징이 반론했다.

"제왕이 새로 천자의 지위에 오르려면 전대의 쇠란을 이어 도적을 평토해야 합니다. 그래야 백성들은 새 임금의 명령에 복종하는 것입니다. 천자의 자리란 하늘이 내리고 백성들로부터 주어지는 것이므로 이것을 얻기는 그다지 어렵지 않습니다. 그러나 일단 천자의 자리에 앉으면 마음이 해이해져 자신의 욕망을 억제하지 못합니다. 그래서 백성의 부역이 그칠 날이 없고 삼순구식三旬九食 하여 극빈 속을 벗어나지 못하게 됩니다. 이리하여 또 한 나라가 쇠망의 길에 들어서는 것입니다. 이런 이유로 소신은 수성이야말로 더 어려운 일이라 사료됩니다."

두 사람의 주장을 듣고 있던 태종이 말했다.

"방 재상은 전날 나를 따라 천하를 평정하면서 간난신고艱難辛苦를 몸소 체험했고 구사일생九死一生으로 오늘에 이르렀소. 따라서 방 재상의 입장에서 보면 창업이 더 어려울 것이오. 위징은 나와 더불어 천하의 안정을 도모한 사람이니 조금이라도 방심하면 멸망할 것을 걱정하고 있으니 그의 입장에서 보면 수성이 더 어려울 것이오. 창업은 이미 과거지사過去之事가 되었으니 앞으로는 경들과 더불어 수성을 위해 노력하겠소."

所 집(戶, 호)에 도끼(斤, 근)를 세워둔 모양

바 소, 곳 소, 쯤 소, 연고 소, 가질 소, 얼마 소, 어조사 소.

❁ **十目所視**(십목소시)

『대학』'十目所視 十手所指 其嚴也' – 사람 눈이 보고 있고, 열 손이 가리키니, 이것은 엄한 것이다.

스스로 언행에 주의하라는 말이다.

基 그(其, 기) 땅(土, 토)

터 기, 근본 기, 업 기, 웅거할 기, 호미 기.

한漢 무제 때 소무는 중랑장 자격으로 흉노로 갔다. 선우는 소무를 신하로 두고 싶었으나 소무가 따르지 않자 움막 속에 가두고 음식을 주지 않았다. 소무는 눈과 양탄자의 털을 먹고 배고픔을 견디며 며칠이 지나도 죽지 않았다.

선우는 놀라서 소무를 신으로 여겼다. 이번에는 그를 북방의 호수 근처로 터(基)를 옮겨 숫양을 기르게 하였다. 이 숫양이 새끼를 낳으면 한나라로 보내 주겠다고 하였다. 숫양이 어떻게 새끼를 낳겠는가?

소무는 양을 기르면서 사신의 표시인 깃발을 손에서 놓지 않았다. 그것을 양을 부리는 막대기로 사용하여 오래 지나자 깃발에 붙어 있던 털은 다 닳아 없어지고 손잡이만 남게 되었다.

세월이 흘러 소제가 즉위하자 한은 흉노와 화친하였다. 한은 소무를 비롯하여 흉노에 파견되어 억류된 사람들의 귀환을 요구하였다. 선우는 소무는 벌써 죽었다고 시치미 떼었다. 소무와 함께 흉노에 잡혀 있던 상혜가 한의 사자에게 소무가 아직 살아있음을 알렸다. 그러나 상혜도 소무가 어디에 있는지는 알지 못했다.

어느 날 소제가 상림원에서 기러기를 사냥했는데 기러기발에 비단조각에 쓴 편지가 묶여 있었다. 그 편지에 소무는 지금 북방 호수 가에 살고 있다고 쓰여 있었다. 선우는 더 이상 속일 수가 없어서 소무를 돌려보냈다.

소무가 흉노에 억류된 기간은 모두 19년이었다. 처음 갈 때는 강인한 몸이었으나 돌아왔을 때는 머리카락도 수염도 모두 하얗게 세어 있었다.

소무는 80여 세로 죽었다. 그가 죽자 소제는 기린각에 소무의 초상화肖像畫를 그려 다른 공신과 함께 추모했다.

籍 **옛날**(昔, 석)**에 쟁기**(耒, 뢰) **수를 대나무**(竹, 죽)**에 적은**

문서 적, 왁자할 적, 호적 적, 재재거릴 적, 서적 적, 압수할 적, 깔개 자.

❁ 杯盤狼藉(배반낭자)

제齊 위왕을 섬긴 순우곤은 몸집은 작았으나 위트와 유머가 풍부한 사람이었다. 초楚의 공격을 받았을 때 조趙에 사신으로 가 10만 원군을 빌려와 초를 물리쳤다.

어느 날 궁중에서 잔치가 벌어졌을 때 위왕이 물었다.

"경은 주량이 얼마나 되오?"

"소신은 한 되 술에도 취하고 한 섬을 마셔도 취하지 않을 때가 있습니다. 신분이 높은 분 앞에서는 한 되만 마셔도 곧 취하고, 기분이 내키지 않은 술을 마실 때는 여덟 되 정도면 취합니다. 그러나 저녁이 되어 여인과 무릎을 마주대고 술잔과 안주 접시가 상에 지저분하게 널릴 정도로 마실 때는 한 섬 술은 거뜬히 마십니다."

甚 달게(甘, 감) 먹고 비단(匹, 필)을 두르니

매우 심, 심할 심, 더욱 심, 무엇 심.

후한後漢 양익은 대장군이 제수되자 권세를 부려 황제조차 안중에 없는 듯하였다. 중제가 죽자 그가 질제를 옹립했다. 질제는 비록 나이가 어렸으나 총명하여 양익의 전횡을 싫어하였다. 질제는 어느 날 군신들 앞에서 양익을 가리키며 말했다.

"저 자는 발호장군跋扈將軍이다."(黎共奮以跋扈兮).

양익은 결국 질제를 독살하였다.

無 양쪽 소매에 깃털 등 주술적인 장식을 달고 춤을 추는 무당 모양

빌 무, 없을 무, 아닐 무, 말 무.

나중에 무無에 춤추는 모습을 나타내기 위하여 천舛을 더하여 무舞가 되었다.

무舞를 바치는 일은 원래 신을 불러온 신을 즐겁게 하는 것인데 나중에는 악무로서 궁정의 의례가 되었다.

샤먼은 춤을 출 때 악기나 주술적인 도구를 사용했다. 악기는 북을 가장 중요하게 여겨 거기에 방울이나 고리를 달았다. 옷과 모자에도 여러 개의 거울과 방울을 달았다.

❁ 傍若無人(방약무인)

형가가 아직 여러 나라를 유랑할 때 일이다. 형가는 진시황을 암살하려다 실패한 자객이다. 형가는 축筑 명인 고점리와 매일 연燕 수도를 돌아다니며 술을 마셨다. 술이 취하면 고점리는 축을 타고 형가는 노래를 불렀다. 그러다 감정이 솟구치면 둘이서 손을 잡고 울었다. 그 모양이 마치 주위에 사람을 개의치 않은 듯 보였다.

竟 그(儿, 인)는 선채로(立, 립) 말(曰, 왈)을

마칠 경, 끝날 경, 다할 경, 마침내 경, 지음 경, 필경 경.

한신은 하향현 관리 집에 더부살이로 지낸 적이 있었다. 관리의 아내는 한신을 하찮게 여겨 아침 일찍 밥을 지어 한신이 일어나기도 전에 자기 식구들끼리만 먹어버리곤 했다.

한신은 그 집에서 나와 성 밖에서 낚시를 했으나 고기가 잘 잡히지 않았다. 빨래하던 노파 한 사람이 한신이 배고파하는 모습을 보고 불쌍히 여겨 수십 일 동안 밥을 먹여 주었다.

한신이 고마워서 말했다.

"제가 나중에 출세하면 보답을 하겠습니다."

노파는 담담히 말했다.

"나는 다만 사내대장부가 때를 만나지 못해 고생하는 것이 가엾어서 음식을 준 것 뿐이네. 무슨 보답을 바라겠는가. 괜찮네."

회음 지방 남자 하나가 많은 사람들이 보고 있는 데서 한신에게 모욕을 주었다.

"만약 네가 나를 죽일 수 있다면 그 칼로 나를 찔러 보아라. 만약 나를 죽일 수 없다면 내 가랑이 사이를 기어 지나가야 한다."

한신은 잠자코 그를 지켜보다가 말없이 그의 가랑이 사이를 기어서 빠져 나왔다.

그 후 한신은 항우에게 갔다가 나와 유방을 모셔 마침내(竟) 초 땅의 제후가 되었다. 그는 예전의 빨래하던 노파를 찾아서 천금을 주고, 하향현의 관리를 불러서 백냥을 주었다. 또 자신에게 모욕을 준 사내를 불러서 경찰관인 중위 벼슬에 임명했다.

039 學優登仕, 攝職從政

학 우 등 사 섭 직 종 정

배움이 넉넉하면 벼슬에 오르고
임무를 맡아 정사에 종사한다.

學優 : 배움이 넉넉하면

登仕 : 벼슬에 올라

攝職 : 직책을 맡아

從政 : 정사를 본다.

學 **두 손**(𦥑, 국)**으로 자식**(子, 자)**을 잡고**(冖, 멱) **괘**(爻, 효)**를**

배울 학, 글방 학, 공부 학.

학學의 초기 문자는 건물 모양이다. 아마도 신성한 건물이기에 그렇게 특별한 양식으로 지었던 모양이다. 나중에 밑에다 자子를 더한 것은 가르치는 기관임을 나타내기 위해서였다.

그렇다. 학은 일종의 비밀 교육기관教育機關이었다.

연령에 따라 계급을 구분하는 제도가 미개사회未開社會에 있었다는 것은 알려진 사실이다.

학學은 성인 사회에 진입하는 통과의례로서 씨족 장로들이 일정한 적령기가 된 사람들을 특정한 비밀 교육기관에 수용하여 특별한 교육을 실시한 곳이다. 거기에서는 씨족의 전통 및 관례·제사·주술·의료 등 씨족 생활 전반에 걸친 지식 교육을 실제 수련과 함께 실시했던 것이다.

학學은 외부와 격리되어 있었고 엄격한 규율로 통제되었다. 학생들은 스승과 함께 기거하였다. 도제제도徒弟制度의 기원으로 보면 된다.

학생들은 봄과 여름에는 방패와 창을 가지고 추는 무예 춤인 간과干戈를 배웠고 가을과 겨울에는 신령에게 제사지낼 때 바치는 우약羽籥을 배웠다. 교육은 대사를 비롯하여 대악정과 소악정이 담당했다.

교육의 성과는 천자가 몸소 학學을 방문하여 확인하였고, 교육이 만족스럽게 끝난 다음에는 선사·선성에게 제사를 지냈다.

학學의 가입 의례로는 학생 이를 뽑거나 문신 또는 할례도 하고 짐승을 도살하여 피를 몸에 바르기도 하였다. 가입자는 여러 가지 고행에 가까운 훈련을 거친 다음 새로운 이름을 짓고 서로 등급을 정하였다.

학學에서 실시한 교육은 씨족 전통에 근거한 군례에 관한 지식이나 의례를 중심으로 이루어졌다. 군악軍樂과 무무武舞도 학과의 하나였다.

優

사람(亻, 인)**은 머리를 쥐어짜야**(憂, 우)

뛰어날 우, 화할 우, 부드러울 우, 넉넉할 우, 아양 우, 광대놀이 우, 나을 우, 이길 우, 광대 우, 결단성 없을 우, 희롱할 우.

손종은 젊었을 때 집이 가난했으나 오이를 키우는 데는 남달리 뛰어났다(優).

하루는 세 남자가 찾아와 먹을 것을 좀 달라고 하였다. 손종은 그들을 집안으로 들어오게 하여 오이와 밥을 대접했다. 세 남자는 식사가 끝나자 손종에게 말했다.

"당신의 후의에 보답하기 위해 좋은 장지를 가르쳐 주겠소. 대대로 이어지는 제후를 하고 싶은가. 아니면 몇 대에 끝나는 천자가 되고 싶은가?"

손종이 놀라서 우물쭈물하자 그중 한 사람이 다시 말했다.

"나는 인간의 복과 수명을 관장하는 사명성이다. 너는 산을 내려가 백 보를 걷는 동안 뒤를 돌아보지 말라."

손종이 육십 보를 걷고 돌아보니 세 남자가 모두 하얀 학이 되어 날아가 버렸다. 손종은 그 뒤 사명성이 학이 되어 날아간 땅에 어머니를 장사 지냈다. 무덤 위로 하늘까지 계속되는 기운이 피어올랐다.

손종은 나중에 손견을 낳았고 손견은 손권을 낳았다. 손권은 손량과 손화와 손휴를 낳았다. 손화는 손호를 낳았다. 손호는 진에게 항복하고 귀명후가 되었다.

登 **콩(豆, 두)이 두둑을 건너가려면(癶, 발)**

오를 등, 나아갈 등, 벼슬에 오를 등, 이룰 등, 익을 등, 높을 등, 탈 등, 많을 등, 탑 쌓는 소리 등.

제단 위를 풀로 장식한 모양.

❀ **登龍門**(등용문)

후한 말 이용은 정의파 당상관이었다. 그의 인정만 받는다면 출세의 길이 열린 것과 다름없었다(膺以聲名自高 士有被其容接者 名爲登龍門云).

이백이 「여한형주서」에서 말했다.

"한번 용문에 오르면 성가가 열 배 뛴다. 그러므로 용반과 봉일지사는 모두 이름으로 값을 매겨 군후를 만난다. 삼천 명 가운데 반드시 모수와 같은 사람이 있으리라."

仕 **선비(士, 사)가 된 사람(亻, 인)은**

벼슬할 사, 벼슬 사, 배울 사, 살필 사.

예양은 진나라 사람으로 지백 밑에서 벼슬(仕)을 했다. 지백은 예양의 사람됨을 알아보고 후하게 대접하였다.

조나라 양자가 한과 위 두 나라와 공모하여 지백을 멸망시키고 그 땅을 한·위·조 세 나라로 나누었다. 조양자는 지백의 두개골에 옻칠을 해서 소변보는 변기로 삼았다. 예양은 결심했다.

"무릇 선비란 진실로 자기를 알아주는 사람을 위해서 목숨을 던지는 법이다. 하찮은 여자도 자신을 사랑해 주는 남자를 위해서 항상 몸가짐을 단정히 하고 화장을 정성 드려 하지 않는가? 지백은 나를 인정하고 후하게 대접하여 주었으므로 나는 반드시 그를 위하여 목숨을 다하여 양자에게 복수를 하겠다."

그는 이름을 바꾸고 일부러 죄인이 되어 궁형을 받고 조양자의 궁궐로 들어가 허드렛일을 도우고 있었다. 그러면서 가슴 속에 단도를 숨기고 틈을 보아 양자를 찔러 죽이고자 하였다.

어느 날 양자가 변소에서 볼 일을 보는데 갑자기 가슴이 뛰어 이를 이상하게 여겨 주위를 둘러보았다. 그리고는 변소 밑에 숨어서 그를 노리고 있던 예양을 찾아냈다. 양자는 예양이 지백의 원수를 갚으려 했다는 것을 알고 그의 행위를 의롭게 여겨 죽이지 않고 석방했다.

예양은 이번에는 몸에 옻칠을 하고 나병 환자처럼 꾸미고 재 가루를 먹어 벙어리가 되어 아무도 예전의 그의 모습을 알 수 없게 만들었다. 그리고 다리 밑에 몸을 숨긴 채 양자가 지나가기를 기다리고 있었다. 어느 날 양자가 다리를 건너려고 했을 때 말이 갑자기 놀라서 펄쩍 뛰었다. 양자는 틀림없이 예양 때문이라고 여겨 그곳을 조사하자 과연 예양이 잡혔다. 양자가 말했다.

"네가 처음에 범 씨와 중항 씨를 위해 일했을 때는 지백이 범 씨와 중항 씨를 멸망시켰지만 주인을 위하여 복수하지는 않았다. 오히려 원수인 지백을 섬겨 그의 신하가 되었다. 그런데 그 후 지백이 나로 인하여 멸망하여 죽었다고 해서 나에게 원수를 갚겠다고 하는데 모순되지 않은가?"

예양이 말했다.

"나는 범 씨와 중항 씨를 위해서 일했으나 그들은 나를 그냥 보통 사람으로 대접했습니다. 따라서 나도 역시 보통 사람으로 은혜를 갚은 것입니다. 그러나 지백은 나를 뛰어난 사람으로 대우해 주었기에 그만큼의 도리로 보답을 하려는 것입니다."

양자는 이 말을 듣고 감탄했다.

"내가 너를 이해는 하나 용서할 수는 없구나. 그러나 너 같은 의로운 사람을 차마 죽일 수는 없으니 네 스스로 자결하도록 하라."

예양이 대답했다.

"나는 물론 스스로 죽겠소. 그러나 당신의 의복 한 자락을 빌려서 그것을 당신으로 여겨 칼로 찔러 원수를 갚았다는 마음을 다하고 싶소."

양자는 자신이 입었던 웃옷을 벗어 그에게 주었다. 예양은 칼을 뽑아서 세 번 찌르고 나서 말했다.

"이것으로 나는 죽어서 지하에서 지백을 만나도 부끄럽지 않게 되었다."

그리고는 그 칼로 스스로 목을 찔러 죽었다.

攝 손(手, 수)에 잡아(聶, 섭)

몰아 잡을 섭, 끌 섭, 단정히 할 섭, 겸할 섭, 거둘 섭, 꿀 섭, 기록할 섭, 쫓아 잡을 섭, 항복할 섭, 이을 섭, 기를 섭.

진 영공은 부덕한 사람이었다. 백성에게 많은 세금을 징수하여 궁궐 담을 치장하는가 하면 성벽 위에서 아래를 지나가는 백성에게 돌멩이를 던져서 백성들이 돌을 피해 도망가는 모습을 보며 즐기곤 했다.

어느 날 요리사料理師가 곰 발바닥을 삶아 내놓자 고기가 잘 삶기지 않았다고 요리사를 죽이고 그 시체를 삼태기에 집어넣었다. 그리고 요리사의 부인을 잡아와(攝) 시체를 실은 수레를 끌게 하였다.

조순은 자주 영공을 타일렀다. 영공은 그것을 귀찮게 여기고 서예더러 조순을 죽이라고 시켰다. 서예는 아침 일찍 조순의 집에 가서 상황을 살폈다. 조순의 집 대문은 이미 열려 있었다. 서예는 살그머니 안으로 들어갔다. 조순은 관복을 받쳐 입고 조정으로 나가기에는 시간이 조금 일렀기에 마루에 앉아 잠깐 졸고 있었다. 서예는 이 모습을 보고 자신도 모르게 뒷걸음치면서 탄식했다.

"아무리 군주에게 미움을 받아도 군주를 공경하는 마음을 잊지 않고, 백성을 위해서 정무에 힘을 쏟으려는 조순 같은 사람을 죽이는 것은 나라에 충성하는 길이 아니다. 그러나 군주의 명령을 행하지 않는 것도 신하의 도리에 어긋나는 것이니 불충과 불신 가운데 어느 하나를 범하느니 차라리 내가 죽는 편이 낫겠구나."

서예는 조순의 정원에 있는 중신을 상징하는 회나무에 목을 매고 죽었다.

職 **창**(戈, 과) **소리**(音, 음)**를 듣는**(耳, 이)

일 직, 임무 직, 벼슬 직, 주장할 직, 맡을 직, 많을 직, 공바칠 직, 떳떳할 직, 나눌 직.

제齊 전단은 임치 지역 시장을 관리하는 임무(職)를 맡았으나 별로 인정받지는 못하였다.

연의 장수 악의가 제를 공격하자 제의 성들은 거의 항복했다. 전단은 겨우 수도를 탈출해서 동쪽에 있는 즉묵 지방을 지키는데 연이 거기까지 공격해 왔다.

전단은 소 천여 마리를 모아 빨간 비단옷을 입히고 비단에는 오색으로 칠한 용의 문양을 붙여 놓았다. 뿔에는 칼을 묶은 다음 기름을 묻힌 갈대를 꼬리에 붙였다. 그리고는 한밤중에 성벽에 수십 개의 구멍을 뚫은 후 소꼬리의 갈대에 불을 붙이고 그 구멍으로 풀어놓았다. 그 뒤를 오천 명의 군사가 따르도록 하였다.

소는 꼬리가 뜨거워지자 놀라서 연의 군대에 돌진했다. 한밤중에 잠자다 일어난 연나라 군사들은 당황했다. 그들은 용이 그들을 공격하는 것으로 착각했다. 우왕좌왕하다 칼 달린 뿔에 찔리거나 소에게 밟혀 죽거나 부상당하는 사람이 부지기수였다. 그 틈을 이용하여 전단이 이끄는 오천 명의 군사는 큰 소리를 지르며 연의 군대를 공격했다. 성 안에서는 백성들이 큰 북을 치며 응원했다. 그 소리는 천지가 무너질 듯하였다.

마침내 제는 연을 물리치고 칠십여 성을 다시 찾아 거기에 양 왕을 맞이했다. 양 왕은 전단에게 영토를 주고 안평군이라 불렀다.

從

발(⺮, 소)**을 절룩이면서**(彳, 척) **사람**(人, 인)**을**

쫓을 종, 따를 종, 말들을 종, 허락할 종, 나갈 종, 부터 종, 순할 종, 종용할 종, 상투가 우뚝할 종

❁ 先從隗始(선종외시)

연燕 소왕은 인재를 모아 국력을 충실히 하고자 하였다. 재상 곽외에게 묻자 곽외가 말했다.

"옛날 천리마를 구하던 임금에게 천리마 백골을 바치며 대금으로 오백 금을 요구한 사람이 있었습니다. 임금이 그 이유를 묻자 그는 '죽은 말의 뼈다귀조차 오백 금으로 산다면 하루에 천리를 달리는 살아 있는 말은 도대체 얼마나 쳐줄 것인가 생각하여 반드시 천리마를 가져오는 사람이 있을 것입니다.'고 대답했습니다. 과연 그 후 천리마가 세 필이나 모였습니다. 그러니 왕께서 천하의 인재를 모으고자 한다면 저를 사부로 예우해 주십시오. 저같이 모자라는 사람이 왕의 사부가 되면 정말 천하의 인재들이 모일 것은 당연한 일입니다."

政

정치는 바르게(正, 정) **해야**(攵, 복)

정사 정, 바르게 할 정, 조세 정.

도시를 정복하고(正) 나서 정복한 도시의 가구에 조세를 거두는 일을 정政이라 한다.

❁ 苛政猛於虎(가정맹어호)

공자가 제자와 태산 부근을 지나갈 때 여인의 우는 소리를 들었다. 자로를 보내어 연유를 묻게 했더니 여인이 대답했다.

"옛날에 시아버님이 호환을 당했는데 얼마 전에 남편이 잡혀갔습니다. 그런데 이번에는 귀중한 아들이 잡혀 먹고 말았습니다."

자로가 안타까워하며 말했다.

"그런데 왜 이 무서운 곳을 떠나 다른 곳으로 가 살지 않습니까?"

"여기에는 관리들이 백성을 못살게 굴면서 세금을 걷어가는 일이 심하지 않습니다."

공자는 놀라고 낙담하여 말했다.

"가혹한 정치는 호랑이보다 위험하구나."

040 存以甘棠, 去而益詠
존 이 감 당 거 이 익 영

살아서는 감당나무 아래에서 잤으니
죽고 나니 그를 기리는 노래가 많구나!

存以 : 있었으니
甘棠 : 해당화 나무에
去而 : 떠난 후에는
益詠 : 기리는 노래가 넘친다.

存

재주(才, 재)를 부려 아들(子, 자)이

있을 존, 살필 존, 존문할 존, 보존할 존.

성스러운 장소에 사람이 모여 있는 모양.

以

보습 모양

써 이, 쓸 이, 할 이, 함께 이, 까닭 이, 거느릴 이, 생각할 이.

❀ **以心傳心**(이심전심)

석가모니가 영취산에 제자들 앞에서 연꽃을 손에 들고 손가락으로 가리켰다. 제자들은 그 의미를 알지 못했는데 오직 가섭만이 혼자 빙그레 미소 지었다. 석가모니가 말했다.

"너에게 정법안장·열반묘심·실상무상의 미묘한 법문이 있구나. 너를 불립문자不立文字·교외별전敎外別傳 하는 마가가섭으로 부속한다."

이것을 염화미소拈華微笑라 하는데 마음으로 마음을 전하는 묘가 되었다.

甘 **둘**(二, 이)**이 입을 벌린**(凵, 감) **모양**

달 감, 달게 여길 감, 맛 감, 싫을 감, 마음 상쾌할 감.

초楚 자발이 진을 공격했을 때 초 군대는 식량이 떨어졌다. 병사들은 콩 알갱이를 나누어 먹었지만 자발은 아침저녁으로 고기와 이밥을 거르지 않았다. 자발이 진을 무찌르고 귀환하자 그의 어머니는 문을 닫고 그를 집안에 들이지 않았다.

"너는 월 구천이 오를 무찌를 때 일을 듣지 못했느냐? 어느 백성이 맛있는(甘) 술을 바치자 그는 강 상류에 술을 붓게 하여 하류에서 병사들과 더불어 그 물을 마셨다. 물이 술맛을 내지야 못했지만 병사들의 사기는 다섯 배나 높아졌다. 또 어느 날 말린 곡식을 바치는 자가 있었다. 구천은 그것을 군사들과 나누어 먹었다. 곡식이래야 겨우 한 번 목구멍을 넘길 정도의 양에 지나지 않았겠으나 사기는 열 배나 높아졌다. 그런데 너는 겨우 일개 장군이면서 병사들에게는 콩 알갱이나 나누어 주고 너만 고기와 이밥을 먹었다니 부끄럽지도 않느냐? 너 같이 무도한 자는 내 아들이 아니다. 그래서 내 집에 들일 수 없다."

자발은 어머니에게 손이 발이 되도록 빌고 나서야 겨우 집에 들어갈 수 있었다.

棠 **숭상 받을**(尙, 상) **나무**(木, 목)

해당화 당, 아가위 당, 사당나무 당.

주나라 성왕을 섬긴 소공석이 남쪽 지방을 순회할 때 민폐를 염려하여 해당화나무 아래에서 노숙을 하며 지방 관리의 보고를 들었다.

去 맹세하는 용기인 축고(口) 상부를 열어서 뚜껑을 파손한 모양

갈 거, 버릴 거, 오래될 거, 떨어질 거, 도망할 거, 내쫓을 거, 예전 거, 지나갈 거, 덜 거, 감출 거.

신판에서 패소한 사람과 해치는 뚜껑을 벗긴 축고 안에 넣어서 강물에 떠내려 보냈다(去). 죄지은 자를 강물에 유기하는 것은 죄를 씻어내는 고대의 방법이었다.

바람이 하늘에 뜬 두터운 구름을 불어 날리듯이 강물에 떠내려간 것들은 마침내 바다에 이르러, 여기저기서 밀려드는 조수潮水가 몇 겹으로 소용돌이치는 가운데 흩어져 영원히 사라진다.

而 사람이 절하는 모양

너 이, 말 이을 이, 같을 이, 어조사 이, 또 이, 이에 이.

❀ **過而不憚改**(과이불탄개)

위衛 재상 거백옥은 어진 사람이었고 백 살까지 장수했다. 거백옥의 사자가 공자를 찾아왔다. 공자가 자리를 권하며 물었다.

"대감은 평소 어떻게 지냅니까?"

"제 주인은 잘못을 적게 하려 노력합니다. 그러나 아직 그것을 잘 하지 못하여 항상 부끄럽게 생각합니다."

사자가 돌아가자 공자가 말했다.

"저 사람은 사자로서 매우 적임자로구나."

益 그릇 위에 무엇이 많이 쌓여 넘치는 모양

넘칠 익, 더할 익, 나아갈 익, 넉넉할 익, 이로울 익, 많을 익.

영盈 참조.

육항은 육손의 차남인데 덕이 많아(益) 오吳의 장군이 되었다.

당시 진의 평남장군 양호가 남하 땅에 진을 쳤기에 석성 서쪽은 모두 진의 영토가 되고 진에 항복하는 성이 그치지 않았다. 양호는 항복해 오는 적을 모두 받아들여 감싸 안았다. 오의 백성들은 그런 양호를 양공이라 부르며 칭찬했다. 양호는 육항과 대치하고 있었으나 사신을 보내 서로 의견을 교환했다.

하루는 육항이 병이 나자 양호가 그에게 약을 보내왔다. 육항은 전혀 양호를 의심하지 않고 그 약을 먹었다. 당시 사람들은 화원과 자반이 다시 나타났다고 했다.

조선시대朝鮮時代 송시열이 병이 났을 때 반대편의 허목이 약을 보낸 적이 있었다. 허목의 측근이 약을 살펴보니 비상이 들어있었다. 그러나 송시열은 그 약을 태연히 먹었다. 송시열은 평소 건강을 관리하려 어린아이 오줌을 장복했기 때문에 비상은 독이 되지 못했다. 목숨을 걸고 싸우는 상대에게 약을 보내는 허목도 대단하지만 서로가 서로를 너무나 잘 알고 있었기에 그 약을 태연하게 먹는 송시열도 면밀하기 짝이 없다.

화원과 자반의 이야기는 이렇다. 초楚 장왕이 송宋의 성 하나를 포위했다. 초 군대는 7일분의 식량이 남아 있었다. 그래서 사마 자반에게 성 안의 상황을 알아보게 하였다. 자반은 송의 화원과 만나서 서로의 상황을 알아보았다.

화원은 성 안의 참혹한 실정을 그대로 말했다. 그러자 자반이 왜 그렇게 솔직하냐고 의아해서 묻자 화원은 당신은 군자이므로 내가 속일 수 없다고 대답했다. 이에 자반도 초도 7일분의 식량밖에 남아 있지 않다고 화원에게 알려주었다.

보고를 들은 장왕은 화를 냈다. 자반은 "얻을 것이 별로 없는 송도 거짓말을 하지 않는데 큰 나라인 초가 거짓을 고해야 되겠습니까."라고 대답하자 장왕은 병사들을 이끌고 물러갔다.

육항은 언제나 부하들에게 말했다.

"너희들은 각자 자신의 구역만 잘 지키면 된다. 진의 국경을 침범해서 작은 이익을 구하지 마라."

오왕 손호는 육항을 나무랐다. 그러자 육항이 말했다.

"한 마을이나 한 고을에도 신의가 없을 수 없는데 하물며 큰 나라이겠습니까? 왕 한 사람의 이익을 위하여 많은 백성을 수고롭게 할 수는 없습니다."

그러나 오는 곧 진에게 멸망당하고 말았다.

詠 말(言, 언)을 길게(永, 영) 뽑으면

노래 영, 읊을 영.

범저는 위왕을 모시고 싶었으나 가난하여 의지할 연줄이 없었다. 그래서 먼저 중대부 수가 밑에 들어갔다.

수가가 제에 사신으로 갈 때 범저가 수행했다. 제양왕은 범저의 말솜씨를 듣고 범상한 인물이 아니라고 여겨 금과 소고기와 술을 주었다. 수가는 샘이 나서 귀국 후 위왕에게 범저가 위의 비밀을 제에 밀고했다고 거짓 보고했다. 왕은 사인에게 명해 채찍으로 범저를 때렸다. 범저가 맞아서 거의 죽을 정도가 되자 돗자리에 둘둘 말아서 변소 속에 처박아 버렸다. 술에 취한 신하들은 노래(詠)를 흥얼거리며 그에게 돌아가며 소변을 보았다. 왕이 대취하자 범저는 도망하여 장록이라고 이름을 바꾸고 진의 사신 왕계를 만났다. 왕계는 범저가 뛰어난 인물임을 알아보고 수레에 태워 진에 돌아가 소왕에게 추천했다. 소왕은 범저를 객경으로 삼았다. 범저는 그 후 재상이 되고 응후로 봉해졌다.

어느 날 수가가 사신으로 진을 방문했다. 범저는 한밤중에 다 떨어진 옷을 입고 수가를 만났다. 수가는 놀라서 물었다.

"그대는 범저가 아닌가? 살아 있었구나. 어디 아픈 데는 없는가?"

수가는 지난날 자신의 행동을 부끄러워했다. 그에게 음식을 주고 따뜻한 솜옷을 가져다 입혔다. 범저는 시치미를 떼고 날이 밝은 후 수가의 마부가 되어 진 재상의 직무소로 먼저 들어갔다. 수가는 꽤 긴 시간을 기다린 후에 문지기에게 물었다.

"범저가 나오지 않으니 어찌된 일인가?"

문지기가 대답했다.

"범저라니요? 아까 그 분은 우리 재상 장록 어른입니다."

이 말을 듣자 수가는 놀라서 웃옷을 벗고 무릎으로 기어 들어갔다.

"저는 나리가 재상의 지위에까지 올라갈 분이라고는 꿈에도 생각하지 못했습니다. 지금 당장 오랑캐 땅에라도 도망가고 싶도록 부끄럽습니다. 제가 이전에 나리에게 범한 죄는 제 머리카락을 잘라 갚는다 해도 모라랄 것입니다."

이에 범저가 말했다.

"너는 나에게 몹쓸 죄를 지었다. 그러나 지금 너를 죽이지 않는 이유는 어제 밤에 나에게 따뜻한 솜옷을 준 그 마음을 고려한 것이고 옛날 알고 지냈던 사람에 대한 의리 때문이다. 그래서 너를 용서하는 것이다."

041 樂殊貴賤, 禮別尊卑

악수귀천 례별존비

풍류는 귀천이 다르고
예도도 존비를 구별한다.

樂殊 : 음악이 다르고

貴賤 : 존귀함과 비천함은(또는 귀인과 천인은)

禮別 : 예를 구별한다.

尊卑 : 높고 낮음으로

> 『중용』 '序爵所以辨貴賤也' – 작위는 귀하고 천함을 분별한 바이다.
> 『예기』 '明堂也者明諸侯之尊卑也' – 명당이라는 것은 제후들의 높고 낮음을 밝히는 것이다.

樂 나무위에 해골을 얹어 놓고 장식한 모양

풍류 악, 풍류인 악, 좋아할 요, 하고자 할 요.

신에게 제사지내며 춤을 출 때 손에 드는 방울이 악樂인데 머리 위로 치켜 올려 흔들어서 울리게 하였다.

殊 앙상한 뼈(歹, 알)가 붉게(朱, 주) 물들게

벨 수, 다를 수, 죽을 수, 끊어질 수, 상할 수, 지나갈 수.

조선朝鮮에는 남자 나이 열여섯이면 허리춤에 호패를 찼다. 품계가 2품 이상 사대부士大夫는 '아패'라 하여 상아로 만든 호패를 찼고, 등과한 벼슬아치는 무소뿔로 만든 '각패'를 찼고, 등과하지 못한 양반은 '황양목패'를 찼다. 직분에 따라 차는 호패가 달랐다(殊).

서족이나 상민 향리들은 '소목방패', 공사 천민이나 노비는 '대목방패'를 차게 했다.

득세한 당파에 속한 부인이나 쫓겨난 당파의 부인도 머리 쪽이나 치맛주름으로 처지를 나타냈다. 어쩌다 한 번 죄를 지은 사람은 왼팔이나 오른팔 또는 이마에 경을 쳐 평생 동안 전과자 취급을 하였다.

임란 때 선조가 의주로 도망가자마자 한양은 불바다가 되었는데 왜적이 지른 불이 아니라 장안의 천민들이 그들의 노비문서를 보관하고 있던 각 관서에 방화한 것이었다.

신원·신분·신상을 밖으로 노출시키는 사회일수록 그 사회는 차별이 심하다고 볼 수 있다.

貴 **여럿 가운데**(中, 중) **돈**(貝, 패)**이 가장**(一, 일)

귀할 귀, 높을 귀, 귀하게 여길 귀.

상나라 여인은 조개를 양손에 들고서 사랑하는 사람에게 주었다. 조개를 주는 것은 자신에게 소중하고 귀한(貴) 사람에게 신의 가호가 내리라는 영적인 행위였다.

賤 **돈**(貝, 패)**에 상처를 내면**(戔, 전)

천할 천, 낮을 천, 흔할 천, 첩 천.

패貝는 주로 자패紫貝를 사용하였다. 붉은 조개는 여자 성기를 닮아서 임산부姙産婦가 손에 쥐고 있으면 안전하게 출산한다고 믿었다. 자안패子安貝라고도 부르는 것은 이 때문이다.

조개는 화폐로도 쓰고 주술적 상징으로도 사용했던 모양이다. 마음에 와 닿은 사람에게 건네주어서 그가 평안하기를 빌었다.

그런데 자패는 중국 연해에서는 생산되지 않았다. 지금 오키나와인 류큐에서 가져왔다고도 하고, 미얀마나 그 너머에서 가져왔다고도 한다. 점을 치던 거북 등딱지도 말레이 반도 주변에서 가져왔다고 하니 참으로 귀한 물건이었을 것이다.

상이 멸망하고 주가 들어선 다음에도 외인부대로서 상나라 군단이 남아 있었는데, 주가 그들을 이용하고 내리는 논공에 자패가 사용되었다. 자패는 상나라 사람 외에는 주지 않았던 모양이다. 상나라 군인들은 받은 자패를 끈으로 묶어서 자랑삼아 들고 다녔다. 자존심도 없이. 그렇게 끈으로 묶은 것을 붕朋이라 하였다.

자패는 서주 중반, 즉 기원전 900년까지 사용되었다.

禮 **제사상**(示, 시)**이 풍성하니**(豊, 풍)

예도 례, 절 례, 인사 례.

예禮는 존비나 차등 같은 계층질서를 유지함으로서 사회질서社會秩序를 도모하려는 규정이다. 원래 친족집단이나 향촌사회에서 볼 수 있는 가부장제家父長制 질서를 규정하는 것이었지만, 나중에 의미가 확장되어 군신관계나 국제외교國際外交 같은 지배자 계층 상호 간의 내부질서를 유지하기 위한 규범에까지 이르게 되었다.

공자의 인仁이 그런 개념이다.

일상에서는 종법 제사 의례를 수반한 인륜질서 규정으로 나타난다. 그래서 관혼상제冠婚喪祭 같은 통과의례에 참가한 사람들이 신분의 차이를 각자 동작이나 어법·복장 등 세부적細部的인 것으로 나타냈다.

別 칼(刂, 도)로 나누어(另, 령)

다를 별, 나눌 별, 분별할 별, 가를 별, 이별할 별, 문서 별, 떠날 별, 영결할 별, 차이 별.

양주는 여러 갈래로 나누어져 있는 길을 보고 울었다. 갈래 길에서는 남쪽으로도 갈 수 있고 북쪽으로도 갈 수 있기 때문에 길을 모르는 사람이 장차 방향을 잃어 잘못된 쪽으로 갈 수 있었기 때문이었다.

사람이 나아가는 길은 다만 하나뿐인데 학자들이 여러 설을 세웠기 때문에 다른(別) 사람들이 헷갈려서 자신도 모르는 사이에 괴란스러운 악으로 빠지게 된다는 것이다.

묵적도 하얀 비단을 보고 울었다. 하얀 비단실은 노란색으로도 물들일 수 있고 검은 색으로도 물들일 수 있기 때문이다. 사람의 성품은 습관에 따라서 선하게도 악하게도 되는데 한 번 더러워지면 다시는 원래 색으로 돌아오기 어렵다는 것이다.

尊 잘 익은 술(酋, 추)을 든(寸, 촌) 모양

높을 존, 어른 존, 공경할 존.

계포는 지키지 못할 약속은 절대로 하지 않았으며 한 번 한 약속은 반드시 지켰다.

계포는 유세를 잘 하는 조구생을 괜히 싫어했다. 유세란 지키지 못할 약속이라는 이유에서였다. 어느 날 조구생이 계포를 찾아왔다.

“초나라 속담에 황금 백 근을 얻기보다도 계포에게 한 번 승낙을 얻는 것이 낫다고 합니다. 당신은 어떻게 하여 이 같은 명성을 얻었습니까? 당신과 나는 같은 초 땅 사람입니다. 나는 여러 나라에 유세를 다니기에 당신의 명성을 초를 넘어 천하에 떨칠 수 있도록 할 수 있는 사람입니다. 내가 유세를 다니는 것은 천하의 평화를 위해서이지 제 자신의 사사로운 영화를 도모하기 위한 것은 아닙니다. 그런데 당신은 나를 가까이 하지 않고 왜 그토록 싫어하십니까?"

이 말을 듣고 비로소 계포는 조구생을 공경하여(尊) 손님으로 대우했다.

卑 **천 명**(千, 천)**이 밟고 지나가니**(由, 유)

낮을 비.

운문이 대중에게 말했다.

"15일 이전의 일에 대해서는 묻지 않겠다. 15일 이후의 일에 대해 무언가 한 마디 해 보라."

대중들이 대답을 못하자 운문이 말했다.

"낮은(卑) 데를 보고 살면 하루하루가 좋은 날이다."

042 上和下睦, 夫唱婦隨
상 화 하 목　부 창 부 수

위가 온화하면 아래가 화목하고 남편이 부르면 아내가 따른다.

上下 : 위와 아래가(윗사람과 아랫사람이)

和睦 : 서로 뜻이 맞아 정답고

夫唱 : 남편이 말하면

婦隨 : 아내가 따른다.

『맹자』 '上下交征利' – 위와 아래가 서로 이득을 취한다.
『소학』 '禮始於謹夫婦' – 예는 부부가 서로 삼가는 데에서 비롯한다.
『관윤자』 '天下之理夫者倡婦者隨' – 세상 이치는 남편이 부르면 아내가 따르는 것이다.

上 손바닥을 기준으로 그 위 모양

위 상, 물건의 위 상, 바깥 상, 임금 상, 윗사람 상, 뛰어나서 좋을 상, 오를 상, 드릴 상.

❀ 梁上君子(양상군자)

후한 현령 진식은 고생을 겪어 본 사람이어서 인정이 많았다. 어느 해 흉년이 들었는데 진식은 밤이 깊도록 책을 읽고 있었다. 잠시 눈의 피로를 풀려 천정을 올려 보았는데 대들보 위에 사람이 웅크리고 있는 것을 보았다. 그는 급하게 가족 전부를 서재로 불러 앉혔다. 그리고 일렀다.

"사람은 원래부터 악한 사람은 없다. 그러나 습관이 쌓이면 습성이 되고 만다. 저 대들보 위의 군자도 그러하단다."

이 말을 들은 대들보의 도둑은 급히 뛰어내려와 무릎을 꿇었다. 어떤 벌도 달게 받겠다고 사죄하였다. 진식은 명주 두 필을 주면서 타일러 용서해 주었다.

和 禾 모양은 군영의 문에 세우는 신목. 두 개의 禾를 和라고 함

화할 화, 온화할 화, 화목할 화, 순할 화, 합할 화, 방울 화, 알맞을 화, 사이좋을 화, 화답할 화, 곡조 화, 섞을 화, 더할 화, 본받을 화, 줄 화.

원래 군대의 의례를 행하는 곳으로 국가 사이에 일어난 분쟁의 화해도 여기에서 행해졌다.

下 손바닥을 기준으로 그 아래 모양

아래 하, 낮을 화, 내릴 하, 떨어질 하, 하늘에서 떨어질 하.

❁ 吳下阿蒙(오하아몽)

손권의 용장 여몽은 강동 해적 출신이라 책읽기를 싫어하여 매우 무식했다. 손권은 여몽을 불러 책을 읽으라고 권했다. 얼마 후 노숙이 여몽을 만나보니 그 사이 상당히 박식해져 있어 놀랐다. 이를 손권에게 보고하니 손권이 말했다.

"경은 무에만 뛰어난 줄 알았더니 문에도 발군이군요. 예전과 아주 다른 사람이 되었구려."

여몽이 뽐내며 말했다.

"본래 선비는 삼 일이 지나면 눈을 닦고 다시 보아야 하는 법입니다(刮目相對). 일취월장日就月將 하기 때문입니다."

睦 언덕(坴, 륙)을 보는(目, 목) 모양

눈매 고울 목, 친목할 목, 화목할 목, 공경할 목.

학륭은 서책과 친했다(睦). 칠월 칠일이면 한낮에 밖에 나가 배를 위쪽으로 하고 누웠다. 사람들이 그 이유를 묻자 말했다.

"세간에 칠월 칠일이면 옷과 책을 말리는 풍속이 있다. 그래서 나는 뱃속의 책을 햇볕에 쪼이고 바람에 말리고 있다."

夫 남자가 머리를 묶고 머리 장식을 한 모양

지아비 부, 사내 부, 선생 부, 어조사 부, 저 부.

부夫나 처妻는 혼례식 때 머리 장식을 화려하게 한 남녀 모습이다.

그 머리에 더하는 장식을 참參이라 했다.

❀ 漁父之利(어부지리)

전국시대, 소진의 동생 소대도 형을 닮아 변설에 능했다. 그는 연燕을 위해 일했는데 조趙와 사이가 나빠져 전쟁이 일어나려 하였다.

소대는 조나라 혜문왕을 찾아가 말했다.

"신이 역수를 지나다 보니 강가에 큰 방합조개 한 마리가 혓바닥을 내놓고 햇볕을 쪼이고 있었습니다. 해오라기가 날아와 조개의 혓바닥을 쪼아 먹으려 하자 조개는 화가나 해오라기 주둥이를 꽉 물고 놓지 않았습니다. 서로 양보하지 않아 엎치락뒤치락 하면서 싸웠습니다(蚌鷸之爭). 마침 이곳을 지나가던 어부가 그것을 보고 해오라기와 조개를 모두 잡아갔습니다. 지금 연과 조가 싸운다면 이득을 얻는 것은 진나라뿐입니다."

唱 입(口, 구)으로 날마다(日, 일) 부르는(曰, 왈)

노래할 창, 인도할 창.

직불의와 같은 방에 있던 식객 한 사람이 휴가를 얻어 고향으로 갔다. 그런데 실수로 같은 방 낭관의 돈주머니를 가지고 갔다. 낭관은 자기의 돈을 불의가 훔쳤다고 오해했다. 직불의는 이 말을 듣고 자신이 그랬다고 사죄하고 자신의 소지품을 팔아 그에게 변상해 주었다.

그 후 고향에 갔던 사람이 돌아와 실수로 가지고 갔던 돈주머니를 낭관에게 돌려주자 낭관은 매우 부끄러워했다. 이런 일이 알려지자 사람들은 직불의를 칭송하는 노래를 지어 불렀다(唱).

직불의는 그 후 점차 벼슬이 올라 중대부가 되었다.

어느 날 조정에서 천자를 알현할 때 직불의를 질투하던 사람이 그를 모함했다.

"직불의는 용모가 빼어나고 훌륭한 남자이지만 왜 형수를 훔쳤을까요?"

직불의는 이 말을 듣고 아무런 표정도 없이 나에게는 형이 없다고만 말했을 뿐 다른 변명을 하지 않았다.

그는 경제 말년에 감사원장監査院長인 어사대부가 되었다.

婦 띠 풀(帚, 추)을 든 여자(女, 녀) 모양

아내 부, 지어미 부, 며느리 부, 계집 부, 암컷 부, 예쁠 부.

추帚는 청소를 하는 빗자루가 아니고 띠 풀 묶음이다. 여기에 술(울창주)을 붓고 제단을 쓸어서 깨끗이 한다.

그 향기를 침浸이라 한다.

부婦는 침묘 제사에 봉사하는 부인 모습이다.

隨 언덕(阝, 부) 왼쪽(左, 좌)으로 달(月, 월)이 가는(辶, 착) 모양

따를 수, 맡길 수.

손초는 문장이 뛰어났으나 오만하여 다른 사람을 아래로 보아 평판이 그다지 좋지 않았다. 마흔 살이 넘어서야 겨우 진동 장군을 따라(隨) 참모가 되었다.

손초가 젊었을 때 은거하려 한 적이 있었다. 친구인 왕제에게 말했다.

"돌로 입을 헹구고 흐르는 물을 베개로 삼으려 하네."

돌을 베개로 삼고 흐르는 맑은 물로 입을 헹구며 일생을 보내겠다고 해야 할 것을 잘못하여 거꾸로 말한 것이다. 왕제는 이 말을 듣고 이상하게 여겼다.

"이 사람아, 흐르는 물은 베개로 삼을 수 없고 돌로는 입을 헹굴 수가 없네."

손초는 아차하고 재빨리 말했다.

"흐르는 물을 베개로 삼는 이유는 귀를 씻으려 하는 것이고, 돌로 입을 헹구는 것은 이를 닦으려 한 것일세."

사족으로 베개 하니 생각나는 게 있다. 사람이 태어나 가장 먼저 베는 것이 어머니 팔베개다. 살 베개 가운데는 무릎베개도 있다. 무릎베개는 기방의 대명사다.

베개에는 짚이나 풀 여물 겨로 만든 초침, 메밀이나 기장 또는 팥을 넣은 곡침·면침·각침·지침·피침·목침·도침·석침·옥침 등 별 베개가 다 있으나 살 베개보다 즐거운 베개는 없어 보인다.

선비들은 울퉁불퉁한 옹이가 박힌 영목침으로 심신을 수련했고 글을 쓸 때에는 구양수침이라는 베개를 이용했다. 반은 잠들고 반은 깨어 있을 수 있는 특수한 구조로 된 구양수침은 북송 문장가 구양수가 비몽사몽간에 글을 잘 지었다는 고사 때문이었다.

043 外受傅訓, 入奉母儀
외 수 부 훈 입 봉 모 의

밖에서는 스승의 가르침을 받고
들어와서는 어미의 법도를 받든다.

外受 : 밖에서 받고

傅訓 : 스승의 가르침을

入奉 : 안에서 받든다.

母儀:어머니의 거동을

外 **저녁(夕, 석)에 밖에서 별을 보며 점을 치는(卜, 복) 모양**

바깥 외, 다를 외, 곁 외, 다른 나라 외, 멀리할 외, 잃을 외, 버릴 외, 제할 외, 아버지 외.

저리자의 집은 소왕 묘소 서쪽 밖(外), 위수 남쪽 음향의 저리에 있었다. 그 때문에 세상에서 그를 저리자라고 불렀다. 그는 재미있는 이야기를 잘해서 진나라 사람들은 그를 '지혜주머니'라고 불렀다.

진 무왕이 즉위하자 저리자와 감무를 좌우 승상으로 삼았다. 저리자는 자식들에게 자신이 죽으면 위수 남쪽, 장대 동쪽에 장사 지내라고 하였다.

"지금부터 백 년이 지나면 천자의 궁전이 나의 묘를 끼고 세워질 것이 틀림없다."

한이 일어나자 장락궁이 묘소 동쪽에, 미앙궁이 묘소 서쪽에 세워졌으며 무기고는 정확히 그의 무덤 앞에 자리 잡았다.

진나라에 '힘은 임비요 지혜는 저리자'라는 속담이 있었다.

受 손(爪, 조)으로 덮어(冖, 멱) 다시(又, 우)

받을 수, 이을 수, 얻을 수, 담을 수, 용납할 수, 입을 수, 어조사 수.

진晉 유곤은 문무를 겸하여 뛰어났다. 젊었을 때 조적과 의기투합하여 관포지교管鮑之交를 맺었다. 둘은 한 이불 속에서 자면서 천하의 일을 논했다. 그 후 헤어졌는데 조적이 먼저 벼슬에 올라 왕의 신임을 받았다(受). 이 소식을 들은 유곤이 조적에게 편지를 썼다.

"나는 창을 베개로 삼아 자면서 나라에 부름을 받기를 고대했으나 조적이 항상 선편先鞭을 잡지 않을까 근심하곤 했지요."(常恐祖生先吾着鞭).

여기서 '선착편先着鞭'이란 말이 나왔다.

傅 사람(人, 인)을 넓게 펴주는(尃, 부)

스승 부, 이를 부, 붙을 부, 가까울 부, 가깝게 할 부, 수표 부.

남자는 여덟 살이 되면 스승을 구했다.

訓 말(言, 언)로 물(川, 천) 흐르듯

가르칠 훈, 인도할 훈, 경계할 훈, 순하게 따를 훈, 뜻 일러줄 훈.

❀ **庭訓**(정훈)

진항이 공자의 아들 백어에게 물었다.

"공자님은 아들을 어떻게 가르칩니까?"

백어가 대답했다.

"그런 일을 없습니다. 언젠가 아버지가 홀로 뜰에 계실 때 제가 총총걸음으로 앞마당을 지나갈 때 『시경』을 배웠느냐고 물었습니다. 『시경』을 배우지 않으면 인정과 도리에 통하지 못하고 바르게 말할 수 없다고 하였습니다. 또 어느 날에는 『예기』를 읽었냐고 물었습니다. 예를 배우지 않으면 행동에 준거가 없게 된다고 하였습니다. 그래서 후에 저는 『시경』과 『예기』를 공부했습니다."

入 구부리고 들어가는 모양

들 입, 넣을 입, 드릴 입, 빠질 입, 받을 입, 뺏을 입, 해칠 입, 들을 입.

❀ 病入膏肓(병입고황)

진晉 경공 때 형조판서가 정적 조 씨 일가를 역적으로 몰아 멸족시킨 사건이 있었다. 그로부터 10년이 지난 어느 날 경공이 꿈을 꾸었다. 신장이 열 자가 넘는 유령이 하얀 머리카락을 길게 늘어뜨리고 원한 맺힌 목소리고 말했다.

"내 자손을 멸족시킨 죄는 용서할 수가 없다. 지금에야 천제의 허락을 받고 네 놈의 목숨을 받으러 왔노라."

경공은 고함을 지르며 잠에서 깨어나 곧 점쟁이를 불러 해몽케 했다. 점쟁이는 경공이 햇보리를 먹기 전에 죽을 것이라고 해몽하였다. 이 날부터 경공은 자리를 펴고 누웠다. 그리고 천하의 명의 고완을 불렀다.

고완이 오기 전 경공은 다시 꿈을 꾸었다. 병마가 두 더벅머리 총각으로 변하여 저희들끼리 말했다.

"고완이 오는 모양이야. 그는 명의니 우리들을 해칠 것이 뻔해. 어디에 숨어야 할까?" "심장과 횡경막에 숨어 있으면 제아무리 고완인들 거기까지 침을 놓지는 못할 거야."

이윽고 고완이 와 진찰하니 병이 이미 고황에 들어 손을 쓸 방도가 없었다. 경공은 고완에게 후하게 사례하여 진秦으로 돌아가게 하였다.

몇 달이 지나 6월 말이 되었다. 햇보리로 지은 밥이 경공 수라상에 올랐다. 이것을 보고 경공은 점쟁이가 햇보리로 지은 밥을 먹기 전에 죽는다 한 것이 거짓이었다고 화를 냈다. 그리고 수저를 들어 보리밥을 입에 넣으려는 순간 배가 부어올랐다. 측간으로 달려갔으나 현기증으로 똥통에 머리를 박고 그대로 죽고 말았다.

奉 **무수한**(夫, 무성하다는 뜻만 취한다.) **손**(手, 수)**들이**

받들 봉, 드릴 봉, 높일 봉, 봉양할 봉, 기다릴 봉, 살아갈 봉, 녹 봉.

어떤 중이 조주를 받들어(奉) 물었다.

"달마가 서쪽에서 온 까닭이 무엇입니까?"

조주가 말했다.

"뜰 앞의 잣나무다."

母 **양쪽 유방 모양**

어미 모, 장모 모, 암컷 모, 모체 모.

진 평공이 커다란 종을 주조해서 악사들에게 그 종소리를 듣게 했다. 음에 밝았던 평공의 어머니(母)는 종의 음률이 잘 맞는다고 했으나 사광은 음률이 맞지 않는다고 했다. 평공은 어머니의 말을 좇아 사광의 지적을 무시했다. 사광이 말했다.

"후세에 진실로 음률을 알아듣는 사람이 나오면 이 종이 음률에 맞지 않다는 것을 알 수가 있을 겁니다."

그 후 위 영공의 악사 사연이 그 종이 음률에 맞지 않다는 것을 증명했다.

사광이 그 종을 다시 만들려 했던 것은 후세에 음률을 아는 명 악사가 나와 그 종의 부조화不調和를 발견하는 부끄러움을 염려했기 때문이었다.

儀 사람(人, 인)의 의로운(義, 의) 모양

거동 의, 꼴 의, 모양 의, 짝 의, 쪽 의, 잴 의, 법도 의, 좋을 의, 올 의, 형상 의.

이루는 눈이 아주 밝아서 백 보나 떨어진 먼 곳에 있는 가는 털끝 모양(儀)까지 볼 수 있었다. 그러나 물속으로 들어가면 도무지 깊이를 알 수 없었다. 이것은 그의 눈이 밝지 않아서가 아니고 물속이라고 하는 특수한 상황이 보는 것을 어렵게 하기 때문이다.

044 諸姑伯叔, 猶子比兒
제 고 백 숙 유 자 비 아

아버지의 형제자매는 고모와 백부와 숙부이니
조카들은 내 자식과 같다.

諸姑 : 여러 고모와
伯叔 : 백부와 숙부가 있고
猶子 : 조카들은
比兒 : 자식 같다.

『예기』 '喪服兄弟之子猶子也 蓋引而近之也' – 상을 입었을 때 형제의 자식들을 친자식처럼 대하는 것은 대개 그들을 가깝게 여겼던 것이다.

諸 **여러 사람**(者, 자)**이 말한다**(言, 언)

여러 제, 모을 제, 말 잘할 제, 어조사 제.

혜능이 여러(諸) 달 걸려 황매산에 가 홍인의 제자가 되기를 청했다.
홍인이 물었다.
"어디서 왔는가?"
"영남에서 왔습니다."
"무슨 일로 왔는가?"
"부처가 되기를 원합니다."
"영남사람은 오랑캐라 불성佛性이 없는데 어떻게 부처가 되겠는가?"

"사람은 남북이 있을 지라도 어찌 불성이 그러하겠습니까?"

홍인은 혜능에게 방아를 찧게 하였다.

姑 나이 든(古, 고) 여자(女, 여)

고모 고, 시어머니 고, 시누이 고, 아직 고, 장모 고, 잠시 고.

사마상여는 경제의 사냥 담당 수행비서인 무기상시 벼슬에 올랐으나 내키지 않아 병을 핑계로 그만두었다. 이후 그는 가난해지고 아무 직업도 가지지 못했다.

탁문군이 상여가 사는 촉으로 이사 오자 탁문군의 아버지 탁왕손이 상여의 재능을 알아보고 재물을 나누어 주었다. 오래지 않아 무제는 상여를 낭관에 임명했다.

당시 중국 서남쪽에 살던 공작국은 남쪽 오랑캐들이 한으로부터 많은 상을 받았다는 소식을 듣고 스스로 한의 신하가 되길 원한다고 사신을 보내왔다. 무제는 상여를 근위대장인 중낭장으로 임명해 공작국으로 보냈다. 가는 길에 파 촉 관리로부터 공물을 받아 공작국에 보내 주어 임무를 잘 완수했다.

돌아오는 중에 잠시(姑) 촉 땅을 지나게 되었는데 지방관인 태수와 여러 신하들이 마을 밖까지 마중 나왔고, 현령은 활과 화살을 등에 걸고 맨 앞에서 길을 안내하였다. 촉 사람들은 그것을 보고 대단한 일이라고 놀랐다. 탁왕손과 마을 사람들은 상여의 집에 모여 소고기와 술을 먹으며 기쁨을 나누었다. 왕손은 한숨을 쉬며 탄식했다.

"딸을 상여에게 시집보내는 것이 늦어지겠구나."

촉 땅 이래로부터 북쪽으로 조금 지난 곳에 승선교라는 다리가 있는데 상여가 처음으로 무제에게 불려 수도로 올라갈 때 그 다리 기둥에 썼다는 글이 있다.

"대장부大丈夫로 태어나 말 네 필이 끄는 수레를 탈 정도로 입신출세立身出世 하지 않으면 다시는 이 다리를 건너지 않겠다."

伯 머리가 허연(白, 백) 사람(亻, 인)

백부 백, 맏 백, 형 백, 남편 백, 우두머리 백.

신분은 남男과 같이 농경지의 관리자였다.

叔 창의 戈 날 모양으로 밑 부분에 빛을 뜻하는 小 모양을 더했다

아재비 숙, 시동생 숙, 주을 숙, 어릴 숙, 콩 숙.

종군은 어릴(叔) 때부터 학문을 좋아해서 사물의 이치를 일찍 깨달아 세상사世上事에 널리 통했다.

열여덟에 무제에게 발탁되어 박사 후보생이 되자 제남에서 장안까지 걸어서 함곡관에 이르렀다. 함곡관을 지키는 관리가 종군에게 비단으로 만든 징표를 주었다. 종군은 의아해서 관리에게 그것이 무엇이냐고 물었다. 관리가 말했다.

"이 징표는 수도로 들어가는 자가 다시 돌아올 때 쓰는 것입니다. 당신이 돌아올 때는 반드시 이곳에서 이 징표를 맞추어 보아야 합니다."

종군이 말했다.

"사내가 서쪽 장안에 유학하는 것은 포부를 크게 가졌기 때문이다. 걱정하지 마시오. 내가 다시 돌아 올 때는 고관의 신분으로 올 것이외다."

종군은 그 징표를 버리고 갔다. 과연 그 후 관리가 되어 천자의 사절로 전국의 군현을 순찰할 때 사절을 상징하는 깃발을 세우고 함곡관을 나왔다. 전의 관리는 종군을 알아보고 말했다.

"이 사절은 전에 징표를 버리고 간 선비이다."

猶 미개한 부족 추장(酋, 추)은 개(犭, 견)와

한 가지 유, 같을 유, 가히 유, 느릿느릿할 유, 말미암을 유, 오히려 유.

신수가 썼다.

몸은 바로 보리수이며
마음은 맑은 거울과 같으니(猶)
항상 부지런히 쓸고 닦아
먼지가 끼지 않도록 하라.

혜능이 받았다.

보리는 본래 나무가 아니며
맑은 거울 역시 대가 아니니
본래 아무 것도 존재하지 않았는데
어디에 먼지가 끼겠는가?

子 어린 아이 모양

아들 자, 자식 자, 종자 자, 어르신네 자, 임자 자, 사람 자.

❀ 不入虎穴(불입호혈)이면 不得虎子(부득호자)

후한 반고에게 반초라는 아우가 있었다. 반초는 나이 40이 넘어 인정되어 서역 선선이라는 속국에 총독 발령을 받았다. 선선에서는 처음에는 반초를 대우했으나 어느 날부터 돌변하여 냉대하기 시작했다. 반초는 이러한 태도변화態度變化가 북방의 적대세력인 흉노의 사자가 온 이후부터라고 판단했다. 그는 부하들에게 말했다.

"호랑이굴에 들어가지 않고서는 새끼 호랑이를 잡을 수 없다."

그는 부하를 이끌고 흉노 사신이 머무는 숙소를 야습하여 몇 배나 수가 많은 적을 섬멸했다.

그는 선선에서 30년 동안 총독직을 맡았다. 나중에 귀국하는 길에 후임자 임상이 통치 요령을 물었다.

"당신의 성격은 강직하고 조급한 것 같은데 지나치게 물이 맑으면 큰 고기가 없다오. 만사에 대범하게 임하도록 하시오."(君性嚴急 水淸無大魚).

比 **비수(匕, 비) 두 자루를**

견줄 비, 고를 비, 아우를 비, 차례 비, 무리 비, 미칠 비, 기다릴 비, 가까울 비, 자주 비.

목을 자른 시체들이 늘비하게 쓰러져 있는 모양.

비匕는 목이 잘린 한 구의 시체.

兒 **절구(臼, 구)만한 사람(儿, 인)**

아이 아, 아기 아, 어릴 예.

축고를 열고 그 앞에 갓난아이를 눕혀놓고 조상에게 고하는 모양.

조상의 영이 아이를 통해 이어졌음을 감사하는 의례.

❁ **荊妻·豚兒**(형처·돈아)

모두 겸손을 이른 말이다.

후한 양홍의 부인 맹광이 가시나무로 만든 비녀로 머리를 묶었는데 양홍이 손님이 찾아오면 집사람을 형처라 소개하였다.

조조가 손권의 무용을 칭찬하여 "내가 아들을 얻는다면 손권과 같은 자식을 얻고 싶다. 저 유경승의 자식처럼 패기도 없는 겁쟁이는 돼지나 개와 같을 따름이다."라고 하였다(生子當如孫仲謀尚者劉景升豚犬耳).

045 孔懷兄弟, 同氣連枝
공회형제 동기련지

형제간에 우애가 좋아야 하니
동기는 이어진 나뭇가지와 같다.

孔懷 : 우애가 있고

兄弟 : 형과 아우 사이에

同氣 : 형제자매는(동기지친同氣之親·동기일신同氣一身·동기연지同氣連枝)

連枝 : 이어진 가지와 같다.

『문선』'골육은 가지와 잎으로 이어져 있으니 사귐을 맺는 것도 역시 인연이구나. 온 세상사람 모두 형제간인데 누가 따로 혼자서 가는 사람인가. 더구나 나와는 나무로 이어진 가지, 그대와 똑같은 몸이라네.'

孔 아이(子, 자)가 몸을 구부린(乚, 을) 모양

구멍 공, 매우 공, 통할 공, 빌 공.

공자孔子가 열국을 주유하다 정鄭나라에서 제자들과 떨어지고 말았다. 스승을 찾아 헤매던 자공에게 어떤 사람이 말했다.

"동문 쪽에 서있는 사람이 당신이 찾는 사람 같습니다. 이마는 요 임금 같고 어깨는 자산 같았지만 몹시 피로해 보이는 모습이 마치 상갓집 개와 같더군요."

자공이 급히 동문으로 갔더니 공자가 거기에 서 있었다. 나중에 정나라 사람이 한 말을 전했더니 공자가 웃었다.

“용모는 맞지 않지만 초상집 개 같다는 말은 맞다.”

懷 마음(忄, 심)을 품어서(褱, 회)

생각할 회, 돌아갈 회, 올 회, 편안할 회, 품을 회, 서러울 회, 사사로울 회, 가슴 회, 위로할 회, 가질 회.

양梁 무제가 달마에게 말했다.

“나는 많은 절을 세웠고 여러 경전을 베꼈으며 많은 중에게 공양을 하였으니 여기에 어떤 공덕이 있소?”

“없소.”

“그렇다면 당신이 이해하는 진리란 무엇이요?”

“텅 비어 성스러움이 없는 것이요.”

“없다니. 그렇다면 진리를 전하러 왔다는(懷) 그대는 누구인가?”

“나도 모르오.”

兄 축고(口)를 머리에 얹은 사람(儿) 모양

맏 형, 어른 형, 친구를 부를 때 높이는 칭호 형, 부를 황, 민망할 황.

축문을 고하는 사람 즉 무당을 가리킨다.

엑스터시를 나타내는 열悅은 무당 위에 아련하게 신령스러운 기운이 내려오는 모양.

❀ 難兄難弟(난형난제)

후한 말 현령 정식에게 원방과 계방이라는 두 아들이 있었다. 두 아들도 덕망이 높아 사람들은 삼부자를 삼군三君이라 부르며 칭송하였다. 하루는 원방의 아들 장문과 제방의 아들 효선이 서로 자기 아버지가 더 뛰어난 인물이라 다투었다. 손주들은 급기야 정식에게 와 판가름해 주기를 원했다. 정식은 말했다.

"원방을 형이라 말하기도 어렵고 계방을 아우라 말하기도 어렵구나."

弟 무두질한 가죽(韋, 위)으로 물건을 차례대로 묶은(束, 속) 모양

아우 제, 동생 제, 순할 제, 공경할 제.

'물건에 순서가 있는 것'이라는 의미도 있다.

❀ **四海兄弟**(사해형제)

공자의 제자 사마우의 친형은 공자를 죽이려 했던 사람이다. 사마우는 부끄러워하며 슬퍼 말했다.

"사람들은 모두 형제 동기간에 화목하게 지내지만 나는 형이라 부를 만한 사람이 없는 외톨이입니다."

자하가 위로했다.

"군자가 다른 사람에게 예를 다하여 사귄다면 사해 내의 사람들이 모두 형제와 같다네."

밖에서는(冂, 경) 말(口, 구)을 한결같이(一, 일)

한 가지 동, 모을 동, 무리 동, 가지런히 할 동, 화할 동, 같이 할 동.

축고를 밖으로 옮겨 그곳을 성스럽게 하는 모양.

❀ **吳越同舟**(오월동주)

『손자』「구지편」 '夫吳人與越人 相惡也 當其同舟 濟而遇風 其相救也 如左右手' – 대저 오나라 사람과 월나라 사람은 서로 미워한다. 같은 배를 타고 강을 건너다 바람을 만나면 마치 양손 마냥 서로 구한다.

서로 뜻이 다른 사람들이 같은 처지에 놓인 상황을 말한다.

氣

쌀(米, 미)에서 김이 나는(气, 기) 모양

기운 기, 공기 기, 날씨 기, 기후 기, 숨 기, 힘 기, 생기 기.

기氣는 에너지를 갖는 유동체流動體가 움직여 작용하는 것이다.

천신·지지·인귀 등 정령이 발하는 흐름이 기의 원형일 것으로 생각되는데, 그 의미가 확대되어 우리의 눈으로는 볼 수 없는 어떤 작용, 그 작용을 일으키는 힘, 그러한 힘을 갖는 것, 그리고 우리의 눈으로는 볼 수 없는 것에 의해서 표현되는 보이는 현상 등이 모두 기氣로 인식되었다.

인간을 포함한 자연계 전반의 기능과 구조를 설명하기 위해 사용되어 전국시대 말기 이후 성행한 생성론生成論·존재론存在論에 중요한 개념이 되었다.

連

수레(車, 거)가 잇달아 달리는(辶, 착) 모양

이을 련, 연할 련, 끌릴 련, 붙일 련, 어려울 련, 머무를 련.

집안에 심는 나무는 잘 선택해야 한다. 사람과 나무는 하나의 기운으로 통하기 때문이다.

가지가 바람에 날리는 버드나무는 마당 서북쪽에 이어(連) 심는다. 서북풍이 불면 버들게지가 집안으로 날아와 복을 가져오기 때문이다. 사타구니처럼 두 갈래 나무나 구멍이 크게 난 고목은 집안에 음풍이 생기니 베어버려야 한다.

복숭아나무는 반드시 햇살이 먼저 와 닿는 동쪽 담 가까이 심는다. 그렇게 하면 각종 병이나 액귀가 담을 넘어 오지 못한다. 무당들이 귀신을 쫓을 때 동쪽으로 난 복숭아나무 가지를 휘두르는 것과 신령이나 조상을 모시는 제상에 복숭아를 놓지 않는 이유가 바로 그것 때문이다.

안방 문을 열어 마주 보이는 곳에 대추나무나 석류를 심는다. 열매가 많기로는 대추나무 이상 가는 게 없고 한 과포 안에 씨알 많기로는 석류 이상 가는 게 없다.

소나무에 등나무를 올리면 부부 금실이 좋아진다. 소나무와 느릅나무를 같이 심으면 그중 한 나무가 죽는다.

枝 나무(木, 목)를 지탱하는(支, 지) 모양

가지 지, 흩어질 지, 버틸 지, 손마디 지, 팔 다리 지.

노魯나라 법에 백성이 흩어져(枝) 다른 나라 제후의 첩이 되거나 노예가 된 자를 돈을 내고 풀어 주어 자기 나라로 데리고 오면 그 비용을 노나라 조정에 청구하는 규정이 있었다.

자공은 다른 나라에 가서 자주 노나라 사람을 사서 데리고 돌아왔지만 노나라로부터 그 돈을 받을 것을 거절했다. 이를 두고 공자가 말했다.

"자공은 생각이 부족하다. 대개 선비가 어떤 일을 할 때에는 그 행동이 모범이 되어 백성을 이끌어야 한다. 자기 혼자만 만족한답시고 전체를 경시하면 안 된다. 지금 노나라에는 부유한 자가 적고 가난한 자가 많다. 노예를 자기 돈으로 풀어 주고 조정으로부터 돈 받는 것을 청렴하지 않다고 여기는 풍조가 생긴다면 다른 사람들이 어떻게 다른 나라에 가서 제 돈으로 노예를 사와서 풀어 주겠는가? 앞으로는 노나라 사람 중 다른 나라 제후에게 노예를 사는 사람이 없어질까 걱정이다."

046 交友投分, 切磨箴規

교우투분 절마잠규

벗을 사귐에는 분수를 지키고 절차탁마를 경계로 삼는다.

交友 : 친구와 사귐에는

投分 : 분수를 지키고

切磨 : 절차탁마切磋琢磨 옥석을 쪼고 갈 듯이 한다(사람이 덕을 쌓고 학을 이루는 것도 그와 같이 전력을 다하여 닦고 다듬어야 한다는 뜻, 또는 붕우가 서로 격려한다는 뜻).

箴規 : 경계하여 바로 잡아서

『예기』 '其交友有如此者' – 그 친구와 사귐이 이와 같은 자가 있다.
『시경』 '如切如磋如琢如磨' – 마치 옥석을 쪼고 갈 듯이
「맹호연」 '人生躁殊 莫厭相箴規' – 인생은 짧으니 서로 경계하여 바로 잡고 미워하지 말라.

어진 이(乂, 예) **여럿이서**(六, 육)

사귈 교, 벗할 교, 서로 주고받을 교, 바꿀 교, 서로 만나는 곳 교, 흘레할 교, 옷깃 교.

❀ **管鮑之交**(관포지교)

관중과 포숙은 젊었을 때부터 친구였다. 둘이 같이 투자하여 장사할 때 관중이 이익을 더 챙겼으나 포숙은 그를 욕심쟁이라 하지 않았다. 그가 자기보다 가난

했기 때문이다. 벼슬길에서 관중이 몇 번이나 좌천되어도 그를 무능하다 하지 않았다. 사람에게는 불운이 있게 마련이라고 생각했기 때문이다. 전쟁터에서 여러 번 도망쳐도 그를 비겁하다고 하지 않았다. 그에게는 노모가 있다는 것을 알기 때문이다. 후일 포숙은 관중을 제 환공에게 추천했다. 관중은 환공을 패자로 만들었다. 나중에 관중을 술회했다.

"나를 낳아 주신 분은 부모님이지만 나를 알아준 사람은 포숙이었다."

❀ 水魚之交(수어지교)

공명을 얻은 유비는 그의 웅대한 포부와 재능에 크게 반했다. 그들은 왕과 신하 관계를 초월하여 침식을 같이 하였다. 의형제를 맺었던 관우와 장비가 불평했다. 이에 유비는 말했다.

"나와 군사의 관계는 마치 고기와 물과 같네. 그러니 더 이상 그 문제로 말하지는 말게."(劉備曰 孤之有孔明 猶魚之有水也).

友 又(手)를 늘어놓은 모양

벗 우, 우애 우, 합할 우.

원래 형제자매 사이를 표현하던 말이다.

❀ 竹馬之友(죽마지우)

진晉 환온이 권력을 휘두를 때 건문제는 은호를 조정으로 불어 환온을 경계했다. 그에게 양주칙사를 제수하고 전쟁터로 보냈으나 평판과는 달리 연전연패連戰連敗 하고 말았다. 가만히 지켜보던 환온이 이것을 문책하여 은호를 평민으로 좌천시켜 멀리 변방으로 유형 보냈다.

환온과 은호는 어릴 적부터 친구였다. 후일 환온은 옛정을 생각하여 은호에게 다시 관직에 등용하겠다는 편지를 보냈다. 서신을 받은 은호는 기뻐서 답장을 썼다. 혹시 문장에 부족한 점이 없나 몇 번을 살피다 그만 빈 봉투만 봉하여 보내고 말았다. 환온은 은호가 자기를 조롱했다 여겨 유형을 풀지 않고 그대로 두었다. 결국 은호는 유배지에서 죽고 말았다. 그가 죽고 나자 환온이 말했다.

"은호와 나는 어릴 적 같이 죽마를 타고 놀았다. 내가 타던 죽마를 버리면 은호가 주어서 타곤 했다."

投 손(扌, 수)으로 창(殳, 수)을

던질 투, 버릴 투, 줄 투, 의탁할 투, 나아갈 투.

오吳의 계찰이 왕의 명을 받아 북방 서나라를 지나가면서 잠시 서나라 왕을 만났다. 서나라 왕은 계찰이 허리에 찬 검이 마음에 들었지만 차마 표현하지 못했다.

계찰은 그것을 알고 칼을 주려고(投) 했으나 진나라에 사신으로 가는 길이어서 마음이 급해 그대로 출발하고 말았다. 임무를 마치고 돌아올 때 다시 서나라에 들렀으나 서나라 왕은 이미 죽고 없었다. 계찰은 허리에 찬 보검을 풀어서 서나라 왕의 무덤 옆 나무에 걸어 두었다.

계찰을 따르던 사람이 물었다.

"서나라 왕은 이미 죽었는데 도대체 누구에게 검을 주려는 것입니까?"

계찰이 말했다.

"처음 서나라 왕을 만났을 때 그의 마음을 알아차리고 돌아올 때 이 검을 주리라고 마음먹었네. 입으로 소리 내어 말하지는 않았지만 이미 마음속으로 그렇게 정한 것일세. 지금 서나라 왕이 죽었다고 해서 내가 한 번 정한 일을 어길 수는 없지 않겠나? 이 칼은 이미 나의 소유가 아니었네."

칼(刀, 도)로 토막을 내는(八, 팔) 모양

나눌 분, 쪼갤 분, 분별할 분, 찢을 분, 반쪽 분, 한 푼 분, 분수 분, 지위 분, 직분 분, 몫 분, 헤칠 분.

현종 때 종리의는 궁중 문서 담당 상서가 되었다.

그와 친하게 사귀던 교지 태수 장회가 천금의 뇌물을 받은 일이 발각되어 처벌을 받았다. 장회는 모든 재산을 대사농에게 몰수당했다. 몰수한 그의 재산은 현종이 여러 신하들에게 나누어(分) 주었다.

종리의에게는 귀한 진주가 주어졌다. 다른 신하들은 현종의 너그러움을 고마워했으나 종리의는 진주를 땅에 내팽개쳤다. 현종은 여기에 대하여 종리의에게 이유를 물었다. 종리의가 말했다.

"옛날 공자는 목이 말라도 샘의 이름이 도천 즉 도적의 샘이라고 하면 목마름을 참고 그 물을 마시지 않았습니다. 공자의 제자 증삼은 마을 이름이 어머니를 이긴다는 승모라고 해서 그 마을로는 마차를 몰지 않았습니다. 이 두 사람은 모두 그 이름이 나쁜 것을 싫어하였습니다. 지금 받은 물건은 뇌물로 받은 더러운 보물입니다. 그러니 무슨 일이 있어도 저는 받을 수 없습니다. 그것은 제가 받을 것이 아니라 백성들에게 나누어 주어야 할 물건입니다."

이에 현종이 감탄하여 말했다.

"상서의 말은 참으로 청렴하다."

그리고 다시 조정의 국고에서 삼십만 전을 꺼내 종리의에게 주었다.

칼(刀, 도)로 일곱 조각(七, 칠)내어

끊을 절, 새길 절, 정성스러울 절, 종요로울 절, 진맥할 절, 문지방 절, 반절 절,간절할 절, 온통 체, 대강 체, 급할 체.

서치는 집이 가난해서 농사를 지었지만 자신의 힘으로 얻은 것이 아니면 먹지 않왔다. 겸손하고 의로운 성격이어서 공과 사를 잘 끊었다(切). 여러 차례 벼슬자리에 추천되었으나 나가지는 않았다. 환제 때 진번과 호광이 그를 추천하여 예를 갖추어 초빙했으나 역시 나가지 않았다.

일찍이 대장군 태위 황경에게 부름을 받은 적이 있었다. 황경이 죽자 그는 장례식에 가서 닭과 술을 올려 간략한 제사를 올리고 곡을 하였으나 자기의 이름을 밝히지 않았다. 장례의 주관자였던 곽림종은 그 사람이 혹시 서치가 아닐까 하여 모용에게 뒤쫓게 하였다. 모용이 쫓아가 서치를 만났으나 오직 농사일에 관한 이야기만 주고받을 수 있었을 뿐이었다. 서치는 헤어지면서 모용에게 말했다.

"곽림종에게 전해 주십시오. 큰 나무가 쓰러지려고 할 때 한 가닥 새끼줄로는 바로 세울 수가 없습니다. 어째서 관직을 벗고 편안한 곳에서 쉴 생각을 하지 않느냐고요."

곽림종이 모친상을 당했을 때 서치가 문상했다. 그는 생꼴 한 다발을 묘지 앞에 공손하게 바치고 떠났다. 사람들이 이상하게 생각했으나 그 이유를 알 수가 없었다. 그러자 곽림종이 말했다.

"그 사람은 남쪽 지방 선비인 서치가 틀림없다. 『시경』에 이렇게 말하지 않았던가? '생꼴 한 다발을 바치니 그 사람은 옥과 같도다.' 나에게 그 말에 맞출 덕은 없다."

磨 삼(麻, 마)을 돌(石, 석)에다

갈 마, 숫돌 마, 맷돌 마, 만질 마, 돌 마.

양홍은 부풍 평릉현 사람이다. 같은 현 맹 씨가 딸을 두었는데 매우 못생긴데다가 피부색까지 검었으나 맷돌을 한 손으로 들어 올릴 정도로 힘이 셌다.

맹 씨의 딸은 배우자를 고르다 나이 서른이 다 되었다. 부모가 시집을 안 가는 이유를 묻자 말했다.

"양홍처럼 훌륭한 분에게 가고 싶습니다."

양홍은 그 말을 전해 듣고 그녀를 아내로 맞았다. 그러나 칠 일이 지나도 양홍이 그녀를 상대하지 않자 그녀는 양홍에게 자신의 잘못이 무엇인지를 물었다. 양홍이 말했다.

"나는 허름한 옷을 입고 산에 깊이 들어가 마음을 갈며(磨) 은거해 살 사람을 바라고 있었네. 그런데 자네는 아름다운 옷을 입고 화장을 하고 눈썹을 그리고 있으니 내가 바라던 사람이 아닌 것 같네."

그러자 그녀는 말했다.

"소첩은 은거해 살 때를 대비하여 미리 준비해 놓았습니다."

그리고 땋아 늘어뜨린 머리를 다시 틀어 올리고 허름한 옷을 입더니 광에 모아 놓은 취사도구를 보여주었다. 양홍은 기뻐하며 말했다.

"이제야 그대는 진실로 나의 아내로다."

양홍은 아내의 이름을 맹광이라 다시 지어주었다. 그리고 함께 패릉의 산속으로 들어갔다.

맹광이 바로 '거안제미擧案齊眉'의 주인공이다.

箴 **대나무(竹, 죽)로 모두(咸, 함) 바늘을 만들었다**

바늘 잠, 경계할 잠, 돌 침 잠.

오吳 손권이 커다란 코끼리를 위魏 무제에게 보냈다. 무제는 코끼리의 무게를 알고 싶어 그 방법을 신하들에게 물었으나 아무도 대답하는 자가 없었다. 그때 애왕 충이 말했다.

"코끼리를 배에 태워 그 무게로 배와 물이 만나는 곳에 바늘(箴)로 표시를 합니다. 그리고 돌이나 나무를 배에 싣고 그 표시와 같도록 한 후 배에 실린 돌과 나무의 무게를 합하면 코끼리의 무게를 알 수 있습니다."

무제는 그대로 실행해서 코끼리의 무게를 잴 수 있었다.

무제는 충에게 지위를 물려주려 하였으나 그가 뜻하지 않게 빨리 죽어 조비에게 왕위가 돌아갔다.

規 **사내**(夫, 부)**가 보면서**(見, 견)

계교할 규, 그림쇠 규, 발릴 규, 간할 규, 꾀 규, 법어길 규, 법 규.

관중과 습붕이 제 환공을 따라 고죽국을 정벌했다. 환공의 군대는 봄에 출정해서 겨울이 되어서야 돌아오는데 도중에 길을 잃어버렸다. 그때 관중이 간했다(規).

"늙은 말은 지나온 길을 기억하고 있으므로 말의 지혜를 이용해 보겠습니다."

과연 늙은 말을 풀어 그 말이 향하는 곳을 따라가니 원래의 길이 나왔다.

이번에는 큰 산을 넘어 가는데 물이 떨어져 곤란했다. 그러자 습붕이 꾀(規)를 냈다.

"개미는 겨울에는 산의 남쪽 양기에 있고 여름에는 산의 북쪽 음지에 있는 법입니다. 개미 무덤의 좁은 곳을 파면 여덟 자 정도에서 물이 나올 것입니다."

과연 개미 무덤을 찾아서 그곳을 파니 물이 나왔다.

047 仁慈隱惻, 造次弗離
인 자 은 측 조 차 불 리

인자하고 측은히 여기는 마음은
잠깐이라도 떠나서는 아니 된다.

仁慈 : 어질고 자애로운 마음과

惻隱 : 딱하고 가엾어 함은

造次 : 조차간造次間 눈 깜짝할 사이라도,

弗離 : 떠나서는 안 된다.

『맹자』 '惻隱之心 人皆有之' - 딱하고 가엾게 여기는 마음은 사람이라면 모두 가지고 있다.

仁 두(二, 이) 사람(亻, 인)이 잘 지내려면

어질 인, 착할 인, 사람의 근본 인, 동정할 인, 덕 있는 사람 인, 사람 인, 열매 씨 인.

공자가 중시한 개념으로서 애정 혹은 연민을 의미하는 말인데, 따라서 지배계층 사이의 유대를 강화하기 위한 배려를 뜻한다.

그 후 맹자가 인의라는 말로 병칭하였고, 더 나아가면 인의예지 사덕으로 확장하여 쓰였다.

한대 이후에는 인의예지신 오상 내지는 오상 가운데 최고의 덕목으로 중시되었다.

인仁은 근세 이후에도 계속 오상의 하나로 여겨지면서 동시에 다른 네 가지 덕의

기조에 있는 것으로서 중시되었다.

공자가 와서 보면 소처럼 웃을 일이다.

慈 **가물고 또 가물어 끝이 없는**(玄, 현) **마음**(心, 심)

사랑 자, 착할 자, 어질 자, 부드러울 자, 불쌍할 자.

조조가 아껴서 창고에 소중히 보관하던 안장을 그만 쥐가 갉아먹어 버렸다. 창고지기는 사형에 처해질 것을 걱정하여 자수할 생각이었는데 창고지기와 친하던 조조의 아들 충이 이를 알고 삼일 간만 기다리라고 하였다.

조조는 충의 슬기를 매우 사랑(慈)하였다.

충은 자신의 홑옷에 작은 칼로 구멍을 내 쥐가 갉아먹은 것처럼 만들었다. 그리고는 걱정스런 모습으로 조조에게 말했다.

"아버지, 쥐가 옷을 갉아먹으면 옷 주인에게 불길한 일이 일어난다 합니다. 이럴 때는 어떻게 해야 합니까?"

조조는 웃고 말았다.

"터무니없는 말이니 걱정하지 마라."

삼일 후 창고지기가 조조에게 안장이 쥐에 갉아 먹혔다고 보고하였다.

조조는 "어린아이의 옷은 몸 가까이 있어도 갉아 먹혔는데 하물며 안장은 기둥에 걸려 있었으니 오죽했겠느냐?" 하며 그를 용서했다.

언덕(阝, 부)**에서 손**(爪, 조)**을 흔드니 급하게**(急, 급)

달아날 은, 숨을 은, 은미할 은, 아낄 은, 속 걱정할 은, 불쌍히 여길 은, 의지할 은.

부阜는 신이 타고서 오르내리는 사다리 모양. 여기에 공工 위와 아래에 수手를 더하고 밑에 심心을 첨가한 글자이다.

신은 평소에는 모습을 나타내는 일이 없이 늘 숨어 있는 존재이다.

공工은 좌左가 주술적인 도구를 포함하는 것처럼, 주술적인 도구를 의미한다. 그 주술적인 도구를 양손으로 잡고 있는 모양이다.

은隱은 성스러운 장소에 깊이 숨어 있는 신이며 죽음을 의미하기도 했다.

숨어있는 신을 찾으려 하는 것이 심尋이다.

惻 **재산(貝, 패)을 나누니(刂, 도) 마음(忄, 심)이**

슬퍼할 측, 감상할 측, 아플 측, 불쌍할 측.

후한後漢 황향이 길을 걷다가 금이 들어있는 보자기를 주웠다. 그는 급한 일이 있었음에도 불구하고 보자기를 들고 잃어버린 주인을 끝까지 추적하여 찾아 돌려주었다.

결벽증도 이 정도면 측은한(惻) 마음이 든다.

造 **알리러(告, 고) 나가니(辶, 착)**

나아갈 조, 만들 조, 처음 조, 이를 조, 올 조, 잠깐 조, 때 조.

인류가 진화해 나가면서(造) 남자는 퇴화하고 있다.

2000년대 이후 세계 팔씨름 대회 우승자優勝者들의 평균 팔 힘은 과거 네안데르탈인, 그것도 여성 네안데르탈인에게조차 상대가 안 될 정도였다. 육체적 능력뿐만 아니라 성적 능력과 육아 능력까지 거의 모든 분야에서 남성의 능력은 퇴화하고 있다.

기원전 427년 그리스 아테네 의회는 에게 해의 레스보스 섬에서 340킬로 떨어진 식민지 미틸레네 섬 주민들을 처형하기 위해 전함을 보냈다. 그런데 이튿날 의회는 그 명령을 철회하기 위해 두 번째 전함을 보냈다. 하루 반나절 늦게 출발한 전함은 첫 번째 전함이 섬에 도착하기 전에 따라 잡았다. 두 번째 전함은 평균 7노트, 시속 약 12킬로 이상의 속도를 냈다.

2004년 아테네 올림픽 개막 행사 때 고대 전함과 똑같이 만든 배로 현대 조정선수들이 노를 저었을 때 최고 속도는 7노트였다. 그러나 최고 속도를 낸 것은 불과 2~3초에 불과했다. 아테네에는 하루 하고도 반나절을 7노트로 저을 수 있는 노잡이 병사가 3만4천 명쯤 있었다.

호주 군대 신병들은 팔굽혀펴기를 40회, 2.4킬로를 30분 내에 달려야 한다. 그러나 원나라 황실 근위대의 기준은 90킬로를 6시간 이내에 달려야 했다. 카르타고와의 전쟁에서 로마 병사들은 하루 평균 75킬로를 달렸고, 알렉산더 대왕의 부대도 페르시아 다리우스 왕을 추격하면서 11일간 하루 58-84킬로를 달렸다.

20세기의 전설적 복서 무하마드 알리도 고대인들과 맞붙는다면 어린아이 취급을 당할 지도 모른다. 알리는 21년 동안 61번의 경기를 치렀지만 고대 그리스 타소스의 권투 챔피언 테오게네스는 22년 동안 1400번 싸웠다. 알리는 5번 졌지만 테오게네스는 전부 이겼다.

일본 교토의 연화왕원이란 사찰에 120미터짜리 복도가 있다. 이 복도 입구에서 활을 쏘아 화살을 반대편 벽에 맞히면 적중으로 치는 오래된 시합이 있다. 1897년 일본의 대표 궁수인 아시카 유이치가 이 시합에 도전했다. 그는 100번을 쏘아 고작 9번을 적중시켰다. 그러나 1830년 당시 열다섯 살이던 고쿠라 기시치는 100번 쏘아서 94번, 1000번 쏘아서 978번 적중시켰고, 1688년 와사 다이하치로는 하루 동안 총 1만3053회 쏘아서 8133번 적중시켰다는 기록이 있다.

요즘은 운동선수도 미남이면 더 인기를 누리지만 니제르 유목민 우다베족 남자들의 미모에 비하면 별것 아니다. 남성이 여성보다 아름답다고 생각하는 우다베족 남자들이 가장 좋아하는 물건은 거울이고 하루 평균 3시간 이상 거울 앞에서 치장한다. 잡티 없는 피부를 위해 샤프란 색 흙가루 마카라를 구하려고 1400킬로를 걸어 다니고 자주 미남대회를 연다.

육아는 아프리카 서부 콩고 분지의 아카 피그미족 아빠를 따라가기 힘들다. 현대 아빠들이 하루 평균 3.56시간 아이들의 목소리가 들리고 눈에 띄는 반경에서 지낸다면 아카 피그미족 아빠들은 하루 평균 12시간을 아이들과 함께 지낸다.

지금 입장에서 보기에 괴력 같은 옛날 남자들의 육체적肉體的 능력은 모두 생활 습관에서 비롯되었다.

아프리카 쿵족은 영양 한 마리를 잡기 위해서 30킬로를 뛰어다녔고, 투치족은 성인식 때 자기 키 높이를 넘기 위하여 어릴 적부터 높이뛰기를 연습했으며. 몽골 궁수들은 일주일에 80시간 이상 활쏘기 연습을 했으며 아테네 병사들은 틈만 나면 노를 저었다.

次 얼음(冫, 빙) 위에서 하품(欠, 흠)하면서

차례 차, 버금 차, 군사 머무를 차, 이를 차, 장막 차, 가슴 차. 갑자기 차, 머리꾸밀 차, 곳 차, 위치 사, 행차 차.

후한後漢 허소는 어릴 때부터 사람을 평가했다. 허소에게 좋은 평가를 받아 멀리까지 이름이 알려진 사람들이 많았다.

같은 시대에 곽태도 허소 다음으로(次) 인물을 잘 평가했다. 그래서 사람들은 인재를 발탁하는 것을 허곽이라고 불렀다.

위 조조가 아직 권력을 잡기 전 신분이 낮았을 때였다. 어느 날 조조는 허소를 찾아가 예를 갖추고 자신은 어느 정도의 인물인지를 물었다.

허소가 말했다.

"당신은 태평성대太平聖代에는 간악한 도적이 되고 어지러운 시대에는 영웅이 될 사람이요."

조조는 그 말을 듣고 크게 기뻐하며 자리를 나왔다.

弗

활(弓, 궁)**을 삐뚤게**(丿, 별) **세우면**(丨, 곤)

아니 불, 어길 불, 버릴 불.

물건을 두서없이 묶은 모양.

離

날짐승(禽, 금) **새**(隹, 추)**는**

떠날 리, 떨어질 리, 베풀 리, 걸릴 리, 지날 리, 떠돌아다닐 리, 아름다울 리, 둘 리, 반벙어리 리, 외손 리.

어느 날 밤, 도둑이 진식의 집에 들어가 대들보 위에 숨어 있었다. 진식이 이것을 눈치채고 서둘러 아들과 손자를 불러 모아 진지하고 엄숙한 얼굴로 말했다.

"모름지기 인간이란 일을 열심히 해야 한다. 나쁜 사람도 원래부터 악인은 아니다. 나쁜 습관이 쌓이면 결국 자신도 의도하지 않게 악인이 되어 버리는 것이다. 지금 이 대들보 위에 있는 군자도 아마 이와 같은 사람일 것이다."

대들보 위에 있던 도둑이 이 말을 듣자 깜짝 놀라 떨어질(離) 듯이 뛰어 내려와 머리를 조아리고 자신의 죄를 빌었다. 이에 진식이 말했다.

"자네 용모를 보니 나쁜 사람 같지는 않구려. 그래도 차마 도둑질을 하려 한 것은 그날그날의 생계가 곤란했기 때문이겠지?"

그리고 비단 두 필을 주어서 보냈다.

그리고 나서부터 그 현에 도둑이 없어졌다.

048 節義廉退, 轉沛匪虧
절 의 염 퇴 전 패 비 휴

절도와 의리, 그리고 청렴겸퇴는 엎어지고 자빠져도 이지러질 수 없다.

節義 : 절조와 의리는

廉退 : 청렴겸퇴清廉謙退 청렴하고 겸손한 태도로 사양함과

顚沛 : 엎어지고 자빠져도

匪虧 : 이지러질 수 없다.

『후한서』 '貞婦有節義' – 정숙한 아내는 굳은 지조가 있다.

『사기』 '正直淸廉而謙者 宜歌風' – 정직하고 청렴하고 또 겸손한 자는 마땅히 노래로 불려야 한다.

節 **대나무**(竹, 죽) **같은**(卽, 즉)

절개 절, 절제할 절, 인 절, 기 절, 우뚝할 절, 뼈마디 절, 구절 절, 예절 절.

천문 기상대氣象臺 영대의 설치 장소에 관하여 조정에서 논의가 있었다. 왕은 예언서인 참위서를 믿고 있었다. 그래서 여러 가지 의문스러운 것들을 참위서에 의거하여 결정하려 하였다. 천자가 환담에게 물었다.

"짐은 참위서로 이러한 일들을 결정하고 싶은데 그대 생각은 어떤가?"

"소신은 참위서를 읽지 않습니다."

천자가 그 이유를 묻자 환담은 참위가 유가의 전통에 어긋나기 때문이라고 대답

했다. 천자는 노했다.

"환담은 성인을 비난하고 법을 무시하고 있다."

그리고 끌어내어 참형에 처하려고 하였다. 환담은 머리를 땅에 부딪쳐 피를 흘리면서 죄를 빌어 겨우 용서를 받았다.

누구 말이 옳은 지는 나도 모르겠으나 서로가 많이 알아도 좀 절제하지(節) 그랬나.

義 양(羊, 양)과 양 잡는 톱(我, 아) 모양

옳을 의, 의리 의, 뜻 의.

의義의 원 뜻은 희생물로 바치는 양羊을 신 뜻에 맞도록 톱 모양 칼(我)로 법도에 따라 올바르게 자른다는 것이다.

여기서 올바르다 혹은 좋다(正) 적절하다(宜)라는 의미가 생겨났다. 이때 의宜는 도마(俎) 위에 고기를 올려놓은 모양인데 의미와 발음에서 모두 의義와 통용된다.

의義는 오륜(부자유친父子有親·군신유의君臣有義·부부유별夫婦有別·장유유서長幼有序·붕우유신朋友有信)과 오상(인仁·의義·예禮·지智·신信)의 하나로서 사람이라면 당연히 행해야 할 도리이다. 따라서 내용에 따라 충의忠義·은의恩義·신의信義·도의道義·절의節義·의협義俠 등과 같이 다른 덕목과 함께 숙어로 사용되는 경우가 있다.

廉 한 집(广, 엄)에 엎쳐서(兼, 겸) 사는 모양

검소할 렴, 맑을 렴, 조촐할 렴, 살필 렴, 서슬 렴, 값쌀 렴.

왕상은 성제 때 좌 장군이 되었다.

어느 해 장안 백성 사이에 머지않아 홍수가 닥칠 것이라는 소문이 소란스럽게 퍼졌다. 백성들이 몰려나와 서로 짓밟고 아우성치자 수도는 혼란에 빠졌다. 성제는 고관들을 불러 대책을 의논하였다.

대장군 왕봉은 황제와 후궁들은 배에 태우고 관리들과 백성들은 장안의 성위로 올라가 홍수를 피하자고 하였다. 왕상은 반대했다.

"옛날부터 아무리 무도한 나라에서도 물이 성곽을 넘은 적은 없었습니다. 지금은 정치가 안정되고 전쟁도 없고 위아래가 맑아서(廉) 모두 만족하고 있습니다. 그런데도 불구하고 왜 갑자기 홍수가 밀어 닥치는지 나는 알 수가 없습니다. 이것은 필시 유언비어流言蜚語입니다."

성제는 그 말을 듣고 의논을 멈추고 기다렸는데 과연 그 해에는 홍수가 없었다.

退 가다가(⻍, 착) 어긋난(艮, 간) 모양

물러날 퇴, 갈 퇴, 겸양할 퇴, 물리칠 퇴.

황완은 언변이 뛰어나고 겸손했다(退).

할아버지 황경이 위군 태수로 있을 때 일이다. 환제가 즉위한 해 정월에 일식이 있었는데 수도에서는 일식이 보이지 않았다. 황경이 일식을 조정에 알리자 태후는 조칙을 내려 일식이 어느 정도였는지 물었다. 황경은 어떤 비유로 대답해야 할지 몰라 쩔쩔맸다. 그런데 그 당시 일곱 살이었던 황완이 말했다.

"어째서 일식이 있은 뒤의 모습이 막 새로 뜬 달 같다고 하지 않습니까?"

황경은 크게 놀라며 그 말을 인용하여 조칙에 대답했다.

황완은 나중에 사도 왕윤과 함께 계책으로 동탁을 죽인 사람이다.

顚 머리(頁, 혈)가 참으로(眞, 진)

꼭대기 전, 뒤집힐 전, 이마 전, 엎드러질 전, 한갈 질 전, 비뚜름할 전.

진眞은 사람이 거꾸로 쓰러진 모양.

혈頁은 사람 머리 모양.

전顚은 사람이 머리를 아래로 하여 거꾸로 쓰러진 모양이다.

沛 도시(市, 시)에 물(氵, 수)이 찬 모양

늪 패, 둥둥 뜰 패, 비 쏟아질 패, 넉넉할 패, 자빠질 패, 점잖을 패, 클 패.

촉蜀, 전복은 이민족 기병을 지휘하여 궁을 지키는 장수교위에 임명되었다.

오에서 장온을 사자로 파견하여 우호의 뜻을 밝혔다. 장온이 귀국하려 하자 촉에서는 송별연送別宴을 열어 주었다. 사람들이 모두 모였는데 진복만 아직 오지 않자 승상 제갈량은 사람을 보내 재촉했다. 장온이 제갈량에게 물었다.

"전복은 어떤 사람입니까?"

"익주 출신 학자입니다."

진복이 도착하자 장온이 물었다.

"당신은 어떤 학문을 하고 있습니까?"

진복이 말했다.

"우리나라에서는 오 척 동자만 해도 학문이 넉넉한데(沛) 어찌 소인 같은 졸자가 학문을 한다고 하겠습니까?"

장온이 웃으면서 물었다.

"하늘에 머리가 있습니까?"

진복도 웃으면서 대답했다.

"있습니다. 서쪽에 있습니다. 『시경』에 보면 '그래서 하늘이 뒤돌아 서쪽 땅을 돌아본다.'는 구절이 있습니다. 그것으로 미루어 알 수 있습니다."

"하늘에 귀가 있습니까?"

"하늘은 높은 곳에 위치하여 낮은 곳의 소리를 듣습니다. 『시경』에 '아홉 언덕 깊은 곳에 학 울음소리도 저 멀리 하늘까지 들리네.'라는 구절이 있습니다. 귀가 없다면 어떻게 들을 수 있겠습니까?"

"하늘에 다리가 있습니까?"

"『시경』에 또 '하늘이 어렵고 고통스러운 길은 건너다.'는 구절이 있습니다. 다리가 없다면 어떻게 건너겠습니까?"

"하늘에 성 씨가 있습니까?"

"성은 유 씨입니다. 천자의 성이 유 씨이니 거기에서 알 수가 있습니다."

장온이 계속 물었다.

"해는 왜 동쪽에서 나타납니까?"

"동쪽에서 생겨납니다만 서쪽으로 집니다."

서로 묻고 답함이 소리가 소리에 응하는 것처럼 막힘이 없었다.

한 나라의 엘리트인 두 사람의 우문우답도 이정도면 개그맨 수준이다.

세상에는 더 똑똑한 사람도 없고 덜 무식한 사람도 없다.

匪 모가 진 그릇(匚, 방)은 아니겠지(非, 비)

아닐 비, 대 상자 비, 빛날 비, 악할 비, 말이 멈추지 않을 비.

어떤 의사가 지방으로 잠시 출장 간 사이 자식들이 모르고 독약을 마셔 거의 죽게 되었다. 어떤 자식은 독으로 인하여 본심을 잃었고, 어떤 자식은 겨우 본심은 유지하였다.

의사가 돌아오자 아들들은 약을 써서 구해 달라고 외쳤다. 그는 온갖 약초에 색과 향을 맞추어 처방하였다. 본심을 유지하던 자식은 그것을 먹고 나았지만 본심을 잃은 자식들은 색과 향을 경계하여 약을 먹지 않았다(匪).

의사는 꾀를 내 편지를 써놓고 집을 나갔다.

"이제 나는 늙고 쇠약하여 곧 죽게 되었다. 마지막으로 이 약을 남겨놓고 떠나니 내가 생각나면 먹도록 해라."

그리고는 하루 뒤 사람을 시켜 그가 죽었다고 자식에게 전하게 하였다. 본심을 잃었던 자식은 아버지를 다시는 볼 수 없다는 생각에 슬퍼하다 비로소 약을 먹고 병이 나았다.

虧 새(隹, 추)는 호랑이 무늬(虍, 호)만 봐도 움츠린다(亐, 휴)

이지러질 휴, 덜릴 휴.

안숙자는 혼자 살았고 이웃집엔 과부가 역시 혼자 살고 있었다. 어느 날 밤 갑자기 폭풍우暴風雨가 몰아쳐 과부의 집이 부서지고 말았다. 놀라서 얼굴이 이지러진(虧) 과부가 허둥지둥 안숙자의 집으로 피해왔다.

안숙자는 그녀를 방으로 들어오게 했지만 새벽녘까지 등불을 손에 들고 있게 하였다. 등불의 심지인 삼베 쪼가리가 다 타 버리자 천장의 마룻대를 뽑아 불을 붙였다. 그래도 안숙자는 과부와 밤을 같이 보냈다는 이웃들의 의심을 벗는데 불충분하다고 여기면서 옛날의 노나라 사람을 떠올렸다.

옛날 노나라에 한 남자가 혼자 살고 있었다. 이웃집 과부도 역시 혼자 살고 있었다. 어느 날 밤 갑자기 폭풍우가 일어 집이 부서진 과부는 허둥지둥 달려와 그에게 몸을 의지하려 했다. 남자는 문을 닫고 그녀를 방에 들이지 않았다.

"내가 들었는데 남자와 여자는 예순 살이 되지 않으면 함께 들지 않는다고 했소. 지금 당신도 젊고 나도 젊소. 그래서 나는 당신을 들일 수 없소."

그러자 과부가 말했다.

"당신은 어째서 춘추시대 노나라의 현인 유하혜처럼 하지 않습니까? 들어갈 곳이 없는 여자를 안아서 따뜻하게 대해 주었으나 사람들은 그를 음란하다고 말하지 않았습니다."

"유하혜라면 당연히 허락했을 것이오. 그러나 나는 허락할 수 없습니다. 나는 스스로 허락하지 않아서 유하혜가 허락한 마음을 배우고 싶습니다."

위기에 처한 여자 하나 따뜻하게 안아주지 못하는 남자가 무슨 큰일을 할 수 있겠나.

049 性靜情逸, 心動神疲
성 정 정 일 심 동 신 피

성품이 조용하면 뜻이 편안하고
마음이 동하면 정신이 피곤하다.

性靜 : 본성이 고요하면

情逸 : 감정이 편안하고

心動 : 마음이 움직이거나 솔깃해지면

神疲 : 몸이 피곤하다.

『역경』 '利貞者性情也' – 이롭고 바르다는 것이 성정이다.
『예기』 '人生而靜天之性也 感於物而動性之欲也' – 사람이 나서 고요함은 하늘의 성품이고 사물에 응하여 움직이는 것은 인간의 욕심이다.

性 **마음(忄, 심)이 생겨나는(生, 생) 곳**

성품 성, 마음 성, 바탕 성, 색욕 성.

인간이 가지고 태어나는 본성(性)에 관한 논쟁은 전국시대 이래 철학사상사에서 매우 중요하게 다루어졌다. 이 논쟁은 전통사상은 물론이고 불교·기독교·이슬람교 등 외래사상까지 끼어들어 매우 역동적力動的으로 전개되었다.

중국의 성설은 성을 선악 범주와 결부시켜 논의하는 경우가 많았다. 이는 성설이 자기 수양 혹은 남을 교화시키는 근거가 된다고 생각했기 때문이다.

중국에서 인간 본성에 관하여 본격적本格的으로 논의하기 시작한 것은 전국시대에 들어서면서부터이다.

靜 푸름(靑, 청)을 서로 다투니(爭, 쟁)

깨끗할 정, 조용할 정, 꾀할 정, 편안할 정, 쉴 정, 고요할 정.

정靜은 가래에 단청을 칠하여 성화하는 의례이다.

붉은 도료를 단丹, 푸른 도료를 청靑이라 한다. 기물에 단청을 칠하는 것은 성화시키기 위해서이다. 솟대에도 군데군데 붉은 칠을 했다.

쟁爭은 가래 위와 아래에 손을 더한 모양이다. 즉 가래를 손으로 잡은 모양이다.

고대 농경사회農耕社會에서 농기구는 농사일이 끝나면 모두 토지 신을 모시는 사당 창고에 보관하였다가 농사일이 다시 시작되면 다시 꺼내 농민들에게 나누어주었다. 쟁爭은 이때 일어나는 소송을 뜻하는 글자이다.

농기구農器具를 취급하는 일은 신성시되었는데 해마다 자주 분쟁이 일어났다고 생각되지는 않으므로 무언가 다른 뜻이 있을 수도 있겠다. 혹시 풍년과 흉년을 점치는 것과 관련된 문자일 수도 있다.

情 마음(忄, 심)이 푸른(靑, 청) 모양

뜻 정, 정성 정, 실상 정, 마음 정, 인정 정, 멋 정.

중국에서는 예전부터 몸과 마음의 경지에 관심을 두었으며, 이상적理想的인 경지에 도달하기 위한 방법으로 일련의 명상법을 개발하였다.

명상을 하기 위해서 몸을 다루는 법은 다양하다. 보행을 하면서 혹은 옆으로 누워서하는 방법도 있었으나 주류는 앉아서 하는 명상법이었다. 그것을 정좌靜坐라고 불렀다.

불교의 지관과 좌선, 유교의 정좌, 도교의 존사·좌망·내단 등은 사실은 유사한 방법들이었다. 이러한 수련의 공통점共通點은 신체를 바로 하여 마음(情)을 안정시킴으로써 높은 경지에 도달하려는 것이다. 여기에는 타력이 아니라 인간 스스로의 노력으로 최고 경지에 도달하고자 하는 속내가 있었다.

逸 토끼(兎, 토)가 달아나는(辶, 착) 모양

달릴 일, 놓일 일, 숨을 일, 허물 일, 놓을 일 편안할 일, 뛰어날 일, 달아날 일.

송홍은 후한後漢 광무제 때 토목공사土木工事를 담당하는 대사공이 되었다. 당시 광무제의 누이인 호양공주는 막 남편을 잃은 뒤였다. 광무제는 중신들에 관해 이야기 하며 공주의 기분을 넌지시 살폈다. 공주가 말했다.

"송공의 위엄 있는 모습과 도덕적 품성은 여러 신하 가운데 따를 자가 없을 것입니다."

광무제는 일단 송홍의 마음을 시험해 보기로 하였다. 그는 공주를 칸막이 뒤에 숨겨두고(逸) 송홍을 불렀다.

"속담에 귀하게 되면 친구를 바꾸고 부자가 되면 아내를 바꾼다고 했는데 어떻게 생각합니까?"

송홍이 말했다.

"소신은 일찍이 가난하고 비천했을 때의 친구를 잊지 말아야 하고, 술지게미와 겨를 먹으며 가난을 함께 나눈 처를 내쫓지 않는다고 들었습니다."

광무제는 누이가 숨어있는 곳을 향해 말했다.

"일이 안되겠구나."

심장 모양을 한 문신 모양

마음 심, 가운데 심, 염통 심, 가지 끝 심, 근본 심.

문신文身을 나타내는 글자 가운데 자주 나타나는 형태가 심心이다. 생명 근원이라고 간주되는 심이라는 글자 모양을 가슴 부분에 그리는 것은 회생의 희망을 가탁한 것으로 볼 수 있다.

문신은 곧 성화하는 방법으로서 그려진 것이며, 신판에서 승소한 자가 해치(양) 몸에 신에게 축복을 얻었다는 의미로 그리기도 했다.

승소한 사람의 해치가 그런 대접을 받았다면 패소자 해치는 과연 어떤 대접을 받았을까? 스스로 한 맹세를 지키지 않음으로써 신을 욕보이고 만 패소자의 해치는 당연히 그 더러움을 씻어버리기 위하여 죽임을 당했다. 패소자도 물론 무사하지 못했다. 자신이 정직하고 결백하다는 맹세를 할 때 사용한 축고 나무상자의 뚜껑을 벗기고 패소자와 그의 해치를 넣어 함께 강물에 떠내려 보내어 처벌했다.

심心은 심장을 가리킨다고도 한다. 예전에 심장은 생각의 중추라고 여겨졌다. 그리고 단순한 인식 기능만이 아니라 양심과 같은 윤리적倫理的 가치판단價値判斷 기능도 함께 지니고 있는 것으로 간주되었다. 나아가 근세의 리기론에서는 리·기 두 세계에 걸쳐 있는 문제로 다루어지기도 했으며, 심학에서는 심心이 보다 깊이 있게 논의 되면서 존재의 근거로 삼는 사유도 생겨났다.

動 무거운(重, 중) 것을 힘(力, 력)으로

움직일 동, 지을 동, 감응 동, 나올 동, 마음 진정치 않을 동, 난리 동, 행동 동, 동물 동.

유현석은 중산의 주막에서 술을 샀다. 주막에서는 한 번 마시면 천 일 동안 취한다는 술을 팔면서 그것을 가르쳐 준다는 것을 깜박 잊어버렸다. 유현석은 그 술을 맛있게 마셨는데 집에 도착해서야 취기가 돌기 시작하였다. 급기야 그는 죽은 듯 정신을 잃고 말았다.

가족들은 사정을 알지 못하였기에 그가 죽었다고 생각하고 가매장假埋葬하였다.

한편 주막에서는 천 일을 헤아려 보고 유현석이 술이 깰 때가 되었다 생각하여 그를 찾아왔다. 집안사람들은 현석이 이미 죽은 지 삼 년이 지났다고 말했다. 일의 전말을 안 가족들이 부랴부랴 무덤을 파서 관을 열자 현석은 그때 막 술이 깨 몸을 움직이려는(動) 참이었다.

神 **제사상**(示, 시)**을 펴니**(申, 신)

신명 신, 천신 신, 정신 신, 정기 신.

시示는 원래 제帝와 같이 신에게 제사지낼 때 사용하는 나무로 만든 탁자 모양인데 이것을 해·달·별이 빛을 드리워서 길흉을 나타내는 문자로 넓게 사용하였다.

그렇기 때문에 신에 관한 일은 모두 시示를 형부로 취한다.

신申은 축고가 열린 모양이다.

귀신鬼神은 좁게는 죽은 사람의 영혼, 넓게는 천지산천의 정령 같은 자연신自然神이라는 뜻도 포함한다.

귀와 신을 각각 별개 개념으로 사용하는 경우도 있으며, 그럴 때는 경우에 따라 조금씩 의미 차이가 있다. 귀는 웅크린 기운이고 신은 펼친 기운이다. 귀는 어둡고 음습한 곳을 좋아하고 신은 밝고 깨끗한 곳을 좋아한다. 귀는 인간에게 해를 주고 신을 인간을 이롭게 한다.

조상 영을 제사지내는 종묘의례가 국가질서國家秩序 유지와 관련된다는 유교적 이념으로 귀신이 정치적政治的·철학적哲學的 의미를 내포하기도 하였다.

疲 병(疒, 녁)이 가죽(皮, 피)에 나타난 모양

피곤할 피, 느른할 피, 야윌 피.

상商 마지막 왕 주紂가 7년 만에 녹대를 완성했는데 그 넓이가 3리, 높이가 천척이나 되었다. 녹대에 오르면 구름과 비를 만질 수 있었다.

주는 포락이라는 가혹한 형벌을 제정해 안 그래도 피곤한(疲) 백성들을 일부러 잡아다 괴롭혔다. 활활 타는 숯불위에 구리 기둥을 가로질러 놓고 백성들에게 그 위를 걷게 하였다. 구리 기둥은 벌겋게 달아올라 맨발로 밟으면 살이 익어 묻어났다. 백성이 만약 구리 기둥을 무사히 건너면 죄가 없다는 것을 인정하여 풀어주겠다고 했다. 그러나 구리 기둥에는 돼지기름을 잔뜩 발라 놓았기 때문에 무사히 건너는 백성은 한 사람도 없었다. 주는 기둥에서 떨어져 처절하게 불에 타 죽는 백성들을 보면서 술을 마셨다.

이에 천하 사람들은 대부분 주에게 등을 돌려 문왕의 신하가 되기를 바랐다. 이윽고 무왕의 군사가 도성에 들어오자 주가 내리는 명령은 좌우 측근에게 조차 먹히지 않았다. 주가 스스로 자처한 일이었다.

050 守眞志滿, 逐物意移
수 진 지 만 축 물 의 이

참됨을 지키면 큰 뜻이 가득 차고
재물을 따르면 마음이 변한다.

守眞 : 참을 지키면

志滿 : 뜻이 차고

逐物 : 사물에 따르면

意移 : 마음이 움직인다.

『후한서』 '安貧樂潛 味道守眞 不爲燥濕輕重 不爲窮達易節' – 가난을 편안히 여기고 숨어서 즐겼으니 도를 맛보고 참됨을 지켰다. 마르고 습함으로 가볍거나 무거워지지 않았고 궁하거나 달함에 따라 절개를 바꾸지 않았다.

守 사당에서 일을 하는 모양

지킬 수, 보살필 수, 서리 수, 기다릴 수.

사당 안 일을 맡는 사람을 수守라고 한다.

옛날에 이 글자는 우又를 포함하고 있었으므로 물건을 바쳐 올리고 일을 본다는 뜻을 가진 문자였다. 수守는 사당에서 일하는 하급 관리를 가리킨다.

사당 안의 잡무를 담당하는 사람이 환宦이다.

❀ **墨守**(묵수)

송宋 대신 묵적은 겸애설兼愛說을 제창한 철학자哲學者로도 유명하지만 병법가兵法家로도 일세를 풍미했다. 전국시대戰國時代, 초楚 공수반은 운제를 창안하여 새로운 공성법을 발전시켰다. 이 신형 장비로 초가 송을 공격한다는 첩보를 받고 묵적은 초로 갔다. 묵적은 공수반을 만나 대화로 공격을 저지해 보려 하였다. 그는 초왕 앞에서 모형을 만들어 도상 공방전으로 승부를 겨루었다. 공수반은 운제와 다른 장비로 아홉 번이나 전술을 바꾸며 묵적의 수비를 뚫으려 하였으나 결국 실패했다. 이것을 보고 초왕은 송 공격을 포기했다.

眞 사람이 거꾸로 쓰러진 모양

참 진, 진실할 진, 정신 진, 정할 진, 초상 진, 순박할 진, 근본 진.

화化는 쓰러진 시체가 여럿 있는 모양. 비比는 시체가 억수로 많이 쓰러져 있는 모양.

志 제물로 바친 심장 위에 도끼를 둔 모양

뜻 지, 뜻할 지, 맞출 지, 기록할 지, 살촉 지, 원할 지, 기억할지.

유령은 패 땅 사람인데 제 뜻(志)대로 행동하며 자유롭게 살았다. 우주를 작다 여겼고 만물이란 모두 나름의 사는 이유가 있다고 했다. 작은 수레를 타고 술 한 병을 매달고 다니면서 하인에게는 괭이를 메고 따르게 하였다. 왜냐하면 술을 먹다 그가 갑자기 죽으면 바로 땅에 묻어버리기 위해서였다.

하루는 유령이 목이 말라 아내에게 술을 달라고 하였다. 아내는 술을 땅에 쏟아버리면서 말했다.

"당신은 술을 지나치게 많이 마십니다. 그러다가는 목숨을 보전하기 어렵습니다. 이제 술을 끊으시는 것이 어떻겠습니까?"

유령이 말했다.

"옳은 말일세. 그러나 나 스스로 술을 끊을 수가 없으니 이 판에 귀신에게 기도하고 맹세를 해야 술을 끊을 것 같네. 그러니 술과 고기를 좀 준비해 주시오."

아내는 좋아서 얼른 술과 고기를 준비했다. 유령은 무릎을 꿇고 기도하며 말했다.

"하늘이 나 유령을 낳았고 유령은 술로 이름을 날렸습니다. 한 번에 한 말씩 마셔 하루 다섯 말로 숙취宿醉를 고치려 합니다. 아내의 말은 삼가 듣지 못하겠습니다."

그리고는 술을 끌어당겨 고기를 안주 삼아 마시니 곧 곤드레만드레가 되었다.

滿 물(氵, 수)이 평지(㒼, 면)에 찬 모양

찰 만, 넘칠 만, 교만할 만.

채엄은 눈동자에 맑은 기운이 가득하고(滿) 음악에 뛰어났다. 중랑장 채용의 딸이었다. 그녀가 나이 아홉 살 때 일이다. 채용이 밤중에 거문고를 타다 줄이 끊어졌다. 그러자 그녀는 문득 "두 번째 현입니다."라고 말했다. 채용은 일부러 한 줄을 더 끊고는 다시 묻자 그녀는 "네 번째 줄입니다."라고 대답했다. 채용은 말했다.

"아마도 너는 우연히 맞췄겠지?"

채엄이 말했다.

"옛날 계찰은 각 지방 민요 국풍을 관찰해서 나라의 융성과 쇠망을 알았습니다. 춘추시대 연주가 사광은 음률을 불어보고 남풍이 점점 약해짐을 알았습니다. 이런 세심함으로 추측한 것인데 어찌 우연이라고 하십니까?"

逐 돼지(豕, 시)가 달아나는(辶, 착) 모양

쫓을 축, 물리칠 축.

왕찬은 기억력이 좋았다.

어느 날 사람들과 길을 가다가 길가에 있는 여러 개의 비문을 읽었다. 사람들이 물었다.

"지금 읽은 비석의 문장을 모두 외울 수 있습니까?"

왕찬은 뒤돌아서 한 글자도 틀리지 않고 여러 비석의 문장을 모두 외웠다.

어느 날은 사람들이 바둑을 두는 자리에서 잘못해서 바둑판이 엎어졌다. 왕찬은 다소곳이 원래대로 바둑판을 복기하여 되돌려 놓았다. 바둑을 두던 사람들은 믿을 수가 없어서 그 바둑판을 물리치고(逐) 다른 바둑판에 다시 복기하도록 했더니 역시 조금도 틀리지 않게 되돌려 놓았다.

物 재물에는 소(牛, 우) 만한 것이 없다(勿, 물)

재물 물, 일 물, 무리 물, 헤아릴 물, 만날 물, 만물 물.

물勿은 깃대에 붙이는 장식물이다. 기에는 거북·뱀·곰·큰 곰 등 모습을 그려서 주술적 장치를 했고 깃털로 된 장식물을 붙였다. 이것은 모두 전쟁을 할 때 제일 앞에 세우고 가던 깃발에 붙이는 주술적 장식이다.

주술적인 힘을 지닌 그림을 그린 물건을 물物이라고 한다. 물物은 초기에 폄의어로 사용되었던 듯하다. 고대 주술에서 유래한 용어라서 지식사회가 성립한 뒤에도 그런 폄하는 실재와 현상 또는 질병 증상 등과 같은 의미맥락에서 계속 사용되었다.

허신의 『설문해자』에는 '물物은 만물萬物이다.'라고 설명되어 있다. 여기에 따르면 물이란 용어는 당초부터 이미 존재했던 일종의 류類 개념이었다. 그 개념 근저에는 개별적인 것을 무시하는 생각이 묻어 있어서 논리적 최고류(순자)라든가 인간까지도 포함하는 존재자 일반(장자)을 의미하기도 하였다.

순자 입장에서 물로 인해 인간이 소외당하는 문제를 논하는 인간소외론 및 도와 만물의 관계를 논하는 존재론과 도기론 등이 생겨났으며, 장자 입장에서 만물일체 철학·만민평등·휴머니즘·혼돈으로부터 만물생성을 이야기하는 자연철학自然哲學이 성립되었다.

意 마음(心, 심)에 들리는 신의 소리(音, 음)

뜻 의, 헤아릴 의, 생각 의, 의리 의, 형세 의.

음音은 신의 뜻이 표출된 소리이다.

소리를 내는 것은 신의 의지이다. 그것은 축문을 고하여 신의 뜻을 간절하게 구하는 사람에게만 주어진다. 그러나 신의 뜻은 사람 말에 의하지 않는다. 그 애매모호한 소리는 보통 사람으로는 추측으로 짐작하는 외에는 달리 알 수 있는 방법이 없다. 따라서 의意는 신의 뜻을 짐작하는 것이고 성聖은 신의 뜻을 이해하는 것이다.

음音은 소리이며 끓어오르는 것이다. 밤은 사악한 영이 뛰어오르며 이리저리 돌아다니는 세계이다. 그때는 괴이한 불꽃이 날아다니고 초목까지도 자기 소리를 낸다. 풍우가 몰아치는 밤이 오면 자연 전체가 소리가 되어 끓어오르며 소리를 낸다. 그래서 밤은 음音의 세계이며 신이 주재하는 세계이다.

그것은 암暗 자에도 나타나 있다.

소리는 고대인에게 흔히 무섭고도 알 수 없는 것이었다. 무엇인가에 대한 계시이며 신의 뜻이지만 그 의미를 헤아리기 어려운 것이 많았기 때문이다. 그래서 소리는 모두가 두려워하고 꺼렸다.

移 곡식(禾, 화)이 많은(多, 다) 모양

옮길 이, 모낼 이, 변할 이.

❀ 移木之信(이목지신)

전국시대, 진秦 효공 때 상앙을 새로운 법령을 제정하려 제가를 받았으나 공포는 당분간 보류하였다. 백성들이 얼마나 따라줄지 자신이 없었기 때문이었다. 높이가 30자 되는 거목을 남문에 세워두고 이것을 북문으로 옮기는 사람에게 10금을 주겠다고 방문을 붙였다(立三丈之木 於國都市南門 募民有能徙置北門者 豫十金). 그러나 선뜻 옮기는 자가 없었다. 이번에는 북문으로 옮기는 자에게 50금을 주겠다고 했다. 어느 젊은이가 장난삼아 거목을 북문으로 옮겼다. 상앙은 북문에 기다리고 있다 바로 50금을 젊은이에게 주었다. 이렇게 하여 조정은 백성을 속이지 않는다는 것을 인식시킨 다음 법령을 공포하고 바로 시행에 들어갔다.

051 堅持雅操, 好爵自縻

견 지 아 조 호 작 자 미

바른 지조를 굳게 지켜야 하니
벼슬만 좋아하면 스스로를 얽어매고 만다.

堅持 : 굳게 지니면

雅操 : 바른 지조를

好爵 : 좋은 벼슬이

自縻 : 스스로 이른다.

『진서』 '守鐵石之深表 厲松筠之雅操' – 철석같은 깊은 모양을 지키고 송죽과 같은 바른 지조를 닦았다.
『주례』 '爵謂 公侯伯子男 卿大夫也' – 작은 공후백자작과 경대부를 일컫는다.

堅 **노예(臣, 신)가 자꾸(又, 우) 땅(土, 토)을 밟는 모양**

굳을 견, 굳셀 견, 변하지 않을 견, 반드시 견, 강할 견.

묘향산 보현사에 학승 한 분이 많은 제자를 가르치고 있었다. 그중에 밤중에 높은 절담을 넘어 마을에서 놀고 오는 사람이 있었다. 학승은 그것을 알면서도 짐짓 내색을 하지 않았다.

어느 날 밤 제자는 마을에서 놀다 술에 취한 채 어스름 새벽에 돌아와 담을 넘으려 하였다. 뛰어내리려 아래를 보니 없던 망주석望柱石이 하나 있었다. 제자는 단단한(堅) 망주석 머리를 밟고 무사히 뛰어 내렸다. 그런데 망주석이 비틀거려 자세히 보니 돌이 아니고 스승이 아닌가? 스승의 머리를 발로 밟고 담을 내려 왔던 것이다. 스승은 제자가 걱정이 되어 새벽까지 담 아래서 기다렸던 것이다. 제자는 자책하다 못해 그만 당목에 목을 매어 죽고 말았다.

그때부터 그 당목을 사제목師弟木이라 불렀다.

持 **손(扌, 수)으로 흙(土, 토)을 잡은(寸, 촌) 모양**

가질 지, 잡을 지, 물장군 지, 지킬 지.

❁ 持滿(지만)

월왕 구천은 범려의 간언을 듣지 않고 오왕 부차에게 크게 패하여 회계산으로 도망쳤다. 범려에게 대책을 물으니 범려가 말했다.

"지만한 자에게는 하늘이 돕는 법입니다(持滿者與天). 이제는 오로지 예를 두텁게 갖추어 화친하여 오왕에게 신하로 복종하는 길밖에 없습니다. 구천은 부차에게 항복하고 신하가 되어 겨우 목숨을 건졌다. 이로부터 12년 동안 회계산의 굴욕을 복수하기 위하여 국력을 충실하게 키웠다. 이윽고 범려와 더불어 오를 쳐서 부차를 죽였다.

雅 **새(隹, 추) 부리(牙, 아) 모양**

바를 아, 떳떳할 아, 거동 아, 맑을 아.

전한前漢 때 우정국은 동해군 담현 사람이다. 아버지 우공이 고을의 감옥 관리와 재판관을 지냈는데 재판이 아주 바르고(雅) 공정하기로 소문이 났다. 그래서 법을 어긴 사람들도 우공의 판결이라면 어떤 처벌도 원망하지 않았다.

지방 사람들은 우공을 기려서 그가 살아 있는데도 사당을 만들어 예를 갖추었다. 어느 날 우공이 사는 마을 입구 정문이 파손되어 장로들이 고치는 일을 의논하였다. 이때 우공이 말했다.

"이왕 문을 고치려면 조금 높고 크게 해서 말 네 마리가 끌고 비단 우산을 씌운 높은 마차가 자유롭게 통과할 수 있게 했으면 좋겠습니다. 왜냐하면 나는 살아오면서 이제까지 재판을 공평무사公平無私 하게 했고 아무도 모르게 은덕을 베푼 일들이 있었습니다. 그 덕을 받아 자손들 중에서 고관이 나오게 될 것이 분명하기 때문입니다."

과연 아들 우정국이 선제 때 재상의 지위에 올라 성평후에 봉해졌고 우정국의 아들 우영은 지금의 감사원장監査院長인 어사대부가 되어 제후에 봉해졌다.

操 **손(扌, 수)으로 나무(木, 목) 상품(品, 품)을**

잡을 조, 움켜쥘 조, 조종할 조, 풍치 조, 가락 조, 지조 조.

소喿는 나무 가지에 많은 축고를 매단 모양이다. 그러므로 시끄럽게 떠들면서 신에게 기도하는 것이다. 또한 거친 신들이 밤에 내는 소리이기도 하다.

好 **아내(女, 여)와 자식(子, 자)은**

좋을 호, 아름다울 호, 좋아할 호, 친할 호, 사랑할 호, 구슬 구멍 호, 사귈 호, 심할 호.

석가가 길가의 해골 더미에 예배하더니 아난에게 여자와 남자의 뼈로 나누어 보라고 하였다. 아난은 난감했다. 석가가 말했다.

"아난아, 만일 남자라면 세상에 있을 적에 절에 가서 부처의 말씀을 듣기를 좋아하고(好) 예배도 했을 것이므로 백골이 희고 무거울 것이다. 그러나 여자는 살아 있을 때 정욕에 얽혀 아들이나 딸을 낳으며 아이를 한 번 낳을 때마다 서 말의 피를 흘리고 기를 때는 여덟 섬 네 말의 젖을 먹여야 하므로 뼈가 검고 가벼우니라."

爵 큰 집 모양

벼슬 작, 직위 작, 봉할 작, 벼슬 줄 작, 참새 작, 술잔 작.

후한後漢 모의는 가난했으나 효심이 깊었다. 어느 날 장봉이 그를 찾아갔다. 마침 조정에서 벼슬(爵)을 내린 임명장任命狀이 도착했다. 모의를 어느 고을 수령으로 임명한다는 내용이었다. 모의는 공손하게 그 임명장을 받아 기쁜 표정을 얼굴에 나타내 마치 그가 벼슬을 기다리고 있었던 듯 했다.

장봉은 벼슬자리 같은 것은 크게 마음에 두지 않는 사람이기에 그러한 모의의 모습을 보고 적잖이 실망했다. 그는 모의가 잡는 것도 뿌리치고 작별하고 나왔다.

모의는 어머니가 돌아가시자 벼슬을 그만 두고 집에 돌아와 삼 년 동안 상복을 입고 상례를 치렀다. 그 후로도 가끔 조정의 부름을 받아 현의 현령을 지냈으나 일을 할 때나 그만둔 다음이나 예에 어긋나는 일은 없었다. 나중에 현량과賢良科에 추천되어 공거서 벼슬이 내렸으나 사양하고 나아가지 않았다.

이러한 것을 보고 나중에야 장봉이 말했다.

"어진 사람의 마음은 진실로 보통 사람이 헤아릴 수 없구나. 예전에 내가 그를 방문했을 때 임명장을 받고 기뻐했던 것은 부모를 봉양하기 위해 자기 마음을 잠깐 굽혔던 것이었다. 옛 사람은 집이 가난하고 부모가 나이가 들었을 때는 부모를 봉양하기 위하여 벼슬이 높고 낮음을 가리지 않고 나갔다고 했다. 모의의 행동은 정말 이 말에 들어맞는다."

自 콧구멍을 위로한 형태, 즉 자른 머리 모양

스스로 자, 몸소 자, 부터 자, 저절로 자.

마융은 제자에게 종아리 치는 것으로 유명했다. 별명이 초달선생이었다. 어느 날 제자 한 사람이 절식을 하더니 스승이 있는 곳을 향해 절을 하는 자세로 죽어 버렸다.

머리맡에 유서가 있었다.

"저는 며칠 전 꿈에 스승의 종아리를 쳐 피가 흐르게 하였습니다. 스승의 그림자도 밟지 않는 것이 제자의 도리인데 하물며 꿈속일망정 스승을 때려 피를 보게 하였으니 그것은 제 마음속에 사특함이 있었기 때문이었을 것입니다. 그래서 가책을 이기지 못해 스스로(自) 죽는 길을 택할 수밖에 없었습니다."

縻 삼 뭉치(麻, 마)를 실(糸, 사)로

얽어맬 미, 소고삐 미.

중유가 어느 날 공자를 만나서 말했다.

"옛말에 무거운 물건을 지고 먼 곳을 갈 때는 피곤하면 땅이 좋고 나쁨에 관계없이 앉아서 쉬었고, 또 집이 가난하고 부모가 나이가 많을 때는 봉급이 많고 적음을 가리지 않고 하찮은 자리라도 벼슬에 나아간다고 했습니다. 제가 예전에 양친이 모두 살아 있을 때는 가난이 저를 얽어매(縻) 명아주나 콩잎 같은 하찮은 음식을 주발에 담아 먹었고 부모를 봉양하기 위해 백 리나 되는 곳으로 쌀을 지고 가서 돈을 벌었습니다. 그러나 부모가 죽고 나서는 남쪽 초나라로 가서 벼슬을 지냈습니다. 밖에 나갈 때는 따르는 마차가 백량이나 되며 창고에 쌀이 산더미처럼 쌓여 있고 방석을 여러 장 겹쳐서 푹신하게 앉으며 여러 가지 요리를 늘어놓고 식사를 하는 신분이 되었습니다. 그렇게 되고 나니 이제는 다시 한 번 명아주나 콩잎을 먹거나 부모를 위해 쌀을 먼 곳까지 지고 가서 부모에게 효도하고 싶어도 그럴 수가 없게 되었습니다. 이것이 가슴이 아파 견디기가 어렵습니다."

공자가 말했다.

"자로야. 너는 부모를 봉양함에 살아계시는 동안은 힘을 다해 모셨고 돌아가신 뒤에는 변함없이 사모하는 정을 가지고 있으니 진실로 효자라 할 만 하다."·

052 都邑華夏, 東西二京
도 읍 화 하 동 서 이 경

중국의 수도는
동과 서에 두 군데 있다(낙양과 장안).

都邑 : 서울은

華夏 : 중국의

東西 : 동쪽과 서쪽

二京 : 두 곳이 있다.

『예기』 '仲秋之月可以築城郭建都邑' – 가을에는 수도에 성곽을 건립하고 성을 쌓을 만 하다.
『좌전』 '凡邑有先君之舊宗廟曰都' – 모든 읍의 군주들이 선조를 제사 지내는 곳을 도라고 한다.
『서경』 '華夏蠻貊' – 중국과 주변의 오랑캐들.

都 **담장에 주술이 적힌 문서를 파묻어 사악한 영의 침입을 막는 성읍 모양**

도읍 도, 도무지 도, 거할 도, 성할 도, 모일 도.

호위의 아버지 호질은 청렴한 사람으로 위나라 형주 자사를 지냈다. 어느 날 호위는 아버지 안부를 물으려 수도(都)에서 형주로 갔다. 호위는 가난해서 마차나 하인이 없었으므로 혼자 나귀를 타고 갔다. 아버지 집에 도착해 여러 가지를 보살펴 드리고 돌아올 때 아버지가 비단을 한 필 주었다. 호위가 말했다.

'아버님은 청렴하고 고결한 분인데 어떻게 이렇게 귀한 비단을 얻으셨습니까?"

호질이 말했다.

"그것은 내가 받은 녹봉을 절약해서 산 것이다."

호위는 그 비단을 받아 들고 돌아섰지만 그것을 어떻게 쓸까 고민하다 결국 아버지의 부하 중 군사를 통솔하는 장교인 도독에게 주었다.

그 후 호위는 서주지방 장관이 되어 선정을 베풀었다. 어느 날 무제를 만나게 되었다. 무제는 호위에게 물었다.

"너의 청렴결백함과 너의 아버지의 청렴결백함 중 어느 쪽이 뛰어난가?"

호위가 말했다.

"아버지의 청렴결백함은 다른 사람이 아는 것을 두려워하고, 저의 청렴결백은 다른 사람이 알아주지 않는 것을 두려워합니다. 이 점이 제가 아버지에게 훨씬 못 미치는 점입니다."

땅(巴, 파)**이 네모진**(口, 구)

고을 읍, 답답할 읍, 흑흑 느낄 읍.

고대에는 요즘처럼 시市가 도都의 한가운데 있지 않았다.

시市는 도시 인근에 정기적, 부정기적으로 열렸다. 대시大市는 저녁에 여러 씨족이 모여서 교역하는 비교적 규모가 큰 곳이고, 조시朝市는 아침에 열리는 요즘이라면 새벽시장 같은 곳이고, 석시夕市는 저녁에 남편과 아내를 매매하기 위하여 열렸다.

석시夕市는 요즘도 있었으면 참 편리하겠다.

고대 중국 도시는 대체로 평평한 곳에 자리 잡고 있어서 주위를 성벽으로 두르거나 토담을 쌓아서 수비했다. 경작지耕作地는 도시 밖 가까운 곳에 적당한 땅을 골랐고, 도都와 경작지 사이에 극지라고 하는 완충지대緩衝地帶를 두었다.

華 꽃이 핀 모양

꽃 화, 빛날 화, 영화 화, 쪼갤 화, 꽃필 화, 필 화, 좋을 화.

화이華夷는 하夏·제하諸夏·화하華夏족이 이적夷狄·예裔·만이蠻夷 등 오랑캐와 스스로를 구별하는 자기우월에 젖은 말이다.

❀ **華胥之夢**(화서지몽)

황제黃帝가 천하가 잘 다스려지지 않아 걱정을 했다. 어느 날 낮잠을 자다 꿈을 꾸었다. 꿈에서 황제는 화서라는 나라에 놀러갔다. 화서국에는 신분의 차별도 없고 소유물에 대한 구별도 없었다. 백성들은 생사 문제로 고민하지도 않고 물이나 불속도 자유롭게 다녔다. 꿈에서 깬 황제는 홀연히 깨닫는 바가 있어 90년 동안 선정을 베풀었다.

夏 사당 앞에서 춤추는 사람 모양

여름 하, 하나라 하, 클 하.

사당 앞에서 춤과 함께 연주하는 음악 가사도 하夏라 하였다.

그 가사(詩)를 아雅라고도 하는데 이는 하夏의 가차자이다.

하夏나라는 우가 세웠는데 우禹는 마지막 홍수 신이었다.

우禹는 사람 얼굴에 물고기 몸을 가진 괴물 모습으로『산해경』에 묘사되어 있다. 곰 화신이라는 이야기도 있다. 어쨌든 그는 치수를 담당했던 모양이다. 우 이전까지는 강족 홍수신인 공공을 비롯한 여러 홍수 신들이 있었다. 홍수설화에는 주로 황하 유역 신들이 서로 싸웠다.

요순시대에는 홍수가 가장 큰 걱정거리였다. 요는 곤에게 물길을 다스리라 하였는데 물을 막는 방법을 사용했던 곤은 결국 실패하고 말았다.

요는 다시 곤의 아들인 우에게 그 일을 맡겼다. 우는 물을 분산시키는 방법을 써서, 13년 동안 집에 3번밖에 들르지 않고 정강이 털이 모두 닳도록 돌아다니는 정성을 쏟아 마침내 치수에 성공하였다. 그래서 모두 우를 왕으로 추천하였다.

우는 먼저 고요를 후계자로 세웠으나 고요는 우보다 일찍 죽고 말았다. 다시 동이 백익을 후계로 삼았다. 그러나 일설에 의하면 우는 백익에게는 중요한 책임을 맡기지 않았고 오히려 몰래 아들 계의 세력을 키웠다고 한다.

우가 죽은 후 계와 백익이 서로 싸워 결국 백익은 피살되고 말았다. 계의 동성부락이던 유호씨는 계가 선양 전통을 파괴했다고 반란을 일으켰으나 패하여 부락민이 모두 노예가 되고 말았다. 이후 계가 하나라 국왕이 되자 왕위는 부자세습으로 전해지게 되었다.

하夏를 여름으로 나타내는 것은 춘추시대 기물에 보인다. 노나라 『춘추』에는 사계절四季節의 이름을 그 계절 처음 달 위에 붙여서 말하므로, 그러한 용법은 서주 시기에 정착된 것으로 보인다.

하夏의 옛 형태는 무관을 쓰고 손과 발을 흔들면서 춤추는 모습인데, 종묘의 춤으로 하나라 사람을 상징한 것이라 한다.

금문에서 말하는 하는 대부분 훗날 진秦의 지배 지역을 가리키며 그 땅의 제후를 불렀던 말로 보인다.

이夷의 옛 형태는 화살에다 실을 매단 작살 같은 모양인데, 수렵 민을 나타낸 것이라는 설도 있고, 갑골문·금문에서 제이諸夷를 나타내는 문자는 모두 시尸로 표시했기 때문에 이夷는 음 가차에 지나지 않는다고 보는 사람도 있다.

시尸는 사람이 무릎을 꿇은 모습을 옆에서 본 모습으로 동방 여러 민족을 그들의 풍속으로 상정한 것이리라.

東 위와 아래의 입구를 묶은 주머니 모양

동녘 동, 오른쪽 동, 봄 동.

나무(木)에 해가 걸린(日) 모양으로 보기도 한다. 나무는 동방의 신목인 상桑이고 아침에는 그쪽에서 해가 떠오른다.

동방은 길이가 몇 천자나 되는 사람과 혼을 빼 먹는 괴물이 살고, 열 개의 해가 나란히 떠서 쇠와 돌도 녹이는 세계였다.

❁ **馬耳東風**(마이동풍)

이백의 시 「왕십이의 '한야寒夜에 독작獨酌하여 감회感懷가 있다.'에 답한다」에 나온다.

世人聞之 皆掉頭 세상 사람은 이것을 듣고 모두 머리를 흔든다.

有知東風 吹馬耳 그 모습이 마치 동풍이 말 귀를 지나치는 것 같구나.

西 바구니 모양

서녘 서, 수박 서, 서양 서.

동東이 주머니, 서西가 바구니로 표현된 것은 그 지역에서 운반과 휴대할 때 사용되던 도구로부터 비롯되었다는 설도 있다.

서방은 넓은 사막이라 길을 잃으면 벗어날 수 없고, 몸집이 코끼리만한 붉은 개미와 항아리만한 검은 벌이 사람을 습격하는 곳이었다.

二 상하의 사이를 나타내는 모양

두 이, 풍신 이, 같을 이, 두 마음 이, 둘로 나눌 이, 거듭 이.

앞쪽에 축고(口)를 놓고 뒤로부터 손을 내밀어 그곳에 사람을 가두어 두는 모양이다.

京 성문 아치 밑에 있는 좌우 문 모양

수도 경, 클 경, 곳집 경, 근심할 경, 언덕 경.

악신을 사방 변방으로 쫓아 버리고 난 후, 그러고도 모자라서 주술로써 아예 변방에 가두어 버리는 고대 의례가 있었는데, 사람 목을 걸어 놓고 지내는 제사와 사람을 제물로 희생시키는 주술 방법이 같이 행해졌다.

국경뿐만 아니라 성지로 여겨지는 곳에서는 모두 비슷한 주술이 행해졌다. 경京도 그중의 하나다.

053 背邙面洛, 浮渭據涇
배 망 면 락 부 위 거 경

북망산을 뒤로 두고 낙수를 바라보고(낙양)
위수 가에 뜨고 경수를 눌렀다(장안).

背邙 : 뒤로 북망산이

面洛 : 앞으로 낙수가 흐르고

浮渭 : 위수 가에 뜨고

據涇 : 경수를 의지하다.

「이상은」 '十五泣春風背面鞦韆下' – 열다섯에 봄바람에 슬퍼 고개를 돌려 그네 밑을 보네.

背 몸(肉, 육)을 저버리면(北, 배)

죽을 배, 등 배, 뒤 배, 해 무리 배, 집의 북편 배, 버릴 패, 배반할 패.

❀ 背水陣(배수진)

한신이 위魏를 격파하고 조趙와 싸우고 있었다. 도성을 치려면 정형의 좁은 골짜기를 돌파해야 했다. 한신은 군사를 둘로 나누어 2천 명을 둘러가 도성 뒷산에 매복시켜 두었다.

"본대는 내일 싸움에서 거짓 패할 것이다. 적은 우리를 추적하여 성 밖으로 나올 터이니 그때 성 안으로 들어가 점령하고 성루에 붉은 깃발을 달아라."

다음날 조군은 패주하는 한신을 추격하였다. 한신의 본대는 강을 등지고 포진

하였다.

배수진은 병법에는 꺼리는 불리한 진법이었다. 그러나 결국 한신은 조군을 대파하였다. 매복했던 군사는 도성에 들어가 붉은 기를 올렸다.

후에 한신은 부장에게 말했다.

"우리 군사는 급히 모은 오합지졸烏合之卒이어서 사지에 놓아야만 힘을 쓸 것이라 생각하여 배수의 진을 친 것이다."

邙 죽어(亡, 망) 묻히는(阝, 읍)

북망산 망. 터 망.

전한前漢 문제는 흉노에 대비하여 유례를 패상에, 서려를 극문에, 주아부를 세류에 배치하였다. 어느 날 문제가 각 군영을 순시했을 때 유례와 서려는 모두 군영에 자유롭게 드나들게 하고 궁정의 의례에 준하여 문제를 대접했다.

나중에 방문한 주아부의 군영은 평지에 터(邙)를 잡고 군기가 엄정하여 전투 직전의 긴장이 감돌았다. 천자라 하더라도 함부로 군영에 못 들어오게 하였으며 주아부는 진중의 군례로 문제를 모시고 격식대로 브리핑을 하였다. 수행한 중신들이 좀 지나치다고 불평했으나 문제는 오히려 칭찬하고 격려하였다.

"주아부야말로 참된 장군이고 지휘관이다. 유례와 서려는 적이 생포하기 어렵지 않겠으나 주아부의 진은 침범하지 못할 것이다. 이것이 바로 유비무환有備無患이 아니겠는가?"

이 세류의 진영을 그 뒤로 유영柳營이라 불렀다.

얼굴 모양

얼굴 면, 낯 면, 향할 면, 앞 면, 보일 면, 겉 면, 방위 면, 면 면.

소리를 듣는다는 것은 세계가 내 안으로 들어오는 사건이다. 눈은 내가 감고 떠서 선별하여 사물을 볼 수 있지만 귀는 항상 열려 있어 소리는 내가 귀를 두 손으로 일부러 막지 않는 이상 아무런 장애 없이 내 안으로 흘러 들어온다.

내 안으로 들어오는 소리도 역시 나의 존재를 드러내게 하고 나를 변화시키고 이윽고 인식 속에서 나의 일부가 된다.

소리는 나의 기도에 신이 보내는 응답이다.

얼굴(面)은 신비가 모여 있는 신전神殿이다.

洛 **물(氵, 수)의 지류**(各, 각)

낙수 락, 서울 락.

❀ **洛陽紙價貴**(낙양지가귀)

진晉 좌사는 조물주의 실패라 할 추남에다 말주변조차 없어 주변에 인기가 없었다. 그러나 붓만 들었다 하면 주옥같은 시를 써내곤 하였다. 시구는 모두 세련되고 화려하였다. 평론가 장화가 극찬을 하자 사람들이 너도나도 그의 시 「삼도부」를 필사하여 낙양의 종이값이 갑자기 뛰어버렸다.

浮 **물(氵, 수)을 믿으면**(孚, 부)

뜰 부, 넘칠 부, 지날 부, 떠내려갈 부, 물 창일할 부, 매인데 없을 부.

한 남자가 여인숙에 묵게 되었다. 그는 밤에 저녁을 먹고 다음 날 아침 일찍 떠났다. 일 년 뒤 그는 길을 지나다(浮) 다시 그 여인숙을 찾았다. 여인숙 주인이 그를 보고 깜짝 놀랐다.

"손님 괜찮으십니까?"

그 남자가 더 놀랐다.

"물론 괜찮습니다. 왜요. 무슨 문제라도 있습니까."

주인이 말했다.

"손님이 일 년 전에 여기서 묵었을 때입니다. 독사 한 마리가 솥에 떨어져 손님이 드신 음식 속에서 함께 요리되었습니다. 그 음식을 먹은 다른 사람들은 모두 죽어 버렸습니다. 손님은 일찍 나갔기 때문에 우리는 손님이 어떻게 되었는지 알 수가 없어 걱정을 많이 했습니다."

이 말을 들은 남자는 바로 그 자리에 쓰러져 죽었다.

渭 **밥통**(胃, 위) **같은 물**(氵, 수)

물 이름 위, 속 끓일 위. (위수)

나이 칠십이 넘은 여상이 세월을 낚으려 미늘이 없는 낚싯대를 드리우고 풀방석 위에 앉아 있었던 바로 그 강이 위수(渭)이다. 여상은 여기에서 문왕에게 기용되었고 나중에 『육도삼략』이란 책을 남겼다.

據 **손**(扌, 수)**으로 원숭이**(豦, 거)**를**

누를 거, 의지할 거, 기댈 거, 의탁할 거, 짚을 거, 웅거할 거.

거豦는 원숭이의 옆모양.

涇 **질편하게 흐르는**(巠, 경) **물**(氵, 수)

물 이름 경, 통할 경. (경수)

경巠은 직물의 날실 모양.

그래서 수직이면서 굳건한 것을 뜻한다.

054 宮殿盤鬱, 樓觀飛驚

궁 전 반 울 루 관 비 경

궁전이 빽빽하게 서리고
누각은 날아 갈 듯 놀랍다.

宮殿 : 궁궐이

盤鬱 : 울창하게 서리고

樓觀 : 고루와 관대는

飛驚 : 날아갈 듯 놀랍구나.

『한서』 '掌宮殿掖門戶' – 궁전을 장악하고 문호를 낀다.

『설문』 '古者貴賤同稱宮 秦漢以來 唯王者所居稱宮焉' – 옛날에는 귀하고 천한 이가 사는 집을 같이 궁이라 했는데 진·한 이래 오직 왕이 처하는 곳만을 궁이라 칭했다.

『예기』 '仲夏之月可以居高明' '高明謂樓觀也' – 여름에는 고명에서 거주할 만하다. 고명은 누각을 일컫는 말이다.

宮 궁궐 모양

궁궐 궁, 집 궁, 종묘 궁, 율 소리 궁, 불알 썩힐 궁, 담 궁.

공자의 제자인 민자건은 어려서 어머니가 죽었다. 아버지가 후처를 얻어 자식을 둘 낳았다. 계모는 민자건을 매우 싫어해 자기 자식에게는 솜을 넣은 옷을 입히고 민자건에게는 갈대 이삭을 넣은 옷을 입혔다.

어느 추운 겨울 날 아버지가 외출할 때 민자건이 마차를 끌었다. 민자건은 몸이 얼어 자주 말가죽 끈을 떨어뜨렸다. 아버지가 책망했으나 그는 변명하지 않았다. 나중에 그 이유를 짐작해서 알게 된 아버지는 후처를 쫓아내려 하였다. 민자건은 울면서 만류했다.

"어머니가 집(宮)에 있으면 저 한 사람만 추우면 되지만 만약 어머니가 이 집을 떠나면 세 아이가 추위에 떨어야 합니다."

아버지는 이 말을 듣고 생각을 바꾸었고 어머니도 마음을 고쳐먹었다.

殿 **창을 들고**(殳, 수) **일을 모의하는**(共, 공) **곳**(尸, 시)

대궐 전, 전각 전, 후군 전, 적은 공 전, 끙끙거릴 전, 진정할 전.

초楚 노래자는 효성이 지극했다. 그가 일흔 살이 되어도 양친은 살아있었다.

노래자는 자신이 늙었다는 것을 부모가 슬퍼할까봐 일부러 어린애가 입는 색동옷을 입고 끙끙거리며(殿) 어린애들이 하는 놀이를 하였다. 그리고 부모님 앞에서 자신이 늙었다는 말을 결코 하지 않았다.

어느 날 음식을 장만하여 부모님 방에 들어가다 그만 발을 헛디뎌 앞으로 넘어졌다. 노래자는 아이가 내는 소리로 울었다.

盤 **음식을 옮기는**(般, 반) **그릇**(皿, 명)

소반 반, 즐길 반, 어정거릴 반, 목욕통 반, 편안할 반, 서릴 반.

❀ **盤根錯節**(반근착절)

후한 안제 때 낭중 우허는 대장군 등뇨의 미움을 받아 안휘성 조가현의 일개 현장으로 좌천되었다. 그 지방에 출몰하는 도적떼를 평정하라는 명목상 임무를 받았다. 잘못된 인사발령을 듣고 찾아온 친구들은 그의 불운을 동정했다. 그러나 우허는 담담히 말했다.

"구불구불한 뿌리와 뭉친 옹이가 뒤얽힌 나무를 쪼개 보지 않고서는 예리한 칼도 그 가치를 알 수 없을 것이다."(栩爲朝歌縣長 笑曰 不遇盤根錯節 何以別利器乎).

鬱 산에 나무가 울창한 모양

나무 더부룩할 울, 막힐 울, 마음에 맺힐 우, 아가위 울, 답답할 울, 멀리 생각할 울.

예전에 왕이나 왕비, 왕세자나 왕세자비가 죽으면 국장을 선포하고 맨 처음 철시령을 내렸다. 장례에 필요한 물품을 확보하고 상여를 메고 끄는 여사군을 상인으로 충당했기 때문이다. 여사군은 직접 상여를 메는 운군과 상여 앞뒤에 줄을 달고 끌고 가는 인군으로 나뉘는데 상인들은 인군에 충당되었다. 시장 상인들이 백목전·유기전·어물전 등 업종별로 교대해서 줄을 끌었다.

운군은 양반이나 양반 자제로 채웠는데 운군으로 선택받으면 그 자체가 벼슬이어서 가문의 자랑이었다. 1919년 고종 장례에도 운군이 되면 얻는 이득을 위하여 어떤 양반은 일본에 유학 간 자식을 퇴학시켜 데려오기도 하였다. 이러한 수요에 부응하여 당시 왕실 관리 관청 이왕직은 100명 정원이 훨씬 넘는 450명에게 운군 자리를 두당 2원씩 팔아먹어 답답한(鬱) 사회문제社會問題가 되기도 했다.

철시령과 더불어 차출령도 내린다. 전국의 기생들이 차출되어 인산 날 운구 길목에서 곡을 하고 곡이 끝나면 인군들이 쉬거나 교대하는 곳에서 국을 끓이고 안주상按酒床을 차려 대접했다. 기생과 인군들이 술상 앞에서 어울리는 모습이 매우 문란했다 한다.

樓 나무(木, 목)를 끌어다(婁, 루) 지은

다락 루, 봉우리 루, 문 루, 어깨 루, 모일 루, 망루 루.

루婁는 머리를 빗지 않아 흐트러진 여자 모양.
이 여자를 때리는 것을 삭數이라 한다.
삭삭數數은 머리가 온통 흐트러진 모양을 뜻한다.

당唐 말기 시인 허혼의 「함양성동루」에

溪雲初起 日沈閣 계곡에서 구름이 일자 해가 누각 처마 끝에 떨어지고
山雨欲來 風滿樓 산에 비가 오려하니 누각에 바람이 가득하구나.

라는 구절이 있는데 어떤 불길한 사태가 일어날 징조를 표현했다.

觀 황새(雚, 관)처럼 보일(見, 현)

볼 관, 보일 관, 대궐 관, 집 관, 태자의 궁 관, 무덤 관, 놀 관, 구경 관, 모양 관.

왕상은 효자였다. 그러나 계모는 왕상을 괴롭혔다. 왕상은 계모가 자신을 심하게 다룰수록 더욱 공손하게 대했다. 계모가 병이라도 걸리면 허리띠도 풀지 않고 옷을 입은 채 간호했다. 그리고 달이는 약은 반드시 자기가 먼저 마셔 보고 나서 드렸다.

어느 날 계모가 생선회生鮮膾가 먹고 싶다고 하였다. 때는 추운 겨울이어서 강물이 꽁꽁 얼어 있었다. 왕상은 얼음을 깨고 알몸으로 물속으로 들어가려 했다. 그러자 갑자기 얼음이 녹아내리면서 물에서 잉어 두 마리가 튀어나왔다.

또 다른 날에는 계모가 구운 참새고기를 먹고 싶다고 하였다. 그때도 수십 마리의 참새가 그의 집 장막 안으로 날아 들어왔다.

왕상의 집에는 능금나무가 있었는데 열매를 맺자 계모는 그것을 잘 보고(觀) 지키라고 했다. 왕상은 바람이 불거나 비가 올 때마다 열매가 떨어지는 것을 걱정해서 나무를 껴안고 울었다.

후한시대 천하가 어지러워지자 그는 계모를 모시고 전란을 피해 여산 속에 들어가 살았다.

飛 새가 날아가는 모양

날 비, 여섯 말 비, 흩어질 비, 높을 비.

후한 채순은 어려서 아버지를 잃고 어머니를 봉양했다. 어머니가 죽어 아직 장례를 다 치르지 못했는데 마을에서 불이나 채순의 집까지 불길이 날아왔다(飛). 채순은 어머니 관위에 엎드려 하늘을 향해 소리쳤다. 그의 절규가 하늘에 닿았는지 불은 채순의 집을 지나쳐 다른 집을 태웠다.

여남 태수 한숭은 채순의 효심을 듣고 동쪽 작은 문을 관리하는 제주에 임명했다.

채순의 어머니는 살았을 때 천둥을 몹시 무서워했다. 어머니가 죽은 뒤 천둥이 칠 때마다 채순은 어머니 무덤을 돌며 말했다.

“어머니 제가 곁에 있습니다. 안심하세요.”

왕망이 전란을 일으킨 시기에 나라가 가뭄으로 고생했다. 채순은 뽕나무 열매를 모아 빨갛게 익지 않자 신 것과 단 것을 골라 다른 그릇에 담아 놓았다.

눈썹을 붉게 물들인 적미적이 그것을 보고 이유를 묻자 채순이 말했다.

“검은 것은 어머니께 드리고 빨간 것은 내가 먹을 것이오.”

적미적은 오히려 그에게 쌀 두 말과 소다리 한 쪽을 주고 떠났다.

驚 말(馬, 마)도 조심하니(敬, 경)

놀랄 경, 두려울 경, 말 놀랄 경.

이덕무는 『사소절』에서 아이에게 한 푼의 돈을 주는 것은 한 푼의 비상을 주는 것과 같다고 했다. 아이들 앞에서 돈 이야기를 하는 것도 법도가 아니었다. 그래서 나무꾼이나 새우젓 장수는 대문 틈으로 아이들이 있는지 없는지 확인한 후에 부잣집으로 들어가는 것이 상술이었다. 아이들이 있으면 주인이 대놓고 값을 깎을 수가 없어 제 값을 받을 수 있었기 때문이다.

록펠러의 아들들은 어릴 적부터 제 용돈은 스스로 벌어 썼다. 록펠러 2세가 은행에서 돈을 바꾸다 1센트 동전이 굴러 떨어졌다. 아들이 옆에 있었기에 놀랍게도(驚) 그는 15분 동안 그 동전을 찾아 헤매다 결국 의자 밑에 허리를 구부리고 주어 들었다. 그의 집은 대지가 430만 평이고 안에 골프코스와 승마코스가 있고 옥외 수영장이 여섯 개 있었다. 그리고 이것들을 잇는 수십 킬로의 철도가 놓여 있었다. 드문드문 후손들이 사는 집들이 서 있는데 모두 방이 수십 개나 되는 저택이었다. 그런 그가 아들에게 돈이라는 것을 가르쳐 주기 위해 1센트를 주우려 한참을 헤맸던 것이다.

055 圖寫禽獸, 畵彩仙靈
도 사 금 수 화 채 선 령

새와 짐승을 그린 그림과
신선과 신령도 화려하게 채색했다.

圖寫 : 그림을 그리고

禽獸 : 새와 짐승의

畵彩 : 그림을 채색한다.

仙靈 : 신선과 영위의

『예기』 '猩猩能言 不離禽獸' - 성성이가 능히 말을 하나 금수에서 떠나지 못한다.
『이아석고』 '二足而羽謂之禽 四足而毛謂之獸' - 두 발과 날개를 가지면 새라 하고 네 발과 털을 가지면 짐승이라 한다.

그림 모양

그림 도, 꾀할 도, 다스릴 도, 헤아릴 도, 지도 도, 탑 도, 고안할 도.

상수는 일찍이 죽림칠현竹林七賢 중의 한 사람인 산도에게 인정받았다. 그는『장자』「내편」과「외편」에 해석을 달아 다른 사람이 헤아리지 못한 의미를 밝혀냈다.

곽상은 여기에 자기가 다시 헤아린(圖) 해설을 덧붙여 널리 유행시켰다.

당시 혜강은 쇠를 단련하는 일에 능숙했고 상수는 그의 조수가 되었다. 그들은 옆에 사람이 있건 없건 개의치 않고 즐겁게 같이 살았다. 그 뒤 혜강이 처형당하자 상수는 낙양으로 가「사구부」를 지었다.

"혜강은 많은 악기를 다루었는데 관악기管樂器와 현악기絃樂器에 뛰어났다. 처형당하기 전에 그는 해 그림자로 시간을 재어보고 거문고를 연주했다. 나는 서쪽으로 가다 그가 옛날 살았던 집을 지나가게 되었다. 해는 우천 샘물 위로 지고 주위에 얼음처럼 냉랭한 기운이 퍼졌다. 이웃집에서 나온 피리소리가 높고 맑게 퍼졌다. 문득 예전에 쇠를 단련하며 혜강과 즐겁게 놀던 일들이 생각나 탄식이 절로 나왔다. 그래서 이 부를 짓는다."

寫 사당에서 그림을 그리는 모양

베낄 사, 모뜰 사, 부어 만들 사, 그림 사, 쏟을 사.

전국시대, 백아는 거문고를 잘 탔다. 그의 친구 종자기는 거문고의 음색을 잘 구분하였다. 백아가 산을 생각하며 금을 타면 종자기는

"아 정말 멋있군. 마치 높이 솟아오른 태산 같구나."라고 응수했다.

백아가 강물을 생각하며 연주를 하면 종자기는

"정말 훌륭하군. 흡사 힘차게 흐르는 넓은 강을 보는 것 같구나."라고 말했다.

마치 백아의 생각을 베낀(寫) 듯하였다.

종자기가 죽자 백아는 거문고를 부수어 줄을 끊어 버리고 다시는 연주하지 않았다.

禽 그물을 덮어 씌워 짐승을 잡는 모양

새 금, 사로잡을 금.

남의 딸이나 첩을 헐뜯을 때 발이 솥뚜껑만하다고 한다. 발이 크면 도둑년이라는 말도 있다.

버선은 한국 여인들이 발을 작게 만드는 고문 기구였다. 여자아이가 예닐곱 살이 되면 틀버선을 신겨 억지로 발의 발육을 저지시켰다. 아이는 반년은 발이 아파 울고 반년은 비틀거리며 걸었다.

기방에서는 기생의 발을 98개 유형으로 나누었다. 예를 들면 섬족·예족·단족·착족·박족·유족 하는 식이다.

중국에서는 아예 제대로 걷지 못하도록 만든 전족이 유행하였다. 비연은 손바닥 위에서 춤을 추었고 양귀비 발도 세 치였다.

하이힐도 영국 궁녀들이 발 폭을 좁게 하고 다리 살을 긴축시키려 고안했다 한다.

여자의 발을 작게 만든 것은 발이 작은 여자가 남자의 시선을 사로잡는다는(禽) 담론 뒤에 사내들의 이기적인 다른 이유가 있었지 싶다.

獸 산 짐승(嘼, 휴)과 개(犬, 견)

짐승 수.

왕람의 어머니는 왕람의 형 왕상이 자신의 자식이 아니라는 이유로 짐승(獸)을 다루듯 심하게 대했다.

왕람이 여섯 살 때 형 왕상이 어머니에게 회초리로 매를 맞은 것을 보고 눈물을 흘리며 감싸주려 하였으나 어머니는 더욱 화를 내었다. 어머니가 때때로 무리하게 어긋난 일을 왕상에게 시키면 왕람은 그때마다 형과 함께 그 일을 해서 도와주었다.

어머니가 왕상의 아내를 학대하고 심하게 다루면 왕람의 아내 또한 달려가서 함께 도와주었다. 그래서 어머니는 의붓자식을 괴롭히는 것이 오히려 제 자식을 괴롭힌다는 사실을 염려하여 왕상 부부를 괴롭히는 것을 그만두었다.

왕상은 아버지가 죽은 후에도 아들로서의 도리를 다하여 계모를 모셨다. 계모는 이것을 몹시 싫어해서 왕상에게 독이 든 술을 먹여 죽이려 하였다. 왕람이 그것을 알고 갑자기 일어나 그 술을 빼앗았다. 왕상도 그 술에 독이 있음을 의심하여 동생이 마시지 못하게 서로 술잔을 다투었다. 계모는 황급하게 술잔을 빼앗아 술을 엎어버렸다.

畫 **筆을 컴퍼스에 올려놓고 도형을 그리는 모양**

그림 화, 그을 획, 나눌 획, 꾀할 획, 그칠 획, 지휘할 획, 글씨 획.

필筆은 붓.

컴퍼스로 원을 그리는 것을 주周라고 한다.

주周는 방형 방패 문양이다. 문양이 있는 방패에 축고의 구ㅁ를 더하여 벽사辟邪하는 의미를 나타낸다.

❀ **畵虎類狗**(화호유구)

광무제 때 교지의 반란을 진압하던 마원은 조카 마엄과 마돈에게 편지를 보내 협기를 자제하도록 훈계했다. 마원은 호협지사 두계량보다 근엄강직한 용백고의 인품을 본받으라 했다.

"용백고를 본받다 실패해도 근칙지사는 되지만 두계량을 흉내내다 실패하면 호랑이를 그리다 개를 그리는 과오(畵虎類狗)를 저지르게 된다."

나무(木, 목)에 잎(爪, 조)이 터럭(彡, 삼)처럼 빛나는 모양

빛날 채, 무늬 채, 채색 채.

후한後漢, 범식은 젊어서 대학에 들어가 장소와 벗이 되었다.

두 사람은 함께 휴가를 얻어 고향으로 돌아가게 되었는데 헤어질 때 범식이 장소에게 말했다.

"지금부터 두 해가 지나서 다시 학교로 돌아올 때 자네 집에 들러서 자네 부모님께 인사를 드리고 자네의 아들도 만나보고 싶네."

두 사람은 기일을 정하고 헤어졌다. 약속한 날짜가 다가오자 장소는 어머니께 그 약속을 알리고 음식을 준비해서 범식이 오는 것을 기다렸다. 어머니가 말했다.

"두 해는 긴 시간이고 천 리나 멀리 떨어진 사람과의 약속이다. 그 사이 여러 가지 사정이 일어날 수 있는데 너는 어떻게 그 약속이 정확히 지켜질 것이라고 믿느냐?" 장소가 말했다.

"범식은 믿을 만한 사람입니다."

약속한 날이 되자 과연 범식이 찾아왔다. 범식은 마루에 올라 장소의 어머니를 뵙고 술잔을 받았다. 그리고 장소의 아들을 만나 가지고 온 책을 나누어주었다. 두 사람은 밤새도록 즐겁게 담소하고 헤어졌다.

우정이 빛나는(彩) 하루였다.

仙 **산(山, 산)에 사는 사람(亻, 인)**

신선 선, 신선 같을 선, 가볍게 날 선.

손신은 돗자리를 짜는 일을 가업으로 했다. 그러나 학문을 좋아해서 『시경』과 『서경』에 능통했다.

수도의 행정관行政官인 공조 벼슬에 있었지만 뇌물을 축재하지 않았다. 겨울이 되어도 이불이 없어서 짚단을 한 묶음 덮고 잤다. 날이 저물면 짚을 깔고 아침에 해가 뜨면 짚을 거두었다.

신선(仙)처럼 살았다.

기우제를 지내는 무당 모양

신령 령, 혼백 령, 좋을 령, 신통할 령 괼 령.

우雨 밑에 구口를 세 개 늘어놓은 모양이다. 구口는 축문을 담는 그릇이므로, 여러 구口를 늘어놓고 비를 청하는 모양이다.

비를 청하는 의례는 무巫에 의하여 행해졌다. 그래서 령靈은 기우제 풍속을 나타낸다.

056 丙舍傍啓, 甲帳對楹
병 사 방 계 갑 장 대 영

병사는 곁에 열려있고
갑장을 드리우고 기둥은 마주 서 있다.

丙舍 : 궁중의 신하들이 쉬는 곳이

傍啓 : 곁에 열려 있고

甲帳 : 신을 모신 곳에 치는 휘장이(동방삭이 갑장을 지어 바쳤다.)

對楹 : 기둥을 마주하고 있다.

'丙舍宮中之室 以甲乙丙丁爲次也' – 병사는 궁중에 있는 방인데 궁중의 방은 갑을병정의 차이가 있었다.
『한무고사』 '以琉璃珠玉明月夜光雜錯珍寶爲甲帳 其次爲乙帳 甲以居神乙上自御之' – 유리 주옥, 명월주, 야광주 같은 보배를 섞어 갑장을 만들었고 그 다음에 을장을 만들었다. 갑장에는 신령이 살고 을장은 임금이 스스로 침실에 쳤다.

丙 등불 모양

남녘 병, 밝을 병, 천간 병, 물고기의 꼬리 병.

서시는 가슴이 아픈 병이 있어 눈썹에 주름을 모으고 얼굴을 찡그리고 다녔다. 밝은(丙) 표정을 짓는 일이 드물었다. 아마 폐결핵肺結核을 앓았던 듯하다.

같은 동네에 사는 못생긴 여자가 그것을 보고 자기도 얼굴을 찡그리고 다녔다.

서시는 월 사람으로 세상에서 서자라 불렀다. 세상에 다시없을 정도의 미인이어서 월왕 구천이 오왕 부차에게 바쳤다. 부차는 서시와 사랑에 빠져 결국 정사에 게을러 나라가 망하기에 이르렀다. 부차가 죽자 서시는 범려를 따라 산으로 들어가 신선이 되었다 한다.

이런 절세미인을 '경국지색傾國之色'이라 한다.

舍 집 모양

집 사, 머무를 사, 놓을 사, 쉴 사, 베풀 사, 폐할 사, 둘 사, 삼십 리 사, 용서할 사.

❀ 避三舍(피삼사) 하리다

진晉 헌공이 태자 신생을 죽였다. 둘째 아들 중이는 도망하여 북방의 적狄으로 가 19년을 있었다. 그는 드디어 부왕이 죽었다는 소식을 듣고 진秦 목공의 도움을 받아 귀국길에 올랐다. 그런데 도중에 초楚 군대와 부딪치게 되었다. 중이가 초왕에게 제의했다.

"후일 대왕과 전장에서 마주친다면 3사舍를 후퇴하리다."(昔在楚 約避三舍 可倍乎).

1사舍는 30리里, 3사면 150리가 된다. 당시 군대의 하루 행군 거리가 1사였다. 그래서 1사마다 주막이 있었다. 중이가 초 왕에게 삼사를 물러가겠다고 한 것은 대단한 겸양의 뜻이었다.

傍 사람(亻, 인) 곁(旁, 방)

곁 방, 의지할 방, 가까이할 방, 좌우에 시종할 방.

방旁은 머리털을 거꾸로 한 아이의 모양.

啓 집(戶, 호)을 두드리며(攵, 복) 여보세요 하니(口, 구)

열 계, 가르칠 계, 열어볼 계, 여쭐 계, 떠날 계, 끊을 계.

한漢, 주매신은 독서를 좋아하였다. 그는 장작을 패서 생활을 이어나갔는데 묶은 장작을 지고 다니면서도 책을 읽었다. 그의 아내도 남편을 따라 장작을 머리에 이고 따라다녔다. 그러나 주매신의 그런 모습을 부끄럽게 여겨 남편과 헤어지자고 했다. 이에 주매신이 말했다.

"나는 쉰 살이 되면 관운이 열려(啓) 고귀하게 될 몸이요. 지금 이미 마흔 살을 넘겼소. 당신도 오랜 세월 나와 살면서 가난으로 괴로웠겠지만 내가 부귀해지면 크게 보답하겠소. 그때까지만 기다려 줄 수 없겠소?"

아내가 말했다.

"당신은 내가 볼 때 아무런 희망이 없는 사람입니다. 아마 마지막에는 굶어서 도랑에 빠져 죽는 일밖에 없을 것입니다. 그런 사람이 어떻게 뒤늦게 고귀한 신분이 될 수 있단 말입니까?"

그래서 주매신은 아내와 헤어졌다.

몇 년 후 주매신은 고향 사람 엄조의 추천으로 무제에게 불려갔다. 그는 『춘추』와 『초사』에 대하여 설명했다. 무제는 그를 중대부에 임명했다. 그리고 엄조와 함께 천자의 비서관인 시중이 되어 무제를 섬겼다.

오래 지나지 않아 그는 고향 회계군의 태수가 되었다. 무제가 주매신에게 말했다.

"자네는 이제 고향에 비단옷을 입고 돌아가게 되었다. 기분이 어떤가?"

주매신은 머리를 땅에 대고 은혜에 감사했다.

그가 오나라 지방으로 들어섰을 때 예전의 아내가 새 남편과 함께 태수가 다니는 길을 고치고 있는 것을 보았다. 그는 그 부부를 불러 마차에 태우고 태수의 저택으로 가 정원 안의 아름다운 방에 들여 옷과 음식을 주었다. 그러나 아내는 스스로 부끄러움을 이기지 못하여 목을 매어 자살했다.

甲 거북 등 무늬 모양

갑옷 갑, 첫째 천간 갑, 비롯할 갑, 떡잎 날 갑, 법령 갑, 과거 갑, 으뜸 갑, 대궐 갑, 아무 갑.

가죽으로 만든 무기를 뜻한다.

주冑는 투구를 쓴 모양. 은대 유품에는 청동으로 만든 투구도 발견된다.

帳 천(巾, 건)을 길게(長, 장) 하니

휘장 장, 장막 장, 치부책 장.

한漢 현종 때 주택은 사도의 벼슬에 올랐으나 천성이 형식이나 절차를 개의치 않는 성격이어서 재상으로서의 명망을 많이 잃었다. 다시 종묘의 의례를 담당하는 태상이 되자 이번에는 옛 실수를 다시 범하지 않으려 항상 몸을 깨끗이 하고 삼가 종묘에 대한 경의를 다하였다.

어느 날 그가 병에 걸려 종묘에 부속된 건물 방에 누워있었다. 아내는 주택이 병에 걸린 것이 걱정되어 찾아와 병문안을 하다 가끔 휘장(帳)을 열어 종묘를 엿보았다. 주택은 아내가 재계의 금기를 벌했다 하여 체포해서 천자의 직속 감옥인 조옥에 집어넣고 현종에게 용서를 빌었다. 사람들이 말했다.

"세상에 태어나 운이 없어 주택의 아내가 되었네. 1년 365일 가운데 359일을 재계하는구나."

對 무성한 화초(丵, 복)를 손(寸, 촌)으로 마주잡은 모양

마주볼 대, 대답할 대, 당할 대, 마주 대, 짝 대.

화랑 황창은 눈 먼 노모를 남겨 두고 전쟁터에서 죽었다. 황창의 친구들은 노모를 위해 매일 노모 앞에서 검투를 벌여 칼 소리를 내 황창이 살아 있는 것처럼 속였다. 그리고 노모가 죽을 때까지 시중을 들어주어 노모는 아들이 죽은 것도 모르고 여생을 보냈다.

이항복과 정경세는 자식 3대까지 서로 우정을 나누었다.

박수량과 박공달은 냇물이 불어 서로 오가지 못하면 대안에서 마주보고(對) 앉아 대작하였다.

디오니시오스 왕이 피시아스에게 사형을 선고했을 때 피시아스는 가족과 보낼 약간의 시간을 요구했다. 친구 데이몬이 인질을 자처했다. 피시아스가 약속한 날에 돌아오지 않자 데이몬은 친구 대신 단두대斷頭臺에 올랐다. 목을 자르기 직전에 피사아스가 도착하자 디오니시오스는 피시아스를 용서했다.

제나라 관중과 포숙아는 같이 장사하면서 관중이 이익을 더 챙겼으나 나무라지 않았다. 관중이 자기보다 더 가난했기 때문이다.

나에게는 그런 친구로 김명섭 시인이 있다.

楹 **속이 꽉 찬**(盈, 영) **나무**(木, 목)

기둥 영, 하관 틀 영.

제齊 민왕이 살해당하자 그의 아들 법장은 성과 이름을 바꾸고 거 땅의 천문과 달력 그리고 기록을 담당하는 태사의 하인이 되었다.

태사의 딸은 기둥(楹) 뒤에 숨어 그의 수려한 용모를 훔쳐보았다. 이윽고 그를 사랑하게 되어 남모르게 옷과 먹을 것을 도와주었다. 그 후 법장이 왕에 올랐으니 바로 양왕이다. 그는 태사의 딸을 왕후로 삼았다.

양왕이 죽자 아들 건이 왕위에 올랐다. 어머니 황태후는 진秦을 조심스럽게 섬기는 동시에 제후들과도 믿음을 가지고 사귀었다. 건은 그 덕에 즉위한 후 사십 년 동안 다른 나라의 침입을 받지 않았다.

한 번은 진 소왕이 사신에게 옥으로 연결되어 있는 목걸이를 보내 황태후에게 그 고리를 풀 수 있는지를 물었다. 섭정을 하고 있던 황태후는 먼저 신하들에게 물어보았으나 아무도 푸는 방법을 알지 못했다. 그러자 황태후는 망치를 가져오게 하여 그것을 단번에 두드려 부수었다. 그리고 진 사신에게 말했다.

"삼가 보내주신 문제를 풀었습니다."

057 肆筵設席, 鼓瑟吹笙
사 연 설 석 고 슬 취 생

대자리를 펴서 자리를 만들고
거문고를 타고 생황을 분다.

肆筵 : 대자리를 펴

設席 : 좌석을 만들고

鼓瑟 : 큰 거문고를 타고

吹笙 : 생황을 분다.

『시경』 '我有嘉賓 鼓瑟吹笙' – 나는 반가운 손님이 오면 거문고를 타고 생황을 분다.

肆 **붓(聿, 율)을 길게(長, 장) 늘어놓은**

늘어놓을 사, 베풀 사, 늦추어줄 사, 저자 사, 말 끌고 칠 사, 외양간 사, 벌릴 사, 길 사, 궁구할 사, 방자할 사.

왕희지의 아들 왕응지의 아내 사 씨는 총명하고 박식하여 재치 있는 말솜씨를 가지고 있었다. 숙부 사안이 하루는 물었다.

"『시경』 속에서 어느 구절이 가장 좋으냐?"

사 씨는 『시경』「대아 승민」의 마지막 구절을 읊었다.

"길보가 이 시를 노래하니 화목한 뜻, 맑은 바람 같도다. 중산보가 회포를 길게 읊조려서 그 마음 위로하노라."

사안은 사 씨가 이 시를 지은 사람의 깊고 고상한 풍취를 이해하고 있다고 생각했다.

하루는 집안사람들이 다 모여 있는 자리에서 갑자기 눈이 내렸다. 사안이 물었다.

"무엇과 닮았는가?"

형의 아들 사랑은 말했다.

"소금을 공중에 뿌린 것과 같군요."

사 씨가 말했다.

"버들의 솜털이 바람결에 따라 춤추는 것 같습니다."

왕응지의 동생 왕헌지는 하루 손님과 논쟁을 하다 논리에서 결국 지고 말았다. 이 말을 들은 사 씨는 하녀를 보내 왕헌지에게 말했다.

"도련님을 위하여 곤경을 풀어 드리겠습니다."

사 씨는 푸른 비단 장막을 치고 그 뒤에 모습을 감추고 왕헌지가 조금 전에 하던 논쟁을 이어서 진행했다. 손님은 여러 가지 논리를 늘어놓았으나(肆) 결국 사 씨에게 굴복하고 말았다.

筵 **대나무**(竹, 죽)**를 이어 놓은**(延, 연)

대자리 연, 왕이 강하는 자리 연.

마 황후는 후한後漢의 창업 공신인 복파장군 마원의 막내딸이다. 나이 열 살에 집안일을 어른처럼 잘 처리했다.

한 번은 오랫동안 병을 앓았다. 할머니가 대자리(筵)를 펴고 점치는 사람을 불러 젓대로 점을 쳐 보았다. 점치는 사람이 놀라면서 말했다.

"이 여인은 오래 아프겠습니다. 그러나 뒤에 대단히 귀한 신분이 되겠습니다. 그 조짐은 제가 감히 말로 표현하기 어렵습니다."

할머니를 다시 관상 보는 사람을 불러 딸을 보게 하였다. 관상쟁이가 그녀를 보더니 일어나 절을 했다.

"이 따님 앞에서는 저를 소신이라 부를 수밖에 없습니다."

그 후 그녀는 간택되어 태자궁에 들어갔다. 태자가 현종으로 즉위하자 귀인으로 발탁되었다.

당시 가 씨가 숙종을 낳았다. 현종은 마 씨에게 숙종을 기르게 하였다.

"여자는 자신이 낳은 자식이 아니더라도 아이를 사랑함이 지극해야 한다."

마 씨는 성심을 다해 애지중지 길렀다. 숙종도 마 씨를 친어머니처럼 따랐다.

가 씨가 죽자 담당관리가 그녀를 황후로 세우자고 건의했다. 현종은 특별히 다른 말을 하지 않았다. 황태후가 못을 박았다.

"마귀인은 덕으로 후궁 중 첫째이니 그녀야말로 적임자다."

이리하여 마 씨는 황후에 올랐다. 마귀인은 정부인의 자리에 오른 뒤에는 더욱 겸허한 자세로 몸을 다스렸다.

設 **말**(言, 언)**로서 두드리니**(殳, 수)

베풀 설, 만들 설, 둘 설, 갖출 설, 가령 설.

❀ 郢書燕設(영서연설)

영郢 땅 백성이 서기에게 구술하여 연燕 재상에게 편지를 쓰게 했다. 영은 초楚의 수도이다. 구술하던 중 날이 어두워져 서기에게 등불을 켜라(擧燭)고 했는데 서기는 그 말도 편지에 써 넣었다.

재상이 편지를 받아 읽어 보니 다른 것은 다 이해하겠는데 앞뒤 문맥에 맞지 않는 거촉이라는 말을 알 수가 없었다. 고민 고민하다 결국 이 글자를 현인을 등용(尙明)하라는 뜻으로 해석하였다. 그래서 그 권고에 따라 많은 현인 재사를 등용하도록 왕에게 건의했다.

席 사당 안에 있는 의자 모양

자리 석, 깔 석, 걷을 석, 자뢰할 석, 인할 석, 베풀 석.

한漢 원제 때, 소의 풍 씨는 좌 장군 풍봉세의 딸로 평제의 할머니이다. 처음 첩여로 발탁되어 소의 부 씨와 함께 원제의 총애를 받았다. 어느 날 원제가 호랑이 우리로 가 맹수들이 싸우는 구경을 보는데 후궁들도 자리(席)를 같이 했다.

갑자기 곰 한 마리가 우리에서 탈출하여 난간을 기어올라 원제를 향하여 다가왔다. 곁에 있던 귀인과 소의 부 씨는 놀라서 도망했다. 그러나 첩여 풍 씨는 용감하게 곰 앞을 가로 막았다. 호위병들이 달려 나와 곧 곰을 죽이자 원제가 물었다.

"큰 짐승을 보면 놀라고 두려운 것이 사람의 심정인데 그대는 어째서 뛰어나와 곰을 가로막았는가?"

풍 씨가 말했다.

"맹수는 희생이 될 사람을 붙잡으면 잠시 멈춥니다. 저는 곰이 천자에게까지 이를까 걱정이 되어 몸으로 막은 것입니다."

이러니 사랑을 받지 않을 수가 없었을 것이다.

鼓 북 모양을 치다(攴, 복)

북 고, 부추길 고.

전쟁은 옛날에는 신들 사이에 일어난 싸움이었다. 신들이 엮는 사랑과 증오가 씨족이나 영웅들 운명을 지배한다고 믿은 고대인들 생각은 영웅시대 그리스 서사시에서도 눈에 띈다. 당시 신은 그대로 씨족 신이자 씨족 자체였다.

사람들은 신 이름을 내걸고 전쟁을 하였다. 씨족 운명을 결정하는 것은 신들이며, 신들이 가진 영묘한 위엄이 승패를 가름한다고 믿었다. 그럴 때 북소리는 신비한 힘을 가지고 있었다. 그것은 잠자는 신의 힘을 불러일으키며 사람들에게 불러일으킨

신의 힘을 골고루 나누어주었다. 전쟁 때 북소리는 신의 위엄을 떨쳐 병사의 사기를 고양시키기 때문에 승패와 밀접한 관련이 있었다.

그런데 북소리는 음기를 싫어한다고도 한다. 낙랑의 자명고自鳴鼓를 찢은 이는 여자인 낙랑 공주였잖아. 진짜로 그럴까?

이릉이 한 무제의 명을 받고 흉노 지역에 깊숙이 들어가 한 밤중에 북을 쳐서 병사들을 집합시키려 했다. 그런데 웬일인지 평소보다 북소리가 시원하게 나지 않았다. 이릉은 병사 중에 남몰래 여자를 감추어 둔 사람이 있을 것이라고 화를 냈다. 결국 그 음기의 근원을 찾아내 병사와 그의 처 목을 베었다. 이것은 아마 이릉이 처음부터 그러한 사정을 알고서 병사들의 사기를 고무시키려고 쓴 책략이었을 것이다.

못된 녀석!

사실은 옛날에 전쟁터의 진두에 서서 북을 울리는 것은 여자 몫이었다.

북을 치는 여자 주술사를 미媚라고 하였다. 군대의 승패는 그 씨족이 받드는 신들이 가진 영묘한 위력과 그 위력을 행사하는 주술사들의 주술력에 의하여 결정되었다. 적의 주술력이 남아 있는 한 전투력도 남아 있을 것이 아닌가? 그래서 승리를 확보하기 위해서는 우선 이 주술사를 처치하여 그 주술력을 봉쇄하지 않으면 안 되었다. 그것이 멸蔑이다. 멸蔑은 눈썹을 장식한 미녀를 창으로 찔러 죽이는 모양이다.

瑟

왕(王, 왕)**에게 꼭 필요한**(必, 필)

거문고 슬, 비파 슬, 깨끗한 체 할 슬, 바람소리 슬.

❀ **琴瑟之樂**(금슬지락)

금슬상화琴瑟相和라고도 한다. 금은 거문고, 슬은 비파로 이 크고 작은 두 악기로 음률을 맞추면 잘 조화되듯이 부부의 관계도 이렇게 화합한다는 말이다. 『시경』「당체편」 '妻子好合 如鼓琴瑟'(부부의 화합은 마치 거문고와 비파를 합주하는 것과 같다.)에 나오고, 백거이의 시에도 나온다. '楓莖萩花 秋琴瑟'(단풍나무 줄기와 쑥 꽃에 가을 비파가 분다.) 여기에서는 쓸쓸한 가을 바람소리를 읊어서 위의 의미와는 다르다.

吹 입(口, 구)으로 하품(欠, 흠)하듯

불 취, 숨 쉴 취, 악기 불 취, 부를 취, 충동할 취.

요堯 임금은 문득 천하가 잘 다스려 지고 있는 지 백성들은 평화롭게 잘 살고 있는 지 염려가 되었다. 하루는 미복으로 민정 시찰을 나갔다. 네거리에서 아이들이 모여 노래를 불렀다.

"만 백성 위에 서 계시는 인덕의 최고봉이시여, 백성들은 부지불식간에 임금의 가르침에 따릅니다."

다시 걷다 보니 어느덧 시내를 벗어나 변두리에 닿았다. 거기에 한 노인이 격양놀이를 하며 배를 두드리며 노래를 불렀다.

日出而作	해 뜨자 밭에 나가 일하고
日入而息	해 지면 집에 와 쉰다.
鑿井而飮	우물파 물 마시고
農耕而食	밭을 갈아 밥 먹는다.
帝力何有於我乎	천자의 힘이 어찌 나에게 미치리오.

이 노래를 듣고 비로소 요는 안도의 숨을 내쉬었다(吹).

笙 대나무(竹, 죽)로 만든(生, 생) 악기

생황 생, 대자리 생.

석숭은 무기 제작을 통솔하는 위위에 임명되었다. 기생 중에 녹주라는 여자가 있었는데 아름답고 농염하며 생황(笙)을 잘 불었다. 두 사람은 서로 사랑했다.

하루는 궁중 문서를 담당하는 장관 중서령 손수가 가리틀어 사람을 보내 그녀를 불렀다. 그때 석숭은 금곡 별장 누각에 올라 푸른 물결을 즐기며 부인들과 같이 있었다. 녹주도 그 사이에 앉아 있었다. 전령이 손수의 뜻을 전하자 석숭은 먼저 하녀와 첩 들을 나오게 해서 보였다. 여자들은 모두 좋은 옷을 입고 향기를 은은히 띄우고 있었다. 전령이 말했다.

"중서령께서는 녹주를 찾아오라 하였는데 누가 녹주인지를 모르겠습니다."

석숭은 가스러져 말했다.

"녹주는 내가 가장 어여삐 여기는 아이이다. 데려갈 수 없다."

손수는 이 일을 두고 노하여 조왕 윤에게 석숭을 죽이라고 권했다.

조왕 윤은 천자의 명령을 위조하여 무사를 보내 석숭을 잡아오라 했다. 석숭은 누각에서 연회를 열고 있다 갑옷을 입은 무사들이 문을 차고 들이닥치자 녹주를 보며 말했다.

"나는 너를 위하다가 이제 죄를 얻었구나."

녹주는 울면서 말했다.

"당신이 베풀어 주신 사랑에 보답하여 저의 죽음을 바칩니다. 다음 생에서 당신을 기다리겠습니다."

"그래 내 기어이 너를 다시 찾으리라."

녹주는 이 말을 듣자 스스로 누각 아래로 몸을 던졌다.

058 陞階納陛, 弁轉疑星
승 계 납 폐 변 전 의 성

문무백관이 대궐 섬돌을 밟고 들어가니
고깔에 구슬이 구르는 것이 마치 별인가 의심스럽구나.

陞階 : 벼슬의 품계가 올라

納陛 : 섬돌을 오르니

弁轉 : 고깔이 구르는 것이

疑星 : 별인가 의심스럽다.

陞 **언덕**(阝, 부)**의 흙**(土, 토)**을 밟고 오르니**(升, 승)

오를 승, 울릴 승.

탁문군은 촉군 임공현의 부자 탁왕손의 딸이다. 음악을 좋아하였으나 일찍 남편을 잃었다. 하루는 사마상여가 손님과 함께 탁왕손을 찾아왔다. 술자리가 무르익자 사마상여는 거문고를 뜯었다. 그 거문고 소리가 그녀의 마음 깊은 곳을 울렸다(陞).

전한前漢의 문호인 사마상여는 우아한 미남자였다. 탁문군은 마음속으로 그를 좋아하게 되었다. 그녀는 한밤중에 사마상여를 만나 자신의 마음을 털어놓았다. 사마상여는 그녀를 데리고 성도로 갔다. 사마상여의 고향집은 둘레에 벽이 둘러쳐 있을 뿐 세간은 아무 것도 없었다. 탁문군이 사마상여에게 말했다.

"이곳에서는 함께 생활할 여지가 없군요. 저와 함께 임공으로 갑시다. 형제에게 돈을 빌려 살 방도를 마련해 보겠습니다."

두 사람은 다시 임공으로 가 가까스로 주막을 열었다. 사마상여는 탁문군에게 주막 운영을 맡기고 자신은 앞치마를 두르고 하인과 함께 술을 나르고 그릇을 씻었다.

탁왕손은 이 소식을 듣고 거슬거슬 하여 문을 안으로 걸어 잠그고 밖으로 나오지 않았다. 탁왕손의 형제나 숙부들은 번갈아 왕손에게 말했다.

"탁문군은 상여와의 사이에 이미 아들 하나와 딸 둘이 있고 적지만 재산을 모으면서 서로 의지하여 살고 있습니다. 상여는 예전부터 문장으로 이름을 날렸습니다. 비록 지금은 가난하다 해도 예사로운 사람이 아닙니다."

드디어 탁왕손은 탁문군을 불러 하인 100명과 돈 백만 냥을 주었다. 두 사람은 다시 성도로 돌아와 밭과 집을 샀다.

階 **모두**(皆, 개) **언덕**(阝, 부) **같아**

섬돌 계, 벼슬 차례 계, 층 계, 태성 계.

전한前漢 광형은 일찍부터 공부에 뜻을 두었으나 가난해 노동을 해서 생활을 이어나갈 수밖에 없었다. 광형은 돈이 없어 밤에 등을 켤 수 없었다. 이웃집에는 늦게까지 불이 켜져 있었지만 그 불빛이 광형의 집안까지 들어오지는 못했다. 광형은 그 불빛이 닿는 자신의 집 섬돌(階) 앞에 앉아 밤이 늦도록 책을 읽었다.

마을 부자인 문부식은 서책을 많이 소장하고 있었다. 광형은 그의 집에 가 일을 해주는 대가로 책을 빌려 줄 수 있겠느냐고 사정했다. 문부식은 그 말에 감동하여 읽고 싶은 책을 마음껏 가져다 볼 수 있게 해주었다. 마침내 광형은 대학자가 될 수 있었다.

당시 학자들은 광형의 학문을 평하여 말했다.

"광형이 『시경』을 강의하면 뜻이 지극히 교묘하고 산뜻해서 듣는 사람이 감동하여 넋을 잃어버린다."

광형은 사책이라는 관리 임용 시험에서 장원으로 합격했고 원제 때에는 승상 자리에까지 올랐다.

納 실(糸, 사)을 안(內, 내)으로

들일 납, 드릴 납, 받을 납, 바칠 납, 너그러울 납.

제齊 환공·진晉 문공·초楚 장왕 이후에 오吳·월越이 장강 하류에서 일어났다.

오왕 합려는 오자서와 손무를 기용하여 초를 정벌하였다. 초는 타격을 받아 세력이 크게 약화되었다. 초는 월과 연합하여 오를 제압하려 하였으므로 월이 발전하도록 뒤에서 도와주었다. 오왕 합려가 죽고 아들 부차가 즉위하여 부초에서 월을 대파하고 월왕 구천을 회계에서 포위하였다. 자만하여 오만해진 부차에게 구천은 오의 속국이 되기를 청하여 나라를 바쳤다(納).

오는 다시 북상하여 제와 격전을 벌여 태안에서 제의 장군을 죽였다. 그 사이에 구천은 매일 쓸개를 맛보며 범려와 문중의 보좌를 받아 힘을 길러 텅 비어있던 오의 수도로 쳐들어가 9년 만에 비로소(哉) 오를 멸망시켰다.

오 부차와 월 구천을 위의 제 환공·진 문공·초 장왕과 합쳐 춘추오패春秋五覇라 한다.

陛 마치(比, 비) 언덕(阝, 부)과 흙더미(土, 토) 같은

대궐 섬돌 폐, 층계 폐.

손경은 언제나 방문을 닫고 글을 읽었다. 졸음이 몰려오면 새끼줄로 상투를 매어 대들보 위에 걸어 두었다. 그가 시장에 나가면 상인들은 방문을 걸어 놓고 공부하는 선생이란 뜻으로 '폐호선생'이 온다고 하였다.

그러나 그는 관리로 임명하겠다는 부름에는 일체 응하지 않아 대궐의 섬돌(陛)

을 밟은 일은 없었다.

弁 내(厶, 사)가 두 손으로(廾, 공) 쓰는

고깔 변, 떨 변, 손바닥 칠 변, 즐거울 반.

손강은 몹시 가난하여 등 기름을 살 돈이 없었다. 겨울밤에는 떨면서(弁) 흰 눈에 글씨를 비추어서 공부하였다. 그는 젊었을 때부터 청렴결백하고 스스로에게 엄격했다. 다른 사람과 교제할 때에도 함부로 마음을 트지 않았으며 선한 사람을 잘 골라서 사귀었다.

뒤에 벼슬이 감사원장에 해당하는 어사대부에 이르렀다.

轉 차(車, 차)는 오로지(專, 전)

구를 전, 돌아누울 전, 넘어질 전, 돌 전, 옮길 전, 굴릴 전.

❀ **輾轉反側**(전전반측)

『시경』「주남관수」 제3구에 나온다.

'求之不得 寤寐思服 悠哉悠哉 輾轉反側' – 오매도 잊지 못할 배필을 구하나 얻지 못하여 이리 굴렀다 저리 굴렀다 하며 잠을 이루지 못한다.

疑 비수(匕, 비)와 화살(矢, 시)을 발에 차고 있니(疋, 소)

의심할 의, 머뭇거릴 의, 두려워할 의, 그럴듯할 의, 혐의 있을 의, 정할 응, 바로 설 을.

한漢 무제 때 이릉은 소무와 함께 시중 벼슬에 있었는데 소무가 흉노로 사신으로 가 억류되었던 이듬해 흉노와 싸우다 포위되어 부하들을 구하기 위해 항복하였다.

소무는 억류 중에 흉노의 강압적強壓的인 투항 권고를 머뭇거리지(疑) 않고 거절하여 온갖 괴로움을 당했지만 잘 버티었다. 무제의 뒤를 이은 소제가 흉노와 화약을 맺고 나서야 겨우 귀국할 수 있었다. 19년 만의 귀향이었다. 소무가 귀국할 때 이릉은 이별하는 시를 지어 보냈다.

손을 붙잡고 다리 부근까지 왔네.
떠나는 그대는 저녁 늦게 어디로 가려고 하는가?
나는 작은 길옆을 서성이며 헤매다
한스럽고 또 한스러워 헤어지지 못했네.
송골매는 북쪽 숲에서 울면서 남쪽을 그리워하네.
그대는 반딧불처럼 그리운 남쪽으로 돌아가는구나.
뜬 구름은 하루에 천 리를 간다하니
저 뜬 구름에 맡긴 내 마음을 아는 자 있으리오.

이에 소무도 답시를 지었다.

두 마리 물오리가 북쪽으로 날아 왔다가
한 마리 물오리가 홀로 남쪽으로 돌아가네.
그대는 의연하게 여기 남아 있게.
나는 고향으로 돌아가게 되었네.
한 번 이별하면 중국 땅과 이역 땅이 만 리 떨어지게 되니
다시 만나기를 기대하기는 어렵도다.
슬픔은 마음 속 깊이 사무치고
저도 모르게 주룩 눈물이 흘러내린다.

그대여. 애써 기운을 내소서.

함께 웃었던 날들을 결코 잊지 말자고 말해 주구려.

이들로부터 오언시五言詩가 시작되었다.

星 해(日, 일)가 생기는(生, 생) 모양

별 성, 희뜩희뜩할 성, 세월 성, 천문 성.

성星은 불길한 징조와 관계가 있다. 그래서 성제星祭를 지내는 일이 가끔 있었다.

하늘에 이따금 나타나는 혜성은 영원불멸하고 질서정연秩序整然한 우주에 도전하는 듯하다. 사람들은 잠깐 아무 이유도 없이 나타나는 것은 아닐 것이라 생각했다. 그래서 혜성에게 불길한 일을 예고하는 전령사의 역할이 부여되었다. 혜성은 재앙의 전조이자 신성한 존재의 분노를 예시하였다.

바빌로니아인들은 천상의 수염으로, 그리스인들은 휘날리는 머리카락으로, 아랍인들은 불타오르는 칼의 모습을 혜성에서 떠올렸다. 프톨레마이오스는 혜성이 전쟁 가뭄 불안한 분위기를 가져오는 장본인張本人으로 생각했다.

마그데부르크의 주교 안드레아스 펠리키오스는 이렇게 표현했다.

"인간의 죄로 말미암은 자욱한 연기가 매일 매시간 매순간 피어올라 주님의 대전을 지독한 악취로 가득 채웠다. 그 자욱함의 정도가 점차 심해지다 도를 넘으면 땋아 내린 곱슬머리 모양으로 꼬리를 길게 늘여 혜성이 된다. 주님은 참다못해 크게 진노하여 그 진노의 열기로 혜성은 불살라지고 만다."

혜성에 대한 불길한 상상은 동서양이 비슷하다.

059 右通廣内, 左達承明
우 통 광 내 좌 달 승 명

오른쪽으로는 도서관이요
왼쪽으로는 승명려에 이른다.

右通 : 오른 쪽에 통하고

壙内 : 국립도서관 또는 나라 비서가 있는 집은

左達 : 왼쪽에 이른다.

承明 : 사기를 교열하는 집은(승명려의 약칭)

『한서』 '承明廬在石渠閣外 宿直所止曰廬' – 승명려는 석거각 밖에 있는데 숙직하고 머무는 곳을 려라고 한다.

右 **축고를 들고 있는 모양**

오른쪽 우, 높일 우, 강할 우, 도울 우, 위 우, 곁 우.

우又는 손의 모양인데 이것을 왼쪽으로 향하고 오른 쪽으로 향하는 것에 의하여 좌左와 우右를 나타냈다.

구口는 신을 섬기는 축문이 담긴 그릇.

通 **길(甬, 용)을 가면(辶, 착)**

통할 통, 뚫릴 통, 사무칠 통, 형통할 통, 사귈 통, 다닐 통, 지날 통, 널리 통, 간음할 통, 통 통.

전한前漢 전횡은 제나라 왕전의 후손이었다. 그는 진秦 말기에 일어나 제나라 왕이 되었다. 그러나 한이 천하를 통일할 때 한 장군 관영이 전횡의 군사를 물리치고 제 땅을 평정했다.

전횡은 두려워 그를 따르는 사람들과 함께 바다 가운데에 있는 섬으로 도망갔다. 유방은 이 말을 듣고 사자를 보내어 항복하면 신하로 받아 주겠다고 하였다. 전횡은 데리고 있던 식객 두 사람과 함께 역마를 타고 낙양으로 가 한의 사자를 만났다.

"나는 처음에 한 왕과 함께 천하를 다투었다. 그러나 지금 한 왕은 통일의 위업을 달성하여 천자가 되었고 나는 나라가 망하여 바다 한가운데의 작은 섬으로 피난하고 말았다. 이것만으로도 사무치는(通) 치욕이 아니겠는가? 왜 나에게 더 큰 치욕을 주려 하는가? 나는 스스로 죽겠으니 그동안 나를 따르던 섬에 남은 사람들은 건들지 말아 주시오."

그리고는 두 식객에게 자신의 목을 유방에게 가져가도록 당부하고 스스로 목을 쳐서 죽었다.

유방은 그 말을 듣고 감동하여 눈물을 흘리며 전횡의 장례를 왕의 장례와 같이 치러주었다. 유방은 두 식객을 도위 벼슬에 임명했다. 그러나 두 식객은 전횡의 장례가 끝나자 모두 스스로 목을 베어 죽었다. 그 후 바다의 섬에 남아있던 사람들 오백명도 전횡이 죽었다는 말을 듣고 모두 자결했다.

廣 **집(广, 엄) 안에 늙은이(黃, 황) 뿐**

빌 광, 넓을 광, 넓이 광, 클 광.

가린 곳에서 무녀를 태워 죽이는 모양.

속옷 안에 엉덩이가 비치어 보이는 모양

안 내, 속 내, 방 내, 우리나라 내, 마음 내, 대궐 안 내, 중할 내, 처 내, 비밀 내, 불러들 내, 가운데 내, 받을 납, 들일 납, 여관 나.

농담이야. 이렇게라도 한 번 웃고 넘어가자고.

자유가 노魯 무성 고을을 다스리고 있었다. 공자와 제자들이 이 고을 거리를 지나다 여기저기서 거문고 타고 시를 읊는 소리를 들었다. 공자가 자유를 만나자 물었다.

“닭을 요리하는 데 소를 잡는 칼이 필요하겠는가(牛刀割鷄)? 이런 조그만 고을에서 거문고와 시를 가르칠 필요가 있겠는가?”

자유는 놀라서 정색하여 설명하였다.

공자가 웃으며 말했다.

“농담 한 번 한 것일세.”

주술 도구를 들고 있는 모양

왼 좌, 그를 좌, 심술궂을 좌, 어긋날 좌, 증거할 좌, 물리칠 좌, 도울 좌.

옛날에는 오른손으로 글을 쓰고 왼손으로 일했다.

공工은 공작 기구인 톱 모양이다. 일종의 주술 도구이다.

❀ 左袒(좌단)

한 고조가 죽은 뒤 실질적인 권력은 여태후와 그의 일족에게 있었다. 기원전 180년 여태후가 죽자 지금까지 기를 펴지 못하던 유 씨 일족들이 세력을 만회하기 시작했다. 창업 공신 진평은 목숨을 구하려 그때까지 주색에 빠져 정치에 무관심한 듯 살았다. 진평은 태위 주발과 여 씨 일족을 타도할 계책을 꾸몄다. 진평은 상장군 여록을 꾀어 인수를 반납하게 함으로써 그의 관할 아래 있던 북군을 주발에게 넘겨주었다. 북군을 장악한 주발이 병사들은 모아놓고 말했다.

"여 씨를 위해 충성하는 사람은 오른쪽 어깨를 벗어라. 유 씨를 위해 충성할 사람은 왼쪽 어깨를 벗어라."

병사들은 모두 왼쪽 어깨를 벗었다.

達 수갑을 채운 사람(幸, 행)을 데리고 가는 모양

이를 달, 통할 달, 사무칠 달, 결단할 달, 날 달, 나타날 달, 천거할 달, 방자할 달, 보낼 달.

행幸은 손에 수갑을 찬 사람의 모습이다.

수갑 찬 사람을 유폐시키는 것을 어圉라고 한다.

承 공물을 받드는 모양

받들 승, 도울 승, 받을 승, 차례 승.

어느 날 어둠이 상제를 찾아가서 간청했다.

"상제여, 해가 저를 괴롭힙니다. 해는 새벽부터 저를 쫓아다니기 시작하여 저녁이 되어서야 놓아줍니다. 제가 해에게 무엇을 잘못했을까요. 도대체 해는 나에게 무슨 원한이 있는 것일까요. 수선스런 하루가 지나 기진맥진氣盡脈盡해도 나는 쉴 수가 없습니다. 새벽이 오면 또다시 해는 내 문 앞에 기다리고 있을 터이니까요. 그러면 저는 다시 도망을 다녀야 합니다. 이런 일이 개벽 이래 계속되고 있습니다. 이제 저는 더 이상 고통을 참을 수가 없습니다."

신은 해를 불러 말했다.

"너는 왜 날마다 어둠을 쫓아 나번드기는가. 그가 네게 무슨 잘못을 했는가. 아니면 네가 어둠에게 무슨 원한이라도 있는가."

해가 말했다.

"어둠이라고요? 저는 하늘이 열린 이래 기억할 수 없는 오랜 시간 동안 우주를 돌아다녔습니다. 그러나 어둠이라는 자는 만나 본 적이 없습니다. 어둠이 누구인지도 듣지도 못했습니다. 그러나 만약 그 말씀이 사실이라면 제발 삼자대면三子對面해서 제가 사과하고 그가 다니는 길에서 멀리 떨어져 다니도록 도와주십시오(承)."

明 달빛이 창.으로 비치는 모양

밝을 명, 분별할 명, 총명할 명, 나타날 명, 확실할 명, 볼 명, 밝힐 명, 날이 샐 명, 낮 명, 현세 명, 신령스러울 명, 깨달을 명, 빛 명, 살필 명, 통할 명, 흴 명.

그 창 밑은 신명 즉 신에게 제사 지내는 곳이었다.
서약도 신명 앞에서 행해졌기 때문에 맹盟이라고 한다.

❀ 明哲保身(명철보신)

『시경』「대아편, 승민」 '卽明且哲 以保其身'(명과 철로서 몸을 보존한다.)에서 나온 말이다.

주周의 재상 중산보는 마음을 공손히 하여 나라 일을 공정하게 처리하여 천자를 충성으로 모셔 명철보신明哲保身하였다. 널리 사리에 통하여 거취를 그르치지 않은 현명한 사람의 처세술處世術을 칭찬한 말이다.

당唐 유종원도 기자를 찬양한 묘비에 '是用保其明哲 與之俯仰'(명철을 보존하여 썼으니 더불어 그것을 우러른다.)이라 썼다.

060 旣集墳典, 亦聚郡英
기 집 분 전 역 취 군 영

이미 삼분오전을 모으고
또한 뛰어난 영웅들을 모았다.

旣集 : 이미 모았고

墳典 : 삼분오전三墳五典(삼황과 오제의 전적)

亦聚 : 역시 모였다.

群英 : 많은 뛰어난 사람들이(군웅群雄)

三皇 : 복희·여와·신농

五帝 : 황제·전욱·제곡·당요·우순

『후한서』 '協群英之勢力' – 많은 뛰어난 사람의 세력을 모았다.

旣 **날이 하얀**(白, 백) **비수**(匕, 비) **이미 무기**(牙, 아)

이미 기, 다할 기, 끝날 기, 작게 먹을 기.

내 아들은 어릴 적부터 상賞복이 있었다. 근래에 탄 상 중에는 전국 합창대회 대상과 세계 안보대회 우수상 등이 있다. 얼마 전에는 휘하 장병 23명을 직접 가르쳐 고졸 검정고시檢定考試에 합격시켜 대위 선생님으로 문화일보에 나기도 했다. 또 서울시와 안보협력 관계 일을 성사시켜 서울시장상도 받았다. 국방부장관이나 사단장상은 셀 수도 없다.

그런 아들이 군에서 나오겠다고 한다. 이미(旣) 군에서 쌓은 경력을 감안해 준다 하더라도 그 안에서는 자신의 창의력을 충분히 발휘하기가 어렵다는 것이다. 밖에 나와서 세상과 맞장을 뜨며 자유롭게 활동하고 싶단다.

나를 닮아서 그런가? 나는 천성으로 어디에 구속되는 것을 참지 못한다. 그리고 안주하는 삶보다 미지의 세계로 뛰어 나가는 것을 더 좋아한다.

나는 일단 그러라고 동의했다. 그러면서 속으로는 가정적家庭的인 삶을 원하는 아들이 가족을 잘 돌볼 수 없는 군 장교생활에 회의가 든 것이 아닌가 하는 생각도 해본다. 사실 군 장교들은 나라를 지킨다고 보이지 않는 희생이 많다.

내가 소개해서 만나게 했던 여러 며느리감들과 또 아들이 만났던 아이들과 서로 진행이 잘 되지 않은 것이 여자 아이들 쪽에서 자주 거처를 옮겨 다녀야 하고 자주 집에 들어오지 못하는 군장교의 입장을 미리 계산한 망설임이 있었던 것이 아닌가 하는 우려가 나에게 항상 있었다.

그래, 어떤 삶이든 자신이 선택하고 그 길에 최선을 다하며 사는 것이 가장 큰 행복이다.

우리 아들 파이팅!!

集 **나무(木, 목) 위에 새(隹, 추)가**

모을 집, 나아갈 집, 편안할 집, 이룰 집, 가지런할 집, 문집 집.

동해 멀리 여인국이 있는데 그 섬에는 여자들만 살았다. 어부가 표류해 오면 환대해서 씨를 받는데 아들을 낳으면 바다에 버리고 딸을 낳으면 길러 여인국을 유지했다.

함경도 어부 멍석이가 여인국에 표착해 씨를 뿌리고 돌아왔다가 다시 십수 년 후에 바람에 밀려 여인국에 가게 되었다. 다시 씨를 준 여인이 바로 십수 년 전에 낳은 자신의 딸임을 알고 그는 가책이 되어 돌아오던 중 바다에 빠져 죽고 말았다. 이 비극이 일어난 곳이 '멍석이 여울'이다.

이탈리아 50대 부부가 자식을 얻고 싶어 체외수정體外受精을 하고 그 수정란受精卵을 자신의 딸에게 주입해 아이를 낳았다. 멍석이 재판이라 하겠다. 아기가 태어나면 노부부의 아들도 되고 손자도 되고 나아가(集) 산모는 딸이기도 하고 아내이기도 하니 참 일이 어렵게 되고 말았다.

墳 큰(賁, 분) 흙덩이(土, 토)

봉분 분, 클 분, 보 뚝 분, 걸찰 분, 흙이 부풀어 오를 분, 무덤 분, 책 분, 언덕 분.

한漢 무제는 능력 있고 용기 있는 선비들을 추천 받아 기존의 등용 순서를 무시하고 파격적破格的으로 벼슬을 높여 대우하였다.

동방삭이 상서를 올렸다.

"신은 어려서부터 부모를 잃고 형 밑에서 자랐습니다. 나이 열세 살 때 글자를 배웠는데 겨우 석 달 동안에 글 짓는 법은 물론 역사를 익혔습니다. 열다섯 살에 검술을 배우고 열여섯 살에 『시경』과 『서경』을 익혀 이십 이만 자를 외웠습니다. 열아홉 살에 『손자병법』과 『오자병법』을 읽고 전투에서 진 치는 방법과 징과 북을 울려 병사들을 나가고 물러가게 하는 방법을 배웠으며 역시 병서 이십 이만 자를 외웠습니다. 항상 공자의 제자인 자로를 존경하고 있습니다. 이제 신은 나이가 스물두 살, 키는 아홉 척 세 촌입니다. 눈은 옥을 걸어놓은 듯 빛나고 이는 흰 조개를 늘어놓은 듯 가지런히 희니다. 용기는 진나라 맹분보다 크고(墳) 민첩함은 춘추시대 경기보다 빠릅니다. 청렴은 제나라 포숙만 하고 미덥기는 노나라 미생과 같습니다. 이와 같으니 천자께서 살펴주시기 바랍니다."

동방삭의 문장은 오만하게 자신을 높여 칭찬하고 있다. 그러나 무제는 그 배짱이 대견하다 하여 공거소에 상서를 주어 절절하게 처리하도록 지시하였다.

결국 그는 천자의 비서관인 낭관에 임명되었다.

典 책상 위에 책이 있는 모양

책 전, 법 전, 맡을 전, 전당잡힐 전, 도덕 전, 떳떳할 전, 본보기 전.

위魏 문제는 동생인 동아왕 조식을 미워했다. 어느 날 조식에게 명령하여 일곱 걸음을 걷는 사이에 시를 짓게 하였다. 만약 시를 완성하지 못하면 국법(典)에 걸어 처형하겠다고 하였다. 조식은 곧바로 시를 지었다.

콩을 삶아서 뜨거운 국을 만들고
된장을 풀어서 즙을 만드네.
콩깍지는 솥 아래에서 타오르고
콩은 솥 안에서 울고 있네.
본래 한 뿌리에서 나온 것인데
불태워 괴롭힘이 어찌도 이리 사정없이 가혹한가?

동아란 곳은 조식의 옛 봉토였다.

亦 사람이 크게 서있는 모양

클 역, 또 역, 또한 역, 모두 역, 어조사 역.

단간목이 벼슬을 그만두고 집에 머물고 있었다. 위魏 문후는 어느 날 그가 살고 있는 집 앞을 지나가다 수레의 가로 나무에 손을 대고 허리를 구부려 예의를 갖추었다. 문후의 하인이 물었다.

"단간목은 이제 일개 평민에 지나지 않습니다. 그런데 군주가 제후의 신분으로 평민에게 예의를 갖추는 것은 지나치지 않습니까?"

문후가 나무랐다.

"단간목은 큰(亦) 인물이다. 세상의 권세나 개인적인 욕심으로 마음을 움직이는 사람이 아니다. 이렇게 작은 마을에서 세상과 떨어져 살고 있으나 그 명성은 천 리를 떨치고 있다. 이처럼 훌륭한 사람에게 내가 예의를 갖추는 것은 당연한 일이 아니겠는가? 단간목은 그가 가지고 있는 품성으로 훌륭한 것이고 나는 제후라는 세력 때문에 훌륭한 것이다. 단간목은 도의를 풍부하게 가지고 있고 나는 다만 재력을 풍부하게 가지고 있을 뿐이다. 그러나 세력은 덕성의 존귀함에 견줄 수 없으며 재력은 도의의 고귀함에는 비교할 수 없는 것이다. 단간목에게 덕성과 도의를 나의 세력과 부귀와 바꾸자 하여도 그는 거절할 것이다."

聚 **모여서(乑, 임) 뽑는(取, 취) 모양**

모을 취, 고을 취, 걷을 취, 쌓을 취, 많을 취, 무리 취.

초楚 왕이 오릉자종이 현인이라는 말을 듣고 재상으로 삼으려 사신에게 황금 이천 냥을 모아(聚) 예물로 주여 모셔오게 하였다. 오릉자종은 왕명을 받자 부엌으로 들어가 그의 아내에게 말했다.

"임금이 나를 재상으로 삼으려 사신을 보냈네. 오늘 재상이 되면 내일부터는 말 네 마리가 끄는 수레를 타고, 말을 탄 호위병護衛兵들이 앞뒤로 늘어서며, 사방이 열 자 되는 상에 차린 맛있는 음식을 질릴 정도로 먹을 수 있게 된다네. 자네 생각은 어떤가?"

아내가 말했다.

"당신은 지금 가죽신을 만들어 생활하고 있지만 무엇 하나 부족한 것도 없고 불편한 것도 없습니다. 왼쪽에 거문고를 두고 오른쪽에 책을 두어 한가하게 살고 있습니다. 그러나 재상이 되어 호화로운 마차에 타고 호위병을 데리고 다니며 큰 집에 산다 한들 몸을 편안히 쉴 곳은 그저 자신의 무릎이 들어갈 만한 장소일 뿐이며, 열 자나 되는 상에 차린 음식을 질리게 먹는다지만 배고플 때 맛있는 것은 한 조각 고기면 충분합니다. 그런데 재상이 되어 초나라의 모든 걱정을 당신 가슴에 품게 된다면 그것이 과연 현명한 일일까요? 또한 난세에는 임금에게 해를 당하는 일이 많습니다. 저는 당신이 온전하게 수명을 유지할 수 없을까봐 그것이 두려울 뿐입니다."

오릉자종은 밖으로 나가서 사자에게 임금의 명령을 따르기가 어렵다고 말했다.

결국 부부가 다른 나라로 도망가서 정원에서 물 뿌리는 일을 하면서 일생을 마쳤다.

群 임금(君, 군)이 양떼(羊, 양)를 모으니

무리 군, 벗 군, 떼 군, 모을 군, 많을 군.

유신과 완조는 친한 벗(群)이었다. 하루는 둘이 천태산에 들어가 약초를 캐다 길을 잃고 말았다. 골짜기를 헤매다 산등성이에 복숭아가 열려 있는 나무를 보았다. 하늘의 도움이라 생각하여 올라가 함께 복숭아를 먹고 조금 힘을 냈다. 산을 내려와 계곡 물을 마시고 손발을 씻었다. 그런데 물에 순무나물이 떠내려갔다. 조금 있다 주발 한 개가 떠내려 왔다. 주발 안에는 검은 참깨 밥찌꺼기가 말라붙어 있었다.

"아무래도 이 강 위로 멀지 않은 곳에 인가가 있는 모양일세."

두 사람은 계곡물을 따라 상류 향하여 걸어갔다. 한참 더 가자 더 큰 계곡이 나오고 두 명의 여자가 나타났다. 그녀들은 세상에서 볼 수 없는 미녀였다. 여자들은 유신과 완조를 마치 전부터 아는 사이처럼 불렀다.

"어서 오셔요. 어찌 이리 늦었어요?"

정답게 건공대매로 말을 걸더니 두 사람을 자신의 집으로 이끌었다. 집안에는 살림이 매우 호화로웠는데 동쪽과 서쪽에 각각 침대가 있고 가린 장막에는 칠보 장식이 걸려 있었다. 좌우에 쭉 늘어선 하녀들은 모두 푸른색 옷을 입어 말쑥했다. 조금 지나자 참깨 밥과 산양 고기를 말린 음식상이 나왔는데 매우 맛이 좋았다. 달콤한 술도 뒤따라 나와 몇 잔이나 마셨다. 음식을 먹고 나자 선녀가 수십 명이나 들어와 공손하게 인사를 하였다.

“신랑님 돌아오신 것을 축하드립니다.”

선녀들은 음악을 연주하고 춤을 추다가 날이 저물자 돌아갔다. 유신과 완조는 두 사람을 맞이했던 여자들을 따라 각각 다른 침대로 들어가 등불을 끄고 부부처럼 일을 치렀다.

꿈과 같은 보름이 지나갔다. 두 사람은 두고 온 집안 일이 걱정되어 집으로 돌아가겠다고 게먹었으나 여자들은 무릎을 꿇고 애원했다.

“여기에 올 수 있었던 것은 전생에서부터 맺은 인연 때문입니다. 이곳에서 누리는 삶에 비하면 세상일 따위를 즐거움이라 할 수 있겠습니까?”

그래서 그들은 반년을 더 머물렀다. 그곳은 날씨가 항상 봄날처럼 화창하였다. 유신과 완조는 온갖 새가 지저귀는 소리에 그만 집이 그리워졌다. 다시 집으로 돌아가게 해달라고 여자들에게 애원했다. 여자들이 말했다.

“어쩔 수가 없군요. 전생에서 지은 죄가 다 없어지지 않았던 모양입니다. 꼭 원하신다면 돌아가십시오. 길까지 배웅해 드리겠습니다.”

여자는 선녀들을 불러 음악을 연주하고 함께 노래를 부르면서 두 사람을 환송했다.

“이 산 동쪽 입구로 가면 바로 큰 길이 나올 것입니다.”

말한 대로 가자 과연 두 사람은 고향에 당도할 수 있었다. 그러나 마을에 들어가자 아는 사람은 아무도 보이지 않았고 오히려 사람들이 그들을 이상한 눈으로 쳐다보았다. 여기저기 물어서 가까스로 7대 후손을 만날 수 있었다. 자손 하나가 말했다.

“전에 듣기에 옛날 선조 중 산에 들어갔다가 돌아오지 않은 분이 계시다는 이야기를 들었습니다.”

이제 마을에는 부모도 형제도 없고 묵을 만한 장소도 없었다. 두 사람은 다시 선녀가 있던 곳으로 돌아가려 했으나 길을 찾을 수가 없었다.

서진西晉 태강 8년에 두 사람은 홀연히 마을에서 사라졌다.

英 풀(艹, 초) 가운데(央, 앙) 핀 꽃

꽃부리 영, 영웅 영, 구름 뭉게뭉게 영, 아름다울 영, 빼어날 영.

미축이 낙양에서 고향으로 돌아가는 중 집에서 수십 리 떨어진 길에서 아름다운(英) 여인을 만났다. 그녀는 미축에게 수레를 좀 태워달라고 부탁했다. 미축은 그녀를 태워 몇 리를 갔다. 도중에 그 여인은 수레에서 내리며 인사했다.

"나는 하늘에서 온 사자로 동해군 미축의 집을 불태우러 가는 길입니다. 당신이 나를 견중해 고마워서 알려주는 것입니다."

미축은 놀라서 부디 집을 태우지 말아달라고 부탁했다. 여인이 말했다.

"천제의 명령을 받았기에 거역할 수는 없습니다. 나는 천천히 갈 터이니 당신은 빨리 돌아가세요. 정확히 정오에 불이 일어날 것입니다."

미축은 황급히 집으로 돌아가 허둥지둥 가재도구家財道具를 끌어내었다. 정오가 되자 원인을 알 수 없는 큰불이 일어나 미축의 집은 잿더미가 되고 말았다.

061 杜槀鍾隸, 漆書壁經
두 고 종 예 칠 서 벽 경

두도의 초서와 종요의 예서가 있고 죽간의 글과 벽에서 나온 경전도 있다.

杜槀 : 두고가 쓴 초서와(두고는 후한의 명필, 초서를 처음으로 썼다.)

鍾隸 : 종요가 쓴 예서가 있고(종요는 자는 원상. 영천 장사 사람이다. 조조가 정권을 장악했을 때 관중지방을 수비하여 그 공적이 있었다. 위가 한을 무너뜨린 후, 조조 밑에서 여러 관직을 역임했다. 그는 해서에 뛰어나 왕희지와 더불어 '종·왕'으로 불리었다. 왕희지는 어려서 그와 함께 장지에게 나아가 배웠다. 남조와 당대에는 그와 장지·왕희지·왕헌지 4명이 서예 대가로 추앙받았다. 진 무제는 서학박사를 설치하고 종요를 종법으로 삼을 것을 명하기도 했다. 서진·남북조시대에도 모두 그를 배웠는데 북조에서 특히 두드러졌다. 당송 이후 해서·행서를 썼던 안진경·주희·송극·예원로·황도주·팔대산인·석도·유용 등의 저명한 서예가들은 모두 그의 정수를 본받았다.)

漆書 : 종이가 없던 옛날에 대나무에 새기고 옻칠을 한 글자와(한나라 영제가 돌 벽에서 발견한 서적이다.)

壁經 : 『서경』의 고본도 있다(노나라 공왕 때 공자의 옛집 벽 중에서 나왔다고 해서 일컬음. 당시 벽 속에서 『고문 상서』, 『논어』, 『효경』 등 과두문자蝌蚪文字로 기록된 경서가 나왔다.).

杜
나무(木, 목)가 땅(土, 토) 위에 선 모양

걸 두, 팥배나무 두, 막을 두.

여남의 환경은 비장방에게 오랫동안 선술을 배웠다. 어느 날 스승이 말했다.

"9월 9일에 네 집안에 재난이 있을 것이다. 그러니 서둘러 집을 나오는 것이 좋겠다. 집안사람 모두 빨간 주머니를 만들어서 산수유나무 열매를 가득 채워라. 그것을 팔에 걸고(杜) 높은 산에 올라가 국화주를 먹으면 재난을 면할 수 있을 것이다."

환경은 스승의 말대로 집안사람을 모두 데리고 높은 산으로 올라갔다. 저녁에 집에 돌아오니 기르던 가축들이 모두 죽어 있었다. 비방장이 그 이야기를 듣고 말했다.

"가축이 너희 대신에 죽은 것이다."

이때부터 사람들은 매년 9월 9일에 산에 올라가서 국화주를 마시고 산수유 열매가 든 주머니를 가지고 다녔다.

槀 **나무(木, 목)를 높이(高, 고) 쌓은 모양**

마른 나무 고, 말린 고기 고, 쌓일 고.

양보 집에서 진주로 나오려면 북천 고개를 넘어야 한다. 봄이 되면 북천 고개는 며칠 동안 벚꽃이 만발한다.

꽃이 피기 전의 가지는 그야말로 거무죽죽 말라서(槀) 볼품이 없다. 그런데 거기에서 그렇게 화사한 꽃이 나온다는 것은 정말 경이로운 일이다. 꽃들은 가지로 나오기 전에 도대체 어디에 숨어 있었던 것일까?

鍾 **무거운(重, 중) 쇠(金, 금)로 만든**

쇠북 종, 병 종, 뭉킬 종, 눈물 흘릴 종.

노중련이 조趙나라를 여행하고 있었다. 마침 진秦이 조나라 수도 한단을 포위하고 있었고, 위魏는 신원연을 사신으로 보내 진 소왕을 천자로 섬기도록 조에 압력을 넣고 있었다. 노중련은 조나라 왕의 아우인 평원군 조승을 만났다.

"위에서 온 신원연이 어디에 있습니까? 내가 따져서 돌아가게 하겠습니다."

평원군은 그에게 신원연을 만나게 해주었다. 신원연이 노중련에게 말했다.

"내가 성안의 사람들을 살펴보니 모두 평원군에게 기대를 걸고 있습니다. 그러나 내가 보기에 평원군은 이 상황을 풀어낼 능력이 없어 보입니다. 당신은 진왕을 섬길 생각이 없습니까?"

노중련이 말했다.

"세상에서는 주나라 때 은자 포초를 속이 좁은 사람이라고 했습니다. 사람들은 그가 자기 한 몸을 위하여 숨은 것이라고 생각하지만 그렇지 않습니다. 보통 사람들은 그의 마음을 알기가 어렵습니다. 저 진나라는 쇠북(鐘)을 울리며 이웃을 침범하여 적의 머리를 베는 자를 포상합니다. 인재들을 속여 왕의 사욕을 채우는데 이용하고 백성들은 노예처럼 부리고 있습니다. 만약 진나라 소왕이 천자가 된다면 나는 포초처럼 동해로 들어가 살다가 죽겠습니다. 차마 폭군의 백성이 될 수는 없습니다."

신원연은 두 번 다시 진을 천자국으로 삼자는 말을 하지 못했다.

隸

선비(士, 사) **아래서**(隶, 이) **일하는**(示, 시) **모양**

종 례, 붙이 례, 검열할 례, 살필 례.

이隶는 짐승 꼬리를 잡은 모양.

례隸는 재앙을 다른 곳으로 옮기는 주술.

수액(氵, 수)**이 많은 옻나무**(桼, 칠)

옻나무 칠, 옻칠할 칠, 캄캄할 칠, 검을 칠.

범려는 구천과 함께 이십여 년 동안 노력하려 마침내 오를 멸망시키고 회계에서의 치욕을 갚았다.

"큰 명예를 이룬 뒤에 그 지위에 오래 머무르기는 어렵다. 거기다 구천의 사람됨은 검은(漆) 구석이 있어 고난을 함께 나눌 수는 있어도 즐거움을 함께 누리기는 어렵다."

그는 가벼운 보물들을 꾸려 가족과 하인들만 데리고 배를 타고 바다를 건너 제나라로 갔다. 그곳에서 이름을 치이자피라 바꾸고 해변에서 농사를 지었는데 불과 몇 년 만에 수천 냥의 재산을 모았다. 제나라 사람들이 그의 현명함을 보고 재상으로 발탁했다. 범려는 자신이 세상에 알려지는 것을 걱정했다. 그는 대신의 도장을 반환하고 모든 재산을 벗과 마을 사람들에게 나누어 주고는 귀중한 보물만 지닌 채 지름길로 도 땅으로 피신했다.

"여기는 천하의 중심으로 온갖 물건을 교역하는 사람들이 이 길을 다니고 있다. 부를 쌓을 수 있는 곳이다."

그리고 이름을 도주공이라 바꾸고 장사를 시작한지 얼마 지나지 않아 역시 엄청난 재산을 모았다.

그는 나이 들자 산으로 들어가 신선이 되었다.

書 **붓**(聿, 율)**으로 말을 한다면**(曰, 왈)

글 서, 글씨 서, 쓸 서, 적을 서, 기록할 서, 글 지을 서, 책 서, 편지 서.

숨겨진 기도.

왈曰은 그 서書가 용기 안에 담겨 있는 모양. 특별히 중요한 기도일 때는 그 축문을 쇠붙이로 봉한 고리짝 안에 넣어 두었다.

❀ **焚書坑儒**(분서갱유)

진秦 시황제가 천하를 통일하자 정위 이사의 건의로 주대부터 내려오던 군현제郡縣制를 폐지하고 강력한 중앙집권제中央集權制를 실시했다. 기원전 213년 시황제는 함양에 군신들을 모아놓고 연회를 베풀었다. 이 자리에서 순우월이 중앙집권제를 비판하자 이제는 재상이 된 이사가 말했다.

"지난날에는 제후들이 어지럽게 얽혀 공벌이 반복되었으나 지금은 천하가 통일되어 법령이 한 곳에서 나와 세상이 안정되었습니다. 폐하는 사물의 가치기준價値基準을 밝혔고 황제라는 역사에 없던 지위에 있습니다. 그럼에도 불구하고 옛 제도만을 이상으로 보는 자들이 반대여론反對輿論을 선동하고 있습니다. 먼저 사관이 간수하고 있는 『진기』 이외의 문헌은 모두 소각하는 것이 좋다고 생각합니다."

이사의 주청은 받아들여져 시행되었다. 이것을 분서焚書라 한다.

시황제는 만년에 불로장생不老長生하는 선약에 매료되어 방사들을 가까이 했다. 기원전 212년 노생과 후생은 죽지 않는 선약을 못 만든 책임을 회피하려 황제의 부덕을 욕하고 피신해 버렸다. 황제는 460명의 유생을 체포하여 모두 생매장生埋葬하였다. 이것을 갱유坑儒라 한다. 그 당시 유생은 대부분 방사를 겸하고 있었다. 복생·숙손통·육가·역식기 등은 다행히 죽음을 면하여 한漢 때까지 살아남았다.

壁

땅(土, 토)**에서 바람을 피하는**(辟, 피)

바람벽 벽, 진 벽, 돌 비탈 벽, 낭떠러지 벽.

피辟에서 절卩은 사람이 구부리고 있는 모양이고 신辛은 바늘과 비슷한 가늘고 구부러진 칼 모양이다. 사람의 밑에 있는 구口의 모양은 구부러진 칼로 잘라낸 사람 살 모양이다.

벽辟은 허리를 잘라내는 요참 형벌을 의미한다.

經 실(糸, 사)과 물줄기(巠, 경) 같은 글자들

책 경, 날 경, 떳떳할 경, 글 경, 경서 경, 경영할 경, 법 경, 지낼 경, 지경 경, 곧을 경, 다스릴 경, 목맬 경, 씨 경.

경經은 본래 선진先秦의 여러 학파가 각각 근간으로 삼은 책을 가리키지만 '경학經學'이라 할 때 경은 유가 경전에 한정되며, 더욱이 유가가 독존적 지위를 획득하고 유학이 국교가 되어 이른바 유교가 되었던 한 무제 이후 경을 가지고 말한다.

그러한 경을 창조적으로 해석한 주석을 중심으로 한나라 이후 2천 년에 걸친 고주리 미주리 금고문에 대한 지적 영위를 경학이라 한다. 경학의 본질을 한 마디로 규정하기란 어려운 일이지만 굳이 말해 본다면 '종합을 방법으로 삼고 치용을 목적으로 하는 국가학國家學'이라 하겠다.

062 府羅將相, 路俠槐卿
부 라 장 상 로 협 괴 경

관부에는 장상이 늘어섰고
삼공육경의 집이 길에 늘어섰다.

府羅 : 관청에 늘어서 있고

將相 : 장수와 재상이(장군과 대신이)

路俠 : 길을 끼고 있다.

槐卿 : 삼공의 저택이

府

집(广, 엄)에서 나누어 주는(付, 부)

곳집 부, 도읍 부, 고을 부, 서울 부, 죽은 조상 부.

아득한 옛날 땅 끝의 사방이 무너져 세상은 9개의 주로 갈라져 있었다. 하늘은 세상을 모두 덮지 못하고 땅은 만물을 다 싣지 못했다.

불길이 맹렬하게 타올라 꺼지지 않고 물은 끝없이 넘쳐흘러 멈추지 않았다. 맹수가 선량한 사람을 잡아먹고 매와 독수리는 남녀를 가리지 않고 붙잡아 갔다. 이때 여와가 오색 빛이 나는 돌을 다듬어 하늘을 고치고 큰 거북이 다리를 잘라 사방 끝에 세웠다. 그리고 검은 용을 죽이고 화로의 재를 쌓아 올려 넘치는 물을 막았다.

하늘이 다시 푸르게 되고 사방 끝이 제자리를 잡고 넘친 물이 마르자 세상은 안정되었다. 교활한 맹수들을 잡아 죽이자 마을(府)에 선량한 백성들이 되살아났다.

羅 실(糸, 사) 그물(罒, 망)에 새(隹, 추)가 걸린 모양

늘어설 라, 새그물 라, 깁 라, 지남철 라.

❁ 門前雀羅(문전작라)

한漢 무제 때 급암과 정당시는 손님을 무척 좋아했다. 특히 정당시는 하인들에게 손님이 오면 지위고하를 불문하고 기다리게 해서는 안 되고 예를 갖추어 정중히 모시라 당부하였다.

두 사람의 관운은 부침이 있었다. 급암은 판서에 올랐으나 직간하다 파직 당했고 정당시 역시 판서에 올랐으나 보증 섰던 자에 연좌되어 서민으로 떨어졌다. 두 사람이 관직에서 물러나 가세가 기울자 사랑방에 들끓던 식객들도 제각기 이산해 버렸고 친구들조차 발을 끊어 버렸다.

사마천이 이를 빗대어 말했다.

"하규현 적공이 정위로 제수되자 빈객과 청탁하는 사람이 문전성시門前成市를 이루었으나 파직되자 모두 발을 끊어 문밖에 그물을 칠 만했다."(門外可設雀羅).

將 밥상(爿, 장)에서 손(寸, 촌)으로 고기(⺼, 육)를 먹는 모양

장수 장, 장차 장, 거의 장, 문득 장, 또 장, 기를 장, 도울 장, 보낼 장, 클 장, 받들 장, 이을 장, 곧 장, 나아갈 장, 행할 장, 함께할 장, 청컨대 장, 으리으리할 장, 거느릴 장, 대장 장.

❁ 一將功成萬骨枯(일장공성만골고)

당唐 시인 조송의「기해세」한 구절이다.

澤國江山 入戰圖 못과 늪이 많은 강산은 이제 전쟁터가 되었으니

生民何計 樂樵漁 백성들은 무슨 계책으로 나무하고 고기잡이를 즐기나

賴君勿語 封侯事 당신에게 의뢰 하니 제발 제후에 봉하는 이야기는 하지 마소.

一將功成 萬骨枯 한 장수가 공을 세우려면 만 병사가 죽는다오.

相 나무(木, 목)를 눈(目, 목)으로 바라보는 모양

서로 상, 정승 상, 바탕 상, 볼 상, 도울 상, 손님 맞는 사신 상, 인도할 상, 붙들 상, 가릴 상, 상 볼 상.

❀ 風馬牛不相及(풍마우불상급)

제 환공이 초를 공격하려 하자 초에서 사신이 왔다.

"제나라는 북해에 위치하고 우리 초나라는 남해에 있습니다. 발정한 말이나 소의 암컷 수컷이 서로 만날 수 없을 정도로 두 나라는 멀리 떨어져 있습니다. 따라서 서로 아무런 원한이 없습니다. 그런데도 어찌하여 초 땅으로 쳐들어오려 하십니까?"

풍마우風馬牛라 줄여서도 쓴다. 서로 아무런 관계도 없다는 뜻이다.

路 각자(各, 각) 걸어가는(足, 족)

길 로, 중요할 로, 수레 이름 로.

각各은 신이 내리는 제사 모양. 축고인 구口 뜻을 따라 무녀에게 응답하여 위로부터 신령이 내려오는 것을 나타낸다.

로路는 축고에 의하여 성화시킨 길이다.

천자가 사용하는 것에는 노거·노문·노침 등과 같이 로路를 붙여서 말하는 것이 많다.

俠 사람(人, 인)이 오는(來, 래) 모양

좁을 협, 낄 협, 의기 협, 부축할 협, 아우를 겹, 곁 겹.

육운은 젊은 시절부터 형인 육기와 함께 이름이 널리 알려졌다. 문학에는 육기에 못 미쳤지만 논쟁에는 육기보다 뛰어나 사람들은 형제를 아울러(俠) 이륙이라 칭송하였다.

오나라 궁중 문서 담당관 상서 민홍은 육운을 보고 말했다.

"이 아이는 준마의 새끼가 아니면 봉황의 새끼일 것이다."

육운은 장화가 베푼 연회에서 순은과 처음 만났다. 장화가 분위기를 띄우기 위해 제의했다.

"오늘은 평범한 말은 사용하지 맙시다."

먼저 육운이 말했다.

"구름 사이를 오가는 육사룡입니다."

순은이 응답했다.

"해 아래 빛나는 순명학입니다."

명학은 순은의 자이고 사룡은 육운의 자이다. 육운은 다시 말했다.

"이미 푸른 구름이 헤쳐져서 흰 꿩이 보이는데 어째서 당신은 화살을 시위에 메겨 쏘지 않습니까?"

순은이 응수했다.

"원래 구름 사이의 용은 위세 좋게 잘 달린다고 합니다. 그런데 산의 사슴이나 들의 순록은 어떻습니까? 짐승은 약한데 활은 강하니 이 때문에 손에서 놓는 것이 늦는 것입니다."

槐 귀신(鬼, 귀) 붙은 나무(木, 목)

홰나무 괴, 느티나무 괴, 삼공 괴.

마량은 형제가 다섯 명이었는데 모두 느티나무(槐)처럼 훤칠하고 재능이 뛰어났다. 마을 사람들은 말했다.

"마 씨의 다섯 형제 가운데 흰 눈썹이 가장 뛰어났다."

그것은 막내인 마량의 눈썹 가운데 흰 털이 있었기 때문이었다. 그래서 마량을 백미白眉라 불렀다.

촉한 유비가 천자가 되었을 때 마량을 승상의 비서관인 시중 벼슬에 임명했다. 후에 동쪽의 오나라를 정벌할 때 유비가 마량에게 무릉군에 들어가서 오계 지역의 만족을 아군으로 끌어들이라고 했다. 만족이 추장들은 모두 마량에게 설득되어 촉한을 따르기로 하고 유비로부터 인장과 칭호를 받고 반역하지 않았다.

卿 병부(卩, 주)를 쥔 사람이 곧(卽, 즉)

벼슬 경, 밝힐 경, 향할 경, 귀공 경, 스승 경, 자네 경.

현종 때 종리의는 궁중 문서 책임자인 상서가 되었다. 그와 친하게 사귀던 교지 태수 장회가 천금의 뇌물을 받은 일이 발각되어 처벌을 받았다. 장회는 모든 재산을 대사농에게 몰수당했다. 몰수한 그의 재산은 현종이 여러 신하들에게 나누어 주었다.

종리의에게는 귀한 진주가 주어졌다. 다른 신하들은 현종의 너그러움을 고마워했으나 종리의는 진주를 땅에 내팽개쳤다. 현종은 여기에 대하여 종리의에게 이유를 물었다. 종리의가 말했다.

"옛날 공자는 목이 말라도 샘의 이름이 도천 즉 도적의 샘이라고 하면 목마름을 참고 그 물을 마시지 않았습니다. 공자의 제자 증삼은 마을 이름이 어머니를 이긴다는 승모라고 해서 그 마을로는 마차를 몰지 않았습니다. 이 두 사람은 모두 그 이름이 나쁜 것을 싫어하였습니다. 지금 받은 물건은 뇌물로 받은 더러운 보물입니다. 그러니 무슨 일이 있어도 저는 받을 수 없습니다. 그것은 제가 받을 것이 아니라 백성들에게 나누어 주어야 할 물건입니다."

이에 현종이 감탄하여 말했다.

"경卿의 말은 참으로 청렴하다."

063 戶封八縣, 家給千兵
호 봉 팔 현 가 급 천 병

공신에게 호봉으로 여덟 고을을 주고
제후의 집에 군졸 천 명을 내렸다.

戶封 : 가구를 봉하고
八縣 : 여덟 현의
家給 : 집에 주었다.
千兵 : 병사 천 명을

방문 모양

백성의 집 호, 집의 출입구 호, 머무를 호.

완적은 천자 경호대장 산기상시 벼슬에 잠시 머물다(戶) 다시 참모직인 종사중랑으로 옮겼다. 당시 궁성지기 대장 보병교위 관사에 술을 잘 빚는 병사가 있어 삼백 석이나 저장하고 있다는 소리를 들었다. 술을 좋아하는 완적은 자원하여 보병교위가 되었다.

그는 검은 눈동자와 흰자위를 잘 움직여서 좋아하는 사람에게는 검은 눈동자로 대하고 싫어하는 사람에게는 흰자위를 보여주었다.

완적 어머니가 죽었을 때 혜희가 조문하러 왔다. 혜희는 예의를 중시하는 선비였는데 완적이 흰자위로 째려보았기 때문에 언짢은 기분으로 구두덜거리며 돌아갔다. 혜희의 동생 혜강이 이 말을 듣고 술과 거문고를 가지고 조문하러 가자 완적은 기뻐하여 검은 눈동자로 우대했다. 매사에 이런 식이었기 때문에 예의범절禮儀凡節을 중시하는 선비들은 완적을 미워했다.

완적은 가끔 혼자 마차를 몰고 넓은 길 좁은 길 할 것 없이 내키는 쪽으로 곧장 마차를 몰았다. 그러다 길이 막히는 곳에 이르면 소리를 지르며 슬피 울다가 돌아왔다.

封 **토지(土, 토)를 손(寸, 촌)에 잡으니**

봉할 봉, 무덤 봉, 지경 봉, 클 봉, 제후의 영지 봉, 닫을 봉.

노자가 죽음이 임박했다. 누가 그에게 그의 삶에 비밀이 있다면 알려 달라고 말했다. 노자가 말했다.

"나의 삶에서 아무도 나를 패배시키지 못했다."

이 말을 듣고 그는 흥분해서 쓰러질 지경(封)이 되었다.

"나 역시 항상 남에게 이기기를 바랍니다. 그 비결을 가르쳐 주시오."

"그대는 내 말을 잘못 들었네. 나는 누구도 나를 패배시키지 못했다고 했지, 남에게 이겼다고 하지는 않았지 않은가? 그런데 자네는 남에게 이기기를 원한다고 하고 있군. 의미는 비슷할지 몰라도 그 두 가지는 반대일세. 패배에 직면한 적이 없는 사람은 이미 이긴 것과 마찬가지 인 것이네."

그는 기신을 차리고 간청했다.

"비록 내가 이해하지 못할 지라도 부디 설명해 주십시오. 어떻게 당신은 패배하지 않았습니까?"

"아무도 나를 패배시킬 수 없었다. 왜냐하면 나는 언제나 패배한 채로 있었기 때문일세. 패배한 사람을 패배시킬 수 있는 방법은 없는 법일세. 나는 승리하기를 바라지 않았기 때문에 패배하지 않을 수 있었던 것일세."

八 양쪽 팔 모양

여덟 팔.

❀ 南八男兒 終不屈(남팔남아 종불굴)

당唐 현종은 양귀비를 총애하여 그녀의 육촌 오빠 양국충을 재상으로 기용했다. 양국충은 무능하여 안사의 난을 초래했다. 안록산과 사사명은 당 귀족제도를 붕괴시키고 중소지주층 관료가 중앙 정계에 등장하는 계기가 되었다.

안사의 난에 끝까지 항복하지 않은 군 태수 두 사람이 있었다. 장순과 허원이 그들이다. 이들은 수양성에 농성하여 반군을 맞았다. 식량이 떨어져 전사한 사람의 시체를 삶아 먹으며 싸웠으나 끝내 성이 함락되고 말았다. 포로가 된 장순과 허원은 목이 잘리기 직전에 부장 남제운에게 말했다.

"남팔남아여! 오직 죽음이 있을 뿐이다. 불의에 굴복해서는 안 된다."

'남팔남'은 남씨 가문의 여덟째 남자란 뜻이다. 남제운도 끝까지 싸우다 죽었다.

縣 입구에 목을 베어 거꾸로(県, 교) 매달은(系, 계) 모양

달 현, 고을 현, 매달릴 현, 끊어질 현.

시인 반악은 얼마나 잘생겼는지 고을(縣)에 나가면 여자들에게 둘러 싸였다. 「삼도부」를 써서 낙양의 종이 값을 올렸던 좌사는 얼마나 못생겼든지 칠순 할머니도 그를 보면 침을 뱉었다.

반악이 거리로 나가면 여인들이 그의 수레에 과일을 던져 넣었고, 좌사가 거리에 나가면 아이들이 깜냥 없이 기와와 돌을 던졌다.

家 사당에 가축을 파묻은 모양

집 가, 가문 가, 일족 가, 남편 가, 곳 가, 용한 이 가, 학파 가.

옛날에 선비와 서민들은 집안에 사당이 없어서 제사를 지낼 때에는 양이나 돼지를 잡아 방안에 늘어놓았다. 그래서 가家는 선비와 서민들의 집이라고 하는 설이 있지만 이것은 잘못된 해석이다.

가家는 집안에 돼지를 놓고 제사를 지내는 것이 아니라 아마도 집을 지을 때에 개를 희생물로 파묻고 초석을 정한 의례로 보인다. 개만 희생으로 사용한 것은 아니었고 때로는 사람도 죽여서 썼다.

상나라 유적지인 소둔 지역 가장 남쪽에 있는 건축물 기단에는 사람의 머리를 파묻은 것들이 있다. 이것은 그 땅 신령을 진정시키기 위한 방편이었다.

묘에는 신령을 진정시키기 위하여 괴수 상을 두는 일이 많은데 아주 옛날에는 역시 사람을 희생물犧牲物로 사용하였다.

給 실(糸, 사)을 모으니(合, 합)

넉넉할 급, 줄 급, 말 민첩할 급, 말 잘할 급.

진晉 대부 숙향이 정鄭나라에 갔다. 정나라 종멸은 못생긴 남자였지만 숙향의 인품이 넉넉하다는(給) 말을 들었기 때문에 그를 한 번 만나 보려고 했다. 종멸은 제사를 관리하는 사람을 따라가 숙향이 머무르는 방 마루 아래에 서 있었다. 숙향은 막 술을 마시려던 참이었는데 제사 관리하는 사람의 말을 듣고 종명이 틀림없다고 여겨 방에서 나와 그의 손을 잡아 마루 위로 올라오게 하였다. 그리고 우수개 소리를 하였다.

"옛날 가국 대부는 못생긴 사람이었네. 미인을 아내로 맞아들였지만 그 아내는 못생긴 남편 때문에 3년 동안이나 말을 하지도 웃지도 않았다네. 하루는 아내를 수레에 태워 연못으로 가서 활을 쏘아서 꿩을 잡았네. 그러자 그 아내는 처음으로 웃으며 비로소 말을 했다네. 그러자 가국의 대부는 '재주라고 할 수는 없지만 내가 활을 쏠 줄 몰랐다면 그대는 끝내 말도 않고 웃지도 않았겠지?'라고 했다네."

종멸도 웃으면서 숙향과 같이 밤을 새워 술을 마셨다.

千 벼가 익은 모양

일천 천, 천 번 천, 많을 천, 길 천.

주자는 누각에서 궁전 앞뜰을 바라보고 있었다. 문지기가 항아리의 물을 조정 쪽으로 길게(千) 뿌렸다. 주자가 멀리서 그것을 보고 불경한 짓이라고 화를 내자 문지기는 '대부 이사고가 소변을 본 것입니다.'고 호리어 말했다. 문지기는 이사고에게 원한이 있었다.

주자는 이사고를 체포하라고 명령하였으나 이사고가 황급하게 피하는 바람에 붙잡지 못했다. 불같이 화가 나서 침상에서 뛰어내려 오다 화롯불 속으로 떨어져 큰 화상을 입었다. 그리고 이 일로 인하여 결국은 죽고 말았다.

兵 도끼(斤, 근)를 들고 있는(廾, 공) 모양

군사 병, 무기 병, 재난 병, 전쟁 병, 도적 병, 적을 무찌를 병, 싸울 병.

왕사가 예주자사를 지낼 때 작은 일도 가혹할 정도로 추궁하여 일을 대범하게 처리할 줄을 몰라 군사(兵)들의 원망을 샀다.

그는 성질이 급했다. 하루는 붓을 들어 글을 쓰고 있는데 파리가 날아와 붓 끝에 앉았다. 파리는 쫓아버려도 또 날아와 앉았다. 왕사는 화가나 미칠 지경이 되었다. 자리에서 일어나 도망가는 파리를 쫓았으나 잡을 수가 없었다. 그는 그악해서 서재로 되돌아와서 붓을 집어서 바닥에 내던지고 벼루를 무참하게 짓밟아 부수어 버렸다.

064 高冠陪輦, 驅轂振纓
고 관 배 련 구 곡 진 영

관을 높이 쓰고 연을 모시니
수레가 달릴 때 갓끈이 흔들린다.

高冠 : 높은 모자를 쓰고
陪輦 : 임금 수레를 모시니
驅轂 : 굴대가 달릴 때
振纓 : 갓 끈이 흔들린다.

『초사』 '高余冠之岌岌兮 長余佩之陸離' – 높이 쓴 내 관의 높은 모양이여! 긴 내 명패가 공중에 흔들리는구나!

高 축고(口)가 있는 건물 모양

높을 고, 위 고, 멀 고, 높일 고, 고상할 고, 비쌀 고.

무녀는 이곳에서 기도하고 일반인들이 출입하는 것을 금지하여 홀로 신을 맞이한다.

❀ 高枕而臥(고침이와)

전국시대, 진秦과 연횡할 것인가 합종할 것인가를 두고 모든 나라는 고민하고 있었다. 장의는 진 국력을 배경으로 위魏 재상이 되자 위를 진에 팔아넘기려 하였다. 진이 이웃 한韓에 침공하여 한나라 병사 8만을 섬멸시켰다는 정보가 위

애왕에게 들어가자 장의는 애왕에게 말했다.

"만일 위가 진을 종주국으로 모신다면 초楚와 한이 전쟁을 걸어오는 일은 일체 없을 것입니다. 초와 한의 위협이 없어진다면 상감은 베개를 높이하고 주무실 수 있습니다."

冠 본래(元, 원) 손(寸, 촌)에 들고 머리에 덮는(冖, 멱) 것

갓 관, 새 볏 관 물건 위의 장식 관, 갓 쓸 관, 남자 처음 갓 쓸 관, 어른이 될 관, 우두머리 관.

왕휘지는 우장군 왕희지의 아들이다. 성품이 대범했다. 국방 장관 대사마 환온의 참모로 참사 벼슬에 임명되었으나 그는 관冠도 쓰지 않고 머리도 빗지 않고 허리띠도 매지 않았으며 근무도 멋대로 했다.

어느 날 빈집에 거처를 정하고 앞뜰에 대나무를 심었다. 어떤 사람이 그 이유를 물으니 그는 대답하지 않고 다만 휘파람만 불렀다. 그리고는 홀로 말했다.

"너 없이 어떻게 하루라도 살 수 있을까?"

그가 일찍이 산음현에 살았는데 어느 날 밤, 눈이 내리다 그치고 달이 청아하게 밝았다. 사방 어디를 둘러보아도 달빛이 흰 눈에 부서지고 있었다. 그는 혼자 술을 마시며 좌사가 지은 은둔자를 부르는 「초은시」를 읊었다. 문득 운둔자 대규가 보고 싶어졌다. 그때 대규는 염현 땅에 있었다.

왕휘지는 그날 밤새워 배를 타고 다음 날 하루 종일 걸어서 저물 무렵이 되어 대규의 집 앞에 도착했다. 그러나 문 앞까지 가서 들어가지는 않고 그대로 돌아왔다. 어떤 이가 그 이유를 물었다.

"원래 흥이 일어나서 찾아갔는데 그 흥취가 다했으므로 그대로 돌아온 것이다. 꼭 그를 만나야 할 필요까지 있겠는가?"

陪 언덕(阝, 부)에 서서(立, 립) 소리쳤다(口, 구)

도울 배, 모실 배, 버금 배, 따를 배, 거듭 배, 찰 배, 더할 배.

우리나라에 전화가 처음 들어 왔을 때 텔레폰을 음역해서 덕진풍이라 했고 의역해서 전어기傳語器라 불렀다. 궁내부에 교환기를 설치하여 궁중에 3대, 각부에 7대, 평양과 인천에 2대로 모두 합해 12대가 업무를 도왔다(陪).

전화가 오면 상투를 단정히 하고 전어기 앞에서 두 손을 잡아 머리에 쳐드는 인사를 하고 받았다. 상대방相對方이 나오면 먼저 받는 사람이 자신의 직함·품계·본관·성명을 말하고 상대 부서의 판서·참판·참의의 안부를 물은 다음 당사자들의 부모 안부를 서로 나누고 나서야 본론을 꺼냈다.

1903년에 서울에 전화소라는 공중전화가 설치되었다. 전화를 걸 때 지켜야 하는 도덕항목을 감시하기 위해 조금 옆에 전화소 장리가 앉아 있었다. 통화 중에 불온하거나 저속한 언사를 하거나 언쟁이 높아지면 장리가 와 통화를 멈추게 하였다.

輦 사내(夫, 부) 둘이 탄 수레(車, 거)

수레 련, 당길 련, 궁중의 길 련.

장재는 박식하고 글재주가 있었다. 아버지 장수는 촉군 태수였다. 서진西晉 무제 태강 초년에 장재는 수레(輦)를 타고 아버지를 문안하러 촉에 갔다가 돌아오는 길에 험하기로 유명한 검각 땅을 지나게 되었다.

장재는 촉 사람들이 검각 땅이 험함을 믿고 반란을 일으키기를 좋아한다고 생각해 「검각명」을 지어 훈계했다. 익주자사 장민은 그것을 높이 평가하여 무제에게 그 글을 바쳤다. 무제는 그 글을 검각산에 새기게 하였다.

그는 후에 궁중 문서와 천자의 명령을 담당하는 중서시랑 벼슬에 올랐다. 그런데 장재는 본래 용모가 매우 못생기고 걸음도 팔자로 걸었기 때문에 외출할 때마다 아이들이 기와나 돌을 던져 도망치곤 하였다.

驅 말(馬, 마)을 몰아 마을(區, 구)로

몰 구, 쫓아 보낼 구, 앞잡이 구.

구區는 다수의 축고 구ㅁ를 감추고 있으므로 주술적인 노래를 더하는 모양.

轂 선비가 수레를 탄 모양

바퀴통 곡, 천거할 곡.

후한後漢 사마휘는 일생동안 많은 사람을 조정에 천거했다(轂). 그리고 다른 사람의 결점을 입에 담지 않았다. 다른 사람과 말을 나눌 때는 모두 하나같이 좋다고 하였다.

어떤 이가 자기 아이가 죽어서 슬픔을 하소연했더니 사마휘는 정말 좋다고 대답하였다. 그의 아내가 이 말을 듣고 남편을 책망했다.

"그 사람은 당신이 덕망이 있는 사람이라고 생각해서 자기 아이 죽음을 알리고 동정을 구하여 슬픔을 위로 받으려고 한 것입니다. 그런데 당신은 어째서 함부로 그 아이의 죽음에 대해 좋다고 말하는 것입니까?"

그러자 사마휘가 말했다.

"당신 말도 정말 좋군."

振 손(扌, 수)에 별(辰, 신)을 잡으려

떨칠 진, 움직일 진, 무던할 진, 성할 진, 들 진, 건질 진, 진동할 진, 정돈할 진, 발할 진, 거둘 진, 그칠 진, 떼 지어날 진.

유응부는 조선 세종과 문종에게 중용되어 무용을 떨친(振) 무인이다. 단종 복위를 도모하다 잡혀서 수양대군 앞에서 악형을 당했다.

"나으리를 한 칼에 없애고 단종 임금을 복위시키려 했는데 간사한 무리가 배신하여 난장개가 되고 말았으니 나는 더 이상 할 말이 없소. 빨리 죽여주시오."

수양이 대로하여 살가죽을 벗기자 그는 성삼문을 돌아보며 말했다.

"저런 애숭이 서생들과 일을 도모하다 필경 날이 나고 말았으니 누구를 원망하랴."

세조가 더욱 노하여 단근질을 하니 배꼽을 찌른 벌겋게 달군 쇠꼬챙이를 스스로 뽑아내더니 다시 달구어 오라고 소리치며 노래했다.

간밤에 부던 바람에 눈서리 치단 말가.
낙랑장송이 다 기울어 가노매라.
하물며 못다 핀 꽃이야 일러 무슴하리오.

纓 **여인**(女, 여)**이 끈**(糸, 사)**을 사서**(貝, 패)

갓끈 영, 말 가슴걸이 영, 노 영, 얽힐 영.

원래 여자들이 사용하던 옥을 꿰어서 만든 끈이다.

옥을 끈에 꿰는 것은 생명이 왕성해서 삶이 기쁘기를 미리 축하하는 일이다.

남자가 여자에게 과일을 던지거나 이름을 묻는 것은 혼을 흔드는 구애 표현이다. 그 남자에게 몸에 지니고 있던 옥을 던지는 것은 여자가 자신의 혼을 주겠다는 대답이다.

065 世祿侈富, 車駕肥輕

세 록 치 부 거 가 비 경

대대로 받는 국록은 사치스럽게 넉넉하니 말은 살찌고 수레는 가볍다.

世祿 : 대대로 나라에서 받는 녹봉은

侈富 : 사치하고 부유하고

車駕 : 임금이 타는 수레는

肥輕 : 말은 살찌고 수레는 가볍다.

『서경』 '世祿之家 鮮克由禮' – 대대로 녹봉을 받는 가문은 예를 지키는 집이 드물다.

『한서』 '車駕西都長安' – 서쪽 수도 장안에는 임금이 타는 수레가 있다.

『논어』 '赤也適齊也 乘肥馬衣輕裘' – 적이 제나라로 갈 때 살찐 말을 타고 가벼운 가죽옷을 입었다.

世 고개 숙인 사람 모양

인간 세, 대 세, 대대로 세, 일평생 세, 역대 세, 백년 세.

❀ 曲學阿世(곡학아세)

전한 혜제는 시인으로 이름 높은 원고생을 박사로 삼았다. 당시 원고생의 나이가 90세였다. 원고생은 워낙 직언하기로 유명한 사람이어서 중신들이 만류했으나 혜제는 듣지 않고 등용하였다.

이때 원고생과 같이 들어온 사람이 공손홍이었다. 그는 소장학자였다. 공손홍은 라이벌 의식을 느껴 긴장했으나 원고생은 그를 거들떠보지도 않았다.

"지금 학문은 어지러워 속설이 유행하고 있소. 이대로 가면 정학의 전통이 사설에 묻힐 판이오. 공손홍 자네는 모쪼록 올바른 학문을 갈고 닦아 세상을 바로잡아 주었으면 좋겠소. 절대로 정학의 학설을 굽히지 말고 세상에 아첨하거나 아부하지 말아 주시오."

이 말을 들은 공손홍은 원고생의 인격과 학식에 감복하여 제자가 되었다.

祿 **근본(彔, 록)을 알려주는(示, 시)**

녹봉 록, 복 록, 착할 록, 죽을 록, 곡식 록.

사람은 행복하기 위하여 태어났으며 행복(祿)한 삶을 살기 위하여 존재한다. 재벌 회장의 상속자로 태어났든 가난한 비정규직 노동자의 자식으로 태어났든, 뛰어난 재능을 지녔든 평범한 재능만 지녔든, 여자든 남자든, 크든 작든, 힘이 세든 약하든, 당신은 행복해야 하고 행복하게 살기 위해 존재한다.

侈 **보통 사람(亻, 인)은 다(多, 다) 좋아하는**

사치할 치, 오만할 치, 넓을 치, 많을 치, 풍부할 치.

1900년 영불 연합군이 천진과 북경을 공격하기 위한 전선이 형성되었다 프랑스군은 여기에 필요한 군량과 무기 수송인부를 모두 조선에서 모집했다.

이때 서울에 있던 프랑스어 학교 학생들은 이 외인부대의 고용군 감독으로 발탁되었는데 임운도 그 가운데 한 사람이었다. 그는 프랑스군 통역관通譯官으로 일하면서 프랑스군 간부로부터 한복대신 양복을 입고 망건과 갓을 벗어버리라는 지시를 받았으나 듣지 않았다. 나중에 겨우 옷은 양복으로 갈아입었으나 갓만은 목이 잘려도 벗을 수 없다고 버티었다. 양복에 갓을 쓴 이 기이한 모습에도 아랑곳없이 그는 맡은 일을 잘 수행하였다.

후에 그는 전염병傳染病에 걸려 영불 연합군聯合軍이 경영하는 천진 홍십자 병원에 입원했다. 그를 담당했던 프랑스 간호사가 물었다.

"어디가 가장 불편합니까?" "두통이 심했는데 잠시 가라앉았습니다."

간호사가 웃었다.

"내가 생각하기에 당신의 두통은 전염병 때문이 아니라 당신이 쓰고 있는 망건이 원인으로 보입니다."

임운은 가만히 있다가 좀 오만하게(侈) 말했다.

"당신들이 하복부를 쥐어 매는 코르셋이나 내가 쓰는 망건이나 따지고 보면 피장파장이오."

富 사당(宀, 면)에 가득한(畐, 복) 모양

넉넉할 부, 많을 부, 충실할 부, 부자 부, 어릴 부.

중국인은 길가에서 싸우다 지나가는 사람이 있으면 일단 싸움을 멈추고 그 사람에게 누가 옳은지 그른 지를 가려달라고 판단을 떠넘긴다. 싸움이 이렇게 진행되다 보면 결국 편드는 행인 수의 많고(富) 적음에 의해 승부가 난다. 이런 싸움을 '가매'라 부른다.

인도에서는 좀 다르다. 시어머니와 며느리 사이에 싸움이 벌어졌다 치자. 서로 고함을 지르며 삽질을 하고 있으면 이웃들은 일단 하던 일을 멈추고 현장으로 달려가 시어머니들은 시어머니 편을 들고 며느리들은 며느리 편을 든다. 이 싸움은 카스트가 다른 사람이 중재해야만 끝난다.

車 수레 모양

수레 거, 그물 거, 잇몸 거.

❀ 前車覆轍(전거복철)

전국시대戰國時代, 위魏 문후가 중신들을 모아놓고 연회를 열었다. 술잔이 돈 다음 거나해진 문후가 제안했다.

"술을 음미하지 않고 단숨에 들이키는 자에게 벌주로 큰 잔에 술을 가득 부어 마시게 하면 어떻소?"

모두가 찬성하였다. 문후가 자기 앞에 있던 잔을 들더니 단숨에 마셔버렸다. 공승 불인이 바로 문후에게 벌배를 올렸다. 그러나 문후는

"나는 열외로 친다."며 잔을 받기를 거부했다. 중신들도 무엄하다고 불인을 나무랐다. 그러나 불인을 굴하지 않았다.

"항간에 말하기를 앞서 간 수레가 전복된 자욱은 뒤에 가는 수레의 교훈이 된다고 합니다. 이 말은 선례를 보고 조심하라는 뜻입니다. 상감이 법을 만드시고 스스로 지키지 않는다면 아랫사람을 어떻게 다스리겠습니까? 그러니 떳떳하게 벌배를 받으심이 옳습니다."

문후는 부끄러워 벌배를 받아 단숨에 마셨다.

駕 말(馬, 마)에게 힘을 더 내라고(加, 가) 묶은

멍에 맬 가, 임금이 탄 수레 가, 멍에 가.

이광수가 만주에서 망명생활亡命生活을 할 때 신채호와 한 방에서 유숙했다. 신채호는 아침에 세수할 때마다 옷 앞자락을 적셨다. 궁색한 망명생활이라 누비솜 옷 한 벌밖에 없었기에 신채호는 젖은 옷을 볕에 말리고 나서야 외출할 수 있었다. 신채호가 세수하다 적신 옷을 말리는 것이 이광수의 일과였다.

하루는 이 일에 짜증이 난 이광수가 다기지게 신채호에게 권했다.

"고개를 좀 숙이고 세수를 하시면 옷이 젖지 않을 것 아닙니까?"

신채호는 고개를 숙이지 않고 빳빳이 쳐든 채 얼굴을 씻기 때문에 언제나 물이 옷섶을 적시기 마련이었다. 이 말을 듣고 신채호는 화를 냈다.

"뭐라고! 고개를 숙여? 세숫대야 같은 비천한 물건 앞에서 머리를 숙여? 그런 상놈의 버릇을 누구한테 권하는 건가?"

담론의 멍에(駕)도 이쯤 되면 좀 심각하다.

肥 몸(⺼, 육)이 아나콘다(巴, 파)만 하면

살찔 비, 거름 비.

1905년 당시 궁내부 대신이었던 이재극은 살이 쪄서(肥) 몸이 비대했다. 그는 일본 메이지 천황 생일날인 천장절에 일본 공사관이 베푸는 잔치에 초대되어 축배를 들고 천황폐하 만세를 삼창했다. 이 일은 논란이 되었고 결국 고종의 귀에까지 들어갔다. 고종은 이재극을 불러 꾸짖었다. 이재극은 임금이 책망하자 노창해져 엎드려 변명하였다.

"신은 그 연회에서 만세라 부르지 않고 반자이라 불렀으니 만세 삼창을 한 것은 아닙니다. 더욱이 그곳에 갈 때 수레를 타지 않고 걸어갔으며, 자리에서 관을 쓰지 않은 채로 반자이를 불렀으니 성려에 누가 되는 행위라 할 수는 없습니다."

輕 차(車, 차)가 물에 뜨니(巠, 경)

가벼울 경, 천할 경, 빠를 경, 업신여길 경.

민비는 서울 사는 미국 외교관들이 스케이팅을 즐긴다는 이야기를 듣고 그 곡예를 보고 싶어 했다. 민비의 시의였던 언더우드 부인은 알렉 공사에게 이 뜻을 전했다. 알렉은 경복궁 향원정을 둘러싼 빙판에서 민비를 위하여 외교관 가족들이 스케이팅을 시범하기로 하였다. 그들은 얼음판 위를 가볍게(輕) 달렸다. 그런데 보고 싶다던 민비는 끝내 현장에 나타나지 않아 알렌은 실망했다.

그러나 민비는 숨어서 처음부터 끝까지 그 곡예를 모두 구경했다. 그리고 시녀에게 말했다.

"알렉 공사는 광대 출신인가?"

이 말은 경복궁에서 테니스를 하는 미국 공사를 보고 순종이 한 말과 쏙 빼닮아 쌍벽을 이룬다.

"저토록 땀이 나는 일을 하인에게나 시키지"

066 策功茂實, 勒碑刻銘
책 공 무 실 륵 비 각 명

공을 도모하여 무성하고 실해지면
공적을 금석에 새겨 후세에 전한다.

策功 : 공을 꾀하여

茂實 : 무성하고 실하면

勒碑 : 비석에 새기고

刻銘 : 금석에도 새긴다.

『사기』 '蜚英聲騰茂實' – 꽃 같은 명성을 날리고 무성하고 실함을 이룬다.

策

대나무(竹, 죽) 줄기(朿, 치)로 만든

채찍 책, 꾀 책, 책 책, 시초 책, 잎 떨어지는 소리 책, 쇠 지팡이 책.

춘추시대, 주周 환공은 정鄭 장공과 부딪쳤다. 그러나 장공의 세자 원元은 상당한 전략가여서 환공은 상대하기 벅찼다. 원은 왕사군의 취약한 곳을 공격하여 주군을 패망시켜 주나라를 명목 상 천자로 만들어 버렸다. 이 전투에서 정나라 군사는 원형에 전차를 앞세워 그 뒤에 보병을 따르게 하고 가운데 공간을 이리저리 위장했다.

여기서 미봉彌縫 또는 미봉책彌縫策이라는 말이 나왔다.

❀ 遠交近攻策(원교근공책)

전국시대, 위魏 출신 모사 범수가 진秦에 중용되어 소왕에게 한 헌책. 이 정책이 받아들여져 범수는 객경이 되었고 얼마 되지 않아 재상에 올랐다. 이후 원교근공책은 진의 국시가 되어 천하를 통일 시키는 지도 원리가 되었다.

功

힘써(力, 력) **이룬**(工, 공)

공적 공, 보람 공, 공치사할 공, 복 입을 공, 일할 공, 사업의 공로 공, 이용할 공.

❀ 功名(공명)을 竹帛(죽백)에 남기다

유수가 경시제 유현 밑에서 부장으로 있을 때 하북 일대에서 난동을 부리던 동마·철독 등의 봉기군을 토벌하기 위하여 장안을 떠났다. 그는 업에서 죽마고우竹馬故友 등우를 만났다. 유수는 등우가 청탁을 하러 온 줄 알고 먼저 관직에 추천하겠다고 인사말을 하였다. 등우는 다른 말을 하였다.

"나는 그런 따위는 원하지 않네. 차라리 나는 자네를 따라다니며 자그마한 공이라도 세워 공명을 죽백에 남길 수만 있다면(垂功名於竹帛) 그것으로 만족하겠네. 경시제는 너무 평범하여 제왕의 대업을 이루기에는 부족하네. 아무쪼록 자네가 인재들의 마음을 잡아 민심을 안정시켜 한漢을 회복해야 하네."

茂

풀(艹, 초)**이 무성하니**(戊, 무)

풀 우거질 무, 아름다울 무, 힘쓸 무.

흥부는 이 세상에서 가장 가난한 사람이었지 싶다. 방에 누워 기지개를 켜면 상투는 토방으로 나가고 발목은 뒤란에 놓였다. 그래도 한 해에 한 배, 한 배에 두셋씩 자식을 스물다섯이나 낳았다. 입힐 옷이 없어 큰 멍석을 주어 와 구멍을 스물다섯 개 뚫어 목만 내놓고 살게 하였다. 그런데 어떻게 굶어죽지 않고 살아갈 수 있었을까?

양식이 떨어지면 이른 새벽에 빗자루를 들고 부잣집 마당을 깨끗이 쓸어놓고 우거진 풀을(茂) 자르고 돌아간다. 이것을 '마당쓸이'라 한다. 그러면 그 집 주인은 누구의 마당쓸이인지 확인하고 하인을 시켜 열흘이나 보름 치 양식을 갖다 주었다. 집주인은 그것을 공치사功致辭 하지 않았고 이렇게 얻어먹은 양식은 돌려주지 않아도 흉이 되지 않았다.

그토록 가난했던 흥부가 지붕에 박이 열릴 때까지 살아 낼 수 있었던 것은 이러한 보이지 않는 인간적人間的인 정이 있었기 때문이다.

實 **사당**(宀, 면)**에 돈**(貝, 패)**이 없으면**(毋, 무)

채울 실, 열매 실, 넉넉할 실, 참스러울 실, 사실 실, 물건 실, 실상 실, 당할 실.

변장자는 용감했으나 어머니를 봉양하느라 전쟁에 나가 세 번이나 도망쳤다. 친구들은 그를 비난했고 임금도 그를 모욕했다. 어머니가 숨진 지 3년 후 겨울, 노나라에 다시 전쟁이 일어났다. 변장자는 군문에 나가 장군에게 말했다.

"이전에는 어머니가 살아 계셨기 때문에 세 번씩이나 도망쳤습니다. 지금은 어머니께서 돌아가셨으니 청컨대 지난날 잘못을 고치고 제 용맹이 우러들 수 있도록 해주십시오."

장군은 허락하였다. 이윽고 그는 적진으로 달려가 적병 머리 하나를 잘라와 바치면서,

"이것은 첫 번째 잘못을 지우는 것입니다."하더니, 다시 달려 나가 적병 머리 하나를 잘라 와서 "이것은 두 번째 잘못을 지우는 것입니다."하고, 다시 나가 머리 하나를 잘라 와서 "이것은 세 번째 잘못을 지우는 것입니다."고 하였다.

장군은 안쓰러워 말했다.

"이제 알겠습니다. 당신 명예는 회복되었습니다. 부디 집안 대를 끊지 말고 이제 그만 하십시오. 당신은 용감한 사람이니 청컨대 나와 형제를 맺읍시다."

변장자는 말했다.

"전장에서 세 번 도망치면서까지 어머니를 모신 것은 자식의 도리였기 때문입니다. 이제 저는 겨우 책임을 면했습니다만 나라에 대한 충성은 이루지 못했습니다. 저는 절조 있는 선비는 욕되게 살지 않는다고 들었습니다."

그러더니 적진으로 들어가 10명을 더 죽이고 자신도 죽어 버렸다.

공자가 이 일에 대해 평했다.

"세 번 패한 것에 대해 이미 책임을 다 했는데도 불구하고 집안의 대를 끊었으니 자신의 생각에 빠져 참으로(實) 끝까지 효도를 다한 것은 아니다."

勒 **힘(力, 력)으로 가죽(革, 혁)에**

새길 륵, 억누를 륵, 굴레 륵, 억지로 할 륵, 엄중할 륵, 정돈할 륵.

혁革은 벗긴 짐승가죽 전체 모양.

碑 **납작한(卑, 비) 돌(石, 석)로 만든**

비석 비, 비문 비.

교토에 있는 산주산젠도는 일본에서 가장 큰 절이다. 활쏘기 대회가 열리기로 유명한 곳이다. 여기에는 관세음보살觀世音菩薩의 모습을 조각한 33,333개의 제각기 다른 불상이 있다. 여러 동상에 둘러싸인 가운데 동상은 머리에 두개골이 새겨져 있다.

옆의 비석(碑)에 그 유래가 새겨져 있다. 이전에 쉬라가와 황제는 늘 고질적인 두통으로 괴로워했다. 어느 날 꿈을 꾸었는데 스님의 두개골頭蓋骨이 버드나무 옆 강바닥에 있는 것을 보았다. 그는 그 두개골을 건져 관음상의 머리 부위에 올려놓았는데 그 이후부터 두통에 시달리지 않았다고 한다.

刻 칼(刂, 도)로 긁어 돼지(亥, 해)를

새길 각, 깎을 각, 몹시 각, 긁을 각, 각색할 각, 해할 각, 돼지 발자취 각, 줄을 붙일 각, 기각 각.

고대 이집트에서는 인간의 영생불멸永生不滅을 믿어 사람이 죽으면 육체를 미라로 만들었다. 육체를 떠난 영혼이 돌아올 집을 준비해 놓은 것이다. 그러나 미라는 언제라도 훼손될 수 있었기 때문에 더 튼튼한 보험으로 조각상을 깎아(刻) 대치했다. 영생을 위한 인체를 돌로 제작하고 때로는 여러 개를 만들어 신체와 동일하게 취급했다. 그래서 죽은 이를 영원히 기억하기를 기원했다. 돌도 오랜 시간이 지나면 훼손될 수 있다 하여 섬록암에서 사람 형상을 깎아낸 다음 뒷부분을 그대로 살려 팔다리의 일부가 돌 속에 잠겨 있도록 한 부조에 가까운 상도 있었다. 섬록암은 깎기 어려운 대신 질이 좋고 오래갔다. 나일강 유역에 많이 나는 돌이었다.

자기와 똑같이 생긴 조각상을 만들면 영원히 살 수 있었기에 조각하는 사람을 영원히 살게 해주는 자라고 불렀다.

❀ **刻舟求劍**(각주구검)

초楚 백성이 나룻배로 강을 건너다 그만 들고 있던 검을 물속에 빠뜨리고 말았다. 그 사람은 임시변통臨時變通으로 뱃전에다 표시를 하고 검이 떨어진 곳이라 써 놓았다. 이윽고 배가 건너편 나루터에 닿자 뱃전에 표시한 대로 물속으로 들어가 검을 찾았으나 찾을 길이 없었다. 배가 움직였다는 것을 계산에 넣지 않았기 때문이다.

융통성融通性이 없는 사람을 가리키는 말이다.

銘 쇠(金, 금)에 새긴 이름(名, 명)

새길 명, 기록할 명.

인력회사에서 만나 마음에 새긴(銘) 분들이다.

책을 좋아하는 진구 씨는 몸이 불편하지만 두 아이를 대학에 보내고 있다.

작지만 단단한 체구의 상수 형님은 고아로 태어나 온갖 일을 다 겪고 살았지만 대기업에 다니는 아들을 길러 냈다.

눈빛이 그윽한 현태 씨는 농협에 일하다 명퇴한 분이다. 그는 무슨 일이든 앞장서면서 결코 생색을 내지 않는다.

아내가 식당을 하고 있는 기우 씨는 하루 번 돈을 꼬박꼬박 저축을 하여 노후자금을 비축하고 있다.

부산에 일이 없어 겨울을 나기 위해 홀로 진주로 올라온 찬식 씨는 하루도 결근을 하지 않는다. 외로움을 견디려 자기 전에 소주를 한 병씩 마신다지만 항상 가족을 염려한다.

쓸데없는 말이 많은 것이 흠인 운태 씨는 천하장사天下壯士이다. 무거운 것은 먼저 나서서 후다닥 옮겨 버린다.

개인택시를 하는 이환 씨는 손님이 적은 낮에 노동을 하고 밤에는 운전을 한다. 슈퍼맨이 따로 없다.

항상 웃는 얼굴인 선근 씨는 노동을 해 4년 동안 노후자금으로 8천만 원을 모았다. 1억이 모이면 남해 본가로 가 과수원을 하겠단다.

커다란 몸에 배가 산처럼 나온 차수 씨는 알고 보니 번 돈을 거의 병든 아내의 치료비로 입금 시키고 있었다. 그의 순애보가 가슴을 때렸다.

고등학교를 나와 군에 다녀온 재영이는 탤런트를 해도 좋을 미남이다. 항공회사에 취직하려고 준비하고 있다.

중국집 주방장을 하다 독립하려고 나온 형구는 얼굴 모습부터 성실하다. 얼마 전에 첫 아들을 보았단다.

모두가 첫 새벽을 열고 막노동을 나온 사람들이다.

인간의 향기가 난다.

067 磻溪伊尹, 佐時阿衡
반 계 이 윤 좌 시 아 형

반계에서 여상을, 신야에서 이윤을 얻어서 때를 도우니 아형이라 높여 불렀다.

磻溪 : 강태공 여상이 낚시질 하였다는 시내에서 여상을 얻었고(지금의 섬서성 보계현 동남을 꺾어 북쪽으로 흘러 위수로 흘러 들어간다.)

伊尹 : 탕은 이윤을 얻었다(이름은 지. 탕 임금에게 세 번 초빙을 받고 그의 재상이 되어 하나라 왕 걸을 치고 드디어 탕으로 하여금 천하를 제패하게 하였다. 그래서 탕은 그를 아형이라고 높여 불렀다. 뽕나무 구멍에서 태어났다는 이윤은 소신小臣이라고도 불렸다. 소小는 막내 동생을 의미하는 말이다. 소왕小王·소부小父와 함께 귀족의 막내 동생이라는 의미를 지닌 소자小子·소신小臣은 모두 같은 맥락이다. 그중 신을 섬기는 일에 관여하는 것이 소신이었다.).

佐時 : 때를 도와

阿衡 : 아형이라 불렀다.

磻 **여러 가지**(釆, 변) **돌**(石, 석)**들이 굴러다니는**(由, 유)

반계 반, 돌살촉 파.

어릴 때 살던 고향집은 바다와 가까운 골짜기 입구에 있었다. 새벽에 파도가 자갈 사이를 드나드는 소리에 잠이 깨 하루가 시작되었다. 안개가 자욱한 날은 언덕 위 등대에서 바다를 향해 날리는 우렁찬 경적소리에 하루 종일 귀가 멍멍했다.

국민 학교 저학년 여름, 학교에서 돌아오면 먹을 밥이 없었다. 솥이 텅텅 비어 있었다. 그러면 어떡해, 굶을 수는 없잖아. 그렇지 바다로 나가 해결하면 되지. 우리 동네 꼬마들은 국민 학교에 들어가기 전에 수영 솜씨가 이미 거의 물개 수준이 된다.

철사를 다듬어 만든 작살(磻)에 어머니 메리야스 빤스에서 빼낸 고무줄을 묶어 창을 만들어 물속으로 들어가 고기를 잡았다. 창에 꿰인 물고기는 대강 비늘을 제거하고 내장을 뺀 후 대가리를 잡고 꼬리 부분부터 생채로 씹어 먹었다. 반 너머 먹을 때까지 물고기는 손안에서 요동을 치며 눈을 끔뻑거렸다.

생명은 도둑이다.

溪 **배가 떠있는(奚, 해) 물(氵, 수) 모양**

시내 계.

명明 영락제는 캉 핑 장군과 절친한 친구 사이였다. 어느 날 영락제는 지방 순시를 위해 수도를 떠나게 되었다. 그는 자기 대신 그의 왕궁과 규방의 첩들을 보호해 달라고 캉 핑에게 부탁했다. 캉 핑은 황제가 자신을 의심하여 훗날 일어날 일에 대비하여 어떤 일을 준비하였다.

순시를 마치고 돌아온 영락제는 자신의 첩들을 유혹했다는 죄명으로 캉 핑을 체포했다. 캉 핑은 황제에게 자신의 충성을 증명할 수 있다고 말했다. 그는 지방 순시 중 영락제가 탔던 말의 안장을 가리키며 영락제에게 들여다보라고 하였다. 그 안에는 잘라낸 캉 핑의 성기가 들어 있었다.

영락제는 캉 핑을 내시의 우두머리로 승진시켰고 그가 죽은 후에는 그를 기리는 절을 세워 내시들의 수호성인으로 만들었다. 절 주위로 시내(溪)를 만들어 그의 동상을 세워 항상 물로 씻어 깨끗하게 하였다.

伊 사람(亻, 인)을 다스리는(尹, 윤) 모양

저 이, 어조사 이, 이 이, 오직 이, 답답할 이.

천하를 있는 그대로 방임해 둔다는 말은 들었지만 천하를 다스린다는 말은 듣지 못했다. 본래 그대로 있게 하는 것은 천하가 그 본성을 망치지 않도록 염려해서, 또 방임해 두는 것은 천하가 그 덕을 바꾸지 않도록 염려해서이다. 천하가 그 본성을 망치지 않고 그 덕을 바꾸지 않는다면 새삼 무엇 때문에 천하를 다스리겠는가.

옛날 요 임금이 천하를 다스릴 때 세상 사람을 기쁘게 하려고 이것저것 헤살 놓았는데 이는 결코 서로 편안한 일이 못 되었다. 저(伊) 걸 왕은 천하를 다스릴 때 세상 사람을 지치게 하여 자연스런 본성을 괴롭혔는데 이는 즐거운 일이 못 되었다. 그렇듯 편안치 않고 즐겁지 못한 일이란 덕이 아니다. 덕이 아니면서 오래가는 것은 세상에 없는 법이다.

尹 지팡이를 잡은 모양

미쁠 윤.

윤尹은 옛날에 신을 섬기는 사람의 호칭으로 그가 쥐고 있는 것은 신의 지팡이 즉 신을 대신하는 물건이다. 그러므로 윤尹은 성직자이다.

佐 왼편(左, 좌)에 있는 사람(亻, 인)

도울 좌, 보좌관 좌, 버금 좌.

조선 인종은 생모인 장경황후가 그를 낳은 지 7일 만에 죽었기 때문에 계모인 문정왕후 윤 씨의 도움(佐)을 받고 자랐다.

어느 날 아침 문안 인사 차 문정 왕후를 찾아 갔는데 그녀는 여느 때와는 달리 친근한 미소를 지으며 떡을 내놓았다. 착한 인종은 덩둘해서 계모가 내놓은 떡을 의심하지 않고 데시겼다.그리고 식중독으로 시름시름 앓다가 얼마 안 가 죽고 말았다.

적은 항상 가까운 곳에 있다.

時 절(寺, 사) 위에 해(日, 일)가 뜬

때 시, 끼니 시, 기약 시, 이 시, 엿볼 시, 가끔 시.

상商의 임금이었던 주는 키가 8척으로 나라 안에서 가장 컸다. 등은 호랑이 같이 튼튼했고 허리는 곰과 같이 강했다. 맨손으로 맹수를 때려잡았다.

무서운 정력가精力家여서 때(時)를 가리지 않고 열 명의 젊고 건강한 여인들을 상대했다. 그가 가장 좋아하던 체위는 자신의 허리에 다리를 감은 여인을 손도 대지 않은 채 발기한 성기로 번쩍 들고 방안을 걸어 다니는 것이었다.

阿 언덕(阝, 부) 이로구나(可, 가)

언덕 아, 아첨할 아, 기둥 아, 가지 죽죽 벋을 아, 항아 아, 건성으로 대답할 아, 가는 비단 아.

언덕에서 축고를 놓고 제사를 지내는 모양.

❀ **阿鼻叫喚**(아비규환)

불교의 윤회설輪回說에 육도가 있다. 천상·인간·지옥·아귀·축생·수라의 여섯 도를 육도라 한다. 이중 지옥·아귀·축생도가 가장 고통스럽다 하여 삼악도三惡道라 한다. 인간은 업보에 따라 이 육도를 윤회하게 된다.

특히 지옥에는 팔대지옥이 있는데 이중 아비지옥과 규환지옥이 가장 고통스럽다.

아비지옥은 무간지옥이라고도 하는데 오역죄를 범하면 여기에 떨어졌다. 오역죄란 부모 살해, 부처 몸에 피를 낸 자, 삼보를 훼방한 자, 사찰의 물건을 훔친 자, 비구니를 범한 자 등이다. 여기서는 옥졸이 죄인의 살가죽을 벗기고 벗긴 가죽으로 죄인을 묶어 불 수레에 던져 태운다. 또 야차들이 쇠창을 달구어 온몸을 지지고 입·코·배를 꿰어 뱀 굴에 던진다. 이따금 쇠로 된 매가 날아와 간식으로 눈을 파먹기도 한다. 여기에 떨어지면 하루에 수천 번씩 죽었다 되살아나야 한다.

규환지옥은 전생에 살생·질투·절도·음탕·음주를 일삼은 자들이 떨어지는데 물이 펄펄 끓는 가마솥에 삶거나 불이 타오르는 쇠로 된 방에서 고통을 받는다. 워낙 고통스러워 끊임없이 울부짖으므로 규환지옥이라 한다.

석가는 지옥을 이야기 한 적이 결코 없었다.

衡 길에서 저울질 하는 모양

저울 형, 수레 멍에 형, 눈통이 형, 난간 형.

진시황秦始皇의 직계가족直系家族은 수천 명이나 되었다. 그는 13000명이 넘은 아내를 거느리고 하루 밤에 한 사람씩 상대했다. 가족들은 모두 아방궁에서 살았는데 성에는 방이 만 개가 넘었다.

생전에 그는 자기가 죽으면 가족 모두와 함께 묻어달라고 하였다. 그러나 그가 방사들이 만든 환약을 장복하여 수은 중독에 시달렸고, 급기야 지방 순시 중 수레 난간(衡)을 잡고 급사한 뒤 아들은 12명, 딸은 10명만 남아 있었다.

그동안 왕위를 노릴 만한 가족을 계속 죽였기 때문이었다.

068 奄宅曲阜, 微旦孰營
엄 택 곡 부 미 단 숙 영

곡부의 집에서 오래 살았으니
주공 단이 아니면 누가 이를 다스리겠는가?

奄宅 : 오래 살았으니

曲阜 : 성왕이 주공에게 봉한 노나라의 수도에서 주공은 곡부에 집을 지었다. 그는 문왕의 아들이고 무왕의 동생이었는데 무왕을 도와 상을 멸망시키고 주를 세우는 데 큰 공이 있었다. 이름은 단이었다.

微旦 : 단이 아니면

孰營 : 누가 운영하리오.

『예기』 '成王以周公爲有勳勞於天下 是以封周公於曲阜 地方七百里革車千乘 命魯公世世祀周公以天子之禮樂' – 성왕은 주공이 천하에 노고한 공적이 있어서 이에 곡부에 주공으로 봉했다. 땅은 사방 칠백 리이고 수레가 천 승이었다. 그리고 노공에게 명하여 대대로 주공을 천자의 예악으로 제사 지내라고 하였다.

奄 **큰 것에 가려진 모양**

가릴 엄, 오랠 엄, 문득 엄, 그칠 엄, 매우 엄.

고대 중국에서 여자 환자는 의사 앞에서 옷을 벗지 않았다.

의사들은 왕진을 갈 때 여인의 몸을 조각한 조그만 상아 등신상等身像을 가지고 다녔다. 이 등신상을 휘장을 가리고(奄) 누워 있는 여인에게 건네주면 환자는 그 등신상에 자신의 환부를 표시하여 넘겨주었다.

의사는 명주실을 휘장 안으로 보내 실 끝을 환자 손목의 힘줄에 대도록 하였다. 그리고 실 끝을 통하여 전달되는 맥박과 등신상에 표시된 환부를 바탕으로 환자의 질병을 판단했다.

宅 의지하는(乇, 탁) 사당(宀, 면)

집 택, 살 택, 자리 택, 정할 택, 묘 구덩이 택.

사당에 주술을 하는 도구가 비치되어 있는 모양.

曲 구부러진 길 모양

굽을 곡, 곡절 곡, 누에 발 곡, 가락 곡.

장석이 제齊로 가다 곡원에 이르러 그곳 토지 신을 모신 사당 마당에 서있는 상수리나무를 보았다. 크기는 수천 마리 소를 가릴 정도이며 굵기는 백 아름이나 되었고 높이는 산을 내려다볼 정도이고 사방으로 여든 자 되는 가지가 불거져 나와 있었다. 배를 만들 수 있는 가지만도 수십 개였다. 나무 둘레에는 구경꾼이 장터처럼 모여 있었다.

장석은 슬쩍 쳐다만 보고 그대로 지나쳤다. 제자가 한동안 그 나무를 쳐다보다가 장석에게 달려와 물었다.

"저는 선생님을 따라 다닌 뒤로 저처럼 훌륭한 재목을 아직 본 적이 없습니다. 그런데 선생님께서는 저 나무를 슬쩍 쳐다만 보고 그대로 지나치시니 무슨 까닭입니까?"

장석이 대답했다.

"저 나무는 쓸모없는 나무일세. 배를 만들면 가라앉고 널을 짜면 곧 썩으며 기물을 만들면 곧 굽어버리고(曲) 문을 만들면 진이 흐르고 기둥을 만들면 좀이 생길 것일세. 그러니 재목감이 못 되는 나무일세. 그러나 아무 소용도 없었기 때문에 저렇게 오래 살 수 있었던 것일세."

정석이 집에 돌아오자 꿈에 상수리나무의 정령精靈이 나타났다.

"너는 도대체 나를 마닐마닐하게 보는 것이냐? 너는 나를 쓸모를 가지고 다른 나무와 비교하려는 것인가. 대개 아가위·배·귤·유자 따위 열매를 맺는 나무는 그 열매가 익으면 잡아 뜯기고 가지가 부러진다. 큰 가지는 꺾이고 작은 가지는 찢어진다. 이것은 그 나무가 맛있는 열매를 맺는 능력이 있기 때문에 결국 제 몸이 괴로운 것이다. 그래서 천명을 다하지 못하고 도중에 죽게 되는 것이다. 쓸모가 있는 사물은 모두 이와 같은 대접을 받는다. 그러나 나는 세상에서 쓸모가 없기를 오랫동안 바랬다. 지금까지 여러 번 죽을 뻔 했으나 별다른 쓸모가 없었기 때문에 살아남아 오늘의 모습을 이룰 수 있었다. 나는 비로소 그 쓸모없음을 내 큰 쓸모로 삼게 되었다. 그리고 너도 나도 다 우주의 하찮은 사물에 지나지 않는다. 어찌 서로를 하찮다고 헐뜯겠는가."

阜 언덕 모양

언덕 부, 둔덕 부, 클 부, 살찔 부, 많을 부, 두둑할 부, 메뚜기 부.

진秦을 정벌하려 함양 교외 홍문까지 40만 대군을 이끌고 온 항우는 라이벌인 유방이 먼저 함양을 공략하고 진의 재보를 독차지 했다는 첩보를 받고 노발대발하였다. 그는 10만 밖에 안 되는 유방을 당장이라도 짓밟아 버리려 하였다. 그러나 유방은 사실 함양의 보물에는 손도 대지 않고 패상 언덕(阜)으로 물러나 있었다.

범증은 유방의 그런 태도를 야망으로 해석하여 어떻게 해서라도 유방을 죽이려 애를 썼다. 항우의 숙부 항백이 이 낌새를 읽고 친구 장량에게 이러한 사실을 귀띔해 주었다. 유방은 항백의 주선으로 항우를 만날 수 있었다. 유방은 고작 백여 기의 군사를 데리고 예물을 갖추어 항우에게 갔다. 이것이 홍문의 회견이다. 유방은 차라리 호랑이 굴로 스스로 들어간 것이다.

유방이 함양에 먼저 들어간 것을 항우에게 정중하게 사과하고 함양의 보물들은 항우가 입성한 후에 처분하고자 모두 밀봉하여 두었다고 보고하자 항우는 기분이 풀어져 주연을 베풀었다.

주연이 점차 흥겨워질 때 범증이 항우에게 계속 유방을 죽이라 눈짓을 보냈으나 항우는 응하지 않았다. 범증은 항장에게 검무를 추게 하였다. 이에 번쾌가 눈을 부릅뜨고 항우를 노려보았다. 이런 북새통에 장량은 기지를 발휘하여 유방을 빼내 무사히 패상으로 피신할 수 있었다.

범증은 유방이 가져온 옥두를 칼로 부수면서 탄식했다.

"수자야, 수자야! 천하를 얻는 자는 반드시 패공일 것이다."

微 젊은 무녀를 길에서 때리는 모양

은미할 미, 작을 미, 가늘 미, 희미할 미, 쇠약할 미, 아닐 미, 없을 미, 기찰할 미, 숨길 미, 천할 미.

미微는 무녀를 길에서 때려죽이는 모양. 요즘 북한에서 한다는 공개처형이다. 이렇게 함으로써 상대방 무녀에 의하여 행해진 주술을 무효로 할 수 있었다.

旦 해가 뜨는 모양

아침 단, 밝을 단, 일찍 단, 간사할 단, 밤에 우는 새 단.

칭기즈 칸의 손자였던 쿠빌라이 칸은 당시 몽고 제국에 머물던 마르코 폴로의 부친인 니콜로와 삼촌인 마페오를 고향으로 돌려보냈다. 유럽의 선교사宣敎師들을 불러 자신과 몽고인들에게 기독교基督敎를 알려달라고 그들에게 부탁했다.

마르코 폴로 일행이 도두밟고 고향으로 돌아갔을 때 교황은 정치적政治的으로 위기를 맞아 정신이 혼란스러운 시기였다.

마르코 폴로는 간사하게도(旦) 쿠빌라이와의 약속을 도슬려 저버리고 말았다.

孰 **이렇게 좋은**(亨, 형) **환약**(丸, 환)**을 만든 사람은**

누구 숙, 어느 숙, 살필 숙, 익을 숙.

하夏에서는 누구나(孰) 건강할 때에도 의사에게 돈을 지불했다. 의사가 질병을 예방한다고 믿었기 때문이다. 그리고 환자가 죽으면 의사에게 책임을 돔바르는 의미로 의사 집 입구에 특수한 초롱을 달았다.

하나라 남자들은 전쟁터에 나가거나 먼 길을 떠날 때에는 아내의 대음순을 실로 꿰매어 아내의 부정을 방지했다.

또 하나라에서는 곡식이나 술의 양을 측정하는 방법으로 음높이를 이용했다. 정해진 음정에 벗어난 소리가 나면 용기에 담긴 양이 정확하지 않다고 판단하였다.

궁(宮, 궁)**에서 불**(火, 화)**이 나면**

다스릴 영, 경영할 영, 지을 영, 오락가락할 영, 영문 영, 황송할 영.

김춘추의 아버지는 김용수, 어머니는 선덕의 언니 천명 부인이다. 김용수가 죽자 그의 아우 김용춘이 형수 천명부인을 아내로 삼고 조카 김춘추를 아들로 삼았다.

고구려 고국천왕과 산상왕은 형제간인데 고국천왕이 죽자 왕비 간 씨는 동생 산상왕 집을 한 밤중에 찾아가 프러포즈했다. 산상왕은 그녀를 아내로 삼았다.

형이 죽고 나면 동생이 형수와 결혼하는 것을 '견숙'이라 한다. 형수가 밤중에 남편의 동생을 찾아가서 둘이서 손가락을 잘라 피를 마시는 견숙례를 치르고 부부가 되었다. 그리고 이튿날 중신들을 불러 놓고 임금이 죽은 것과 새 임금이 등극했음을 알렸다. 그러면 그날부터 나라를 다스릴(營) 수 있었다.

이러한 형사취수라는 형제처 풍습은 부여 때부터 있었다.

화전민火田民이나 산간벽지山間僻地에서는 얼마 전까지도 이 풍속이 지속되고 있었다. 네팔이나 히말라야 고산족 들은 지금도 형제끼리 한 아내를 데리고 산다. 형제는 순번을 정하여 아내의 방에 들어가는데 아내는 문 앞에 색이 있는 천을 달아 그날 사내를 받을지 말지 의사를 표현하였다. 형제처가 낳은 아이는 그 가문의 아이로 인정되어 같이 키웠다.

069 桓公匡合, 濟弱扶傾

환공광합 제약부경

환공은 바르게 모아서
약자를 구하고 기울어진 질서를 붙들었다.

桓公 : 환공은

匡合 : 바르게 합했고

濟弱 : 약한 자를 구하고

扶傾 : 기운 자를 도왔다.

桓 나무(木, 목)에게 무엇을 구하는가(亘, 선)

굳셀 환, 모감주나무 환, 표목 환, 머뭇거릴 환, 하관 틀 환, 홀 환.

칭기즈 칸의 군사들에게는 전투가 끝날 때마다 사형을 집행할 의무가 있었다. 그들은 포로가 된 주민들을 성벽 주위에 세운 다음 도끼로 목을 쳤다. 많을 때는 병사 한 명이 50명이 넘는 포로를 죽이는 경우도 있었다. 자칫 머뭇거리면(桓) 상관에게 처벌을 받았다.

병사들은 죽인 포로들의 귀를 잘라 자루에 담았고 상관은 자루 속에 들은 귀를 일일이 세어 개수를 확인했다.

선조를 제사 지내는 사당 앞뜰의 평평한 모양

공정할 공, 공변될 공, 한 가지 공, 밝을 공, 마을 공, 어른 공, 그대 공, 아비 공, 시아비 공.

사당에서는 하루 종일 제사를 지냈다. 그리고 씨족 안 송사는 모두 이 사당에서 판결하였다. 당사자는 사당 앞에서 맹세를 하고 그 시비를 가렸다.

송訟은 사당 앞에서 부른 송가이다.

❀ **太公望**(태공망)

여상이란 노인이 위수에서 낚시를 하고 있었다. 서백이 사냥 왔다 여상을 보았다. 말을 나누어 보니 대단한 병략가이고 덕망이 높았다. 서백은 항상 기다리던 인물이라 하여 그를 태공망이라 부르며 존경하여 모셨다.

匡 왕(王, 왕)이 궁전(匚, 방)에 있는 모양

바로 잡을 광, 바를 광, 비뚤어질 광, 도울 광, 겁날 광, 모날 광, 구원할 광, 밥 그릇 광, 공정할 광.

원래 규방은 황제만을 위한 곳이었다. 마르코 폴로는『동방견문록』에서 쿠빌라이 칸 규방 여인들은 매우 황홀하고 매혹적魅惑的이라고 했다. 어느 나라나 황제의 규방은 나라 안 최고의 미녀들이 있는 곳이었다.

왕비들은 사람을 시켜 아름다운 처녀를 찾아내 황제에게 선물로 바쳤다. 귀족들은 자기 딸을 황제의 규방에 보내는 것을 영광으로 여겼다. 규방 내에서의 서열은 누가 자식을 많이 낳느냐에 따라 정해졌지만 아들을 우선으로 하였다.

황제가 죽으면 규방 여인들의 운명은 기구했다. 순장 제도가 있는 나라에서는 산채로 무덤에 같이 묻혔고 때에 따라서는 왕의 무덤 옆에서 자결해야 했다.

시간이 지나면서 이러한 제도를 바로잡아(匡), 왕이 죽으면 규방의 여인들은 자살을 하거나, 머리를 깎고 승려가 되거나, 아니면 돈을 바치고 궁궐을 나가는 것들 중에서 자의로 두 길 보기 할 수 있었다.

合 축고 위에 뚜껑을 덮은 모양

모을 합, 합할 합, 같을 합, 짝 합, 대답할 합, 부를 갑, 화할 갑.

인도에 가면 결가부좌結跏趺坐하고 묵상하는 수행자를 볼 수 있다. 그들은 완전히 묵상에 몰입하여 가늘게 뜬 눈으로 코끝이나 배꼽 또는 태양을 바라보면서 앉아 있다. 태양을 오래 바라보다 장님이 되는 수행자도 있다. 또는 오랫동안 못을 박은 침대에 벌거벗은 채로 누워있거나 나무에 거꾸로 매달려 있기도 한다. 혹은 손톱이 살을 뚫고 손등으로 나올 때까지 손을 모아(合) 주먹을 쥐고 있는 사람도 있다.

육체의 한계를 넘어 정신을 수련하자는 것인데, 적취설積聚說에서 벗어나지 못하고 있다. 싯다르타는 브라만의 전변설轉變說과 외사육도의 적취설을 넘어 중도中道를 주장했다.

濟 물길(氵, 수)이 가지런한(齊, 제) 모양

구할 제, 건널 제, 많을 제, 정할 제, 그칠 제, 단정할 제, 일 이룰 제.

제齊는 부인 머리 장식 모양. 이것은 제사를 지낼 때 사용한다.

그래서 제齊에 제사용 탁자 시示를 더하면 제齋가 된다.

弱 바람에 터럭이 나부끼는 모양

약할 약, 못생길 약, 어릴 약, 나약할 약, 절름발이 약, 죽을 약, 패할 약, 몸져누울 약, 침노할 약.

일본日本에서는 귀족이 규범과 관례에 어긋나는 행위를 하면 스스로 할복割腹을 하게 했다. 귀족은 방석에 앉아 짧은 칼로 자신의 아랫배를 열십자로 긋는다. 우선 왼쪽에서 오른쪽으로 그리고 위에서 아래로. 그러나 이 과정을 모두 수행한 사람은 일본 역사상 한 사람도 없었다. 대부분 옆으로 긋는 과정에서 쇼크 상태에 빠졌고 그렇게 되면 그의 가장 가까운 친구가 뒤에 장검을 들고 서 있다가 그의 목을 쳐 고통을 없애 주었다. 그것은 우정의 표시였다.

할복은 남자들에게만 주어진 특권이었다. 약한(弱) 여자들은 자결할 때 단도로 자신의 목을 찌르거나 동맥을 끊었다.

扶 사내(夫, 부)가 손(扌, 수)으로 미는 모양

도울 부, 붙들 부, 호위할 부, 어리광부릴 부.

어떤 남자가 오토바이를 운전하고 있었다. 겨울 아침이어서 찬바람이 가슴을 파고들었다. 그는 바람을 막기 위하여 점퍼를 거꾸로 입고 달렸다. 반대편에서 목사가 오토바이를 타고 오고 있었다. 목사는 놀라서 생각했다.

'저 사람은 머리가 반대로 돌아간 사람인가?'

목사는 생각에 몰두하다 그만 점퍼를 거꾸로 입은 남자의 오토바이와 부딪치고 말았다. 남자는 땅바닥에 넘어져 정신을 잃었다. 목사는 쓰러진 남자를 자세히 들여다보았다.

'세상에 이 사람 머리가 왜 거꾸로 돌아가 있을까? 시내 병원까지는 거리가 먼데 이 일을 어쩌지?'

목사는 힘이 센 사람이었다. 정신을 잃은 남자의 머리를 점퍼 방향에 맞게 억지로 돌려놓았다. 그때 경찰이 다가왔다.

"무슨 일입니까?"

목사가 말했다.

"마침 잘 왔습니다. 이 사람 좀 보시오. 오토바이에서 넘어졌어요."

경찰이 다시 물었다.

"아직 살아 있습니까?"

목사가 대답했다.

"이 사람 머리가 뒤로 돌아가 있을 때는 살아 있었는데 내가 머리가 바로 되도록 도와주자(扶) 숨을 멈춰버렸습니다."

傾

사람(亻, 인) 머리(頁, 혈)를 비수(匕, 비)로 찌르는 모양

기울어질 경, 엎드러질 경, 무너질 경, 귀 기울여 들을 경, 잠깐 경, 약하게 할 경, 섞을 경, 없을 경, 다할 경, 옮을 경, 위태할 경.

중국 여인들은 어릴 적부터 발가락을 비단으로 힘껏 조여 매었다. 그것을 전족纏足이라 한다. 전족을 하면 발가락 발육이 부진하여 체중을 감당하는 힘이 발가락에 실릴 수가 없게 된다. 그래서 전족을 한 여인이 걸을 때는 머리와 몸통 그리고 하체가 기울어져(傾) 따로 흐느적거리게 된다. 허리를 틀면서 걷게 되면 자연히 자궁에 수축력을 준다.

아무리 월궁에 사는 항아를 닮은 여인일지라도 전족을 하지 않으면 남자들에게 환영받을 수가 없었다.

070 綺回漢惠, 說感武丁

기 회 한 혜 설 감 무 정

기리계는 한나라 혜제를 복위시켰고
부열은 무정을 감화시켰다.

綺回 : 기리계가 되돌렸고

漢惠 : 한나라 혜제는

說感 : 말로 감동시켰다.

武丁 : 무정은(탕왕 이후 내부 왕위쟁탈전으로 오랫동안 난이 일어나 국력이 점차 쇠약해졌다. 그러나 고종 무정은 노예 출신인 부열을 재상으로 삼아 상을 잘 다스렸다. 그가 재위했던 50여 년간 서북 지역의 귀방·토방·공방·강방 등의 부족과 전쟁을 벌여 승리를 거두어 영토를 넓게 개척함으로써 상 왕조는 전성시대를 이루었다.)

綺 실(糸, 사)로 기이하게(奇, 기) 짠

무늬 놓은 비단 기, 아름다울 기.

인도 라지기르의 영취산은 얼마 전까지만 해도 호랑이가 득실거려 깡통을 치는 벽호꾼을 앞에 세우고 올랐다. 제파달다가 굴려 부처가 발을 다쳤던 바위가 산을 오르는 길목에 누워있다. 자몽한 순례자는 부처의 고통을 같이 느끼려 그 바위를 맨발로 차 피를 내기도 한다.

불자들은 영취산에 시공을 초월한 부처가 항상 주재하며 말세가 되어 세상이 모두 불에 타도 영취산 정토만은 아름다운(綺) 낙토로 남아 있으리라고 믿는다. 그래서 여기에서 설법하는 모습을 그리거나 조각하여 이것을 영산회상이라 불렀다.

중국 도무제나 측천무후가 영산회상 탱화를 남겼고 우리도 경주 선도산에 영취산 정토를 재현하려 했던 기록이 있다. 『삼국유사』에 선도산 신모가 용이 되어 나타나 영산회상을 재현하라고 신사 밑에 숨겨진 금 160냥을 꿈에 계시했다는 이야기가 나온다.

일본 법륭사 동대사에도 영산회상 벽화와 만다라가 있다.

인도에서 상상된 정토는 동북아 전역으로 퍼져 나갔다.

回 입(口, 구)을 에워싼(囗, 위) 모양

돌 회, 돌아올 회, 돌이킬 회, 간사할 회, 어길 회, 머뭇거릴 회, 굽을 회, 둘레 회.

그대 보지 않았는가?
장강 물이 한 번 바다에 들어가면 다시 오지(回) 못하는 것을
또 보지 않았는가? 고당 명경에 나타나는 백발의 슬픔,
아침에는 청사와 같던 것이 저녁에는 눈같이 희었네.
인생, 뜻을 얻었을 적에는 오직 환락을 다할 것이
홍금 술 단지를 공연히 달빛만 보이고 버려두지 말라.
하늘이 나를 낼 적엔 반드시 그 재주를 쓸 데가 있었을 것이다.
천금 많은 돈을 흩으면 다시 돌아올 날도 있으리라.
염소를 삶고 쇠고기를 저며서 얼마 동안 주연을 즐겨 보자.
술은 그래도 한 번에 삼백 잔은 마셔야지.
잠부자, 단구생아.
지금 곧 술을 권하려 하노니 그대는 잔을 멈추지 마라.
그대 위해 내 한 곡 부르리라.

모쪼록 그대는 나를 위해 귀 기울여다오.
종정옥백은 귀할 것이 못된다.
다만 장취를 원하고 취했거든 깨지 말기를.
고래의 현달이 모두 적막하거니
다만 마시는 자, 그 이름을 남기리라.

漢 물(氵, 수)과 황토(𦰩, 근)의 나라

한나라 한, 한수 한, 은하수 한, 놈 한.

수隋는 집권했던 38년 대부분을 운하 건설에 전념했다. 한漢 왕조는 엄두도 내지 못한 공사였다. 운하 양쪽에 길을 내고 나무를 죽 이어 심었는데 전체 길이 1500킬로미터에 너비 30미터의 수로였다.

거의 25년이 걸린 공사로 많은 사람들이 동원되어 목숨을 잃었다. 동원된 인원은 550만 명으로 추정되는데 그중 반이 공사 도중에 죽었다.

완공된 후부터 지금까지 베이징에서 항조우로 이어지는 배가 운항하고 있다.

惠 마음이 창을 넘어 퍼지는

은혜 혜, 어질 혜, 순할 혜, 줄 혜, 세모창 혜.

1905년 2월 경찰관警察官의 대규모 집단행동集團行動이 있었다.

당시 한성에는 4천5백 명 정도 순검이 근무하고 있었다. 이들은 일본인 여섯 명이 느닷없이 한성의 경찰권을 장악하러 온다는 소문을 들었다. 과연 소문대로 일본인 경찰 고문들이 당시 정부로부터 사령장辭令狀을 받았다. 그들이 한성 소재 5개 경찰서에 출근해 보니 순검은 한 명도 보이지 않고 서장도 없었고 감옥문은 열려 수감

된 죄수는 아예 보이지도 않았다. 이른바 공무원 데모였다.

스트라이크는 열흘 간 지속하였다. 권력 앞에서는 뒤스럭스럽고 순한(惠) 순검도 자기들의 이익을 위해서는 한 번씩 정신을 차렸던 모양이다.

說 말(言, 언)에 빛이 나니(兌, 태)

기뻐할 열, 고할 설, 말씀 설, 글 설, 달랠 세, 쉴 세.

당唐 시인 이백은 환갑을 맞은 어느 날 밝은 밤, 호수에서 배를 타고 술을 마시던 중 물위에 비친 달이 너무나 매혹적이어서 듣거니 맺거니 하며 끌어안으려다 그만 물에 빠져 죽고 말았다.

그는 술을 보면 너무 기뻐(說) 말술을 마시면서 여러 편의 시를 지었다.

感 마음(心, 심)을 다하면(咸, 함)

감동할 감, 감격할 감, 한할 감, 찌를 감, 깨달을 감, 느낄 감.

❀ 人生感意氣(인생감의기)

『당시선』 위징의 「술회」에 '人生感意氣 功名誰復論'(인생은 의기에 감동하고, 공명 따위를 누가 다시 논하랴.)라는 구절이 나온다.

위징은 산동성 지방에서 아직 항복하지 않고 있는 서세적을 설득하고자 동관으로 갔다. 태종과의 지우에 감격한 그는 공적을 세워 황제를 보필하겠다는 의지를 「술회」에 담았다.

武 창(戈, 과)을 멘 발걸음(止, 지)은

굳셀 무, 병장기 무, 건장할 무, 위엄스러울 무, 날랠 무, 자취 무, 이을 무.

예전에 을미사변乙未事變을 전후해서 커피가 들어왔다. 당시 러시아 공사가 고종에게 권했다는데 고종은 커피를 좋아해서 위엄스러운(武) 표정을 지으면서 자주 마셨다. 이로 인해 커피는 얼마 지나지 않아 고관들의 기호식품으로 퍼져 나갔다.

1925년 서울 종로에 처음으로 다방茶房이 생겼다. 커피가 처음 다방에서 판매되었을 때 값이 너무 비싸 부자들은 무슨 맛인지도 모르면서 다만 멋으로 마셨다.

우리나라 최초의 오페라 가수 윤심덕도 종로 다방에서 커피를 즐겨 마셨다.

丁 사람이 서 있는 모양

장정 정, 넷째 천간 정, 당할 정, 부리는 사람 정, 외로울 정, 백정 정, 물이 새어 떨어지는 소리 정, 나무 베는 소리 쟁.

고대 중국에서 장정(丁)은 사람을 죽이거나 술에 취하면 사형시키고, 간음하거나 강도짓을 하면 음경을 잘랐다. 국가의 재산을 손상시키면 귀와 손을 자르고, 좀도둑질을 하거나 여행자를 괴롭히면 코를 잘랐다. 가벼운 범죄를 저지르면 불에 달군 인두로 이마에 표식을 새겼다.

사람들이 긴 소매의 옷을 입는 이유는 시장이나 남의 집을 방문했을 때 물건을 수월하게 훔치기 위해서였고, 손님을 문 밖까지 정중하게 배웅하는 것은 손님이 무엇인가 훔쳐가는 것을 감시하기 위해서였단다.

071 俊乂密勿, 多士寔寧
준 예 밀 물 다 사 식 녕

뛰어난 사람들이 힘써 일하고
많은 인재가 있어 참으로 나라가 편안했다.

俊乂 : 재주와 슬기가 뛰어난 사람

密勿 : 힘써 일하고

多士 : 많은 선비들이 있어

寔寧 : 나라가 편안했다.

俊

끝까지 간(夋, 준) **사람**(亻, 인)

준걸할 준, 준수할 준, 재주가 뛰어난 사람 준, 높을 준, 클 준.

중세 가톨릭은 마귀와 성교했다는 이유로 사람들을 트집 잡아 화형에 처했다. 남자 마귀는 인큐버스, 여자 마귀는 슈큐버스라 불렀는데 둘 다 잠자는 사람을 유혹해 꿈속에서 성교를 한다고 믿었다. 마귀의 수는 모두 7,405,926명인데 밤마다 잠자는 남녀를 유혹했다.

종교재판소는 8살 아이에서부터 80세 노인에 이르기까지 닥치는 대로 체포하여 화형을 시켰다. 성직자에게 밉보이면 재주가 뛰어난 사람(俊), 순수한 사람을 가리지 않고 데려갔다.

이 시대에 종교는 미신과 동의어였다. 잔다르크가 화형을 당한 것도 같은 이유에서였다. 칼뱅은 이단자를 화형에 처했고 루터는 정신병精神病을 귀신들린 것으로 판단하였다.

과연 누가 마귀이고 악마인가?

乂 **낫 모양**

풀 벨 예, 다스릴 예, 정리할 예, 평온할 예, 어질 예, 깎을 예.

모세는 60만 명의 유태인을 이끌고 이집트 아압셋에서 출발하여 숙곳과 에담을 거쳐서 홍해를 건너 시내산에서 십계명을 받고 가나안 땅으로 들어갈 때까지 40년이 걸렸다.

정리해 보면(乂) 이 거리는 모두 640킬로로 자동차로는 8시간, 도보로는 두세 달이면 충분히 갈 수 있는 거리이다. 그런데 왜 그들은 40년이란 긴 세월이 지난 후에야 가나안 땅으로 들어갈 수 있었던 것일까?

집(宀, 면)은 필히(必, 필) 산(山, 산)에

조용할 밀, 꼼꼼할 밀, 가만할 밀, 촘촘할 밀, 매우 가까울 밀, 차근차근할 밀, 잘 밀.

사당 안 제단 위에 제사드릴 제물을 가득히 차려 놓은 모양.

勿 **깃대에 달린 좁고 기다란 헝겊들이 바람에 나부끼는 모양**

없을 물, 말 물, 정성스러울 물, 깃발 물, 급한 모양 물.

❀ **己所不欲 勿施於人**(기소불욕 물시어인)

자공이 공자에게 물었다.

"무언가 일생 동안 해야 할 일을 말씀해 주십시오."

"서恕이니라. 자기가 바라지 않는 것을 남에게 하지 말거라."(其恕乎 己所不欲 勿施於人).

且(차) 위에 놓은 고기 덩어리 모양

많을 다, 뛰어날 다, 마침 다, 넓을 다, 아름다울 다, 과할 다.

차且는 조상의 영과 대면하는 장소.

❁ **多多益善**(다다익선)

유방이 한 고조로 즉위하자 한신을 초왕, 영포를 회남왕, 팽월을 양왕, 신을 한왕, 장오를 조왕, 노관을 연왕, 오예를 장사왕으로 봉했다.

"나는 유악을 둘러치고 모의하고 천리 밖에서 승부를 결정하는 일에는 장량에 미치지 못했고, 내정을 보살피고 병참을 보급하는 일에는 소하에 미치지 못했고, 전쟁을 치르는 데는 한신에 미치지 못했소. 그러나 나는 천하의 인걸인 이 세 분을 잘 부려 이 자리에 올 수 있었소. 항우는 범증 한 사람도 제대로 부리지 못해 패한 것입니다."

유방이 제위에 오른 지 일 년이 못되어 한신이 반역했다고 누군가 밀고했다. 고조는 진평의 헌책을 받아 진주로 내려가 제왕 회의를 소집했다. 대책 없이 나타난 한신을 체포해 장안으로 압송하여 사문에 붙였으나 반역한 확증이 없었다. 고조는 한신을 회음후로 강등시켰다. 후는 왕과 달리 조세 징수권은 있으나 군사권이 없었다.

고조가 한신을 사문하던 때 하루는 한신에게 물었다.

"나는 몇 만 정도 군대를 통솔할 수 있을까?"

"폐하는 기껏해야 10만 정도입니다."

"귀공은 어떻소?"

"저는 많을수록 좋습니다(多多益善)."

"다다익선인데 어째서 내게 붙잡혔단 말이오?"

"그것은 별개의 문제입니다. 폐하는 사병을 통솔하는 장은 될 수 없으나 장수를 통솔하는 장이 되었기에 저는 폐하의 포로가 되고 만 것입니다."

士 칼날 부분을 밑으로 한 도끼 모양

선비 사, 벼슬 사, 일 사, 군사 사, 남자 사, 살필 사.

선비의 신분을 나타내는 의식용 무기.

❁ **士爲知己者死**(사위지기자사)

춘추 말기. 진晉 지백은 조趙 양자를 치다 오히려 멸망하고 말았다. 지백을 모시던 예양은 원수를 갚을 기회를 노리고 있었다.

그는 '선비는 자기를 알아주는 사람을 위해 죽고 여인은 자기를 사랑하는 사람을 위해 단장한다.'며 여러 번 조 양자를 죽이려 했으나 실패하여 자살하고 만다. 조양자는 후하게 장사지내 주었다.

寔 사당(宀, 면)은 이래야(是, 시)

진실로 식, 이 식, 참 식, 뿐 식.

사당 안에 축고를 가지런하고 바르게 놓은 모양.

부산에서 진주로 이사와 동양철학東洋哲學 석사과정碩士課程을 밟을 때였다. 그때 나는 오십대 초반이었다. 이사 비용을 지불하고 나니 수중에 남은 돈이 딱 100만

원이었다. 문산 골짜기 조립식 주택을 빌려 계약금으로 50만 원을 주고 나머지로 우선 생활을 꾸렸다.

우리 부부는 배짱이 좋다. 대학원 수업이 없는 날은 문산역 앞 인력회사에 나가서 막노동을 했다. 어쨌든 공부는 계속해야 하니까.

그러고 있을 때 주말마다 테니스를 같이 하던 한국우주항공 이수천 부장이 나에게 고3 아들 국어 과외를 맡겼다. 그 덕에 막노동에서 잠시 해방되고 대학원 공부에 몰두할 수 있었다. 이 부장 아들은 한 해를 가르쳤는데 서울에 있는 대학에 진학했다.

이제는 말할 수 있다.

이 부장 아니 수천 아우 그때 정말(寔) 고마웠어!

寧 **제물이 된 동물의 피나 심장을 그릇에 담아 올려서 조상의 영혼을 안심시키는 모양**

편안할 녕, 차라리 녕, 문안할 녕, 어찌 녕, 거상할 녕, 정녕 녕.

장량은 한漢이 어느 정도 안정을 얻자 몸에 병이 들었다며 벼슬을 버리고 집으로 돌아와 도인 술을 익힌답시고 솔잎을 씹어 먹으며 두문불출하고 있었다.

1년 쯤 지나자 유방이 태자를 폐하고 척부인의 소생 조왕 여의를 태자로 삼겠다고 하였다. 여러 대신들이 간언했지만 유방이 하도 고집을 부려 끝까지 반대하지는 못했다. 자기가 세운 나라를 자기 마음에 드는 아들에게 넘기겠다는데 누가 감히 나설 수 있겠는가? 속이 탄 여후는 건성 후 여택을 보내 장량이 나서줄 것을 원했다.

"그대는 항상 임금을 위한 계책을 내놓았습니다. 지금 황제께서 태자를 바꾸려고 하는 이 긴박한 시기에 그대는 어찌하여 집에서 한가롭게 누워만 있을 수가 있단 말이오?"

장량이 말했다.

"나라를 세우던 시기에 황제는 자주 곤란하고 위급한 지경에 처했으나 그때마다 제 어리석은 의견을 들어주었습니다. 그러나 지금은 이미 천하가 안정되었습니다. 황제께서 어린 여의를 사랑하여 태자를 바꾸려는 것은 골육 사이의 일일 뿐입니다. 제가 감히 나설 일도 아닐뿐더러, 설혹 저 같은 신하 백여 명이 나선들 무슨 소용이 있겠습니까?"

여택은 다그치듯이 말했다.

"어쨌든 같이 고생한 여후를 위해서라도 계책을 세워 주셨으면 합니다."

장량은 잠시 생각한 후 말했다.

"이 일은 누가 간언한다고 해결될 일이 아닙니다. 제가 가만히 헤아려 보니 황제께서도 어쩌지 못하는 인물이 천하에 네 분 있습니다. 원공·기리계·하황공·녹리 선생이 바로 그 분들이지요. 이전에 황제께서 선비들을 무이 여기는 것을 보고, 절대로 한나라 신하는 되지 않겠다고 다짐하고 산속에 숨어 묵새기는 연로한 분들입니다. 그러나 황상께서는 아직도 마음속으로 이분들을 높이 평가하고 계십니다. 건성후께서는 그분들에게 금은벽옥을 아끼지 마시고 선물을 마련하여 보내고, 태자는 직접 그분들에게 편지를 쓰라고 하십시오. 매우 겸손하게 자신을 낮추는 글을 보내고 말 잘하는 변사를 시켜 꼭 와 주셔야 한다고 간곡하게 간청하게 하십시오. 그래서 그분들을 편안한 수레로 모시고 와 태자의 스승으로 삼으십시오. 태자는 조회 때마다 그분들과 같이 입조하여 황제의 눈에 띄면 황제도 틀림없이 이상히 여겨 물으실 것입니다. 이윽고 황제도 이들이 바로 자신이 존경하던 사람들임을 알게 될 것이니, 여기에서 무언가 도움을 얻을 수 있을 것입니다."

이에 여후는 여택으로 하여금 금은보화와 태자의 편지를 받들고 가 그들을 편안히(寧) 모셔 오게 하였다.

한 고조 12년, 황제는 경포의 난을 평정하고 나자 병이 더욱 깊어져 태자를 바꾸어야겠다는 생각도 다급해졌다. 장량이 한 번 더 만류했으나 듣지 않았다. 겁이 난 장량은 더 이상 이 일에는 관여하지 않았다. 태부 숙손통이 죽을 각오를 하고 간했으나 고조는 거짓으로 듣는 체할 뿐 꿈쩍도 하지 않았다.

그러던 어느 날 잔치가 벌어졌을 때 마침 태자가 황제를 모시게 되었다. 네 사람의 스승도 태자와 함께 잔치에 참석했다. 모두 나이가 팔십이 넘었고 수염과 눈썹이 하얗게 세었으며 의관에 매우 위엄이 서려 있었다. 임금이 물경스럽게 여겨 물었다.

"무엇 하시는 분들인가?"

이에 네 사람이 나서서 각각 자신의 이름을 밝히자 임금을 크게 놀랐다.

"그대들을 몇 년이나 찾았지만 그대들은 나를 피해 도망쳤었소. 그런데 지금은 어째서 이렇게 나타나 내 아들을 도와주고 계십니까?"

기리계가 대답했다.

"폐하께서는 선비를 경멸하며 잘 꾸짖으십니다. 저희들은 의를 지키는 자로서 그런 모욕은 받을 수 없었기 때문에 폐하 곁에 있는 것을 두렵게 여겨 도망쳐 숨었던 것입니다. 그런데 태자는 사람됨이 효성스럽고 인자하며 또한 선비들을 경애하니 천하에 태자를 위해서라면 죽어도 좋다고 말하지 않는 이가 없다고 합니다. 그래서 이렇게 찾아온 것입니다."

이 말에 임금은

"번거롭겠지만 그대들은 끝까지 태자를 잘 보호하고 이끌어 미럽이 나도록 해 주십시오."라고 말할 수밖에 없었다. 네 사람이 임금에게 축수하고 일어서자 임금은 눈인사로 이들을 보내 주었다.

그리고는 척부인을 불러 네 사람을 가리키며 이렇게 말했다.

"내 그대를 위해 태자를 바꾸려 했더니 이미 저 네 사람이 태자를 보필하고 있구려. 내가 모르는 사이에 태자의 날개가 이미 충분히 자란 것으로 보이니 나도 더 이상 어쩔 수 없겠소."

이 결정에 척부인이 눈물을 흘리자 임금은 이렇게 달랬다.

"나를 위해 초나라 춤을 춰주시오. 나는 그대를 위해 초나라 노래를 부르리다."

그리고는 노래했다.

홍곡이 높이 날도다.
단번에 천리를 가네.
날개가 이미 다 자라서
사해를 가로질러 가니
내 이를 어찌 하리오?
끈 달린 화살이 있다 해도
어찌 쏠 수 있으리오?

노래가 몇 소절 이어지자 척부인은 춤을 추다말고 흐느껴 울었고 임금은 일어서서 잔치를 끝냈다.

072 晉楚更霸, 趙魏困橫
진 초 갱 패 조 위 곤 횡

진문공과 초장왕은 교대로 패자가 되고
조와 위나라는 연횡설로 곤란을 겪었다.

晉楚 : 진나라와 초나라는

更霸 : 교대로 패자가 되었고

趙魏 : 조나라와 위나라는

困橫 : 연횡으로 곤란했다.

晉 성문 모양

진나라 진, 나아갈 진, 억제할 진, 꽂을 진.

공자 중이가 19개 나라를 옮겨 다니면서 망명생활亡命生活을 하다 초 성왕과 진秦 목공의 지지를 얻어 즉위하니 곧 진晉 문공이다.

고생을 해 본 그는 조쇄·호언·가타와 같은 현명한 신하의 조언을 얻어 농업·상업을 나누어 장려하고 스스로도 검소한 생활을 하였다. 밖으로는 주 왕실의 내란 평정을 도와 주 양왕이 복위되도록 하였다.

진이 패업을 성취하기 위해서는 남쪽의 초와 일전이 불가피不可避하였다. 진과 초는 위를 놓고 일전을 벌여 진이 승리하였는데, 이 전투는 적은 군사로 다수의 강적에게 승리한 유명한 사례이다. 전쟁이 끝난 후 문공은 하양의 천토에서 제후들과 회맹하였다. 진 문공은 이후 30여 개 국을 멸망시키고 천리에 걸친 영토를 확보하였다.

楚 걸어보니(疋, 소) 온통 밀림(林, 림) 뿐인 나라

초나라 초, 휘추리 초, 가시나무 초, 고울 초, 높을 초, 쓰라릴 초.

초楚 목왕이 죽고 아들 여가 즉위하니 곧 초 장왕이다. 그는 북쪽 육혼·융족을 정벌하고 낙읍에 이르러 주 교외에서 열병했다.

이후 초는 귀족 약오의 반란을 진압하고 서를 멸망시켰으며, 진陳을 정벌하여 국력이 매우 커졌다. 기원전 598년 초가 정을 포위하자 진晉 경공이 구원병을 보냈다. 이듬해 초는 비에서 싸워 진군에 대승을 거두었다.

기원전 594년에 초는 다시 송宋을 정벌하였으나 진晉은 감히 대적하지 못하였다. 이로써 초 장왕은 말에게 황하의 물을 먹이고 명토를 박아 중원의 패자가 될 수 있었다.

更 축문을 담은 축고(曰)가 나무에 걸려있는 모양

고칠 경, 대신할 경, 지날 경, 다시 갱.

팽성 어전회의御前會議 이후 항우와 유방은 서로 함양을 목표로 진군을 했다. 1년 후 함양을 먼저 함락시킨 것은 유방이었다. 그러나 군세가 약했던 유방은 번쾌와 장량의 건의를 받아 아방궁과 모든 재산을 남겨두고 도성을 물러나 패상에 진을 쳤다.홍문의 회동 후 항우는 40만 대군을 이끌고 함양에 입성했다. 그는 투항한 자영을 죽이고 아방궁阿房宮에 불을 질렀다. 남아있던 모든 금은보화를 약탈하고 궁녀들을 차지했다.

모사가 진언했다.

"관중의 땅은 산과 하천에 둘러싸여 기름진 곳입니다. 여기에 도읍을 정하면 천하를 호령할 수 있습니다."

그러나 항우는 거절했다.

"부귀를 이루고 고향에 돌아가지 않는 것은 비단옷을 입고 밤길을 가는 것과 같다(富貴不歸故鄕 如衣錦夜行)."

그는 다시(更) 고향 초楚 땅으로 돌아갔다.

覇 사나운 사람 모양

두목 패, 으뜸 패, 패왕 패, 달력 백.

이제 당신과 함께 아무 것도 없는 경지에 놀면서, 나와 남의 대립을 떠나 만물과 하나가 되어 끝이 없는 으뜸되는(覇) 도에 대해 다시 말해 보겠소. 당신과 함께 사사로움을 버리고 편안하고 고요하게, 시원하고 깨끗하게, 만물과 조화되어 유유히 놀아 보겠소. 그러면 마음이 밖의 사물로 인해 동요하지 않고 허공처럼 비워져 자연을 따라 움직여 무엇에 집착하지도 않고 머물지도 않는다오. 아무리 큰 지식으로 이 경지를 들여다보아도 한계를 찾을 수 없다오.

사물을 사물로 있게 하는 이러한 도는 사물과 떨어져 있지 않고 모든 사물 속에 골고루 스미어 있소. 한 쪽은 가득차고 한 쪽은 텅 비어 보여도 진정으로 가득차거나 텅 비지 않고, 한 쪽에 쇠약하고 다른 한 쪽에는 감소하는 듯 보여도 진정으로 쇠약하거나 감소하는 것은 없습니다.

처음과 끝이 없는 무한한 순환을 깨달으면 처음과 끝은 사라지고, 현상계現象界에서 쌓이고 흩어지는 모습도 도의 입장에서 본다면 정말 쌓이고 흩어지는 것은 없습니다.

趙 흩어져서(肖, 소) 도망치는(走, 주) 나라

조나라 조, 찌를 조, 추창할 조, 오랠 조.

기원전 354년 조가 위衛를 공격하자 위魏는 병력을 파견해 조趙를 무찔러 조나라 수도 한단에 이르렀다. 이듬해 제나라 위왕은 조의 구원 요청을 받아들여 전기를 장수로 손빈을 군사로 삼아 군대를 파견해 위를 포위함으로써 조를 구하는 책략을 쓰고, 계릉에서 위 군대를 대파했다.

그러나 1년이 지나자 위는 한의 군대를 빌려 끝내 제·송·위衛의 연합군을 궤멸시키니 이에 제는 강화할 수밖에 없었다. 기원전 351년 위는 다시 조를 위협해 장수부근에서 맹약을 맺도록 하였다. 진은 위와 조 그리고 제가 교전하는 기회를 틈타 하서의 소량과 하동의 안읍을 공격해 점령하였다.

조는 계속 흩어져서 도망쳤다.

魏 귀신(鬼, 귀)도 버린(委, 위) 나라

위나라 위, 대궐 위, 클 위, 우뚝할 위.

위魏는 동쪽으로 제·송과 국경을 접하고, 남쪽으로 초·한과 대면하고, 서쪽으로 진이, 북쪽으로 조가 있어 사방이 강한 적으로 둘러싸여 있었다. 그러므로 부국강병富國强兵을 실현하고자 하는 마음이 절박하였다.

위 문후는 기원전 445년에 즉위한 후 위성자·저황·이회를 차례로 상국에 임명하고, 악양을 장군에 임명해 중산을 얻고, 오기에게 서하 군을 수비하게 하였다. 또한 서문표에게 업을 다스리게 하여 최초로 경제·정치·군사 방면에 개혁을 단행하였다.

기원전 342년 위가 한을 공격하자 한은 제에게 구원을 청하였다. 제 위왕은 다시 전기와 전영을 장군으로 손빈을 군사로 삼아 곧바로 위 수도로 대량으로 진격하였다. 위는 태자 신과 방연으로 하여금 10만의 군사로 대적케 하였다. 손빈과 방연은 귀곡자의 제자였는데 손빈이 마릉에서 방연을 이겼다. 위군은 이 싸움으로 주력이 궤멸되었고 태자 신은 포로로 잡혔고 방연은 자살하였다.

기원전 341년 제·진·조가 3면에서 위를 공격하였다. 이듬해 위는 공자 앙을 파견해 위앙과 교전하였으나 다시 패배했다. 기원전 338년 진은 다시 위의 안문을 공격하여 위 장수 위조를 사로잡았다. 위는 제 진의 협공으로 군사가 세 차례나 패전하고 태자가 포로가 되고 상장군이 죽어 나라가 텅 비고 말았다.

기원전 334년 위 혜왕은 제 초와 관계를 개선하자는 상국 혜시의 건의를 받아들여 스스로 제의 서주로 가서 제 위왕과 만나 그를 왕으로 높이는 대신 자신의 왕위도 승인해 줄 것을 제안했다. 이를 역사에서는 서주상왕이라 하는데 사실은 위·제가 공동으로 동방의 패자를 칭한 것으로, 이전에 위가 단독으로 6국에 대해 패자를 칭했던 것을 양보한 것이다.

진은 기원전 330년부터 328년까지 해마다 위를 공격하여 위로 하여금 하서 상군의 땅을 모두 바치게 하였고 다시 하동 일부를 공격해 점령하였다. 기원전 325년에 진의 혜문군 역시 위·제의 뒤를 이어 왕을 칭했다.

위는 서쪽의 강대한 진을 의식해 계속 동맹을 요구했고 마침내 기원전 323년 오국성왕 즉 위·한·조·연·중산 등 5개국이 공동으로 왕을 칭하기로 하여 동방 각국의 모순을 완화시켰다.

이렇게 되자 일찍이 남방에서 왕을 칭했던 초가 위의 적지 않은 지역을 공격해 점령함으로써 위의 세력은 한층 쇠약하게 되고 말았다.

困 **나무(木, 목)를 가두어 놓은(口, 위) 모양**

곤할 곤, 노곤할 곤, 고심할 곤, 게으를 곤, 언짢을 곤, 어지러울 곤.

소진은 동주東周의 낙양사람이다. 그는 일찍이 동쪽 제齊에 가서 귀곡선생 아래서 학문을 닦았다. 나라를 떠나 유학을 하며 몇 해 동안 곤하게(困) 어려움을 겪고 돌아오자 형제들은 물론 형수·누이동생·아내·첩까지도 그를 귀찮게 여겼다.

"주周 풍속은 농업을 주로 하고 상업에 부지런하며 2할 이득을 얻는 것을 부끄러워하지 않는다. 그런데 너는 본업을 버리고 변설로써 일을 삼으니 가난해질 것은 당연하지 않겠는가."

소진은 이 말을 듣자 스스로도 부끄럽고 한심하여 방 하나를 얻어 두문불출하여 다시 장서를 읽었다.

"대개 학문에 뜻을 둔 자가 남에게 머리를 숙여 가며 글을 배웠는데도 출세를 하지 못한다면 비록 천 권의 책을 읽은들 무슨 소용이 있단 말인가."

『음부』를 열심히 탐독하여 1년이 지나자 남의 마음을 꿰뚫어 볼 수가 있었다.

그는 만족하여 말했다.

"이것만 있으면 당대 군주를 설득하는 것은 누워서 식은 죽 먹기다."

마침내 그는 여섯 나라를 꼬드겨 합종 동맹을 맺게 하였다. 소진은 동맹 장이 되어 6국 재상을 겸하게 되었다. 그가 이러한 사실을 조왕에게 보고하러 가는 도중 낙양을 지나게 되었다. 그 모습은 마치 왕이 지나가는 행렬을 연상할 정도로 성대하였다. 소진 형제·아내·형수들도 감히 그를 똑바로 쳐다보지 못하고 고개를 숙이고 시중을 들었다. 소진이 웃으며 형수에게 발기 집었다.

"전에는 그렇게도 저에게 거만하게 대하더니 오늘은 어찌하여 이렇게도 공손합니까?"

형수는 무안하여 머리를 조아리고 사죄했다.

"서방님께서 지위가 높아졌고 재산이 많은 것을 보았기 때문입니다."

소진은 탄식하며 말했다.

"같은 일가인데도 부귀해지면 친척조차 두려워하고 비천해지면 가볍게 보고 업신여기니 세상 사람들이야 오죽 하겠습니까? 만일 제가 낙양 교외에 2백 마지기 정도 농토를 가지고 있었다면 어떻게 오늘 같은 6국 재상을 겸할 수가 있었겠습니까?"

하고는 천금을 흩어 친족과 친구들에게 나누어 주었다.

橫 **나무**(木, 목)**가 말라서 누렇게 된**(黃, 황)

가로 횡, 방자할 횡, 비낄 횡, 난간 목 횡, 거스를 횡, 사나울 횡.

기근이 들어 무녀를 태워 죽이는 모양.

옆에 나무가 준비되어 있다.

073 假途滅虢, 踐土會盟
가 도 멸 괵 천 토 회 맹

길을 빌려 괵 나라를 멸하고
진문공은 천토 땅에 제후를 모아 맹약하기도 했다.

假途 : 길을 빌려

滅虢 : 괵나라를 멸하고

踐土 : 천토에서

會盟 : 제후가 합동하여 동맹을 맺었다.

『사기』 '不與中國諸侯之會盟' – 중국의 여러 제후의 동맹에 같이하지 않았다.

假 사람(亻, 인)을 빌리다(叚, 차)

빌릴 가, 잠시 가, 거짓 가, 클 가, 아름다울 가, 인할 가, 빌려줄 가, 가령 가, 좋은 운 가, 용서할 가, 꿀 가, 여가 가, 아득할 하.

❁ 假道滅虢(가도멸괵)

우와 괵은 모두 작은 나라였다. 우에는 하양이란 요새가 있었는데 우와 괵 두 나라가 함께 지키고 있어 진은 도저히 이를 점령할 수가 없었다. 진 헌공이 우·괵 두 나라를 치려하자 순식이 꾀를 일러 바쳤다.

"임금께서는 왜 굴에서 나는 명마와 수극에서 나는 옥을 이용해 우에게 괵을 칠 길을 빌려 달라고(假) 하지 않으십니까?"

헌공이 말했다.

"그것들은 우리 진나라 보물입니다. 우가 우리 보물만 받고 길을 열어주지 않으면 어찌하렵니까?"

순식이 대답했다.

"작은 나라가 큰 나라를 섬기는 원칙은 이렇습니다. 저들이 길을 빌려줄 의사가 없다면 틀림없이 우리 보물을 감히 받지 못할 것입니다. 또 그들이 우리 보물을 받고 길을 빌려 준다면 이는 우리가 보물을 집안의 창고에서 꺼내 바깥의 창고에 잠시 보관하는 것과 다름이 없습니다. 명마 역시 집 안 마구간에서 꺼내 바깥의 마구간에 잠시 매어두는 것과 같습니다."

그래도 헌공은 미심쩍어 다시 물었다.

"우에는 궁지기라는 인물이 있습니다. 그가 틀림없이 받지 못하게 할 겁니다."

순식이 다시 말했다.

"궁지기는 틀림없이 알아챌 것입니다. 그렇더라도 그의 사람됨이 마음은 화통하지만 성격은 나약하며 게다가 어려서부터 임금과 같이 자랐습니다. 마음이 화통하면 그 말이 간략하고 성격이 나약하면 겁이 많아 강력한 충간을 하지 못합니다. 특히 어려서부터 함께 자랐기 때문에 임금이 그를 가볍게 대하고 있습니다. 또한 훌륭한 보물은 당장 눈앞에 있고 우환은 뒤에 있으니, 이런 경우는 지혜가 중간 이상은 되어야 알아차릴 수 있습니다. 제가 판단하건대 우 임금 지혜는 중간 이하입니다."

헌공이 순식이 낸 계책을 믿어 드디어 길을 빌려 괵을 치려고 하자 우 나라 궁지기가 간언하였다.

"진 사신을 보니 보물을 많이 가지고 왔으며 그들 언사 또한 겸손합니다. 이는 틀림없이 우리나라를 불편하게 여기고 있는 것입니다. 속담에 입술이 없으면 이가 시리다고 하였습니다. 따라서 우리나라와 괵 나라는 서로 도우는 관계이지 누가 더 많은 선물을 받느냐로 싸우는 관계는 아닙니다. 오늘 괵 나라가 망하면 내일은 바로 우리 우 나라가 망할 차례입니다."

그러나 보물에 눈이 먼 우 임금은 궁지기의 말을 듣지 않았다. 이윽고 그 선물을 받고 길을 터주어 진이 괵을 치고 돌아갈 수 있도록 해 주었다. 그로부터 4년이 지난 후 헌공은 괵을 멸망시키고 돌아가는 길에 우 나라까지 쳐서 함락시켰다. 순식은 말과 구슬을 되찾아 와서 말했다.

"제 책략이 어떻습니까?" 헌공이 웃으며 말했다.

"구슬은 여전한데 말은 이가 더 자랐더군!"

途 사람이 길에 걸어가는 모양

길 도.

도余는 커다란 바늘 모양으로 그것을 도로에 놓고서 부정을 쫓았다. 도余는 주술적 도구이다.

또는 사람이 서 있는 모습으로 보기도 한다.

滅 개(戌, 술)를 물(氵, 수)에 삶는(火, 화) 모양

죽을 멸, 멸망할 멸, 끓을 멸, 빠뜨릴 멸, 불 꺼질 멸.

❀ **大義滅親**(대의멸친)

춘추시대 위衛에서 주우가 왕인 환공을 죽이고 왕위를 찬탈하였다. 원로 석작은 일찍부터 주우에게 모반심이 있음을 알고 아들 후厚에게 주우를 가까이 못하게 일렀다. 그럼에도 불구하고 후는 석작에게 주우를 위공으로 봉하는데 도와달라고 하였다.

석작은 아들에게 주周 천자의 칙허를 얻은 다음 주우를 위공으로 받들고자 하였다. 그리고 이 일을 무난하게 성사시키기 위하여 가까운 진陳 왕을 중간에 내세우는 것이 좋겠다고 훈수하여 주우와 후는 진국으로 떠났다. 석작은 진으로 별도의 밀사를 보내 권고했다.

"주우와 후는 주군을 시해하고 왕위를 찬탈한 위衛의 반역자이므로 귀국에 도착하면 불문곡직 체포하여 처형해 주시기 바랍니다."

주우와 후는 진에 도착한 직후 체포되어 위衛 책임자가 입회한 가운데 사형되었다.

虢 호랑이(虎, 호)가 발톱(爪, 조)으로 할퀴는(寸, 촌) 모양

괵 나라 괵, 범이 할퀸 자국 괵.

진 문공이 괵虢으로 사냥을 나갔다 한 노인을 만나서 물었다.

"괵이 괵 나라 땅이었던 기간이 오래되었습니다. 어르신도 나이로 보아 오랫동안 이곳에서 살았겠습니다. 노인께서는 괵 나라가 무슨 이유로 망했다고 보십니까?"

노인이 대답했다.

"괵 나라 임금은 백문선이 거짓 문서를 구별 못 했고 잘라버려야 할 일을 과감히 자르지 못했고 간언하는 말이 있어도 이를 받아들이지 않았습니다. 결단도 내리지 못하고 사람도 바로 쓰지 못했으니 망할 수밖에요."

이 말을 듣고 문공은 사냥을 중단하고 돌아와 버렸다. 그리고 조쇠를 만나 그 이야기를 들려주었다. 조쇠가 물었다.

"그 노인은 지금 어디에 있습니까?"

문공은 그를 데리고 오지 않았다고 말했다. 그러자 조쇠가 말했다.

"옛날 군자들은 좋은 말만 들으면 그를 등용했는데 지금 군자들은 좋은 말만 듣고 그 사람은 버리는군요."

문공은 즉시 그 노인을 찾아 상을 내렸다.

踐 발(足, 족)이 상하도록(戔, 잔)

밟을 천.

명섭이 나를 만나러 하동까지 왔다. 하필이면 주머니에 돈이 뚝 떨어져 버린 시기라 외식은 어렵고, 아내와 의논을 하니 점심으로 국수를 준비하겠단다. 마당에 상을 차렸다.

하늘이 푸르러 봄 햇살이 마냥 따뜻했다. 건너편 산들이 가까이 다가오고 키 큰 백로 몇 마리가 마당 위로 날아왔다.

점심 재료는 대부분 작년에 텃밭에서 거두어 말린 야채들이었다. 농약을 치지 않고 길러 맑고 부드러운 것들에 아내의 손맛이 들어갔다. 명섭은 맛있게 먹었다.

나는 서재에서 스승의 저서 한질을 꺼내 선물로 주었다.

명섭은 이왕 왔으니 삼천포三千浦로 나들이를 가자고 했다. 아이고! 자동차 기름도 달막거리고 주머니에는 달랑 만 원 한 장밖에 없는데. 어쩌면 좋지? 그러나 친구가 원하는데 일단 가보자.

노산 공원에 오르니 붉은 목련이 봉오리 진 곳에 박재삼 문학관이 있었다. 가는 날이 장날이라 휴관이어서 들어가 보지는 못했다. 걸음을 옮겨 바닷길을 밟았다(踐). 명섭은 내가 건설현장建設現場에서 일하는 것을 염려해 주었다. 박사논문博士論文을 준비해야 할 시기에 거친 일로 시간을 보내는 것을 마음 아파했다. 그러나 살다보면 맺히는 때가 있고 그것을 차고 나가는 것이 인생살이다.

바다에는 조그만 고깃배들이 오가고 흰 갈매기가 가까이 날아왔다. 삼천포는 명섭이 젊은 시절 경찰공무원으로 근무했던 곳이다. 저녁은 명섭이 아는 한정식 집에서 먹었다. 음식이 정갈했다.

돌아오는 길에 주유소에 들렀다. 명섭이 알까봐 셀프 주유소를 찾아 기계에 만 원 한 장을 살짝 집어넣었다. 그런데 명섭이 차에서 내리더니 지갑에서 만 원짜리 두 장을 꺼내 주면서 말했다.

"동연아 내가 이 차를 몇 년 동안 그냥 타고 다녔는데 그것이 항상 미안했었다. 오늘은 적지만 이만 원어치만 더 넣자. 가득 채워주지 못해 미안하다."

나는 고맙고도 부끄러워 얼굴을 붉게 물들이고 말았다.

土 땅 위에 풀이 나온 모양

흙 토, 뿌리 토, 나라 토, 곳 토, 땅신 토, 뭍 토, 고향 토, 악기 토, 땅 토.

❀ 捲土重來(권토중래)

항우가 죽고 천 년이 지나 당唐 시인 두목이 오강을 찾았다. 그는 오강 정자에 「제오강정題烏江亭」 시 한 수를 남겼다.

勝敗兵家不可期	승패는 병가도 알 수 없는 것
包羞忍恥是男兒	수치를 참은 자가 진정한 남자
江東子第多英俊	강동 자제는 인걸이 많은데
捲土重來未可知	왜 몰랐던가, 흙먼지를 일으키며 다시 올 줄을

일찍(曾, 증) 한(一, 일) 곳에

모을 회, 맞출 회, 맹세할 회, 조회할 회, 그릴 괴.

증曾은 시루의 모양. 이것은 무엇을 찌는 도구인데 위와 아래의 두 부분으로 나뉘어져 있다.

이것에 뚜껑을 단 모양이 회會이다.

盟 그릇(皿, 명)에 불을 밝힌(明, 명) 모양

맹세 맹, 믿을 맹.

어느 날 아침 스승이 지나가는 제자를 불렀다.

“내가 어제 밤 꿈을 꿨는데 해몽을 좀 해다오.”

“조금만 기다려 주십시오.”

제자는 안으로 들어가서 물 한 주전자를 가져왔다.

“어제 꾼 꿈이 지금 해석한들 무슨 소용이 있겠습니까. 세수나 하시고 잊어버리도록 하십시오.”

“내 옆에 앉아라. 너의 꿈 해석이 마음에 든다.”

그때 다른 제자가 앞을 지나갔다. 스승은 같은 주문을 하였다.

“일 분만 주시면 곧 돌아오겠습니다.”

제자는 달려가서 차 한 잔을 가지고 왔다.

“이제 차 한 잔을 드십시오. 잠에서 깨어 세수를 하셨으니 저를 시험하지 마십시오.”

스승이 말했다.

“나는 네 말도 믿겠다(盟). 꿈이 깨었는데 해몽이 무어 그리 중요하겠는가. 꿈이 진행되고 있을 동안만 해몽이 의미가 있는 것이다.”

074 何遵約法, 韓弊煩刑
하 준 약 법 한 폐 번 형

소하는 약법을 좇았고
한비는 번거로운 형벌로 폐단을 가져왔다.

何遵 : 소하는 지켰고

約法 : 약법 3장을(살인을 한 자는 사형에 처하고, 상해를 입힌 자와 도둑질 한 자는 처벌한다. 소하는 이것을 바탕으로 법문 9조목을 만들었다.)

韓弊 : 한비는 피곤했다.

煩刑 : 번거로운 형벌로

何

사람(亻, 인)**이 어찌 그러한가**(可, 가)

어찌 하, 무엇 하, 누구 하, 어느 하, 어조사 하, 어찌 하지 못할 하, 얼마 안되어서 하, 꾸짖을 하.

광해군은 젊은 시절 자주 궁녀들과 숨바꼭질을 즐겼다. 그것이 조야의 논란이 되곤 했다. 광해군은 궁중 깊숙이 숨어 궁녀들에게 자기를 찾아내도록 했다. 궁녀들이 그를 찾아내지 못하면 좋아하고 찾아내면 화를 냈다.

심심한 궁중 생활에서 왕자가 숨바꼭질을 하는 것이 어찌(何) 그리 논란할 일이 될 까마는 이를 선조에게 일러 바쳐 문제를 만드는 신하들을 보면 꼭 요즈음 정치인政治人들을 보는 것 같다.

遵 존경하여(尊, 존) 따르는(辶, 착) 모양

좇을 준, 행할 준, 지킬 준.

한신은 소하와 자주 이야기를 나누며 가까이 사귀었다. 소하는 그가 비범한 인물이라고 느꼈다. 유방이 한중 왕이 되어 남성까지 왔을 때 행군 도중 도망하는 부대장이 수십 명이나 되었다. 한신은 소하 같은 인물이 천거해 주었음에도 유방이 자신을 중용하지 않음을 섭섭하게 생각하고 역시 도망쳤다. 소하는 한신이 도망갔다는 말을 듣자 유방에게는 보고하지 않은 채 그를 추격했다. 어떤 사람이 이를 유방에게 일러 바쳤다.

"소하도 도망갔습니다."

유방은 황당하여 아무것도 손에 잡히지 않았다. 이틀이 지나자 소하가 돌아왔다. 유방은 소리를 높여 소하를 꾸짖었다.

"자네는 왜 도망쳤는가?"

"무슨 말씀입니까? 저는 도망간 것이 아니고 도망간 사람을 잡으러 갔습니다."

"그럼 자네가 잡으러 간 사람은 도대체 누구인가?"

유방이 놀라서 물었다.

"한신입니다."

유방은 다시 목소리를 높였다.

"여태까지 도망친 부대장은 수십 명이나 된다. 그런데도 자네는 여태까지 그들을 잡으러 간 적이 없었지 않은가. 그런데 자네가 한신을 잡으러 갔다는 말을 거짓말 같구나."

소하는 정색을 하고 말했다.

"소소한 부대장들은 언제라도 얻을 수 있습니다. 그러나 한신과 같은 인물은 나라의 보배입니다. 형님께서 언제까지나 한중 왕으로서만 만족하시겠다면 한신 따위는 필요 없을 지도 모릅니다. 그러나 만약 천하를 얻고자 하는 뜻이 있다면 한신 이외에는 같이 행할(遵) 사람이 없습니다. 이것은 형님이 어떤 뜻을 가지고 계신지에 달려 있습니다."

유방은 슬며시 후퇴하여 말했다.

"난들 동쪽으로 진출하여 천하를 얻을 마음이 없겠소? 언제까지 이런 척박한 곳에 머물러 있을 수는 없지 않겠소?"

"형님 뜻이 그러하다면 한신을 크게 써야 합니다. 그러면 한신은 이곳에 머물 것입니다. 중용하지 않으면 그는 또 언제 어디로 도망칠지 모릅니다."

約

실(糸, 사)을 움켜잡은(勹, 작) 모양

묶을 약, 맺을 약, 검소할 약, 간략할 약, 나긋나긋할 약, 단속할 약, 맹세할 약, 기약할 약, 대략 약, 덜 약, 구차할 약, 약속할 요, 미쁠 요.

풀과 꽃을 묶어(約) 거기에 절을 하는 것은 혼 흔들기이다.

『시경』에 '도꼬마리를 뜯고 뜯어도 소쿠리를 못 채우네. 아아 님이 그리워서 소쿠리를 저 큰길에 두네.'라는 글이 있다.

그녀가 그리워하는 사람은 사방으로 통하는 큰길 저쪽 끝에 산다. 여자는 신에게 약속하고 혼 흔들기를 위한 풀을 뜯는데 소쿠리를 쉽게 채우지 못한다. 겨우 풀을 다 뜯고서 그 소쿠리를 그리운 사람에게 연결되는 큰길의 가장자리에 둔다. 그리운 마음을 전달하기 위한 주술이다.

혼 흔들기 효과는 그 길 끝에 있는 무정한 남정네에게 지금 바로 전해질 것이다.

낭자, 파이팅!

法

물(氵, 수)이 흐르듯(去, 거)

본받을 법, 법 법, 형벌 법, 떳떳할 법, 형상 법, 장삼 법.

법法은 고대 글자에서 치廌 자를 제거한 모양이다. 치廌는 짐승 상형문자로 사슴 일종이라고도 하고 양이나 곰을 닮았다고도 하는데 정확히는 알 수 없다.

『신이경』에 '동북 변경邊境에 사는 짐승이 있는데 소와 모양이 비슷하나 뿔이 하나다. 곰과도 닮았는데 충직해서 사람이 싸우는 것을 보면 정직하지 못한 자를 건들며, 사람이 논쟁하는 것을 들으면 옳지 못한 자를 물었다. 이름은 해치라고 하였다.' 고 하였다.

후한 왕충이 지은『논형』에는 해치는 뿔이 하나 달린 양으로 죄가 있는 자를 식별할 수 있어서, 옛날 관리였던 고요가 옥사를 다스리는 데 이 양으로 하여금 죄가 있는 자를 건드리게 하였다는 이야기가 수록되어 있다. 그래서 고대 법관들은 해치관을 썼다고 하는데 그 관 모양은 알려져 있지 않다.

해치를 판결에 사용한 것은 옛날에 실제로 있었던 일이며『묵자』에도 귀신을 증명하는 예로 제의 춘추에 실려 있는 송사 이야기를 기록하고 있다. 그 기록에 따르면 옛날 제나라 장공은 왕리국과 중리교라는 두 촌민이 일으킨 송사를 3년이 넘도록 판결을 내리지 못했다. 장공은 의심스러운 자가 있기는 있었으나 함부로 그를 벌할 수는 없어서 신판에 따라 결정짓기로 하였다. 그래서 두 사람에게 각기 양을 한 마리씩 주고서 제나라 사당에서 맹세를 하도록 한 다음 그 결과를 보기로 하였다. 왕리국이 맹세하는 동안은 양에게 아무 이상이 없었다. 그러나 중리교의 양은 그가 맹세를 모두 마치기도 전에 미쳐서 부쩌지 못하게 날뛰어 중리교의 몸을 건드리고는 그만 다리가 부러지고 말았다. 그래서 중리교에 죄가 있음이 결정되었다.

실제로 이러한 판결이 행해진 것은 가치 관념을 포함하고 있는 선善·의義·미美 같은 문자들이 모두 편방에 양羊을 취하고 있는 것을 보아도 알 수 있다.

춘추 말기부터 통치 수단으로 중시된 법은 이후 형刑과 거의 같은 뜻으로 쓰였다. 법은 법가法家에 의하면 군주가 지시한 제재制裁 규범이며, 부픈 신민臣民들 행위를 지도하고 또한 그 행위 결과에 따라 주어지는 상벌을 헤아리기 위한 도구로 생각되었다.

하지만 다른 한편에는 주대 관습에서 시작하고 유가에 의해 이상화理想化·윤리화된 예禮라는 규범도 존재했다. 특히 한대 이후는 예와 법이 법질서에서 서로 보완적인 역할을 했으며 사람들의 윤리적 내면까지도 국가가 관리하는 것이 통치의 일반적一般的인 모습으로 되어버렸다.

韓 해(日, 일)와 풀(++, 초)로 에워 쌓인(韋, 위) 나라

한나라 한, 우물 담 한.

나는 하동에 귀촌했다. 가끔 주변 대학에 강의를 나가거나 막노동을 하는 외에 대부분 시간을 집에서 글을 쓰며 보낸다. 젊어서 내가 원했던 삶을 지금은 이룬 것인가.

나는 하동에 나라를 하나 세웠다. 나라 이름은 '우리'이다. 대지 백 평에 스물다섯 평 주택이 전부이지만 우리나라에서는 내가 왕이고 아내가 왕비이다. 하나 뿐인 아들은 옆 나라 한韓에 육군 장교로 근무하고 있다. 돈을 잘 못 벌어서 왕비에게 매일 구박을 받고 사는 왕이지만, 어쩌겠나. 평생에 돈 버는 재주는 없는 것을.

진돗개를 하나 분양받아 두 해를 키웠는데 이제는 중개가 다 되었다. 나는 진돗개에게 검찰총장 자리를 주었다. 그런데 이 녀석은 가끔 제가 왕인 줄 착각하는 증세가 있다. 도대체가 진돗개답지 않은 주체궂은 진돗개여서 증세가 도질 때마다 우리 부부는 달리 대책이 없었다.

그러던 어느 날 우리가 외출한 틈을 타서 이 녀석이 국경을 넘어 집을 나가 버렸다. 무슨 불만이 있었는지 알 수는 없으나, 있을 때는 몰랐는데 없어지고 나니 빈자리가 휑하니 크게 보인다. 언제라도 돌아오면 불편하지 않도록 측백나무로 지은 녀석 집은 마당에 그대로 두었다.

그래서 우리나라는 지금 검찰총장이 공석이다.

弊 다 헤진 옷(敝, 폐)을 입은(廾, 공) 모양

해질 폐, 곤궁할 폐, 폐단 폐, 곤할 폐, 곰곰 궁리할 폐, 결단할 폐, 엎드릴 폐.

개화기 때 여학생들이 기숙사에서 식사 당번이나 청소 당번 차례를 정할 때 마주 앉아 다리를 엇갈려 뻗고 노래를 부르며 다리를 짚어 나갔다

"한 알쿵 두 알쿵 상투 위에 감투, 감투 위에 영감, 영감 위에 대감, 대감 위에 면류관……"

관권에 억눌려 곤궁한(弊) 민권의 저항을 풍자하여 당시 여학생들의 기풍을 엿볼 수 있다.

요즘도 얼추 비슷한 일이 가끔 보인다.

煩 머리(頁, 혈)에 불(火, 화)이 붙은 모양

번거로울 번, 번열증 날 번, 간섭할 번, 수고로울 번, 민망할 번, 괴로울 번.

우리가 무엇을 본다는 것은 번거롭고도(煩) 사소한 일인 것 같지만 사실 그것은 하나의 사건이다. 무엇을 본다는 것은 나라는 존재가 밖으로 확장해 나가는 사건이다.

사랑하는 사람의 모습은 우리의 시선을 사로잡는다. 나의 존재가 그에게로 확장되어 둘이 하나가 되기를 바라기 때문이다. 부패한 관료를 고발하는 TV뉴스는 바로 고개를 돌리게 한다. 나의 존재가 그들로 인하여 추악하게 물들여 황폐해지는 것이 싫기 때문이다.

우리가 무엇을 볼 수 있다는 것은 우리 내부에 그 대상과 관련된 소프트웨어가 저장 되어 있어야 가능한 일이다. 서로 호환되는 바가 없다면 보아도 보이지 않을 것이고 보여도 인식하지 못할 것이다.

그렇다면 내 안에는 선과 악의 거대한 바다가 있다는 말이다.

刑 **오로지**(一, 일) **받들어**(廾, 공) **칼**(刂, 도) **쓰듯**

형벌 형, 본받을 형, 옛 법 형, 국그릇 형, 법 형, 본보기 형, 될 형, 죽일 형.

형刑의 처음 뜻은 정井 모양과 뜻과 관련지어 생각해야 한다.

정井은 목에 씌우는 칼 모양이다. 정井은 본래 자유를 구속하는 방법을 뜻했다. 나중에 도刀를 더하는 것은 육체에 형벌로써 입히는 상해를 나타냄과 동시에 정井이 다른 뜻(우물)으로 쓰이는 것과 구별하기 위해서이다.

075 起翦頗牧 用軍最精

기 전 파, 목 용 군 최 정

극백기·왕전·염파·이목은
군사를 씀이 참으로 묘하구나.

起翦 : 백기와 왕전

頗牧 : 염파와 이목은

用軍 : 군사를 씀이

最精 : 가장 정밀했다.

起 몸(己, 기)을 일으켜서 달리는(走, 주) 모양

일어날 기, 다시 기, 기동할 기, 설 기, 일으킬 기.

옛 인도나 아프리카에서는 끓는 물속에 손을 넣어 멀쩡하면 무죄로 여겼다. 제비뽑기로 죄를 가리기도 하였다. 옛 아라비아에서는 재판관 앞에서 당사자가 서로 마주 서(起) 욕을 하며 싸워 시비를 가렸다.

중세 유럽에서는 벌겋게 달은 쇠를 손으로 잡게 하여 화상을 입으면 유죄로 여겼다. 죄가 있으면 공포로 피부가 말라 화상을 입고 죄가 없으면 땀이 나서 화상을 입지 않는다는 것이다. 중세 가톨릭교회 종교재판소는 피고를 강물에 집어넣어 시체가 물위에 뜨면 유죄 물에 가라앉으면 무죄로 판단했다.

문제가 있으면 일단 죽이고 보자는 것이다.

16세기 프랑스 법정은 피고를 매달아 놓고 자백을 시켰고 17세기 영국에서는 배위에 무거운 물건을 올려놓고 자백을 강요했다. 조선시대에는 엉덩이를 까고 볼기를 쳐서 자백을 시켰다.

翦 전(前, 전)에 날개(羽, 우)를

자를 전, 갈길 전, 베어 없앨 전, 엷을 전, 멸할 전.

전前은 손톱(爪)을 자르는 모양.

頗 머리(頁, 혈) 가죽(皮, 피)이 자못

자못 파, 비뚤어질 파.

염파는 조趙나라 명장이다. 혜문왕 16년에 제를 공격하여 큰 타격을 입혔고 이어 양진을 점령했다. 이 공으로 그는 상경에 임명되었고 그의 용기는 열국에 두루 퍼졌다. 인상여는 조나라가 가지고 있던 초나라 화씨보옥을 진의 소왕이 탐내는 것을 기지를 써서 지켜낸 공이 있었다. 조왕은 인상여의 공을 치하하여 그를 상경에 임명하였다. 이에 염파는 자못(頗) 마음이 상해 고집을 피웠다.

"나는 야전에서 목숨을 걸고 싸워 공을 세웠다. 그런데 인상여는 단지 세 치의 혀를 놀려 나보다 지위가 더 높게 되었다. 또 인상여는 나보다 출신도 비천하다. 나는 그런 사람 아래에서 국정을 볼 수는 없다. 상여를 만나면 반드시 창피를 주어 스스로 자리에서 물러나게 하겠다."

이 말을 전해들은 상여는 가능하면 염파와 마주치지 않으려고 애를 썼다. 입조해야 할 때마다 늘 병을 핑계대어 나가지 않아 염파와 서열을 다투려 하지 않았다. 어쩌다 피할 수 없는 일로 외출하더라도 먼발치에 염파가 보이면 수레를 돌려 몸을 숨겼다. 그러자 상여 가신들이 불평을 했다.

"우리들이 가족을 버려두고 나리를 섬기는 것은 나리의 높은 뜻을 받들기 위해서입니다. 지금 나리는 염파보다 높은 지위에 있습니다. 염파가 그렇게도 나리를 헐뜯고 다니는 데도 나리는 그를 두려워하여 피해 다니고 있습니다. 이러한 일은 평민들도 수치스럽게 여기는 일입니다. 하물며 대신의 몸으로서는 있을 수가 없는 일입니다. 당돌한 말씀이오나 우리들은 이쯤에서 나리와 이별하고자 합니다."

인상여는 그들을 만류하며 말했다.

"그대들은 염 장군을 진왕과 비교하면 누가 더 무섭다고 생각하는가?"

"염 장군이 어찌 진왕에게 미치겠습니까?"

"나는 진왕을 그의 대궐에서 꾸짖었고 그의 신하들에게도 창피를 주었다. 내가 비록 어리석지만 염 장군 정도를 두려워하겠는가? 다만 내가 생각하기에 강력한 진나라가 감히 우리 조나라를 침략하지 못하는 것은 조나라에 염 장군과 내가 있기 때문이다. 지금 두 호랑이가 싸우면 서로가 무사할 수는 없을 것이다. 내가 염파를 피하는 것은 국가의 위급을 먼저 생각하기 때문이지 사사로운 관계는 그 다음으로 미루기 때문이다."

이 말을 전해들은 염파는 윗도리를 벗고 가시나무 회초리를 짊어진 채 죄인의 복장으로 인상여의 집을 찾아갔다.

"소장은 생각이 모자라서 귀공께서 그토록 도량이 넓으신 줄을 미처 몰랐습니다."

이리하여 두 사람은 서로 뜻이 통하여 생사를 같이 하는 친구가 되었다.

牧

소(牛, 우)**를 치는**(攵, 복) **모양**

기를 목, 목장 목, 다스릴 목, 맡을 목, 임할 목, 살필 목, 교외 목, 권농관 목, 목단 목.

이목은 조趙나라 염파가 천거하여 장군이 된 인물이다. 전국 말기 북방에 임하여(牧) 10여 년간 흉노를 막아냈다. 기원전 229년 왕전이 이끄는 진의 대군이 한단으로 출동했을 때 이를 격파하여 조를 지켜냈다.

이목이 있는 한 조를 패배시키기는 어렵다고 마음속에 벼른 진은 조의 간신 곽개를 매수하여 이목을 탄핵하게 하였다. 결국 이목은 견디지 못하고 위나라로 망명했다가 끝내 돌아오지 못하고 그곳에서 죽고 말았다.

진은 기원전 228년 조를 침공하여 조왕 천을 사로잡아 조를 멸망시켰다.

用 은나라 사람들이 잡아온 강인羌人들을 가두던 나무 울타리 모양

쓸 용, 부릴 용, 재물 용, 그릇 용, 도구 용, 맡길 용, 통할 용.

희생물犧牲物로 만든다는 뜻이 있다.

우리 마을 반장은 모습이나 행동이 사발허통해서 얼핏 보면 조금 모자라는 사람인 듯하다. 자식도 없이 암에 걸린 아내와 농사를 지으며 단출하게 산다. 아마 우리 마을에서 가장 가난할 것이다.

그는 술을 좋아해 항상 취해 있으나 남과 다투는 것을 보지 못했다. 마을 사람 중에 사복개천이 있어 때로는 그런 반장을 쉽게 보고 비아냥거리는 사람도 있으나 반장은 아예 대꾸도 하지 않고 지나쳐 버리곤 한다. 나 하고는 한 살 차이가 나서 만날 때마다 언제나 꾸벅 인사를 해 온다. 집사람에게도 형수 대접을 한다고 보면 언제나 먼저 인사를 한단다.

얼마 전 반장이 저녁에 술에 만취해서 마을 공용(用) 트랙터를 몰고 가다 도로 난간을 받아 짐칸이 뒤집어 지는 사고가 있었다. 반장은 간단히 이장에게 전화를 했다. 순식간에 동네 사람들이 모여 짐칸을 바로 세워 주었다. 그는 고맙다는 말도 하지 않고 트랙터를 몰고 휑하니 가버렸다. 사람들도 으레 그러니 하고 집으로 돌아갔다.

나는 반장이 도道를 얻은 사람이라고 생각한다.

軍 **전차**(車, 차)**를 타고**(冖, 멱) **싸우는**

군사 군, 진 칠 군.

예전에 어느 대감이 투전을 하다 순검에게 들켰다. 순검은 대감인줄 모르고 체포하려 하였다. 대감은 결국 신분을 밝히고 재미삼아로 잠시 투전을 했다며 자신의 비서를 대신 딸려 보냈다.

이 소식이 신식학교 학생들에 전해졌다. 학생들은 무리를 지어 순검청에 몰려가 대문 앞에 진을 치고(軍) 일제히 오줌을 누었다. 경무사가 화가나 소리를 지르자 학생들은 오줌을 누고 싶어서가 아니라 재미삼아 잠시 누었다고 했다. 뿔뚝가지가 돋은 경무사가 학생들을 잡아 가두라 호령을 쳤으나 이번에는 순검들이 움직이지 않았다. 학생들은 집에 가서 하인들을 대신 보내겠다며 유유히 사라졌다.

最 **시간**(日, 일)**을 지배하는**(取, 취) **자가**

가장 최, 우두머리 최, 극진할 최, 우뚝할 최, 넉넉할 최, 잘할 최, 백성 모을 최.

시간을 지배하여 백성을 지배하는 시도는 동북아 역사에 오래 전부터 자주 보인다.

精 **쌀**(米, 미)**이 깨끗한**(靑, 청) **모양**

정성스러울 정, 자세할 정, 정할 정, 가릴 정, 세밀할 정, 전일할 정, 정교할 정, 정신 정, 밝을 정, 성실할 정, 신령 정, 익숙할 정, 깨끗할 정, 정액 정.

나는 삼십 대 중반에 어느 국회의원國會議員 밑에서 잠시 일했던 적이 있다. 정식 보좌관은 아니고 체육 분과위원장이란 자리를 맡아 주로 지구당 조직을 관리했다.

나는 젊었을 때 테니스를 가르치며 살았다. 관공서官公署나 학교 또는 큰 기업에 가서 직원들에게 테니스를 정성을 드려(精) 가르쳤다. 그래서 제자가 많았다. 그 덕으로 정치인 조직 관리를 맡게 되었던 것이다. 내가 모신 국회의원은 무려 내리 오선을 한 야당 거물이었다.

어느 날 그가 나에게 동장 자리를 제의했다. 그 당시 동장은 별정직別定職이어서 국회의원이 추천하면 바로 얻을 수 있는 자리였다. 나는 망설이고 망설이다가 결국 거절했다.

지금 생각하면 너무나도 현명한 결정이었다. 그때나 지금이나 나는 한 가지 방법 외에 변통하는 재주가 없는 사람이다. 그저 혼자 앉아 책을 읽고 글 쓰는 일이나 할 수 있을 정도이니 만약 그때 분수도 모르고 덥석 그 자리에 갔더라면 모르긴 해도 큰 망신을 당하고 쫓겨났을 것이다.

지금 생각해도 모골이 송연하다.

076 宣威沙漠, 馳譽丹青

선 위 사 막 치 예 단 청

그들의 위엄은 사막까지 떨치고
명성은 채색된 그림으로 전한다.

宣威 : 위엄을 떨쳐

沙漠 : 사막까지

馳譽 : 명예를 전했다.

丹青 : 채색하여

『위지』 '馳沙漠驅戎狄' – 사막에서 융적 오랑캐가 달린다.
『진서』 '尤善丹青圖寫特妙' – 단청으로 잘 그린 그림이 특히 묘하다.

宣 사당(宀, 면)에서 베푸는(亘, 선) 모양

베풀 선, 펼 선, 밝힐 선, 통할 선, 보일 선, 흩을 선, 다할 선, 일찍 선, 임금 스스로 말할 선.

하늘이 창조력創造力을 베풀면(宣) 만물이 나타난다.

『주역』에서는 이것을 건이라 표현했다. 건은 하늘의 도를 다스리는 근원이다. 구름은 위에 떠 흘러가고 비는 아래로 떨어져 대지를 적신다. 하늘의 힘을 받아 만물은 여러 가지 형태를 이루어 하늘과 땅 사이를 채운다. 건의 힘은 아무 것에도 방해받지 않고 두루 퍼져서 뻗어 나간다.

그 힘은 내 안에도 충만하다.

威 개를 때려잡는(戌, 수) 여자(女, 여) 모양

거동 위, 위엄 위, 세력 위, 으를 위, 두려울 위.

글라디올러스 씨가 바람에 날려 와 텃밭에 싹을 피웠다. 싹이 조금 자라자 화단으로 옮겨 주었다. 텃밭에 고구마를 심어놓았는데 고구마 줄기가 곧 녀석을 덮을까 봐 저어했기 때문이다.

녀석은 그런 내 맘도 모르고 짜증을 냈다. 처음에는 비실비실 해서 마음을 안타깝게 하더니 며칠이 지나자 겨우 다시 자리를 잡기 시작했다. 그러나 잘 자라지는 못하다 겨울에 잎이 말라 버렸다.

한 해가 지났다. 겨울 추위에 죽은 줄 알았던 녀석이 봄이 되자 다시 싹을 올렸다. 그것만으로도 고마웠는데, 아니! 녀석이 자라는 속도가 예사롭지 않았다. 겨울내내 힘을 비축해 두었던지 활발하게 싱싱한 줄기와 잎을 토해 놓았다. 초여름 문턱에 꽃이 피었다. 여러 송이가 한 줄로 길게 이어 핀 모습은 대견하고도 아름다웠다. 꽃이 피면서 새 잎이 나오는 속도가 더 빨라졌다. 눈앞에서 자라는 모습이 뿌실뿌실 보일 정도였다. 팔월이 되면서 새로운 순이 뾰독뾰독 여러 개 나오니 녀석은 마치 궁궐처럼 위엄(威)이 생겼다. 잎이 얼마나 넓은지 배를 만들어도 좋을 정도이고 키는 내 키를 훌쩍 넘겼다.

녀석 앞에 앉아 나는 희망한다. 내 문학도 시작은 비록 미미하지만 시간이 지나면 지날수록 녀석처럼 싱싱하고 아름답게 우렁찬 깊이를 더하기를.

나는 요즘 내가 살아온 어느 때보다 더 나를 믿는다.

沙 물(氵, 수) 가에 있는 작은(少, 소) 것

모래 사, 사막 사, 바닷가 사.

땅의 생산력生産力을 『주역』에서는 곤이라 표현했다. 곤坤은 크게 형통하여 곤의 생명력을 받고 만물이 태어난다.

대지는 사막(沙)의 모래처럼 두터워 만물을 자기 위에 싣는다. 그 덕은 하늘의 넓음과 일치한다. 곤의 한없는 포용력으로 만물은 성장하고 뻗어 나간다.

곤은 암말처럼 유순하게 스스로의 도를 지키며 무한한 힘을 감추고 있다. 유순하면서 굳세게 절도를 지킨다. 곤의 도를 따르면 군자의 길이 된다.

하늘과 땅과 사람은 서로 엮이어 있고 서로 의존한다.

漠 **물(氵, 수)이 없는(莫, 막) 곳**

사막 막, 모래 벌 막, 멀 막, 아득할 막, 맑을 막, 고요할 막, 벌릴 막.

여류시인 사포는 레즈비언으로 18세 소녀의 품에서 죽었고, 알렉산더 대왕의 아버지 필립은 경호원에게 암살되었고, 교황 마틴은 크리미아로 추방되어 굶어 죽었고, 줄리어스 시저는 심복 브루투스에게 살해되었고, 브루투스는 친구 스트라토에게 죽임을 당했다.

양귀비는 38살에 마외파에서 배나무에 목을 맸고, 알렉산더와 칭기스 칸은 모기에 물려 죽었고, 칼리굴라 황제는 경호실장의 칼에 죽었고 네로의 친모 아그리파는 네로가 자객을 보내 죽였다.

플라톤은 결혼식에 참석했다 졸도해서 죽었고, 훈족 아틸타 왕은 결혼식 날 복상사했고, 에피쿠로스는 화산의 분화구에 몸을 던져 자살했고, 마호메트는 신자가 탄 독배를 마시고 죽었다.

석가는 신자가 준 상한 돼지고기를 먹고 죽었고, 사자왕 리차드 1세는 반란자의 화살을 맞고 죽었고, 에드워드 2세는 아내의 연인에게 죽었고, 헨리 2세는 딸의 결혼식을 축하하다 말에서 떨어져 죽었다.

터키 제국 황제 세림 2세는 술에 취해 목욕을 하다 실족하여 죽었고, 하와이를 발견한 제임스 쿡은 원주민에게 칼에 찔려 죽었고, 몰몬교 교주 조셉 스미스는 경찰의 총에 맞아 죽었고, 부교주 브리검 영은 급성 맹장염으로 죽었다.

죽은 이들은 저쪽으로 가 이미 고요해졌다(漠).

馳 말(馬, 마)이 뱀(也, 야) 보고 놀라서

달릴 치, 거동할 치, 전할 치.

유비가 형주 유표 밑에서 식객 노릇을 하고 있었다. 어느 날 유비가 공관에서 술을 마시다 측간에 갔다. 거기서 엉덩이를 쓸어보다 깜짝 놀랐다. 넓적다리에 살이 올라 있었다. 청운을 품고 전쟁터를 누빈 지 어언 십 년이 지났으나 운세 불리하여 몇 해 째 식객으로 전전하고 있는 자신의 신세를 돌아보니 한숨이 절로 나왔다. 이미 나이 오십이 가까워지고 있었다. 유비는 다시 자리에 돌아와 하염없이 눈물을 흘렸다. 유포가 놀라 까닭을 묻자 유비가 말했다.

"나는 전쟁터에 나간 후로 말안장을 떠난 일이 없었습니다. 항상 말을 달려(馳) 몸에 군살이 오를 새가 없었습니다. 그런데 지금은 이렇게 편하게 놀고 있으니 세월은 유수같이 흐르나 이룬 공적이 없어 눈물이 나는 것입니다."

여기서 비육지탄髀肉之嘆이란 말이 나왔다.

말(言, 언)과 더불어(與, 여) 얻는 것

명예 예, 기릴 예, 칭찬할 예, 이름날 예, 즐길 예.

왕전은 진왕 정 재위 11년에 동료인 양단화 등과 함께 업성을 공격해 온갖 계략을 써서 함락시켰다. 그 뒤 진왕 정에게 중용되었으나, 노년이 되고부터는 대우가 다소 소홀해졌다.

초를 공격할 때 진왕은 여러 장군들에게 초를 멸하려면 얼마나 많은 군사가 필요할지를 물었다. 이에 왕전은 60만 명은 있어야 한다고 신중한 의견을 내놓았다. 젊은 장군 이신은 병사 20만이면 충분하다며 큰소리를 쳤다. 정은 이신을 초로 보냈고 왕전은 스스로 물러나 은거에 들어갔다. 초를 쳤던 이신 군사가 초의 기습으로 대패하고 이 기세를 몰아 초가 오히려 진으로 쳐들어오자, 진왕은 왕전을 몸소 찾아가 당시 진의 총병력이던 60만 군사와 함께 장군의 지위를 주며 초를 막아줄 것을 당부하였다.

왕전은 초나라 군대와 싸우러 가면서 도중에 자주 사람을 진왕에게 보내 승전한 뒤의 포상을 확인하고 자신의 일족에 대한 앞으로의 예우를 물었다. 그만큼 진왕에 대한 믿음이 없었던 것일까?

그는 국경 부근에 견고한 요새를 구축하고 초나라 군사를 기다렸다. 초 군사는 왕전의 요새를 좀처럼 부수지 못했다. 왕전의 군사는 좀처럼 전투에 응하지 않았다. 초는 어떻게든 진 군사를 도발해 싸움을 걸어보려 했으나 왕전은 꿈쩍도 하지 않았다.

결국 군량미軍糧米가 떨어지고 제풀에 지친 초 군사는 퇴각하기 시작하였다. 왕전은 농성 중에 이미 군사들에게 충분히 먹이고 편안히 쉬게 하여 사기를 올려놓았다. 돌 던지기나 멀리뛰기를 하며 휴식을 취하는 병사들을 지켜보며 왕전은 시기를 저울질하고 있었다. 결국 초 군사가 퇴각하자 왕전은 뒤를 습격해 승리하였다. 왕전은 승기를 놓치지 않고 바로 초를 쳐서 이듬해 멸망시켰다.

나중에 왕전의 부장 한 사람이 왜 전투 전에 진왕에게 자주 사람을 보내 승전 뒤의 포상을 요구했느냐고 물었다. 그는 평소에 왕전의 청렴함을 알고 있었기 때문이다. 왕전이 말했다.

"자네는 왕이 얼마나 시기심 많은 사람인지를 몰라서 하는 말이다. 지금 나는 반란을 일으키려고 마음만 먹으면 진을 엎을 수도 있는 60만이나 되는 병사를 거느리고 있다. 따라서 왕은 겉으로 나를 기리는(譽) 척 하면서 마음속으로 나를 경계했을 것이다. 그래서 나는 승리한 뒤 받게 될 보상에 집착하는 모습을 보여줌으로써 반란 따위는 전혀 생각지도 않고 있음을 그에게 알려줄 필요가 있었던 것이다."

부장은 납득하였다

초를 평정한 다음에도 왕전은 진왕의 의심을 사는 일 없이 천수를 누릴 수 있었다.

丹 단지에 붉은 물감이 한 방울 툭

붉을 단, 마음 단, 성실할 단, 신약 단.

단丹은 가죽에 칠하는데 필요한 물감이었다. 그것은 파巴·월越 지방에서 산출되었는데 의례용 활과 화살에도 칠했다.

또 옻칠도 남방에서 생산한 것이었으므로 모두 당시에는 귀중품貴重品이었다.

靑 달(月, 월)이 주로(主, 주) 푸르니

푸를 청, 대껍질 청, 젊을 청.

김명섭 시인은 매일 새벽 구봉산에 올라가 아침 해를 맞이한다. 붉은 해가 푸른(靑) 바다 저 편에서 떠오르면 시인은 두 팔을 벌리고 마주서서 태양을 바라보다 이윽고 태양을 꿀꺽 삼켜 버린다. 그게 명섭의 아침 식사이다. 따지고 보면 우리가 먹는 모든 음식은 태양 빛이 변한 것이 아닌가. 명섭은 중간 단계를 뛰어 넘어 태양과 직거래를 하는 셈이다.

산을 내려와서 시인은 초량 산복도로山腹道路 횡단보도橫斷步道에서 등교하는 초등학생들 손을 꼭 잡고 길을 건네준다. 이미 삼십 년이 넘게 해오는 일이다. 아까 먹은 태양은 명섭의 손을 통해 여러 아이들에게 골고루 나뉘어 전달된다.

077 九州禹跡, 百郡秦并
구 주 우 적 백 군 진 병

아홉 고을에 우 임금의 자취가 있고 일백 고을은 진나라가 합쳤다.

九州 : 아홉 고을에(옛날 중국의 우가 전국을 아홉 개의 주로 나누었다는 행정구획. 기·연·청·서·양·형·예·옹·동의 아홉 고을이다.)

禹跡 : 우 임금 흔적이 있고

百郡 : 백 개의 고을을

秦并 : 진나라가 합쳤다.

『한서』 '訖於孝平 凡郡國一百三' – 효평 연간에 이르러 모든 군국이 103개였다.

九 구부러져 흐르는 강 모양

아홉 구, 모을 규.

❀ 九仞之功虧一簣(구인지공휴일궤)

상을 멸망시키고 주를 세운 무왕 때 주변의 제후국諸侯國에서 진상품이 많이 들어왔다. 여旅나라에서 바친 큰 개는 사람의 말을 알아들었다. 무왕은 이 개를 애지중지 하였다. 그 개가 없으면 단 하루도 못살 지경이었다. 소공이 간하였다.

"모처럼 구인 높이까지 산을 쌓아 올려도 마지막 한 짐을 마저 날라 완성시키지 않으면 산은 만들어진 게 아닙니다. 72척을 쌓는 공도 한 짐 흙으로 무너집니다. 주나라를 건설하는 위업도 이와 마찬가지입니다(夙夜罔惑不勤 不矜細行 終累大德 爲山九仞功 虧一簣)."

州 물 가운데 있는 땅 모양

고을 주, 섬 주.

인근 청암면(州) 체육공원에 테니스장이 있다고 누가 알려 주어 찾아가 보았다. 청학동 올라가는 초입 쯤 위치해서 드라이브 코스로도 일품이었다. 하동호 아래 골짜기에 터를 닦아 조성한 공원인데 한적하고 풍광이 아름다웠다. 폭포도 있었다.

테니스장은 케미컬 코트인데 라이트 시설까지 깔끔했다. 부대시설附帶施設로 하우스와 정자가 있었고 주변에 잔디밭이 시원스럽게 넓었다.

그런데 시골이라 공을 치는 사람이 없어 방치되어 있었다. 나는 관계자를 수소문해서 키를 얻었다. 그리고 주변에 난 잡풀을 치고 코트 면은 비로 쓸어서 새로 만든 코트처럼 깨끗하게 청소했다. 하우스 안에는 연습공도 있어서 아내를 연습시키기에 충분했다.

코트 바로 왼쪽을 횡천강이 흐른다. 이름이 강이지 그냥 시내(川) 주준이다. 물은 적당히 깊어서 수영하고 멱을 감기 딱 좋을 정도다.

여름 내내 정자에 모기장을 쳐 놓고 아내와 테니스를 하다 시내에서 멱을 감다 하면서 신선처럼 보냈다. 하우스 안에 냉장고冷藏庫를 하나 갖다 놓아 맥주를 가득 넣어 두었다.

별장이 하나 생긴 셈이다. 시골에서 살면 이런 좋은 일도 생긴다.

禹 물길을 잡기 위해 얼굴을 찡그린 모양

하우 씨 우, 느릴 우, 펼 우, 임금 우.

묵자는 기술자技術者 집단을 이끌었다. 그들을 묵가라 부른다. 묵가는 묵형을 받은, 지금으로 말하면 교도소 동기들이다. 그들은 왕궁이나 신전에 부속되어 있었다.

당시에 죄를 짓는 것은 신을 모독하는 것이라는 생각이 있어 죄수를 신의 노예로 삼아 신전에서 봉사하게 했다. 그들은 각자 가진 기술에 따라 여러 가지 일을 했다. 병기를 제작하고 성벽을 쌓기도 했다.

중국 성은 큰 성벽으로 둘렀기 때문에 성을 공격할 때는 운제라는 긴 사다리가 필요했다. 또 요즘 기중기起重機 같이 생긴 길게 늘여서 성벽을 넘거나 부수는 기계도 있었는데 모두 그들이 만들었다.

묵가는 자기들을 억압하던 주나라가 망하자 비로소 독립했고 살아남기 위하여 뭉쳐 활동했다. 그들은 각자 수호신을 가지고 있었다. 예를 든다면 그 당시 가장 규모가 큰 공사가 홍수를 대비하는 치수 공사였는데 치수 신은 우禹였다. 따라서 묵자는 우禹를 수호신으로 내세웠다.

跡 **걸어간**(足, 족) **길은 역시**(亦, 역)

자취 적.

자연自然이 하는 일을 아는 것은 인간이 가질 수 있는 최고의 지식이다. 자연이 하는 일을 아는 자는 자연과 같이 살아갈 것이다. 사람이 하는 일을 아는 자는 자기 지식으로써 알지 못하는 바를 일깨워 나간다. 이렇게 살면서 천수를 다하는 삶은 훌륭한 것이다.

진인眞人은 잡념이 없어 잠을 자도 꿈을 꾸지 않고, 깨어 있어도 근심이 없으며, 식사를 해도 맛있는 것을 찾지 않고, 숨을 쉬면 깊고 고요했다. 진인은 발꿈치로 깊이 숨 쉬고 범인은 목구멍으로 숨 쉰다. 사물에 굴복한 자는 목에서 나오는 소리가 무엇을 토하는 것 같고 욕망이 깊은 자는 마음 작용이 얕다.

진인은 삶을 새삼 기뻐하지도 않고 죽음을 새삼 미워하지도 않는다. 태어남을 기뻐하지도 않고 죽음을 거역하지도 않았다. 그저 무심히 자연을 따라가고 무심히 자연을 따라 왔다. 태어난 시초를 모르고 죽은 뒤의 일을 알려 하지 않는다. 삶을 받으면 기뻐하고 죽으면 제자리로 돌아간다. 분별 심으로 도를 버리지 않고 인위로 자연을 해치지 않는다. 진인은 자취(跡)를 남기지 않는다.

그러므로 사물을 자체로 맡겨 두지 않고 자기 뜻대로 바라는 자는 성인이 아니고, 특정한 것에 친밀감을 주는 자는 인자가 아니고, 자연을 인위적으로 구분하는 자는 현자가 아니고, 이익과 손해를 구별하는 자는 군자가 아니고, 명예를 좇아 자기를 잃는 자는 선비가 아니다.

百 뒤주에 쌀이 가득 담긴 모양

일백 백, 힘쓸 맥, 길잡이 맥.

❀ 百年河清(백년하청)

춘추시대, 정鄭은 강국 진晉과 초楚 사이에 끼어 애를 먹었다. 그런데 정의 장관 자국이 왕을 충동하여 초의 속국 제蔡를 치자 했다. 초가 가만있을 리가 없어 군대를 출동시켜 정을 토벌했다. 자국은 할 수 없이 초에 항복하자 했으나 반대하는 측도 있었다. 자국은 반대자를 설득했다.

"주周나라 때에 '황하의 탁류가 맑아지기를 기다리나 인간의 수명이 짧아 기다리지 못한다.'고 했습니다. 서로가 이리저리 의논해 보았자 아무 소용없습니다."

이리하여 정은 초에 항복하고 말았다.

郡 임금(君, 군)이 다스리는 마을(阝, 읍)

고을 군.

고을(郡) 서당에서 책을 한 권 떼면 책씻이 졸업식이 베풀어졌다. 자식이 책씻이를 하는 날이면 부모가 떡과 돼지고기와 술을 마련하여 사은하는 잔치를 벌였다.

책씻이가 오뉴월 보릿고개나 형편들이 어려울 때와 겹치면 훈장 접대가 부담이 되어 일부러 행사를 늦추곤 했다. 방법은 졸업시험에 제자가 낙제하는 것이었다.

좋을 호好 자를 여자 호로 읽고, 쌀 미米 자를 밥 미로 읽고, 하고자 할 욕慾 자를 먹고자 할 욕으로 읽으면 간단하게 해결되었다.

秦 **벼**(禾, 화)**가 무성한**(𡗗, 무성하다는 뜻만 취한다.) **나라**

진나라 진, 진 벼 진.

선진先秦시대에 북방 노래『시경』, 그리고「이소」로 대표되는 남방 노래『초사』두 종류의 시가 있었다.

모두 후세에 후계자를 갖지 못한 문학인데,『시경』은 시의 원류이며 정통적正統的인 것으로 간주된 데 반하여,『초사』는 줄곧 시와는 다른 별도 형식으로 인식되었다.

후한 말에서 위진시대 즈음에 시가 악樂과 분리된 이후, 넓은 의미의 시는 시와 음악과 관계있는 장르인 악부 두 종류로 구분되게 되었다. 즉 후한시대부터 중당까지는 시와 악부, 만당부터 남송까지는 시와 사詞, 원 이후에는 시와 곡曲을 나누었다.

이 가운데 곡은 등장인물登場人物이 부르는 노래로 이야기가 진행되는 일종의 오페라이지만, 악부와 사는 모두 서정시이다. 악부와 사는 모두 민간 가요로부터 일어났지만, 노래 부르는 것을 목적으로 하지 않고 읽기 위한 운문 작품으로 변화하게 된다.

시와 악부, 시와 사, 각각의 구별은 노래를 부르는가, 아닌가에 있는 것이 아니라 표현 기능의 차이에 있었던 것이다.

요컨대 한대부터 남송까지 항상 두 종류의 서정시抒情詩가 서로 상보적相補的인 형태로 각각의 시대 감정을 표현하였다고 보면 된다. 다만 악부는 고전적古典的인 의미에서 시로 분류되지만 사는 곡과 함께 사곡류詞曲類로 간주되어 시에 비해서 한 단계 떨어지는 것이어서 사대부가 손을 대어서는 안 되는 것이라는 인식이 청 말까지 이어졌다.

幷 연인이 포옹하고 있는 모양

아우를 병, 합할 병, 미칠 병, 같을 병, 겸할 병.

왕융은 총명하고 풍채가 좋았다. 눈빛이 예리해서 태양을 똑바로 바라보고도 찡그리지 않았다. 배해가 왕융을 만나보고 나서 말했다.

"왕윤의 눈이 빛나는 것이 마치 바위 언덕 아래 빛나는 번개 같았다. 나에게 딸이 있다면 왕윤과 합해(幷) 인연을 맺어주고 싶다."

죽림칠현竹林七賢 가운데 한 사람인 완적은 왕융의 아버지인 왕혼과 친한 벗이었다. 왕융은 열다섯 살 때 아버지를 따라 수도로 가 천자의 비서 기관인 낭관의 관사에 살게 되었다. 왕융은 완적보다 스무 살이나 어렸지만 두 사람은 허물없이 사귀었다. 완적은 왕혼을 방문할 때마다 왕융의 방에 들러서 잠시 이야기를 하고 나오곤 했다.

한 번은 완적이 왕혼에게 말했다.

"자네 아들은 자질이 뛰어나 진실로 우러러 볼만한 사람이네. 실례되는 말이지만 자네 정도와 비교할 사람이 아닐세. 나는 자네보다 왕융과 대화하는 편이 더 즐겁다네."

과연 왕융은 성장한 뒤 여러 벼슬을 두루 거쳐 교육을 담당하는 최고의 벼슬인 사도에 올랐다.

078 嶽宗恒岱, 禪主云亭
악 종 항 대 선 주 운 정

큰 산으로는 항산과 태산을 마루로 삼고
봉선과 제사는 운운 산(요와 순)과 정정 산(황제)에서 주로 지냈다.

嶽宗 : 큰 산의 마루는
恒垈 : 항산과 대산이며
禪主 : 봉선은 주로
云亭 : 운운산과 정정산에서 지냈다.

五嶽 : 동 태산·남 형산·서 화산·북 항산·중 숭산

嶽 **산(山, 산)을 모아 놓은(獄, 옥) 모양**

큰 산 악, 엄하고 위엄 있는 모양 악.

형나라 변화가 옥 덩어리를 구해 왕에게 바쳤다. 왕이 이것을 옥윤에게 감정하게 하였더니 그는 그것이 그냥 돌이라고 하였다. 왕은 변화가 자기를 속였다 여겨 그의 왼쪽 다리를 잘랐다.

왕이 죽고 아들 무왕이 즉위하자 변화는 다시 그 옥 덩어리를 무왕에게 바쳤다. 무왕 역시 그것을 옥윤에게 감정하였는데 이번에도 옥윤은 돌이라고 하였다. 쌀쌀맞고 매정스럽게도 무왕은 변화의 오른쪽 다리마저 잘라 버렸다.

무왕이 죽고 다시 공왕이 즉위하였다. 변화는 옥 덩어리를 손에 들고 형 산(嶽)

에 들어가 통곡하기 시작하였다. 사흘 밤낮을 울었더니 눈물이 말라 눈에서 피가 나왔다. 공왕이 이 소식을 듣고 사람을 보내 물었다.

"천하에 형벌을 받은 자가 많거늘 너는 왜 유독 그리도 슬피 우는가?"

변화가 말했다.

"보옥을 돌이라 하고 충성스런 백성을 속임수를 쓰는 자로 몰아 다리를 자르니 이 때문에 제가 우는 것입니다."

공왕이 이 말을 전해 듣고 말했다.

"애석하구나. 선왕들이 남의 말을 가볍게 들으심이. 옥을 알아보는 것은 까다롭게 하면서 사람 다리를 자르는 것은 쉽게 여기셨구나. 사람이란 한 번 죽으면 다시 살아날 수 없고, 다리는 한 번 잘리면 다시 붙일 수 없는 것인데, 충성스런 백성의 말을 그렇게도 소홀히 받아들였단 말인가?" 그리고 그 옥을 다듬어 드디어 천하의 보배를 얻게 되었다. 이 옥을 '화씨지벽'이라고 한다.

보물을 바치는 것도 이러한데 하물며 현인을 추천하는 일임에랴!

宗 **제사(示, 시)를 차리는 사당(宀, 면) 모양**

가묘 종, 마루 종, 밑 둥 종, 밑 종, 높을 종, 교파 종, 우러러 받들 종, 조회 볼 종.

참고로 종법宗法은 부계 친족을 통제하는 원리이다. 주대에 봉건제후 방계 친족을 통합하는 제도로 정비된 것이 시작인데 그로 인해 조상 제사를 계승하는 종宗에 의해 통솔되는 친족집단이 성립되었다.

나중에 유교에 계승되었으며, 그래서 다양한 명칭으로 불리는 친족 집단이 출현했다. 종법 아래 통합되는 친족 집단이 역사에 다시 등장한 것은 송대 이후 일이다. 특히 명대 후기부터 청대에 걸쳐서 시대에 맞는 종법 적용을 둘러싼 논의가 성행하게 되어 지방에서 종족집단 보급과 정착이 활발하게 진척되었다.

恒 마음(忄, 심)은 항상 굳센(亘, 환)

항상 항, 늘 항, 옛 항, 언제든지 항, 시위 궁.

남해 임금은 숙이고 북해 임금은 홀이고 가운데 바다 임금은 혼돈이다. 숙과 홀이 늘(恒) 혼돈을 방문했는데 혼돈이 그때마다 풍성하게 그들을 대접했으므로 숙과 홀은 혼돈의 은혜에 서그러져 보답할 의논을 했다.

"사람은 누구나 눈·귀·코·입의 일곱 구멍이 있어서 그것으로 보고 듣고 먹고 숨쉬는데 혼돈에게는 아무 것도 없다. 우리가 은혜를 갚는 의미에서 그에게 구멍을 뚫어주자."

그들은 혼돈에게 날마다 구멍을 한 개씩 뚫어 주었는데 7일이 지나자 혼돈은 그만 죽고 말았다.

그래서 사람들은 노래를 불렀다.

아직 사람으로 태어나기 전 혼돈은 그지없이 유쾌했다.
밥 먹고 오줌 누는 번거로움도 없었다.
어쩌다 누구에게 구멍을 뚫렸는가.
그래서 사람이 되어 아홉 구멍을 갖춘 몸이 되고 말았다.
덕분에 날마다 옷과 먹을거리 때문에 허둥지둥
해마다 상납할 걱정 뿐
사람들은 일전 돈에 천명이 오가고
와글와글 모여서 목숨을 걸고 다툰다.

대대로(代, 대) 큰 산(山, 산)

대산 대. (태산)

뇌의가 예장군 공조가 되었을 때 자주 숨어있는 인재를 추천해서 임용시켰으나 그것을 드러내 자랑하지 않았다.

어느 때 뇌의가 죽을죄를 지은 사람의 목숨을 구한 적이 있었다. 죄인은 뇌의가 태산(岱) 같이 고마워서 그 보답으로 황금 두 근을 가지고 와 은혜에 사례했다. 그러나 뇌의는 그것을 거절했다. 황금을 가지고 왔던 사람은 할 수 없이 뇌의가 집에 없는 틈을 타 아무에게도 알리지 않고 황금을 지붕 속에 숨겨 놓고 돌아갔다.

그 후 뇌의는 지붕을 수리하다 황금을 발견하였다. 그것을 주인에게 돌려주려고 하였으나 그 사람은 벌써 죽어버린 다음이었다. 뇌의는 황금을 그 지방 관청의 아전에게 맡겨 그 사람의 자손을 찾아 돌려주라고 하였다.

禪 **홀로**(單, 단) **제사지내듯**(示, 시)

선 선, 봉선 선, 고요할 선, 중 선, 자리 전할 선, 터 닦을 선.

단單은 수렵이나 전쟁 등에 사용되는 방패모양으로 타원형 방패 위에 깃털 장식을 더한 것이다.

❁ **禪讓放伐**(선양방벌)

요가 순에게 순은 우에게 왕위를 넘겨주었다. 이를 선양禪讓이라 한다. 우는 하나라를 세워 자식에게 왕위를 넘겼다. 이후 왕위는 세습되어 걸에 이르렀다. 걸은 폭정으로 탕에게 망하고 탕은 상나라를 세웠다. 천자를 토벌하여 추방하고 새 왕조를 세우는 것을 방벌放伐이라 한다.

봉건시대封建時代에는 선양을 가장 이상적理想的인 정권교체政權交替로 보았다. 그래서 후세에 세력을 키운 자가 혁명으로 황제의 지위를 빼앗아도 전조 황제를 협박하여 선양 형식을 취하곤 했다.

主 **왕**(王, 왕)**이 찍은**(丶, 주)

주인 주, 임금 주, 거느릴 주, 임금의 딸 주, 주장할 주, 어른 주, 지킬 주, 신 주, 맡을 주, 높일 주.

고구려에 동화된 읍루족은 집안에 오줌통을 마련해 기름때 묻은 머리와 몸을 씻었다. 남해안 지방에서는 아이 오줌을 곰삭혀 손을 씻었다. 샴푸의 원조는 오줌을 삭힌 것이었다. 로마 공중목욕탕이나 세탁소에는 이 재료를 얻기 위해 공중변소公衆便所를 옆에 지었다.

전라도 고부 녹두는 때 잘빠지기로 소문나 진상품이 되어 궁녀들의 조두질로 경복궁에 흐르는 금천을 항상 잿빛을 띄었다. 방앗간에서 나오는 겨도 세제로 쓰였다.

5월에는 창포 잎을 달여서 우려낸 액체 세제와 창포를 말려서 찧은 가루 세제가 인기였다. 창포 가루 한 홉으로 유혹하면 넘어 오지 않을 여자가 없다하여 보릿가루를 섞은 가짜도 흔히 나돌았다. 5월에 여인의 머리에서 창포 향이 나지 않으면 '닭(鷄) 대가리'라 불렀다.

18세기 유럽의 샴푸는 주로(主) 밀가루였다. 밀을 갈아 미발 샴푸로 써서 빈민이 빵을 먹을 수 없다고 루소는 엄살을 떨었다. 영국에서는 1795년에 밀가루로 머리를 감으면 1기니 벌금을 물렸다.

19세기에 '서덜런드 자매 미발 샴푸'가 미국을 휩쓸었는데 그 성분이 빗물에 알코올과 색소를 섞은 것이었다. 뒤 이어 나온 '마담 에르 미발제'는 물 82%, 알코올 15%에 소량의 글리세린과 향유를 섞은 것이었다.

1909년 런던의 이름난 미장원에서 샴푸가 발산한 가스로 사람이 죽기도 했다.

머리 하나 감는 것도 이 난리를 피우고 살았다.

둘(二, 이)**의 사사로운**(厶, 사)

이를 운, 움직일 운, 이러저러할 운, 여기에 운, 흥하는 모양 운, 돌아갈 운.

조조와 유비가 한중에서 몇 달을 두고 싸우고 있었다. 쌍방이 모두 팽팽하여 결판이 나지 않았다. 조조는 원정으로 보급이 여의치 않아 더 싸울지 말지를 고민했다.

어느 날 저녁 때 당직 사령이 암호를 물었다. 마침 저녁상에 통닭찜이 올라왔다. 조조는 얼떨결에 계륵鷄肋으로 하라고 지시했다. 이것을 수비대장들에게 전하자 무슨 뜻인지 몰라 궁금해했다. 참모 양수만 이 뜻을 이해하고 막사로 돌아가 짐을 꾸렸다. 동료들이 이상히 여겨 묻자 양수가 말했다(云).

"닭갈비란 먹을 것도 없지만 버리기도 아까운 것입니다. 한중 땅도 마찬가지입니다. 승상은 아마 이 전쟁을 포기하고 회군할 것입니다. 그래서 미리 짐을 꾸리는 것입니다."

이 말을 들은 조조는 양수를 병사들의 사기를 꺾는 유언비어를 퍼뜨렸다 하여 참형에 처하였다. 조조가 꼭 그 일로 모사를 죽이지는 않았을 것이다. 아마 평소에 미운 짓이 많았었겠지.

조조는 며칠 뒤에 회군령을 내리고 업도로 돌아갔다.

亭 정자 모양

정자 정, 여관 정, 평평할 정, 곧을 정, 이를 정, 자라날 정, 우뚝할 정.

재판은 신령 앞에서 행해졌으며 개는 그 장소를 깨끗이 하기 위한 희생물로 바쳤다. 개는 더러움을 씻기 위한 희생물로써 중요시 되었는데, 신판에서 맹세를 할 때에도 개를 희생물犧牲物로 삼았다. 그러한 장소가 정亭이다.

079 雁門紫塞, 鷄田赤城
안 문 자 새 계 전 적 성

안문 관에는 만리장성이 있고
계전과 적성 지방도 있다.

雁門 : 안문관과

紫塞 : 만리장성이 있고

鷄田 : 계전과

赤城 : 적성도 있다.

『고금주』 '紫塞秦築長城 土色皆紫故名紫塞' – 자새는 진나라에서 축조한 긴 성인데 흙색이 자주 빛이어서 자새라 이름하였다.
계전은 옹주에 있고, 적성은 기주에 있는 고을.

雁 **산기슭(厂, 엄)에 사는 못생긴(隹, 휴) 새**

기러기 안.

안문관은 새도 넘지 못한다는 높은 산이다. 산서성 대현에서 북쪽으로 15㎞ 떨어진 곳에 있다. 당대에 항산 산맥의 옌먼 산 정상에 관문을 설치하고 서경관이라 불렀다. 이 관은 원대에 폐지되었으나, 명대 초기에 현재 위치로 옮겨 다시 쌓았다. 이곳은 2개의 산이 고개를 끼고 있어서 형세가 매우 웅장하다. 옛날에 산시 북부의 교통요지이자 군사요지였다.

자새紫塞는 만리장성萬里長城이다. 장성은 춘추시대 제가 시작했고 전국시대에는 초·위·연·조·진 등 북방 이민족과 국경을 접하고 있던 나라들이 국경을 방어하기 위해 쌓았다. 한, 제 두 나라는 북방 이민족과 국경을 접하고 있지 않았기 때문에, 이들이 쌓은 장성은 초를 막기 위해 중국 본토 안에 있었다.

기원전 221년 진 시황제가 중국을 통일한 후 본토 안에 있던 장성은 모두 파괴하고, 흉노를 방어하기 위하여 북쪽에 만들어졌던 여러 성들은 보수하여 서로 연결시켰다. 시황제는 이 일을 몽염에게 시켜 동쪽으로는 요동에 이르렀고 서쪽은 임조에 미쳤다.

최근에 발견된 츠펑 시의 유적으로 미루어 보아 시황제 당시 장성은 현재보다는 북방에 위치하였던 것 같다. 이후 한나라 무제는 흉노를 몰아내고 영토를 확장하면서 장성을 서쪽 옥문관까지 확장시켰다.

후한 시기에 흉노의 세력이 크게 약화되자 이후 수백 년 동안 장성 개축은 없었다.

門 문 모양

문 문, 집 문, 집안 문, 가문 문, 길 문.

조선 헌종은 중년에 접어들면서 여색을 무척 밝혔다. 아이를 못 낳아 종사를 잇기 위해서라고 하고 외척들이 세도를 유지하려 정치적政治的으로 색에 빠지게 했다고도 한다. 여염에서 경국 미색을 뽑아 들였는데 그중에 반월이라는 여인이 총애를 받았다.

헌종이 그녀를 위하여 내탕금內帑金을 물 쓰듯 하자 항간에 노래가 퍼졌다.

"반월이냐
왼달이냐
네가 무슨 반달이냐

초생달이 반달이지."

헌종이 바닥난 내탕금을 충당하려 사대문(門)을 들어오는 사람에게 입장료를 받았는데 그것을 사람들은 반달세라 부르며 빈정거렸다.

紫 실(糸, 사)을 담가서(此, 차) 자줏빛 물이 들다

자주 빛 자.

정나라에 계함이라는 신들린 무당이 있어 사람의 사생·존망과 화복과 수명의 장단을 보는데 마치 귀신처럼 연월일年月日까지 예측해서 맞추었다. 정나라 사람들은 그를 보면 자기 일을 예언할까 두려워 오히려 얼굴이 자줏빛(紫)이 되어 피했다. 열자는 그를 만나보자 대단히 경도되어 돌아와 호자에게 말했다.

"애초 저는 선생님 도를 최고라 생각하고 있었습니다. 그러나 선생님 이상인 자가 있었습니다."

호자가 말했다.

"나는 너에게 도의 거죽은 가르쳤지만 아직 속살을 충분히 가르치지 않았다. 그런데 자네가 과연 도를 터득했다고 할 수 있겠느냐. 암컷이 아무리 많아도 수컷이 없으면 어찌 알이 생기겠느냐. 도의 표면만으로는 소중한 알맹이가 빠져 충실하다 할 수가 없는 법이다. 너는 그 미숙한 도로 세상과 어울려 억지로 뻗어 나가보려 하는 것인가. 그러니까 남이 네 관상을 보고 쉽사리 알아맞히는 것이다. 어디 시험 삼아 나를 한 번 그에게 보여 보자."

다음날 열자는 계함과 함께 호자에게 왔다. 점이 끝나자 계함이 열자에게 말했다.

"당신 선생은 곧 죽을 것입니다. 아마 열흘을 넘기지 못할 겁니다. 당신 선생이 짓고 있는 상은 괴상하여 축축한 재와 같습니다."

열자는 눈물을 흘리며 그것을 호자에게 말했다. 호자가 말했다.

"아까 나는 그에게 대지의 상을 보여 주었다. 산같이 육중하여 움직이지도 멈추지도 않는 모양을 그가 보았을 것이다. 어디 시험 삼아 한 번 더 데려와 보아라."

다음 날 열자는 다시 계함을 데리고 호자에게 왔다. 점이 끝나자 계함이 열자에게 말했다.

"다행입니다. 당신 선생은 나를 만나서 병이 나았습니다. 오늘은 아주 생기가 있습니다. 나는 그에게서 생명의 싹을 보았습니다."

열자는 다시 호자에게 그 말을 전했다. 호자는 웃으며 말했다.

"오늘은 천지의 상을 보여 주었다. 만물을 자연에 맡겨 인위가 끼어들지 못하니 생명의 조짐이 몸의 깊은 데서 생겨나는 것이다. 오늘 그는 겨우 내 생명의 조짐을 보았을 뿐이다. 어디 시험 삼아 내일 다시 데려와 보아라."

다음 날 열자는 다시 계함을 데리고 왔다. 점이 끝나자 계함이 열자에게 말했다.

"당신 선생의 상은 일정하지가 않아요. 그래서 나는 상을 볼 수가 없었습니다. 며칠 뒤 일정해지면 다시 한 번 점을 쳐 봅시다."

열자가 방에 들어가 호자에게 알리니 호자는 말했다.

"오늘은 차별이 없는 허무의 상을 보여 주었다. 그는 아마 간신히 내 조화된 기의 조짐을 보았을 것이다. 거기에는 소용돌이치는 깊은 물도 연못이고 괴어 있는 깊은 물도 연못이고 흐르는 깊은 물도 연못이다. 내가 보여준 세 가지 조짐은 이 세 연못 같은 것이다. 연못에는 아홉 가지가 있는데 이것은 그중 세 가지일 뿐이다. 어디 다시 데려와 보아라."

다음날 열자는 다시 계함과 호장에게 왔다. 계함은 호자의 모습을 보자 채 자리 잡기도 전에 얼이 빠져 도망쳤다. 호자는 서그러져서 열자에게 말했다.

"오늘은 내 본질 그대로의 상을 보여 주었다. 나는 스스로를 허심하게 하여 사물의 변화에 순종하였으므로 그는 내 실체를 알지 못했다. 바람 부는 대로 나부끼고 파도치는 대로 흐른다고 생각했기 때문에 아무 점도 치지 못하고 두려워서 도망친 것이다."

塞 땅이 교묘하게 꽉 막힌 모양

변방 새, 주사위 새, 막을 색, 채울 색, 막힐 색.

공工은 좌左 속에 포함되어 있으며 신을 찾거나 신을 숨기는 데 사용하는 주술 도구이다. 이것을 양손에 잡고 주술을 행하는 자는 무당이다. 또 이것을 주술 장식물로 머리 위에 쓰는데 동왕부와 서왕모가 머리에 쓰고 있는 것이다.

공工은 이와 같은 주술 도구인데 이러한 도구를 가득 채워 메우고 그 위를 흙으로 덮는 것을 새塞라 한다. 새塞가 처음 쓰였을 때는 공工이라는 글자가 네 개 들어가 있었다. 주술 도구로 사악한 영을 제거한다는 뜻이다.

토土는 어쩌면 둥글게 쌓아올린 흙무더기인 토주土主일지도 모른다. 이처럼 변방에서 주술을 행한 곳이 새塞이다. 이족의 침입을 막기 위해 침입 통로에서 주술을 행하였는데, 통로에서 행하는 주술도 새塞라고 했다. 이 경계 지역에는 의외로 지장보살을 두기도 하고, 커다란 돌을 놓아두는 일도 있었다.

성문을 새塞라고도 했는데 그곳에서는 사람 머리를 묻는 주술이 행해졌다. 해골을 늘어놓는 것은 모두 사악한 영을 쫓아내기 위해서였다.

옛날에는 그렇게 악령이 득실거리고 있었다.

鷄 저것을 어찌(奚, 해) 새(鳥, 조)라 할 수 있을까

닭 계.

❀ 鷄鳴狗盜(계명구도)

전국시대, 제齊 맹상군 전문이 식객을 모았다. 전국에서 한 가지 빼어난 재주를 가진 사람들이 모여들었다. 그중에는 도둑질과 성대모사를 잘하는 사람도 있었다.

진秦 소왕은 맹상군을 스카우트하여 재상으로 쓰려 불렀다. 맹상군은 한 무리의 식객을 데리고 진으로 갔다. 그러나 소왕에게 여우 겨드랑이 흰털로 안을 댄 가죽 옷을 예물로 바치고 나오자 말자 소왕의 마음이 변했다. 다른 나라 왕족을 재상으로 두는 것은 불가하다는 의견이 소왕을 움직였기 때문이었다. 급기야 맹상군을 죽여야 한다는 의견도 나왔다.

맹상군은 소왕이 총애하는 후궁 행희에게 접근하여 귀국 허가를 요청했다. 행희는 호백구를 주면 도와주겠다고 했다. 데리고 간 일행 중 도둑질의 달인을 시켜 이미 소왕에게 바친 호백구를 훔쳐내 행희에게 주어 겨우 목숨을 건져 귀국길에 오를 수 있었다. 야반도주하여 국경 초소인 함곡관에 이르니 새벽녘이었다. 날이 밝아 호백구를 잃어버린 것을 소왕이 알게 되면 반드시 병사들이 뒤따라 올 것이므로 맹상군은 다시 위기에 처했다. 이때 성대모사의 달인이 닭 우는 소리를 길게 뽑았다. 국경 초소는 첫닭이 울어야 성문을 열어 통행을 허용했다. 성 문지기는 닭 우는 소리를 듣고 성문을 열었다.

맹상군은 무사히 제로 돌아올 수 있었다.

밭 모양

밭 전, 사냥할 전, 북 이름 전, 연잎 둥글둥글할 전, 논 전.

우리나라 뒤에는 넓은 대나무 숲이 있다. 오래된 대나무들은 키가 크고 몸이 굵다. 바람이 불면 대나무 잎 사각거리는 소리가 전설처럼 뒤뜰로 날아온다.

동쪽으로는 가파른 언덕이 솟았는데 언덕 아래에는 밤나무가 자라고 위에는 홍송이 우거져 있다. 산돼지 친구들이 사는 곳이다.

서쪽에는 논이 세로로 길게 이어지고 논이 끝나는 건너편에 백로가 모여 산다. 푸른 소나무 위에 착한 백로들이 솜처럼 조용히 앉아 있다. 저녁에 아내와 같이 마당에 앉아 솥뚜껑에 삼겹살을 구워 소주를 마시면 몇 마리가 날아와 우리 주위를 배회

한다.

앞으로는 정안봉이 비끼면서 시야가 탁 터져 후련하다. 논가로 흐르는 개울에서는 하루 종일 물소리가 요란하다. 공기는 투명하게 맑고 지하에서 끌어올린 수도는 티끌 하나 없다.

텃밭(田)에 고추·가지·감자·고구마·상추·오이·부추·콩·옥수수·호박을 심었다.

화단에는 사시사철 꽃이 피어 요신을 부린다. 붉은 동백이 지고 백합이 피고나면 도라지꽃이 피고 다음에는 글라디올러스가 진홍을 자랑하는가 하면 조금 있다 배롱꽃과 상사화가 올라온다. 수국도 오래 피어있다. 담 밖으로는 박꽃이 화사하다.

밤에는 하늘에 별이 가득 차 그들이 먼 우주에서 보내는 소식을 우리 부부는 침대에 가만히 앉아 접수한다.

赤 하나(一, 일)가 역시(亦, 역) 붉은

붉을 적, 빨갈 적, 금치 적.

『소녀경』에 여인과 상관할 때 가까이 할 여인과 멀리 할 여인을 구분한 대목이 있다.

'음모가 뻣뻣하고 거칠거나 사방으로 마구 뻗쳐 자란 여인과 음순이 옥문을 덮지 못하고 아래로 처져 있거나 분비물이 붉고(赤) 코를 쏘는 냄새가 나는 여인은 남자의 옥경을 상하게 하므로 멀리해야 한다. 이런 여인과 한 번 상관하는 것은 좋은 여인과 백 번 관계하는 기력이 소모된다.'

'씨가 채 여물지 않은 꽃봉오리 같고 젖꼭지가 솟았으나 젖이 나오지 않고, 아직 음액을 배설하지 않았고 탄력 있는 살과 비단같이 매끄러운 피부에 몸의 모든 마디가 균형 있게 갖추어져 부드럽게 움직이는 여인은 가까이 하면 좋다.'

城 주로 흙(土, 토)으로 만든(成, 성)

성곽 성, 재 성, 서울 성, 보루 성, 성을 만들 성.

❁ 傾城之色(경성지색)

『한서』「외척전」 무제 앞에서 가수 어언년이 부른 노래에 이런 말이 있다.

'北方有佳人 絶世獨立 一顧傾人城 再顧傾人國' – 북쪽에 아름다운 여인이 있어 절세미인으로 독보적이었다. 한 번 돌아보면 성이 기울고 다시 돌아보면 나라가 기울었다.

이언년이 읊은 여인이 바로 무제의 비가 된 계부인이었다.

080 昆池碣石, 鉅野洞庭
곤 지 갈 석, 거 야 동 정

곤명지와 갈석산
거야와 동정호도 있다.

昆池 : 곤명지와(한 무제가 곤명 국을 치기 위해 판 장안 서쪽 운남 곤명 현에 있는 못)

碣石 : 갈석산(동해 가 부평 현에 솟아 있는 험산. 봉우리 위는 둥글고 아래는 네모난 비석 같은 모양이어서 이러한 이름이 붙었다. 산 정상 석벽에 '갈석'이라는 두 글자가 큼직하게 새겨져 있다. 산 정상에 오르면 몸이 하늘에 닿는 듯하며, 발해 바다 도도한 물결이 한눈에 들어온다. 그래서 이곳은 예부터 바다를 바라보는 명승지였다.

: 207년 조조가 오환을 정벌하고 개선하면서 이곳에 이르러 '동쪽으로 갈석에 이르러 푸른 바다를 바라보네.'라고 읊은 시가 있다.)

鉅野 : 거야와(산동성 거현 태산 동편에 있는 큰 벌판)

洞庭 : 동정호도 있다(후난 성 북부에 있는 중국에서 두 번째로 큰 호수. 완수 물을 받아 양자강 남쪽 부근에 있으며 4개 수로를 통해 양자강과 연결되어 있다. 양자강 물 약 40% 이상이 동정호로 흘러든다. 또한 남쪽으로부터 후난 성에서 배수된 물이 거의 이 호수로 흘러든다. 명승名勝 악양루는 동정호 안에 있고 소상팔경은 부근에 있다.)

昆 해(日, 일)와 견주는(比, 비) 모양

형 곤, 맏 곤, 언니 곤, 뒤 곤, 손자 곤, 같을 곤, 다 곤, 덩어리 혼.

❀ 秋興(추흥)

昆明池水漢時功 곤명지는 한나라 위용을 자랑하던 곳

武帝旌旗在眼中 한 무제 기치가 눈 아래 있는 듯

織女機絲虛夜月 베틀에 직녀는 밤 달이 허전해

石鯨鱗甲動秋風 고래 석상 번쩍이는 비늘이 가을바람에 떤다.

波漂菰米沉雲黑 파도에 밀리는 이삭 검은 구름을 바라보고

露冷蓮房墜粉紅 연에 이슬 맺힌 방 붉은 잎만 떨어진다.

關塞極天惟鳥道 추운 관문 하늘 끝 오직 새가 가는 길

江湖滿地一漁翁 파도 넘실대는 강호에 고기 낚는 늙은이.

池 물(氵, 수) 뱀(也, 야) 모양

못 지.

❀ 酒池肉林(주지육림)

상나라 마지막 주왕은 백성을 돌보지 않고 매일 같이 주색에 빠져 살았다. 그는 달기에게 주기 위해 아름다운 궁전과 정원을 만들었다. 정원의 연못은 술로 채우고 나뭇가지마다 고기를 매달았다. 백관을 불러 주연을 열었는데 참석한 사람은 모두 발가벗고 춤을 추었다. 이 잔치는 120일을 계속하였다(紂好酒淫樂 戱於沙丘 以酒爲池 懸肉爲林 使男女裸 相逐其間 爲長夜之飮 百姓怨望).

碣 언제부터(曷, 갈) 돌(石, 석)로 만들었을까

비 갈, 우뚝 선 돌 갈.

내가 명섭을 처음 만난 곳은 방송대 국어국문학과 신입생新入生 오리엔테이션 자리였다. 내 나이가 마흔 아홉이었고 명섭이 마흔 여섯이었다. 나야 늦게 시작한 공부여서 그때 비로소 대학 1학년 과정에 들어갔지만, 명섭은 이미 젊었을 때 동아대학교에서 유명종 선생을 모시고 동양철학 석박사 과정을 마치고 온 사람이었다. 그럼에도 불구하고 우리는 양산박梁山泊 사람인양 그 자리에서 바로 친구가 되었다. 그게 벌써 14년 전 일이다.

우리는 짧지 않은 세월을 하루같이 우정을 나누어 왔다. 아니 명섭이 베풀어 준 우정 속에 내가 감사히 머물렀다는 표현이 더 적절할 것이다.

명섭은 이미 시인으로 등단하여 활발하게 활동하고 있다. 대한민국 사람이라면 그를 모르는 사람은 별로 없을 것이다. 나도 그동안 철학박사 과정을 마치고 장편소설長篇小說도 한 편 출간했다. 그러나 명섭이 보름달이라면 나는 반딧불 정도도 못될 것이다. 나는 그를 존경한다. 명섭은 여러 면에서 탁월한 사람이다. 내가 감히 따라갈 엄두도 못내는 삶을 사는 사람이다. 그는 내 앞에 우뚝 선 바위(碣)다.

그런 친구가 곁에 있다는 것은 정말 가슴 뿌듯하게 행복한 일이다.

石 기도하는 석실의 모양

돌 석, 저울 석, 단단할 석, 섬 석, 경쇠 석.

축고 앞에서 기도하는 석실의 모양이다.

❀ 他山之石(타산지석)

『시경』「소아학명편」에 보인다. '他山之石 可以攻玉, 他山之石 可以爲錯' – 다른

산에서 나는 돌도 내 구슬을 갈 수 있고 다는 산에서 나는 돌도 같이 섞일 수 있다.

남의 하찮은 언행도 내 덕성을 닦는 교훈이 될 수 있다.

鉅 큰(巨, 거) 쇠(金, 금) 모양

클 거, 강할 거, 갈고리 거, 강한 쇠 거.

성실하지만 가난해서 장가를 못간 노총각이 바닷가에서 큰(鉅) 조개 하나를 주었다. 예쁜 조개여서 집에 가져다 독에 넣어 두었다. 어느 날 노총각이 "누구랑 살꼬?" 하고 신세타령을 하자 독 안에서 "나랑" 하는 소리가 들렸다. 독을 열어 보니 조개 속에서 아름다운 여인이 나와 아내가 되었다는 이야기가 나랑아씨 설화다.

중국 시에는 성적으로 매력이 있는 여인을 동해부인이라고 한다. 홍합의 별칭이 동해부인이다. 서양의 비너스도 조개에서 태어났다. 동서양이 같이 조개를 생명의 원천과 미의 근원으로 보고 있다.

野 마을(里, 리) 옆에 준(予, 여)

들 야, 촌스러울 야, 들판 야, 백성 야, 야만 야, 야심 야.

하늘은 기운을 내려 만물을 나게 함으로써 그 힘을 참되게 발휘한다. 땅은 들(野)을 지켜 그 기운이 상승하여 하늘의 움직임에 호응한다.

보름달이 점차 기울어지는 것처럼 가득 찬 것은 덜고 차지 않은 것은 보태는 것이 하늘의 이치이고, 높은 산을 깎아 깊은 계곡을 메우는 것처럼 가득 찬 것을 변하게 해서 차지 않은 곳으로 가게 하는 것이 땅의 도리이다.

많이 가진 자에게 화를 주고 가난한 자에게 복을 주는 것이 신령이 도이고, 교만을 미워하고 겸허를 좋아하는 것은 사람의 도이다. 그래서 겸허한 사람은 귀한 자리에 있으면 빛을 내고, 비천한 자리에 있어도 경멸받지 않는다.

洞 **물(氵, 수) 맛이 같은**(同, 동)

동네 동, 공손할 동, 조심할 동, 덩어리질 동, 구렁 동, 깊을 동, 빌 동, 꿸 동, 빨리 흐를 동, 밝을 동.

우리 집 거실에 걸어 놓은 표구에 이런 글이 있다.

白衣觀音無說說　　백의 관음은 설하지 않고 설했고
南巡童子不聞聞　　남순 동자는 듣지 않고 들었다.
甁上綠楊三際夏　　항아리에 그린 푸른 버들은 고금의 여름이요
巖前翠竹十方春　　바위 앞 푸른 대는 우주의 봄이다.

나와 막노동을 같이 하던 도성 스님에게 얻은 글이다. 우리는 진주 판문동 엠코 아파트 신축공사 현장에서 만났다. 그때 나는 철학박사 과정을 수료하고 첫 장편소설『우리가 사랑할 때』를 쓰고 있었다. 글이 잘 나가지 않으면 노동을 나갔다. 하루 종일 땀을 흠뻑 흘리고 돌아오면 글이 좀 되곤 했다. 도성은 합천에 자기 절이 있었는데 수양 차 진주에 내려와 노동을 하고 있었다. 우리는 곧 죽이 맞아 형 동생하며 지냈다.

어느 날 도성은 같은 동네(洞)에 사는 동료가 어려운 처지에 빠지자 기한을 정하지 않고 천만 원을 선뜻 꾸어 주었다. 그때 우리가 받은 하루 일당이 8만 원이었다. 나는 도성더러 그냥 주지 왜 꾸어 주었냐고 했더니 책임감責任感을 주려 했을 뿐 자기도 그 돈을 돌려받을 생각은 없다 하였다.

그래서 그날은 내가 소주를 샀다. 만취한 도성이 품에서 꺼내 준 것이 위 글이 적

힌 한지였다. 나는 바로 표구를 해 거실에 걸어 놓고 자주 속이 깊은 어진 아우를 생각한다.

庭

집(广, 엄)**에서 이어진**(廷, 연)

뜰 정, 곧을 정.

연延은 조정 의례를 행하는 뜰의 모양. 그곳에 토주가 있어서 땅의 신령에게 제사를 지냈다.

건建은 그 지점을 중심으로 궁궐을 설계하는 것.

081 曠遠綿邈, 巖峀杳冥
광 원 면 막 암 수 묘 명

그것들은 멀리 넓고 길게 아득하니
큰 바위와 동굴은 아득하고 어둡다.

曠遠 : 넓고 멀어서
緜邈 : 이어서 아득한데
巖岫 : 바위굴은
杳冥 : 깊고 어둡다.

『심약』 '巖岫杳無窮' – 바위굴이 알 수 없이 어둡다.
『황제』 '松吟高山虎肅巖岫' – 소나무는 높은 산에서 읊고 범은 바위굴에서 으르렁 거린다.

曠 해(日, 일)가 넓게(廣, 광) 비치는

광야 광, 밝을 광, 넓을 광, 빌 광, 오랠 광, 클 광, 멀 광.

울릉도 황토구미에는 풍파를 가라앉히고자 해신에게 희생당한 소녀의 신당이 있다. 고종 때 당시 울릉도 감찰사 이규원이 육지로 떠나려는데 풍파가 멎지 않자 마을 소녀를 돈을 주고 사서 희생시켰다.

이등박문伊藤博文의 수양딸이 되었던 배정자는 밀양 세리로 일하던 아버지가 부정을 저질러 옥에 갇히자 아버지 죗값 대신으로 밀양 관기가 되었다.

무명이 나지 않는 북관에서는 남도 상인들이 베를 지고 와서 베 한 필에 처녀 하나 씩 사갔다. 병자호란丙子胡亂 때 척화를 하다 북관에 유배된 유계는 남도 상인에게 딸을 팔면 마을 사람들이 모여 축하했다고 했다.

개화기 조선 땅에 들어온 일본 사람의 7~8%가 전당포를 운영했다. 이들이 설만하게 즐겨 잡았던 저당물抵當物이 채무자債務者의 아내나 딸이었다. 돈을 갚지 못하면 이 여인들은 그들의 성적 노예가 되거나 홀아비 왜인들에게 팔렸다. 당시 왜인들이 모여 살던 진고개에 저당 잡힌 여인 수가 1천3백 명에 이르렀다.

1900년 전후에 열다섯 살 안팎 용모가 고운 소녀는 몸 값이 최고 1백 원 나갔다. 스무 살이 넘으면 반값으로 떨어졌다. 당시 황소 한 마리 값이 1백 원이었다.

당시 조선 땅은 황야(曠)와 다르지 않았다.

遠 **옷을 치렁거리면서**(袁, 원) **멀리 달려가는**(辶, 착) **모양**

멀 원, 심오할 원, 길을 원, 멀리할 원.

❁ 敬遠(경원)

번지가 공자에게 지知란 무엇인지 물었다. 공자가 말했다.

"자신이 해야 할 일에 노력하고 귀신鬼神에 대해서는 공경하되 멀리한다면(敬鬼神遠之) 가히 앎이라 할 수 있을 것이다."

존경하되 가까이 하지 않는다(敬而遠之)에서 경원이 나왔으나 오늘날에는 겉으로 존경하는 체 하면서 속으로는 피하는 뜻으로 쓰인다.

緜 **실마디**(糸, 계)**가 비단**(帛, 백) **같은**

햇솜 면, 끊어지지 않을 면, 꾀꼬리 소리 면, 얽을 면, 길 면, 연할 면.

송宋나라 장자는 어느 날 곤궁에 빠져 먼 길을 걸어 솜(綿)처럼 피곤해진 몸으로 친구 감하후에게 돈을 빌리러 갔다.

"일간 영지에서 들어올 세금이 있으니 그때 한 삼백 냥 꾸어 줌세. 지금은 돈이 없네."

친구는 꾸어주기 싫어 돌려 이야기 하였다. 이에 장자가 비꼬았다.

"어제 이리로 걸어오는데 누가 나를 부르기에 돌아보았더니 말라가는 수레바퀴 자리에 고인 물속에서 붕어 한 마리가 말하기를 자기는 황해 용왕의 신하인데 물 한 바가지만 퍼다 자기를 좀 살려달라는 거야. 그래서 내가 대답해 주었지. '내가 며칠 내에 바다에 인접해 있는 오나 월 왕을 만나 돌아오는 길에 서강의 물을 가득 퍼 주겠다.'고. 그랬더니 붕어는 '그 말은 나를 일찌감치 어물전魚物廛으로 가라는 말보다 못합니다.' 하더군."

'철부지급轍鮒之急'이 여기서 나왔다.

邈

멀리(貌, 막) 달려가는(辶, 착) 모양

멀 막, 아득할 막, 업신여길 막, 민망할 막.

통발은 물고기를 잡으려는 수단이니 물고기를 얻으면 통발은 잊는다.
올무는 토끼를 잡으려는 수단이니 토끼를 얻으면 올무는 잊는다.
말은 뜻을 잡는 수단이니 뜻을 얻으면 말은 멀리(邈) 잊어야 한다.

나는 어디서 말을 잊은 사람을 만나 그와 말을 나눌 수 있을까?

巖

산(山, 산)이 엄한(嚴, 엄) 모양

가파를 암, 바위 암, 험할 암, 대궐 곁채 암.

공자는 노魯에서 사구를 지냈으나 사직하고 열국을 주유했다. 위衛에 갔을 때 국경지대 관문을 지날 때 수비대장이 면회를 청했다. 수비대장은 커다란 바위(巖) 아래서 공자와 한참 이야기를 나누고 나서 제자들에게 말했다.

"여러분 선생께서 관직을 내려놓았다고 의기소침意氣銷沈할 필요는 없습니다. 천하가 이미 오랫동안 흐트러졌으니 하늘이 선생을 한 나라에 머물지 않고 목탁木鐸으로 여러 나라를 다니게 하여 문교를 일으키게 하는 것입니다."

목탁이란 말이 여기서 나왔다. 고대 중국에서는 관리가 백성들에게 법이나 명령을 주지시킬 때와 군사에 관한 일을 알릴 때 목탁을 쳤다.

岫 산(山, 산)으로 말미암은(由, 유)

동굴 수, 바위 구멍 수.

남곽자기가 책상에 앉아 하늘을 쳐다보고 한숨을 길게 쉬었다. 그렇게 멍하니 앉아 있는 모습이 손톱여물까지 잊은 듯했다. 제자인 안성자유가 앞에 있다가 물었다.

"어찌 된 일입니까? 선생의 몸은 마치 고목 같습니다. 마음도 불 꺼진 재처럼 고요해 보입니다. 지금 모습은 예전 모습과 다릅니다."

자기가 대답했다.

"언아 너는 참 훌륭한 질문을 하는구나. 방금 나는 나 자신을 잊어버렸다. 너는 그것을 이해할 수 있겠느냐? 너는 사람의 퉁소 소리는 들어도 동굴(岫)이 내는 퉁소 소리를 듣지 못했고, 또 땅의 퉁소 소리를 듣는다 해도 아직 하늘의 퉁소 소리를 듣지는 못했겠지?"

자유가 말했다.

"부디 그 도리를 말씀해 주십시오."

"대지가 내쉬는 숨결이 바람이다. 바람이 일면 대지의 온갖 구멍이 요란하게 울린다. 너는 저 윙윙 울리는 바람 소리를 들어 보았겠지? 산속 높은 봉우리의 백 아름이나 되는 큰 동굴은 코·입·귀·옥로·술잔·절구·깊은 웅덩이 같다. 바람이 불면 동굴은 울리기 시작해서 거칠게 흐르는 물, 씽씽 나는 화살, 나직이 나무라는·훅 들이키는·외치는·울부짖는·깊은 데서 울려나오는·새가 울 듯 가냘픈 소리들이 나온다. 앞바람이 휘휘 하면 뒤를 따르는 바람이 윙윙 운다. 산들바람에는 가볍게 응하고 거센 바람에는 크게 응하지만 태풍이 멎으면 모든 구멍은 고요해진다."

자유가 말했다.

"결국 땅 퉁소 소리는 여러 구멍이 내는 소리이고 사람 퉁소 소리는 피리 구멍이 내는 소리군요. 그럼 부디 하늘 퉁소 소리에 대해 말씀해 주십시오."

자기가 대답했다.

"수많은 사물에 바람이 불어 서로 다른 소리를 내는 것은 온갖 구멍이나 피리가 각기 스스로의 소리를 내는 거야. 그러나 모두 각자가 제 소리를 택하고 있다고 생각하지만 과연 정말 근원에서 소리를 소리로 나게 하는 게 누구일까?"

杳 나무(木, 목)가 해(日, 일)를 가리는 모양

어두울 묘, 깊을 묘, 아득할 묘, 너그러울 묘, 고요할 묘.

절 문 입구 어두운(杳) 그늘에서 꾸짖는 표정으로 서있는 사천왕은 절을 지키는 수호신이다. 원래 그들은 인도 브라만교에서 착한 사람에게 상을 주고 악한 사람에게 벌을 주던 귀신들의 왕이었다.

동쪽을 지키는 지국천황은 인간을 고루 보살피고 나라를 지키겠다는 서원을 했고, 서쪽을 지키는 광목천왕은 죄인에게 벌을 주고 착한 이에게 보물을 나눠주는 역을 맡았고, 남쪽을 지키는 증장천왕은 만물을 소생시키는 덕을 베풀겠다는 서원을 했고, 북쪽을 지키는 다문천왕은 어둠 속에서 흐리멍덩한 중생을 제도하겠다는 서원을 했다.

그러나 이들은 모두 부처에게 귀의하여 불교의 수호신守護神이 되었다.

冥 사람 여럿이서(六, 육) 해(日, 일)를 가리는(冖, 멱) 모양

어두울 명, 밤 명, 어릴 명, 바다 명, 자식이 없을 명, 어리석을 명, 저승 명.

영성은 경제 때 낭알자에 임명되었다. 기세가 어두운(冥) 성품이어서 말단 관리로 있을 때는 상사의 잘못을 그냥 넘어가지 못했고, 윗사람이 되어서는 아랫사람을 지나치게 엄격하게 다루었다. 후에 그는 수도 치안 책임자責任者인 중위가 되었다. 그가 하는 행동은 혹리 질도에 견줄 만 했으나 청렴함은 그에 미치지 못했다. 나중에는 왕의 외척들까지 그를 비난하여 마침내 죄를 얻어 사직하였다.

후에 무제가 그를 태수로 임명하려 하자 공손홍이 말했다.

"신이 말단에 있을 때 영성은 제남 땅 치안 담당관擔當官 도위였습니다. 그가 일하는 모습은 이리가 양을 기르는 것 같으니 그에게 백성을 직접 다스리는 일을 주어서는 안(不) 됩니다."

무제는 그를 국경의 치안 담당관 도위에 임명했다. 일 년 조금 지나자 함곡관을 출입하는 관동 지방 관리들이 입을 모아 말했다.

"새끼 밴 호랑이도 영성처럼 사납지는 않을 것이다."

082 治本於農, 務玆稼穡
치 본 어 농 무 자 가 색

농업을 다스림의 근본으로 삼으니 곡식 농사에 힘써야 한다.

治本 : 다스리는 근본은

於農 : 농사이니

務玆 : 이것에 힘써야 한다.

稼穡 : 심고 거둠

『서경』 '先知稼穡之艱難' – 곡식 농사의 어려움을 먼저 알아야 한다.

治 **물(氵, 수)이 잘 다스려져 기쁘니(台, 태)**

다스릴 치, 가릴 치, 칠 치, 다듬을 치, 효험 치, 익을 치, 비교할 치, 치료할 치, 도읍 치, 고을 치.

천지는 만물을 키워주면서도 자랑하지 않고, 사철은 법칙을 지키면서도 그것에 대해 논하지 않으며, 만물은 각기 생성하는 이치를 지니면서도 그것을 스스로 설명하지 않는다. 성인이란 천지에 근원을 두어 만물의 이치에 통달해 천하를 다스린다(治). 이렇기 때문에 무위하여 작위가 없어도 달관했다는 것이다.

신성하고 오묘한 도는 온갖 만물을 생성 변화시키니, 어떤 것은 죽고 어떤 것은 생기고, 어떤 것은 네모지고 어떤 것은 둥근데 무엇이 그렇게 하는지는 알지 못한다. 하늘과 땅 사이에 두루 만물이 생성하고 이것은 오랜 옛날부터 변함이 없는 것이다. 우주가 아무리 크다 해도 도를 떠나지 못하고, 가을 짐승의 털끝이 아무리 가늘다

해도 도가 있어 비로소 그 형체를 이룰 수가 있다.

本 나무뿌리 모양

근본 본, 밑 본, 뿌리 본, 비롯할 본, 아래 본, 옛 본, 장본 본, 밑천 본, 정말 본, 나 본, 체법 본, 책 본.

개화기에 상민 계층에 '뼘 저고리'가 유행했다. 일반 저고리보다 한 뼘 남짓 짧아 뼘 저고리라 했는데 거의 가슴이 노출될 정도였다. 장옷으로 얼굴을 감추고 다녔던 양반집 여인의 복장에 비하면 대단히 대담한 패션이었다.

사색당쟁이 심했던 조선 후기 보수적인 노론 가문 여인들 저고리는 느슨 헐렁하고 저고리 끝이 둥글고 머리 쪽을 내렸는데, 진보세력인 소론 가문 여인들은 몸의 선이 드러나 보이게 바짝 붙은 저고리에 끝이 모났고 머리 쪽은 바싹 추켜 졌다.

프랑스 혁명 직후 가슴과 허리가 드러나는 짧은 블라우스가 유행했다고 하니, 본래(本) 사회가 보수로 흐를 때 저고리나 치마 길이가 길어지고 진보로 흐를 때는 짧아지고 몸에 붙는 모양이다.

於 여러 방향으로 헤매는 모양

어조사 어, 에 어, 거할 어, 살 어, 갈 어, 대신할 어, 여기 어, 이보다 어.

방方은 사방의 방신을 합해서 칭한 듯하다.

農 별빛(辰, 신)이 굽어보이면(曲, 곡) 농사에 힘써야 한다

농사 농, 힘쓸 농.

지구에 경작지耕作地가 생기는 곳마다 각기 다른 기술과 예술이 일어났다. 따라서 농부農夫들은 문명의 원형질原形質을 일으킨 선구자先驅者이다. 일반적으로 문명이라 부르려면 문자가 있어야 하고 최소 오천 명의 거주자와 그들을 지도하는 중앙 통치 시스템이 있어야 한다. 이 세 가지는 그것을 가지지 못한 부족들을 공격하는데 효율적이었다.

강가에는 문명의 맹아가 어리어 있다.

務 창(矛, 모)으로 힘껏(力, 력) 치면서(攵, 복)

힘 쓸 무, 일 무, 직분 무, 마음먹을 무, 업신여길 무.

오늘 배우지 않아도 내일이 있다고 말아라.
올해 힘쓰지(務) 않아도 내년이 있다고 말아라.
날과 달은 간다. 나를 위하여 늦추지 않으니
아아 늙고 말았으니 이 누구의 허물인가?

玆 검고 검은(玄, 현) 모양

검을 자, 이 자, 흐릴 자.

유비가 손권 밑에서 식객 노릇을 하고 있을 때 주유가 손권에게 유비 인물평을 하였다.

'이(玆) 자는 언제까지나 다른 사람 밑에 있거나 식객 노릇을 할 사람은 아닙니다. 아마 교룡이어서 운우를 탈 기회만 얻으면 언제까지나 연못에 있을 사람은 아닙니다(恐蛟龍得雲雨 終非池中物也).'

'지중물池中物'이란 말이 여기서 나왔다.

稼 집(家, 가)에서 벼(禾, 화)를 심는

심을 가.

한漢 황향은 경서를 익히고 노장에 깊었으며 문장이 뛰어났다. 수도 사람들은 그를 천하에 견줄 자가 없는 '강하군의 황동'이라고 불렀다 그는 나중에 총무처總務處 장관인 상서령과 위군 태수를 역임하였다.

도연명이 말했다.

"황향은 아홉 살 때 어머니가 돌아가셨다. 그런데 어머니가 그리워 슬퍼하다 점점 야위어 뼈만 남게 되었다. 그럼에도 불구하고 곡식을 심고(稼) 농사를 지어 아버지에게 효도를 다하였다.

겨울에 덮을 침구도 입을 바지도 없을 정도로 가난하게 지내면서 아버지에게는 맛있는 고기로 음식을 해 드렸다. 더울 때는 주무시는 잠자리가 편안하게 부채질하고, 추울 때는 자신의 체온으로 앉을 자리를 따뜻하게 해 드렸다."

穡 사람들이 돌아가며 추수하는 모양

거둘 색, 아낄 색, 농사 색.

색嗇 윗부분은 보리 모양이고 아랫부분은 곡식 창고 모양이다.

083 俶載南苗, 我藝黍稷
숙 재 남 묘 아 예 서 직

비로소 남쪽으로 묘목을 실어가
나는 기장과 피를 심겠다.

俶載 : 비로소 싣고 가서

南苗 : 남쪽 이랑에

我藝 : 내가 심겠다.

黍稷 : 기장과 피를

俶

사람(亻, 인)이 아재비(叔, 숙)가 되니

비로소 숙, 비롯할 숙, 처음 숙, 지을 숙, 일으킬 숙, 갖출 숙, 정돈할 숙, 착할 숙, 심할 숙.

지진이 일어나는 원인에 대한 선조들의 생각은 순박하다.

이익은 땅속 지하 동굴이 지하수에 씻겨 점점 커지다 땅의 무게를 못 견뎌 함몰할 때 비로소(俶) 지진이 나고 땅이 내려앉는 압력으로 폭음과 폭풍이 일어난다 하였다. 이외에 지룡들이 땅속에서 싸우기 때문이라든지 집을 지을 때 지신을 밟지 않다 신이 노해서 일어난다는 등 말이 되지 않는 수통스러운 설도 있었다.

載

수레(車, 거)에 창(戈, 과)과 흙(土, 토)이 실린 모양

실을 재, 이길 재, 비롯할 재, 일 재, 할 재, 가득할 재, 운전할 재, 어조사 재.

삼한三韓시대 마한에는 50여 개 나라들이 이웃하여 있었는데 국경마다 별읍이라는 특별 구역이 있었다. 거기에는 솟대와 방울을 달아 표시를 하였는데 죄를 지은 자가 이 별읍에 도망치면 관리들은 숙져서 잡아갈 수 없었다. 그들은 소도에서 별반 일(載)을 하지 않고도 살 수 있었다.

별읍을 서양에서는 '아질'이라 하여 독일에는 18세기까지 정치범政治犯이나 과실범過失犯을 보호한 아질이 남아있다. 아질은 이웃하고 있는 양국이 교역하는 국제시장國際市場 역할도 했다. 인명을 보호하면서 경제특구經濟特區 기능도 있었다.

南 구리로 만든 종처럼 생긴 북 모양

남녘 남, 금 남, 앞 남, 합장 배례할 남, 남쪽에 갈 남.

남南은 초나라 남화종과 비슷한 모양의 북이다.

남南은 구리로 만든 북이다. 동고는 소리가 맑아서 산골짜기를 지나서 흔히 몇 리 밖까지 간다. 동고는 강남으로부터 운남·안남 또는 서남 제도까지 널리 발굴된다. 후한 마원이 남정하였을 때 제작 기술을 널리 가르쳤다고 한다.

복문에 의하면 남南은 아주 옛날부터 있었고 남인들이 성스러운 기물로 여겼다 한다. 그래서 상나라 사람들은 그들을 악기 이름을 따서 남인이라 불렀고 또 남쪽이란 뜻으로 그 문자를 사용하였다.

남南은 나무에 걸어 놓고 사용하였다. 묘족은 대부분 산에 살았기 때문에 이쪽 산에서 저쪽 산으로 신호를 할 때 남을 두드렸다. 그런데 동고는 어떤 것은 70킬로그램까지 나가는 무거운 것도 있다. 이것을 사람이 들고 막대를 휘둘러서 소리를 낸다는 것은 도저히 불가능하다. 아마 무거운 동고는 상대의 저주를 막기 위해 땅 속에 묻는 주술 도구로 사용했을 것이다. 남南을 뒤집어 입을 위로하여 땅에 묻었다.

남南에는 다양한 문양이 그려져 있다. 봄이 왔음을 알리는 개구리 장식이나 전투 장면 등이 보이는데 각각 농경의례와 전쟁에 사용된 것으로 보인다. 남南은 그러한 동고의 모양이다.

상 민족은 산동성 주변에 근거지가 있었다. 거기서 서쪽으로 가면 상나라 이전인 하나라 앙소에 채도 문화가 나온다. 그것을 포함하여 섬서성까지가 상나라 용산 문화이다. 그러니까 처음에 서쪽에서 연해까지 채도 문화가 퍼지고 다음에는 연해에서 서쪽의 섬서성까지 용산 문화 즉 흑도 문화가 덮었던 모양이다.

그런데 그 이전에 남쪽에는 이미 많은 사람들이 살고 있었다. 이 사람들은 대부분 묘족으로 구성되었는데 묘족은 원래 북방의 몽골족 계열이었다. 우리와 같은 몽골로이드였다. 따라서 남南 즉 묘족은 하나라와 상나라가 세워지기 이전에 북쪽에서 내려왔던 사람들이었던 것이다. 그것은 중국에서 가장 오래된 민족 대이동이었다.

묘족이 주로 살았던 곳은 무릉 산맥인데, 그 무릉 산맥을 마주하고 있는 산기슭에서 커다란 동고가 많이 출토되었다.

苗

밭(田, 전)**에 난 풀**(艹, 초)

묘목 묘, 싹 묘, 여름 사냥 묘, 무리 묘, 이을 묘, 이삭 묘.

한漢 성제의 사랑을 받은 비연은 어찌나 몸이 가늘고 부드러웠는지 손바닥 위에서 춤을 추었고 산들바람에도 날렸다 한다. 밥을 적게 먹어 그 몸매를 유지했는데 그녀의 다이어트 식단을 비연식이라 했다. 비연식은 곡물의 싹(苗)을 주재료로 썼던 모양이다.

모나코의 그레이스 왕비도 다이어트식을 했는데 아침에 포도 후르츠 반쪽과 달걀 반쪽, 점심에 포도 후르츠 한쪽과 달걀 한쪽, 저녁에는 샐러드 한 숟가락을 먹었다.

我 제물로 사용할 양을 죽일 때 사용하는 톱 모양

나 아, 이 쪽 아, 고집부릴 아, 우리 아.

예전에 슬기롭고 너그러운 아내의 조건은 이랬다.

밥을 지을 때는 식구 수보다 세 몫을 더 지어 이웃에 우리(我)보다 어려운 사람들과 같이 먹는다. 한 섬 이하 곡식이나 한 냥 이하 돈은 꼬치꼬치 따지지 않는다. 시집 친 팔촌 간 외사촌 간에 어려운 사람이 있으면 도와주고 시집에 알리지 않는다.

藝 풀(艹, 초)을 심고(埶, 예) 고하는(云, 운) 모양

심을 예, 재주 예, 글 예, 대중할 예, 극진할 예, 법 예, 분별할 예.

심은(藝) 꽃 사이 놓인 한 단지 술을
친한 이도 없이 혼자서 마신다.
잔을 들어 명월을 맞이하고
그림자를 대하니 세 사람이 되었구나.
달은 전부터 술 마실 줄을 모르고
그림자는 부질없이 내 하는 대로만 따르구나.
얼마 동안 달과 그림자를 벗해서
행락은 모름지기 봄을 맞추었다.
내가 노래하니 달은 거닐고
내가 춤추면 그림자는 어지러워
깨어서는 같이 즐기고
취한 뒤는 제각기 흩어진다.
길이 무정한 놀음을 저들과 맺어서
아득히 하늘 내를 사이에 두고 다시 만나기를 기약하다.

黍 **다 자란 기장 모양**

기장 서, 메기장 서.

삼국시대三國時代에 고구려에서 기장(黍)을 먹었다는 기록이 있다.

稷 **밭에**(田, 전)**에서 사람**(儿, 인)**이 벼**(禾, 화)**를 밟는**(夊, 치) **모양**

피 직, 농관 직, 사직 직, 흙 귀신 직.

땅을 맡아 다스린다는 신(稷). 봄에는 부엌에, 여름에는 문에, 가을에는 샘에, 겨울에는 마당에 있다고 한다.

토지 신·토신·토공 신·토공·지신 등으로 불린다.

084 稅熟貢新, 勸賞黜陟
세 숙 공 신 권 상 출 척

익은 것에 과세하고 새로 난 것을 종묘에 바치니
상으로 권하고 올리거나 내친다.

稅熟 : 곡식이 익으면 세금을 내고

貢新 : 햇곡식은 제사지낸다.

勸賞 : 상을 권하고

黜陟 : 게으른 사람을 내쫓는다.

稅

벼(禾, 화)로 바꾸어(兌, 태) 냈다

부세 세, 구실 세, 거둘 세, 놓을 세, 쉴 세.

신화시대부터 수염은 지배자와 그 권위를 상징했다. 그리스 신화에 제우스는 수염을 길렀으나 헤르메스는 수염이 없다. 아더왕 호메이니 카스트로에 이르기까지 많은 지도자가 수염을 길렀다. 단군도 수염이 길고 역대 임금들도 모두 수염을 길렀다. 모세·소크라테스·마호메트 같은 종교적 지도자들도 수염을 길렀다. 수염이 가지는 권위와 명예는 동서양이 다르지 않았다.

조선 태종이 만년에 외손자를 보고 얼마나 기뻤던지 애지중지했다. 외손자를 무릎에서 떼어 놓지 못했다. 어느 날 이 버릇없이 자란 외손자가 그를 귀엽다고 안아준 노신의 수염을 주머니칼로 싹둑 잘라 버렸다. 이 사건은 너무나 위중해서 어린 왕손은 유배 갈 수밖에 없었고 태종은 손자가 그리워서 애를 태웠다.

이집트에서는 장례식 때 수염을 깎았고, 터키에서는 노예에게 수염을 기르지 못하게 하였고, 인도에서는 범죄자에게 형벌로 수염을 깎게 하였다. 서양에는 수염을 기르는 데 세금(稅)을 매긴 왕들도 있었다.

熟 **누구를(孰, 숙) 삶는(灬, 화) 모양**

익을 숙, 삶을 숙, 무르익을 숙, 이룰 숙, 한참동안 숙, 자세할 숙, 숙달할 숙, 흐물흐물할 숙, 풍년들 숙.

인생은 익어도(熟) 근저가 없는 것
바람에 휘날리는 길바닥 위의 먼지와 같다.
흩어져 바람을 따라서 뒤집히더니
이는 벌써 떳떳한 몸이 아닌 것을 알리라.
땅에 떨어져 형이다 아우다 하는 것이
어찌 반드시 골육 간이 친척에만 한할 것인가.
기쁜 일을 만나거든 마땅히 즐김을 누릴 것이
말술을 앞에 놓고 이웃 사람들을 불러라.
청춘을 거듭 오는 것이 아니요.
하루해는 다시 아침을 바라기 어려우니
좋은 때를 잊지 말고 마땅히 힘쓸진저.
세월은 사람을 기다리지 않는다.

貢 **재물(貝, 패)을 구하는(工, 공) 모양**

바칠 공, 공물 공, 천거할 공, 세 바칠 공, 나아갈 공.

17세기 청나라 중류층中流層의 조건을 김성탄은 이렇게 들었다.

"옛 친구가 찾아오면 사랑에 맞아들이고 안방에 들어가 소동파의 아내처럼 술을 사올 수 있는가 물으면 아내는 싫어하지 않고 선뜻 꽂았던 금비녀를 빼어들고 나간다. 무심코 먼지 낀 서랍을 열어보고 그 속에 쌓인 해묵은 차용증을 가려내어 뒤란에서 불태운다. 가난한 서생이 필묵 값을 꾸러와 머뭇거리고 있으면 뒤란으로 데리고 가 돈을 건네주고 입맛이 깔깔하고 떫은 술을 내와 대작한다."

요컨대 청나라 중류층이 될 조건은 화목한 가정, 초연한 금전관, 그리고 아량이었던 셈이다.

예전에 선비 사회에서 중류층의 조건을 중종 때 선비 김정국이 이렇게 들었다.

"두어 칸 초가집에 두어 이랑 전답을 갈고 겨울 솜옷과 여름 베옷이 각각 두어 벌, 서적 한 시렁, 거문고 한 벌, 신 한 켤레, 햇볕 쬘 마루 한 쪽, 차 달일 화로 하나, 늙은 몸 지탱할 지팡이 하나, 경치 찾아다닐 나귀 한 마리."

이런 선비를 천거하면(貢) 나라가 얼마나 평화로울 것인가?

新 나무(木, 목)를 세워(立, 입) 도끼(斤, 근)로 내리치는 모양

새로울 신, 처음 신, 고울 신, 새롭게 할 신.

새롭게 신에게 바치는 것, 또는 새로운 위패.

신新은 표식으로 사용하는 나무로서 침(辛)을 박은 나무이다. 이것을 신에게 받치는 것이 신薪이다.

『시경』에는 제사나 결혼을 할 때 땔나무를 하는 풍속을 노래하고 있다. 그리운 사람을 만나기 위해서 새로운 나뭇가지를 자르는 것 역시 주술이었다. 땔나무를 하며 미리 한 주술 축하가 성공하여 그리운 사람을 만날 수 있었던 기쁨을 노래한 것이다. 꺾은 나뭇가지는 산속을 흐르는 강에 던져서 점을 쳤다. 나뭇가지가 바위에 걸리지 않고 멀리까지 내려가면 미리 한 축하가 이루어진다고 믿었다.

勸 **황새**(雚, 관)**도 힘써서**(力, 역)

가르칠 권, 권할 권, 도울 권, 힘껏 할 권, 순종할 권.

맹자는 왕은 두 가지 면에서 백성을 보살펴야 한다고 했다. 먼저 백성의 생계를 보장하는 여건을 만들어 주어야 하고 다음에 그들을 가르치는(勸) 지침을 마련해야 한다는 것이다. 그는 백성들의 경제적 자립을 보장해주는 구체적 계획에 대해 대하여 조세경감·자유무역自由貿易·천연자원天然資源의 보존·노약자老弱者를 위한 복지대책 수립·공정한 부의 분배 등과 같은 대책을 내놓았다('恒有産 恒有心').

그러나 전국시대에 그의 말을 들어줄 제후는 없었다. 호랑이 등에 올라탄 제후들은 최후의 승자가 되기 위해 오직 부국강병富國强兵만 눈을 부릅뜨고 추구하고 있었다. 마침내 그는 유세를 포기하고 고향인 추에 돌아와 제자를 가리키며 살다 죽었다.

마음을 비우니 편안했던 모양이다. 아마 팔십 수를 넘겼던 것으로 보인다.

賞 **받들어**(尙, 상) **돈**(貝, 패)**을 주니**

상줄 상, 구경할 상, 아름다울 상.

필힐이 중모에서 반란을 일으키려고 마당에 큰 솥을 걸어놓고 선비들을 불러 모았다.

"나에게 동조하는 자에게 읍을 주겠지만 반대하는 자는 이 솥에 삶아 죽이겠다."

그러자 선비들은 모두 그를 지지하겠다고 말했다.

전비는 중모읍 사람이었는데 과감하게 나서서 말했다.

"옳은 죽음이라면 부월의 형벌도 피하지 않는 법이요, 옳은 가난이라면 벼슬자리 유혹에도 넘어가지 않는 법입니다. 옳지 못하게 살거나 인의를 저버리면서까지 어뜩비뜩 부유해지느니 차라리 삶겨 죽는 편이 더 낫겠소."

그러더니 옷을 걷어붙이고 솥으로 뛰어들려 하였다. 놀란 필힐이 신발이 벗겨지는 것도 모르고 달려가 그를 살려냈다.

조 씨는 반란 소식을 듣고 필힐을 진압한 다음, 전비가 동조하지 않았다는 사실을 알고 그를 찾아 상賞을 내리려 하였다. 그러자 전비가 말했다.

"그 상은 받을 수 없습니다. 한 사람을 세워서 만 사람을 고개 숙이게 하는 일은 지혜로운 자라면 하지 않습니다. 또 한 사람에게 상을 주어 만 사람을 부끄럽게 하는 일은 의로운 사람이라면 동의하지 않습니다. 제가 상을 받으면 중모의 많은 선비들이 부끄러움을 품게 될 것이니 이것은 옳은 일이 아닙니다."

그는 상을 사양하고 바로 초나라로 가버렸다.

黜 **부정**(黑, 흑)**을 물리치는**(出, 출)

물리칠 출, 내칠 출.

가고, 가고 나를 물리치고(黜) 가신 낭군아.
생이별의 슬픔만 더할 뿐이네.
만 리 밖에 떨어져 생각은 깊고
천애가 아득한데 정만 사무쳐
만나고자 생각은 간절하지만
만날 길 아득하니 어이하리오.
호마는 바람 따라 북을 그리고
월조는 가지 골라 남을 바라네.
헤어져 떠난 지가 날이 오래니.
허리띠가 헐겁게 몸은 여위어
구름은 오락가락 날빛을 덮고

한 번 가신 낭군은 올 뜻이 없어
세월은 덧없이도 흘러만 가네.
날 버리고 가셨다 원망 안할게
모쪼록 당신이나 건강하오.

陟 언덕(阝, 부)을 오르는(步, 보) 모양

오를 척, 올릴 척.

어느 민족이건 가장 신성시 하는 짐승 토템을 가지고 있는데 몽고 퉁구스족 등 북방계 30여 개 민족이 신성시 하는 짐승 가운데 19개 민족의 토템이 개다. 개는 수렵에서 없어서는 안 되는 엽견이고 유목에서도 없어서는 안 될 변견이며 눈길에서 가장 편리한 교통수단 썰매를 끌어주는 취견이기 때문일 것이다.

신이 그 민족이 가장 소중히 여기는 짐승을 희생으로 요구하는 것은 동서양이 다르지 않다. 북방 민족이 개를 희생 동물로 선택한 것은 당연하다.

『예기』에 주나라 때부터 여름 제사에 개를 올렸다고(陟) 했고, 『사기』에 진나라는 복날에 개를 잡아 몸통과 사지를 나누어 읍문에 걸어놓고 제사를 지냈다고 했다.

085 孟軻敦素, 史魚秉直
맹 가 돈 소 사 어 병 직

맹자는 소질을 도탑게 하였고
사어는 곧음을 견지하였다.

孟軻 : 맹자는

敦素 : 소질을 두텁게 했고

史魚 : 사추는

秉直 : 곧음을 잡았다.

孟

대(皿, 명) **위에 서있는 사람**(子, 자)

우두머리 맹, 맏 맹, 첫 맹, 힘쓸 맹, 클 맹.

맹孟(백伯)·중仲·숙叔·계季로 보통 형제간의 관계를 나타낸다. 그러니까 이름 앞에 어느 글자가 들어가는 가에 따라 몇째 아들인지를 알 수 있다.

맹자는 당연히 맏아들이겠지. 백이도 마찬가지. 공자는 자가 중니이니 둘째 아들, 숙제는 셋째 아들 뭐 이런 순서가 된다.

❀ **孟母三遷**(맹모삼천)

맹가는 어려서 아버지를 여의고 홀어머니 슬하에서 자랐다. 처음 그들은 묘지 부근에 살았다. 어린 맹가는 매일 무덤 파는 흉내, 상여 메는 흉내, 곡하는 흉내를 하며 놀았다. 어머니는 교육을 걱정하여 시장 가까운 곳으로 이사했다. 맹가는 장사하는 흉내를 하며 놀았다. 이것도 교육에 좋지 않다 여겨 어머니는 다시 서당 부근으로 이사하였다. 그랬더니 맹가는 매일 제사라든가 예를 흉내 내고 학동들 어깨너머로 글을 배우는 것이 아닌가. 이에 어머니는 기뻐했다.

軻 수레(車, 거)가 굴러가는(可, 가) 모양

굴대 가, 높을 가, 기험할 가, 맹자 이름 가.

제준은 광무제를 따라 하북 지방을 평정하고 정로 장군에 임명되었다. 그는 절도가 있고 검소했다. 나라 일에 임해서는 자신을 희생하고 공적인 것을 앞세웠다. 공을 세워 받은 상품은 모두 부하들에게 나누어주고 집에는 따로 재산을 모아 두지 않았다. 스스로 무두질한 가죽옷이나 무명옷을 입었고 부인의 치마에도 장식을 못하게 하였다.

광무제는 제준이 죽었을 때 상복을 입고 수레(軻)를 타고 가서 조문했다. 장례식이 끝나고 나서 광무제는 소와 양과 돼지를 바치는 태뢰의 제사를 성대하게 베풀고 가족들에게 위로의 말을 했다.

그 후 제후들이 조회하는 자리에서 광무제는 자주 탄식했다.

"나라를 극진히 걱정하고 성실하게 임금을 받드는 정로 장군 제준 같은 이를 어디서 다시 얻을 것인가?"·

敦 잘 두드려(攵, 복) 드리는(享, 향) 모양

도타울 돈, 꾸짖을 돈, 핍박할 돈, 힘쓸 돈, 누구 돈, 클 돈, 뒤섞일 돈, 막연한 모양 돈, 세울 돈, 쪼을 퇴, 모을 퇴, 다스릴 퇴, 성낼 퇴.

열자가 백혼무인에게 활을 쏘아 보였다. 활을 힘껏 당기고 물을 담은 잔을 팔꿈치에 올려놓아도 물이 기울어져 쏟아지지 않을 정도로 좌우의 손이 가지런하게 수평이 되며, 활을 쏘면 앞의 화살이 시위를 떠남과 동시에 재빠르게 다음 화살을 재는데 그러면서도 다리는 꼼짝도 하지 않아 꼭 몸이 나무 인형 같았다.

백혼무인이 말했다.

"자네가 쏘는 화살 솜씨는 뛰어나기는 하지만 그것은 좀 도타운(敦) 유심의 활솜씨네. 무심의 활솜씨는 쏜다는 의식조차 없네. 어디 시험 삼아 나와 함께 높은 산에 올라 공중에 튀어나간 바위 위에 서서 백 길이나 되는 벼랑 밑을 한 번 내려다보지 않겠나?"

백혼무인은 자신이 먼저 높은 산에 올라 튀어나간 바위 위에 서서 뒷걸음 쳐서 발꿈치의 삼분의 이를 바위 밖 공중에 내민 채 열자를 손짓해서 불렀다. 열자는 아예 입구에서 열흘 굶은 사람처럼 맥이 빠져 땅에 엎드렸다.

백혼무인이 말했다.

"대개 덕이 지극한 사람은 위로는 푸른 하늘 끝까지 살펴보고 아래로는 황천 바닥까지 들여다보아 천지 팔방에 자유자재로 날아다니면서도 정신이나 기운이 조금도 변하지 않는다네. 그런데 지금 자네는 이만한 높이에도 두려워 떨며 눈이 어지러운 모양이니 그래서는 아직 무심의 활을 쏘지는 못할 것 같군."

素 본디(主, 주) 실(糸, 사)처럼

흰 빛 소, 소질 소, 생초 소, 빌 소, 질박할 소, 바탕 소, 본디 소, 성심 소, 원래 소, 순색 소, 원색 소.

제사에 사용되는 신에게 바치는 옷은 특별히 마련된 성스러운 장소에서 만들었다.

작업실은 강 가까운 곳에 있는 제후 소유 뽕밭과 잠실에 마련되었는데 외부와는 완전히 격리되었다. 천자나 제후 뽕밭에 심은 뽕으로 양잠을 하여, 몸을 깨끗이 한 부인들이 실을 뽑고 베를 짜서 신에게 바칠 옷을 지었다. 그때 실에 물을 들이는데, 윗부분을 묶어서 거기에는 물이 들지 않도록 한 것이 소素 모양이다.

史 제사에 고기를 바치는 사람 모양

사기 사, 역사 사, 사관 사, 빛날 사

거백옥은 어질었으나 등용되지 못했고 미자하는 불초하였으나 정사를 맡고 있었다. 대부 사추가 이를 근심하여 여러 차례 영공에게 간하였으나 영공은 듣지 않았다. 사추는 병이 들어 죽음이 임박하자 아들에게 말했다.

"내가 죽으면 집 북쪽 귀퉁이에서 장례를 치러다오. 내가 살아 있는 동안 거백옥을 추천하지 못했고 미자하를 축출하지도 못했으니 이는 신하의 도리가 아니다. 살아 있을 때 임금을 바른 길로 인도하지 못한 자는 죽어도 장례를 치를 때 예를 갖추지 않는 법이다. 그러니 나의 시신을 북당에 안치하는 것만으로도 나에게는 과분하다."

사추가 죽고 나서 영공이 조문을 왔는데 북당에서 장례를 치르는 것을 보고 의아하게 여겨 까닭을 물었다. 사추 아들이 아버지가 임종 때 부탁했던 말을 영공에게 들려주었다. 영공은 어쩔 줄 몰라 하면서 낯빛을 바꾸고 자리에서 일어나 말했다.

"선생께서 살아 계실 때 어진 이를 추천하고 불초한 자를 몰아내기 위해 애를 쓰시더니, 돌아가시고도 여전히 그 뜻을 굽히지 않고 간언하는구나. 선생의 충성스러운 성의가 죽은 후에도 빛나니(史) 조금도 쇠하지 않았다."

영공은 거백옥을 등용하여 경 벼슬을 내리고 미자하는 축출하였다. 그리고 사추의 주검을 정당으로 옮겨 예를 갖추어 다시 장례를 치르게 하였다. 이후 위나라는 잘 다스려졌다.

사추는 자가 자어이다.

『논어』에서 '直哉史魚 邦有道如矢 邦無道如矢'(사어는 곧기도 하다. 나라에 도가 있어도 화살 같고 나라에 도가 없어도 화살 같구나.)라고 기렸던 바로 그 사람이다.

魚 물고기 모양

고기 어, 생선 어, 좀 어.

예전에 한양 교사동에 자리잡은 안동 김씨 문중에 상쾌라는 사동이 있었다. 주인마님이 시전에 가 과일을 사오라 시키면 다른 사동을 시켰을 때보다 크고 좋은 놈을 싸게 사오곤 했다. 사실은 상쾌는 제 돈을 보태 좋은 과일을 사갔던 것이다. 이 수단으로 그는 주인마님의 신임을 얻어 세도가문의 재산을 총 관리하는 청지기가 되었다. 청지기가 된 이후 그는 본색을 드러내 사재를 빼돌려 사복을 채워 종가 육의전에 가장 큰 제물전을 차렸다.

상쾌가 장사하는 수법은 고약했다. 곶감 고지인 상주와 고산, 대추 고지인 보은과 청산에 사람을 보내 입도선매한 후 매점매석하여 값이 오르면 오른 값보다 조금 싸게 팔았다.

이 상쾌상술을 주식인 미두에 응용하여 치부한 사람이 동막 객주 김재순이었다. 순조 때 흉년이 들자 삼남 곡식을 매점매석하여 쌀값이 곱절로 오르자 시가보다 조금 싼 가격으로 쌀을 풀어 치부했다.

동해의 명태 서해의 조기 같은 생선(魚)은 산지가 특정하고 취급 시기가 특정하여 상쾌상술이 극성을 부렸다.

秉 무엇을 꽉 잡고 있는 모양

잡을 병, 움큼 병, 벼 묶을 병.

무武는 창을 잡고(秉) 나아가는 모양으로 아마도 용맹함을 나타내는 춤으로부터 생겨난 문자로 보인다.

그에 비해 문文은 신성함을 일컫는 말로서 그것은 문신 풍속과 관계가 있다.

문신은 화를 막기 위한 주술로 시작되었다. 사람의 일생에서 출생·성년·장례와 같이 새로운 세계에 들어가는 가입 의식인 통과의례에서 성화하는 방법으로 행해진 것이다. 갓 태어난 아이 이마에 표시를 하여 화를 피했던 풍속은 문신문화권에 속한 여러 민족에게서 발견된다.

일본에서도 헤이안시대 말기까지 널리 행해졌던 모양이다. 이 풍속을 '아야스코'라고 했는데 갓 태어난 아이 이마에 X 또는 大 모양을 먹으로 표시했다. 귀족들은 자기보다 높은 지위에 있는 고귀한 사람을 청하여 성대하게 의식을 치렀다. X나 大를 잘못하여 견犬으로 쓰기도 했는데 이 경우에 그 아이는 개똥이라고 불렸다. 그것은 개가 안전한 출산과 생육에 복을 가져 온다는 세속적인 믿음에서 생겨난 듯하다.

조선시대 고종도 아명이 개똥이라고 했다지.

이러한 X·+·大와 같은 기호는 모두 붉은색이나 검은색으로 표시했다. 그리고 피부에 먹물을 넣어 새기는 묵이 아니라, 빛깔로 일시 표시하는 회신이었다. 바늘로 찔러 피부에 먹물을 넣는 것은 경날이라 하고, 피부에 상처를 내는 것은 반흔이라고 한다. 의례에 사용하는 문신은 모두 회신이었다.

산產과 언彦은 출생과 성인식 문신을 뜻하고 문文은 장례식 때 문신을 뜻한다. 여자에게 하는 문신은 양쪽 유방에 하였다. 상爽·석奭·이爾 등은 그러한 모양을 나타내는 문자이다. 문文은 남자 가슴에, 상爽·석奭은 여자 두 유방에 문신을 한 모양으로 이 문신들은 모두 사람이 죽었을 때 그려 넣었다.

直 머리를 바로 세운 모양

곧을 직, 바를 직, 당할 직, 다만 직, 펼 직, 곧게 할 직, 번들 직, 바로 직.

천하미색 서시야 뽐내지 마라. 삼추만 지나면 이마에 주름살진다.
천하장자 석숭아 뽐내지 마라. 삼년 가뭄에 쪽박이 기다린다.
천하횡행 손오공아 뽐내지 마라. 부처님 손바닥에 벼룩인 것을.
천하횡제 홍부야 뽐내지 마라. 당 현종 불호령이 널 잡아간다.

너무 자만하면 바로(直) 재앙이 온다고 훈계한『뽐 타령』중 일부이다.

086 庶幾中庸, 勞謙謹勅

서 기 중 용 로 겸 근 칙

중용을 바란다면
힘써 일하고 겸손하여야 한다.

庶幾 : 바라건대

中庸 : 중용을(한 쪽으로 치우치지 않고 중정함.)

勞謙 : 힘써 일하고 겸손해서

謹勅 : 삼가서 스스로 경계한다.

『맹자』 '王庶幾改之' – 왕은 그것을 고치기를 바라고 있다.
『중용』 '君子中庸小人反中庸' – 군자는 중정하나 소인은 그렇지 못하다.
『역경』 '勞謙君子有終吉' – 노겸한 군자는 결국 길하다.
『후한서』 '謹勅之人身不蹈非' – 근칙하는 사람은 몸이 그른 것을 밟지 않는다.

庶 집안에 사람이 서있는 모양

무리 서, 여럿 서, 바라건대 서, 거의 서, 백성 서, 많을 서, 서자 서.

신유년 천주교 박해 때 대구 감영에 형틀에 묶인 천주학도 박 바오로는 고문으로 팔꿈치의 뼈가 다 드러났다. 그래도 배교하지 않자 심문하던 수령은 인근의 고행승을 불러왔다. 그 스님은 마음이 흔들릴 때마다 손가락을 하나씩 잘라내며 수도했던 사람이었다. 수령은 여러(庶) 천주학도 앞에서 박 바오로와 스님을 마주 앉게 하여 논쟁을 시켰다.

스님이 먼저 물었다.

“천주학에도 극락이 있소?”

“극락은 없어도 천당은 있습니다.”

“극락은 업보에 따라 왕생하는데 천당은 어떻게 갑니까?”

“천당에는 영혼만 가서 영생합니다. 육체는 영혼이 일시 머무는 여관과 같습니다. 내 육체를 찢어발기고 가루를 낸다 해도 내 영혼은 다치지 않습니다.”

스님이 시룽시룽해서 웃으며 말했다.

“아! 그러면 천당과 극락은 마음속에 있는 똑같은 곳이군요.”

하더니 손가락 없는 손을 들어 보이며 돌아서 나가 버렸다.

幾 창으로 무엇을 헤아리는 모양

얼마 기, 바랄 기. 어찌 기, 얼마 못될 기, 기미 기, 위태할 기, 기약할 기, 자못 기, 가까울 기, 살필 기.

예전에 고을을 다스리던 수령들은 판공비를 뜯어내는데 고수였다. 판공비로 공식적公式的으로 보장된 은결은 조세대장에 올리지 않고 조세를 거둘 수 있는 토지였다.

고을에 따라 본결 필지보다 은결 필지가 더 많은 고을도 많이 있어 어떤 고을은 연간 은결이 1천 섬을 넘었다. 그것으로는 만족하지 못했던 수령들은 군보포라 하여 적령기가 된 남자에게 병역을 유예해 주고 받기도 하고, 병역세라 하여 사내아이를 낳으면 적령이 되기 전에 병역부에 등재하여 뜯어내기도 하고(황구포), 사람이 죽어도 병역부에서 삭제하지 않고 병역세를 받아 챙기기도 했다(백골포).

과천 현감은 한양으로 올라오는 자에게 상경세를 받았고 한강진 별장은 도강하는 자에게 배삯 외에 도진세를 받는데 아이 밴 여자에게 1.5배를 받아 난리가 일어나기도 했다.

관리들이 얼마(幾)를 챙겼든 아마 반 이상은 윗선으로 올라갔을 것이다.

中 **장대의 모양으로 장대의 중앙에 표지를 달거나 때로는 그 위 아래로 바람에 나부끼는 여러 개의 좁다란 헝겊을 단 모양**

가운데 중, 안 쪽 중, 마음 중, 바른 덕 중, 맞힐 중, 응할 중, 당할 중.

❀ **囊中之錐**(낭중지추)

전국시대, 평원군이 조趙 재상을 맡고 있었다. 그도 맹상군만큼이나 식객을 모았다.

진秦이 조에 쳐들어 왔다. 평원군은 초楚에 구원군을 청하려 출국하면서 식객 중 20명을 추려 같이 가기로 했다. 19명을 뽑고 나머지 한 명을 누구로 할까 망설이는데 모수가 자천했다. 이에 평원군이 말했다.

"쓸모 있는 사람은 송곳이 부대 안에 들어 있는 것과 같아서 곧 끝이 삐져나와 눈에 띄기 마련이지. 그런데 자네는 내 집에 온지 3년이 지났는데 별로 알려지지 못한 사람 아닌가?"

모수가 목소리를 높였다.

"그것은 재상께서 나를 자루 안에 넣지 않았기 때문입니다. 넣어만 주신다면 내가 가진 전부를 보여드리겠습니다."

과연 모수는 초나라에서 외교 수단을 발휘해 큰 공을 세웠다.

庸 **집안에 여자가 서있는 모양**

범상할 용, 쓸 용, 떳떳할 용, 항상 용, 공 용, 수고로울 용, 화할 용, 어리석을 용, 어찌 용, 부세 용.

후한後漢 중엽 장계는 학자이며 선술에도 능했다. 제자가 문전성시門前成市를 이루었다. 조정에서 벼슬을 제의하였으나 어리석은(庸) 체 하며 번번이 거절했다. 장계가 잘 하는 도술은 5리 안을 안개가 자욱하게 하는 것이었다. 그래서 만나고 싶지 않은 사람이 찾아오면 안개를 피워 속으로 숨어버리곤 했다.

'오리무중五里霧中'이 여기서 나왔다.

勞 **힘껏**(力, 역) **덮고**(冖, 멱) **삶으니**(火, 화)

노곤할 로, 일할 로, 수고할 로, 근심할 로, 부지런할 로, 위로할 로.

한양 친구 집에 시골서 과거보러 올라 온 서생이 유숙하고 있었다. 어느 날 이 서생이 다른 친구를 만나고 인정이 넘어 들어오는데 종가 이문에서 갑자기 장정 넷이 불쑥 나타나 그를 자루 속에 넣어 둘러메더니 어디론가 달려갔다.

한참 후에 어느 집 높은 담을 넘겨 방안에 들이고 자루를 벗겨 주는데 바닥에는 비단 이불과 원앙 베개가 단정했다. 조금 있으니 곱게 치장한 부인이 들어왔다.

밤새 수고를 해서 노곤할(勞) 무렵 파루를 알리는 북소리가 들려왔다. 다시 그 장정들이 들어오더니 서생을 자루 속에 넣어 운반하여 어젯밤 납치했던 곳에 풀어주었다.

이것을 '서생약탈'이라 불렀다.

謙 **말**(言, 언)**을 잘해서**(兼, 겸)

겸손할 겸, 사양할 겸.

중종 때 한양의 높은 벼슬아치 집안 청상과부들이 계를 만들었는데 청상계라 불렀다. 또 그들보다 지체가 조금 못한 과부들끼리 만든 백상계가 있었다. 두 계 모두 곗날이 되면 곗돈을 모아 은밀한 기쁨을 즐겼다. 뚜쟁이 할미에게 시켜 건장한 사내를 불러와 접대부를 시키다 벽장 속에 감추어 놓고 밤에 은밀한 짓을 하였다. 처음에는 과부들끼리만 모였는데 시벌시벌 소문이 나자 여염집 마님들이 곗돈을 두 배로 내겠으니 계에 끼워달라고 제의했다. 과부들은 사양하지(謙) 않았다.

판이 커지자 어느 접대부 사내의 아내가 낌새를 채고 포도청에 신고하여 결국 계는 깨지고 말았다.

謹 말(言, 언)을 진흙(堇, 근)처럼 삼가야

삼갈 근, 공경할 근, 오로지 근.

우리가 공경하는(謹) 신들은 각기 저마다의 등록 상표를 가지고 있다.

힌두교에는 그들만의 신이 있으며 이슬람교도 그들만의 신을 가지고 있다. 기독교, 자이나교, 불교 모두 각자 자신들만의 신이 있다. 신 제조업은 세상 곳곳에 퍼져 있다.

신 제조업자製造業者들은 집에서 물건을 생산해 내는 사람들과 똑같은 방식으로 시장에서 서로 싸운다. 그들의 신은 모두 다르나 사실은 장님이 만진 코끼리의 부분에 지나지 않는다.

진실은 도처에 코끼리처럼 우뚝 서 있다.

勅 행동을 삼가는데(束, 속) 힘써야(力, 력)

삼갈 칙, 신칙할 칙, 칙령 칙.

호메로스는 자동으로 움직이는 수레 20대가 달리는 서사시를 썼다. 다빈치는 자동차自動車 스케치를 남겼다. 명나라 등옥함은 168개 톱니바퀴로 자행거를 만들었다. 사람이 지레를 위 아래로 움직여 앞으로 나갔다.

철종 때 교동에 있던 안동 김 씨 집 종이 초헌에다 동력 전달장치를 하여 자행거를 만들었다. 역시 지레로 움직였는데 밀고 가는 것보다 더 힘이 들어 신풍스러워 실용화實用化되지는 못했다.

서양 자동차는 1903년 당시 다임러가 발명한 자동차를 왕실에서 구입했다. 그러나 민심이 두려워 타는 것은 삼갔다(勅). 1911년에는 프랑스 영사가 타고 다니다 전근하면서 내놓은 붉은색 중고 메치아를 왕실에서 샀다. 2년 후에는 은퇴한 고종의 전용차로 4기통 영국제 리무진을 이왕직에서 샀다. 곧 이어 미국제 캐딜락을 순종의 전용차로 사 들였다.

그러나 나라를 통째로 빼앗기고 비탄에 젖어 있는 왕실을 신기한 자동차로 달래보려는 의도를 알고 있었던지 임금들은 자동차에 오르기를 거부했던 모양이다.

087 聆音察理, 鑑貌辨色
령 음 찰 리 감 모 변 색

소리를 듣고 이치를 살피며
모습을 보고 안색을 분별한다.

聆音 : 소리를 듣고
察理 : 이치를 살피고
鑑貌 : 모습을 보고
辨色 : 안색을 분별한다.

聆 **귀**(耳, 이)**를 따라서**(令, 영)
들을 령, 깨달을 령.

사물은 깨닫고(聆) 보면 저것 아닌 것도 없고 이것 아닌 것도 없다. 이쪽에서 보면 모두가 저것이고 저쪽에서 보면 모두가 이것이다. 스스로 자기를 저것이라고 한다면 알 수 없지만 스스로 자기를 이것이라고 한다면 알 수가 있다. 그러므로 저것은 이것에서 생겨나고 이것 또한 저것에서 비롯된다. 저것과 이것은 나란히 함께 생긴다. 삶이 있으면 죽음이 있고 죽음이 있으면 반드시 삶이 있다. 세상은 상대적으로 보면 비교적 선명하게 드러나지만 그것은 언어의 세계로 한정된다. 언어로는 세상을 바로 표현하기가 어렵다.

성인은 그런 방법에 의존하지 않고 모든 것을 자연의 조명으로 비추어 본다. 그리고 커다란 긍정의 세계 가운데 안주한다. 거기서는 이것이 저것이고 저것 또한 이것이다. 저것도 하나의 시비이고 이것도 하나의 시비이다. 이것과 저것이 있다는 말인가? 이것과 저것이 없다는 말인가? 이것과 저것이 그 대립을 없애버린 경지 이를 도추라 한다.

도추는 원의 중심에 있으면서 무한한 변전에 대처할 수 있다. 그러므로 시비를 내세우는 것은 밝은 지혜를 갖는 만 못하다.

音 신의 방문 즉 계시를 나타낸다

소리 음, 말소리 음, 음 음, 음악 음.

❀ **亡國之音**(망국지음)

춘추시대 위衛 영공이 진晉에 가는 도중 복수를 지나가게 되었다. 지금까지 한 번도 들어보지 목한 아름답고 달콤한 음악소리가 들렸다. 영공은 수레를 멈추고 한 동안 황홀하게 음악을 들었다. 그리고 수행하는 이에게 음악을 기억하게 하였다.

영공이 진晉에 닿아 평공 앞에서 자랑삼아 자기의 악사에게 그 곡을 연주하게 하였다. 그 곡을 듣던 진의 악사 사광이 말했다.

"복수는 폭군이던 은 주왕의 악사였던 사람이 자살한 곳입니다. 그 악사의 영이 그런 곡을 탄주했음이 분명합니다. 그러나 그곳은 망국의 음악입니다. 그러니 이 자리에서 연주하지 않는 것이 좋겠습니다."

察 사당(宀, 면)에서 제사(祭, 제)를 살피는

살필 찰, 알 찰 , 밝힐 찰, 환히 드러날 찰, 깨끗할 찰, 편벽되게 볼 찰, 상고할 찰.

어느 백정이 문혜군이 제사에 쓸 소를 가른 적이 있었다. 소를 잡는 손놀림은 신기에 가까워 마치 음악의 가락을 타는 듯 능란하고 경쾌했다. 그것을 살펴보던(察)

문혜군이 탄식하였다.

"아 놀랍다! 사람 재주로서 어떻게 그러한 경지까지 이를 수 있다는 말인가."

그러자 백정이 칼을 잠시 놓고 말했다.

"제가 즐기는 것은 도니 기술이니 하는 것을 벗어난 스스로 그러한 것입니다. 제가 처음으로 소를 가를 때 눈에 보이는 것은 오직 소뿐이었습니다. 그러나 지금 저는 마음으로 소를 대할 뿐 눈으로는 소를 보지 않습니다. 감각이 정지하는 곳에서 오직 마음만 움직여 작업을 합니다. 소 육체 조직 사이 스스로 그러한 길을 따라 뼈와 살 사이에 있는 간격을 쪼개고, 골절 사이 구멍에 칼을 넣어 스스로 그러한 도리를 찾아 가르는 것일 뿐입니다. 칼이 뼈와 힘줄이 얽혀 있는 곳에 가는 적이 없으며, 큰 뼈에 부딪치는 일도 없습니다. 아무리 훌륭한 백정도 한 해에 한 번은 칼을 바꿉니다. 살을 무리해서 베기 때문입니다. 어리보기 백정은 한 달에 한 번씩 칼을 바꿉니다. 이는 뼈를 건드리기 때문입니다. 저는 이 칼을 19년이나 쓰고 있고, 그 동안 자른 소 숫자는 몇 천 마리인지도 모르겠습니다. 그러나 제 칼날은 방금 숫돌에 갈기라도 한 듯이 날카롭습니다. 뼈마디 사이에는 간격이 있고 칼날에는 두께가 없습니다. 두께 없는 것을 간격 있는 곳에 집어넣으니 아무리 칼날을 휘두른다 해도 반드시 여지가 있게 마련입니다. 그러기에 19년이나 썼음에도 제 칼날은 금방 숫돌에 간 것처럼 잘 드는 것입니다. 그렇기는 하나 막상 뼈나 힘줄이 엉긴 곳을 만나면 저도 마음이 저절로 긴장하여 시선을 거기서 떼지 못합니다. 손의 움직임도 느려져서 그때는 칼 쓰는 법이 도를 얻어 아주 미묘해집니다. 드디어 소를 완전히 갈라놓으면 고기는 마치 흙덩이가 땅에 떨어지듯 와르르 떨어져 나갑니다. 그때 비로소 저는 잠시 그 자리에 선 채로 만족감에 젖으며 천천히 칼의 피를 씻는 답니다."

理 **구슬**(玉, 옥)**처럼 마을**(里, 리)**을**

다스릴 리, 이치 리, 바를 리, 무늬 낼 리, 성품 리, 도리 리, 고칠 리, 정리할 리, 처치할 리, 나뭇결 리, 힘입을 리.

청清대 단옥재는 리理를 설명하기를 '옥을 쪼개어 나눈다는 뜻이다. 옥玉은 극히 견고하지만 그 결을 따라 가공하면 기물을 만드는 것이 어렵지 않다.'라고 했다.

고대에 리理는 조리나 무늬를 뜻하는 명사이자 '조리 있게 하다'·'다스리다'는 뜻인 동사로 사용되는 경우가 많았다. 명사로 사용될 때에는 조리條理나 도리道理의 의미가 된다. 아마도 리의 특색은 구체적 현상에 입각하여 일상성을 내포할 수 있다는 점일 것이다.

위진시대 현학, 특히 불교나 근세유교에서는 개개의 리를 통괄하는 보편성普遍性이란 의미로도 말해지고 있다. 일상적이고 개별적 현상을 통해 나타나는 보편성을 말할 때 리理는 특히 효과적이다.

鑑 **보이는**(監, 감) **쇠**(金, 금)

거울 감, 밝을 감, 비칠 감, 본뜰 감, 경계할 감.

초楚 위왕이 서주에서 제나라 전영을 쳐부수고 제왕에게 전영을 제에서 내쫓으라고 요구했다. 전영은 겁을 먹었다.

그때 제나라 신하 장추가 초왕을 달랬다.

"대왕께서 서주에서 전영을 이길 수 있었던 것은 전영이 전분을 임용하지 않았기 때문입니다. 전분은 제에 공이 큰 자로서 백성들이 모두 그를 따랐는데 전영이 그를 좋아하지 않아 대신 신박을 등용하고 말았습니다. 그러나 백성과 대신들이 모두 신박을 따르지 않아 대왕이 이길 수 있었던 것입니다. 그러니 대왕께서 지금 전영을 물러나게 하면 반드시 전분이 등용되어 사졸을 정돈할 것이고 그 군대와 대왕이 부딪힌다면 대왕께서 편할 것은 아무것도 없습니다."

초왕은 바로 그 말을 밝게(鑑) 이해하고 전영을 쫓아내는 것을 그만두었다.

전영은 맹상군의 아버지이다.

貌 맹수(豸, 치)와 사람(皃, 아)이 마주 보는 모양

모양 모, 꼴 모, 얼굴 모, 겉 모, 모뜰 막.

초楚에 관상(貌)을 잘 보는 사람이 있었는데 그가 말한 것은 조금도 실수가 없어 나라 안에 평판이 자자하였다. 장왕이 그를 만나 어떻게 그리 신통할 수 있는지 물어보자 그가 말했다.

"저는 얼굴 모습을 보는 것이 아니라 그 사람이 사귀는 친구를 잘 살필 뿐입니다. 평민일 때, 사귀는 사람들이 효제하고 독실하며 법을 두려워 할 줄 아는 경우, 이런 사람은 집안이 번창하여 날로 편안해집니다. 이런 사람을 길인이라 합니다. 관리일 때, 사귀는 친구가 성실하고 믿음직스러우며 선을 좋아한다면 이런 사람은 임금을 잘 섬겨 관직도 높아질 것입니다. 이런 사람을 길사라 합니다. 마지막으로 임금은 총명하고 신하는 어질어 좌우가 충성스러워, 임금에게 실수가 있을 때 모두 감히 다투어 바르게 간언할 수 있다면 이런 나라는 날로 평안을 얻을 것이요, 임금은 날로 존귀해지고 천하는 날로 부유해질 것입니다. 이런 임금을 길주라 합니다. 이처럼 저는 관상을 보는 것이 아니라 그 사람이 사귀는 친구를 자세히 살필 뿐입니다."

辨 어려운(辛, 신) 것은 칼(刂, 도)로 나누어

분별할 변, 구별할 변, 판단할 변, 구비할 변, 아홉 갈피 변, 나눌 변.

제齊 장공이 수레를 타고 사냥을 가는데 벌레 한 마리가 도끼처럼 생긴 팔을 들고 장공이 탄 수레에 덤벼들려는 자세를 취했다.

"저것이 무슨 벌레인가?"하고 장공이 묻자 시종무관이 대답했다.

"사마귀라고 합니다. 저 녀석은 분별(辨)이 없어 앞으로 나갈 줄만 알고 뒤로 물러설 줄을 모릅니다. 제다가 분수도 모르고 아무에게나 덤벼듭니다."

장공은 "사람이라면 천하의 용사로구나."하고 사마귀를 피해서 수레를 몰았다.

色 卩은 의례를 행하는 사람. 卩의 뒤에 사람들이 있는 모양

낯 색, 어여쁜 계집 색, 화상 색, 핏대 올릴 색, 모양 색, 놀랄 색, 빛 색.

❀ 物色(물색)

『예기』「월령편」'瞻肥瘠 察物色' – 살찌고 파리한지 쳐다보고 안색을 살핀다. 이른바 용모파기容貌疤記를 작성하여 원하는 사람을 찾는다는 뜻이다. 후한 광무제가 등극하고 어린 시절 동문수학하던 친구 엄광을 찾으려 용모파기를 만들어 돌렸다 한다.

088 貽厥嘉猷, 勉其祗植

이 궐 가 유 면 기 지 식

아름다운 계책을 남기고
공경하는 마음을 몸에 심기를 힘쓴다.

貽厥 : 그에게 주고

嘉猷 : 좋은 계략을

勉其 : 그것을 힘써서

祗植 : 공경을 심는다.

『서경』 '爾有嘉謀嘉猷 則入告爾后于內' – 당신에게 좋은 꾀와 대책이 있으면 들어가서 임금에게 말하라.

貽 **돈**(貝, 패)**을 좋아하니**(台, 태)

줄 이, 끼칠 이.

북문성이 황제에게 물었다.

"당신은 함지 음악을 동정 들판에서 베푸셨습니다(貽). 저는 처음에 음악을 듣고 두려워졌고 다시 듣자 두려움이 사라졌으며 마지막에 듣고는 뭐가 뭔지 알지 못하게 되었습니다. 정신이 흔들리고 말도 나오지 않아 나 자신을 어떻게 할 수가 없었습니다."

시치미를 떼고 있던 황제가 말했다.

"아마 그랬을 테지. 나는 먼저 사람들이 정한 대로 연주하고 사람들이 만든 예의와 질서에 따라 밀고 나갔다. 다음에는 자연의 흐름을 좇아 악기를 울려 맑은 자연의 근원에 그것을 세웠다. 사철이 차례로 바뀌고 만물이 따라 생겨나듯이 혹은 높아지고 혹은 가라앉아 부드러운 소리와 딱딱한 소리가 잘 조절되어 혹은 맑게 혹은 흐리게 음과 양이 조화되니 그 소리는 점차 널리 흘러 퍼진다네. 동면하는 동물이 움직이기 시작하면 나는 마지막으로 천둥 같은 요란한 소리를 내어 놀라게 하지. 그 음률은 홀연히 끝나고 홀연히 시작되며 그쳤는가 하면 다시 살아나고 쓰러졌는가 하면 또 일어나니 끝없이 변하여 전혀 예측을 할 수 없다네."

厥 **기슭(厂, 엄)에 거꾸로 매달려(屰, 력) 하품(欠, 흠)하면**

상기할 궐, 그 궐, 그것 궐, 짧을 궐, 절할 궐.

남북조시대, 북조 마지막 왕조 북주北周의 선제가 죽자 당시 재상이던 한족 양견은 조정을 뒤엎고 오랑캐를 물리치려고 계획했다. 다방면으로 획책하여 그는 끝낸 북주를 폐하고 그(厥) 해에 수隋를 세웠다. 그 북새통에 양견에게 용기를 주기 위하여 아내가 격려했다.

"호랑이를 탄 형세이니 그만둘 수가 없습니다(騎虎之勢不得下)."

嘉 **농경을 시작할 때 북 앞에서 제사지내는 모양**

아름다울 가, 착할 가, 기릴 가, 즐거울 가, 기꺼울 가, 맛있을 가.

력力은 가래이다. 구口는 축고의 모양이다.

가嘉는 농기구農器具에 서린 부정을 씻어내어 깨끗이 하는 의례이다. 그리하여 농기구의 기능을 높이고자 하였다. 농기구나 곡물의 씨앗을 사용할 때에는 특히 엄중하게 부정함을 씻어낼 필요가 있었다. 농작물農作物에 붙어있는 해충은 사악한 영이 하는 짓이며, 그 영은 농기구나 곡물 씨앗에 숨어있다고 생각했기 때문이다. 이를 충분히 털어내어 깨끗이 해두는 것이야말로 해충을 피하기 위하여 가장 필요한 방법이라고 생각했던 것이다.

농기구는 농한기에 사社의 창고에 보관하며 농경이 시작될 때 창고를 열어 마을 사람들에게 분배했다. 이는 무기를 취급하는 절차와 대체로 같았다.

농기구를 사용하기 전 먼저 해충을 제거하기 위해 북소리를 이용했다. 북소리 진동은 모든 사악한 기운을 없애며 기물이 지닌 주술 능력을 진작시킨다. 이와 같은 의례를 가嘉라고 하였다. 가嘉 위에 있는 북 모양이 바로 그것이다.

猷 개(犬, 견) **우두머리**(酋, 추) **모양**

꾀 유, 꾀할 유.

안합이 어쩔 수 없이 위나라 태자를 보좌하러 가게 되자 거백옥에게 꾀(猷)를 물었다.

"태자는 천성이 박약합니다. 이 사람과 함께 무도한 일을 하다가는 나라를 위태롭게 할 것이고 함께 올바른 일을 하려면 내 몸이 위태로워질 것입니다. 태자가 가진 지혜는 겨우 남의 허물을 알 정도이지 그 허물의 원인까지는 캐지 못합니다. 이런 사람에게 저는 어떻게 처신하면 좋겠습니까?"

거백옥이 대답했다.

"좋은 질문입니다. 당신은 매사를 충분하게 경계하고 삼가 자신의 몸가짐을 올바르게 해야 합니다. 겉으로는 그를 따르는 척 하는 게 좋겠고 마음도 그와 조화시키는 듯 하는 것이 좋습니다. 그러나 두 가지 염려되는 점이 있습니다. 그를 따르더라도 아주 하나가 되어서는 안 되며 그와 조화되더라도 겉으로 나타내서는 안 됩니다. 겉으로 따르다가 아주 마음속까지 동화되어 버리면 이윽고 뒤집히고 파멸되고 무너지고 엎어집니다. 그렇다고 마음을 조화시키다가 그만 겉으로 나타내면 이윽고 소문이

나서 야릇한 화를 입게 됩니다. 그가 갓난애가 되면 그와 함께 갓난애가 되십시오. 그가 절도 없이 굴면 그와 함께 절도 없이 구십시오. 그가 턱없이 방종하면 함께 방종하십시오. 그가 하는 대로 따르면서 악지공사 하지 말고 인도하여 결점이 없는 경지로 이끌어 들여야 합니다."

勉 힘(力, 역)을 다하는(免, 면) 모양

힘쓸 면, 강인할 면, 부지런할 면, 장려할 면.

아난다가 여러 해 동안 붓다와 같이 지냈다. 그는 항상 붓다 곁에서 잠을 잤다. 어느 날 아침 아난다는 붓다에게 물었다.

"저는 여러 해 동안 당신이 자는 것을 지켜보았으나 당신은 자면서 한 번도 몸을 돌리지 않았습니다. 온 밤 내내 같은 자세로 주무십니다. 저는 여러 번 한밤중에 일어나 당신이 움직였는지를 확인해 보곤 하였습니다. 당신의 손과 발은 밤새 같은 자세로 있었습니다. 당신은 밤새 당신의 잠을 기록하기라도 하는 것입니까."

붓다가 말했다.

"나는 어떤 자세를 취하려고 힘쓸(勉) 필요가 없다. 나는 의식적인 상태로 잠을 잔다. 때문에 나는 방향을 바꾸어야 할 아무런 이유를 찾지 못한다. 물론 원한다면 언제라도 방향을 바꿀 수가 있다. 그러나 수면 중에 방향을 바꾸는 것은 잠을 자는 데 꼭 필요한 것은 아니다. 그것은 단지 그대의 불안한 마음일 뿐이다."

其 어떤 장소 모양

그 기, 그것 기, 어조사 기.

보검에는 동탁을 죽이려 할 때 썼다는 조조의 칠성 검과 조자룡이 휘둘렀다는 의천 검과 청공 검도 유명하나 아마 그 칼들은 나관중이 발휘한 상상력 산물일 것이다.

춘추시대春秋時代 월나라, 오나라는 제철 야금 기술이 뛰어났다. 부차와 구천이 쓰던 검은 그곳에서 실제로 발굴되었고, 한번 휘둘러 여러 겹의 종이를 도려냈다니 그 날카롭기가 아직까지 살아있는 모양이다.

그(其) 당시 구야자는 칼을 만드는 명인으로 유명했는데 거궐·담로·승사·순균 같은 명검을 만들었다.

祗 희생물을 처리하여 의례에 올리는 모양

공경할 지, 삼갈 지.

저氐는 씨氏로 물건을 다듬는 것이다.

씨氏는 찌르고 자르는 도구. 이것으로 희생물犧牲物을 갈라서 의례에 사용하였을 것이다. 또는 희생물을 처리하여 의례에 올리는 일을 맡은 사람을 가리키는 말일 지도 모르겠다.

혈맹을 할 때에도 희생물을 사용하였다. 즉 맹서를 할 때 당사자는 먼저 희생물의 피를 마셨다. 주로 개를 잡았다.

植 나무(木, 목)를 바로 세운(直, 직) 모양

심을 식, 세울 식, 둘 식, 초목 식, 방망이 치, 심을 치, 세울 치, 두목 치.

예전에 한양 가는 길목에다 짚신 한 켤레가 다 헤질 거리를 두고 신나무라는 당목을 심었다(植). 헤진 짚신을 이 당목에 걸어 놓으면 발병이 나지 않는다는 믿음이 있었고 짚신은 비바람에 썩어 나무 거름이 될 수 있었다.

서양은 신발이 다 떨어지면 태워서 없앴다. 십자군 원정 때도 병사들 생활수칙에 그것이 명시되어 있었다. 만약 태우지 않고 아무 곳에나 버리면 악마가 신게 되어 신을 버린 사람 신상에 불행이 닥친다고 믿었다.

고온다습한 한국 땅은 미생물微生物이 쓰레기를 잘 분해하여 자연으로 환원시킨다. 그러나 저온건조한 유럽 땅은 미생물 활동이 우리의 50분의 1도 못 미친다. 그러니 태워버릴 수밖에 없었을 것이다.

헌신짝을 썩혀 없애는 것과 태워 없애는 것의 차이는 자연과 밀고 당기는 쓰레기에 대한 문화의 차이다.

089 省躬譏誡, 寵增抗極

성 궁 기 계 총 증 항 극

몸소 살피고 경계하여 나무라니
총애를 받으면 윗사람과 다투게 된다.

省躬 : 몸소 살펴

譏誡 : 비방을 경계하고

寵增 : 총애가 더하면

抗極 : 저항이 극해진다.

省 **적은 것(少, 소)도 꼭 눈(目, 목)으로**

살필 성, 볼 성, 덜 생, 아낄 생.

눈 위에 있는 것은 주술적呪術的인 장식으로 눈의 주술적인 힘을 높이기 위하여 더해졌다.

躬 **활(弓, 궁)을 직접(身, 신) 쏘는 모양**

몸소 궁, 몸 궁, 몸소 행할 궁.

석가가 깨달은 날 사람들이 그의 주위에 몰려들었다.

"당신은 무엇을 얻었습니까."

석가가 대답했다.

"나는 아무 것도 얻지 않았소. 단지 내가 결코 잃은 적이 없었던 것을 몸소(躬) 알게 되었을 뿐이요. 나는 내가 이미 가지고 있었던 것을 비로소 발견했답니다."

사람들은 동정하며 말했다.

"정말 안됐군요. 공연히 애만 썼으니."

"그렇소. 어떤 의미에서 나는 헛수고만 했소. 하지만 이제 나는 더 이상 진리를 찾아 고생할 필요가 없소. 이제 나는 무엇을 찾아 밖으로 나서지 않습니다. 그것이 내가 얻은 전부라오. 이제 나는 내가 이미 있었던 그 자리에 내가 있다는 것을 알고 고요해졌다오."

譏 말(言, 언) 몇(幾, 기) 마디로

나무랄 기, 꾸짖을 기, 엿볼 기, 기찰할 기.

혜왕이 죽자 선태후는 공공연히 위추부와 사통을 하였다. 이윽고 태후가 병이 들어 죽음이 임박했다. 그녀는 죽고 나면 위추부를 순장하기를 원했다. 이것을 안 위추부는 걱정이 태산 같았다. 용예가 위추부를 위해 태후를 달랬다.

"태후께서는 죽은 자도 무엇을 안다고 생각하십니까?"

태후가 생각해 보더니 말했다.

"죽으면 아무 것도 알 수가 없지."

쉽게 걸려들자 용예는 자못 심각한 표정으로 말했다.

"그렇다면 태후께서는 지혜로운 분이신데 죽고 나면 아무 것도 모른다고 하시면서 생전에 그렇게도 사랑하시던 사람을 아무 것도 모르는 죽은 사람과 함께 묻어 무엇 하시겠습니까? 설혹 사람이 죽은 후에 무엇을 안다고 한다면 이미 돌아가신 혜왕이 저승에서 얼마나 꾸짖겠습니까(譏)? 태후께서 죽은 후 남편을 만나면 백 번을 사죄해도 모자랄 터인데 거기에서 어찌 위추부를 만날 겨를이 있겠습니까?"

태후는 순장 명령을 거두었다.

誡 말(言, 언)로 경계하는(戒, 계) 모양

경계할 계, 고할 계, 명할 계.

조주가 남전에게 고했다(誡).

“일상의 마음이 도라면 어떻게 더 깊은 세계로 나아갈 수 있습니까?”

“어디로 나아가려 헤아리는 것이 잘못이지.”

“헤아리지도 않고 어떻게 그것이 도임을 알겠습니까?”

“도는 아는 것도 아니고 알지 못하는 것도 아니다. 아는 것은 분별 망념이며 알지 못하는 것은 아무것도 아니다. 만약 진실로 헤아림이 없는 세계에 이른다면 그 세계는 마치 태허처럼 텅 비어 확 트일 것이다. 그러니 어찌 시비할 것인가.”

순간 조주는 득도하였다.

寵 사당(宀, 면)에 용(龍, 용)이 있는 모양

사랑할 총, 임금께 총애 받을 총, 은혜 총, 영화로울 총, 첩 총.

용龍은 재앙을 일으키는 주술적인 영. 임금을 나타내기도 한다.

增 흙(土, 토)을 더(曾, 증) 모아

불어날 증, 더할 증, 점점 증, 많을 증, 거듭 증.

증曾은 시루의 모양. 이것은 무엇을 찌는 도구인데 위와 아래의 두 부분으로 나뉘어져 있다.

이것에 뚜껑을 단 모양이 회會이다.

抗 손(扌, 수)을 높이 든(亢, 항) 모양

막을 항, 들 항, 겨룰 항, 항거할 항.

초楚 위왕이 송옥에게 물었다.

"선생께서는 무슨 평소에 무슨 잘못한 일이라도 있습니까? 어찌하여 선비나 백성들이 선생을 칭찬하는 소리를 들을 수가 없습니까?"

짤막하지만 되바라진 체격을 한 송옥이 대답했다.

"맞습니다. 맞고요. 그러나 거기에는 그럴만한 이유가 있습니다. 대왕께서는 저의 죄를 너그럽게 보아주십시오. 영 거리에 노래를 부르는 가객이 있었습니다. 그가 처음에 '하리파인' 곡을 부르자 나라 안에 그 노래를 따라 부르는 자가 수천 명이나 되었습니다. 그가 다시 '양릉채미가'를 부르자 나라 안에 화창할 수 있는 자는 수십 명에 불과했습니다. 그런데 상조를 끌어들여 각조에 맞춘 다음 복잡하게 치조로 흐르게 노래를 부르자 나라 안에서 이를 따라 부를 수 있는 자는 불과 몇 사람뿐이었습니다. 이는 곡조가 높을수록 그 노래를 따라 부를 수 있는 자가 적다는 뜻입니다. 그래서 새 중에는 봉새가 있고 물고기 중에는 고래가 있는 것입니다. 봉새는 구천 리 하늘을 차고 올라 뜬 구름을 가르고 창공을 품어 아득한 남명으로 날 수 있습니다. 그러니 더러운 진흙 밭에 뒹구는 저 메추라기 따위와 어찌 더불어 하늘 높음을 이야기할 수 있겠습니까? 또 고래는 아침에 곤륜 빈 터를 출발하여 낮에는 갈석산에 그 등줄기를 드러내고 저녁이면 맹제에서 잠듭니다. 그러니 어찌 한 자쯤 되는 웅덩이에 노니는 저 도룡뇽이나 작은 물고기와 더불어 바다의 크기를 헤아리려 하겠습니까? 선비도 마찬가지입니다. 무릇 성인의 훌륭한 뜻과 기이한 행동은 초연히 홀로 처하는 바가 있으니 세속의 백성과 저를 어찌 겨룰(抗) 수 있겠습니까?"

極 나무(木, 목)를 사랑하듯(亟, 극)

극처 극, 대마루 극, 덩어리 극, 한가운데 극, 한 끝 극, 별 극, 지극할 극, 다할 극, 멀 극, 궁진할 극, 마칠 극.

걸이 요대를 짓느라 백성의 힘을 빠지게 하고 재물도 탕진해 버렸다. 게다가 술로 연못을 채우고 술지게미로 둑을 만들어 음란한 음악을 연주하며 극도로(極) 방종하게 지냈다. 북을 한 번 칠 때 마다 소처럼 엎드려 못에 채운 술을 마시는 자가 삼천 명이나 되었다. 서울에 있다는 알리바바라는 술집은 여기에 비하면 명함도 못 내밀 지경이다.

이윤이 하나라 천명이 다했음을 알고 술잔을 들어 걸에게 말했다.

"임금께서 신하의 말을 듣지 않으니 망할 날이 얼마 남지 않은 듯합니다."

걸은 화가 나서 자리를 박차고 일어나며 웃었다.

"그대는 어찌 그렇게 요망한 말을 하는가? 내가 천하를 소유함은 마치 하늘에 해가 있는 것과 같다. 하늘에 해가 없어질 리가 있는가? 저 해가 없어져야 나 또한 망하리라."

이윤은 바로 탕에게 달려갔고, 탕은 그를 재상으로 삼았다. 탕이 걸을 정벌하기 이전에 상은 70리 토지를 가진 소국이었다. 탕은 이윤을 우상으로 중훼를 좌상으로 삼고 하를 정벌하여 천하를 차지하였다.

090 殆辱近恥, 林皐幸卽
태 욕 근 치 림 고 행 즉

위태하고 욕된 일은 부끄러움이 가까이 오니
수풀 언덕으로 바로 가는 것이 바람직하다.

殆辱 : 위태하고 욕되면

近恥 : 수치가 가까우니

林睾 : 숲으로 물러나면

幸卽 : 곧 다행스럽다.

『논어』 '恭近千禮遠恥辱也' – 공손함은 예에 가깝고 치욕은 멀다.

殆

죽음(歹, 알)**을 좋아하면**(台, 태)

위태할 태, 가까이할 태, 자못 태, 비롯할 태, 장차 태.

한비는 한韓 왕자였다. 논리학論理學과 법술法術을 좋아했는데 황제나 노자에게 영향을 받았다. 태어나면서부터 말더듬이로 변론은 서툴렀으나 문재에는 뛰어났다. 젊어서 이사와 함께 순경에게 배웠는데, 이사는 스스로 비에 미치지 못한다고 자주 한숨 쉬었다.

비는 한나라가 점차 다른 나라에게 영토를 빼앗겨 국세가 기울어 가는 것을 보고 종종 한 왕에게 서신을 보내 간언했음에도 불구하고 왕은 그의 말을 채택하지 않았다. 비는 탄식했다.

"유가 무리는 문을 가지고 법을 혼란시키고, 유협 무리는 무력을 가지고 금령을 짓밟는다. 평화로운 시절에는 명성이 높은 사람을 총애하고 전시에는 투구를 쓴 무사를 중용해야 함에도, 현재 쓰고 있는 사람들은 전시에는 아무 쓸모가 없고 평시에 쓸모 있는 사람도 지금 조정에는 없다."

그는 정직한 선비가 권신들로 인해 왕과 소원해 지는 것을 안타깝게 여겼고, 과거에 일어났던 정치의 성패와 득실의 변천에 대하여 깊이 생각했다. 비는 유세하는 어려움을 알고 있었기 때문에 『한비자』「세난」의 여러 편에서 이를 글로 세밀하게 논했다.

그가 지은 『한비자』를 진왕 영정이 읽어 보고는 말했다.

"아! 만일 이 자와 만나 사귈 수 있다면 짐은 비록 지금 죽어도 여한이 없겠다."

마침내 진왕은 한나라에 한비를 진으로 보내라고 통보하고, 만약 거절하면 전쟁도 불사하겠다고 위협했다. 나라가 위태해지자(殆) 이에 한비는 자청하여 진으로 갔다. 그러나 그의 능력을 두려워한 이사와 요가의 계략에 말려 감옥에서 죽고 말았다.

辱 별(辰, 신)을 손가락질(寸, 촌)하는 모양

욕 될 욕, 굽힐 욕, 더럽힐 욕, 욕할 욕, 고마워할 욕.

왕망 말년에 천하가 크게 셋으로 나뉘어졌다. 촉蜀에서 황제라 자칭하는 공손술, 농서에 할거하는 외효, 낙양 유수가 그것이다. 외효는 공손술과 유수 중 어느 한 편과 제휴하고자 마원을 먼저 공손술에게 파견했다.

마원은 평소 공손술과 친했기에 허심탄회하게 협상이 되리라 기대하고 도착하였으나 의외로 공손술은 그를 만나주지도 않고 대접도 욕되게(辱) 했다. 어느 날 드디어 공손술이 마원을 만나겠다고 연락이 와 마원은 그곳으로 갔다.

화려하게 꾸민 방에 안내되었으나 거기에서도 한참을 기다렸다. 이윽고 공손술이 의장병을 앞세우고 천자가 타는 수레에 높이 앉아 접견실接見室에 나타나 용상에 앉더니 거드름을 피웠다.

"과인에게 그대가 신종할 생각이 있으면 그대에게 대장군을 제수하겠다."

마원은 자리를 박차고 일어나 한마디를 던지고 나와 버렸다.

"지금은 아직 천하의 자웅이 결정되지 않았소. 이런 시기에는 저 옛날 주공처럼 식사 중이라도 입안의 음식을 뱉고 신발을 거꾸로 신고 달려 나오는 법이요. 당신은 함부로 변폭만 장식하고 있지 않은가(修飾邊幅). 그래서야 어떻게 천하의 인재를 머무르게 할 수 있단 말인가?"

近 도끼(斤, 근)를 들고 가까이 다가오는(辶, 착) 모양

가까울 근, 천할 근, 알기 쉬울 근, 닮을 근, 알맞을 근, 친척 근, 거의 근.

예전에 감옥에 징역표라는 것이 있었다. 이를테면 1년 징역을 받았을 경우 백일 동안은 5등 징역이라 하여 무거운 칼을 목에 씌웠고, 다음 백일은 4등 징역인 무거운 족쇄를 채웠다. 3등 징역은 차꼬를 양 발목에 채우는 양체, 2등 징역은 한 발에만 차꼬를 채우는 편체, 드디어 1등 징역이 되면 아무 것도 채우지 않아서 자유롭게 걸어 다닐 수 있었다. 복역 성적이 좋거나 죄질이 가볍거나 복역 날자가 거의 끝나 가면 바깥을 나들이 할 수 있는 특전이 주어지는데 이것을 특등 징역이라 불렀다.

지금 광화문 네거리 가까이(近) 있었던 서린옥에 복역한 특등 죄수들은 옥중에서 짚신이나 미투리를 엮어 시장에 내다 팔고 다시 짚이나 삼 왕골 같은 짚신 재료를 사서 들어 올 수 있었다.

짚신을 팔아 남긴 돈으로 주막에 들러 한 잔 거나하게 취한 채 옥문 앞에 와 "이리 오너라!" 하고 큰 소리를 쳤다. 짚신을 팔아 번 돈으로 사식을 사먹고 어려운 사람도 돕고 얼마는 옥졸들 허리춤에 슬쩍 넣어주기도 했으니 특등 죄수들 기세가 이다지도 당당할 수 있었던 것이다.

수원 감옥 특등 죄수들은 물장사를 했다. 물장사로 돈을 번 죄수와 단골 주막 주모의 로맨스가 화제가 되기도 했다.

恥 듣고 나니(耳, 이) 마음(心, 심)이 부끄러워

부끄러울 치, 부끄럼 치, 욕될 치.

우리나라의 복권은 개화기에 들어왔던 중국 사람이 시도하였다. 산통이 깨졌다는 말의 어원인 산통계와 망신계로 불렸던 만인계를 그들이 만들었다. 두 계는 서로 비슷해서 당첨되면 최고 열 배의 이득을 주는 영리복권이었다. 그러나 이로 인해 패가망신한 사람이 많았다.

국가에서 보장하는 복권을 처음 발행한 사람은 네로였다. 그는 로마가 불타고 난 후 재건축 자금이 부족하자 강제로 복권을 팔아 조달하였다. 로마가 망한 원인 중 하나가 각종 복권으로 인하여 백성들의 사행심이 팽배한 것이었다고 기본은 주장했다. 16세기 중엽 영국 황실은 저택과 보석이나 장신구 등을 내걸고 3파운드 복권을 팔아 치부했다.

가난한 사람들의 사행심을 부추겨 있는 자들이 더 살쪘던 것이다. 부끄러운(恥) 줄 알아야 한다.

林 나무(木, 목)들이 서 있는 모양

수풀 림, 더북더북 날 림.

눈으로 쳐다보는 주술의 대상이 되었다.

❁ 綠林(녹림)

봉맹은 왕망이 자기 아들을 죽이자 "사람의 도는 이제 끊어지고 말았다. 어물거리다 화가 나에게 미칠 것이다." 하며 의관을 낙양 성문에 걸어 놓고 가족을 데리고 요동으로 갔다. 이것을 괘관掛冠이라 한다. 조정 벼슬아치들이 이런 형편이니 일반 백성은 말할 것도 없었다. 지금 호북성 당양현에 있는 녹림산綠林

山에 굶주린 사람들이 모여 녹림군綠林軍이라 자칭하고 인근 지방 지주와 관청을 털었다. 그 세력이 나중에는 5만을 넘었다.

광무제는 이 녹림군을 이용하여 후한을 세웠다.

皐 노출된 시체 모양

늪 고, 언덕 고, 판 고, 느즈러질 고, 혼부를 고, 높을 고, 범 가죽 고, 완만스러울 고, 괄 고.

죽은 짐승의 머리 부분을 백白으로 나타냈다.

죽은 짐승의 시체가 하얀 것을 뜻하는데 요컨대 노출된 짐승의 시체를 가리킨다.

幸 죄수가 손에 수갑을 찬 모양

거동 행, 다행할 행, 고일 행, 바랄 행, 요행 행.

어圉는 죄수를 가둔 모양.

卽 병부(卩, 절) 옮기는 것을 바로 그친(艮, 간) 모양

이제 즉, 곧 즉, 가까울 즉, 나아갈 즉, 다만 즉, 불똥 즉, 진작 즉, 가득할 즉, 만일 즉.

❁ 先卽制人(선즉제인)

진말 오광과 진승이 봉기하여 농민군이 파죽지세로 여러 고을을 점령하고 있을 때 강동 군수 은통이 오吳 땅 유력자 항량을 초청했다.

“하늘이 진을 멸망시키려는 모양입니다. 내가 듣기를 먼저 하면 사람을 제어하고 늦게 하면 다른 사람이 차지한다고 합니다(先卽制人 後則爲人所制). 선생과 환초 두 분을 기병 선봉장으로 삼으려는데 어떻습니까?"

항량은 수긍하는 얼굴로 일단 군수 방에서 나와 조카 항우에게 귓속말을 들려준 다음 다시 들어와 말했다.

"군수의 지시에 따르겠습니다. 그러니 밖에 항우를 불러 환초를 찾아오라 지시를 내려 주시기 바랍니다."

은통이 기뻐서 항우를 불렀다. 항우는 들어오자 말자 칼을 뽑아 은통을 죽여 버렸다. 이로서 항량·항우 두 숙질 콤비는 쉽게 강동 군수자리를 빼앗아 반진 봉기의 깃발을 강동 땅에서 올렸다.

091 兩疏見機, 解組誰逼
양 소 견 기 해 조 수 핍

소광과 소수는 때를 보아
벼슬을 사직하니 누가 핍박하리오.

兩疎 : 소광과 소수는(한나라 성제 때 태자의 스승)

見機 : 기미를 알아채고

解組 : 벼슬을 사직하니

誰逼 : 누가 핍박하겠는가.

「위응물」 '解組傲園林' – 벼슬을 사직하고 당당하게 동산 숲으로 간다.

兩

집안에 있는 두 사람 모양

둘 량, 쌍 량, 짝 량, 끝 량, 수레 량.

진 대부 기해가 늙자 임금이 물었다.

"누구를 그대 후임으로 삼았으면 좋겠소?"

기해가 대답했다.

"해호가 좋겠습니다."

임금이 놀라서 물었다.

"그 사람은 그대와 원수지간이 아니오?"

기해는 다시 말했다.

"임금께서는 제 후임으로 누가 좋겠는가를 물으셨지 제 원수가 누구인가를 물으신 것은 아니지 않습니까?"

임금은 드디어 해호를 후임으로 기용했다. 얼마 후 임금이 다시 다른 문제를 기해에게 물었다.

"국위로 삼을 만한 인물이 있겠소?"

이에 기해는 대답했다.

"기오가 알맞습니다."

"아니, 기오는 당신 아들이 아닙니까?"

임금이 놀라서 물었다.

기오는 다시 대답했다.

"임금께서는 국위로 알맞은 사람을 물으셨지 제 아들이 누구인가를 물으신 것이 아니지 않습니까?"

임금은 그 달 말(兩)에 기오를 국위로 삼았다.

疎 발(疋, 소)을 묶어 놓은(束, 속) 모양

성길 소, 드물 소, 나뭇잎 우거질 소.

제齊 위왕은 주색에 빠져 정사를 보지 않았다. 순우곤이 보다 못해 왕에게 수수께끼로 상소(疏)했다.

"이 나라에 큰 새가 한 마리 있는데 3년 동안 날지도 않고 울지도 않고 있습니다. 이 새는 도대체 어떤 새이겠습니까(有鳥在阜 三年不蜚不鳴 是何鳥也)?"

위왕이 말했다.

"그 새가 날지 않으면 그만이다. 그러나 한 번 날았다 하면 하늘 높이 오를 것이다. 그 새가 울지 않으면 그만이다. 그러나 한 번 울었다 하면 세상을 크게 놀라게 할 것이다."

이 말을 한 얼마 후에 위왕은 신하들에게 상벌을 내리고 출전 명령을 내렸다.

見 **어진 사람(儿, 인) 눈(目, 목)에만**

볼 견, 만나볼 견, 당할 견, 나타날 현, 드러날 현, 있을 현, 보일 현.

눈의 모양이 상징적으로 크게 그려져 있는 것은 보는 것의 주술적 능력을 강조하기 위해서이다.

機 **나무(木, 목) 몇(幾, 기) 개로 틀을 짠 모양**

기틀 기, 때 기, 기미 기, 기계 기, 베틀 기, 기회 기.

❀ **斷機之敎**(단기지교)

맹자의 어머니는 학군을 옮겨 객지로 맹자를 유학 보냈다. 그런데 얼마 되지 않아 맹가가 집으로 돌아왔다. 학문을 이미 다 배웠다는 것이다. 어머니는 기가 막혔다. 맹자를 베틀 앞에 세우고 짜던 베를 가위로 싹둑 잘랐다.

“공부는 이와 같은 것이다. 짜던 베를 도중에 자르면 쓸 데가 없는 것과 같이 학문도 중도에 그만 두면 무용지물無用之物이 되고 만다.”

맹자는 다시 집을 나가 자사의 문인을 스승으로 삼고 공부했다.

解 **소(牛, 우) 뿔(角, 각)에 칼(刀, 도)을 댄 모양**

가를 해, 풀 해, 쪼갤 해, 빠갤 해, 깨우쳐 줄 해, 벗을 개.

위관은 무제 때 토목장관인 사공으로 승진했다. 청렴하고 간소하게 정무를 처리하여 높은 평판을 얻었다. 혜제가 태자가 되자 신하들은 ‘태자는 어리석기 때문에 정사를 담당하지 못할 것이다.’라고 걱정했다. 위관은 그러한 의견을 천자에게 알려 태자를 폐하고 싶었으나 감히 입 밖에 내지는 못했다.

능운대에서 주연이 있던 날 위관은 취한 척 하며 천자의 옥좌에 무릎을 꿇고 말을 하고자 했으나 기회를 얻지 못했다. 그래서 임기응변으로 옥좌를 어루만지면서 "이 자리가 계속 이어지기를……" 하고 중얼거렸다. 무제는 그의 뜻을 풀었으나(解) 어물어물 넘기며 "자네는 정말 대단히 취했군." 하고 말했다.

가후가 옆에 있다 이 모양을 보고 원망하는 마음을 깊이 감추어 두었다. 혜제가 즉위하자 그를 녹상서사로 임명했으나 가후는 혜제를 부추겨 그를 죽이고 말았다.

組 실(糸, 사)을 포갠(且, 차) 모양

땋은 실 조, 인끈 조, 짤 조, 만들 조.

명재상으로 알려진 이민서가 갑자기 괴질에 걸렸다. 그는 판서 인끈(組)을 풀면서 말했다.

"옛날 호조판서로 있을 때 문서를 위조해 베 6백 필을 빼돌린 혐의로 함 씨 성을 가진 서리를 하옥시킨 일이 있었다. 아마 그 하옥에 억울함이 있었던 모양이다. 그 업보를 내가 이렇게 받는구나."

誰 저 새(隹, 추)는 누구 것인가(言, 언)

누구 수, 무엇 수, 누구요 수, 발어사 수.

후한 애제는 정치에 관심 없어 향락만 추구하였다. 문중 충신 정숭이 항상 간하였다. 애제는 정숭을 싫어하여 궁중에 들어오지 못하게 하였다. 간신배가 정숭이 장정들을 모아 역적모의를 꾸민다고 모략하였다.

하루는 애제가 정숭을 불렀다.

"공의 대문은 시정배들로 장을 이룬다는데 사실인가?"

"누가(誰) 그런 말을 올렸는지는 모르겠으나, 신의 대문은 아첨하는 무리로 문전성시門前成市를 이루기는 합니다만 신의 마음은 한 결 같이 물처럼 깨끗합니다."

애제는 그 말을 믿지 않고 옥에 가두어 그는 옥사했다.

逼 **밭**(田, 전)**으로 한**(一, 일) **입**(口, 구) **구하려니**(辶, 착)

핍박할 핍, 가까울 핍, 궁핍할 핍.

중국의 인구수 변동을 살펴보면 백성들이 얼마나 전쟁으로 궁핍한(逼) 삶을 살았는지 잘 나타난다.

진시황이 중국을 통일하기 이전의 전체 인구는 대략 2천만 명 쯤 된다. 진이 망하고 서한이 들어서기 까지 전쟁을 통해 이전 인구의 10분의 2나 3정도만 생존한다. 그러나 서한 말기가 되면 6천만으로 늘어난다. 왕망이 죽고 동한이 서기까지 일어난 전쟁으로 다시 인구는 2천백만 정도로 급감하는 데 동한 말기가 되면 다시 5천6백만으로 회복된다.

동한이 망하고 우리에게 익숙한 삼국지의 시대에서 서진이 서는 사이에 대단한 파괴가 일어나 인구는 1천6백만으로 감소한다. 남북조시대의 중국 전체인구는 불과 2천7백만 정도였다. 그것이 수나라 전성기에 4천8백만으로 늘어나지만 당이 들어설 때쯤에는 고작 이중의 3분의 1만 겨우 살아남는다.

755년 당나라 인구는 5천2백만에 이른다. 그러나 안록산의 난이 끝나자 1천7백만 정도가 생존한다. 여기에 황소의 난이 겹쳤고 다시 오대십국을 거친 후 북송 초기에는 2천만이 조금 모자라는 인구를 유지한다. 북송 말에 다시 4천6백만으로 늘었다가 농민반란과 금의 침입으로 인구는 1천6백만으로 급감한다.

1207년경 남송과 금나라의 인구를 합하면 약 7천4백만 정도가 되었지만 몽고가 침입하면서 5천5백만 정도로 줄어든다. 명나라 때 그러니까 1567년 경 6천2백만 까지 늘어나지만 1644년경부터 시작된 농민반란과 후금의 침입으로 국토는 다시 전면

적으로 파괴되어 1661년 경의 인구는 고작 2천만이 조금 모자란다.

1741년부터 예외적으로 인구가 대폭 증가하여 1억4천3백만이 되고 이후 지금까지 증가 추세에 있다. 물론 태평천국의 난 때 소폭 감소했다.

092. 索居閑處, 沈默寂寥
색 거 한 처 침 묵 적 료

홀로 한적한 곳을 찾아 사니
말없이 조용하고 한가하구나.

索居(삭거) : 쓸쓸하게 홀로
閑處 : 한가로이 처하여
沈默 : 자중하여 입을 벌리지 않으니
寂寥 : 적막寂寞. 고요하고 쓸쓸하다.

『예기』 '吾離群而索居亦已久矣' – 내가 무리에서 떠나 쓸쓸하게 홀로 있느니 또한 몸이 늙었다.
『진서』 '沈默自守無所言說' – 침묵하여 스스로 지키니 말할 바가 없다.
『초사』 '聲嗷嗷以寂寥' – 기러기 우는 소리가 적료하구나!
『후한서』 '德與道其孰寶兮 名與身其孰親 破山谷而閒處兮 守寂寞而存身' – 덕과 도 가운데 무엇이 보배인가. 이름과 몸 가운데 무엇이 가까운 것인가. 산골짜기를 찾아 한가히 삶이여. 적막으로 몸을 보존한다.

索 **실(糸, 사) 꾸러미(十, 십)가 덮고 있으니(冖, 멱)**

찾을 색, 더듬을 색, 법 색, 새끼 삭, 얽힐 삭, 다할 삭, 흩어질 삭, 두려울 삭.

❀ **暗中摸索**(암중모색)

당唐 때 허경종은 사람을 만나 통성명한 후에 바로 그 사람의 이름을 잊어버리곤 하였다. 사람들이 이를 두고 비난하면 그는 천연스럽게 대답했다.

"도처에 있는 어중이떠중이 이름을 모두 외우기란 매우 어려운 일이랍니다. 그러나 만약 조식이나 사령운 같은 유명한 사람이라면 어둠 속에서 손으로 물건을 찾듯이(暗中摸索) 해서라도 알 수가 있지만 말이오."

居 **죽을(尸, 시) 때까지 오래오래(古, 고)**

살 거, 곳 거, 앉을 거, 항상 있을 거, 놓을 거, 쌓을 거.

❀ **奇貨可居**(기화가거)

전국시대 말기. 조趙나라 수도인 한단에 장사 차 갔던 한韓 복양의 호상 여불위는 우연히 진秦 안국군의 서자 자초가 볼모로 와 있는 것을 알았다. 자초는 거의 진으로부터 버림받은 처지였다. 자초를 보는 순간 이 장사꾼의 머리에 영감이 번개같이 떠올랐다.

"저 사람은 기화이니 가히 사놓을 만하다."

그는 자초를 찾아가 생활을 편하게 해주고 진에 들어가 거액의 비자금을 풀어 안국군의 비 화양부인에게 접근했다. 그녀에게서 자초를 수양아들로 삼게 하는데 성공한다. 그 다음 작전으로 여불위는 연회를 열어 자초를 초대하여 이미 자신의 아이를 임신한 조희를 자초의 여인으로 보낸다. 거리의 악사였던 조희는 자초의 사랑을 받고 곧 아들을 낳았는데 이가 바로 영정이다.

기원전 257년에 진이 조에 쳐들어왔다. 볼모로 있던 자초는 목숨이 위험했다. 여불위는 황금 600근으로 고관들은 매수하여 자초를 진으로 돌아갈 수 있도록 했다. 조희와 영정은 같이 탈출하지 못하고 조 땅에 깊이 숨었다.

6년이 지나고 소왕이 죽자 태자 안국군이 제위에 올랐다. 안국군은 색을 좋아하여 아들만 스무 명이 넘었다. 그가 시름시름 앓다 곧 죽자 자초가 왕위를 계승했으니 장리왕이다. 자초는 조 땅에 남아 있던 처자를 불러와 영정을 태자로 임명했다.

자초는 즉위하자마자 여불위를 승사에 삼고 문신후로 10만 호의 식읍을 내렸다.

과연 여불위의 계산은 정확했던 것이다.

예전에는 장사꾼의 스케일이 이 정도였다.

閑 대문(門, 문) 앞에 나무(木, 목)가 서서

막을 한, 한가할 한, 호위할 한, 마구 한, 한정 한, 문지방 한, 익힐 한, 고요할 한.

불상을 보면 부처의 머리가 짧은 고동머리이다. 혹시 부처는 삭발을 하지 않았던 것 아닐까?

그러나 속세의 인연을 끊는 의식으로 삭발한 최초 출가자는 부처가 맞다. 다만 고대 인도의 삭발 방식이 달랐을 뿐이다. 그 당시는 한 번 삭발하면 손가락 두 마디 길이만큼 길러도 무방하였다. 불경에 부처는 넉 달이 지나면 한가할(閑) 때 삭발했다 하니 그렇게 기르다 보니 고동머리가 될 수밖에 없었음직도 하다.

處 범(虍, 호)이 사는 곳(■, 처)

곳 처, 살 처, 그칠 처, 처치할 처, 처녀 처, 구차할 처.

❀ **始如處女 後如脫兎**(시여처녀 후여탈토)

『손자』「구지편」에 나온다. 공격을 시작할 때는 처녀가 방문을 열듯이 조심하고 뒤에 적이 안심하고 방심할 때는 도망가는 토끼의 기세처럼 달려든다는 뜻이다.

沈 물(氵, 수)에 머물러(冘, 유) 있으니

가라앉을 침. 장마 물 침, 진펄 침, 잠길 침, 채색할 침, 고요할 침, 빠질 침, 즙낼 심, 으슥할 심.

❀ 把釜沈舟(파부침주)

진秦 말기 장한은 항량을 정도에서 패배시키고 죽였다. 승세를 탄 장한은 왕리와 섭한을 시켜 조趙를 격파하고 거록을 포위했다. 항량의 조카 항우는 영포를 보냈으나 역부족力不足이었다. 조왕 진여가 항우에게 구원을 요청하자 항우가 직접 출병했다. 항우는 군대가 장하를 건너자 타고 건넜던 배를 부수고 싣고 왔던 솥도 모조리 깨뜨리게 했다. 병사에게는 3일분의 식량만 배급했다. 병사들은 목숨을 걸고 싸울 수밖에 없었다. 이렇게 아홉 번 싸워 결국 진의 주력부대主力部隊를 격파했다.

默 검은(黑, 흑) 개(犬, 견)는

잠잠할 묵, 침잠할 묵.

명종 때 재상 상진은 남사고로부터 죽을 해와 죽을 날을 예언 받고 어지러운 신변을 정리하고 잠잠하게(默) 앉아 죽기를 기다렸다. 그런데 그날이 와도 죽지 않고 3년을 더 살았다. 그는 남사고를 만나자 예언이 빗나갔냐고 물었다. 남사고는 손가락을 짚어 보더니 혹시 젊었을 때 죽을죄를 지은 하인을 살려 준 일이 있냐고 물었다. 그는 기억을 돌이켜 보다가 젊은 시절 길을 걷다 궁중에서만 쓰는 바리를 주어서 잃어버린 궁노에게 돌려준 일을 생각해 냈다. 궁중의 물건을 잃어버리면 사형에 처하는 것이 당시 법도였다.

남사고는 그 선업으로 상진의 수명이 3년 길어졌다고 웃었다.

寂 아저씨(叔, 숙)가 사당을(宀, 면) 지키면

고요할 적, 편안할 적, 쓸쓸할 적, 적막할 적.

어느 중이 죽기 전에 제자들에게 말했다.

"내가 떠나야 할 시간이 되었다. 너희들은 걸어가면서 죽은 사람을 본 적이 있는가?"

"어느 선비가 걸어가면서 죽었다는 이야기를 들은 적이 있습니다."

"그러면 다시 묻겠다. 물구나무를 서서 죽은 사람을 본 적이 있는가?"

"들은 바가 없습니다."

중은 바로 물구나무를 서더니 그대로 죽었다. 그런데 시체를 관에 넣으려 하자 땅에 붙은 듯 움직이지 않았다.

문상을 하러 온 중의 여동생이 버럭 화를 냈다.

"저 억대우는 평소에도 혹세무민惑世誣民하더니 죽어서도 그 버릇을 그대로 가지고 있구나."

그녀는 지팡이로 세게 땅을 내리쳤다.

"오빠! 이제 이런 장난은 그만두고 바르게 돌아가세요."

그러자 중은 즉시 넘어져 편안하게(寂) 드러누웠다.

집(广, 엄)에 바람소리(翏, 료)가

쓸쓸할 료, 공허할 료.

태종은 왕위를 물리기 싫었다. 그러나 계속되는 가뭄에 굶주리는 백성이 유랑하고, 태풍이 자주 불어 큰 나무 뿌리가 뽑히고, 인가에 바위가 굴러 들어가는 등 천재지변天災地變이 자주 일어나자 민심이 흉흉해 졌다. 왕자의 난을 두 번 일으켜 사람을 많이 죽였고 제도나 법을 마음대로 갈아치워 민심이 이반된 것을 천재지변과 연관시켜 드디어 왕위를 물리기로 결심했다.

그는 백성들에게 사죄하는 글을 썼다.

"가뭄이 혹심하고 큰 나무가 뽑히고 돌이 굴러 내리는 근간의 재변을 어찌 신하의 잘못으로만 돌리고 내가 반성하지 않을 것인가. 내가 덕이 없는 사람으로 대업을 이어받았으니 상제께서 벌을 내리심이라. 내 전위하고 은둔할 것을 결심하였다."

그러고 나서 지금 올림픽 주경기장 반대편 언덕인 살곶이벌 낙천정에 쓸쓸하게(寥) 은둔하여 말을 타고 매사냥이나 하면서 소일했다.

093 求古尋論, 散慮逍遙
구고심론 산려소요

옛 것을 구하여 깊이 논하고
근심을 흩어버리고 소요한다.

求古 : 옛것을 구하여
尋論 : 찾아 논하며
散慮 : 근심을 내치고
逍遙 : 슬슬 거닐며 돌아다닌다.

『논어』 '子曰我非生而知之者 好古敏以求之者也' – 공자는 '나는 나면서부터 아는 사람이 아니고 옛것을 좋아하여 민첩하게 그것을 구한 사람이다.'라고 말했다.

求 **물(氺, 수) 위에(亠, 두) 점을 찍은(丶, 주) 모양**

구할 구, 구걸할 구, 찾을 구, 짝 구, 책할 구, 요할 구, 탐낼 구, 바랄 구.

중국 고대 미담이라고 전해지는 선양제도는 실제로는 원시사회原始社會 말기 부락연맹 내에서 추장을 추천하던 제도였다. 당시에 이미 사유제가 출현했고 빈부 분화도 이루어져 있었으므로, 이러한 추천에 투쟁이 없었다면 소가 다 웃을 일이다.

요가 늙자 모두들 순을 후계자後繼者로 추천했는데, 어떤 문헌에는 순과 요 및 요와 아들인 단주 사이에 격심한 투쟁이 있었다고 한다. 요는 순에게 두 딸을 바치며 목숨을 구걸했다(求).

유우는 순 임금, 도당은 요 임금을 지칭한다. 요는 아들 단주가 있었으나 순에게 선양했고, 순은 아들 상균이 있었으나 우에게 자리를 물려주었다. 우는 하나라를 세웠다. 우 시대부터 선양은 사라지고 왕위는 세습제가 된다.

요堯는 토기를 제작한다는 의미가 있다. 글자 모양을 보면 흙을 세 번 쓴 다음 그 아래에 올兀이 온다. 작업대 위에서 흙을 굽는 모양이다. 그래서 제요도당씨帝堯陶唐氏라고 한다. 요컨대 요는 토기를 만드는 사람들의 신으로 보인다. 그것이 고대 성왕으로 가상된 것이리라. 토기 제작과 농경 시작은 거의 같은 시기인데 지금부터 거의 14000년 전의 일이다.

순舜은 은나라 신화에 나오는 태양신으로 보인다. 농경은 태양과 관계가 깊지 않은가. 농경에 또 하나 중요한 것은 치수였을 것이다. 따라서 치수의 신 우禹가 출현하는 것은 농업시대農業時代의 도래를 선명하게 보여준다 하겠다.

유가는 처음에 주나라 문왕·무왕·주공을 얼굴마담으로 내세웠는데 묵가가 그들보다 앞선 우禹를 수호신으로 내세우자 다시 우보다 앞 시대의 요堯와 순舜을 불러왔다. 그렇게 해서 요·순·우·탕·문왕·무왕·주공이라는 고대 성왕의 계보가 만들어졌다.

古

축문을 담는 도구인 ㅁ 위에 도끼 모양의 무기를 두어서 그것을 지키는 모양

옛 고, 옛일 고, 선조 고, 하늘 고, 비롯할 고.

그 주술적인 힘을 없애려고 그것을 때리는 것을 고故라고 한다.

❀ **古稀**(고희)

두보의 「곡강이수」에 나오는 말이다.

朝回日日 典春衣 조정에서 물러나면 봄옷을 저당 잡혀

每到江頭 盡醉歸 매일 강변에서 만취하여 돌아간다.

酒債尋常 行處有 외상 술값은 당연히 갈 곳이 있으니

人生七十 古來稀 인생 칠십은 예부터 드물더라.

尋 좌左와 우右를 위 아래로 조합한 모양

찾을 심, 인할 심, 이을 심, 쓸 심, 고쳐들을 심, 아까 심, 여덟 자 심, 항상 심.

좌左는 신을 부르는 주술적 도구인 공工, 우右는 신을 내리게 하는 축문의 의미인 구口를 포함한다.

무당은 왼쪽과 오른쪽에 신을 내리게 하는 주술적 도구와 기도할 때 사용하는 그릇을 가지고 신을 찾는 행위를 춤으로 나타냈을 것이다. 신이 감쪽같이 사람들이 알지 못하는 곳에 숨어 있어(隱) 그 모습을 찾는 것이 심尋이다.

論 말(言, 언) 뭉텅이(侖, 륜)

말할 론, 색각 론, 글 뜻 론, 의논할 론, 변론할 론, 차례 륜.

륜侖은 상대적인 또는 서로 순차적인 전체 관계를 나타낸다.

散 성문 앞에서 헤어지는 모양

헤어질 산, 흩어질 산, 펼 산, 허탄할 산, 방출할 산, 놓을 산, 한가할 산, 절뚝거릴 산.

노魯나라에 형벌로 발 하나를 잘린 숙산무지라는 사람이 있었다. 한 번은 그가 다리를 절뚝거리며(散) 공자를 만나러 왔다.

"그대는 근신하지 않아서 전에 죄를 짓고 이 꼴이 되었소. 그러니 지금 와 보았자 이미 늦었소."

공자가 엄부럭을 놓자 무지가 말했다.

"저는 도를 힘써 배울 줄 모르고 다만 경솔하게 처신하여 그 때문에 이렇게 발을 잃었습니다. 지금 제가 온 까닭은 발보다 귀한 것이 저에게 남아 있기 때문이며 그것을 온전하게 하고 싶어서입니다. 대저 하늘은 모든 것을 덮어주고 땅은 모든 것을 실어 줍니다. 저는 선생님을 그런 하늘이나 땅같이 마음이 넓은 분으로 여겨 왔는데 선생님이 이런 말씀을 하실 줄은 몰랐습니다."

공자는 얼없이 부끄러워져 태도를 고쳐 말했다.

"내가 생각이 좁았소. 자 안으로 들어오시오. 내가 듣고 배워서 아는 바를 말해 주겠소."

그러나 무지는 그냥 나가 버렸다. 공자는 무안해서 제자들에게 얼쑹덜쑹 말했다.

"너희들도 애써서 배워야 한다. 저 무지는 발이 잘린 병신이지만 그래도 옛것을 애써 배워서 지난 잘못을 보상하려 하고 있다. 그런데 하물며 아무 결점이 없는 너희들이야 더욱 그래야 할 것이 아니겠는가?"

慮 **호랑이**(虍, 호)**를 생각하니**(思, 사)

염려할 려, 생각 려, 의심할 려, 칡 려.

❀ 三顧草廬(삼고초려)

유비는 관우·장비·조운과 같은 용장을 두었으나 전략전술戰略戰術을 구비한 모사가가 필요했다. 권력욕에 들뜬 유비는 양양 땅 와룡구에 오막살이를 짓고 숨어 사는 제갈량의 소문을 들었다. 그래서 그를 군사로 모시기 위해 예를 갖추고 찾아갔으나 그는 마침 집에 없었다. 다시 찾아갔으나 동자는 역시 그가 자리에 없다고 하였다. 장비는 화가 나 집에 불을 지르자 하였다. 세 번째 초옥을 찾았을 때 유비는 비로소 제갈량을 만날 수 있었다. 이때 제갈량이 밝힌 것이 천하삼분론天下三分論이었다. 이 이론은 유비를 만족시켰다.

그러나 권력욕에 사로잡힌 사람에게 바친 제갈량의 천하삼분론으로 인하여 애꿎은 수많은 백성이 죽어야 했다. 제갈량은 반성해야 한다.

요즘도 제갈량 같은 부류가 권력을 추구하는 사람들 주위에 흔히 보인다.

逍 흩어져(肖, 소) 걷는(辶, 착) 모양

거닐 소, 노닐 소.

예전에는 벼슬이 끝나면 바로 고향으로 내려가는 것이 어진 선비의 법도였다. 낙향하지 않고 혹시나 하여 한양 변두리를 돌고 있으면 인격에 흠이 되었다

이황은 열한 번 낙향했다. 그의 집무실에는 도산의 산천을 그린 병풍이 둘러 쳐 있었다. 태조는 왕위를 물리자 바로 함흥 별궁으로 돌아가 산천에서 노닐었다(逍). 정종도 왕위를 물린 바로 이튿날 성 밖 연희궁으로 가 은둔했다.

遙 저녁(夕, 석)에 산길(岳, 악)을 걸으며(辶, 착)

노닐 요, 멀 요.

숙종 때 형조판서刑曹判書를 지낸 민진후가 멀리(遙) 떨어져 가난하게 사는 누이 동생을 찾아갔다. 누이가 어렵사리 술상을 내 왔는데 쉰 막걸리에 안주로는 달랑 열무김치 몇 조각이 담겨 있었다. 실은 전날이 시어버지 생신이라 송아지 한 마리를 잡았기에 부엌에 아직 남은 쇠고기가 있었다. 그러나 당시는 국법으로 소를 잡지 못하게 하였기에 융통성이 없는 오빠에게 차마 내놓을 수가 없었던 것이다. 결국 누이는

사실을 말하고 나무라지나 말라면서 남은 고기를 구워 에웠다.

민진후는 누이의 성의를 보아 그 자리에서 고기를 맛있게 먹었으나 문밖을 나서자 말자 포졸을 시켜 소를 잡은 누이 집 하인을 잡아 옥에 가두었다. 그리고 법으로 정해진 벌금을 자신이 대신 내고 하인을 풀어 주었다.

094 欣奏累遣, 慼謝歡招
흔 주 루 견 척 사 환 초

기쁨이 모이고 걱정을 보내니
근심은 물러가고 기쁨을 부른다.

欣奏 : 기쁨이 모이고

累遣 : 폐를 보내니

慼謝 : 근심은 물러가고

歡招 : 환희를 불러온다.

『한서』 '그치어 만족할 줄 알면 욕되고 위태로운 걱정을 면한다.'

欣 도끼(斤, 근)를 들고도 하품(欠, 흠)하며

기쁠 흔, 좋아할 흔, 짐승이 힘셀 흔, 초목이 생생할 흔.

설결이 왕예에게 물었다.

"선생님은 모든 존재가 하나같이 절대적인 가치를 지녔다는 것을 아십니까?"

"내가 그것을 어찌 알겠나?"

"그렇다면 이제껏 사물에 대해 아무 생각도 없이 살았단 말입니까?"

"내가 그런 것을 어떻게 알겠나. 그러나 엇맨 김에 말이나 한 번 해보자. 내가 알고 있다고 말했지만 실은 알지 못하는지도 모르고, 내가 모른다고 했지만 실은 알고 있는지도 모른다. 그럼 어디 네게 물어보자. 사람은 습한 곳에서 자면 허리 병이 생겨 반신불수로 죽지만 미꾸라지도 그렇던가? 나무 위에 있으면 사람은 떨고 무서워 하지만 원숭이도 그렇던가? 이 셋 중 어느 것이 올바른 거처를 알고 있는 것일까? 또 사람은 소·돼지 따위 가축을 먹고 순록은 풀을 먹으며 지네는 뱀을 좋아하고 올빼미는 쥐를 보면 기뻐한다(欣). 이 넷 중 어느 것이 올바로 진짜 맛을 알고 있다고 하겠는가? 암원숭이는 긴팔원숭이가 짝으로 삼고 순록은 사슴과 교배하고 미꾸라지는 물고기와 논다. 모장과 여희는 사람마다 미인이라고 하지만 물고기는 그를 보면 물속 깊이 숨고 새는 그를 보면 하늘 높이 날아오르며 순록은 그를 보면 기운껏 달아난다. 이 넷 중 어느 쪽이 이 세상의 진짜 아름다움을 알고 있을까? 내가 보기에는 천하에 인의의 발단이나 시비의 길은 어수선하고 어지럽다. 그런데 어찌 내가 그 구별을 알 수 있겠나?"

奏 **온갖 것들이 무성하고**(夫, 무성하다는 뜻만 취한다.) **무성한**(夭, 요) **모양**

풍류 주, 천거할 주, 상소할 주, 편지 주, 아뢸 주.

성종 때 대비의 동기 한 사람이 자단향으로 주택을 지었다가 그 집 하녀가 포청에 편지(奏)로 고발하여 발각된 일이 있었다. 성종은 병을 핑계로 경복궁으로 몸을 옮긴 후 그 외척을 죽여 상계하고 환궁했다. 궐 밖으로 피하지 않으면 대비가 동기를 용서하라고 군소리로 원망하는 것이 부담스러웠던 것이다.

인조 때 평양감사 허적에게 후궁 조 씨의 몸종이 찾아와 부당한 청탁을 했다. 이를 허적이 거절하자 공갈을 부리기에 곤장을 쳐 죽였다. 후궁 조 씨는 어마뜨거라 소문이 날까 두려워 입 밖에 내지 못했다.

累 **밭**(田, 전)**에 웬 밧줄**(糸, 사)

걱정 루, 맬 루, 동일 루, 여러 것이 포갤 루, 더럽힐 루, 얽힐 루, 연좌할 루, 여럿 루.

어느 날 노인 여럿이(累) 만나 서로 자기 나이를 자랑했다.

한 노인이 말했다.

"나는 내 나이가 얼마인지 모르겠어. 다만 어렸을 때 천지를 만든 반고와 친하게 지냈던 기억이 있을 뿐이야."

두 번째 노인이 말했다.

"바다가 변하여 뽕밭이 될 때마다 내가 나뭇가지를 하나씩 놓아 세었는데 그 나뭇가지가 지금은 열 칸 집을 가득 채웠다네."

그러자 세 번째 노인이 여기 질렀다.

"나는 신선이 먹는 천도복숭아를 먹고 남은 씨를 곤륜산 아래다 버렸는데 지금은 내가 버린 씨가 쌓여 곤륜산만큼 높아졌다네. 이런 내 나이에 비하면 자네들은 여줄가리 하루살이나 또는 아침에 나서 저녁에 죽는 버섯과도 같지 않은가."

遣 사람이 달려가는 모양

보낼 견, 쫓을 견.

맹상군이 설 땅에 있을 때 초가 공격을 해왔다. 그때 순우곤이 제 사신으로 초에 갔다가 돌아오는 길에 설에 들렀다. 맹상군은 역량하게 예의를 갖추어 교외에 나가 그를 맞이했다.

"초 사람들이 설을 공격하는데 선생께서 걱정해 주시지 않으니 저는 다시는 선생을 이 땅에서 뵐 수가 없을 것 같습니다."

기분이 좋아진 순우곤이 말했다.

"염려하지 마십시오. 제게 생각이 있습니다."

순우곤은 제로 돌아가 초에 다녀온 보고를 마쳤다. 그러자 왕이 물었다.

"초에 가서 무엇을 보았소?"

"초는 대단히 강력합니다. 설 병사로는 초와 대적할 힘이 모자랍니다."

엉뚱한 대답에 왕이 다시 물었다.

"무슨 뜻입니까?"

왕이 걸려들자 순우곤은 정색을 하고 말했다.

"설 병사 힘이 모자란다고 말씀드린 것은 설에 제 선왕 묘당廟堂이 있지 않습니까? 초가 설을 점령하면 선왕 묘당을 가만두지 않을 것입니다."

제 왕은 안색이 변했다.

"아! 그렇지, 그곳에 선왕 묘가 있었지!"

왕은 급히 군대를 보내(遣) 설을 구해냈다.

慼 **마음(心, 심)이 슬퍼하니(戚, 척)**

근심할 척, 슬플 척.

존재 본성은 원융하여 어떠한 차별도 없고
모든 존재 또한 어떠한 근심도(慼) 없이 본래 고요하다.
그것은 바로 개별적 명칭과 형상이 모두 끊어진 경지로
깨달음에 의해서만 알려질 뿐 앎의 대상이 아니다.
진실의 본성은 매우 깊고 지극히 미묘하지만
자성을 고수하지 않고 연에 따라 나타나니
하나 가운데 일체가 존재하고 여럿 중에 하나가 존재하며
하나가 바로 일체이며 여럿이 바로 하나이다.
하나의 먼지 티끌 속에 시방 우주를 포함하고
일체의 먼지 티끌 중에도 역시 그러하다.
나아가 아득한 무량의 영겁이 일념에 지나지 않으며
일념이 바로 무량의 영겁이니
구세와 일념은 서로 상즉 하지만

서로 뒤섞이지 않고 각각 차별이 성취된다.
처음 발심할 때가 바로 깨달음의 순간이니
생사와 열반이 늘 함께 한다.
본체와 현상이 함께 그윽하여 어떠한 차별도 없으니
이는 바로 모든 부처와 보현보살과 같은 대인의 경지로다.
부처님께서는 해인삼매 중에서
참으로 불가사의한 여의의 세계를 연출하시어
보배의 비를 내려 허공 가득 중생을 이롭게 하시니
중생은 각기 근기에 따라 이익을 얻는다.
그러므로 修수행자行者는 이러한 참된 근원으로 돌아가
관념의 조작을 그치지 않으면 획득하기 어려우니
무연의 뛰어난 방편으로 여의를 꽉 잡아
근원으로 돌아가는 밑천으로 삼는다.
그리하여 일념이라는 무진장無盡藏의 보배로써
법계의 진실한 보궁을 장엄하고서
궁극에는 참된 근원인 중도의 자리에 앉을 것이니
아득한 옛날부터 부동인 바로 그 자리 부처의 자리구나.

―『화엄일승법계도』

謝 활을 쏘고(射, 사) 말(言, 언)하는 모양

고할 사, 끊을 사, 물러갈 사, 말씀 사, 사례할 사, 꽃 떨어질 사.

주周는 '치충적 관리', 당唐은 '치황 인원', 청淸은 '충정정찰 인원'이라는 관리를 두어 메뚜기로 인한 충해에 대처했다. 메뚜기로 인한 피해가 대단해서 당 태종은 그 천벌을 자기 한 몸으로 받겠다고 메뚜기를 잡아 날로 먹기도 했다.

우리도 신라新羅 남해왕 15년 메뚜기 떼가 창궐하여 굶주려 죽은 사람이 많았다는 기록이 있다. 그 후 신라에 21건 고려에 22건의 큰 메뚜기 피해가 있었다. 조선은 성종 8년에 메뚜기 떼가 삼남을 휩쓸었다. 메뚜기 떼가 하늘을 덮으면 사람들은 논밭 둘레에 덤불을 쌓아 불을 지르고 양푼이나 놋대야를 치며 논밭을 돌았다.

그런다고 메뚜기가 물러간(謝) 일은 없었다.

歡 기뻐서 황새(雚, 관)도 하품(欠, 흠)하네

기뻐할 환, 좋아할 환, 친할 환, 기꺼울 환.

옛날 부녀자婦女子들은 죽고 싶을 때 감자나 무 껍질을 긁어내던 반쪽 난 숟가락으로 거울 뒷면을 긁어 물에 타 마셨다. 거울 뒤에 붙은 수은이 극약인 때문이다.

첩을 둔 남편의 이부자리 속에 수은 주머니를 몰래 넣어두면 수은 독기가 눈치 없고 퉁명스러운 남편의 양기를 빼내 갔다.

궁중에서 한 비빈이 잉태하면 질투가 난 다른 비빈이 애를 선 비빈의 음식에 수은을 타 먹여서 낙태 시키고 몰래 기뻐하였다(歡).

예전에 수은은 여자들에게 질투의 묘약이었다.

招 손짓하여(扌, 수) 부르는(召, 소) 모양

부를 초, 손짓할 초, 높이 들 초.

소召는 신을 불러 내리게 한다는 의미이다. 축문에 의해 기도하고 그것에 응하여 엽렵하게 신령이 내려온다. 축고로서 신을 초대하는 것이다.

소召가 신을 부르는 것임에 대하여 각各은 신이 내리는 것이다.

객客은 사당에서 신을 맞이하는 것이다. 백마를 타고 항복하는 의례에 나오는 상나라 조상신을 모두 객客이라 불렀다.

095 渠荷的歷, 園莽抽條
거 하 적 력 원 망 추 조

개천에 핀 연꽃은 선명하고
동산의 풀들은 줄기가 뻗쳤구나.

渠荷 : 도랑에 핀 연꽃은

的歷 : 또렷또렷하여 분명하고

園莽 : 동산에 우거진 풀은

抽條 : 줄기가 높구나.

「구양수」'芙蕖艾荷之的歷' – 부용과 연꽃 그리고 쑥의 밝고 분명한 모습.

渠 **큰(巨, 거) 물(氵, 수)에 나무(木, 목)가 있는 모양**

도랑 거, 개천 거, 휑뎅그렁할 거, 클 거, 껄껄 웃을 거, 저 거, 무엇 거.

초서는 대개 행서가 나오고 나서 이를 쓰기에 편리하고 속사할 수 있도록 짜임새와 필획을 간략하게 한 것이다. 기록으로 볼 때, 전서를 사용하였던 전국시대에 이미 초고라 하여 속사를 위한 초체가 있어 정체와 구별되었다. 따라서 넓은 뜻 초서는 글자체를 초략한 서체 모두를 가리킨다고 보면 된다. 서체 사에서 말하는 초서는 예서를 사용하였던 한漢 초에 시작되었다고 보이는데, 장초·금초·광초로 구별한다.

장초는 예서를 간략하게 속사한 것으로 서한西漢 원제 때, 사유가 창안하였다고 하며, 후세 사람들이 그가 쓴『급취장』을 보고 장초라 하였다. 일설에는 두고가 만든 것으로 후한 장제가 애호하여 장초라 하였다고도 전하나, 신빙성이 적다.

우리나라에는 한자 전래와 함께 중국 서법도 들어왔을 터인데 초서 초기 사용을 보여 주는 유물은 없다. 이후 초서 진적은 고려 말까지 몇 종에 불과하며, 더욱이 금석문에서는 초서가 거의 사용되지 않았다. 다만 삼국三國 말기부터 고려까지 행서로 된 금석문 중에는 왕희지 풍이 주류를 이루고 그 품격도 높았음을 미루어볼 때 초서도 왕풍을 근간으로 유행되었으리라.

고려高麗 말, 조선 초에 유행한 조맹부체 역시 왕희지체를 전형으로 삼은 것이므로 크게는 왕체의 범위를 벗어나지 않았다고 하겠다. 이후 서적이 그나마 남아 있는 조선朝鮮 초기·중기의 초서도 대략 왕희지 풍이다.

이후 18세기 후반에 중국으로부터 비학碑學이 전래되어 전서·예서에 대하여 관심이 집중하면서 초서의 예술성藝術性이 상대적相對的으로 위축된 감은 없지 않으나, 여전히 선비의 일상생활日常生活에서 초서는 큰(渠) 비중을 차지하였다.

荷 풀은 풀(艹, 초)인데 무슨(何, 하) 풀

연꽃 하, 원망할 하, 멜 하, 박하 하, 질 하, 더할 하.

송宋 원군이 나라에 중요한 그림이 필요하였다. 방을 붙이자 많은 화공들이 모여들었다. 그들은 그림에 대한 설명을 듣자마자 영절스럽게 곧 붓을 핥고 먹을 갈기 시작했다. 모인 화공들이 너무 많아서 궐내에 들어가지 못하고 밖에서 이야기를 들은 자가 반이나 되었다.

한 화공이 화구를 들러 메고(荷) 가장 늦게 도착했으나 유유하게 서두는 기색이 없었다. 밖에 서서 설명을 전해 듣고는 한 번 절하고 나서 그대로 자기 숙소로 돌아가 버렸다. 원군이 사람을 시켜 살펴보게 하였더니 그는 옷을 벗고 두 다리를 내뻗은 채 벌거숭이가 되어 쉬고 있었다. 이 말을 듣고 원군은 그가 바로 참된 화공이라고 생각하여 불러 그림을 맡겼다.

的 흰색(白, 백)이 퍼진(勺, 작) 모양

밝을 적, 꼭 그러할 적, 적실할 적, 표할 적, 표준 적, 과녁 적, 목표 적, 의 적, 것 적.

조선朝鮮에서는 왕의 친척은 벼슬이나 이권에서 단절되어 있었다. 임금이 지친 집에 드나드는 것을 '분경'이라 하여 법으로 금하였다. 정종이 왕이 된 후 가장 먼저 한 일은 아들 중 열다섯 명을 중으로 만든 것이었다. 양녕이 미친 척하고 방종하게 살았던 것도 권력으로부터 스스로를 소외시킴으로써 동생을 편하게 하려는 결단이었을 것이다.

수양이 집현전 총재관이 되어『역대병요』를 완성하고 나서 공이 있는 학사들에게 상급을 내릴 때 하위지는 거절했다.

"임금이 어리고 나라 안에 의심이 많은데 종실이 관직과 상급으로 조신을 농락하여서는 안 되고 조신 또한 이에 동조하여서는 안 된다."

그는 병을 핑계로 시골로 내려가 버렸다. 임금의 친척이 책 하나 편찬하는 미미한 벼슬자리에 있는 것도 거슬렸던 것이다.

종친은 직계 5대손까지 돈녕부나 의빈부에서 품계를 주어 먹고 살게 해주는 대신 일체 벼슬과 권력을 넘보지 못하게 하였다. 신하들도 상피라 하여 부자형제 간에 영향을 미치는 벼슬자리가 오면 어느 한 쪽이 사퇴했다. 또는 자신의 친족 외족 처족이 사는 고을에 배임 받으면 사양해야 했다.

이 제도가 밝게(的) 지켜지면 태평시대이고 그렇지 못하면 난세였는데 예외가 없었다.

歷 기슭(厂, 엄) 수풀(林, 림)에 머물러서(止, 지)

지낼 력, 겪을 력, 전할 력, 차례 력, 지날 력, 다할 력, 넘을 력, 다닐 력, 가마 력, 고요할 력, 문채 날 력, 나란히 설 력, 역력할 력.

일제 때까지 우리 산촌에서 매듭달력을 사용하였다. 매듭을 풀어가며 날짜를 헤아렸다. 방 흙벽에 오둠지진상으로 서른 개 매듭을 지은 실끈을 열두 개 나란히 늘어놓는데 그중 어느 매듭에는 흰 팥을 끼워 일가친척의 제삿날을 표시했고 길고 짧은 나뭇가지를 매듭에 묶어 24절기를 놓치지 않았다.

통일된 책력이 시작된 것은 태종 초년이다. 당은 주변 국가를 복속시키는 수단으로 해마다 동지가 되면 자기들이 만든 달력을 보내 그 달력에 맞추어 생업이나 의례를 통제하였다. 달력이 오면 관상감에서 주재하여 문무백관文武百官과 지방 수령에게 보냈다.

시간을 통제하여 사람을 지배하는 방법은 중국의 오래된 수법이었다. 하·상·주 왕조도 각각 나름대로의 삭월을 제정하여 백성들을 지배하였다.

에워싸여(口, 위) **과일이 주렁주렁 달린**(袁, 원) **모양**

동산 원, 능 원, 울타리 원, 절 원.

바람이 몰아치던 겨울밤이었다. 아버지는 그날도 만취해서 집에 돌아오셨다. 그런데 아버지는 얼어 부르튼 손에 무엇을 들고 있었다. 말없이 그것을 내 손에 쥐어주고 바로 윗방으로 들어가 깊이 주무셨다.

낡은 전과全科 한 권이었다. 이미 표지는 뜯겨져 나갔고 책장도 색이 변하고 가장자리가 너덜너덜한 학년도 맞지 않은 오래된 6학년 교재였다. 나는 그때 초등학교初等學校 저학년이었다.

전과가 귀한 시절이었다. 나는 그 두꺼운 전과를 며칠 사이에 다 읽었다.

그리고 세월이 많이 지나갔다. 나는 올해 환갑還甲을 맞았다. 사람은 젊었을 때는 알지 못했다 나이 들어서야 비로소 깨닫는 것들이 있다. 늦어서야 깨닫는 아버지의 울타리(園) 같은 것이다.

나는 나를 아버지의 사랑을 제대로 받지 못한 자식으로 알고 살았다. 내 기억 속에 아버지는 자식에게 관심 없이 술만 드시다 가신 분이었다. 그러나 오랜 세월 잊혔던 기억의 단편이 새벽별처럼 반짝 빛나며 나를 찾아왔을 때 나는 아버지가 그 당시 얼마나 나를 사랑했었는지를 문득 깨달았다.

막노동을 하던 아버지의 눈에 그날 길가에 버려진 전과가 들어왔을 때, 아버지는 책을 좋아하는 큰 아들이 떠올랐을 것이다. 그리고 그 추운 겨울날 만취했음에도 불구하고 장갑도 끼지 못한 손으로 전과를 집까지 들고 와 내 손에 쥐어주었을 것이다.

등잔불이 야광주처럼 하얗게 빛나던 밤이었다. 그날 밤 아버지는 다 낡은 전과 한 권으로 내게 마법을 걸었다.

돌아가신 아버지는 지금까지 나와 같이 살았다.

나는 아버지의 마법 속에서 이 나이까지 손에서 책을 놓지 못하고 있다.

莽 **매우**(大, 대) **무성한**(廾, 공) **풀**(艹, 초) **모양**

풀 우거질 망, 추솔할 무.

주가는 의협심義俠心으로 유명했다. 친한 사람에게 일이 생기면 집에 숨겨 보호해 주었다. 그렇게 생명을 구해준 이가 백여 명이 넘었다. 그 외에도 많은 선행을 하였지만 주가는 결코 자랑하지 않았다. 오히려 자신의 선이 드러나는 것을 매우 꺼려했다.

가난한 사람도 많이 도왔는데 정작 자신의 집은 끼니를 겨우 이을 정도였다. 옷은 색이 없는 것을 입었고 맛있는 음식을 즐겨 먹지 않았고 마차를 끄는 데도 작은 소를 썼다. 그래서 장안의 경계선境界線인 함곡관에서 동쪽 끝 제 땅 사람들까지 목을 길게 늘이고 그와 교제하기를 바라는 사람이 우거진(莽) 풀과 같이 많았다.

抽 손(扌, 수)을 써서(由, 유)

뽑을 추, 당길 추, 거둘 추, 뺄 추.

위魏 가난한 집에서 태어난 범수는 중대부 수가에게 고용되어 말단 관리로 있었다. 그는 사소한 잘못으로 재상 위제의 하인에게 대나무발에 묶여 측간 안에 갇히게 되었다. 간신히 탈출한 그는 이름을 장록으로 바꾸고 정안평에게 가 보호를 받았다. 마침 진秦 소와의 사신이 위에 왔다. 사신은 정안평과 장록을 빼내(抽) 진으로 가 소왕에게 보고했다.

"장록은 유능한 사람입니다. 그는 진의 정치를 누란보다 위태하다고 평했습니다(累卵之危). 자기를 써 준다면 진은 안태하리라 하였습니다(秦王之國 危於累卵 得臣則安). 한 번 시험해 주시기 바랍니다."

장록 즉 범수는 바로 채용되어 원교근공책遠交近攻策으로 진을 위해 공을 세워 재상의 지위에 올랐다.

條 나무(木, 목)에서 조금 먼(攸, 유) 가지

곁가지 조, 귤 조, 가닥 조, 노끈 조, 사무칠 조, 조목 조, 길 조, 요란할 조.

이수광의 『지봉유설』을 보면 고추는 왜국에서 건너온 후로 선조 말까지만 해도 고작 주막 마당에다 조금씩 가꾸어 소주에 타 고추 술을 만들어 팔았다는 이야기가 있다. 사실 고추는 임진왜란 때 들어왔다. 고추가 발효 문화에 들어가 김치라는 위대한 음식을 창출하게 된 것은 17세기 후반에 와서야 이루어진 일이다.

그래서 고추는 오롱조롱하게 곁가지(條)로 많이 쓰였다. 추운 날 먼 길을 떠나는 사람은 복대나 버선 틈에 고추를 넣었다. 매운 자극으로 피의 흐름이 원활해져 추위를 덜 타게 하는 방한제로 쓰였다.

화생방 무기로도 쓰였다. 여염에서 편싸움을 할 때 고춧가루를 상대편에 뿌리거나 말린 고추를 태운 연기를 적진에 날려 콧물과 재채기를 유도했다. 울릉도鬱陵島에서는 친일 세력과 민족 세력이 충돌했을 때 고춧가루를 뿌리며 기습하여 민족세력이 이긴 일이 있었다.

096 枇杷晚翠, 梧桐早凋

비 파 만 취 오 동 조 조

비파나무 열매는 늦게까지 푸르고
오동나무 잎은 일찍 시든다.

枇杷 : 비파나무의 열매는

晚翠 : 겨울에도 잎의 푸른색이 변하지 않고

梧桐 : 오동나무 잎은

早凋 : 일찍 시들었다.

「송범질」 '遲遲澗畔松 鬱鬱含晚翠' – 더디게 자라는 젖은 둑 소나무는 울창하게 자라 늦도록 푸름을 머금었구나.

『시경』 '梧桐生矣 于彼朝陽' – 오동이 피었으니 또한 아침이 밝구나.

『군방보』 梧桐一葉落 天下盡知秋 – 오동 한 잎이 떨어지니 천하에 가을이 다함을 안다.

枇

이 나무(木, 목)**와 비교하지**(比, 비) **말라**

비파나무 비, 주걱 비.

나무 아래에 목이 잘려 죽은 시체가 늘비한 모양.

杷 **뱀**(巴, 파)**을 닮은 나무**(木, 목)

비파나무 파, 써레 파, 갈자루 파.

차윤은 공손하고 부지런하였으며 여러 책을 읽어 사리에 두루 밝았다. 그도 집이 가난하여 등잔 기름을 살 수 없었다. 그래서 한 여름 밤에는 낡은 비단 주머니에 몇 십 마리의 반딧불을 잡아넣어서 비파나무(杷) 아래 걸고 그 빛으로 책을 읽었다.

학문이 쌓이자 형주의 장관 자사 환온이 그를 불러 비서관인 종사로 임명했다. 그에게 문서를 취급하게 했더니 의리의 옳고 그름을 잘 구별했다. 그 후 정서장군 부관인 장사로 자리를 옮겨 조정에 이름을 높였다.

晩 **해**(日, 일)**가 저무니**(免, 면)

늦을 만, 저물 만, 뒤질 만, 저녁 만, 끝날 만.

한漢 정중은 서적에 밝아서 무제의 질문에 답하는 급시중에 임명되었다. 어느 때 흉노에 사신으로 가게 되었다. 흉노에 도착하자 선우는 자기에게 큰 절을 하라고 요구했다. 그러나 정중은 허리조차 굽히지 않았다. 선우는 화가 나서 그를 가두고 여러 방법으로 그를 위협하여 굴복시키려 하였다. 마지막에는 정중이 칼을 뽑아 자결하려 하자 선우가 오히려 걱정이 되어 그를 한으로 다시 보내 주었다.

무제는 뒤에 다시 정중을 흉노로 파견하려 하였다. 정중이 이에 말했다.

"저는 이전에 사신으로 흉노에 갔을 때 선우에게 절을 하지 않았습니다. 이제 다시 명을 받들어 흉노로 가면 반드시 선우의 모욕을 받다 죽게 될 것입니다. 신은 한나라 황제의 지시를 받은 몸으로 오랑캐에게 허리를 굽히는 것을 참을 수 없습니다."

무제는 이 말을 믿지 않고 기어이 그를 흉노로 보냈다. 정중은 흉노로 가는 도중 몇 차례 상소를 올렸으나 무제는 그를 소환하여 감옥에 가두었다. 나중에 무제는 흉노에서 온 사람을 만나 정중의 말이 옳았음을 늦게 서야(晩) 알고 말했다.

"정중의 기개와 용기는 소무도 못 따라올 것이다."

날개(羽, 우)가 작은(卒, 졸) 새

비취 취, 비취 석 취, 푸를 취, 산 기운 취.

"비취(翠)새는 죽음에 이르러 소리가 슬프고, 사람은 죽음에 이르러 말이 선하다."고 한다. 이는 사람이 죽을 때는 착한 본성으로 돌아감을 말한 것이다.

공자는 "아침에 도를 들으면 저녁에 죽어도 좋다."고 하였다.

이러한 말들은 뒤를 잇는 사람들에게 길을 열어 주고 깨닫게 해주는 것으로 생을 마칠 때까지 옭혀 깨어나지 못하는 자에게 경종警鐘을 울려준다 하겠다.

梧 **나를(吾, 오) 아는 나무(木, 목)**

오동 오, 머귀나무 오, 버틸 오, 허울 찰 오.

초楚 공왕이 병이 들자 얼마 버티지(梧) 못할 것을 알고 영윤을 불러 부탁했다.

"상서 관소는 나와 함께 있을 때 항상 나에게 도로써 충간하고 의로써 바르게 고쳐 주었습니다. 그래서 그와 함께 있으면 나는 혹시나 내가 또 무엇을 잘못하지 않았나하고 늘 불안하였습니다. 그가 보이지 않으면 나는 마음이 편안하였습니다. 그러나 돌아보면 나는 그로부터 얻은 것이 많았습니다. 그 공이 적지 않으니 내가 죽고 나면 반드시 후한 벼슬로 보답해 주십시오.

신후백은 내가 좋아하는 것이라면 실컷 해 보게 하고 내가 즐기는 음식이 있으면 나보다 먼저 먹어보고 차려주었습니다. 내가 그와 함께 더불어 즐기고 놀았기 때문에 그가 보이지 않으면 쓸쓸한 기분까지 들었습니다. 그러나 나는 끝내 그에게 얻은 것이 없었습니다. 그의 허물이 적지 않으니 반드시 급하게 견책하여 주십시오."

영윤은 이 토로에 동의하였다. 이튿날 임금은 죽었다.

영윤은 관소를 즉시 상경에 올리고 신후백은 국경 밖으로 내쫓아 버렸다.

桐 나와 같은(同, 동) 나무(木, 목)

오동나무 동.

1934년에서 35년까지 중국 공산당共產黨 지휘 아래 실시한 군사 행군은 세계 역사상 가장 길었던 행군이었다. 368일 동안 268일을 쉬지 않고 걸었던 사람들은 십만 명 정도였다. 총 행군 거리는 지안 시 류이진에서 출발하여 샤안 시 야난까지 총 9600킬로였다. 험준한 산 18개와 가파른 강 24개를 건너면서 끊임없이 국민당 군사의 추격을 받았다. 나중에는 무기도 버리고 오동나무(桐) 지팡이를 끌면서 정신이 흐리어 생각이 날다 마다하며 걸었다. 이들이 종착지에 도착할 때까지 살아남은 사람은 불과 8000명 정도였다.

早 수평선에 해가 돋는 모양

일찍 조, 이를 조, 새벽 조, 먼저 조.

죽림칠현竹林七賢 가운데 혜강의 아들 혜소는 열 살 때 일찍(早) 아버지를 여의고 어머니를 봉양하면서 신도에게 의지했다. 신도가 위魏 무제에게 혜소를 추천했다. 무제가 말했다.

"선생이 추천하는 사람이라면 비서승으로 제수하겠소."

혜소는 비서랑을 거치지 않고 바로 고위직인 비서승으로 임명되었다.

혜소가 상경한 지 얼마 되지 않아 왕융이 말했다.

"어제 군중 속에서 처음 혜소를 보았습니다. 과연 아버지를 닮아 모습이 씩씩하고 기개가 높아 마치 학이 닭 무리 속에 있는 것 같았습니다.

여기에서 '군계일학群鷄一鶴'·'계군고학鷄群孤鶴'·'학립계군鶴立鷄群' 같은 말이 나왔다.

凋 두루(周, 주) 얼어버리니(冫, 빙)

시들 조, 느른할 조, 여윌 조.

약속을 보증하는 의미로 보통 새끼손가락을 거는데 이외에도 질경이를 말려(凋) 맺는 결초가 있고 쪽밤을 나누어 먹기도 한다. 첫날밤 신방에 들이는 주과상에는 꼭 쪽밤이 놓여 있었다. 또는 팔뚝 깊숙이 같은 표지의 문신을 하는 연비도 있다. 성종 때 있었던 어우동의 사단도 그녀의 팔뚝 문신이 발단이 되었다.

주종 결의나 수양 모자를 맺을 때는 가랑이 밑을 기어 통과했는데 탐라가 신라에 복속할 때 탐라도주는 신라왕의 가랑이 밑을 기어 지나가야 했다.

신라에서는 약속 내용을 돌에 새겨 산봉우리에 묻어 세석이라 하였다. 또는 소나 돼지를 잡아 신명에게 희생의식을 올리기도 했는데 영일에서 발견된 삼면비문에 그런 기록이 있다.

모두 약속을 지키기가 그만큼 어려웠다는 말에 다름이 아닐 것이다.

097 陳根委翳, 落葉飄颻

진 근 위 예 락 엽 표 요

가을이 오면 뿌리는 드러난 채 마르고 잎은 떨어져 휘날린다.

陳根 : 묵은 뿌리는

委翳 : 드러나 말랐고

落葉 : 떨어진 잎은

飄颻 : 바람에 휘날린다.

『도잠』 '落葉掩長陌' – 낙엽이 긴 두렁을 가리고

『문선』 '落英飄颻' – 떨어진 꽃이 휘날린다.

陳 **동쪽**(東, 동) **언덕**(阝, 부)**에**

진칠 진, 묵을 진, 늘어놓을 진, 영문 진.

고대는 영이 지배하는 세계여서 영과 교섭하기 위하여 여러 가지 주술 방법이 행해졌다. 그중 가장 눈에 띄는 예는 퉁구스족 샤먼이라는 주술사呪術師이다. 샤먼에 의한 주술은 한반도부터 중국 북부를 거쳐 만주와 몽고, 시베리아에 걸친 상수리나무 밀집 지역에서 널리 행해졌으며, 그 밖에도 원시 종교를 가진 지역에서 이와 거의 유사한 방법이 사용되었다.

무巫는 언제든지 자신만의 비밀스러운 방법으로 신들려 정령의 세계에 들어갈 수 있었다. 그는 그러기 위하여 특별한 의례나 의복·그림·기구 등을 늘어놓고(陳) 사용했다.

씨족에게 닥치는 질환이나 인구 감소는 사악한 영의 작용 때문이라 믿어서 그것을 주술적인 방법으로 퇴치하는 것이 샤먼의 임무였다. 그래서 그들은 뛰어난 신경반작용과 자기를 제어하는 강력한 힘을 길렀으며 씨족 전체가 그들에게 특별한 사회적 지위를 승인해 주었다.

무巫를 대신하여 의술이 나타난 것은 춘추시대 말기이다. 황제 의술을 익혔다는 편작이 나온 시대는 거의 서양 히포크라테스시대와 같다. 편작은 특히 노인과 아이들을 잘 치료하여 신의神醫라고 불렸다. 이러한 신의에 의하여 의술은 신으로부터 천천히 벗어났다. 그러나 신으로부터 벗어난 의술은 아이러니컬하게도 신들에게 맑고 깨끗한 행동을 하겠노라고 맹세함으로써만이 비로소 성직이 될 수 있었다. 기득권旣得權이라는 것은 이다지도 무서운 것이다.

지금은 사람 목숨을 다루는 의사도 수입이 괜찮은 평범한 직업인職業人이 되고 말았지만, 요즘에도 편작과 같은 정신을 가진 의사가 아주 없는 것은 아니다.

내가 아는 사람 중에는 인제의대를 정년퇴직停年退職하고 지금은 침례병원에 근무하고 있는 엄재욱 교수가 그런 의사이다.

根 나무(木, 목)가 서려면(艮, 간)

뿌리 근, 밑 근, 그루 근, 시작할 근.

아기들 울음을 멈추게 하는 공갈에 호랑이와 에비(구렁이) 그리고 소도둑놈이 있다. 이 중 소도둑놈은 이마에 뿔이 나고 코가 없으며 다리를 절룩거린다고 했다. 사실 소도둑놈이 잡히면 마을에서 동리형을 하는 관습법慣習法이 있었다. 이마에 바늘로 쪼아 뿔을 그리고 먹을 먹이는 명예형名譽刑이 자형이고, 코를 베어 버리는 것이 의형이고, 아킬레스건을 잘라 절름발이를 만드는 것이 월형이다.

이것은 모두 법 밖에서 가한 혹형인데 소도둑을 벌하는 것을 관습법으로 두었던 것은 소도둑이 얼마나 큰 범죄였나를 입증해 준다.

농본(根) 국가인지라 농사에 소의 비중이 그만큼 컸기 때문이리라.

委 머리에 장식을 하여 곡물의 영으로 분장을 하고 농경의례에서 춤추는 부인 모양

아름다울 위, 맡길 위, 맘에 든든할 위, 벼 이삭 고개 숙일 위, 맡을 위, 붙일 위, 자세할 위, 예복 위, 쌓을 위, 쇠할 위, 끝 위.

혜시가 장자에게 말했다.

"위왕이 큰 박 씨를 주기에 그것을 심었더니 이윽고 다섯 석이나 들어갈 정도의 열매가 열렸소. 물을 담자니 무거워 들 수가 없었고 둘로 쪼개서 바가지로 쓰려니 납작하고 얕아서 아무것도 담을 수가 없었소. 다른 박과 왕청떠서 아무 쓸모가 없어 그만 부숴 버리고 말았소."

혜시는 장자가 하는 말들이 터무니없이 크기만 하고 실제로 아무 쓸모가 없다는 것을 이렇게 넌지시 에둘러 비판했다. 그것을 모를 리 없는 장자가 말했다.

"선생은 큰 물건을 쓰는 방법이 매우 서툴군요. 송나라에 손 안 트는 약을 잘 만드는 사람이 있었소. 그는 그 약을 손에 바르고 대대로 솜을 물에 빠는 일을 가업으로 삼아 왔다오. 한 나그네가 그 소문을 듣고 약 만드는 법을 백금으로 사겠다고 하자 그는 기뻐하며 비법을 팔았다오. 나그네는 약 만드는 법을 자세히(委) 배워서 오나라 왕을 찾아갔소. 월이 오에 쳐들어오자 오 왕은 그 나그네를 장군으로 썼는데, 그는 겨울에 월 군과 수전을 하여 그들을 크게 무찔렀소. 약을 바른 오군은 멀쩡했으나 월 군은 찬물에 손이 터서 충분히 전투를 할 수가 없었던 것이지요. 오 왕은 공을 치하하여 그에게 땅을 나누어 주어 제후로 삼았소. 손을 트지 않게 하는 것은 마찬가지였으나 한 쪽은 영주가 되고 한 쪽은 그예 솜 빠는 일에서 벗어나지 못했소. 그것은 약을 사용하는 방법이 달랐기 때문이오. 지금 선생에게 다섯 석이나 담는 박이 있다면 어째서 그 속을 파내 큰 술통 모양 배를 만들어 강이나 호수에 띄워 즐기려 하지는 않고 납작하여 아무 것도 담을 수 없다는 걱정만 하시오? 선생은 예나 지금이나 역시 마음이 좁고 꽉 막혀 있군요."

翳 **날개 짓**(羽, 우) **하다**(殳, 수) **병**(医, 의) **들어**

말라죽을 예, 가릴 예, 숨을 예.

의医는 화살을 주술적 도구로서 성스러운 장소에 숨겨서 부정을 쫓은 주술적 의례.

무릇 신에게 기도할 때에는 주술도구를 책망하거나 이를 때려서 신이 들어주기를 원한다. 수殳는 그것을 나타낸다.

落 **풀**(艹, 초)**이 낙수**(洛, 낙)**에 떨어져**

떨어질 락, 마을 락, 하늘 락, 쌀쌀할 락, 헤어질 락, 술잔 락, 쇠북에 피바를 락, 폐할 락, 논마지기 락, 비로소 락.

산촌으로 시집간 며느리는 엄한 시어머니 앞에서 시험을 쳤다.

시어머니가 "한 푼 두 푼……"하면 며느리는 "돈나물"하고 대답하고 "매끈매끈……"하면 "기름나물"하고 대답한다. 오뉴월 보릿고개나 잦은 가뭄에 배고픔을 이겨내는 데 없어서는 안 될 산나물과 들나물의 이름을 물어보는 시험이다. 여기서 떨어지면(落) 며느리는 구박을 각오해야 한다.

그래서 시험 준비로 며느리는 노래삼아 답안을 외웠다.

"어영부영 활나물, 돌돌 말아 고비나물, 친친 감아 감돌레, 집어 뜯어 꽃다지, 쑥

쑥 뽑아 나생이, 사흘 굶어 말랭이, 안 주나 보게 도라지, 시집살이 씀바귀, 입 맞추어 쪽나물, 잔칫집에 취나물, 안 주니까 달래나물……"

葉 옶은(葉, 엽) 풀(艹, 초)

잎 엽, 세대 엽.

세상 사람들은 목숨이 정해져 있는 것 같지 않으나 또한 얼마나 살지도 알 수가 없다. 삶은 괴롭고 짧으며 자주 고뇌에 시달린다. 태어난 자들은 죽음을 피할 수 없다. 이윽고 늙음에 이르면 죽음이 가까이 다가온다. 실로 태어난 자들에게 정해진 길은 이런 것이다. 먼저 나온 잎(葉)과 익은 과일은 빨리 떨어진다. 마찬가지로 먼저 태어난 자들은 먼저 죽기 쉽다.

인간에게는 항상 죽음의 두려움이 있다. 이를테면 옹기장이가 만든 질그릇이 마침내 모두 깨어지고 마는 것처럼 사람들 목숨도 또한 그와 같은 것이다. 젊은이나 어른이나 지혜로우나 어리석으나 모두 죽음에 굴복하고 만다. 하늘과 땅 사이에 생명을 가지고 태어난 모든 것도 마찬가지이다. 그러나 죽음이 존재存在의 끝이 아니라는 것도 우리는 알고 있다.

飄 바람(風, 풍)이 날래게 지나가니(票, 표)

나부낄 표, 회오리바람 표, 떨어질 표.

풍風은 새 모양.

표飄는 봉鳳 모양을 한 신을 뜻한다.

飄 바람(風, 풍)에 질그릇(䍃, 요)이 날리니

날릴 요, 나부낄 요.

애공이 공자에게 물었다.

"과인은 깊은 궁중에 태어나 부인들 손에서 자랐기 때문에 슬픔이 무엇인지 모르고 근심이 무엇인지 모르며 수고로움도 모르고 두려움도 모르며 위험이 무엇인지도 모릅니다."

공자가 옷깃을 날리며(飄) 서둘러 자리를 피했다.

"우리 임금 질문은 성군이 하는 질문입니다. 저는 소인이니 어찌 대답할 수 있겠습니까?"

애공이 말했다.

"아닙니다. 자리로 돌아오십시오. 그대의 대답을 듣고 싶습니다."

공자는 다시 돌아와 자리를 잡았다.

"임금께서는 사당에 들어가 고개를 들어 기둥과 서까래를 보시고 굽어서 책상과 자리를 보십시오. 집기는 모두 그대로 있는데 그것을 쓰던 사람들은 이미 죽고 없습니다. 임금께서 이런 상황에서 슬픔을 생각해 보시면 어찌 슬픔이 다가오지 않겠습니까? 또 임금께서 먼동이 터 올 즈음 머리를 벗고 관을 쓰고 아침이 되어 평소와 다름없이 조회에 나갔는데 누구 하나 임금께 응해 오지 않는다면 변란이 시작된 것입니다. 이때 가슴속에 어찌 근심이 다가오지 않겠습니까? 그리고 임금께서 아침 일찍 조회에 나가고 저녁에 해가 기울어야 퇴청하는데도 제후 자손 가운데 임금 문 앞에 쉬고 있는 자가 있을 것입니다. 그때 임금께서 스스로를 돌아보신다면 어찌 노고라는 것이 무엇인지 모를 수 있겠습니까? 임금께서 노나라 사문을 나서서 사방 교외를 보시면 망국 터가 분명히 여러 곳 있을 것입니다. 그때 임금께서 그들의 두려움을 느끼게 될 것입니다. 제가 들으매 임금은 배요 백성은 물이라 하더군요. 물은 배를 뜨게도 하지만 배를 전복시키기도 합니다. 임금께서 물의 힘을 생각하신다면 어찌 위험이라는 것을 모를 수 있겠습니까? 임금께서는 나라를 다스리는 근본을 잡고 백성의 위에 서 있으니 마음을 썩은 새끼줄로 날뛰는 말을 다루듯이 매사에 두려움을 가져야 합니다. 그래서 역에 호랑이 꼬리를 밟듯 조심하라 하였고 시에 얇은 얼음을 밟듯 하라고 하였던 것입니다.

애공은 두 번 절하고 말했다.

“과인이 비록 민첩하지는 못하나 청컨대 이 말을 잘 받들어 명심하겠습니다.”

098 遊鯤獨運, 凌摩絳霄
유곤독운 릉마강소

곤이 유유히 홀로 나니
진홍빛 하늘을 스쳐 지나간다.

遊鵾 : 곤이 노닐어

獨運 : 홀로 돌며

凌摩 : 업신여긴다(凌駕摩天의 약어).

絳霄 : 진홍빛 하늘을

遊

깃발(斿, 유)을 들고 놀러 가는(辶, 착) 모양

놀 유, 벗 사귈 유, 여행 유, 유세할 유.

유斿는 깃발을 든 사람 모습이다. 사람들이 본래 살던 땅을 떠나는 것이다. 유遊에는 움직이는 것이라는 뜻이 있다. 낯선 땅으로 옮겨 가는 것이다.

鵾

가장 맏이(昆, 곤) 새(鳥, 조)

고니 곤, 물고기 곤.

남해 금산의 산신령은 '마른 바람'이라 불리는 여신과 부부로 살았다. 산신령山神靈이 바람기가 있어서 금산에 놀러 온 처제 '젖은 바람'과 같이 집을 나가 버렸다. 뒤를 따라간 마른 바람은 동생과 머리채를 휘어잡고 일전을 벌였다. 화가 난 산신령은 투석기 위에 먼저 언니를 얹어 섬진강에 던져 버리고 다음에는 동생을 얹어 바다에 던져 물고기가 되게 하였다. 마른 바람은 가물치가 되었고 젖은 바람은 청어가 되었다.

가뭄을 몰고 오는 바람이 불면 가물치가 뛰어 오르고 장마를 몰고 오는 바람이 불면 바다에서 청어가 뛰어 오른다. 가물치는 밤만 되면 머리를 북쪽으로 향하고 여느 고기와 달리 태생을 하고 여느 고기들은 잡교를 하는데 가물치만은 일부일처一夫一妻제로 부부가 서로 화합하여 산다. 다른 고기들은 알이 부화하면 새끼 곁을 떠나는데 가물치는 새끼들이 다 자랄 때까지 아비 가물치가 지켜 준다. 또 가물치 쓸개는 맛이 달아 여러 병에 효험이 있다. 그래서 가물치의 한자 이름이 예어가 되었다.

도가에서는 가물치를 먹지 않는데 가물치 몸에 북두칠성北斗七星처럼 7개의 반점이 있기 때문이다. 불두칠성은 인간의 수명을 좌우하는 도교의 신명이다.

불교에서도 가물치를 영물로 생각하는데 등지느러미 수가 49개, 배지느러미 수가 33개, 몸에 붙은 비늘 수가 108개이기 때문이다. 49, 33, 108은 모두 불교가 형상화 한 성스러운 숫자이다.

獨 큰 개(犭, 견)와 큰 닭(蜀, 촉) 모양

홀로 독, 외로울 독.

진 평공이 서하에서 뱃놀이를 하다 중류에 이르러 탄식했다.

“아! 어떻게 하면 어진 선비를 얻어 이런 즐거움을 함께 누릴 수 있을까?”

뱃사공 고상이 나서더니 말했다.

“임금이 하신 말은 잘못되었습니다. 무릇 칼은 월 땅에서, 구슬은 강한에서, 옥은 곤산에서 납니다. 이 세 보물은 모두 발도 없는데 이곳까지 와 있습니다. 임금께서 진실로 선비를 좋아하기만 한다면 어진 선비들은 무리지어 찾아올 것입니다.”

이 말을 듣고 평공이 외자해서 물었다.

"고상 내말을 들어보오. 내 문하에 식객이 3천여 명이나 되어 아침거리가 부족하면 시중에 나가 그날 저녁 세금을 미리 거두어 먹여주고, 저녁거리가 모자라면 이튿날 아침 세금을 미리 거두어 먹여 주고 있소. 이렇게까지 하는데도 내가 선비를 좋아하지 않는다고 할 수 있겠소?"

고상이 대답했다.

"지금 여기에 홍곡 같이 큰 새가 있다고 합시다. 그 무거운 몸이 높이 날아 진홍빛 하늘을 홀로(獨) 유유히 날고 있지만 그가 믿는 것은 바로 날개를 저을 수 있는 여섯 개의 힘줄 뿐입니다. 무릇 배아래 잔털 하나, 등에 붙은 깃털 하나를 보태거나 없앤다고 해서 홍곡이 높거나 낮게 나는 데에 무슨 영향이 있겠습니까? 임금 문하에 있는 식객들이 힘줄과 근육 살 역할을 하는지 아니면 배 아래나 등 위에 붙은 잔털에 불과한지 나는 잘 모르겠습니다."

평공은 아무 말도 하지 못했다.

運 군대(軍, 군)가 움직이는(辶, 착) 모양

움직일 운, 운전할 운, 옮길 운, 운수 운.

고자가 말했다.

'본성本性은 버드나무와 같다. 의로움은 버드나무로 만든 나무 술잔과 같다. 인간의 본성을 어질고 의롭다고 하는 것은 마치 버드나무를 나무 술잔으로 여기는 것과 같다.'

맹자가 대답했다.

'그대는 버드나무의 본성을 따라서 나무 술잔을 만든다고 생각하는가. 아니면 버드나무의 본성을 해쳐서 나무 술잔을 만든다고 생각하는가. 만약 버드나무의 본성을 해쳐서 나무 술잔을 만든다고 본다면 또한 사람의 본성을 해쳐서 어질고 의롭게 된다고 보는 것인가. 천하 사람들을 이끌어(運) 어짊과 의로움을 해치는 것은 분명 그

대의 말일 것이다.'

凌 **어름(冫, 빙)을 넘어가는(夌, 릉) 모양**

지날 릉, 빙고 릉, 떨 릉, 두꺼운 어름 릉, 업신여길 릉.

시월 초하루에 이자가 밖에서 돌아오니 하인들이 흙을 파서 무덤 모양의 집을 만들어 놓았다. 이자는 짐짓 어리석은 체하며 말했다.

"무엇 때문에 집안에다 무덤을 만들었는가?"

하인들이 말했다.

"이것은 무덤이 아니라 토실입니다."

"어찌 이런 것들을 만들었는가?"

"겨울에 화초나 과일을 저장하기에 좋고 또 아무리 추울 때라도 온화한 봄 날씨와 같아서 길쌈하는 아낙들 손이 얼어 터지지 않습니다."

이자는 화를 내어 말하기를

"여름은 덥고 겨울이 추운 것은 사시의 정상적正常的인 이치이다. 만일 이와 반대가 된다면 곧 하늘이 주는 복을 저버리는 괴이한 짓이 되고 만다. 옛적 성인이 겨울에는 털옷을 입고 여름에는 베옷을 입도록 마련하였으니 그만한 준비만 있으면 사는 것이 족할 것인데 다시 토실을 지어서 추위를 더위로 바꾸어 놓는다면 이는 하늘의 뜻을 거역하는 것이다. 사람은 뱀이나 두꺼비가 아닌데 겨울에 굴속에 엎드려 있는 것은 상서롭지 못한 일이다. 길쌈이란 할 시기가 있는 것인데 왜 하필 겨울에 할 것이냐? 또 봄에 꽃이 피고 겨울에 시드는 것은 초목의 정상적인 성질인데 만일 이와 반대가 된다면 이것들은 괴이한 물건이 되고 만다. 괴이한 물건을 길러서 때아닌 구경거리를 삼는다는 것은 하늘의 권능을 빼앗는 것이니 이것은 모두 내가 원하는 바가 아니다. 빨리 헐어버리지 않는다면 너희를 용서하지 않겠다."

종들이 속으로 얼마나 웃었을지(凌) 짐작이 간다.

摩 손(手, 수)으로 마를(麻, 마) 잡은 모양

문지를 마, 갈 마, 닦을 마, 가까워질 마, 미칠 마, 멸할 마.

진 평공이 곁에 있는 사광에게 물었다.

"선생은 태어나면서부터 눈동자가 없었으니 매사에 어둡겠지요?"

사광이 대답했다.

"천하에 다섯 가지 어두움이 있는데 저는 그중 어느 하나에도 가깝지(摩) 않습니다."

평공이 놀라는 척 다시 물었다.

"무슨 뜻입니까?"

사광이 왼새끼를 꼬았다.

"신하들 사이에 뇌물로서 이득을 취하고 백성은 관리에게 수탈당해도 호소할 곳이 없는데 임금이 모르고 있는 것, 이것이 첫 번째 어두움입니다. 충신이 등용되지 못하고 등용된 신하는 충성스럽지 못하고, 낮은 재주를 가진 사람이 높은 자리에 오르고 불초한 자가 어진 자가 있어야 할 자리에 있는데 임금이 모르고 있는 것, 이것이 두 번째 어두움입니다. 간신들이 사사로이 나라 창고를 비우고 작은 재주로 악을 감추니 어진 이는 쫓겨나고 간사한 자가 현달하는 데도 임금이 모르고 있는 것, 이것이 세 번째 어두움입니다. 나라는 가난하고 백성은 지쳐 있으며 윗사람과 아랫사람이 서로 화합하지 못하는데도 재물과 전쟁을 좋아하고 방탕한 일을 즐기면서도 만족하지 못하며 아첨하는 자들이 곁을 싸고도는데도 임금은 모르고 있는 것, 이것이 네 번째 어두움입니다. 마지막으로 지극한 도가 밝아지지 않고 법령이 실행되지 않으며 요를 먹이는 관리들이 부정을 저질러 백성이 불안에 떨고 있는데도 임금이 고치지 못하는 것, 이것이 다섯 번째 어두움입니다. 나라에 이 다섯 가지 어두움이 있으면서

도 위태롭지 않은 경우는 여태 없었습니다. 저의 어두움은 아주 작은 어두움일 뿐이니 나라에 무슨 해가 되겠습니까?"

평공은 자리에서 내려와 사광에게 가까이 가(摩) 안고 사과했다.

絳 **실**(糸, 사)**이 뒤에 쳐져**(夂, 치) **앉은**(牛, 과) **모양**

진홍 강, 강초 강.

송宋 양공은 정鄭과 싸웠다. 남쪽 초楚에서 정에게 원군을 보냈다. 양공은 홍수가에 진을 치고 초군을 맞았다. 초군이 붉은(絳) 깃발을 들고 도하를 시작하면서 진영이 흐트러졌다. 재상 목이가 이참에 공격하자 하였으나 양공은 군자는 상대의 약점을 공격하는 비겁한 수를 쓸 수 없다며 듣지 않았다. 이윽고 초군은 도하작전을 마쳤다. 그러나 아직 어수선해서 진이 정비되지 않았다. 재상 목이가 싸움에 이기기 위해서는 적의 약점이나 허점을 이용하는 것도 훌륭한 전법이라고 당장 공격하자 하였으나 양공은 싸움이란 같은 조건에서 싸워야 한다며 역시 듣지 않았다.

진을 갖춘 초군이 공격해오자 송 군사는 어이없이 패하고 말았다.

霄 **비**(雨, 우)**가 그친**(肖, 소) **모양**

구름 기 소, 하늘 소, 진눈깨비 소.

예전 당우唐虞 시절에 어진 신하 아홉 사람을 흠모하여 등용하였다. 그들을 각자 올바른 자리에 두자 천하가 태평하였으며, 멀리 변방 밖에서 빈객들이 찾아왔고 기린과 봉황이 교외에 나타나고 땅에서 감로가 솟고 하늘(霄)에는 상서로운 구름이 떴다.

또 상탕은 이윤을 등용하였고, 문왕과 무왕은 태공과 광요를 등용했으며, 성왕은 주공과 소공을 임용하였다. 그러자 천하가 크게 다스려져 월상 씨가 몇 단계나 소개를 받아 찾아왔고 상서로운 징조가 함께 내려 천 년이나 평안하였다.

이런 것은 모두 왕이 요요한 이를 등용하였기 때문에 나타난 공이다. 이처럼 어진 신하가 없었다면 비록 오제나 삼황이라 할지라도 혼자서 세상을 흥하게 할 수는 없었을 것이다.

099 耽讀翫市, 寓目囊箱
탐 독 완 시 우 목 낭 상

왕충은 글 읽기를 즐겨하여 시장에서도 읽으니
주의해서 보는 것이 마치 글을 주머니와 상자에 넣는 것 같았다.

耽讀 : 책을 즐겨서

翫市 : 저자거리에서 탐하니

寓目 : 주의해서 봄이(注視)

囊箱 : 주머니나 상자에 넣듯 하구나.

『후한서』 王充好博覽 而不守章句 家貧無書 常游洛陽市肆閱所賣書 一見輒能誦憶 - 왕충은 박람을 좋아하였으나 장구를 지키지는 않았다. 집이 가난하여 책이 없어서 항상 낙양의 책방에서 놀았는데 한 번 보면 문득 능히 기억하여 외웠다.

耽

귀(耳, 이)가 머뭇거리는(冘, 임) 모양.

빠질 탐, 즐길 탐, 귀 축 쳐질 탐, 웅크리고 볼 탐, 즐거울 탐, 깊고 멀 탐, 그릇될 탐.

세조 때 노비 출신 침모 사방지와 당상 이순지의 과부 딸이 동성애에 빠졌다(耽) 발각되어 집안에서 쫓겨났다. 그들은 쫓겨난 후에도 지체에 구애받지 않고 계속 정을 통했다.

명종 때 무당이었던 감덕은 왕족과 고관의 안방을 드나들며 동성애를 하다 곤장에 맞아 죽었다.

궁중에서 궁녀끼리, 환관촌에서 내시 아내끼리의 은밀한 만남도 있었는데 이를 대식이라고 불렀다. 대식 관계가 되면 서로 서방님, 마님하고 불렀고, 발각되면 서로 손목을 묶고 동반 자살하기도 했다.

그리스 여류시인 사포는 제자였던 소녀와 사귀었다. 그녀는 이윽고 레보스 섬에 여인 천국을 세웠으나 결국 바다에 뛰어들어 자살하고 말았다.

프랑스 왕 앙리 2세에게 시집온 카트린은 루브르 궁전을 동성애의 천국으로 만들었다. 애인들이 걸친 제복은 사관생도가 입는 옷처럼 몸에 착 달라붙었는데 저고리는 유방이 나왔고 젖꼭지는 루즈로 빨갛게 칠하였다. 발등을 덮은 스커트는 양쪽을 허리까지 잘라 걸을 때나 앉을 때 속옷을 입지 않은 하체가 드러났다. 연산군보다 한수 위로 보인다.

프랑스 오페라 가수 모팽은 사귀던 소녀가 수도원修道院에 들어가자 칼을 들고 수도원에 침입하여 소녀를 다시 빼내 왔다.

조르주 상드는 뮈세·하이네·메리메·쇼팽·리스트 등과 사랑을 나누었지만 배우였던 유부녀와 동성애를 가졌고 평생 동안 짙은 편지를 서로 나누었다.

讀

말(言, 언)을 넓히는(賣, 매) 모양

글 읽을 독, 구절 두.

❀ 讀書三到(독서삼도)

독서삼매讀書三昧라고도 한다. 세 가지 이르는 길은 마음과 눈과 입으로 읽는 것이다. 물론 심도心到가 가장 중요하다.

『논어』'學而時習之不亦說乎' – 배우고 때때로 익히면 또한 즐겁지 아니한가?

주자의 「우성」'少年易老學難成' – 소년은 늙기 쉽고 학문은 이루기 어렵다.

송宋 진종 '男兒欲遂平生志 六經勤向窓前讀 – 사나이 평생의 뜻을 펴려면 모름지기 열심히 육경을 창 앞에서 읽어야 한다.

翫 익힘(習, 습)을 으뜸(元, 원) 삼아

탐할 완, 익숙할 완, 구경할 완, 싫을 완.

운장이 동쪽으로 여행하여 신목인 부요 나뭇가지 아래를 지나가다 우연히 홍몽을 만났다. 홍몽은 마침 넓적다리를 두드리며 껑충껑충 뛰면서 놀고 있었다. 운장은 그를 보자 깜짝 놀라 발을 멈추고 지그시 그 자리에서 구경하다가(翫) 이윽고 물었다.

"노인장은 뉘시오. 어째서 그러고 있소?"

홍몽은 여전히 우세하는 모습으로 넓적다리를 두드리며 껑충껑충 뛰면서 대답했다.

"놀고 있소."

"제가 묻고 싶은 게 있습니다."

"말해 보시오."

"하늘의 기는 조화를 잃었고 땅의 기는 막혀서 뭉쳤으며 육기는 고르지 못하고 사철은 순조롭지 않습니다. 지금 나는 육기의 정수를 모아 모든 생물을 육성하고 싶습니다. 그렇게 하려면 어떻게 하는 것이 좋겠습니까?"

홍몽은 고개를 내저으며 말했다.

"난 몰라. 난 몰라."

3년이 지난 후 운장은 다시 동쪽으로 여행하여 송나라 들판을 지나다가 홍몽을 만났다. 운장은 크게 기뻐 달려가서 두 번 공손히 절하고 가르침을 청하였다.

"하마 저를 잊으셨습니까?"

홍몽이 대답했다.

"나는 둥둥 떠다니며 놀아도 찾을 것이 없고 내키는 대로 다녀도 갈 데란 없소.

어지러운 모골로 있으나 거짓 없는 진실만 보고 있으니 이것 외에 내가 또 무엇을 알겠소?"

운장이 말했다.

"저도 스스로는 내키는 대로 하고 있습니다만 백성들은 저를 기꺼이 따라옵니다. 저는 백성으로부터 빠져 나올 수가 없고 이제는 백성의 흠모까지 받습니다. 부디 한 말씀 해주십시오."

홍몽이 말했다.

"만물의 참모습에 거역하면 자연의 길을 어지럽히고 오묘한 자연의 조화는 이룩되지 않소. 조화가 망가지면 짐승 무리는 흩어지고 새는 모두 밤에 울며 화가 벌레에까지 미치오. 아! 애당초 사람을 다스려 보겠다는 발상發想부터가 잘못된 것이라오."

市 머리(亠, 두)에 두건(巾, 건) 쓴 사람들이 모여 있는 곳

저자 시, 장 시, 흥정할 시, 집이 많은 동리.

가난에 찌든 사람이 있었다.

그는 새로운 삶을 찾기 위해 저자(市)를 떠났다. 그러나 며칠 후 그는 광야에서 길을 잃고 말았다. 배가 고팠고 목이 말랐다. 방향을 알지 못한 채 정처 없이 헤매는 수밖에 없었다. 문득 난데없이 미친 코끼리가 그를 향해 달려오고 있었다. 그는 무서워서 힘을 모아 기운차게 도망쳤다. 한참을 정신없이 달렸으나 앞에서 배가 고픈 사자가 그를 발견하고 뛰어왔다. 뒤를 돌아보니 사나운 코끼리는 여전히 그를 쫓아오고 있었다.

저 멀리 커다란 보리수나무가 보였다. 그는 샛길로 빠져 기진맥진하여 보리수나무 아래까지 갔으나 나무는 새들조차 날아 올라갈 수 없을 정도로 높았고 나무 둥치는 너무 굵어 손으로 잡을 수조차 없었다. 다행히 나무 밑에 우물이 하나 있었고 거기에 마침 칡넝쿨이 길게 늘어져 있었다. 그는 급하게 칡넝쿨을 타고 우물 밑으로 내려갔다.

오래된 우물 바닥에는 전갈들이 쉬잇 쉬잇 소리를 내며 빨간 눈으로 그를 쏘아보았다. 그는 올라갈 수도 내려갈 수도 없는 처지가 되고 말았다. 힘은 점점 빠지고 있었다. 우물 벽에 몸을 기대보려 하였으나 사면 벽에 독사들이 독이 오른 혀를 날름거렸다. 그의 목숨은 오직 칡넝쿨에 달려있었다. 그런데 어디선가 흰쥐와 검은 쥐가 나오더니 칡넝쿨을 갉아먹기 시작했다. 더 이상 아무런 희망을 가질 수 없었다.

그러는 동안 사자는 코끼리를 공격했고 미친 코끼리는 우물 옆에 있는 보리수나무를 머리로 받았다. 나무에 매달린 벌집이 흔들려 벌떼들이 놀라서 그를 마구 쏘았다. 바야흐로 그의 목숨은 경각에 달려 있었다.

그때, 벌집에서 떨어진 꿀 한 방울이 그의 머리에 떨어져 얼굴을 타고 내려와 입술에 닿았다. 그것은 찰나의 감미로움을 주었다. 드물게 떨어지는 한 방울의 꿀맛에 도취되어 남자는 코끼리도 사자도 전갈도 뱀도 쥐도 나아가 우물에 빠져 있다는 것도 모조리 잊어버리고 말았다.

寓 사당(宀, 면)에 바친 원숭이(禺, 우) 모양

살 우, 부칠 우, 부탁할 우, 빙자할 우.

송宋 경공 때 화성이 심방에 나타나자 경공은 두려워하며 자위를 불러 해결책을 부탁했다(寓).

"형혹이 심방에 나타났으니 어쩌면 좋겠습니까?"

자위가 대답했다.

"형혹은 천벌을 의미합니다. 심방은 우리 송에 해당하니 그 화가 임금 몸에 미친다는 뜻입니다. 비록 그렇다고는 하나 이 재앙을 재상에게 떠넘길 수 있습니다."

경공이 말했다.

"재상은 내가 나라를 다스리도록 부탁한 사람인데 그에게 떠넘겨 죽게 하는 것은 옳지 않습니다. 과인이 스스로 감당하는 것이 좋겠습니다."

자위가 다시 말했다.

"그러면 백성에게 떠넘길 수 있습니다."

경공은 놀라서 말했다.

"백성이 죽고 없으면 임금도 없습니다. 차라리 나 하나 죽는 것이 훨씬 낫습니다."

그러자 자위는 다시 말했다.

"그러면 농사에 흉년이 들면 됩니다."

경공은 화를 내며 말했다.

"농사가 흉년이 들면 백성을 굶어 죽고 맙니다. 임금이 되어 자신만 살겠다고 백성을 죽인다면 누가 나를 임금으로 받들겠습니까? 이는 결국 과인 운명이 다했다는 뜻입니다. 그러니 나에게 더 이상 말을 하지 마십시오."

자위가 자리를 뜨면서 북면하여 재배하고 말했다.

"저는 감히 임금께 축하를 드리려 합니다. 하늘은 높은 곳에 처하지만 낮은 곳에 일어나는 모든 일들을 다 듣습니다. 임금께서 욱대김 없이 어진 말을 세 번이나 하셨으니 하늘이 틀림없이 세 번 상을 내리실 것입니다. 오늘 저녁 화성은 틀림없이 위치를 옮길 것입니다. 그리고 임금 수명은 21년이 연장될 것입니다."

경공은 화를 멈추고 말했다.

"그대는 어떻게 그것을 아는가?"

자위가 설명하였다.

"임금께서 세 번이나 착한 말씀을 하셨으니 세 번 하늘이 내리는 상을 받을 것입니다. 별은 삼사를 옮길 것입니다. 매사 일곱별을 움직이며 별 하나는 각각 일 년에 해당합니다. 그래서 삼에 칠을 곱하면 21이니 곧 21년을 더 사신다는 풀이입니다. 저는 퇴청하지 않고 섬돌 아래 엎드려 이를 살펴볼 것입니다. 별이 자리를 옮기지 않는다면 저에게 죽음을 내려주십시오."

그날 밤 과연 화성은 삼사를 옮겨가 자위가 한 말과 같이 되었다.

目 눈 모양

눈 목, 눈동자 목, 눈 여겨 볼 목, 조목 목, 제목 목, 지금 목, 당장 목, 두목 목, 종요로울 목, 그물코 목, 명색 목.

북위北魏 광주 도백 양일은 선정으로 유명하다. 관리나 군인들은 그를 호랑이처럼 무서워했으나 백성들은 어버이나 형님처럼 따랐다. 전에는 관리가 시찰이나 출장을 나오면 백성들이 음식과 선물을 준비하여 부담이 적지 않았는데 양일이 오고 나서부터 관리가 도시락을 지참하고 밖으로 나가게 해 민폐가 거의 근절되었다. 어떤 관리가 말했다.

"우리 양 장관은 천리안千里眼입니다. 무엇이든 모든 것을 꿰뚫어 본다오(楊使君有千里眼)."

양일은 많은 정보원情報員을 두어 도정을 일일이 체크했던 것이다.

囊 사람이 옷을 걸친 모양

주머니 낭, 자루 낭, 큰 구멍 낭, 쌀 나아, 지갑 낭.

왕충은 하늘의 징조에 대한 믿음(천견설天譴說)을 공격했다.

원청간 가난한 집에서 태어나고 게다가 어려서 고아가 된 그는 주로 저자거리 책방에서 책을 읽었다. 책방 주인은 주머니(囊)가 빈 왕충에게 기꺼이 여러 책을 보여주었다. 그는 하급관리로 잠시 나간 적도 있으나, 생애 대부분을 고향에서 후진을 양성하며 보냈다.

그는 유학 초기 사유를 바탕으로 당시 천견설이나 음양오행陰陽五行을 끌어들여 초기의 건실함을 잃어가는 유교를 비판했다. 자연적인 것은 저절로 발생하며 거기에는 어떠한 목적도 존재하지 않는다는 것이 그가 한 주장의 핵심이었다. 그는 인간 행위가 우주자연의 움직임에 영향을 준다는 것을 인정할 수 없었다. 사실 우주자연은 인간의 사정을 봐주지 않고 스스로 움직이는 엿장수가 아닌가? 그는 모든 이론은 구체적인 근거와 실험을 통해 뒷받침되어야 한다고 주장했다.

箱 대나무(竹, 죽)를 서로(相, 상) 꿰어 만든

상자 상, 수레 곳간 상, 곳집 상.

하동군 옥종면에 치마무덤이라는 빈 무덤이 있다. 연산군이 즉위하자 그의 스승 조지서를 세자 때 자기에게 엄격했다는 이유로 맷돌로 갈아 죽여 상자(箱)에 넣어 한강에 버렸다. 아내 정 씨가 흐르는 피를 치마에 적셔 초혼하여 묻은 무덤이 치마무덤이다.

임진왜란 때 녹도에서 죽은 이대원의 무덤은 시 무덤이다. 죽기 전 시를 적어 놓은 한삼 자락을 구하여 초혼하여 무덤을 만든 것이다.

임진강 고랑포 강변에는 꽃신 무덤이 있다. 병자호란丙子胡亂 때 볼모로 잡혀 갔던 소현세자가 돌아올 때 그를 사모해 따라온 명나라 궁녀의 빈 무덤이다. 소현세자가 돌아와 얼마 되지 않아 인조에게 독살되자 그녀는 강가에 꽃신을 벗어 두고 강속으로 들어갔다. 백성들이 그녀를 불쌍히 여겨 그 꽃신으로 초혼하여 무덤을 만들어 준 것이다.

100 易輶攸畏, 屬耳垣墻
이 유 유 외 속 이 원 장

군자는 쉽고 가벼운 일들을 두려워하니 담장도 귀 기울여 듣기 때문이다.

易輶 : 쉽고 가벼운

攸畏 : 바를 두려워하고

屬耳(촉이) : 귀를 기울여 듣는 듯 조심하라.

垣墻 : 울타리가

『전국책』 '家之有垣墻所合好掩惡也' – 집에 울타리를 쳤는데 나쁜 것을 가리기 좋아한 까닭이다.
『시경』 '군자는 말을 쉽게 해서는 안 된다. 남의 귀가 담에 붙어있기 때문이다.'

易 **해**(日, 일)**가 없어져**(勿, 물) **점을 치는 모양**

다스릴 이, 쉬울 이, 쉽게 여길 이, 쉬울 이, 편할 이, 변할 역, 바꿀 역, 형상할 역, 역서 역.

❀ 백거이白居易 「장한가長恨歌」

맨 마지막에 나오는 문장.

在天願作比翼鳥 공중을 나는 새가 되거든 비익조가 되고

在地願爲連理枝 나무가 되거든 연리지가 되기를

天長地久有時盡 우주는 다할 지라도

此恨綿綿無絶期 이내 한은 면면하여 끊어질 날 없으리.

비익은 날개가 하나 밖에 없는 상상의 새로서 두 마리가 힘을 합쳐야 비로소 날 수 있다. 연리지는 뿌리가 다른 두 나무가 나뭇가지가 접합되어 하나가 된 것이다. 모두 부부의 관계를 일심동체一心同體로 보는 말들이다.

輶 **대장(酋, 추) 수레(車, 거) 모양**

가벼울 유, 가벼운 수레 유.

견오가 연숙에게 말했다.

"나는 접여에게 터무니없는 이야기를 들었네. 상식에 어긋난 가볍고(輶) 경솔한 말들이 한없이 이어질 것 같았네."

연숙이 물었다.

"무슨 이야기를 들었기에 그러는가?"

"막고야 산에 신인이 살고 있는데 피부는 얼음이나 눈처럼 희고 몸매는 처녀같이 부드러우며 곡식을 먹지 않고 바람과 이슬을 마시며 구름과 용을 몰아 천지 밖에서 노닌다네. 신인이 정신을 한 곳에 집중하면 모든 사람이 병들지 않고 곡식도 잘 익는다는 하도 허황되어 믿을 수가 없는 이야기였네."

연숙이 말했다.

"그렇기도 하겠군. 장님에겐 아름다운 빛깔이 보이지 않고 귀머거리에겐 황홀한 가락이 들리니 않네. 그러나 장님이나 귀머거리는 비단 육체에만 있는 것이 아닌 모양이네. 지식에도 장님과 귀머거리가 있는데 바로 지금 자네가 그렇다네. 신인에게 있어 덕이란 우주만물을 화합해서 하나로 보는 것이지. 세상 사람들은 그가 나서서 자기를 편안하게 해주기를 바라지만 신인의 관심은 더 큰 곳에 있을 것이야. 막고야 신인은 외계 사물에 영향을 받지 않네. 홍수가 나서 탁류가 하늘에 닿아도 빠지는 일이 없고, 가뭄이 들어 돌과 쇠가 녹아 대지와 산자락이 타올라도 뜨거운 줄을 모른다네. 신인은 자기 몸의 먼지나 때, 쭉정이와 겨로도 세상 사람들이 성인이라 칭송하는 요나 순을 만들 수가 있다네."

攸

사람(亻, 인)을 세워놓고(丨, 곤) 때리는(攵, 복) 모양

휘 달아날 유, 바 유, 곳 유, 아득할 유, 대롱거릴 유, 어조사 유.

조사인이 물었다.

"『효경』에 '옛날 주공은 후직을 교외에서 제사 지내며 하늘에 배향하였고 문왕을 명당에서 제사지내며 상제에 배향하였다.'라는 으늑한 말이 있습니다. 만약 육체와 정신이 함께 소멸하는 것이라면 도대체 무엇을 하늘에 배향한다는 것입니까. 또 무엇을 상제에 배향한다는 것입니까."

귀耳를 기울여 듣던 범진이 대답했다.

"만약 모든 이들이 똑같이 성인처럼 지혜로웠다면 이런 가르침은 없었을 것입니다. 이런 가르침이 적용되는 대상은 실제 백성들입니다. 백성들의 정서는 항상 삶을 귀하게 여기고 죽음을 천한 것으로 생각하는 바이니(攸) 죽어서 혼령이 있다고 한다면 두렵고 공경하는 마음이 길러지게 됩니다. 반면 죽어서 지각이 없다고 한다면 오만하고 경박한 마음이 생기게 됩니다. 성인은 백성들이 이와 같다는 것을 알고서 제사 지내는 다양한 장소를 만들어서 백성들의 마음을 성실하고 두텁게 하고, 여러 제기들을 내려서 조상에 대한 끊이지 않는 그리움을 보존하도록 한 것입니다."

畏

엎드려 비는 모양

두려워 할 외, 놀랄 외, 겁낼 외, 꺼릴 외.

진시황秦始皇이 죽고 2세 황제 원년에는 진승의 기병이 있었고 이것을 신호로 각 지방에서 반란이 속출했다. 강소성 패현에서 유방이 수하 장병을 모으면서 세력이 커지고 있었다. 패현 부로들은 자제를 거느리고 현령을 죽이고 유방을 현령으로 추대했다. 민선 현령인 셈이다. 유방은 사양했다.

"천하는 흩어져 각지에서 제후가 일어나고 있습니다. 지금 장수될 사람을 잘 고르지 못하면 일패도지一敗塗地를 면하지 못할 것입니다. 저는 목숨을 잃는 것이 두렵지는(畏) 않지만 능력이 부족하여 여러 부형님과 자제분들의 목숨을 보장하지 못합니다. 그러니 좀 더 시간을 두고 적임자를 선정해 주십시오."

그래도 패현 부로들은 유방에게 자리를 권해 드디어 유방은 패공이 되었다.

屬

암컷과 수컷이 서로 접촉하는 모양

좇을 속, 무리 속, 붙이 속, 동관 속, 거느릴 속, 엮을 속, 마침 속, 이을 촉, 닿을 촉, 붙일 촉, 부탁할 촉, 모을 촉, 돌볼 촉, 조심할 촉.

촉蜀은 짐승이 교접하는 모양.

耳

귀 모양

귀 이, 말 그칠 이, 뿐 이, 성할 이.

❀ **'吾 十有五而 志于學 三十而立 四十而不惑 五十而知天命 六十而耳順 七十而 從心所欲 不踰矩'**(오 십유오이 지우학 삼십이립 사입이불혹 오십이지천명 육십이이순 칠십이 종심소욕 불유구)

『논어』「위정편」 – 나는 15세에 학문을 할 뜻을 세웠고, 30세에 자립했다. 40세에 혹하지 않았고, 50세에 천명을 알았다. 60세에 귀가 순해졌고, 70세가 되자 마음 가는 대로 행해도 규범에 어긋나지 않았다.

垣 **흙(土, 토)을 걸쳐서(亘, 긍) 만든**

낮은 담 원, 보호하는 사람 원.

제자가 담(垣) 너머 바위틈에 자라고 있는 꽃을 가리키며 물었다.

"세상에는 마음 바깥에 사물이 없습니다. 그런데 가령 이 꽃은 깊은 산 속에서 저절로 피어나 저절로 지곤 하니 그것이 내 마음과 무슨 관계가 있겠습니까?"

그러자 양명이 웃으면서 말했다.

"그대가 이 꽃을 보기 전에 이 꽃은 그대의 마음과 함께 고요한 상태에 있었지만, 그대가 와서 이 꽃을 보는 순간 이 꽃의 모습은 일시에 분명해진 것이네. 이로부터 이 꽃이 그대의 마음 바깥에 있지 않다는 것을 알 수 있네."

墻 **사람 사는 곳에 흙으로 친 담**

담 장, 감옥 장, 사모할 장.

송宋나라 때 요주에 주천석이라는 신동이 살았다. 대여섯 살에 사서삼경四書三經을 줄줄 외자 조정에서 일찍 발탁해서 벼슬을 주었다. 그러자 요주에서는 대여섯 살만 되면 아이들을 담墻 안에 가두어 놓고 채찍으로 때리며 신동과거 교육을 시켰다. 한때 요주는 신동의 밭으로 소문이 났다.

그러나 얼마 후 신동 교육을 폐지하고 말았다. 급제하는 아이보다 핍박을 이기지 못해 죽은 아이가 더 많았기 때문이다. 더구나 이 신동 사또들이 송사를 다룰 때 세상 물정에 어두워 사서삼경 문구에 송사를 맞추어 도대체 이치에 맞지 않는 판결로 이아쳐서 활용하지 못하는 지식을 가진 사람을 '요주신동'이라 부를 정도였다.

101 具膳飡飯, 適口充腸
구 선 손 반 적 구 충 장

반찬을 갖추어 밥을 먹으면
입에 맞아 배를 채운다.

具膳 : 반찬을 갖추어

飡飯 : 밥을 먹으니

適口 : 입에 맞아

充腸 : 장을 채운다.

適口之餠 : 입에 맞는 떡.

具 **무엇이 쌓여 있는 모양**

갖출 구, 함께 구, 다 구, 그릇 구, 옆에 사람 둘 구, 가질 구, 완비할 구, 만족할 구, 설비할 구, 일할 구, 필요할 구.

무엇이 행위이고 무엇이 행위 하지 않는 것인지 현자들조차 알지 못한다.

내 이제 그대에게 행위에 대해 다(具) 말하겠으니 이를 알고 나면 악으로부터 해방될 것이다.

행위 속에서 행위 하지 않음을 보며 행위 하지 않음에서 행위를 보는 이.

그는 사람들 가운데 지혜로운 자이고 절제된 자로서 완전한 행위자이다.

행위의 결과에 집착하지 않고 항상 만족하며 어디에도 의존하지 않으면

어떠한 행위를 하더라도 사실 아무것도 행위 하지 않은 사람이다.

아무런 욕망 없이 마음과 에고를 절제하며 모든 소유를 포기한 채
오로지 몸으로만 행위·다면 그는 더 이상 죄를 범하지 않게 될 것이다.
던져진 삶에 만족하고 이원의 대립을 초월하며 질투에서 자유로운 자
성공과 실패에 좌우되지 않는 자, 그는 행위 할지라도 결코 속박되지 않는다.
집착이 사라져 자유로우며, 그의 마음은 지혜로 굳건한 자
제사를 지내듯 행위 하는 자의 행위는 완전히 융해되어 어떠한 속박도 없다.
바라타의 아들이여. 무지한 자는 결과에 집착하여 행위 하지만
현명한 사람들은 세계의 질서를 유지하기 위하여 집착 없이 행위 한단다.
제사와 보시와 고행의 행위는 현자들이 하는 정화이므로 포기해서는 안 되지만
이러한 행위 역시 집착과 결과에 대한 욕망을 버리고 행해야 한단다.
그대의 권리는 다만 행위 하는 것일 뿐, 결코 결과에 있는 것이 아니다.
행위의 결과를 행위의 동기로 삼지 말 것이며 행위 하지 않음에도 집착하지 말라.

『바가바드 기타』

膳 **좋은(善, 선) 고기(⺼, 육)는**

반찬 선, 먹을 선.

자여와 자상은 벗이었다. 어느 해 장마가 열흘이나 계속되었다. 자여는 자상은 가난하므로 아마 먹을(膳) 음식이 떨어져 굶주리고 있을 것이라 생각하고 밥을 싸 가지고 갔다. 자상 집 문 앞에 이르자 안에서 자상이 노래하는 듯 우는 듯 일매진 소리를 지르며 거문고를 뜯고 있었다.

"아버지일까? 어머니일까? 하늘일까? 사람일까?"

소리를 내기도 힘에 겨운 듯 가사를 곡조에도 맞지 않게 서둘러 읊었다. 자여가 들어가 물었다.

"자네는 무슨 노래를 부르고 있는가?"

"나는 나를 이런 막바지에 몰아넣은 것이 무언지 생각해 보았지만 전혀 알 수가 없었네. 부모가 어찌 내가 가난하길 바라겠나. 하늘은 공평하게 만물을 뒤덮고 땅은 공평하게 만물을 실어준다. 그러니 하늘과 땅이 어찌 나만을 가난하게 하겠나. 나를 가난하게 만든 게 무언가 하고 애써 생각해 보지만 전혀 알 수가 없는데도 내가 이런 막바지에 몰리다니 이것은 아마 내가 타고난 운명이겠지?"

飧 **뼈(歹, 알)를 먹는(食, 식) 모양**

저녁밥 손, 물만 밥 손.

홍부는 자식이 스물다섯이나 된다. 젊은 나이에 어떻게 그렇게 많은 자식을 낳았을까? 한 해에 한두 배, 한 배에 두셋씩 낳았단다. 홍부의 자식은 대식가로 이름이 났다. 홍부가 첫 박을 타니 양식이 무진장無盡藏으로 쏟아졌다. 당장 밥을 지어 놓으니 남산만큼 쌓였다. 한 달에 아홉 끼밖에 못 먹던 자식들이 화살처럼 밥 더미 속에 들어사 소식이 없더니 한참 후에 나타나는데 남산만한 밥 더미는 어느 사이 사라져 버리고 자식들 배가 노적가리만큼 불러 한강 세공선처럼 움직이지 못했다.

세조 때 홍일동은 산으로 놀러가 떡 한 그릇, 국수 세 사발, 밥 세 바리, 두부국 아홉 대접을 먹고 다시 산 밑에 내려와 찐 닭 두 마리, 생선국 세 그릇, 어회 한 쟁반, 술 사십여 잔을 먹었다. 세조가 이 말을 듣고 장하게 여겨 다시 술을 아름드리 항아리로 주었더니 항아리에 입만 대고 다 마셔버렸단다.

나도 젊어서 운동을 할 때 최고 기록으로 점심 한 끼에 자장면 곱빼기 두 그릇, 짬뽕 곱빼기 두 그릇, 정식 시켜서 공깃밥 하나 추가해서 먹은 적이 있지만 홍일동의 일세에 비하면 새 발의 피라 하겠다.

飯 **다시**(反, 반) **먹는**(食, 식)

밥 반, 먹을 반, 칠 반.

사람이 태어나 살아가는 것은 조상 영을 계승하기 위해서라고 옛 사람들은 믿었다. 아이가 태어났을 때 이마에 문신을 하는 행위는 조상 영이 깃들어야 할 소중한 육체가 다른 사악한 영에게 먹히지(飯) 않도록 지키기 위한 것이었다. 또한 조상 영이 새 생명을 만족스럽게 여기는지 아닌지 신의 뜻을 시험해볼 필요가 있었다.

그래서 아이를 물에 떠내려 보내기도 했다.

류流 참고.

適 **뿌리**(啇, 적)**가 가다가**(辶, 착)

만날 적, 맞을 적, 갈 적, 편안할 적, 마침 적, 깨달을 적, 시집갈 적, 좇을 적, 주장할 적, 친히 할 적.

임제가 말했다.

"벌거벗은 신체에 하나의 무위진인無位眞人이 있어서 항상 그대들의 얼굴에 출입하고 있다. 아직도 이것을 깨닫지 못한 사람은 거듭 살펴보아라. 안이건 밖이건 만나는(適) 것은 무엇이든지 자개바람을 내어 바로 죽여 버려라. 부처를 만나면 부처를 죽이고 조사를 만나면 조사를 죽이고 나한을 만나면 나한을 죽이고 부모를 만나면 부모를 죽이고 친척을 만나면 친척을 죽여라. 그렇게 한다면 비로소 해탈할 수 있을 것이다."

口 **축문을 넣는 나무그릇 모양**

입 구, 인구 구, 어귀 구, 말할 구, 구멍 구, 실마리 구.

❀ 良藥苦於口(양약고어구)

기원전 208년 팽성에서 회왕이 주재하는 회의가 있었다. 회왕은 명목상 왕으로 전 초나라 후손이며 이름은 심心이다. 여기에서 유방과 항우는 서로 함양을 먼저 함락시키겠다고 장담했다.

그로부터 1년 후 유방이 먼저 자영의 항복을 받고 함양에 입성했다. 궁 안은 호화의 극치인 아방궁을 비롯하여 산더미 같은 금은보화에 아름다운 후궁과 궁녀들도 수천 명이었다. 시골 가난뱅이 셋째 아들로 태어나 협객 노릇을 하다 겨우 정장을 맡았던 유방은 그곳에서 살고 싶은 유혹에 시달렸다. 번쾌가 간했으나 듣지 않자 장량이 말했다.

"진이 도를 지키지 않았기에 패공이 여기까지 온 것이 아닙니까? 앞으로 남아 있는 잔적을 소탕하고 통일을 이루려면 조의粗衣 소찬素饌 생활을 이어 나가야 합니다. 충언은 귀에 거슬리지만 행동에 이롭고 양약은 입에 쓰지만 병에 이롭다 합니다. 번쾌 말대로 지금은 함양에서 벗어나 다를 곳으로 이동하는 것이 좋습니다."

유방은 바로 함양에서 벗어나 패상으로 돌아가 야영野營했다.

充 위(亠, 두)에 까지 진실로(允, 윤)

가득 찰 충, 막을 충, 찰 충, 당할 충, 번거로울 충, 어찌할 줄 모를 충, 길 충, 급할 충, 아름다울 충.

❀ 汗牛充棟(한우충동)

유종원의 「육문통묘표」에 '其爲書處則充棟宇出則汗牛馬'가 보인다. 책이 많아 쌓아 올리면 대들보에 찰 정도이고 밖에 내놓으면 소와 말이 땀을 흘릴 정도란다.

우리 집에도 책이 한 오천 권 가량 있어 안 그래도 좁은 방과 창고가 책으로 가득하니 가히 한우충동이라 하겠다.

腸 **몸(月, 육) 안에 있는 양지(陽, 양).**

창자 장, 마음 장.

싯다르타는 화려한 궁전에서 맛있는 음식을 먹으며 자랐다. 그가 수행을 위하여 숲으로 들어간 후 가장 심각한 문제는 음식이었다. 그는 이끼나 부리·날곡식을 먹었고 가끔 들에서 자라는 열매를 먹었다. 결국 그는 몸이 매우 쇠약해 졌다. 빈약한 영양 때문에 그의 팔다리는 마치 관절이 마디마디 맺혀 있는 곤충처럼 되어 버렸다.

나중에 싯다르타는 깨달음이 굶주림으로부터 오는 것이 아니라는 것을 알고 전통적傳統的인 인도인의 식생활食生活로 바꾸었다. 그러나 이전의 잘못된 굶주림으로 얻은 십이지장十二指腸·위궤양으로 매우 고통을 받았다.

기원전 483년 파바 마을의 망고 언덕에서 설법을 하고 식사를 하였는데 대장장이 아들 춘다가 대접한 상한 돼지고기를 먹고 식중독食中毒에 걸리고 말았다. 현대 의학자들은 이 식중독으로 인하여 십이지장 가까이 있던 동맥이 터져 많은 피가 장 속으로 들어갔을 것이라고 추측한다. 항문 출혈이 너무 심하여 제자들은 걱정했다.

싯다르타는 쿠시나가라에 설법하기 위하여 제자들의 부축을 받고 길을 걸었다. 그러나 얼마 가지 못하여 출혈로 인한 탈수 현상으로 심한 갈증이 와 사라나무 밑에 쓰러지고 말았다. 길가의 시냇물을 마셔 갈증은 우선 해소했으나 시냇물이 음료로는 맞지 않았던지 출혈과 구토가 더 심해졌다.

위궤양胃潰瘍과 함께 결장암結腸癌을 앓았던 듯하다. 그는 심한 항문 출혈과 구토로 인한 탈수 현상이 계속되어 산소 부족에 시달리다 마침내 심장마비心臟痲痺로 숨졌다.

102 飽飫烹宰, 飢厭糟糠
포어팽재 기염조강

고기를 저며 삶아서 실컷 먹으니 배가 부르고
주릴 때는 술지게미나 겨도 싫지가 않구나.

飽飫 : 배불리 먹고

烹宰 : 요리를 저미고

飢厭 : 주리면 따른다.

糟糠 : 술지게미와 쌀겨도

『후한서』 '困餧十餘萬皆得飽飫' – 십여 만이 주려서 곤란했는데 모두 배불리 먹을 수 있었다.

『사기』 '士不厭糟糠' – 선비는 지게미와 쌀겨를 싫어하지 않는다.

『한비자』 '糟糠不飽者 不務粱肉' – 지게미나 겨를 먹고 배불러 하지 않는 사람에게는 쌀밥과 고기를 주려 하지 말라.

飽

가득 싸서(包, 포) **먹으니**(食, 식)

배부를 포, 먹기 싫을 포, 물릴 포.

예전에 농촌에 이웃한 마을끼리 봇물로 인한 보洑 싸움이 잦았다. 싸움이 벌어지면 각 마을은 처녀들을 전방에 세웠다. 처녀들은 단체로 손깍지를 끼고 인간 사슬을 만들어 보 위에 누웠다. 내외가 엄한 시절인지라 치마를 들추고 젖가슴을 드러내고 누워있는 이 야릇한 전선에 사내들이 곰상궂게 접근할 수는 없었다.

옛 서울에는 데모를 주업으로 하는 악바리 낭자들이 있었다. 노량진 무당촌 낭자군이 그 중 유명하다. 하루 종일 계속 시위해야 했기 때문에 일단 배부르게(飽) 밥을 먹고서 주로 선산 지맥을 끊는 도로공사道路工事 현장에 동원 되었다. 물론 몸을 헤프게 노출시키는 것이 무기였다. 임란 때 남해안에서 행했던 강강술래도 따지고 보면 외적에 대한 인간사슬의 연장선延長線으로 보인다.

여인의 몸은 이렇게 여러모로 강력한 것이다.

飫 **왕성하게**(夭, 요) **먹으면**(食, 식)

질릴 어, 먹기 싫을 어, 배부를 어.

고려高麗 충렬왕 때 전염병으로 부모를 잃은 눈 먼 아이가 개성 진고개에서 개를 데리고 살았다. 눈먼 아이는 매사를 개에 의지하였다. 밥 때가 되면 개는 눈 먼 아이에게 손으로 꼬리를 잡게 하여 동네를 돌면서 밥을 얻어 배불리(飫) 먹였고 밥을 먹고 나면 다시 강가로 데리고 가 물을 먹게 하였다. 아무리 배가 고파도 얻은 밥에 먼저 입을 대지 않았다. 명절 때는 부모 묘소로 인도하여 성묘를 돕기도 했다. 조정에서 이 소식을 듣고 충직하다 여겨 종삼품從三品 벼슬을 내렸다.

평남 선교리에서 수절 과부와 개를 데리고 함께 살았다. 과부가 야밤에 겁탈 후 살해되자 개는 관부로 달려가 포정의 바짓가랑이를 물고와 사건을 알렸고 범인의 집까지 포정을 인도하여 범인을 잡도록 도왔다. 그러고 나서는 과부 무덤 곁에서 단식하다 죽었다.

烹 **불**(火, 화)**을 잘**(亨, 형) **지펴서**

삶을 팽, 요리 팽.

초왕에서 강등되어 회음후가 된 한신은 고조 11년 상국 진희가 반란을 일으키자 호응하여 기병하려 하였으나 사전에 여후에게 정보가 누설되고 말았다. 고조는 한신을 장안으로 불렀다. 한신은 당시 항우의 장수였던 종리매를 보호하고 있었다. 한신은 장안으로 가는 것이 불안하여 망설이는 중에 부장 한 사람이 종리매의 목을 고조에게 바치면 무사하리라 건의했다. 이 말을 들은 종리매는 화가 나 칼을 뽑아 자결했다.

한신은 종리매의 목을 고조에게 바쳤으나 한신은 반역죄로 체포되었다.

그는 탄식했다.

"사냥할 토끼가 없어지면 사냥개를 삶아 먹는다. 나는 새가 없어지면 활은 창고에 갇히고 적국이 망하면 모신도 망하는 법이다(狡兎死 走狗烹 飛鳥盡 良弓藏 敵國破 謀臣亡)."

결국 한신은 참수 당했다.

宰 제사의례에서 희생물을 다루는 사람 모양

고기 저밀 재, 재상 재, 주관할 재, 다스릴 재, 으뜸 재, 잡을 재, 삶을 재.

궁묘는 고대 제사와 정치가 행해지는 곳으로 많은 사람들이 그곳에서 근무하였다. 그곳에서 정치를 관리하는 사람을 재宰라 하였다. 제사의례에서 희생물을 자르거나 삶는 사람은 최고 집정자이며 장로였다.

본래는 왕이 몸소 칼을 잡고 그 일을 하는 것이 예에 맞으나 왕을 대신하여 그 일을 하는 사람이 재宰이며 그는 신을 모시는 성직자였다.

한나라 진평은 향리(社)의 재宰가 되어 고기를 매우 공평하게 나누었기 때문에 마을 사람들에게 칭송을 받았다고 한다.

❀ **伴食宰相**(반식재상)

당唐 현종은 개원의 치라 일컬어지리만큼 처음에는 선정을 베풀었다. 이때 재상은 요숭이었다. 어느 때 요숭이 열흘 말미를 얻어 휴가를 갔다. 그 자리를 노외신이 맡았다. 노회신은 덕망은 높았으나 행정 수완은 없었다. 그래서 해결해야 할 문서가 매일같이 수백 건씩 올라왔으나 그는 어찌할 바를 몰랐다. 결국 미결 서류가 산더미처럼 쌓였다. 요숭이 휴가를 마치고 오더니 그 많은 미결 사항은 불과 며칠 사이에 다 처리해 버렸다. 이때부터 무능하거나 곁다리 재상을 반식 재상이라 부르기 시작했다.

飢 **상**(几, 궤) **위에 먹을 것이**(食, 식) **없어**

주릴 기, 굶을 기, 흉년들 기.

인육을 먹는 경우는 대개 다음의 다섯 가지로 나눌 수 있다.

먼저 중병이 걸려 자위진 사람이 약으로 먹는 경우이다. 가까운 친지의 병을 고치기 위해 허벅지 살을 베어 먹이거나 손가락을 잘라 피를 먹이는 경우다.

다음은 신에게 희생물로 사람을 바쳐 신과 같이 그 고기를 먹는 종교 의식의 경우다.

잔생이로 복수와 증오에 불타 식인하기도 한다. 명 이자성은 낙양을 함락시키고 복왕을 죽여 그 고기를 사슴고기에 섞어 먹었다.

네 번째는 가장 잦은 경우로 혹심한 기근이나 전란 그리고 표류하는 난파선이나 외딴 곳에 갇혀서 굶주리던(飢) 끝에 저지르는 식인이다. 신라 남해왕 33년 여름 가뭄이 심해 백성들이 서로 잡아먹었다. 고려 명종 3년 기근으로 시장에서 인육이 거래되었다. 임진왜란 때는 아비가 자식을 팔고 남편이 아내를 팔고 이듬해 계사년 봄에는 사람들이 서로 잡아먹고 시체를 다투었다.

마지막으로 식도락으로 먹는 경우이다. 공자는 인간의 살로 만든 해라는 젓갈을 매우 좋아하여 밥상에 해가 올라오지 않으면 섭섭해 했다. 자로도 해를 좋아했다. 결국 자로는 왕자의 난에 연루되어 시체가 젓갈이 되어 남에게 먹히고 말았다.

厭 **기슭**(厂, 엄)**에서 밤낮으로**(日月, 일월) **개**(犬, 견)**를 먹으니**

싫을 염, 미워할 염, 편할 염, 만족할 염, 넉넉할 염, 찰 염, 아름다울 염, 게으를 염.

개고기를 가지고 신에게 제사를 지내어 신을 만족시키는 것

糟 **쌀**(米, 미) **찌꺼기**(曹, 조)

지게미 조, 재강 조.

❀ **糟糠之妻**(조강지처)

광무제 누님 호양공주는 남편이 죽고 홀로 되자 대사공 송홍을 마음에 두고 있었다. 광무제는 어느 때 송홍을 불러 의중을 떠보았다.

"신분이 높아지면 벗을 바꾸고 돈이 생기면 처를 바꾼다고 합니다. 귀공은 이 말을 어떻게 생각합니까?"

송홍이 대답했다.

"소신은 빈천교우를 잊지 말고 조강지처를 당하에 내리지 않는다고 들었습니다(貧賤之交不可忘 糟糠之妻不下堂)."

糠 **쌀**(米, 미)**이 풍년들면**(康, 강) **겨도 많이 나오겠지**

겨 강, 번쇄할 강.

강康은 절구질하는 소리.

103 親戚故舊, 老少異糧
친 척 고 구 로 소 이 량

친척이나 오랜 친구에게는
늙은이와 젊은이에게 식사를 달리 한다.

親戚 : 촌수가 가까운 겨레붙이나

故舊 : 사귄지 오래 된 친구는

老少 : 노인과 아이에게

異粮 : 양식을 달리한다.

『예기』 '兄弟親戚稱其慈也' – 형제나 친척은 사랑스럽게 부른다.
『논어』 '故舊不遺' – 오래 사귄 친구는 잊지 않는다.

親

나무(木, 목)에 올라서(立, 립) 기다리는(見, 견)

어버이 친, 일가 친, 사랑할 친, 친할 친, 몸소 친, 스스로 친, 육친 친, 사돈 친, 친정 친.

❀ **燈火可親**(등화가친)

당唐 한유는 변문을 배척하고 고문운동을 일으켰다. 불교를 배척하고 유교를 공고히 하여 헌종에게「간불골표」를 상소했다가 죽을 뻔했다.

그는 아들 창에게 독서를 권하는 시를 써 보냈다.

時秋積雨霽	바야흐로 가을장마도 개이고
新凉入郊墟	마을과 들판엔 서늘한 바람

燈火梢可親　　등불을 나뭇가지 가까이 할 수 있으니
簡編可舒卷　　책을 펴는 것도 나쁘지 않으리.

戚 **기슭(厂, 엄)에서 창을(戈, 과) 들고 콩(尗, 숙)을 지키며**

근심할 척, 친척 척, 겨레 척, 도끼 척, 화낼 척, 슬플 척.

용사는 복희를 말한다. 복희시대에 용이 나타났다. 그래서 복희는 벼슬 이름에 용 자를 넣었다. 화제는 신농이다. 신농시대에 벼슬 이름에 불을 넣었다. 그래서 신농은 염제라고도 한다. 복희와 여와는 사실은 남방 묘족 신들이다. 그러나 나중에 천지를 창조한 최고신으로 승진하였다.

신농(황제)이 견융과 다툴 때, 오랫동안 이기지 못해 근심하다(戚) 급기야 견융의 목을 가져오는 자에게 자기 딸을 주겠다고 하였다. 신농 곁을 지키던 개 한 마리가 그날 밤 슬며시 자취를 감추었다가 다음날 견융의 머리를 물고 돌아왔다. 신농은 어쩔 수 없이 개에게 자기 딸을 주었다. 개는 신농 딸을 등에 태우고 깊은 산으로 들어갔는데, 그 이후 자손이 번성해서 묘족이 되었다. 지금도 묘족은 제사를 지낼 때에 몸을 엎드리고 개처럼 음식을 먹는다.

중국의 주요한 신화들은 거의 남방계이다.

조관은 소호小昊이다. 소호 때 봉황이 나타났으므로 벼슬 이름에 새 자를 넣었다.

황제는 인문을 갖추었으므로 인황이라고도 한다.

故 **축고를 때리는 모양**

옛 친구 고, 고로 고, 옛 고, 일 고, 연고 고, 변사 고, 옛 습관 고, 죽을 고, 까닭 고, 그러므로 고, 짐짓 고, 과실 고, 초상날 고, 글의 뜻 고.

고古가 기도를 굳게 봉하여 주술적 효능을 지키려고 하는 것임에 반하여 그 주술적 효능을 없애려고 그것을 때리는 것을 복攵·고故라고 한다.

❀ 溫故知新(온고지신)

『논어』「위정편」 '子曰 溫故而知新 可以爲師矣' – 옛것을 복습하여 새로운 것을 안다면 스승이 될 수 있다.

『중용』 '溫故而知新 敦厚以崇禮' – 옛것을 복습하여 두터움으로 예를 숭상한다.

旧 **시간**(日, 일)**을 세워**(丨, 곤) **사권**

친구 구, 옛적 구, 오랠 구, 늙은이 구.

노魯 애공이 공자에게 물었다.

"위나라에 애태타라는 못생긴 남자가 있습니다. 그와 함께하는 친구(旧)들은 그를 따르면서 곁에서 떠나지 못하고 그를 본 여자들은 다른 사람 아내가 되느니 차라리 그의 첩이 되겠다고 부모에게 간청한다고 합니다. 그런 여자가 몇 십 명에 그치지 않는답니다. 그런데 그는 자기 의견을 강하게 주장하지도 않고 오히려 남의 말을 잘 수긍하는 편이라고 합니다. 나처럼 군주 자리에 있어 백성들 죽음을 구해줄 수 있는 것도 아니고, 쌓아둔 재산이 있어 남의 배를 채워주는 사람도 못됩니다. 게다가 그 흉한 모습이란 세상을 깜짝 놀라게 할 정도이고 지식들도 보잘 것 없다오. 그런데도 많은 사람들이 그에게 모여드는 것은 필경 범인과 다른 데가 있어서 그런 것이 아니겠소? 그래서 내가 불러 직접 만나보았소. 그러나 함께 있은 지 한 달이 못 되서 나는 그의 사람됨에 마음이 고요해지고, 일 년도 안 되어 그를 완전히 믿게 되었다오. 나라에 대신이 없었으므로 그에게 나라를 맡기려 하였더니 그는 내키지 않은 얼굴로 이윽고 응낙하기는 하였으나 멍한 모습을 하고 있어 사양하는 것도 같았소. 나는 일을 그렇게 서두른 것이 부끄러웠으나 결국 정사를 맡겼소. 그랬더니 얼마 있지 않아서 그는 아무 말도 없이 내게서 떠나가 버렸소. 나는 무언가 소중한 것을 잃은 듯 마음이 슬펐소. 마치 다스리는 즐거움을 함께 누릴 만한 사람이 없어진 것 같다는 말이오. 그는 도대체 어떤 사람일까요?"

공자가 대답했다.

"저는 언젠가 초나라에 사자로 간 적이 있는데 그때 돼지 새끼가 죽은 어미젖을 빨고 있는 광경을 보았습니다. 얼마 후 돼지 새끼는 놀란 표정으로 죽은 어미를 버리고 모두 달아났습니다. 그것은 어미 돼지가 자기들을 돌보아 주지 않고 자기들과는 다른 꼴이 되어 있었기 때문입니다. 즉 새끼가 어미를 사랑한다는 것은 어미의 외형이 아니고 외형을 움직이는 내부의 근본적根本的인 영을 사랑한다는 것이지요. 싸우다 죽은 자 장례식葬禮式에서 장식 달린 관을 쓰지 않고, 형벌로 발이 잘린 자 신발은 소중하게 여기지 않습니다. 모두 관의 장식이나 신발을 필요로 하는 그 근본이 없어졌기 때문입니다. 천자의 후궁이 된 여인은 귀밑머리를 깎거나 귀걸이를 달기 위해 귀에 구멍을 뚫지 않습니다. 또 새 장가를 든 사내는 집에서 쉬게 하고 관의 일을 시키지 않습니다. 지금 애태타는 아무 말도 하지 않고 신임을 얻었고 공적이 없는데 친밀해지고 남이 자기 나라를 맡겨도 그가 그것을 받지 않을까 봐 염려할 정도입니다. 이는 필경 재능이 온전하고 덕이 겉에 나타나지 않는 인물일 것입니다."

老 **머리가 긴 모양**

늙을 로, 늙은이 로, 어른 로, 쭈그러질 로.

남자라면 무당·의사·점쟁이·주술사이고 여자라면 무녀나 주술사였다.

남자는 머리와 수염을 길게 기르고 여자는 머리를 길게 길렀다.

❀ **偕老同穴**(해로동혈)

『시경』「패풍격고」에 '執子之手 與子偕老'(당신이 나의 손을 잡고 같이 늙자던 말씀)와 「왕풍대거」에 '穀則異室 死則同穴'(곡식은 익으면 다른 창고에 넣고 사람이 죽으면 같은 무덤에 묻힌다.)라는 두 문구를 합성한 말이다.

살아서 함께 늙고 죽어서 함께 묻힌다는 뜻이다.

작은(小, 소) **일이 삐쳐서**(丿, 별)

적을 소, 젊을 소, 조금 소, 멸시할 소, 잠깐 소, 작게 여길 소, 버금 소.

한漢나라 왕릉은 유방과 같은 고향인 패현 사람이었다. 유방이 패현에서 군사를 일으키자 왕릉도 수천 명의 무리를 모아서 군사를 일으켰다. 진시황이 망하고 유방이 항우와 싸울 때 왕릉은 군사를 이끌고 가서 유방의 부하가 되었다. 이에 항우는 왕릉을 자기편으로 만들기 위해 그의 어머니를 볼모로 가두었다. 왕릉이 사신으로 왔을 때 항우는 사람을 장사지낼 때 앉는 동쪽을 향해 앉아 있었다. 이는 왕릉이 자신을 따르지 않으면 그의 어머니를 죽이겠다는 암시였다.

왕릉의 어머니는 감옥에서 편지를 써 옥졸에게 주었다.

"부디 나를 위해 왕릉에게 전해주시오. 한나라 유방에게 충성하기를 잠착하여라. 유방은 비록 지금은 힘이 적으나(少) 덕이 높은 사람이다. 늙어빠진 나를 생각하는 마음 때문에 한 왕에게 두 마음을 품어서는 안 된다고 말해주시오."

그리고는 칼을 뽑아 배를 갈라 죽었다.

여러(共, 공) **밭**(田, 전)**의 모양은**

다를 이, 괴이할 이, 나눌 이, 기이할 이.

재이災異는 재해나 이변을 뜻한다.

재災나 이異의 구별은 전한 초기 복승이 지은『홍범오행전』이나 후한 정현이 쓴『박오경이의』에서 홍수·한발·충해 등 인간 생활에 해를 가져다주는 것을 재災, 일식·혜성·동물의 이상한 행동 등을 이異라고 정리했다.

그리고 한 무제 때 동중서는 천자가 부덕하면 하늘은 먼저 재를 내리고 이어서 이를 내린다고 했다. 이것이 천견론이다.

또 재이災異와 본질적으로 같은 성격을 가지고 있는 것으로 상서祥瑞와 부서符瑞가 있다. 위정자가 도덕적·정치적으로 선을 행하면 하늘이 어여삐 여겨 내리는 길조吉兆를 가리킨다. 기린·봉황·감로·서운 등이 그것이다.

주대에 생겨난 이 생각은 전한 동중서董仲舒에 의해 이론적으로 정비되어 현실 정치에 큰 영향을 미쳤다.

육조 이후는 과학 지식이나 노장 사상, 불교 융성에 따라 움츠러들었지만 당대 후기부터 송대에 걸쳐 유교가 부활하면서 다시 활발하게 논의되기 시작한다. 그러나 대부분 경서에 있는 재이설을 경전 해석학의 일환으로 보충해서 계승하려 한 것이어서 이미 한대만큼 영향력影響力은 없었다.

粮

쌀(米, 미)**은 좋은**(良, 양)

양식 량.

미米는 아마 굴가령 문화에서 왔을 것이다. 무한삼진 주변쯤에서 재배되었을 것이다. 그것보다 조금 서남쪽에 기원지가 있지 않을까 하는 생각이 들기도 하는데 미얀마까지 가는 지는 잘 모르겠다.

옌원밍은 양자강 중류에서 쌀이 유래되었다고 한다.

104 妾御績紡, 侍巾帷房
첩 어 적 방 시 건 유 방

소실은 실을 자아 길쌈을 하고
휘장을 친 방에서 수건을 들고 남편을 모신다.

妾御 : 소실은

績紡 : 실을 자아 길쌈하고

侍巾 : 수건을 들고 모신다.

帷房 : 휘장을 친 방에서

『예기』 '妻不在妾御莫敢當夕' – 부인이 없을 때 소실이 저녁을 감당하지 못한다.
『진서』 '家人績紡以供朝夕' – 집사람은 길쌈을 하여 아침저녁으로 바친다.
『송서』 '愛止帷房 權無外授' – 사랑이 그친 휘장을 친 방에는 밖에서 가르칠 권한이 없다.

妾 **항상 서(立, 립) 있는 여자(女, 여)**

시비 첩, 첩 첩, 작은 집 첩, 처녀 계집 첩, 나 첩.

원래 문신은 신에 대한 희생의 의미를 지닌 것이었다. 문신을 한 남자를 동童, 여자는 첩妾이라고 한다.

동童에 어린이라는 뜻이 있는 것은 동童에게 머리를 묶는 것을 허용하지 않았기 때문이다. 아이들도 머리를 묶을 수 없었다.

그들이 노동하면서 부른 노래가 동요童謠이다. 아마도 주술적인 노래였을 것이다. 동요는 그들의 정치적·사회적 발언을 담았으므로 사서에 자주 기록되었다.

첩妾은 여女에 신辛을 더한 모양인데 복사에 따르면 자연신이나 조상 영에게 첩妾을 바치는 경우가 있었다. 첩妾은 원래 궁전이나 사당·왕실 소유 토지에서 일하는 사람이다. 첩妾을 처妻란 뜻으로 사용하게 된 것은 나중 일이며 첩妾은 원래 신에게 바친 여자를 뜻한다.

御 둘러싸 모시는 모양

모실 어, 거느릴 어, 나아갈 어, 주장할 어, 마부 어, 부인을 사랑할 어, 왕후 어, 임금에 대한 경칭 어.

길에서 행한 의례. 원래 홍수나 질병 등과 같은 재앙을 방어하는 제사인데 이것을 주관하는 사람을 어사御史라 했다.

또는 어딘가를 왕래하는 일과 사냥에 관한 일을 점치는데 사용되어 집을 나서는 일을 허락한다는 뜻이 있다. 어御는 타지로 나서는데 재앙이 없다는 것이다. 처음에는 길을 통과할 때 안전함을 기원하는 제사였는데 출타에 대한 허락을 의미하는 데까지 이르렀다.

績 책임지고(責, 책) 실(糸, 사)을 뽑아

길쌈 적, 공 적, 이룰 적, 일 적, 이을 적.

내 아들은 육군 장교로 서울에서 근무하고 있다. 아들에게 들은 이야기이다.

예전에 그 부대에 대대장大隊長이 한 사람 있었단다. 그는 인물도 좋고 체격도 당당했지만 마음까지 따뜻한 덕장이어서 언제나 아랫사람들을 잘 보살펴 군단 내에서도 칭송이 자자했었다고 한다. 한 번은 애인이 변심하자 상심하여 부대를 이탈한 병사를 직접 집으로 찾아가 설득하여 데리고 와 아무 문책도 받지 않게 해 주었다 하니 그가 어떤 사람인지 대강 짐작이 간다.

그랬던 그는 그만 친척 빚보증을 잘못서 채무의 늪에 빠지고 말았다. 대대장 월급으로는 평생을 모아도 갚을 수 없는 빚을 지고 말았다. 청렴했던 사람이라 자신에게 일어난 일(績)이 군에 누가 될 수 있다 판단하여 급기야 군에서 스스로 나왔다. 아내와는 이혼하여 모든 빚을 자기가 안고 그는 가족을 떠나 서울역 대합실待合室에서 노숙자 생활을 시작했다.

앞날이 창창하던 육군 장교가 노숙자가 되고 나니 겪어 내야 할 어려움이 한두 가지가 아니었을 것이다. 그러나 그는 묵묵히 잘 견디어 나갔다. 한 해 두 해 시간이 지나자 건강했던 몸이 약해지면서 병이 찾아왔다. 병이 깊어지면서 굳게 다졌던 재기의 의지도 서서히 무너졌다. 그는 점차 삶을 포기하고 있었다.

그런데 예전에 그가 구해주었던 탈영했던 병사가 우연히 서울역 대합실을 지나다 그를 발견했다. 그 병사는 이미 전역하여 서울서 직장을 다니고 있었다. 그 병사는 숨어서 두 번 세 번 노숙자가 이전의 대대장임을 확인하고 한 가지 일을 추진하기 시작했다. 직장을 그만두고 부지런히 쫓아 다녔지만 그 일은 두 달이 더 걸렸다. 드디어 모든 준비를 마친 그는 어느 날 아침 대합실로 대대장을 찾아갔다.

바람이 몰아쳐 매우 추웠으나 햇빛은 맑은 겨울날이었다. 병사는 누더기 차림에 병이 깊어 비틀거리는 대대장을 부축하여 대합실 문을 열고 서울역 광장으로 나갔다.

순간 우렁찬 고함 소리가 광장을 울렸다.

"대대장님께 대하여 경례!"

"충성!"

광장에는 대대를 전역했던 여러 병사와 대대장과 같이 근무했던 장교·하사관들이 빽빽하게 줄을 맞추어 서 있었다.

그들은 그를 잊지 않고 있었다.

그는 결코 헛되게 살지 않았던 것이다.

그들의 경례를 받는 순간 함정에 빠졌던 덕장은 다시 우렁차게 일어날 힘을 몸속 깊은 곳에서 느꼈을 것이다.

紡 **여러 방향(方, 방)으로 실(糸, 사)을 잣는 모양**

길쌈 방, 지을 방.

소금 덩어리를 물에 넣으면 녹아버려 다시 집어낼 수 없지만 물을 맛보면 짠맛이 나듯이, 무한하고 끝없는 위대한 존재는 의식으로 이 세상에 용해되었다. 그것으로부터 지어진(紡) 개별 의식들은 다시 그것에게 돌아가니 개체를 떠나면 더 이상 개별적 個別的 의식은 존재하지 않는다.

사랑하는 아들아, 동쪽으로 흐르는 강은 동쪽으로 흘러가고, 서쪽으로 흐르는 강은 서쪽으로 흘러가지만 그들은 모두 바다에서 나온 것으로 바다로 흘러가 이윽고 바다 자체가 되는 것이다. 바다에서는 더 이상 나는 이 강이었다, 나는 저 강이었다고 의식하지 않듯이, 사랑하는 아들아, 이 세상 모든 것은 단일한 존재로부터 비롯되었음에도 그것을 알지 못하는구나. 이 세상에 존재하는 어떤 것이든, 호랑이든 사자든 늑대든 돼지든 지렁이든 파리든 모기든 그것들은 모두 궁극적으로 단일한 존재이다. 그것은 아주 미세한 본질로서 세상의 모든 것은 그것을 자아로 삼고 있다.

그것이 바로 진실이며 그것이 바로 자아이다. 네가 바로 그것이란다.

侍 **나(亻, 인)는 절(寺, 사)에서 부처를**

모실 시, 모시는 사람 시, 가까울 시, 좇을 시.

사마희가 세 번 중산 재상을 연임하자 임금을 가까이서 모시는(侍) 음간이 몹시 미워하였다. 이때 전간이 사마희에게 조언하였다.

"조는 사자를 보내 중산 사정을 속속들이 캐내고 있습니다. 그러니 음간이 미녀라는 것을 모를 리 없습니다. 조는 반드시 음간을 보내라고 요구할 것입니다. 중산 임금이 이를 허락하면 그대를 미워하는 자가 없어질 것이지만 나라가 망신을 당할 것이고, 만약 왕이 허락하지 않는다면 조가 쳐들어오는 환란이 생길 것입니다. 공은 즉시 왕에게 권하여 음간을 왕비로 삼으라고 하십시오. 그러면 음간은 당신 은혜를 입어 다시는 당신을 미워하지 않을 것입니다."

과연 얼마 후 조에서 사자를 보내와 음간을 요구했다. 중산왕은 거절했다.

사마희는 곧 왕에게 권고했다.

"임금께서 음간을 조에 보내지 않으면 조가 화를 낼 것입니다. 그렇게 되면 우리 중산은 위험해 집니다. 그러니 즉시 음간을 정비로 삼으십시오. 그러면 남의 정비를 달라고 해서 안 준다고 원망을 듣지는 않을 것입니다."

임금은 음간을 정비로 삼았다.

이로써 전간은 사마희와 음간을 동시에 구했고 강대국 조나라의 거북한 요구도 무사히 뿌리칠 수 있었다.

巾 수건 모양

수건 건, 헝겊, 머리건 건, 덮을 건.

수건을 띠에 매는 것을 시市라 한다.

帷 수건(巾, 건)으로 새(隹, 추)를 가린 모양

휘장 유, 장막 유.

요의 스승은 허유이고 허유의 스승은 설결이고, 설결의 스승이 왕예이고, 왕예의 스승이 피의이다. 어느 날 요가 허유 뒤를 조심스럽게 따르며 물었다.

"설결은 천자가 될 만합니까? 저는 왕예에게 부탁하여 그를 맞이하고 싶습니다."

허유가 대답했다.

"위험하지. 그는 천하를 위태롭게 할 걸세. 설결 사람됨이 귀와 눈의 작용이 밝고 지혜가 뛰어나며 재빠르기 그지없고, 소질이 남보다 앞서 있으며 인지로 하늘의 자연을 받아들이려 하지. 그는 잘못을 금지하는 것은 잘 알고 있지만, 그 잘못이 어째서 생기는지는 모르거든. 그가 천자가 된다면 섣불리 인지를 믿고 하늘의 스스로 그러함을 무시할 걸세. 그래서 제 몸을 근본삼아 외계를 있는 그대로 보지 못하고 마치 장막(帷)을 통하여 보는 것처럼 주관적인 형체만으로 차별하게 되고, 작은 지혜를 존중하여 여기저기로 치달릴 걸세. 갖가지 일에 쫓기게 되고 사물에 구속당하겠지. 그리고 주위를 돌아보아 결국 군중의 편의를 따르겠지. 그래서 사물에 따라 변하면서도 변함없는 꿋꿋한 입장을 갖지 못하게 된다네. 그런데 대체 그가 어떻게 하늘과 나란히 있어야할 천자가 될 수 있겠는가?"

房 **모가 진**(方, 방) **방**(戶, 호)

방 방, 살 집 방.

장자 아내가 죽어서 혜시가 문상을 갔다. 장자는 방房 안에 두 다리를 뻗고 앉아서 질그릇을 두드리며 노래를 부르고 있었다.

"아내와 자식을 키우면서 함께 늙은 처지에 이제 아내가 죽었는데 곡조차 하지 않는다면 그것만으로도 무정하다 하겠는데 질그릇을 두드리며 노래까지 하고 있으니 이거 너무 심하지 않은가?"

장자는 태연하게 대답했다.

"그렇지는 않소. 아내가 죽은 당시에는 나라고 어찌 슬퍼하는 마음이 없었겠소. 그러나 슬픈 마음을 가라앉히고 조용히 아내가 태어나기 전 근원을 살펴보면 본래 삶이란 없었던 거요. 삶이 없었을 뿐만 아니라 본래 형체도 없었소. 비단 형체가 없었을 뿐만 아니라 본시 기운도 없었소. 그저 흐릿하고 어두운 속에 섞여 있다가 흘러서 기운이 생기고 기운이 변해서 형체가 생기며 형체가 변해서 삶을 갖추게 된 것이요. 이제 다시 변화를 맞아 돌아가는 것은 춘하추동이 서로 사철을 되풀이하여 운행함과 같소. 아내는 지금 천지라는 커다란 방에 저쑵고 편안히 누워 있소. 그런데 내가 소리를 지르며 울고불고 한다면 나는 도를 모르는 사람이 되고 마는 것이오."

105 紈扇圓潔, 銀燭煒煌

환 선 원 결 은 촉 위 황

흰 비단으로 만든 부채는 둥글고도 깨끗하고 밝은 등불이 환하게 빛난다.

紈扇 : 흰 깁 부채는

員潔 : 둥글고 깨끗한데

銀燭 : 밝은 등불이

煒煌 : 환하게 빛난다.

『원가행』 '新裂齊紈 素皎潔如霜雪 裁成合歡扇 團團似明月' – 새로 제의 흰 깁을 찢으니 밝고 깨끗함이 마치 서리와 눈과 같네. 재단하여 합환 부채를 만드니 밝은 달과 흡사하구나.

「한유」 '銀燭未消窓送曙' – 밝은 등불이 채 꺼지지 않았는데 어느덧 창밖으로 새벽이 왔구나.

「한유」 '章句何煒煌' – 장구가 어찌 환하게 빛나는가?

『습유기』 '百鑄其色變白有光如銀 卽銀燭也' – 백번을 주조하면 그 색이 희게 변하여 마치 은과 같다. 그것이 바로 은촉이다.

『촉부』 '然燭閑房揚丹輝之揮耀熾朱談之煌煌俾幽夜而作晝' – 한가한 방에 촛불을 켜고 붉은 빛이 드날려 밝게 빛나니 불꽃은 붉게 타올라 더욱 밝아 어두운 밤이 낮과도 같구나.

紈 **둥글게**(丸, 환) **짠 실**(糸, 사)

흰 깁 환.

간肝은 눈을 주관하고 정신작용으로는 노여움이 해당된다. 그러므로 지나친 노여움은 간을 상하게 한다.

심장心腸은 혀를 주관하고 정신작용으로는 기쁨에 해당된다. 그러므로 지나친 기쁨은 심장을 상하게 한다.

지라는 입을 주관하고 정신작용으로는 사유가 해당된다. 그러므로 지나친 사유는 지라를 상하게 한다.

폐肺는 코를 주관하고 정신작용으로는 걱정이 해당된다. 그러므로 지나친 걱정은 폐를 상하게 한다.

신장腎臟은 귀를 주관하고 정신작용으로는 두려움이 해당된다. 그러므로 지나친 두려움은 신장을 상하게 한다.

몸과 정신은 흰 비단 깁(紈)의 날실과 올실 같다.

扇 **집**(戸, 호)**에서 깃털**(羽, 우)**로 만든**

부채 선, 부채질 할 선, 부칠 선.

진주로 이사와 처음에는 문산 골짜기 조립식組立式 주택에서 살았다. 골짜기가 깊어 마을에 집은 모두 합쳐 열 가구 남짓하였다. 그 조그만 마을에 야생 고양이들은 많았다. 나는 그중 가장 약하고 어린 고양이 남매에게 정을 붙였다(扇). 먹을 것이 있으면 꼭 그들을 불러서 챙겨 주었다. 거의 우리가 기르다시피 했다.

마을 야생 고양이 대장은 그것을 질투하여 어느 날 오빠를 물어 죽였다. 혼자 남은 동생은 대장이 무서워 우리 집 근처에 얼씬도 하지 못했다. 그러나 나는 가끔 동생을 불러 음식을 챙겨 주었다. 닭을 먹거나 족발을 먹고 남은 뼈를 동생은 좋아하였다. 동생이 음식을 먹을 때 고양이 대장은 내가 무서워 집 주위를 어슬렁거리기만 했다.

그렇게 한 일 년이 지났다.

어느 날 밤늦게 집에 들어가는데 마을 어귀에서 동생이 나를 기다리고 있었다. 그리고 앞장서서 나를 집까지 인도해 주고는 어디론가 가버렸다. 그 이후로는 언제나 내가 집에 들어갈 때 입구에서 나를 맞아 주었다. 야생 고양이도 정을 주면 서로가 이렇게 매우 친해질 수 있었다. 신선들이 호랑이를 타고 다닌다는 것이 결코 허황하기만 한 말이 아니라고 생각했다.

생명은 사랑을 먹고 산다.

사람을(員, 원)**을 둥글게 에워싼**(囗, 위) **모양**

둥글 원, 원만할 원, 둥근꼴 원, 둘레 원, 뚜렷할 원.

춘삼월春三月 진달래가 아름답게 피면 남도 산촌에는 시집 못가고 죽은 처녀 무덤을 총각이, 장가 못 들고 죽은 총각 무덤을 처녀가 찾아가 무덤에 진달래꽃을 꺾어 둥글게(圓) 꽃 무덤을 만들어 주었다. 만약 이렇게 무덤을 진달래꽃으로 장식하지 않으면 춘정을 풀지 못하고 죽은 총각 처녀 귀신들이 그들에게 붙어 해코지를 한다고 믿었기 때문이다.

남도에는 앳된 처녀를 연달래, 숙성한 처녀를 진달래, 그리고 나이가 든 여인을 난달래라 하는데 그 나이 무렵의 젖꼭지 빛깔을 꽃 빛깔에 비긴 것이니 남도다운 야릇한 표현이라 하겠다.

진달래꽃을 따 술을 담가 옥잔에 따라 마시면 고대의 주술이 눈앞에 아롱진다.

潔 **물**(氵, 수)**을 끌어들여서**(絜, 혈)

깨끗할 결, 맑을 결, 정결할 결, 조촐할 결.

양자가 송宋나라에 가서 여인숙旅人宿에 머물렀다. 여인숙 주인은 첩이 둘이었는데 한 명은 미인이고 한 명은 추녀였다. 그런데 그 못생긴 첩이 귀여움을 받고 오히려 미인은 미움을 받고 있었다. 양자가 그 까닭을 물어보았다. 여인숙 주인이 말했다.

"저 미인은 명주로 만든 옷만 입고 대놓고 아름다움을 자랑하므로 저는 오히려 아름답다고 여겨지지 않습니다. 그러나 못생긴 여자는 스스로 추하다는 것을 알아 항상 몸을 깨끗하게(潔) 다듬고 수줍어서 못생겼다고 생각되지 않습니다."

이 말을 듣고 양자가 말했다.

"어진 행동을 하면서도 스스로 어질다는 태도를 없애면 어디로 간들 사람들로부터 사랑받지 않겠는가?"

銀 **쇠**(金, 금)**를 좀 한정하니**(艮, 간)

은 은, 돈 은.

원헌이 노魯나라에서 살 때 흙담으로 둘러싸인 방에, 지붕의 이엉에는 풀이 자라고, 쑥으로 짠 문에 창틀은 깨진 옹기조각으로 이어놓았고, 문틀은 뽕나무를 뒤틀어 만들어 위는 새고 아래는 눅눅하였다. 그러나 그는 항상 바르게 앉아 거문고를 타며 노래를 불렀다.

자공이 조조해서 살찐 말을 타고, 가벼운 털옷에 속에는 감색, 겉에는 흰옷을 입고, 어지간한 골목에는 들어가지도 못할 큰 수레에 은銀을 가득 담은 궤를 싣고 원헌을 찾아갔다. 원헌은 뽕잎으로 만든 관에 명아주대로 만든 지팡이를 짚고 문 앞에 나와 자공을 맞았다. 원헌은 관을 바로 쓰면 갓끈이 끊어지고, 옷깃을 여미면 팔꿈치가 드러나고, 신을 바로 신으면 신 뒤축이 찢어질 지경이었다.

자공이 이것을 보고

"선생께서는 무슨 병이라도 있습니까?" 하고 물었다.

그러자 원헌은 하늘을 쳐다보며 말했다.

"제가 듣기로 아무 재물이 없는 것을 가난이라 하고 배우고도 실천하지 못하는 것을 병이라 한다고 합디다. 저는 그저 가난할 뿐 병이 들지는 않았습니다. 세속에 영합하여 작당을 하고, 이익이 있는 자만 골라 사귀고, 남에게 자랑하기 위해 학문을 하고, 자기가 돋보이기 위해 남을 가르치며, 인의를 사악하게 쓰고 수레나 말에 치장이나 일삼는 일, 저는 이런 일을 차마 할 수가 없습니다."

이 말에 자공은 걸음을 머뭇거리며 얼굴에 부끄러운 기색을 감추지 못하다가 제대로 인사도 하지 못하고 도망가 버렸다.

燭 **큰 닭(蜀, 촉)이 불(火, 화)에 비친 모양**

비칠 촉, 촛불 촉, 밝을 촉.

석가가 기원정사祇園精舍에서 생일을 맞았다. 그는 밝은(燭) 얼굴로 중생 앞에서 설법했다.

"어느 도성에 네 명의 아내를 가진 사내가 있었다. 첫째 아내는 곁에 두고 먹고 입고 싶어 하는 것을 다 거두어 주었다. 둘째 아내는 남과 싸워 데려왔기에 항상 남이 넘보지 못하게 아꼈다. 셋째 아내는 보면 그저 그렇고 그러나 안 보면 보고 싶은 사이다. 넷째 아내는 하녀나 다름없이 남편에게 순종하고 일만 하고도 좋은 말 한마디 못 듣든 하찮은 존재였다. 어느 날 사내는 도성을 떠나 멀리 여행을 하게 되었다. 첫째 아내에게 같이 가자고 하였으나 막무가내로 거절하였다. 둘째 아내는 당신이 제일 사랑하는 여자도 안 가겠다는데 자기가 왜 가야하냐고 거절했다. 셋째 아내는 성 밖까지만 배웅하겠다고 하였다. 넷째 아내는 괴롭건 즐겁건 죽건 살건 이 세상 어디까지라도 따라가겠다고 하였다. 사내는 주니가 났으나 넷째 아내와 같이 도성을 떠났다.

여기에서 도성은 이승이고 먼 나라는 저승이다. 첫째 아내는 이승에 살았을 때 지녔던 몸이고 둘째 아내는 재산이다. 셋째 아내는 친척과 친구이다. 넷째 아내는 바로 마음이다. 살았을 때 괄시하고 괴롭히고 찢고 발기고 하였으나 결국 저승까지 같이 하는 것은 마음뿐인 것이다."

煒 불(火, 화)이 가죽(韋, 위)에 비치니

환할 위, 벌그레할 위.

후한後漢 양기가 대장군이 되자 그의 아내 손수는 양성군에 봉해졌다. 후비들이 사용하는 붉은 도장이 찍힌 끈을 하사받고 공주와 대등한 대접을 받게 되었다.

손수는 대단한 미인으로 요염한 자태를 잘 이었다. 가늘고 우수에 젖은 눈썹, 곧 눈물을 흘릴 것만 같은 눈자위, 총명하게 빛나는(煒) 눈동자, 한쪽으로 묶어 늘어뜨린 긴 머리, 허리를 꺾는 나긋나긋한 걸음새, 치통이 있는 듯 찡그린 웃음, 이런 모양으로 사람들을 매혹시켰다.

그러나 질투심嫉妬心이 강하여 집안에서 마음대로 양기를 주물렀다. 양기가 전쟁에서 패하자 자살했다.

煌 황제(皇, 황)가 불(火, 화) 앞에 서니

빛날 황, 밝을 황, 성할 황.

임제가 한우를 만났다.

임제가 먼저 읊었다.

북창이 맑다커늘 우장 없이 길을 나니
산에는 눈이 오고, 들에는 찬비로다.
오늘은 찬비 맞았으니 얼어 잘까 하노라.

한우가 하가마를 쓰더니 일어났다.

어이 얼어 자리 무슨 일 얼어 자리.
원앙침 비취금 어디 두고 얼어 자리.
오늘은 찬비 맞았으니 녹아 잘까 하노라.

촛불이 밝게 빛나던(煌) 밤이었다.

106 晝眠夕寐, 藍筍象床
주 면 석 매 　 람 순 상 상

낮에는 낮잠을 자고 저녁에는 침대에서 편이 자니
푸른 대와 상아로 만든 침상이로구나.

晝眠 : 낮잠을 자고

夕寐 : 저녁에 침상에 눕는다.

藍筍 : 푸른 대와

象床 : 상아로 만든 침상에

『전국책』 '孟嘗君出行國 至楚獻象床' – 맹상군이 나라를 떠나 다닐 때 초나라에 이르러 상아로 만든 침상을 바쳤다.

晝 붓(⺻, 율)으로 아침(旦, 단)을 그리니

낮 주, 대낮 주.

예전 아이들은 밥만 먹으면 밖으로 나가 낮(晝) 내내 또래들과 어울려 놀았다.

참외서리와 닭서리를 하고 훈장과 무당의 신발을 바꾸어 놓기도 하고 중국집 간판을 파출소派出所 간판과 바꾸어 놓기도 했다.

친구를 오물을 채운 구덩이를 만들어 빠뜨리거나 숲속에 유인하여 옻나무 껍질로 목댕기를 매어 주거나 외딴 상엿집으로 데리고 가 밖에서 문을 잠근다거나 하는 짓궂은 장난도 하였다.

혼이 난 아이는 집에 돌아가 울면서 어머니에게 이 일을 일러바친다. 화가 난 어머니는 아이 손을 잡고 못된 짓을 한 어린이 집을 돌며 이 일을 알린다. 그러면 가해 어린이의 어머니는 피해 정도에 따라 곡식을 몇 됫박씩 주면서 사죄한다. 이를 '말미쌀'이라 하고 점잖게는 '농곡'이라 했다.

그러나 굶어 얼굴에 부황이 든 친구를 위해 각자 집에서 쌀을 한 종구락씩 가져온다든지, 의리를 배신한 아이를 나무에 묶어 놓는 등 좋은 일도 같이 하였음은 물론이다.

眠 백성(民, 민)이 눈(目, 목)을 감으면

잘 면, 졸 면, 우거질 면, 지각없을 면, 어지러울 면.

예전에 아직 하늘과 땅이 나누어지지 않았던 때, 세상은 거대한 알과 같은 검은 덩어리였다. 그 알속에서 나온 사람이 바로 반고였다. 그는 알속에서 만 팔천 년을 자다가(眠) 잠에서 깨어났다.

세상에는 아무도 없었고 온통 어두운 혼돈뿐이었다. 그는 갑갑하고 외로웠다. 심심해서 큰 도끼를 한 번 휘두르자 그만 혼돈이 깨어지고 말았다. 혼돈 속에 있던 무거운 기운은 가라앉아 땅이 되고, 가벼운 기운은 위로 올라가 하늘이 되었다. 하늘과 땅이 다시 하나가 될까 염려한 반고는 머리로는 하늘을 받치고 다리로 땅을 눌렀다. 시간이 흐르면서 하늘은 하루에 한 길씩 높아지고 땅은 하루에 한 길씩 낮아졌다. 그래서 반고는 하루에 두 길씩 키가 컸다.

이렇게 다시 만 팔천 년이 흘러갔다. 하늘과 땅 사이가 어느 덧 구만 리로 벌어졌다. 반고는 이윽고 안심하고 대지에 누워 휴식을 취하다 그대로 죽었다.

반고가 내쉰 숨결은 바람과 구름이 되었고, 소리는 천둥이 되었고, 눈빛은 번개가 되었고, 눈물은 강이 되었다. 왼 눈은 해가 되었고, 오른 눈은 달이 되었다. 몸은 산과 땅이 되었고, 피부와 털은 풀과 나무가 되었다. 피는 강물이 되었고, 핏줄은 길이 되었고, 살은 논과 밭이 되었고, 머리카락과 수염은 벼와 보리가 되었다. 이빨과

뼈는 돌과 커다란 바위가 되었다.

그의 몸에서 생긴 구더기가 바람을 맞고 인간이 되었다. 인간은 모여 세상이 완성된 것을 즐겼다.

夕 구름에 가려진 달 모양

저녁 석, 저물 석, 밤 석, 제할 석, 서녘 석.

위魏 문후 때 서문표는 업현 수령이 되었다. 부임한 지 얼마 되지 않은 어느 날 저녁(夕) 한 백성이 찾아왔다.

"이번에 하백에게 제 딸을 시집보내게 되었습니다. 무당이 하백에게 처녀를 시집보내지 않으면 하백이 강물을 시내로 옮겨 백성들을 모두 익사시킨다고 하니 자식을 바치지 않을 수도 없습니다."

서문표가 말했다.

"시집보낼 때가 되면 나에게 말해 주시오."

그때가 되어 서문표는 강가로 나갔다. 마을 장로들과 아전들이 모두 모여 있었다. 무당은 나이 든 여자로 제자 열 명을 데리고 왔다. 그녀들은 모두 비단으로 만든 예복을 입고 무당의 뒤에 섰다. 서문표는 하백에게 시집갈 처녀를 불러 그녀를 살펴본 뒤 말했다.

"이 여자는 예쁘지 않다. 무당은 수고스럽겠지만 강에 들어가 하백에게 알리고 승낙 여부를 알아오도록 하라."

하고는 병사에게 명령하여 무당을 붙잡아 강 가운데 넣어 버렸다. 잠시 후 다시 말했다.

"왜 이리 시간이 오래 걸리는 것인가? 제자들은 보내서 재촉하게 하라."

무당 뒤에 섰던 열 명의 제자들도 모두 강물에 집어넣었다. 잠시 후 다시 말했다.

"무당들은 여자이기 때문에 하백에게 사정을 일일이 말할 수 없을 것이다. 장로

들께서 수고들 해 주시기 바랍니다."

하고는 세 명의 장로마저 강물 속으로 던지고 말았다. 서문표는 붓을 관에 꽂고 허리를 구부려 조심스럽게 물을 향하여 말했다.

"세 장로 역시 돌아오지 않는구나. 그렇다면 아전과 마을 유지들도 넣어서 재촉해야겠다."

이 말이 끝나자마자 자리에 서있던 아전과 마을 유지들이 머리를 땅에 내동댕이치고 용서를 구했다. 서문표가 말했다.

"하백이 손님을 잡아 두는 것은 오래 전부터 있던 일이다. 나에게 연락이 올 것이니 너희들은 모두 돌아가도록 하라."

서문표는 그 후에 백성들을 동원해 12개의 수로를 파 강물을 끌어들여 밭을 개간하여 백성들이 모두 물의 혜택을 보게 하였다.

寐 사당(宀, 면)에서 널(爿, 장)을 깔고 내일을 위하여(未, 미)

잠잘 매, 쉴 매.

예전에 백성들이 매우 두려워했던 것이 호랑이와 귀신이었다. 그래서 밤에 잠잘(寐) 때는 꼭 문고리를 확인 하였고 낮에 마실다닐 때는 마늘과 부적을 항상 품안에 넣고 다녔다.

개화기에 순검을 채용할 때 면접을 통하여 호랑이와 귀신 둘 다 무서워하지 않는다는 대답을 받았다. 호환이 일어나면 호랑이를 잡으러 다녀야하는 지금의 기동경찰에 해당하는 포호순검은 마늘을 저고리와 바지에 달고 다녔다. 호랑이가 마늘 냄새를 싫어한다고 믿었기 때문이다.

순검들이 더 꺼리던 일은 무당 당집에 붙어 있는 귀신 그림을 떼어오라는 지시였다. 미신타파를 슬로건으로 했던 당시, 순검들의 지식이 귀신 그림을 단순한 그림으로 이해하기에는 아직 미숙했기에 지시를 받고 할 수 없이 당집에 그림을 떼러 갈 때는 부적을 이마와 가슴에 붙이고 갔다. 그 후 그 순검의 집에 불행한 일이 생기면 그 당 귀신이 붙었다고 사람들 사이에 소문이 돌곤 해서 순검들은 자주 지다위를 했다. 이런 보고를 받은 경무사 김재풍은 귀신을 두려워하는 순검들이 적발되는 대로 목을 잘랐다.

藍 **풀**(艹, 초)**을 잘 살피면**(監, 감)

쪽 람, 옷 헤질 람, 걸레 람, 절 람.

통도사는 석가여래釋迦如來의 정골 사리를 모시기에 불보이고, 해인사는 팔만대장경八萬大藏經 경판을 모시기에 법보이며, 송광사는 열여섯 국사를 이어 배출하여 승보라 불린다. 이 세 절(藍)을 '삼보지종가'라 한다.

송松 자를 풀어보면 십팔공十八公이 된다. 이는 송광사에서 18명의 국사가 나온다는 예언이다. 이제까지 16명이 나왔으니 나머지 2명은 언제 나올지 기대 된다.

송광사에는 공양드리는 그릇이 아홉 개가 있었는데 겹친 그릇 속 그릇에 겉 그릇을 겹쳐도 겹쳐지는 기적의 그릇이다. 보조국사 지눌이 중국에 초대되어 천자의 병을 낫게 해달라고 기도할 때 쓴 그릇이라 한다. 숙종이 이 그릇을 보고는 눈으로는 보이는데 겹치는 이치를 알 수가 없다 하여 '능견난사'라는 이름을 그릇에 지어 주었다.

포향수라는 나무도 있다. 금나라 태자가 지눌의 제자로 와 수도했는데 사제가 나란히 꽂아 놓은 향나무 지팡이가 자라 서로 끌어안고 휘어 감는 모양을 이루어 새도 이 나무에는 앉지 않고 바람도 이 나무 앞에 오면 멎어 버린단다.

나는 아내와 함께 어느 날 송광사를 찾았는데 유나 직함을 가진 스님 한 분은 사람을 피해 도망 다니기에 여념이 없었다.

筍 대나무 죽순 모양

죽순 순, 대 싹 순.

순荀은 용 모양의 신이다. 운雲도 그렇다.

❀ 破竹之勢(파죽지세)

위魏를 공략한 진晉은 다시 남쪽으로 향해 오吳를 거의 섬멸할 단계에 이르렀다. 진 장군 두예는 부장들을 모아 놓고 마지막 작전회의를 열었다. 부장들은 머지않아 장강의 물이 불어나 도하가 불가능하므로 일단 공격을 늦추어 내년에 다시 도강하자는 의견을 내놓았다. 이에 두예가 말했다.

"지금 우리 병사는 매우 사기가 높소. 마치 대쪽을 쪼개듯 두세 마디만 쪼개면 별로 힘들이지 않고 끝까지 쉽게 쪼갤 수 있는 것과 같이 지금 단숨에 강을 건너 추격하면 힘들이지 않고 적을 섬멸할 수 있을 것이오(豫曰 今兵滅已振 譬如破竹 數節之後 皆迎刃而解)."

象 코끼리 모양

코끼리 상, 상아 상, 법 받을 상, 빛날 상, 형상할 상, 역관 상, 망상어 상.

❀ 盲人摸象(맹인모상)

『열반경』에 있는 이야기이다. 인도의 어떤 왕이 장님들에게 코끼리를 만지게 해서 그 모양을 물어보았다. 장님들은 각각 자기가 만진 부위를 가지고 코끼리라 상상했다. 이는 장님들만의 문제는 아닐 것이다. 정상적인 우리들도 각각 자토를 가지고 있으므로 우리 역시 자토의 한계 내에서 세계를 이해할 수밖에 없다. 세계를 있는 그대로 인식하는 점에서 사실은 장님이나 우리나 오십보백보五十步百步이다.

床 집(广, 엄) 안에 나무(木, 목)로 짠

평상 상, 우물 난간 상, 마루 상, 걸상 상.

선사시대인이나 고대인의 두개골頭蓋骨은 지금 사람보다 컸던 듯하다. 구석기舊石器시대는 인간의 두개골을 잘라 용기로 썼다. 멕시코, 페루, 이탈리아, 스페인, 프랑스 등지에서 발굴되는 두개골은 2000CC 이상 되는 것이 많다.

당 왕유의 시에 북방 흉노족이 침입하면 왕의 두개골로 술잔을 만들어 술을 부어 마셨다 하는데 장수 세 사람이 한 잔 술로 취했다 하니 크기가 짐작이 간다.

히말라야 지방에는 지금도 고승의 두개골로 발우를 만들어 제사 그릇으로 사용하는데 옛날 것일수록 지름이 크고 클수록 영험이 크다고 믿는다.

머리의 앞뒤 길이가 길고 짧음에 따라 장두·중두·단두로 나뉘는데 아기 머리 앞과 뒤에 널빤지를 대어 조여 장두를 단두로 만드는 문화가 고대 이집트나 아메리칸 인디언 그리고 프랑스 일부에 있었다.

삼한시대 아이를 낳으면 돌로 머리를 눌러 머리 모양을 평상(床)처럼 편평하게 하였는데 그것을 편평두라 불렀다.

107 絃歌酒讌, 接杯擧觴
현 가 주 연 접 배 거 상

현가를 부르는 술을 마시는 잔치에서
술잔을 받고 다시 술잔을 들어 권한다.

絃歌 : 거문고 따위와 어울려 부르는 노래를 부르고

酒讌 : 술을 마시는 잔치에서

接杯 : 술잔을 부딪치며

擧觴 : 술을 비운다.

『논어』 '子之武城聞絃歌之聲' – 공자가 무성에 있을 때 현가 소리를 들었다.
「유우석」 '自家惟有杯觴興' – 집에 오직 술잔이 있으므로 흥이 난다.

絃

실(糸, 사)로 소리를 내는(玄, 현)

거문고 현, 줄 풍류 현.

공자가 초나라에 갔을 때 광접여는 공자가 머문 집 앞에서 지룹뜬 채 거문고(絃)를 타며 노래했다.

"봉새여! 봉새여! 어찌하다 왕따가 되고 말았나. 앞날은 기대할 수 없고 지난날은 좇을 수가 없구나. 천하에 올바른 도가 있으면 성인은 그것을 이루지만, 올바른 도가 없으면 오직 몸을 숨기고 살아갈 뿐이다. 지금 이 세상은 형벌을 면하기에 바빠서 행복은 깃털보다 가볍고 재앙은 대지보다 무겁다. 그만두게 그만둬. 도덕으로 사람을 대하는 짓은 위태하네. 땅에 금을 긋고 그 속에서 사는 경박한 사람들에게 자네가 하는 짓은 위태해. 가시나무여! 가시여! 내 가는 길 막지마라. 산에 나무는 사람에게 쓸모 있어 스스로 자기를 베게 만들고 방안에 등불은 스스로 제 몸을 태우는구나. 계수나무는 계피를 먹을 수 있어 베어지고 옻나무는 옻칠에 쓸모가 있어 쪼개진다. 사람들은 모두 쓸모 있는 것의 쓸모는 알아도 쓸모없는 것의 쓸모는 모르고 있구나."

歌 **하품(欠, 흠)하듯 해도 된다(可, 가)**

노래 가, 읊조릴 가, 장단 맞출 가.

가可는 축고에 나뭇가지를 더하여 신을 나무라는 모양이다. 이것으로 신의 허가를 구하는 것이다.

가可는 때때로 가哥로도 쓴다. 가哥는 가可의 복수형으로 여러 무당들이 하는 기도이다. 그 기도 소리는 일상적인 말과 다소 다른 음조와 억양을 지니며 때로는 운율도 있었다.

흠欠은 입을 벌리고 노래하는 모양이다.

가歌는 노래하는 모양이고 가訶는 가사를 가리킨다.

요컨대 가可 계열 문자는 모두 소리와 뜻이 가까운데 신을 책망하여 원하는 바를 허락하게 하려는 뜻이 있다.

가歌에는 저주 의미도 있었다. 노래는 원래 주술적인 것이었기 때문이다. 가요에 의한 저주를 막기 위해서는 유감주술의 원칙에 의하여 마찬가지로 가요 형식에 의한 방법을 취한다. 이는 재앙을 피하기 위하여 보조적인 영을 칭송하여 그 신령스러운 힘을 발휘시키는 것으로 구謳라고 한다.

조정래의『태백산맥』을 보면 빨치산과 국군이 서로 어느 골짜기에서 대치하여 노래를 겨루는 대목이 있는데 작가는 아마 이러한 것을 염두에 두고 그 글을 썼지 싶다.

가요는 사람들이 즐기기 위한 가무로서 비롯된 것이 아니다. 제사나 수렵, 그 밖의 씨족의 중요한 의례에서 행한 가무는 원래 모두 신령에게 작용하여 신령과 하나가 되기 위한 것이었다. 따라서 그 음조와 리듬은 목적에 맞는 형식을 취했다.

요즘 젊은 가수들이 들으면 무슨 소리냐고 버럭 화를 낼지도 모른다.

酒 물(氵, 수)이 나아가서(酉, 유) 술이 된다

술 주, 냉수 주.

공인의 윤리를 다룬 것에 '심요십조'가 있다.

관물을 개인이 사사로이 쓰지 않는다.

녹을 먹는 동안은 백성이 하는 영업은 하지 않는다. 영조 때 서리 김수팽이 역시 서리 일을 하는 아우 집에 갔더니 제수가 염색 영업을 하는지라 남즙 항아리를 모두 엎어 버렸다.

벼슬하는 동안은 논밭을 사지 않는다.

벼슬하는 동안 집 칸수를 늘리지 않는다. 어쩔 수 없이 집을 팔아도 산값에서 더 얹어 팔지 않는다.

벼슬하는 동안 고을의 특산물을 입에 대지 않는다. 조오가 합천 군수로 있을 때 고을 명물인 은어를 맛보지 않았고, 기건이 제주 목사로 있을 때 술(酒)자리에서 안주로 나온 전복을 입에 대지 않았다.

벼슬하는 동안 상전 집 문턱을 넘지 않는다. 이순신이 말직에 있을 때 이조판서 이이가 불러 만나려 했으나 끝내 찾아 가지 않았다.

아내의 청탁을 듣지 않는다.

상전이 요구한 완물을 거절한다. 역시 이순신이 발포만호로 있을 때 수사가 거문고 재료로 객사 뜰에 있는 오동나무를 베어 오라 하였으나 거절한다.

벼슬하는 동안 큰 고을은 일곱 가지 반찬, 작은 고을은 다섯 가지 반찬 이상을 상에 올리지 않는다. 이상 열 가지이다.

讌 말(言, 언)도 많고 제비(燕, 연) 같은 여자도 많은 자리

잔치 연, 모여 말할 연.

한漢 성제 때 첩여 반 씨는 황실 근위대장 월기교위 반황의 딸이었다. 하루는 성제가 뒤뜰에서 놀면서 수레에 같이 타라고 했으나 그녀는 한사코 거절했다.

"오래된 그림을 보면 현명하고 성덕을 갖춘 황제는 모두 늘 곁에 명신이 있었습니다. 하·은·주 삼대가 각각 멸망할 때 이르면 왕의 곁에는 늘 총애하는 여자가 있었습니다. 이제 제가 수레에 타면 그 그림과 비슷한 모습이 되지 않겠습니까?"

성제는 그 말을 가상히 여겼다. 태후가 그 말을 전해 듣고 기뻐서 잔치(讌)를 열어 반 씨를 불러놓고 말했다.

"옛날 춘추시대에는 현명한 번희가 있었고 오늘에는 첩여 반 씨가 있구나."

接 첩(妾, 첩)을 손(扌, 수)으로 어루만지는 모양

사귈 접, 합할 접, 모을 접, 받을 접, 가질 접, 이을 접, 연할 접, 가까울 접.

관연이 제왕에게 죄를 지어 추방당하게 되었다. 그는 그의 집에 머물던 식객들을 모아놓고(接) 말했다.

"그대들 중에 누가 나와 같이 다른 제후에게 투항해 가겠소?"

식객들은 모두 아무 말이 없었다. 관연은 눈물을 흘리며 말했다.

"슬프다. 선비는 얻기는 쉬우나 쓰기는 어렵구나!"

그러자 전수가 관연을 나무랐다.

"당신 집에 머문 선비들은 하루 세 끼를 못 먹어 쇠약해 가는 데 그대의 오리는 먹이가 남아돌았고, 선비들은 떨어진 옷조차 기워 입는데 그대의 첩들은 비단에 둘러싸여 치맛자락을 땅에 끌고 다녔습니다. 재물은 그대가 가벼이 여기는 바이고 죽음은 선비들이 중요히 여기는 바입니다. 그대가 가벼이 여기는 재물을 선비들에게 베풀었다면 선비들은 중요히 여기는 목숨으로 당신을 섬겼을 것입니다. 지금 그대가 탄식하는 선비는 얻기는 쉬우나 쓰기는 어렵다는 말과는 다릅니다."

杯 **술잔이 되면 이미 나무**(木, 목)**가 아니올시다**(不, 불)

잔 배, 국 바리 배.

어떤 사람이 정나라 재상에게 아첨하려 물고기를 선물했다. 눈치 빠른 재상은 이것을 받지 않았다. 다른 사람이 물었다.

"그대는 술잔(杯)을 기울일 때 꼭 물고기를 안주로 즐기면서 왜 받지 않는 것입니까?"

재상이 말했다.

"나는 물고기 안주를 매우 좋아하기 때문에 받지 않은 것입니다. 만일 그 물고기를 받았다가 봉록을 잃는다면 내가 좋아하는 물고기를 먹을 수 없지만, 물고기를 받지 않고 봉록을 받는다면 평생 물고기를 맛있는 안주로 먹을 수 있습니다."

擧 **손**(手, 수)**을 더불어**(與, 여)

들 거, 받들 거, 움직일 거, 일컬을 거, 뺄 거, 모두 거, 행할 거, 말할 거, 합할 거, 일으킬 거, 날을 거.

❀ **擧案齊眉**(거안제미)

양홍은 부풍 평릉현 사람이다. 같은 현 맹 씨가 딸을 두었는데(設) 매우 못생긴 데다가 피부색까지 검었으나 맷돌을 한 손으로 들어 올릴 정도로 힘이 셌다.

맹 씨의 딸은 배우자를 고르다 나이 서른이 다 되었다. 부모가 시집을 안 가는 이유를 묻자 말했다.

"양홍처럼 훌륭한 분에게 가고 싶습니다."

양홍은 그 말을 전해 듣고 그녀를 아내로 맞았다. 그러나 칠 일이 지나도 양홍이 그녀를 상대하지 않자 그녀는 양홍에게 자신의 잘못이 무엇인지를 물었다.

양홍이 말했다.

"나는 허름한 옷을 입고 산에 깊이 들어가 은거해 살 사람을 바라고 있었네. 그런데 자네는 아름다운 옷을 입고 화장을 하고 눈썹을 그리고 있으니 내가 바라던 사람이 아닌 것 같네."

그러자 그녀는 말했다.

"소첩은 은거해 살 때를 대비하여 미리 준비해 놓았습니다."

그리고 땋아 늘어뜨린 머리를 다시 틀어 올리고 허름한 옷을 입더니 광에 모아 놓은 취사도구를 보여주었다. 양홍은 기뻐하며 말했다.

"이제야 그대는 진실로 나의 아내로다."

양홍은 아내의 이름을 맹광이라 다시 지어주었다. 그리고 함께 패릉의 산속으로 들어갔다.

맹광이 바로 '거안제미擧案齊眉'의 주인공이다.

觴 뿔로 만든 술잔 모양

잔 상, 잔질할 상, 술 마실 상.

❀ 濫觴(남상)

자로는 때로는 난폭하였다. 공자와는 나이 차이도 많지 않아 공자는 항상 자로를 염려하였다. 어느 날 자로는 아주 화려한 옷을 입고 나타났다. 이에 공자가 말했다.

"장강은 촉蜀 사천성에서도 오지인 민산에서 시작하는데 수원은 술잔을 넘칠 정도의 조그만 시내라 한다. 그것이 흘러 나룻배를 타고 건너야 할 정도로 모이면 바람이 잔잔해야 건널 만큼 큰 강이 된다."
모든 사물은 처음이 중요하다는 의미이다. 자로가 김이 좀 샜을 것이다.

108 矯手頓足, 悅豫且康

교 수 돈 족 열 예 차 강

손을 흔들고 발을 구르면서
기뻐하고 즐거워하니 또한 편안하구나.

矯手 : 손을 들로

頓足 : 발을 구루며

悅豫 : 기뻐하고 즐거워하니

且康 : 또한 편하구나.

「구양수」 '揮手頓足' – 손을 휘두르고 발을 구르다.

『문선』 '음악이 흐르자 발을 굴러 일어나 춤을 추며 소리쳐 노래를 부른다.'

『후한서』 '恩澤下暢 庶黎悅豫' – 은택이 아래로 퍼지니 백성들이 기뻐하고 즐거워한다.

矯 화살(矢, 시)을 높이(喬, 교) 들고

살 바로잡을 교, 거짓 교, 천단할 교, 핑계할 교, 들 교, 날랠 교, 굳셀 교.

교喬는 고高 위에 요夭를 더한 것으로, 요夭는 끝이 구부러진 깃발 같은 것을 붙인 모양이다. 높은 곳에서 신을 맞으려 한 모양이다.

높고 밝은 장소는 신이 싫어한다고 여겨졌는데 여기서는 높고 밝은 장소를 신이 좋아한 것으로 묘사했다.

手 손 모양

손 수, 잡을 수, 칠 수.

예전에 빠진 이빨이나 머리카락, 잘라낸 손(手)톱이나 발톱은 생명의 분신이라 믿었다. 무당이나 마법사가 그것을 주워서 주술을 가하면 그 주인에게 해가 미친다고 여기는 것은 동서양이 공통이다. 독일에서는 새가 머리카락을 물어가 둥지를 치면 주인이 두통을 앓는다고 믿었다. 호주 원주민은 아내와 헤어지고 싶으면 자고 있는 아내의 손톱을 잘라 창에 매어 멀리 던졌다. 중앙아시아에서는 포로를 가두지 않고 손톱을 잘라 따로 보관했다. 포로가 제아무리 진둥걸음으로 도망쳐 봤자 그 손톱에 주술을 넣으면 바로 죽는다고 믿었기 때문이다. 그래서 빠진 머리카락이나 이빨 손톱을 모아 신전이나 자기 집의 벽 또는 기둥 틈에 숨겨두는 풍속도 동서양이 다르지 않다.

시인 바이런은 그리스 여행 때 사귄 소녀와 오래도록 편지를 주고받았는데 어느 날 받은 편지 속에 머리카락으로 매듭을 지은 소녀의 붉은 손톱이 들어 있었다.

남태평양 아가씨가 손톱을 잘라 보내면 나는 당신 것이라는 뜻이 된다.

頓 머리(頁, 혈)가 커서(屯, 준)

꾸벅거릴 돈, 졸 돈, 모아 쌓을 돈, 그칠 돈, 놓을 돈, 무너질 돈, 배부를 돈, 가지런할 돈.

사람이 지나치게 기뻐하면 양에 치우치고 지나치게 노하면 음에 치우친다. 음양이 어느 한 쪽에 치우쳐 쌓이면(頓) 조화에 균형이 깨어져 몸을 상하게 된다. 이 사소한 것에서부터 세상에 불평과 불만이 일어나게 되고 이어서 도척이나 증삼·사추 같은 바보가 생겨나게 되었다. 그리하여 세상이 착한 자를 칭찬하기에도 부족하고 악한 자를 벌하기에도 부족할 정도로 바빠서 겨를이 없어지게 된 것이다.

하·은·주 3대 이후 위정자爲政者는 떠들썩하게 상벌을 일삼고 있지만 그따위로 사람들을 본래의 자연스런 상태에 편히 머물러 있게 할 수는 없을 것이다.

足 새 발 모양

발 족, 흡족할 족, 그칠 족, 넉넉할 족, 더할 주.

❀ **擧足輕重**(거족경중)

한신이 유방을 도와 항우와 싸울 때 제齊 괴통이 찾아와 유방을 배신하고 천하를 셋으로 나누자 권한다.

"천하가 처음 난을 일으켰을 때 영웅英雄 호걸豪傑이 연이어 크게 외치자 뜻있는 사람들이 구름처럼 합치고 안개처럼 모였습니다. 그때는 다만 진秦을 토벌하는 것이 공통의 관심사關心事였습니다. 그러나 지금은 초와 한이 서로 다투고 있습니다. 현재 항우와 유방이 목숨은 한신에게 달려있습니다. 당신이 캐스팅보트를 잡고 있으므로 당신이 누구를 위하는 가에 따라 천하 정세가 달라집니다."

이 당시 한신과 같이 승패의 저울대를 잡고 있는 경우를 두고 거족경중이라 한다.

悅 마음(忄, 심)이 빛나니(兌, 태)

기쁠 열, 즐거울 열, 복종할 열, 기꺼울 열.

태兌는 무당을 뜻하는 형兄 위에 신령스러운 기운을 더한 것이다.

열悅은 엑스터시 상태에 들어간 무녀가 진물진물한 모습이다. 열說도 마찬가지이다.

豫 코끼리(象, 상)를 주니(予, 여)

기쁠 예, 편안할 예, 먼저 예, 미리 예, 늘 예, 참여할 예, 머뭇거릴 예.

❀ **宰豫晝寢 子曰 朽木不可雕也 糞土之牆 不可杇也 於豫何誅**(재여주침 자왈 후목불가조야 분토지장 불가오야 어예가주)

재예가 낮에 잤다. 공자가 말했다. "썩은 나무에는 다듬질 할 수 없고 썩은 벽에는 덧바를 수 없다. 재예를 어찌 벌주겠는가?"

재예가 낮잠을 잔 것이 아니라 낮에 부인과 동침했기에 공자가 탄식했을 것이다. 여기서 후목분장朽木糞牆이란 말이 나왔다.

당시에 침실은 날이 밝으면 거기서 나와야 했다. 그럼에도 불구하고 재예가 대낮에 침실에 들어가 부인과 함께 잔 것이다. 공자는 그의 나태를 꾸짖은 것이다.

且 자꾸 포갠 모양

또 차, 그 위에 차, 바야흐로 차, 거의 차, 여기에 차.

진秦 유공은 명군이었으나 실수가 있었다. 명신 백리해의 말을 듣지 않고 정鄭과 진晉을 공격하다 패하고 말았다. 정鄭으로부터 소 12마리를 받고 정나라 대신 진을 치다 진晉 양공에게 패해 장수가 3명이나 포로로 잡히는 수모를 당했다. 포로가 된 장수들이 처형장으로 끌려가자 양공의 어머니이자 진秦 유공의 딸인 왕태후가 세 장수를 살려 달라고 애원했다.

"제발 그들을 죽이지는 마시오. 만약 저 사람들을 죽이면 진秦이 원한을 품을 것이니 그 원한이 골수에 사무칠 것이오. 그러면 서로 원수를 갚으려 죽이고 또(且) 죽이는 일이 계속될 것이오(怨入骨髓)."

康 집안(广, 엄)이 모두 더불어(隶, 이)

편안할 강, 즐거울 강, 화할 강, 다섯 거리 강, 풍년들 강, 헛될 강.

초楚에는『초사』가 있었다. 이것은 초나라 무축들의 문학이다.

무축들은 처음에 상나라 보호를 받아 편안하게(康) 살았다. 상이 망한 뒤 주나라로 이동했고, 주나라가 멸망하자 산서성의 진晉나라로 옮겨갔다. 춘추시대 내내 진나라가 국력이 가장 강했으므로 주를 섬기던 악사나 의례를 담당했던 무축들이 더 이상 경제적인 도움을 받지 못하자 모두 진나라로 들어간 것이다. 그러나 진나라가 한·위·조 세 나라로 나누어지자 이번에는 남방 초나라가 가장 강력한 나라였기에 모두 초나라로 몰려들었다.

그들이 진나라에 있을 때 나온 것이『국어』이다. 무축 무리들은 오래된 이야기를 구전으로 남겼다. 그들은 장님 이야기꾼들이었다. 고사瞽史라고 불렸던 사람들이 제사에 관여하며 옛 전승을 전했다. 그 고사들의 이야기가 글로 남은 것이『국어』이다. 그런데 초나라가 멸망하자 그들은 구의 산에 있는 순舜 사당을 향하여 남하하던 도중에 무리가 뿔뿔이 흩어지고 말았다. 그 과정에서 나온 것이「이소」나「구장」같은『초사』문학이다.

109 嫡後嗣續, 祭祀蒸嘗

적 후 사 속 제 사 증 상

맏아들은 아버지의 대를 잇고 가을과 겨울에 제사를 지낸다.

嫡後 : 정실이 낳은 아들이

嗣續 : 아버지의 대를 이어

祭祀 : 신령에게 음식을 바쳐 정성을 표하는데

蒸嘗 : 겨울제사를 증 가을제사를 상이라 한다.

『당서』 '嗣續之重 不絕如縷' – 아버지의 대를 잇는 중요함은 마치 실이 끊어지지 않는 것과 같다.

『역경』 '利用祭祀' – 제사를 이롭게 쓴다.

봄 제사 약禴, 여름 제사 체禘.

嫡 제사상 앞에 있는 여자 모양

정실 적, 큰 마누라 적, 맏아들 적.

제帝는 제사를 지내는 탁자이다. 밑에 구口를 붙이면 축문을 아뢰어 제사 지낸다는 적啇이 되는데 적嫡의 초기 문자이며 제帝를 바로 잇는 자를 뜻한다. 즉 제帝에게 제사 지낼 수 있는 것은 그 직계인 적자嫡子의 특권이었다.

後 뒤에서(夂, 치) 조금(幺, 요) 절룩거리는(彳, 척) 모양

늦을 후, 뒤 후, 아들 후, 뒤질 후, 시대가 지날 후.

❀ **鷄口牛後**(계구우후)

전국시대에 소진은 합종설合從說을 주장했다. 그는 6개국 왕을 찾아다니며 말했다.

"여섯 나라가 일치단결하는 것이 각국이 독립을 유지하는 유일한 길입니다. 닭 벼슬이 될망정 쇠꼬리는 되지 말아야 합니다(寧爲鷄口 勿爲牛後).

嗣 사람들이 이어서 서있는 모양

이을 사, 익힐 사, 자손 사.

노담이 죽었을 때 전일은 문상을 가서 이어서(嗣) 세 번만 곡을 하고 나왔다. 제자가 이상하게 생각하고 물었다.

"그분은 선생님 벗이 아닙니까?"

전일이 말했다.

"그렇다."

"그렇다면 그런 문상으로 괜찮겠습니까?"

"괜찮네. 나는 이전에 그를 대단한 인물이라고 보았지만 지금은 다르네. 내가 문상할 때 같은 자리에 있던 늙은이는 제 자식을 잃은 듯 곡을 하고 질둔한 젊은이는 제 어버이를 잃은 듯 곡을 하고 있었네. 그 자리에 사람들이 모인 것은 은연중에 그에게 배운바가 있는 인연 때문이 아니겠나. 그런데 모두 진절머리가 나도록 곡을 하고 있었네. 이것은 생사라는 자연스러운 도리를 알지 못하고 하늘로부터 받은 본분을 잊었다는 것이지. 그가 어쩌다 이 세상에 태어난 것은 태어날 때를 만났기 때문이며 그가 어쩌다 이 세상을 떠난 것도 죽을 운명을 따랐을 뿐이네. 때에 편안히 머물러 자연의 도리를 따라간다면 기쁨이나 슬픈 감정이 끼어들 여지는 없는 것일세. 이런 경지를 옛날 사람은 '하늘의 묶어 매닮에서 풀림'이라고 불렀다네."

續 실(糸, 사)을 파는(賣, 매) 모양

이을 속.

지옥에서 긴 금 막대기 끝에 머리를 잇고(續) 팔랑개비처럼 돌고 있는 죄인은 금비녀 도둑이고, 길마를 메고 질빼를 잡고 땅을 갈지만 가는 족족 다시 지워지는 밭이랑을 영원히 가는 죄인은 소도둑이다. 소도둑은 한국판 시지프스인 셈이다.

고구려와 백제 초기 형률에 남의 소를 훔치거나 잡아먹은 사람은 노비로 삼는다 했고, 고려 때는 양민과 천민을 가리지 않고 소도둑은 얼굴에 자자하여 변방으로 추방했다.

조선시대에는 소도둑 두목은 참하고 하수인은 먼 섬으로 귀양 보냈다. 농촌에는 농청이라는 조직이 있어 우두머리를 행수라 하고 그 아래 별정직으로 목총각을 두었다. 목총각은 가장 발이 빠른 사람을 선임했는데 마을 소들을 지키는 것이 주 임무였다.

그만큼 소를 중요시했다.

祭 제사상(示, 시)에서 고기(月, 육)를 손(又, 우)에 든 모양

제사 제.

중국인들은 옛날부터 신들과 조상들에게 여러 제사를 지내왔다.

사람을 뚝심이 나게 하는 방법으로 제사만큼 편리한 것은 없을 것이다.

『예기』에 '제사보다 중요한 것은 없다.'고 했다. 유가는 제사를 중하게 다루었다.

조정의 예제로 규정된 제사와 민간의 제사로 양분하고, 전자는 황제 자신이 직접 주재하는 제사와 그렇지 않은 제사로 나누었다. 봉선은 황제가 직접 주재하는 제사였다.

祀 **아침에 지내는**(巳, 사) **제사**(示, 시)

제사 사, 해 사.

미국 동양함대가 강화만에 진을 치고 있을 때였다. 강화유수는 문정관과 아전을 콜로라도 호에 파견했다. 상투를 틀고 바지저고리 차림을 한 아전이 선물로 받은 맥주병과 미국 신문 한 장을 들고 소처럼 웃으며 배에 탄 기념사진을 찍었다. 미국과 전쟁이 벌어지기 바로 전의 일이었다.

사진기寫眞機가 우리나라에 들어온 것은 1880년대 후반으로 보인다. 몇 년이 지나 1988년 봄이 되자 서울 거리에 괴담이 나돌았다. 미국인과 일본인이 서로 도모하여 한국 아기들을 유괴하여 솥에 넣어 삶은 다음 응달에 말려 가루를 내어 그 가루를 마법상자에 넣어 사진을 찍는다는 것이다. 이 말이 나돌자 일본인들이 모여 사는 진고개 입구에는 아기를 데리고 여기를 지나가지 말라는 방문이 붙었고 서양인들이 모여사는 정동 입구에는 어린이가 접근하지 못하도록 몽둥이를 들고 어른이 번갈아 지켰다.

그 마법상자에 사람은 그림자만 잡혀도 1년 안에 죽고, 집이 비치면 집안이 1년 만에 망하고, 나무가 비치면 1년 안에 시든다고 믿었다.

제사(祀)를 찍으면 죽은 조상이 다시 죽을 판이다.

蒸 **가마에 무엇을 삶는 모양**

찔 증, 겨울 제사 증, 삼대 증, 무리 증, 섶 증.

무왕이 죽고 아들 성왕이 뒤를 이었으나 나이가 너무 어려 무왕 동생 주공 단이 섭정을 하게 되었다. 동생인 관숙과 채숙은 이에 불만을 품고 주공이 왕위를 찬탈하려고 한다는 유언비어를 퍼뜨리는 한편 상의 후예 무경과 함께 동방의 부족들을 규합하여 반란을 일으켰다. 주 사람들은 언론을 잘 이용한다.

이에 주공은 대군을 동원해 2차에 걸쳐 동정하여 3년간 고전 끝에 무정과 관숙을 죽여 솥에 쪄(蒸) 죽이고 채숙을 유배시켜 반란을 평정하였다.

또 동쪽에 수도 낙읍을 건설하여 동부지역을 통치하는 정치·군사의 중심지로 만들었다.

嘗 **숟가락**(匕, 비)**을 들고**(尙, 상) **맛있다고 말하다**(曰, 왈)

맛볼 상, 가을 제사 상.

❀ **嘗糞之徒**(상분지도)

구천은 부차에게 패하자 거짓으로 항복했다. 어려운 상황에서 범려는 구천을 잘 보필해 나갔다. 오吳 궁중에 억류되고 3년이 지났을 때, 부차는 병을 얻었다. 범려는 부차의 병세를 자세히 전해 듣고 쾌유 날짜를 정확히 잡아내었다. 그리고 구천에게 문병을 가서 부차의 변을 맛보라고 조언했다. 구천이 부차를 병문안 갔을 때 마침 부차는 설사 중이었다. 구천은 태연하게 손가락으로 변을 찍어 맛 본 다음 삼 일 내로 쾌차하겠다고 덕담을 했다. 과연 부차의 병은 그날 깨끗하게 나았다.

부차는 감동해서 구천을 월越로 돌려보냈다.

이때부터 목적을 위해서 수단 방법을 가리지 않는 사람을 가리켜 상분지도라 했다.

110. 稽顙再拜, 悚懼恐惶

계 상 재 배 송 구 공 황

이마를 조아려 두 번 절하니
매우 조심스럽고 두렵다.

稽顙 : 이마가 땅에 닿도록 몸을 굽혀

再拜 : 두 번 절하며

悚懼 : 마음이 두렵고 미안해서

恐惶 : 두렵고 황송하다.

『예기』 '拜稽顙哀戚之止隱也' – 몸을 굽혀 절을 하니 애통함이 숨어 있다.
『예기』 '再拜稽首' – 두 번 절하고 머리를 조아린다.
『서경』 '虁虁然悚懼' – 마음이 두렵고 미안함이 매우 조심스럽다.

稽

벼(禾, 화)**가 익으니**(尤, 우) **낫**(匕, 비)**으로 베자**(曰, 왈)

의논할 계, 조아릴 계, 머무를 계, 상고할 계, 계교할 계, 이를 계, 저축할 계, 익살부릴 계, 꾸벅거릴 계, 머물 계.

우尤는 몸이 찢겨 죽은 개 모양에 가까워서 아마도 재앙을 내리는 동물 영을 나타내는 듯하다.

顙 머리(頁, 혈)의 동쪽(桑, 상)

이마 상.

무왕이 상商을 이긴 다음 잡아온 포로에게 물었다.

"너희 나라가 망한 까닭은 무엇이라 생각하는가?"

포로 한 사람이 말했다.

"낮에 별이 보이고 하늘에서 피가 비 오듯 하는 변고가 있었습니다. 그것이 바로 우리나라가 망한 이유였습니다."

그러자 다른 포로가 이마(顙)를 땅에 찧으며 말했다.

"나라가 망한 더 큰 까닭은 바로 아들이 아버지의 말을 듣지 않고 아우가 형의 말을 듣지 않고 임금이 내린 명령이 실행되지 않았기 때문이었습니다."

再 북에서 실의 끝이 둘로 나뉘는 모양

두 번 재. 거듭 재, 두 개 재.

방직 방법과 관계가 있어 보인다.

拜 풀이나 꽃을 뜯는 모양

절 배, 절할 배, 굴복할 배, 벼슬 줄 배, 예할 배.

자공이 초나라를 여행하고 진나라로 돌아오려 한수 남쪽을 자나가고 있었다. 한 노인이 밭일을 하고 있는 것이 보였다. 우물에 들어가 항아리로 물을 길어 밭에 물을 주고 있었다. 애를 써서 수고가 많은데 그 효과는 매우 적었다.

자공이 절(拜)을 하고 말했다.

"여기에 기계를 설치하면 하루에 백 이랑도 물을 줄 수가 있습니다. 조금만 수고해도 효과가 큽니다. 댁은 그렇게 해 볼 생각이 있습니까?"

노인은 고개를 들고 말했다.

"어떻게 하는 거요?"

"나무에 구멍을 뚫어 기계를 만들고 뒤쪽은 무겁게 앞쪽은 가볍게 합니다. 그러면 물을 떠내는데 콸콸 넘치도록 빠릅니다. 그 기계 이름을 두레박이라 합니다."

노인은 얼굴을 잠시 붉혔다가 웃으며 말했다.

"내 스승에게 들었소만 기계 따위를 징그면 처음에는 다소 편리하나 반드시 기계에 사로잡히는 마음이 생겨나오. 그런 마음이 가슴속에 있으면 곧 순진 결백한 본래 그대로의 것이 없어지게 되고, 그것이 없어지면 정신이나 본성의 작용이 안정되지 못한다오. 정신과 본성이 안정되지 못하면 도가 깃들 수가 없소. 내가 두레박을 모르는 게 아니오. 도에 대해 부끄러워 쓰지 않을 뿐이오."

자공은 부끄러워 어쩔 줄 모르고 고개를 숙인 채 절(拜)을 했다.

노인이 물었다.

"댁은 무엇 하는 사람이오?"

"공자 제자입니다."

"아니 그럼 댁은 배워서 성인 흉내나 내고 허튼 수작으로 백성을 어리둥절하게 만들고 홀로 거문고를 타고 슬픈 듯 노래하면서 온 천하에 이름을 팔려는 자가 아니요? 댁은 제 몸조차 다스리지 못하는데 어찌 천하를 다스릴 겨를이 있단 말이오. 그만 가보시오. 내일을 방해하지 말고."

자공은 징건한 사람처럼 움츠러든 채 창백해져서 멍청하니 넋을 잃고 말았다. 그 후 30리를 가서야 비로소 제 정신이 들었다.

悚 **마음(忄, 심)을 단속하니(束, 속)**

두려울 송, 송구할 송

동방삭은 문장가였고 해학에 능해 늙어도 동심으로 살았다. 그래서 장수했을까? 그는 한 무제를 섬겼다. 하루는 무제가 하사하는 고기를 담당관이 없는 사이 제멋대로 베어내 집으로 돌아갔다. 무제가 나중에 왜 그랬냐고 묻자 그는 두려워하지(悚) 않고 다만 관을 벗고 절을 한 채 대답하지 않았다. 재차 묻자 대답했다.

"어명을 기다리지 않고 고기를 베어 간 것은 대단한 무례입니다. 그러나 폐하 소신이 칼을 빼 용감하게 고기를 베는 행동이 얼마나 장렬합니까(拔劍割肉 何壯也)? 더욱이 그것을 들고 가 세군에게 준 것은 또 얼마나 어진 행동입니까(歸贈細君 又何仁也)?"

무제는 할 수 없이 웃고 말았다. 그의 말이 하도 재미있어 상으로 술 한 말과 고기를 주면서 "돌아가 세군에게 전하라."고 같이 농담을 하였다.

한조에서 세군細君은 제후의 정실에 대한 존칭이었다. 동방삭은 일개 신하임에도 불구하고 농담으로 자기 아내를 세군으로 호칭한 것이다. 이때부터 남의 아내를 세군이라 부르게 되었다.

매사에 이러한 동방삭이 지은 풍자시에 '얼음과 숯불은 서로 나란히 있을 수 없다(氷炭不可以相並).'라는 구절이 있다.

그는 수라상 대궁을 싸서 집에 가지고 간다든지 하사한 옷을 어깨에 메고 퇴궐하는 등 가식이 없었다.

懼 **마음(忄, 심)이 두근거려(瞿, 구)**

두려울 구, 근심할 구, 조심할 구, 깜짝 놀랄 구.

황제가 천자에 오른 지 19년이 지나 광성자가 공동산 위에 산다는 말을 듣고 찾아가·물었다.

"선생께서는 지극한 경지에 이르셨다고 들었는데 부디 지극한 도의 핵심을 알려주십시오. 저는 천지의 정기를 잡아, 오곡이 잘 자라도록 돕고 백성이 편안히 살도록 돕고 나아가 많은 백성이 천수를 다할 수 있게 돕고 싶습니다. 그러려면 어떻게 하여야 하겠습니까?"

광성자가 듣고 근심스러운(懼) 표정을 지으며 대답했다.

"당신이 듣고 싶어 하는 도의 핵심이란 사물의 본질이고, 당신이 돕고 싶어 하는 정치적인 일들은 사물의 잔해라오. 당신이 천하를 다스리게 되고부터 구름이 다 모이기도 전에 비가 내렸고 초목은 잎이 누렇게 되기도 전에 말라 떨어지며 해와 달도 찌지더니 빛이 차츰 어두워졌소. 당신은 마음이 천박하고 구변만 좋을 뿐이오. 그러니 내가 어찌 지극한 도를 일러 줄 수 있겠소?"

황제는 물러나 천하 일 따위를 버리고 독방을 지어 띠 자리를 깔고 석 달 동안 조용히 살았다. 그리고 다시 광성자를 찾아갔다. 광성자는 베개를 남쪽에 놓고 누워 있었다. 황제는 무릎걸음으로 나아가 공손히 두 번 절하고 물었다.

"선생께서는 지극한 도의 경지에 이르셨다고 들었습니다. 어떻게 하면 몸을 다스리고 장수할 수 있는지 알고 싶습니다."

광성자는 벌떡 일어나서 말했다.

"좋구나. 그 질문은. 자 이리 오시오 내가 지극한 도에 대해 말해주겠소. 도의 핵심은 깊고 어두우며 도의 극치는 어둡고 고요하오. 보려 하지도 들으려 하지도 말고 정신을 안에 간직한 채 고요히 있으면 육체도 저절로 올바르게 될 것이요."

恐 **대개**(凡, 범) **두려움은 마음**(心, 심)**이 만든**(工, 공) **것**

두려울 공, 겁낼 공, 놀라게 할 공, 염려할 공, 의심 낼 공, 속으로 헤아릴 공.

초楚 오자서는 비무기의 모함으로 아버지와 형님이 참형 당했다. 오자서는 두려워(恐) 오吳로 도망쳤다. 오나라 공자 광이 왕위를 노리는 것을 알고 자객을 보내 오왕을 살해하고 광을 왕위에 오르게 했다. 광이 합려이다. 오자서는 합려에게 등용되었다. 이때 백비 역시 비무기의 모함으로 할아버지가 초왕에게 죽음을 당하자 오로 도망쳐 왔다. 합려는 오자서의 추천으로 백비를 대부로 삼았다. 오의 대부 피리가 오자서에게 물었다.

"귀공은 왜 백비를 그렇게 돌보아 줍니까?"

"초에 대한 나의 원한은 백비가 품고 있는 것과 동일합니다. 「하상가」에 같은 병을 앓는 사람은 서로 가엽게 여긴다. 같은 근심을 가진 사람은 서로 돕는다는 글이 있습니다(同病相憐 同憂相救)."

그 후 오자서와 백비는 합려를 도와 9년 만에 초 평왕 아들인 소왕을 격파하고 원수 평왕의 무덤을 파 시신에게 매를 삼백 대 때렸다(鞭死屍).

惶 **황제**(皇, 황) **옆에서 마음**(忄, 심)**이**

두려울 황, 혹할 황, 급할 황.

편작이 제 환후를 보고는 말했다.

"임금께서는 병이 살갗에 있습니다. 지금 치료하지 않으면 깊어질까 두렵습니다(惶)."

환후가 말했다.

"무슨 소리를 하는 거요? 과인은 아무 병도 없습니다."

편작이 나가자 환후는 측근들에게 말했다.

"의사란 자들은 이익만 좋아하는구나. 아무 병도 없는 나를 치료하여 자신의 공으로 여기려 한다."

열흘이 지나 편작이 다시 환후를 보고 말했다.

"병이 이미 살갗 속으로 파고들었습니다. 지금 치료하지 않으면 더욱 깊이 들어갈 것입니다."

그러나 환후는 모른 척했다. 편작이 나가자 환후는 오히려 편작을 불쾌하게 생각했다. 다시 열흘이 자나 편작이 다시 찾아와 말했다.

"임금의 병은 장과 위에 이르렀습니다. 지금 치료하지 않으면 더 깊이 들어갈 것입니다."

환후는 이번에는 화를 냈다. 그리고 다시 열흘이 지나 편작이 환후를 만나러 왔다. 그는 환후를 멀리서 바라보더니 오히려 급하게(惶) 도망쳤다. 환후가 이상하게 여겨 사람을 시켜 무슨 영문인지를 물어보게 하였다. 편작이 한숨을 쉬며 말했다.

"병이 살갗에 있을 때는 찜질이나 지지기만 해도 낫게 할 수 있습니다. 또 살갗 속에 있을 때는 침만 놓아도 고칠 수 있지요. 그리고 위와 장에까지 가 있을 때라도 그나마 큰 약재를 달이면 치료가 가능합니다. 그러나 골수까지 미치면 사명이라도 어찌할 수 없는 것입니다. 지금 임금의 병은 골수까지 번졌습니다. 몸을 열어 드러내도 대책이 없습니다. 그래서 아무 청도 드리지 않고 물러나온 것입니다."

그로부터 닷새가 지나자 과연 환후는 아프기 시작했다. 사람을 시켜 편작을 찾았으나 이미 편작은 진으로 도망가고 없었다. 환후는 이내 죽고 말았다.

111 牋牒簡要, 顧答審詳
전 첩 간 요 고 답 심 상

편지와 글은 간략하게 요점을 적어야 하고 답장할 때는 자세히 살펴서 한다.

牋牒 : 편지글은

簡要 : 간략한 요점을 적고

顧答 : 답을 쓸 때에는

審詳 : 살펴서 상세해야 한다.

『예기』 '侍君子 不顧望而 對非禮也' – 군자를 모실 때 돌아서 바라보고 대하지 않으면 예의가 아니다.

牋 **글 조각**(片, 편)**이 쌓이면**(戔, 전)

편지 전, 표 전, 글 전, 문체 이름 전.

무너진 낡은 우물 안에 사는 개구리가 바다로 편지(牋)를 보내 자라를 초청했다. "나는 참으로 행복해. 밖에 나오면 우물 난간 위에서 뛰놀고 안에 들어가면 깨어진 벽돌 끝에서 쉬지. 물위에 엎드릴 때는 두 겨드랑이를 물에 찰싹 붙인 채 턱을 들고 진흙을 찰 때는 발이 빠져 발등까지 시원하게 잠겨 버리지. 장구벌레와 게와 올챙이를 두루 보아도 나처럼 행복해 보이지는 않다네. 때로는 구덩이 물을 온통 내 맘대로 휘저으며 때로는 무너진 우물 안의 고요함에 편히 머물러 산다는 것이야말로 하늘 아래 가장 더 말할 나위 없는 즐거움이 아닌가. 자네도 이따금 놀러 와서 들어와 보는 게 어떻겠나?"

동해 자라는 그 말을 듣고 우물 안으로 들어가려 했으나 왼발도 들어가지 전에 오른쪽 무릎이 우물 입구에 꽉 끼어 버렸다. 그래서 뒤로 물러나면서 말했다.

"여보게 천리 먼 거리도 바다 크기를 보이기에 충분하지 못하고 천 길 높이도 바다 깊이를 다하기에는 부족하네. 우가 아직 요 밑에서 치수를 맡고 있을 때 10년 동안 아홉 번이나 홍수가 났지만 바닷물이 불어나지 않았고, 탕 때 8년 동안 가뭄이 일곱 번이나 들었지만 바닷가 물은 줄어들지 않았지. 대저 시간이 짧고 긴 데 따라 변화하는 일도 없고 비가 많고 적음에 따라 불어나거나 줄거나 하는 일도 없다는 것이 바다가 주는 커다란 즐거움이라네."

정저와井底蛙가 여기서 나온 말이다.

牒 나무(木, 목) 글 조각(片, 편)으로 소식(世, 세)을 전하다

편지 첩, 글씨 판 첩, 족보 첩, 무늬 놓은 베 첩, 공문 첩, 송사 첩, 첩지 첩.

연암 박지원은 정조 때 사촌 형을 따라 북경에 갔는데 선무문 안 동천주당 천장화에서 예수를 안고 있는 성모 마리아 상을 보았다.

"천장 그림에는 한 여자가 대여섯 살 되어 보이는 아기를 안고 있었다. 아기가 병든 얼굴로 올려다보니 그 여자는 차마 바로 보지 못하고 고개를 돌리고 있었다…… 성모상 주위에는 많은 어린아이들이 오색구름 속에서 노는데 허공에 주렁주렁 매달린 것이 살결을 만지면 따스할 것 같았다. 팔목과 종아리는 살이 포동포동해 구경하는 사람들이 행여나 그림에서 떨어질까 염려하여 받아들 자세를 취하기도 했다…… 성모상은 내가 눈으로 무엇을 보려 하면 번개처럼 번쩍이며 내 눈을 찌르고 내가 귀로 무엇을 들으려 하면 그 무엇이 먼저 내 귀에 와 속삭였다. 나는 그 무엇이 내가 숨기는 곳을 꿰뚫어 볼까 부끄러웠다."

병자호란 때 볼모로 청에 갔던 소현세자가 당시 북경 동천주당의 신부였던 아담

샬에게서 선물로 성모상을 받았던 모양이다. 소현세자는 같이 볼모로 온 동생 봉림대군에게 편지(牒)를 썼다.

"성상을 벽에 걸어 놓았더니 내 마음을 편하게 해주어 속진을 씻는 느낌을 주었다."

簡 **대나무(竹, 죽) 사이(間, 간)에 쓴 글**

편지 간, 홀 간, 구할 간, 가릴 간, 분별할 간, 점고할 간, 종요로울 간, 간략할 간, 클 간, 쉬울 간, 정성 간, 간할 간.

번희는 초 장왕의 부인이다. 어느 날 장왕이 조회를 하느라 늦게야 돌아오자 번희가 장왕에게 늦도록 회의를 한 까닭을 물었다. 장왕은 대답했다.

"오늘 어진 재상과 더불어 이야기를 주고받느라 시간이 이렇게 흘렀는지 몰랐소."

그러자 번희가 다시 물었다.

"어진 재상이라면 누구를 말씀하시는 것입니까?"

"우구자를 두고 한 말이오."

이 말에 번희는 입을 가리고 찐덥게 웃었다. 왕이 그 까닭을 묻자 번희가 대답했다.

"첩은 다행스럽게 수건과 빗을 잡고 대왕을 모시면서 특별히 사랑을 독차지하고 있습니다. 그러나 혹시나 대왕의 기분을 상하게 하지나 않을까 아름답고 젊은 여자들을 구해(簡) 대왕께 바쳤습니다. 그러나 지금 우구자는 재상이 된지 십수 년이 되었지만 단 한 번도 어진 이를 추천한 적이 없습니다. 알면서도 추천하지 않았다면 이는 충성심이 없는 것이요, 몰라서 그랬다면 이는 지혜롭지 못한 사람입니다. 그런데도 어찌 어질다고 하십니까?"

이튿날 조회 때 왕이 번희의 말을 우구자에게 일렀다. 그러자 우구자는 머리를 조아리며

"번희 말이 맞습니다."

라고 말하고 재상의 자리를 사직하고 손숙오를 추천하였다.

초 장왕은 마침내 패업霸業을 이룰 수 있었다.

要 **여자**(女, 여)**를 덮어서**(襾, 아)

구할 요, 살필 요, 겁박할 요, 언약할 요, 취조할 요, 옳게 밝힐 요, 모일 요, 허리 요, 억지로 할 요, 기다릴 요, 부를 요, 시골 요, 반드시 요, 통계 요, 하고자 할 요.

당唐 측천무후則天武后 때, 비교적 천하가 잘 통치된 것은 재상 적인걸의 힘이 컸다. 적인걸의 사저에는 문하생들이 많이 모였는데 어느 날 원행충이 찾아와 제자로 받아 달라 하였다.

"선생님의 문하에는 산해진미山海珍味가 많습니다. 과식해 배탈이 나지 않기 위한 약 가루로 저를 받아주시기 바랍니다."

이에 적인걸이 웃으며 말했다.

"아닐세. 자네야 말로 내 약롱 속의 물건이라네. 단 하루도 옆에 없어서는 안 될 귀중한(要) 인물이란 말일세."

여기에서 '약롱중물藥籠中物'이란 말이 나왔다.

집안(戶, 호)**의 새**(隹, 추) **머리**(頁, 혈)**를**

돌아볼 고, 돌보아 줄 고, 도리어 고.

❀ **伯樂一顧**(백락일고)

백락은 춘추시대 진秦 목공 때 사람으로 본명은 손양이다. 백락이란 본디 천마를 주관하는 별자리 이름인데 그가 워낙 말을 잘 보아서 백락이라 불렸다.

그에게 구방고라는 친구가 있었다. 그 역시 말을 잘 보았는데 백락의 추천으로 진 목공을 만나게 되었다. 목공이 그에게 말을 구해오라 시켜 3개월 만에 명마를 한 마리 데리고 왔다. 그러나 목공이 보기에는 평범한 밤색 수말에 불과했다. 목공은 구방고를 쫓아 버리려 했다. 그러자 백락이 말했다.

"그는 말의 외관보다 정신을 본 것입니다."

그래서 목공이 자세히 보니 과연 명마 중의 명마였다.

어느 날은 명마를 가진 사람이 백락을 찾아왔다. 도무지 팔리지 않아 감정을 의뢰할 온 것이다. 백락은 말을 저잣거리로 끌고나와 찬찬히 뜯어보았다. 과연 명마가 틀림없었다. 백락은 몇 번이고 뒤돌아보며 집으로 돌아왔다. 말 값은 순식간에 열 배가 넘게 뛰었다.

答

대나무(竹, 죽)**를 모아서**(合, 합)

갚을 답, 대답 답, 그렇다 할 답, 합당할 답, 굵은 베 답.

여불위가 말했다.

"신농은 실로에게, 황제는 대진에게, 전욱은 백이보에게, 제곡은 백초에게, 재요는 주문보에게, 제순은 허유에게, 우는 대성집에게, 탕은 소신에게, 문·무왕은 여상과 주공 단에게, 제 환공은 관중과 습붕에게, 진 문공은 구범과 수회에게, 진 목공은 백리해와 공손지에게, 초 장왕은 손숙오와 심윤축에게, 오 합려는 오자서와 문지의에게, 월 구천은 범려와 대부 문종에게 각각 배웠다. 무릇 하늘이 사람을 낳아 귀로 소리를 들을 수 있게 해 주었지만, 배우지 않으면 그 들음은 귀머거리만도 못하게 된다. 또 눈으로 볼 수 있게 해주었지만 배우지 않으면 그 보는 것은 장님만도 못하며, 입으로 말하게 하여 주었지만 배우지 않으면 그 말은 미치광이만도 못하게 되고 만다. 따라서 대저 배움이란 무엇을 더할 수 있는 것이 아니라 하늘의 은혜를 갚기 위해(答) 천성을 완성시키는 것이다. 하늘이 내려준 것을 온전히 하여 어그러뜨리지 않을 수 있으면 훌륭한 배움이라 할 수 있다."

審 사당(宀, 면)에서는 위아래(番, 번)를 잘

살필 심, 알아낼 심, 심문할 심, 묶을 심, 참으로 심, 과연 심.

탕이 새 잡는 그물을 사방에 쳐 놓고 기도하는 사람을 살펴보았다(審). 그 사람은 이렇게 기도하였다.

"하늘에서 떨어지는 모든 것, 땅에서 솟아나는 모든 것, 사방에서 다가오는 모든 것, 모두 내 그물에 걸려라."

이 말을 듣고 탕이 생각했다.

"아이고 세상에 살아있는 것들을 차츰차츰 씨를 말리겠구나. 걸 같은 사람이 아니고서 누가 이런 짓을 하겠는가?"

그리고는 그물의 삼 면을 풀고 한쪽만 남겨둔 채 그에게 이렇게 다시 기도하라고 말했다.

"옛날에 거미가 그물을 만들어 사냥하는 것을 보고 지금 사람들이 그대로 따라할 뿐이다. 그러니 왼쪽으로 갈 자는 왼쪽으로, 오른쪽으로 갈 자는 오른쪽으로, 높은 곳에 있고자 하는 자는 위로, 낮은 곳에 있고자 하는 자는 아래로 가거라. 나는 이 말을 어긴 자만 잡으리라."

한남의 나라들이 이 소식을 듣고 탕의 덕은 금수에게까지 미친다면서 40개국이 귀의해 왔다. 다른 사람은 네 면을 다 막고도 새를 제대로 잡지 못했으나 탕은 삼 면을 걷고 한 면만 설치하고도 40개국을 얻었으니, 한갓 새를 그물로 잡는 것만 그런 것은 아닐 것이다.

詳 양(羊, 양)이 무슨 말(言, 언)을 하는지

자세할 상, 다 상.

해치 행동이 신판에서 결정적決定的인 역할을 했다.

112 骸垢想浴, 執熱願涼
해구상욕 집열원량

몸에 때가 끼면 씻을 생각을 하고
뜨거운 것을 잡으면 서늘한 것을 바란다.

骸垢 : 몸에 때가 끼면

想浴 : 목욕할 생각을 하고

執熱 : 뜨거운 것을 집으면

願涼 : 찬 것을 찾는다.

『시경』 '誰能執熱 逝不以濯' – 누가 뜨거운 것을 잡으면 가서 씻지 않겠는가?

骸 **돼지**(亥, 해)**의 뼈**(骨, 골)

몸 해, 뼈 해.

❀ **願乞骸骨**(원걸해골)

유방은 항우가 강한 것은 그의 모장 범증이 있기 때문이라고 판단하였다. 유방의 모사인 진평은 항구와 범증을 이간시킬 모략공작을 꾸몄다. 먼저 초군 속에 범증이 유방과 내통하고 있다는 유언비어를 퍼뜨렸다. 다음에는 항우가 유방에게 보내는 사자를 마치 범증이 보낸 사람처럼 항상 극진히 대접했다. 그러다가 가끔은 항우가 보낸 사자를 범증이 보낸 사람이 아니어서 푸대접하는 공작을 했다. 사자는 푸대접과 군중에 떠도는 유언비어를 낱낱이 항우에게 보고했다. 범증은 난감해졌다. 항우는 자기의 오른팔이 적과 내통한다고 믿어 마침내 범증을 물리쳤다. 범증은 떠나가는 사직원에 이렇게 썼다.

"빈 껍질을 물려받아 초야에 묻히겠습니다."

몸은 원래 주군에게 매인 것이니 정신과 혼을 남겨두고 허물을 벗은 빈 껍질만 불하해 달라는 말로 고위직에 있던 사람이 사직을 청원할 때 쓰는 말이 되었다.

垢 **왕**(后, 후)**이 흙**(土, 토)**에 묻히면**

더러울 구, 때 구, 때가 묻을 구, 부끄러울 구.

후后는 여자가 아이를 낳는 모양.

想 **서로**(相, 상) **마음**(心, 심)**으로**

생각 상, 생각할 상, 뜻할 상, 희망할 상.

진晉 하남 장관 악광이 친한 친구 집에서 술을 마셨다. 그런데 술잔에 뱀의 모습이 비쳤다. 그러나 친구 앞이라 억지로 그 술을 들이켰다. 집으로 돌아온 악광은 먹었던 음식과 술을 모두 토했으나 꺼림칙한 생각(想)까지 버리지 못해 그만 병석에 눕고 말았다. 하도 악광에게서 소식이 없어 어느 날 친구가 직접 악광의 집을 방문했다. 그랬더니 악광이 배중사영排中寫影 이야기를 하는 것이었다. 이 말을 듣고 친구가 말했다.

"그때 벽에 활을 걸어 놓았는데 그 활에 옻칠을 한 뱀이 그려져 있었네. 자네가 아마 그 뱀 그림이 술잔에 비친 것을 보았던 모양일세."

악광은 그 자리에서 병이 나아 일어났다.

浴 골짜기(谷, 곡) 물(氵, 수)로

몸 씻을 욕, 깨끗이 할 욕.

몸을 깨끗이 하는 것을 욕浴, 머리를 감는 것을 목沐이라 한다. 제사는 더럽거나 부정이 없는 깨끗한 몸으로 지내야 한다.

욕浴은 속俗과 의미가 같다. 둘 다 축고 앞에서 기도하여 신령이 내릴 것을 구한다는 의미가 있다.

執 사람에게 수갑을 채운 모양

잡을 집, 지킬 집, 막을 집, 벗 집.

구속한다는 뜻이다. 행幸은 수갑을 찬 죄인 모양.

포로들은 자유를 구속당했고 문신을 하고 신체 일부를 손상시켜 양민과 구분하였다. 그중 신에게 희생물로 바쳐질 사람은 목이 잘려 제물이 되었으며, 살아남은 사람은 눈에 상처를 입혀 신의 하인으로 만들었다. 신臣은 그러한 모양이다.

포로 한쪽 눈을 제거하는 것은 일반적으로 행해진 일이었으며 낙인과는 달리 종교적 이유가 있었던 듯도 하다.

그들 신臣의 관리자는 소신小臣이라고 불린 성직자였다.

❀ 執牛耳(집우이)

제후가 동맹을 맺을 때 소 귀를 잘라 거기서 나는 피를 서로 빨아 먹으며 서로 협력할 것을 신에게 맹세했다. 처음에는 소 귀를 붙잡는 자가 지위가 낮거나 세력이 부족한 자이고 일을 지시 감독하는 자가 맹주였으나 나중에는 맹주가 소 귀에서 나는 피를 먼저 빨아 먹고 소귀를 붙잡으면 다른 제후가 남은 피를 빨아 먹는 것을 감시하였는데 이때부터 집우이자執牛耳者가 맹주의 심벌이 되었다.

熱 열기(灬, 화)를 심으니(埶, 예)

뜨거울 열, 더울 열, 더위 열, 불김 열, 흥분할 열, 정성 열, 쏠릴 열, 하고자 할 열.

예전에 사람이 죽으면 가장 먼저 하는 일이 죽은 사람의 체취가 스민 저고리를 들고 지붕에 올라가는 것이다. 지붕 위에서 저고리를 세 번 휘두르는 것을 초혼이라 한다. 이렇게 불러온 영혼을 신주에 옮겨 무형의 영혼을 유형화 하여 삶과 죽음을 연결시켰다. 사람의 영혼은 이처럼 머리카락·손톱·피 같은 남겨둔 몸의 일부나 체취가 스민 옷·신발·글씨 같은 남겨진 물건에 미련을 못 버리고 다시 돌아와 정에 약하다 믿었다.

아내는 전쟁에 나가는 지아비의 등짝을 바늘로 찍어 배어나오는 피를 수건에 묻혀 간직했다. 설령 남편이 전쟁에서 죽어 더웠던(熱) 몸이 식어 풀처럼 썩을 지라도 영혼만은 피 묻은 수건을 찾아 돌아오리라는 서글픈 기대가 있었다. 시체를 못 찾으면 이 피 묻은 수건으로 초혼招魂하여 빈 무덤을 만들었다.

願 본래(原, 원) 우두머리(頁, 혈)가 되기를

바랄 원, 하고자 할 원, 원할 원, 부러워 할 원, 생각할 원.

지리소는 턱으로 배꼽을 가리고 어깨는 정수리보다 높고 상투는 땅을 가리키고 내장은 머리 위로 올라갔으며 두 넓적다리가 옆구리에 닿았다. 이처럼 심하게 몸이 굽은 꼽추였지만 찰찰해서 옷을 깁거나 빨래를 하여 충분히 살아갈 수가 있었고 키질을 해서 쌀을 고르면 열 식구는 먹여 살릴 수 있었다. 그는 부러워 할(願) 일이 없었다.

위나라에서 군인을 징집하면 지리는 병신이라 사람들 사이로 두 팔을 걷어붙인 채 유유히 다닐 수 있었고, 큰 역사가 있을 때 인부를 징집하면 지리는 언제나 병이 있다하여 면제 되었다. 그러면서도 나라에서 병자에게 내리는 곡식은 세 종류나 받고 장작도 열 다발이나 받았다.

저 지리소처럼 육체가 온전하지 못한 자도 세상 피해를 입지 않고 자신과 가족을 보양하여 천명을 다할 수 있는데 하물며 마음의 덕이 온전하지 못한 자를 더 말할 바가 있겠는가.

涼 서울(京, 경) 물(氵, 수)은

맑을 량, 서늘할 량, 엷을 량, 도울 량, 미쁠 량, 적적하고 슬플 량.

진秦과 위魏는 서로 동맹관계를 맺고 있었다. 그런데 제齊가 초楚와 맹약을 맺고 위로 쳐들어 왔다. 위에서는 진에 사람을 보내 도움을(涼) 요청하였다. 그러나 진에서는 구원병을 보내지 않았다. 그때 위에는 당저라는 사람이 있었는데 이미 나이가 아흔이 넘어 있었다. 당저가 위왕을 찾아가 차출해 보려 했다.

"늙은 제가 진으로 가서 달래 보겠습니다. 진의 구원병이 저보다 앞서 도착하도록 해 보겠습니다. 괜찮겠습니까?"

위왕은 즉시 수레를 구해서 그를 보냈다.

당저가 진왕을 만나자 진 왕이 먼저 말했다.

"어르신까지 힘들게 이 먼 길을 오신 것을 보니 위가 매우 다급하기는 한 모양입니다. 저도 위가 얼마나 급한지는 잘 알고 있습니다."

당저가 침착하게 말했다.

"대왕께서는 위가 급한 것을 알고 계시면서도 구원군을 보내지 않는 것을 보면 아마도 대왕의 참모들이 실책을 범하고 있는 모양입니다. 대저 위는 만승의 나라입니다. 스스로 동쪽의 변방이라 낮추어 칭하여 진으로부터 관대를 받고 봄가을에는 제사를 위한 공물을 바치고 있습니다. 이것은 진이 강한 나라여서 동맹을 맺을 만한 상대로 여기기에 충분하였기 때문입니다. 그런데 지금 제와 초의 군대가 이미 위의 교외에까지 와 있습니다. 위가 더 이상 견디지 못하면 땅을 떼어 제와 초에 바칠 것입니다. 그때는 대왕이 비록 구하고 싶어도 구할 수가 없게 되고 맙니다. 이는 곧 진이 만승지국인 위를 잃고 적인 제와 초를 강하게 키워주는 것과 마찬가지인 것입니다. 그래서 대왕의 참모들이 무언가 정책을 잘못 짜고 있다고 말씀드리는 것입니다."

진왕은 급히 군대에 창열을 주어 위를 구원하러 보냈다.

113. 驢騾犢特, 駭躍超驤
려 라 독 특 해 약 초 양

나귀와 노새, 송아지와 수소는
놀라서 날뛰며 달린다.

驢騾 : 나귀와 노새

犢特 : 송아지와 수소가

駭躍 : 놀라서 뛰고

超驤 : 뛰어 넘어 달린다.

『예기』 '問庶人之富 數畜以對' – 백성의 부를 물으면 가축의 수로 대답한다.

驢

초막(盧, 려)**에 있는 말**(馬, 마)

나귀 려, 검은 말 려.

예전에는 여자의 다산력을 달의 정기로부터 얻을 수 있다고 믿었다. 해는 양력 달은 음력의 에너지원이라는 음양설에서 기인했을 것이다.

일 년 내내 집안에 갇혀 살았던 여인들을 정월 대보름날 밤이 되면 다리밟기나 직성풀이를 하러 집 밖으로 나가 달의 정기를 흠뻑 마셨다. 여인들은 도망치듯 집을 뛰쳐나와 동산에 올라 서로 어울려 밤새도록 나귀(驢)처럼 뛰어놀았다.

궁에서 임금을 모시는 비빈이나 자손이 없는 대갓집 마님들은 대보름날 밤 달을 바라보고 아홉 번 씩 아홉 차례 숨을 크게 들이 쉬었다. 이것을 흡월정이라 했는데 아이가 생기는 기력을 보강해 준다고 믿었다.

달빛을 받은 이슬을 모아 엿을 고아 '월정고본환'이라는 보음제補陰劑를 만들어 아이를 못 낳는 딸에게 보내기도 하였다.

騾 매어 논(累, 루) 말(馬, 마)

노새 라.

율과 여가 여러 번 반복하여 별들이 만들어졌다.

별들의 운행을 보고 임금은 역법을 만들어 한 해를 정했다. 역법이 발표되면 백성들은 거기에 맞추어 노새(騾)처럼 열심히 농사를 지었다. 임금은 다수의 백성을 지배하기 위하여 먼저 시간을 지배하였다. 임금이 정한 역법에 맞지 않게 농사를 짓는 백성은 처벌하였다.

하·상·주의 삭월은 모두 달랐다. 삭월은 일 년을 시작하는 달이다. 왕조가 바뀔 때마다 삭월朔月도 달라졌으니 아마 백성들은 많이 불편했지 싶다.

나는 각 왕조가 삭월을 달리 한 이유를 선생님께 물어보았는데 선생님은 아마 중국의 대일통 사상과 관계가 있을 것이라고 말씀하셨다.

내가 경상대학교 대학원에서 동양철학 석·박사 과정을 공부하며 지도교수로 모셨던 선생님은 남명학을 일으킨 것으로 유명한 오이환 교수이다.

犢 어릴 때 파는(賣, 매) 소(牛, 우)

송아지 독.

장의에게 속은 초楚 회왕이 장의를 붙잡아 가두고 죽이려 하였다. 이때 근상이 장의를 위해 초 왕을 달랬다.

"장의를 가두었으니 진 혜왕이 반드시 노했을 것입니다. 여러 나라는 초 왕이 어리석게 장의 하나 때문에 진과 우호 관계를 버린다고 비웃을 것입니다. 그러면 초나라 무게는 가벼워집니다."

그리고는 초 왕이 가장 아끼는 첩 정수에게 가서 진심을 담은 듯 말했다.

"그대는 장차 임금에게서 천시당할 운명입니다."

정수가 놀라서 물었다.

"무슨 뜻입니까?"

"장의란 자는 진왕에게 많은 공을 세운 신하입니다. 지금 초가 그를 가두어 놓고 있으니 진왕은 반드시 그를 구하기 위하여 애를 쓸 것입니다. 그 방법 중에는 진왕이 송아지(犢)처럼 사랑스럽고 예쁜 여인을 뽑아 음악을 하는 미녀를 동반시키고 금과 옥에 상용 땅 여섯 현을 탕목읍으로 삼아 장의를 풀어주는 조건으로 제시할 것입니다. 초 왕은 이를 받아들여 장의를 진으로 보내고 진나라 미녀에게 빠질 것입니다. 진나라 여인은 진 세력을 등에 업고 금과 옥을 밑천으로 결국 초 왕의 처 자리까지 오를 것입니다. 왕은 진나라 여인과 쾌락에 빠져 그대를 까맣게 잊을 것입니다."

문득 놀란 정수가 말했다.

"그렇다면 이 일을 어떻게 했으면 좋겠소?"

정수가 넘어가자 근상은 심각한 표정을 만들어 말했다.

"그대는 어서 왕에게 장의를 풀어주라고 하시오. 장의가 풀려나면 장의는 그대 은덕을 기리며 잊지 않을 것입니다. 게다가 그대는 초 왕의 총애를 계속 받을 것이고 진과 연결하여 장의까지 이용한다면 그대의 자손 중에는 반드시 초나라 태자가 나올 것입니다. 무엇을 망설이십니까?"

정수는 급히 초 왕에게 달려가 그를 설득해 장의를 석방하였다.

特

절(寺, 사)에 매어 놓은 소(牛, 우)

수소 특, 우뚝할 특, 특별할 특, 가장 특, 짝 특, 뛰어날 특, 수컷 특, 다만 특.

모든 민족은 자신들이 특별하게 뛰어나서(特) 세계의 중심에 산다고 믿는다. 그들의 부족신은 세계를 관장하는 유일신唯一神이며 자신들만이 그 신으로부터 선택되었다고 확신한다. 이러한 집단 속에서 성장한 개인은 집단의 정체성을 물려받는다.

우리라는 감정은 여기에서 나타난다. 지나친 동질성은 낯선 이에 대한 배척으로 드러난다. 우리는 진화 과정에서 협동과 연대를 배웠다. 그래서 인간에게 집단에 대한 소속감은 강렬하다.

생존을 위해 형성된 원초적原初的 신경계神經系는 우리의 뇌 속에 뿌리 깊은 이분법적二分法的 사고를 새겨 놓았다. 모든 대상을 흑과 백, 선과 악, 친구 아니면 적으로 바라보는 경향을 심어놓은 것이다.

이러한 이분법적 경향 때문에 우리는 낯선 것, 나와 다른 것, 그리고 공포의 대상이 될 가능성이 있는 것은 무조건 위험하다는 편견을 갖게 되었다.

駭 말(馬, 마)이 돼지(亥, 해) 보고

놀랄 해, 북 울릴 해.

나이든 대신들이 앉아있는 자리에서 세종은 시습에게 시를 지어보라고 운을 주었다. 시습은 바로 그 자리에서 시를 지었다. 세종은 놀라고(駭) 감탄하여 신하들에게 시습을 잘 돌보아 주라고 명했다.

어떤 대신 하나가 이에 시샘이 나서 시습에게 물었다.

"고장난명孤掌難鳴이란 말이 있다. 너는 한 손바닥으로 소리를 낼 수 있겠느냐?"

시습은 아무 말 없이 대신의 앞으로 걸어가더니 손을 들어 대신의 뺨을 후려갈겼다.

躍 다리(足, 족)를 쭉 펴고(翟, 적)

뛸 약.

곡선이나 동그라미를 그리는 그림쇠, 직선을 긋는 먹줄, 네모꼴을 만드는 곱자 따위를 빌어 사물을 규격에 맞추는 것은 자연스런 본성을 해치는 짓이다. 밧줄이나 갖풀·옻칠 따위로 사물을 꼭 묶거나 달라붙게 하는 것은 본래의 성격을 방해하는 짓이다. 마찬가지로 예악에 따라 몸을 굽히고 인의에 좇아 천하 사람들의 마음을 위로하는 것은 인간 본래의 원형질을 잃은 것이다.

세상에는 변함없는 일정한 모습이 있다. 그것은 굽어도 그림쇠에 의하지 않고 곧아도 먹줄에 의하지 않으며 달라붙어도 갖풀이나 옻칠에 의하지 않고 다발로 묶어도 노끈이나 밧줄에 의하지 않는다.

모두 자연스럽게 자신의 모습을 지킨다.

그러므로 온 천하의 사물이 뛸 듯이(躍) 생겨나지만 어째서 생겨나는지를 모르고, 각자의 처지를 지니면서도 어떻게 그 처지를 얻게 되었는지를 모른다.

도道는 예나 지금이나 일정한 모습을 계속 지니며 훼손되지 않는 것이다.

招 손(扌, 수)으로 부르니(召, 소)

뛰어 넘을 초, 손짓할 초, 불러올 초, 들 교.

오吳 육적은 여섯 살 때 구강에서 원술을 만났다. 원술은 귤을 꺼내서 손짓하여 초招 육적을 불렀다. 육적은 몰래 귤 세 개를 품속에 숨겼다. 육적이 원술은 떠날 때 인사를 하자 품속에서 귤이 떨어졌다. 원술은 말했다.

"너는 어째서 손님에게 준 귤을 몰래 가지고 가는가?"

육적은 엎드려 정중하게 말했다.

"돌아가서 어머님께 드리려 품속에 넣었습니다."

이 일이 육적의 첫 기회가 되었다.

驤 말(馬, 마)이 도와서(襄, 양)

말 뛸 양, 날칠 양.

안연이 노 정공과 누대에 청처짐하게 앉아 있는데 마침 동아필이 말을 몰고 대 아래를 지나갔다. 정공이 동아필의 말 모는 솜씨를 칭찬하였다. 그러자 안연이 말했다.

"멋지기는 멋지지만 저 말은 장차 뛰다(驤) 실족할 것입니다."

이 말을 듣고 정공은 불쾌해졌다.

"내가 듣기로 군자는 참언을 하지 않는다 하던데 군자도 때때로 참언을 합니까?"

이번에는 안연이 불쾌해져서 말없이 계단을 내려갔다. 그런데 잠시 후 말이 거꾸러졌다는 소식이 들려왔다. 정공이 자리를 박차고 일어났다.

"어서 수레를 보내 안연을 모셔 오라."

안연이 오자 정공이 물었다.

"어떻게 그것을 미리 알았습니까?"

안연이 말했다.

"저는 정치를 통해 첫비두를 알게 되었습니다. 옛날 순 임금은 사람을 부리는 데 뛰어났고 조보는 말을 부리는데 뛰어났지요. 그런데 순 임금은 그 백성을 끝까지 몰고 가지는 않았으며, 조보는 말이 힘을 다 쓰게 하지는 않았습니다. 이 때문에 순 임금은 백성을 잃지 않았고 조보는 말을 잃지 않았던 것입니다. 그러나 방금 동아필이 말 모는 것을 보니 수레에 올라 고삐를 잡은 자세는 정확합니다. 돌고 걷고 뛰고 하는 방법도 모두 예에 맞습니다. 그러나 멀고 험한 곳까지 내달았을 때 말은 그만 힘이 다하고 맙니다. 그래도 그의 요구는 끝이 없었습니다. 그것을 보고 저는 그 말이 실족할 것을 알게 된 것입니다."

114 誅斬賊盜, 捕獲叛亡
주 참 적 도 포 획 반 망

도둑은 베어 죽이고
배반하여 도망친 사람은 잡아 가둔다.

誅斬 : 베어 죽이고

賊盜 : 적과 도는

捕獲 : 사로잡는다.

叛亡 : 배반하거나 도망한 자는

『좌전』 '殺人不忌曰賊 竊賄爲盜' – 사람 죽이기를 꺼리지 않는 자를 일컬어 도적이라 하고 재물을 훔치면 도둑이 된다.

『장재』 '賊盜如豺虎' – 도둑은 승냥이나 범과 같다.

「매요신」 '津頭吏卒雖捕獲 官司直惜儒衣裳' – 나루 앞에서 서리와 병졸들이 비록 도둑을 잡았으나 관청의 재판관은 도둑이 선비의 옷을 입고 있음을 애석해 했다.

誅 말(言, 언)을 빨갱이(朱, 주) 같이 하면

벨 주, 꾸지람 주, 벌줄 주, 갈길 주.

허세겸의 딸 허녀는 열일곱 살 때 임진왜란을 맞아 그녀를 겁탈하려는 왜병에게 몰리자 나무를 두 팔로 끌어안고 버티었다. 일이 되지 않자 성이 난 왜병은 허녀의 두 팔을 칼로 자르고(誅) 가버렸다.

허녀는 생명을 건지자 산에 들어가 살았다. 주로 절간의 여러 일을 도우며 살았는데 두 팔이 없어도 입으로 바느질을 했고 만다라를 수놓았다. 입에 붓을 물로 시화를 쳤으며 수백 권의 사경을 남겼다.

斬 수레(車, 거)에 묶은 도끼(斤, 근)로

베일 참, 끊을 참, 목 베일 참. 죽일 참. 거상 입을 참.

마고의 두 딸이 네 천인과 네 천녀를 낳았는데, 네 천인은 율을 짜고 네 천녀는 여를 짜고 마고는 율여를 적당히 잘랐다(斬).

우주가 이루어진 힘의 근원이 바로 율여이다. 율은 자유자재한 흐름을 말하며 여는 흐름을 구성하는 요소이다. 율과 여가 결합하여 온갖 사물이 나타날 때, 제일 먼저 생겨난 것이 소리이며 이것은 바로 신의 음성이었다.

신은 모든 사물에 내재해 있고 모든 곳에 두루 편재한다. 그래서 내가 기도하면 신은 반드시 응답하게 되어있다. 기도하는 방법은 기원이 미리 이루어졌음을 스스로 축하하고 신에게 감사하면 된다.

賊 재물(貝, 패)을 약탈하는 오랑캐(戎, 융)

도적 적, 해칠 적.

측則에 과戈를 더한 자이다.

측則은 원래 상鼎에 도刀를 더한 형태이다. 맹세를 세발솥 정鼎에 새겨 기록한다는 뜻이다.

네모난 세발솥에 계약 관계를 기록한 것을 제劑라고 한다.

적賊은 제기 종류에 새기는 계약에 창(戈)을 들이댄 것이다. 이것은 도盜가 씨족 맹세를 모독하고 그로부터 이탈하는 것과 유사한 의미를 지닌 행위이다. 적賊 또한 맹세를 깨트리는 사람이다.

盜 다음(次, 차)에는 그릇(皿, 명)을

훔칠 도, 도적 도.

옛 문헌에 나타나는 도盜는 단순히 물건을 훔치는 사람이 아니다.

나라를 훔치는 것까지는 아닐지라도 그에 가까운 대도大盜이고 망명자이며 불만을 품고 무리를 지어 기존 질서에 반항하는 자를 의미하였다.

『장자』에 나오는 도척盜跖은 따르는 사람만도 수천 명으로 그들은 천하를 거리낌 없이 횡행한 대집단이었다. 정치적 암살이나 질서 파괴 행동은 거의 도盜에 의하여 행해졌다고 보면 된다.

도盜의 첫째 조건은 망명자였다. 공자도 망명 중일 때 죽여도 죄가 없는 도盜로 취급되었다.

도盜는 그릇 안에 있는 것을 침 흘리며 탐하는 어릿보기 절도범과는 한참 거리가 있다. 그는 체제를 부정하는 자이며 씨족사회로부터 탈락한 자이다. 혈皿은 맹세문서를 담는 그릇이며 씨족 성원으로서 맹약을 뜻한다. 도盜는 그와 같은 씨족 유대를 버리고 씨족으로부터 떨어져 나간 자였다. 맹세문서나 혈맹에 사용하는 그릇에 물을 끼얹어서 그것을 모독하고 저주하는 것은 씨족 유대를 포기하고 씨족 신령을 모독하는 행위였다. 감히 그러한 행동을 하는 것이 도盜이다.

대도무문大盜無門!

捕 아무개(甫, 보)를 손(扌, 수)으로

사로잡을 포.

패공은 역이기를 고양에서 등용했다. 역이기는 진류 점령에 공을 세워 광야군이 되었다. 이에(焉) 그는 자주 패공의 특사가 되어 각국 제후들 사이를 돌아다녔다.

어느 날 역이기는 제齊 왕을 만나 흰목 쓰는 소리를 했다.

"대왕께서는 천하가 누구의 손에 돌아갈 것이라고 생각합니까?"

"모르겠소."

"대왕께서 그것을 아신다면 제는 존속할 수 있으나 만일 모른다면 제는 견디지 못할 것입니다."

"누구 손에 들어가겠소?"

"한나라로 돌아갑니다."

"무슨 연유로 그렇게 말할 수 있소?"

"한 왕과 항 왕이 힘을 합쳐 서쪽을 향해 진을 공격했을 때, 먼저 진의 도읍 함양에 들어간 자가 진의 왕이 된다는 약속을 했습니다. 그런데 한 왕이 먼저 함양에 들어갔음에도 항 왕은 약속을 어기고 오히려 척박한 한중의 왕으로 삼았습니다. 항 왕은 다시 의제를 죽였습니다. 한 왕은 촉과 한중의 군사를 모아 함곡관까지 나와 이를 추궁하였습니다. 한 왕은 천하 사람들과 이익을 같이 나누는 사람입니다. 천하의 호걸과 현인들이 한 왕을 위해서 싸웁니다. 항 왕은 남의 공로는 모른 척하고 남의 죄는 결코 잊지 않습니다. 전쟁에 이겨도 포상하지 않고 성을 함락시켜도 봉읍을 주지 않고 오직 항 씨 일족만 감싸고돕니다. 이러한 항 왕에 뜻있는 자들은 배반하고 지혜 있는 자들은 원한을 품습니다. 따라서 천하 사람들이 점차 한 왕에게 귀속한다는 것은 물이 흐르듯 자연스러운 일입니다. 한 왕이 촉과 한중에서 나와 진의 옛 땅을 평정하고 서하를 건너 상당의 군대와 합류하여 성안군 진여를 처단하고 북방의 위를 격파하여 32개의 성을 점령한 것은 인간의 일이 아니라 하늘의 의지를 대신한 일이라 하겠습니다. 한 왕은 이제 막대한 군량을 비축한 오창을 근거지로 성고를 튼튼히 하고 백마의 나루터를 지키며 태행산맥 출구를 막고 비호의 관문을 제압하고 있습니다. 그러므로 제후들은 항복이 늦을수록 빨리 멸망하고 말 것입니다. 대왕께서는 하루바삐 한 왕에게 항복하시어 나라를 보존하시기 바랍니다."

제 왕은 그 말을 옳게 여겨 역성 일대의 방비를 풀었다. 그리고 역이기와 매일 술 잔치를 벌였다.

한신은 역이기가 유세만으로 제나라 70성을 얻었다는 것을 알자 홍뚱거리며 평원에서 야간 도하를 하여 제를 기습했다.

제 왕은 역이기가 자기를 속였다고 사로잡아(捕) 화를 냈다.

"네가 한신의 진격을 멈추게 할 수 있다면 살려주되 그렇지 못하면 삶아 죽이겠다."

역이기는 조용하게 말했다.

"대사를 도모하는 자는 사소한 일에 구애받지 않으며, 훌륭한 덕을 갖춘 자는 그 말씨 따위에 구애받지 않습니다. 제가 감히 대왕을 속일 이유가 있겠습니까?"

제 왕은 역이기를 솥에 넣어 삶아 죽이고 병사를 거느리고 동쪽으로 도망갔다.

獲 원래는 사냥에서 잡은 포획물. 새를 가지고 있는 모양

얻을 획, 노비 획, 심심할 확.

전쟁에서 적군을 포획했을 때, 적군 머리나 왼쪽 귀를 잘라서 이것으로 공을 헤아렸다.

여자 포로나 노예를 뜻하기도 한다.

취取도 귀를 벤다는 뜻이 있다.

叛 반(半, 반)은 뒤집어진(反, 반) 모양

배반할 반, 달아날 반, 나누일 반.

공명이 사마의와 기산에서 싸울 때 촉은 모든 요충지要衝地에 방어선防禦線을 쳤으나 후방과 연락 루트인 가정이 취약했다. 누구를 수비대장으로 보내야 할지 공명은 고민했다. 그때 마속이 나섰다.

"제가 중임을 맡겠습니다. 만약 실패한다면 어떤 벌이라도 달게 받겠습니다."

평소 공명이 신임하던 장수인지라 공명은 절대로 평지에 진을 치라고 당부하고 안심하고 맡겼다.

사마의는 가장 약한 가정을 포위하고 공격하기 시작했다. 마속은 며칠 동안 잘 버텼다. 그러나 그는 공명의 지시대로 평지에 진을 치지 않고 산위에 진을 쳐 점차 물이 떨어지고 있었다. 결국은 견디지 못하고 패주하고 말았다. 사마의는 가정의 군량미를 모두 불태우고 돌아갔다. 이것은 촉군에게 치명타致命打가 되고 말았다.

공명은 기대를 배반하고(叛) 돌아온 마속을 군법에 의거 참형에 처했다. 장수 한 명이 아쉬운 상황이었다. 그러나 군율을 유지하기 위해서 눈물을 흘리며 목을 베었다(泣斬馬謖읍참마속).

亡 칼을 쓰고 옥에 갇힌 모양

망할 망, 죽일 망, 없어질 망, 죽은 사람 망, 죽을 망, 도망할 망.

❀ 未亡人(미망인)

『좌전』「소공이십팔년」에 나온다. 원래는 홀어미의 자칭이다. 남편이 죽으면 응당 따라 죽어야 할 몸임에도 욕되게 살아 있다는 뜻인데 지금은 과부를 존칭하는데 쓰고 있다.

115 布射遼丸, 嵇琴阮嘯

포 사 료 환 혜 금 완 소

여포 궁술, 용의료 구슬 던지기
혜강 거문고와 완적 휘파람.

布射 : 여포의 활쏘기

遼丸 : 용의료의 포환

嵇琴 : 혜강의 탄금

阮嘯 : 완적의 휘파람

布 손으로 헝겊을 들고 있는 모양

베 포, 피륙 포, 벌릴 포, 돈 포, 베풀 포.

중산 임금이 도읍에서 사대부들을 불러 잔치를 벌였다. 이때 사마자기도 초청을 받았다. 양고기 국을 서로 나누어 먹을 때 마침 사마자기에게 몫이 돌아가지 못했다. 사마자기는 분을 품고 초로 달려가 초 왕을 부추겨 중산을 치게 했다.

이에 중산왕은 패하여 도망쳤다. 그런데 마지막까지 초초하게 보이는 두 사람이 남아 창을 들고 왕을 지켰다. 왕은 초설해서 물었다.

"그대들은 왜 아직도 나를 따르고 있는가?"

두 사람을 입을 모아 대답했다.

"저희 아버지는 어느 해 가뭄이 들어 굶어죽기 직전에 왕께서 식은 밥을 내려 살려 주었습니다. 나중에 아버지가 돌아가시면서 만약 중산왕에게 무슨 일이 생기면 죽음으로써 보답하라고 하였습니다."

이 말을 듣고 중산왕은 하늘을 보며 탄식했다.

"남에게 무엇을 베풀 때에는 양에 관계없이 곤란할 때 베푸는(布) 것이 중요하고, 남에게 원한을 살 때는 깊고 얕음에 관계없이 그 마음을 상하게 하는데 있구나. 내가 한 사발 양고기 국물에 나라를 망치고 한 그릇 찬밥에 너희 두 용사를 얻었구나!"

射 화살을 쏘는 모양

쏠 사, 화살같이 빠를 사,·맞추어 취할 석, 목표를 잡을 석.

어느 날 물고기 한 마리가 뭍에 나갔다 온 거북이를 만났다.

"자네 요즘 보이지 않더니 어딜 다녀왔는가?"

거북이 말했다.

"육지에 다녀왔다네."

"육지라니 거기가 어딘가?"

"그곳은 물밖에 있는 마른 땅이라네."

물고기가 소리쳤다.

"마른 땅이라고? 세상에 그런 곳이 어디 있나? 그런 곳은 상상도 할 수 없는 곳이 아닌가?"

"자네로서는 그렇게 말할 수밖에 없겠지만 아무튼 나는 그런 곳에 다녀왔다네."

"그럼 그곳이 어떤 곳인지 어디 한 번 말해보게. 깊은 곳인가, 얕은 곳인가, 둥근 곳인가 각진 곳인가, 차갑던가, 따뜻하던가, 흐리던가, 맑던가, 물이 세차게 흐르던가, 고요하게 흐르던가, 거품은 얼마나 일던가?"

거북은 그러한 모습들은 결코 없었다고 하니 물고기가 쏘듯이(射) 말했다.

"그렇다면 거기는 결국 아무 것도 아닌 곳이네. 자네는 내가 물은 모든 것에 대해 그렇지 않다고 하니 그렇다면 도대체 그곳은 무엇이란 말인가?"

이럴 때는 대답을 하지 않는 것이 좋다. 불교에서는 그것을 무기라고 한다.

遼 사람이 웃으며 걸어가는 모양

멀 료.

제齊 풍훤은 워낙 가난해서 끼니를 이을 수 없었다. 그는 맹상군 식객이 되기를 청했다. 맹상군이 그를 보고 말했다.

"그대는 무슨 취미가 있소?"

"별로 없습니다."

"그러면 특기나 기능은?"

"아무것도 능한 것이 없습니다."

맹상군은 웃으며 식객으로 받아들였다. 식객들은 모두 그를 천하게 여겼고 음식도 형편없는 대접을 받았다. 얼마 후 풍훤은 기둥에 기대 앉아 거문고 대신 칼을 두드리며 노래를 불렀다.

"장협아 돌아가자. 여기서는 밥 먹을 때 고기 한 점 없구나."

이 노래를 들은 맹상군은 고기를 주라고 명했다. 얼마 후 풍헌은 다시 칼을 두드리며 노래를 불렀다.

"장협아 돌아가자. 여기서는 밖에 나갈 때 타고 다닐 수레도 없구나."

식객들은 비웃으며 맹상군에게 이를 알렸다. 맹상군은 수레를 주었다. 풍훤은 수레를 칩떠 타고 장협을 들고 친구들에게 뽐내며 다녔다. 얼마 후 그는 다시 장협을 두드리며 노래를 불렀다.

"장협아 돌아가자. 여기서는 가족을 먹여 살릴 수가 없겠구나."

맹상군은 사람을 시켜 풍훤 노모에게 양식을 보내 궁핍하지 않게 해 주었다.

어느 날 맹상군은 식객들에게 회람을 돌렸다.

"누가 회계를 아는가? 나를 위해서 먼(遼) 설 땅에 가서 빚을 받아올 사람이 있는가?"

풍훤이 능能 자를 써서 사인을 했다. 맹상군은 놀랐다.

"아니 이게 누군가?"

측근 식객이 말했다.

"장협아 돌아가자는 노래를 불렀던 그 자입니다."

"그렇군, 내가 그를 너무 무시했던 것은 아닌가?"

맹상군은 풍훤을 불러 말했다.

"나는 사무가 번거로워 마음이 피곤하고 걱정이 많아 항시 혼란합니다. 내가 어리석고 공무에 바빠 선생에게 소홀했던 점 용서해 주십시오. 그래도 선생께서는 저를 위해 어려운 일을 자청했으니 부디 설 땅에 가서 빚을 받아다 주기를 바랍니다."

"저도 원하던 바입니다."

풍훤은 수레를 준비하고 행장을 꾸려 채권債權 계약서契約書를 가지고 떠나면서 물었다.

"빚을 다 받으면 그 돈으로 무엇을 사 가지고 돌아올까요?"

맹상군은 웃었다.

"선생이 보기에 우리 집에 부족하다고 여기는 것이 있으면 사 오시길 바랍니다."

풍훤은 설에 도착하자마자 관리를 시켜 채무자債務者들을 불러 모아놓고 채무 금액이 문서 내용과 맞는지를 일일이 확인하였다. 그리고는 맹상군 명령이라면서 채무계약서를 모두 그들이 보는 앞에서 불에 태워버렸다. 백성들은 모두 만세를 불렀다. 풍훤은 바로 말을 몰아 새벽같이 제로 돌아왔다. 맹상군은 놀라서 얼른 의관을 갖추고 그를 맞았다.

"그래 빚은 다 받았소? 그 어려운 일을 어떻게 이리도 빨리 할 수 있었단 말이오?"

"빚은 모두 받았습니다."

"그러면 무엇을 사 가지고 왔소?"

풍훤은 자신 있게 말했다.

"제가 깊이 생각해 보니 그대 집에는 금은보화가 가득하고 살진 가축들이 마구간에 가득차고 후궁엔 미녀들이 소란스러우니 도대체 부족한 것이 없었습니다. 그래서 더 곰곰이 생각하여 의義를 사서 돌아왔습니다."

"아니 의義라니요?"

"지금 그대가 가진 조그만 봉지인 설 땅 백성들을 자녀처럼 사랑해 주지는 못할망정 오히려 그들에게 빚을 주어 이익을 도모하고 있으니 이것은 대인으로서 의롭지 못한 행동입니다. 그래서 제가 그대의 명령이라 속이고 채무문서를 모두 태워버렸습니다. 그들은 모두 맹상군 만세를 불렀습니다. 이것이 바로 제가 사온 의義입니다."

맹상군은 차마 질책하지 못하고 얼굴색이 변한 채 말했다.

"수고 했소. 가서 쉬시오."

그로부터 1년이 지나지 않아 제왕은 맹상군에게 사직을 권고했다. 맹상군은 할 수 없이 봉지 설 땅으로 갔다. 아직 백 리 전인데도 불구하고 설 백성들은 맹상군을 영접하기 위해 길을 메웠다. 맹상군은 풍훤을 돌아보며 웃었다.

"선생이 나를 위해 사온 것을 오늘에야 보게 되었습니다."

丸 아홉(九, 구) 다음에 점을 찍으면(丶, 주)

알 환, 탄환 환, 둥글 환, 구를 환.

당唐 현종이 육십이 넘은 나이에 양귀비와 태액 연못가에 나가 연꽃을 구경하고 있었다. 현종은 좌우에 시립한 사람들에게 양귀비를 가리키면서 말했다.

"연못에 핀 연꽃의 아름다움도 말을 이해하는 꽃에는 미치지 못하는구나."

여기서 해어화解語花라는 말이 생겨 설부화용雪膚花容과 함께 미인을 뜻하게 되었다.

현종은 양귀비를 위해 여주를 수천 리 밖 영남에서 날라 왔다. 파발은 맛이 변하지 않고 싱싱한 여주를 황제에게 바치기 위해 주야로 날랐다. 때문에 말이 쓰러지고 사람이 굴러(丸) 구덩이에 빠져 죽는 일이 잦았다.

嵇 그 산(山, 산)에서 벼(禾, 화)가 특히(尤, 우) 잘 자란다

산 이름 혜, 사람 성 혜.

혜(嵇)강은 위魏 유력가有力家에서 태어나 위 종실 여인과 결혼해서 중산대부에 임명되었다. 그러나 정치에는 관심이 없어, 허난 성에 있는 그의 집 근처 대나무 숲에서 유명한 여섯 친구들과 어울려 바둑 두고 춤추고 추축하기를 즐겼다. 자신의 괴벽에 대한 해학적諧謔的인 묘사와 그의 사상이 섞여 있는 시와 산문들은 도덕과 관습을 벗어난 무위자연無爲自然을 노래했다.

나중에 그는 금속을 세공하고 연금술鍊金術에 몰두함으로써 당시 손으로 하는 노동을 천하게 여기던 유학자儒學者들에게 경멸을 받았다. 인습을 벗어난 행동과 선동적 성격이 다분한 그의 사유는 결국 불행을 가져왔다.

그는 귀공자 종회에게 무례를 범해 분노를 샀고 이 때문에 반란죄叛亂罪 누명을 쓰고 사형을 선고받았다. 이때 삼천 명이 넘는 제자들이 그를 대신해서 극형을 받기를 원했으나 그는 평온하게 피리를 불며 처형당했다.

琴 지금도(今, 금) 왕(王, 왕)이 좋아하는 악기

거문고 금.

❀ 人琴之嘆(인금지탄)

진晉 왕헌지가 죽자 친구 왕휘지가 초상집에 왔다. 휘지가 빈소에 곡은 하지 않고 곧장 서재로 들어가더니 평소 친구가 아끼던 거문고를 타기 시작했다. 그러나 아무리 애를 써도 음률이 맞지 않았다. 그는 한탄하며 말했다.

"아아, 사람과 거문고가 같이 갔구나(嗚呼 人琴俱亡)."

그는 그만 기절하고 말았다. 그리고 한 달 후에 끝내 친구를 따라 세상을 하직하였다.

阮 언덕(阝, 부)에 원래(元, 원) 서있던

관문 완, 성 완, 원나라 원.

완(阮)적은 젊어서 보병교위 벼슬을 지내 보통 완 보병이라고 불렀다. 괴짜 시인으로 죽림칠현竹林七賢 가운데 가장 유명하다.

죽림칠현은 3세기에 활동했던 일곱 시인과 철학자들로, 그들은 세상 압박으로부터 도피하여 술 마시고 시를 지으면서 세월을 보냈다.

명문집안에서 태어난 완적은 부패한 정치로부터 자신을 보호하기 위해 미친 사람 행세를 하면서 시와 산문을 통해 지배층을 비판했다. 결국 위 조정 눈을 피해 시골에서 쾌락과 시에 묻혀 살았다. 그의 시는 전체적全體的으로 음울하고 비관적悲觀的이며, 어려운 시대에 대한 견해가 잘 드러나 있다.

嘯 입(口, 구) 안에서 엄숙하게(肅, 숙) 나오는 소리

휘파람 소, 세게 뿜을 소, 읊을 소.

유비가 원술과 싸우는 틈을 타 여포는 유비를 배신하고 하비를 점령하여 서주자사라 자칭하였다. 원술은 이를 이용하려 여포와 우호관계를 맺었다. 유비는 원술에게 패하고 갈 곳이 없게 되자 다시 여포에게 귀의했는데, 원술이 기령을 보내 유비를 죽이려 하였다. 여포는 화극에 화살을 쏘아 적중시키는 대단한 활솜씨로 기령을 돌려보냈다. 이에 조조는 여포를 좌 장군에 임명했다.

198년 여포는 원술과 연합하여 조조에게 맞섰다. 조조가 여포를 포위하자 여포는 항복하고자 했으나 진궁이 저지했다. 원술은 기병 1천 기를 이끌고 직접 여포를 구원하려했으나 조조의 공격에 져 도망갔다. 진궁은 여포에게 자신은 성을 지키고 여포는 병사를 이끌고 성 밖으로 나가 적군 군량을 끊으며 서로 협공한다면 조조를 물리칠 수 있다고 설득했으나, 초선이 반대하자 결국 진궁의 진언을 받아들이지 않았다.

삼국지에 의하면 여포는 꾀가 없고 시기심이 많아 군사를 제대로 다스리지 못했고 휘하 제장들은 뜻이 달라 서로 의심했으므로 번번이 전투에서 패했다고 한다. 또 음악을 사랑해 휘파람(嘯)을 잘 불었다고 한다.

조조가 여포를 포위하고 3개월이 지났을 무렵, 여포 부장 후성은 사소한 일로 여포에게 크게 책망을 받았는데 이 일로 인해 그는 진궁을 사로잡은 뒤 군을 이끌고 조조에게 투항했다.

여포는 남은 부하들과 백문루에 올라 저항하려 했으나 오히려 부하들이 그를 묶어 조조에게 항복하여 목이 잘리고 말았다. 그러나 초선이 끝까지 여포와 같이 살았던 것을 보면 여포에게도 무언가 사람을 끄는 인간적인 매력이 있었지 싶다. 어쨌든 아무리 영웅이라도 일찍 죽거나 투쟁에서 지면 스타일을 구기는 법이다.

116. 恬筆倫紙, 鈞巧任釣
념 필 륜 지 균 교 임 조

몽염은 붓을, 채륜은 종이를 만들었고 마균은 지남차를 만들고, 임공자는 낚시질을 잘했다.

恬筆 : 몽염의 붓

倫紙 : 채륜의 종이

鈞巧 : 마균의 지남차

任釣 : 임공자의 낚시질

恬 혀(舌, 설)에다 마음(忄, 심)을 써서

편안할 념, 편안 념, 고요할 념, 태평한 모양 념.

몽염은 선조가 제나라 사람이다. 할아버지 몽오는 제에서 진으로 와 소왕을 섬겨 상경에 이르렀다. 몽오는 시황제 7년에 죽었다. 그의 손자가 몽염이다.

한때 옥관이 되어 형옥에 관한 문서를 맡기도 하였으나 시황제 26년 진의 장군이 되어 제나라를 공격하여 승리하고 칩뜬 김에 내사에 임명되었다. 진이 천하를 통일하자 몽염은 30만 군사를 이끄는 장군이 되어 북방에서 흉노를 치는 임무를 맡았다. 당시 몽염 이름만 들어도 흉노는 벌벌 떨었다 한다.

시황제가 죽고 호해가 권력을 잡자 조고는 승상인 이사와 결탁하여 북방을 지키던 장자 부소와 몽염에게 자결하라는 명령을 내렸다. 부소는 영을 이기지 못하고 땅에 창을 꽂아 놓고 말에서 뛰어내려 자결하였다. 몽염은 양주에 유폐되었다.

시황제의 장례가 끝나자 호해는 2세 황제가 되었다. 조고는 호해의 측근이 되어 몽씨 일가를 중상하였다. 몽염이 죽기 전에 사자와 나눈 대화를 적어본다.

"나는 선조로부터 3대에 걸쳐서 진을 위해 공을 세웠으며 충성을 다해 왔습니다. 지금 나는 30만 군대를 통솔하고 있어서 몸은 비록 오랏줄에 묶여 있다 할지라도 진에 반역할 만한 힘을 가지고 있습니다. 그러나 내가 비록 죽을 것은 알면서도 정도를 지켜 반역하지 않는 것은 조상의 가르침을 욕되게 하지 않고 선대 주군을 잊지 않았기 때문입니다. 옛날 주나라 성왕이 즉위했을 때, 아직 어려 포대기에 싸여 있었으나 숙부 주공이 왕을 업고 조회에 참석하여 마침내 천하를 안정시켰습니다. 성왕이 병에 걸려 위독하자 단은 자기 손톱을 잘라 강에 던지며 기도했습니다. '왕은 아직 어리기 때문에 제가 왕을 대신하여 정사를 처리하고 있습니다. 부디 어린 왕에게 잘못을 묻지 마시고 제 목숨을 가져가시기 바랍니다.' 이 일은 그대로 기록되어 문서에 보관되었습니다. 그 후 성왕이 친정을 하게 되자 어느 못된 신하가 '단은 모반하려는 뜻을 가지고 있습니다. 대왕께서 만일 경계를 튼튼히 하지 않으면 큰 일이 날 것입니다.'라고 참소했습니다. 이 말을 들은 왕은 격노했고 단은 초로 망명했습니다. 얼마 후에 성왕이 문서실을 조사하자 단이 예전에 강물에 던진 기도문祈禱文이 발견되었습니다. 왕은 눈물을 흘리며 '단이 모반의 뜻을 가지고 있다고 말한 자가 누구냐?' 하고는 그 자를 죽이고 단을 다시 맞이해 왔습니다. 그래서 '주서'에는 '반드시 세 번 생각하고 다섯 번 궁리하라.' 하여 모든 일은 충분히 검토하도록 했습니다. 저의 권속들은 대대로 두 마음을 품지 않고 충성을 다해 왔는데 마침내 이런 사태에 몰리게 되었습니다. 이것은 틀림없이 간신이 역란을 일으켜 궁중에서 황제를 능멸한 음모입니다. 저 성왕은 과실을 범해도 그것을 다시 고쳤기 때문에 마침내 번영을 가져왔으며, 하 걸왕은 충직한 관용봉을 죽이고, 상 주왕은 충성스런 왕자 비간을 죽이고도 뉘우치지 않았기 때문에 자신도 파멸하고 나라도 멸망한 것입니다. 그러므로 저는 생각건대 과실은 바로잡아야 하며 간언은 받아들여 깨달아야 하며 세 번 다섯 번 생각해서 중요한 것을 통찰하는 것이 가장 영명한 군주라고 말씀드리고 싶습니다. 제가 이 지경을 벗어나기 위해서 하는 말은 아닙니다. 다만 간언을 드리고 죽고자 합니다. 폐하께서는 아무쪼록 저의 말을 생각해 주시길 바랍니다."

사자가 말했다.

"저는 칙명을 받아 장군에게 형을 집행할 뿐입니다. 장군의 말씀을 폐하에게 아뢸 수는 없습니다."

몽염은 한숨을 쉬면서 말했다.

"내가 하늘에 무슨 죄를 지었을까. 아무런 죄도 없이 죽다니 무엇 때문인가?"

잠시 후 그는 조용히 말했다.

"나의 죄는 죽어 마땅하다. 임조에서부터 요동까지 이어지는 만리장성을 쌓으면서 지맥을 끊지 않았다고 말할 수는 없지 않겠는가. 그것이 바로 내가 하늘에 지은 죄이다."

말을 마치자 몽염은 독을 마시고 자결했다.

筆 **대나무**(竹, 죽) **붓**(聿, 율) **모양**

붓 필, 오랑캐 이름 필.

『박물지』에 몽념이 처음 토끼털로 붓을 만들었다는 기록이 있다.

『상서중후』에 검은 거북이가 그림을 등에 지고 나오자 주공은 붓을 가지고 주나라 문자로 그것을 베꼈다고 쓰여 있다.

『예기』「곡례」에 '역사 기록자는 붓을 받들어(承) 공손히 내려놓았다.'라는 문장도 있다.

이런 것을 보면 진 이전에 이미 붓이 만들어져 사용하고 있었던 듯하다. 여러 나라에서는 아직 붓이라는 이름을 붙이지 않았는데 진이 붓이라고 이름을 붙였고 몽념은 그것을 개량했던 모양이다.

『설문해자』에는 '초에서는 그것을 율이라 했고, 오에서는 그것을 불율이라 했고, 연에서는 그것을 불이라 했고, 진에서 그것을 필이라 했다.'고 쓰여 있다.

❁ 春秋筆法(춘추필법)

노魯가 어지러워지자 공자는 제齊로 가 경공을 만났다. 경공은 정치의 도리를 물었다.

"君君臣臣父父子子" – 임금은 임금, 신하는 신하, 부모는 부모, 자식은 자식다워야 한다.

한참 후에 다시 노로 돌아와 사숙을 열고 제자를 가르치며 저술활동을 했는데 『춘추』도 이때 지었다. 『춘추』는 노 은공에서 애공 14년까지 242년 동안의 노나라 역사를 기록했다. 저술의 원칙은 기사記事 정명正名 포폄褒貶이었다. 이 원칙에 의거하여 오직 객관적 사실에 입각하여 기록하는 것을 춘추필법이라 한다. 동호지필董狐之筆이란 말도 통한다.

倫 사람(亻, 인)이 같이 살려면(侖, 륜)

인륜 륜, 무리 륜, 조리 륜, 의리 륜, 떳떳할 륜, 가릴 륜.

맹상군이 제齊에서 면직되었다가 다시 복직되어 임치로 돌아오는 길이었다. 담습자가 교외까지 마중 나와 물었다.

"그대는 그대를 쫓아낸 제나라 사대부 무리(倫)에게 아직도 원한을 품고 있겠지요?"

맹상군은 단호하게 말했다.

"그렇소."

"그렇다면 반드시 그들을 죽여 버릴 것입니까?"

"그렇소."

담습자가 조용히 말했다.

"일에는 반드시 끝을 맺어야 할 일이 있고 이치는 반드시 그럴 만한 이유가 있습니다."

맹상군이 물었다.

"무슨 뜻이요?"

"일에는 반드시 끝이 있다는 것은 죽음을 말하는 것이고, 이치는 반드시 그럴 만한 이유가 있다는 것은 사람들은 부귀한 자에게 모여들고 빈천한 자는 멸시한다는 것을 말합니다. 시장을 비유해서 말씀드리면 시장이란 아침에는 사람들이 모이지만 저녁이 되면 텅 비고 맙니다. 이것은 사람들이 아침 시장을 사랑하고 저녁 시장을 미워해서가 아닙니다. 구하는 것이 있으면 가고 구하는 것이 없으면 떠나 버리기 때문입니다. 그러니 그대의 경우도 마찬가지입니다. 그러니 옛 일에 대한 치지한 원망은 덮어 두는 것이 옳습니다."

이 말을 듣고 맹상군은 원한을 품었던 오백 명 이름을 적어 두었던 대나무 첩을 불살라 버렸다.

紙 **실**(糸, 사)**이 바탕**(氏, 씨)**이 된**

종이 지, 편지 지.

후한後漢 환관 채륜은 화제 때 황제 비서관인 중상시 벼슬을 하였다. 거기다 천자의 물건을 보관하거나 제작하는 상방령의 일을 겸직하였다. 그는 천자가 은밀히 간직하는 검이나 여러 가지 기구들을 감독해서 만들게 하였는데 모두 정밀하고 견고하여 후세 작품의 모범이 될 만했다.

예부터 문자는 대나무를 쪼개 평평하게 만든 죽간을 연결해서 썼다. 그 뒤에 죽간 과 목독 대신 비단 조각을 사용했는데 바로 여기에서 종이지 자에 실사 자 부수가 붙게 되었다. 그러나 비단 조각은 비싸고 죽간은 무거워 사용하기가 매우 불편했다.

채륜은 나무껍질의 줄기 끝이나 찢어진 천 조각 또는 고기 잡는 망을 가공하는 등 정성을 다하여(旣) 연구를 거듭하여 드디어 종이를 만들어 화제에게 바쳤다. 그 후 사람들은 모두 채륜이 고안한 방법에 따라 종이를 만들어 사용하게 되었다.

이렇게 해서 만들어진 종이는 당시에 주로 글씨를 적던 비단보다도 값이 훨씬 싸고 재료도 풍부했을 뿐만 아니라 질도 뛰어났다. 종이 제조법은 전 중국에 빠른 속도로 퍼졌으며, 마침내 전 세계에까지 널리 보급되었다. 114년 채륜은 용정후에 봉해졌다.

鈞 쇠(金, 금)를 서른 조각(勻, 균)으로 나누어

서른 근 균, 질그릇 만드는 바퀴 균, 천지 균, 고를 균, 높임 말 균.

진秦이 겉으로는 아직 강성해 보일 무렵, 하남성 양무현에 날품팔이로 연명하던 진승은 자주 동료들에게 말했다.

"우리 중에 누가 장차 크게 출세한다면 서로 잊지 말고 도와주기로 하세."

동료들은 웃었다.

"여보게 진승, 자네나 나나 천지(鈞)에 날품팔이 신세 아닌가? 우리 주제에 무슨 출세가 있겠나? 어쨌든 말은 고맙네."

진승이 같이 웃으면서 속으로 말했다.

"제비나 참새 따위가 어찌 홍곡鴻鵠의 뜻을 알겠는가(燕雀安知鴻鵠之志)?"

진승은 기원전 209년 "왕후장상은 씨가 따로 있는 것이 아니다(王侯將相寧有種乎)."라면서 오광과 함께 처음 진 제국에 반기를 들었다. 한때 이들은 회양을 함락시키고 국호를 장초로 정하고 진승이 왕위에 올랐다.

물론 편안해 지자 옛 날품 팔던 동료들을 잘 도왔으리라.

巧 만든(工, 공) 것이 교묘한(丂, 교)

교묘할 교, 공교할 교, 훌륭한 솜씨 교, 거짓말을 꾸밀 교, 재능 교, 똑똑할 교, 어여쁠 교.

줄다리기는 동남아 농민들이 풍년을 기원하는 주술에서 비롯되었다고도 하고 동북아 어민들이 풍어를 기원하는 주술에서 비롯되었다고도 한다.

베트남이나 캄보디아의 줄다리기는 마을의 경계에서 줄을 당기는데 남자는 마을 밖으로 끌고 여자는 마을 안으로 끈다. 남자가 이기면 흉년이 들고 여자가 이기면 풍년이 든다고 믿어 항상 여자 쪽이 이기도록 주최 측의 농간이 교묘하게(巧) 작용했다.

에스키모 어민들은 토굴 환기통換氣筒에 줄을 드리워 집안과 집 밖에서 줄을 당기는데 집안 팀이 밖으로 끌려 나오게끔 진행된다. 낚싯줄에 고기가 걸려 나오는 모양을 그렇게 연결시킨 주술이었다.

우리나라는 풍요와 다산을 상징하는 정월 대보름 날 밤에 암줄 끝 암고리에 수줄 끝 수고리를 비녀못으로 연결하여 다산과 풍년을 같은 의미로 묶었다. 경상도 영산 줄다리기는 줄이 2백 미터나 되었고 소요되는 짚이 천 단을 넘었다. 가닥 줄을 포함하면 거의 2천 명이 줄다리기에 참여하는 주술행사였다.

任 **사람**(亻, 인)**이 짊어지는**(壬, 임)

맡길 임, 믿을 임, 일 임, 임신할 임, 마음대로 임, 쓸 임, 당할 임.

독립회관에서 서재필·안경수·윤치호 등 독립협회獨立協會 사람들이 일요일日曜日마다 사람들을 모아놓고 개화 토론회를 열었다. 우의와 좌의로 나누어 발제하였는데 토론은 고관들에게 맡겼다(任).

어느 날 토론 주제는 도적을 없애는 방법으로 가로등街路燈을 설치하자는 것이였다.

우의에 나온 참판이 팔선상을 짚고 말했다.

"도로에 등불을 많이 켜면 도적들이 숨을 곳이 없어 사라질 것입니다."

좌의에 나온 참의가 칼 손질을 했다.

"도적은 남의 집 캄캄한 다락방이나 어두운 곳간에서 도둑질을 하는데 길바닥만 밝힌다고 도적이 없어지겠습니까?"

청중 속에서 독립협회 회원 윤효정이 말했다.

"관가에 청사초롱을 밝혀놓고 백성의 고혈을 빨아먹는 사모 쓴 도적놈들이 팔도에 널려 있는데 이 도적들에게 가로등이 무슨 소용이 있겠습니까?"

박수소리가 터져 나왔다.

釣 **쇠꼬챙이(金, 금)로 잔질하듯(勺, 작)**

낚시 조, 낚을 조, 구할 조.

존 키트라는 교장은 하루에 회초리로 80명을 때렸다. 그래서 '회초리 교장'이라는 별명이 붙었다. 그러나 학생들은 그를 좋아하고 존경하였다.

정주 오산학교에서 이광수가 국어선생으로 있을 때 교장으로 재직했던 다석 유영모 선생은 매일 출근할 때 싸리나무 회초리 20개를 가지고 와 학생들 종아리를 쳐서 회초리가 다 부러져야 퇴근했다. 선생이었던 이광수도 다석의 회초리를 맞았던 모양이다. 그는 방황하던 시기에 자기를 구한(釣) 것이 유영모 선생의 회초리였다고 만년에 눈물짓곤 했다.

만약 요즘에 이런 선생이 있어 이처럼 회초리를 들고 학생들을 훈계한다면 해가 지기도 전에 서슬이 퍼런 경찰로 교무실이 북적거릴 것이다.

117 釋紛利俗, 並皆佳妙
석 분 리 속 병 개 가 묘

앞의 여덟 사람은 어지러움을 풀어서 세상 사람들에게 이로움을 주었으니
모두가 아름답고 재주가 묘하다.

釋紛 : 번잡함을 풀어

利俗 : 세상에 이로움을 주었으니

並皆 : 모두 아울러

佳妙 : 아름답고 묘하다.

『사기』 '천하의 선비들이 귀하게 여기는 것은 남을 위하여 근심을 없애주고 어려운 일을 풀어주며 어지러운 것을 해결해 주고도 사례를 받지 않는 것이다.'

釋

짐승이 발톱(釆, 변)으로 시체(睪, 역)를 찢어발기는 모양

풀 석, 놓을 석, 주낼 석, 내놓을 석, 둘 석, 풀릴 석, 부처 칭호 석.

역睪은 훼손된 짐승 시체이다.

석釋은 짐승이 발톱으로 짐승 시체를 찢어발기는 모양이다.

紛

실(糸, 사)이 나누어져서(分, 분)

번잡할 분, 많을 분, 어지러울 분.

초楚는 오자서를 등용하지 않아 나라가 쪼개지고, 합려는 오자서를 등용해 패자가 되었다. 그러나 부차는 오자서를 죽여 버림으로써 끝내 나라를 망치고 말았다.

연燕 소왕은 악의를 등용해 연의 군사를 훈련시켰다. 드디어 제를 공격하여 성 70여 개를 쳐부수었다. 그러나 뒤를 이은 혜왕은 악의를 내쫓고 대신 기겁을 그 자리에 앉힘으로써 제 군대는 패하여 성도 다시 잃고 말았다.

아버지가 등용했던 자를 아들이 배척함으로써 어떤 일이 생기는 지를 보여 주는 예는 많다(紛).

利 **벼(禾, 화)를 도정하면(刂, 도)**

이로울 리, 날카로울 리, 길할 리, 좋을 리, 탐할 리, 편리할 리, 이자 리.

리利는 벼 화禾와 칼 도刀 자로 만들어진 회의會意문자로서 칼로 벼를 벤다는 뜻, 즉 수확의 의미를 지닌 말이었다.

후에 이익, 유리한 것, 잘 드는 칼(利刀), 말 주변이 좋은 것(利口) 등과 같이 사물의 순조로운 활동을 가리키는 말로 의미를 확대해서 사용했다.

사상사에서도 이익이라는 의미의 리利가 문제시 되었다. 이익으로서의 리利는 리의 의미 자체로는 시대별로 특별한 변화는 없었지만, 리에 대한 가치 평가에서 그 함의·범위·상호관계 등에 따라 변화가 두루 미쳤고, 이익의 획득 방법과 분배 원칙 그리고 도덕적 기준 및 가치 등에 따라 판단 차이가 생겼다. 가령 이익은 늘리고 폐해는 없앤다고 할 때 리는 긍정되지만, 단지 이익을 늘린다고 말할 때 리는 종종 폄하의 뜻으로 쓰였다.

일반적으로 리가 폐해에 대응될 때는 긍정적으로 쓰이는 반면, 그것이 의義와 인仁에 대응될 때에는 부정적으로 사용된다. 또한 대리大利와 소리小利·공리公利와 사리私利·전리專利와 공리共利 등과 같은 특정한 용어에는 동일한 글자를 쓰면서도 가치 판단에 있어 차이가 나타난다.

俗 **사람(亻, 인)이 골짜기(谷, 곡) 밖으로 나오면**

속될 속, 익을 속, 풍속 속, 세상 속, 속인 속, 하고자 할 속.

정호와 정이는 형제였으나 성격은 서로 매우 달랐다. 정호는 속된(俗) 듯 호방했고 정이는 매사에 깐깐하고 치밀했다.

어느 날 형제는 탕창하고 유곽에 같이 놀러갔다. 정호는 술자리에서 여자들과 벌거벗고 춤추며 즐겁게 놀았으나 정이는 흐트러진 자세를 보이지 않고 꼿꼿이 앉은 채로 술만 마셨다. 자리를 끝내고 집으로 돌아오는 길에 정이가 정색을 하고 형을 나무랐다.

"형님처럼 덕을 갖춘 학자가 오늘 너무 무너진 것이 아닙니까?"

정호가 점잖게 말했다.

"나는 술자리에서만 그 여인을 탐했으나 자네는 아직도 머릿속에 그 여인을 버리지 못했구나."

형제는 다시 웃었다.

무엇이 붙어 있는 모양

아우를 병, 견줄 병, 함께 병.

당唐 현종 때, 뇌물과 아첨으로 재상 자리까지 올라간 이임보는 현종의 뜻에 맹종하여 바른 말을 하는 신하들을 견주어(並) 내치거나 주살하였다. 그가 퇴청하여 하룻밤을 자고 나면 반드시 다음 날 죽일 사람을 정하고 등청했다. 당시 사람들은 이임보를 두려워하여

"임보는 입에는 꿀을 달고 뱃속에는 칼을 지니고 있다." 하였다.

구밀복검口蜜腹劍이란 말이 여기서 나왔다.

皆 흰(白, 백) 빛이 나란한(比, 비) 모양

두루 미칠 개, 모두 개, 다 개, 한 가지 개, 같을 개.

변소는 학문이 높아 모두(皆) 수백 명의 제자를 두었다. 서로 변소의 학숙에 들어가려고 애를 썼다.

변소가 어느 날 낮잠을 자고 있는데 이를 본 제자가 혼자 중얼거렸다.

"선생은 배에 살만 뒤룩뒤룩 찌서 독서를 게을리 하고 매일 잠만 자는구나."

변소가 그 말을 듣고 어느새 일어나 바로 앉은 자세로 대답했다.

"배가 뒤룩뒤룩한 것은 『주역』·『시경』·『서경』·『춘추』·『예기』 오경이 들어 있기 때문이고, 매일 잠만 자는 것은 주공과 꿈에 만나고 조용히 공자와 마음을 함께 하기 위함인데 스승을 비웃기 좋아하는 것은 어느 경전에 나오는 말인가?"

남을 가르치는 선생이 되려면 학문도 깊어야 하지만 특히 몸가짐을 잘 단속해야 한다. 내 스승 오이환 교수가 바로 그런 사람이다. 나는 스승 복이 있다.

佳 사람(亻, 인)이 사는 영토(圭, 규)는

아름다울 가, 기릴 가, 착할 개.

❀ 漸入佳境(점입가경)

고개지는 동진東晋의 화가로 서예의 왕희지와 더불어 명성이 높았다. 사안은 그를 천지개벽天地開闢 이래 최고의 인물이라 극찬했다.

363년 남경의 승려가 와관사를 짓고자 헌금할 사람을 구했다. 그러나 잘 진척되지 않았다. 어느 날 허름한 모습을 한 청년이 오더니 백만 전을 내겠으니 절이 완공되면 알려 달라 하고 가버렸다. 승려는 그 말을 믿고 일단 절을 완공하고 청년에게 연락하였다. 청년은 불당 벽에 유마힐을 그렸다. 얼마나 정교했는지 마치 살아있는 사람 같았다. 이 그림이 소문이나 그림을 보러오는 사람들이 내는 보시가 백만 전을 넘었다.

고개지는 사탕수수를 좋아했다. 늘 가는 부분부터 먼저 씹어 먹었다. 친구들이 그 이유를 묻자 그는 태연하게 대답했다.

"그야 갈수록 단 맛이 점점 더 나기 때문이지."

妙 나이가 어린(少, 소) 여자(女, 여)는

묘할 묘, 신비할 묘, 정미할 묘, 예쁠 묘, 간들거릴 묘, 젊을 묘.

허許 도공이 학질을 앓아 약을 먹다가 약의 독을 이기지 못하고 그만 죽고 말았다. 이에 태자 지는 자신이 그 약을 미리 맛보지 않았다는 죄책감에 시달렸다. 그는 왕위에 오르지 않고 아우 위와 함께 그저 울기만 하였다. 먹는 것은 오직 죽뿐 밥은 한 알도 삼키지 않았다. 계속 자신이 부왕의 약을 맛보지 않은 것에 대해 애통해 하나가 1년을 넘기지 못하고 그도 젊은(妙) 나이에 그만 죽어 버렸다.

이것도 효도라 할 수 있을까?

118 毛施淑姿, 工頻姸笑

모 시 숙 자 공 빈 연 소

모장과 서시는 자태가 아름다워
눈살을 찌푸려도 웃는 모습이 곱구나.

毛施 : 모장과 서시의

淑姿 : 얌전하고 훌륭한 모습

工嚬 : 얼굴을 찡그리고

姸笑 : 웃는 모습도 예뻤다.

『문심조룡』 '盼靑生千淑姿' – 눈동자가 시원하게 살아 있고 나아가 얌전하고 아름답다.
『석문』 '毛嬙古美人一曰越王麗姬' – 모장은 옛날에 살았던 아름다운 여인인데 월 왕이 사랑하던 궁녀였다는 말이 있다.
『관자』 '毛嬙西施 天下之美人也' – 모장과 서시는 천하의 미인이었다.

毛 깃털 모양

털 모, 터럭 모, 나이 차례 모, 반쯤 셀 모, 풀 모, 양 모, 떼 모.

고대 이집트에서는 왕족만 수염을 기를 수 있었다. 왕의 그림을 보면 턱 밑으로 길게 수염 주머니가 있다. 수염 주머니는 파라오의 위엄을 나타냈다. 하트셉수트 여왕은 여자인데도 불구하고 수염 주머니를 찬 모습으로 상을 만들었다.

동양에서도 긴 머리카락과 수염(毛)은 권력의 상징으로 여겼다.

장張 참고.

❀ **吹毛覓疵**(취모멱자)

『한비자』「대체편」 '취모이구소자吹毛而求小疵'에서 나온 말이다. 입으로 털 사이를 불어가면서까지 세밀하게 흠을 찾아낸다는 말이다.

대학원 공부할 때 스승 오이환 교수를 우리끼리 웃으면서 취모멱자할 분이라 하였다. 사람의 흠을 찾는 분이 아니라 논문을 써 가면 구석구석 온통 빨간 줄로 교정을 해 놓아서 그런 말을 들었다.

한 번은 인용한 원문 한자가 틀렸다는 것이다. 나는 내가 가지고 있던 원전을 다시 확인하였으나 실수가 아니었다. 직접 원전을 가져가 보여드렸는데도 역시 고개를 저었다. 나중에 알고 보니 내가 가지고 있던 책보다 더 오랜 책에는 선생님이 지적한 한자로 되어 있었다. 결국 내가 덜 치밀했던 것이다.

施 **남쪽 오랑캐(㐌, 이)에게 사방(方, 방)으로**

베풀 시, 쓸 시, 더할 시, 안팎곱사등이 시, 벙글거릴 시, 버릴 시.

손숙오가 어렸을 때 밖에서 놀다가 머리 둘 달린 뱀을 보고 죽여서 땅에 묻고 집에 와서 울고 있었다. 그의 어머니가 우는 이유를 묻자 숙오는 이렇게 대답했다.

"제가 듣기로 양두사를 본 사람은 곧 죽게 된다고 합니다. 방금 제가 그런 뱀을 보았습니다. 그래서 어머니를 두고 일찍 죽게 될까 걱정스러워 우는 것입니다."

어머니가 다시 물었다.

"그래 그 뱀은 지금 어디에 있느냐?"

"다른 사람이 또 그것을 볼까봐 두려워 죽여서 땅에 파묻었습니다."

이 말을 듣고 어머니는 이렇게 달래 주었다.

"내 듣기로 남몰래 덕을 베푼(施) 사람은 하늘이 복을 내려 보답한다고 하더구

나. 너는 죽지 않을 것이다."

손숙오는 장성하여 초나라 영윤이 되었는데 아직 정치를 펴기도 전에 백성이 그의 어짊을 믿고 따랐다.

어진 사람 뒤에는 항상 현명한 어머니가 보인다.

淑 아저씨(叔, 숙)는 물(氵, 수)을 닮아

착할 숙, 맑을 숙, 화할 숙, 사모할 숙.

『주홍글씨』에서 간통한 여인은 사형을 선고 받는다. 『구약』에도 간음한 여인을 돌로 쳐 죽이는 장면이 나온다. 함무라비 법전에는 간통한 사람은 돌에 매달아 강물에 던지거나 여러 사람이 돌을 던져 죽여도 좋다고 적혀 있다.

궁예는 투미해서 아내가 간통했다하여 달군 쇠꼬챙이로 몸을 찌르고, 그녀를 통해 낳은 두 아들도 죽였다. 조선조 상민들끼리 한 간통은 곤장 백 대에 삼 년 유배형을 내렸다. 양반 부녀자가 간통하면 간부와 더불어 교수형絞首刑에 처했다.

결혼한 남녀가 다른 이성을 사모하는(淑) 것이 이렇게 큰 죄였다.

姿 여자가 부드럽게 서 있는 모양

맵시 자, 태도 자, 성품 자, 취미 자, 모양을 낼 자.

차次는 사람이 입을 벌리고 한탄하거나 영탄하는 모양.

❀ 蒲柳之姿(포류지자)

동진東晋 고열지가 간문제로부터 질문을 받았다.

"당신은 나와 동갑인데 어찌 머리가 그렇게 허옇게 세었소?"

고열지가 말했다.

"송백의 모습은 가을에 서리를 맞으면 더욱 무성해집니다만 포류는 초가을만 되면 가장 먼저 잎이 떨어집니다(松栢之姿 經霜猶茂 蒲柳之姿 望秋先零)."

工 공작기구인 톱 모양(물건을 가려서 숨기는 주술 도구)

공교할 공, 장인 공, 벼슬 공, 만들 공.

정조 때 겨울에 날씨가 외로 따뜻하면 개성과 화산에서 통곡소리가 났다.

겨울이 온난하면 한강에 얼음이 얼지 않는다. 그러면 궁궐의 동빙고·서빙고·궁빙고에 채워야 할 얼음을 먼 평양 대동강에서 운반해 와야 했다. 대동강 얼음을 한양까지 옮기는 일은 개성 등짐장수들에게 공역으로 주어졌다. 평양에서 얼음 한 섬을 지고 한양에 오면 녹아서 서 말로 줄어들었다. 그런 얼음을 겨우내 져 날라야 했으니 생업으로도 먹고 살기 힘든 등짐장수들이 어찌 통곡하지 않을 수 있었겠는가.

정조는 아버지 사도세자의 능을 수원 화산에 옮기고 사방에 덮어씌우듯 소나무를 심었다. 효성이 지극했던 그는 송충이가 소나무 잎을 파먹는 것을 걱정하여 수원 백성들에게 가구당 한 말씩 송충이를 잡도록 공역을 주었다. 추운 겨울은 한 말로 끝나지만 겨울이 따뜻하면 가구당 한 섬으로 배당이 늘어났다. 벼슬아치(工)들의 호령소리가 난무했을 터이니 어찌 통곡소리가 없지 않았겠는가.

嚬 입(口, 구)을 찡그려(頻, 빈)

찡그릴 빈.

❀ **嚬蹙**(빈축)

서시는 절강성 서쪽에 살면서 땔나무를 팔아 작은 솥에 밥을 지었다.

오나라에 패한 월 왕 구천은 회계 치욕을 씻으려고 대부 종이 올린 책략을 받아들여, 서시와 정단에게 아름다운 옷을 입히고 여러 가지 기예를 가르친 뒤 재상 범려를 사신으로 보내 오 왕 부차에게 바쳤다. 오 왕은 서시의 미모에 사로잡혀 정사를 게을리 하여 마침내 월에 패했다.

서시는 오나라가 망한 뒤 범려를 따라 오호에서 놀다 신선이 되었다고도 하고, 오나라 사람이 화가 나 강에 빠뜨려 죽였다고도 한다.

서시는 아마 폐병 환자였던 듯. 언제나 집 앞 평상에 앉아 가슴에 손을 얹고 얼굴을 찡그리고(嚬) 있었다. 폐병을 앓으면 얼굴이 창백해지고 가슴에서 통증이 난다. 그런데 그렇게 모진 병을 앓으며 얼굴을 찌푸리고 있어도 그 모습이 매우 아름다웠던 모양이다. 그 동네 여자들이 모두 서시를 따라 가슴에 손을 얹고 얼굴을 찌푸렸다 하니 그것을 보며 살아야 하는 남자들이 얼마나 괴로웠을지.

빈축嚬蹙이란 말이 여기서 나왔다.

姸 **편한**(幵, 견) **여자**(女, 여)**는**

고울 연, 사랑스러울 연, 총명할 연, 안존할 연.

어머니가 오래 살기를 기원하여 딸이나 며느리가 동짓날에 손수 버선을 곱게(姸) 지어드리는 풍속을 동지헌말이라 한다.

이익은 동지헌말冬至獻襪을 '동지에는 사람 그림자가 하지보다 한 길 세 치가 길어지고 다시 해가 길어지기 시작하기에 이날에 버선을 지어드려 길어지는 햇살을 밟게 함으로써 수명이 길어지기를 기원했다.'고 해석했다.

사실 고대에서 버선을 신는 행위는 성행위를 상징했고 이것이 발전하여 풍년을 기원하는 의미가 추가 되었다.

笑 대나무(竹, 죽)처럼 어여쁜(夭, 요)

웃음 소, 웃을 소.

❀ 一顰一笑(일빈일소)

전국시대戰國時代, 한韓 소공이 어느 날 시종에게 명하여 말 탈 때 입는 바지(袴褶)를 잘 간수하라 하였다. 시종이 심드렁하게 말했다.

"상감께서는 이렇게 다 떨어진 고습을 측근에게 하사하지 않고 간수하라는 말씀입니까?"

소공이 말했다.

"그것은 네가 몰라서 하는 말이다. 나는 일찍이 명군은 일빈일소를 아낀다고 들었다(明主 愛一顰一笑). 임금은 눈썹 한번 찡그리는 것, 한 번 웃는 것이 단순한 일이 아니다. 내가 무공이 있는 사람에게 하사할 터이니 지금은 잘 간수하도록 하라."

119 年矢每催, 羲暉朗曜

년 시 매 최 희 휘 랑 요

세월은 화살처럼 매양 재촉하는데 햇빛은 밝게 빛나는구나.

年矢 : 세월은 화살처럼

每催 : 매양 재촉하는데

羲暉 : 햇빛은

朗曜 : 밝고 빛나는구나.

「나린」'流年催我堪嗟' – 세월이 나를 재촉하니 감당하기가 한탄스럽다.

「왕희지」'是日也天朗氣淸' – 이날 하늘은 맑고 공기는 청량하다.

年 솟대를 세운 모양

해 년, 나이 년, 나갈 년.

년年은 결실을 뜻한다. 년年의 자형은 화禾 밑에 사람 모양을 더한 것으로 아마 화禾를 본뜬 장식물을 머리에 붙이고 춤을 추는 사람 모습일 것이다. 이것은 풍년을 기원하는 춤이다. 곡물의 영으로 분장하고 남녀가 섞여 춤을 추는 모습이다.

위委도 같은 글자이다.

농경의례는 남녀 성적 동작을 그대로 표현하여 곡물穀物 생산력生産力을 자극하려고 의도하였고, 특히 동남아시아 쌀 의례에 비슷한 예가 많다.

矢 화살 모양

화살 시, 곧을 시, 베풀 시, 맹세 시, 똥 시.

문후가 우나라 사람과 사냥을 가기고 약속을 했었다. 약속한 날은 마침 잔치가 벌어져 자리가 즐거운데다 비까지 내리고 있었다. 그러나 문후는 자리에서 일어나 화살 (矢)을 전통에 채웠다. 신하들이 물었다.

"오늘 주연이 이렇게 즐겁고 비까지 내리는데 어디로 가십니까. 더구나 우나라는 우리보다 약소국弱小國인데 조금 무시해도 아무 문제가 없습니다."

문후는 튼실하고 위엄 있게 말했다.

"나는 이미 우나라 사람과 약속을 했소. 비록 잔치에서 노는 것이 더 즐거우나 약속은 저버릴 수 없으니 지금 가지 않을 수 없소."

그리고는 직접 우나라 사람을 찾아가 약속을 미루고 다시 잔치 자리로 돌아왔다.

이때부터 위魏는 강성해지기 시작했다.

每 사람(人, 인)이 어머니(毋, 모)를 생각하는 건

매양 매, 늘 매, 일상 매, 각각 매, 무릇 매, 비록 매, 탐할 매, 여러 번 매, 셀 매, 좋은 밭 매, 풀 더부룩할 매.

상나라 하늘에 제帝 또는 상제上帝라 부르는 지상신至上神이 있었다. 그 상제가 매양(每) 기후·재앙·농작물 풍흉과 같은 자연현상과 전쟁·제사·관리 임면 등 인간 삶을 흔드는 문제들을 홀로 주재했다.

왕은 정인貞人에게 거북점을 치게 하여 제에게 물었다. 점이 주는 계시로 재앙이 일어나는 시기라든가 장차 치를 전쟁 결과를 미리 알고자 했다. 점괘가 좋지 않으면 갖가지 주술을 써 그 피해를 방지하고자 했다.

그런데 주나라 초기가 되면 천天을 이전과는 다르게 해석하였다. 물론 상제가 지닌 지상신적 위상은 계속 유지하면서.

상나라 때 상제의 뜻은 오로지 거북점을 통해서만 알 수 있는 것이었다. 그러나 『서경』이나 『시경』에 보이는 주 초기 천天은 덕을 갖춘 위정자에게는 복을, 덕이 없는 위정자에게는 재앙을 내리는 선한 의지를 갖춘 인격신으로 새롭게 이해되었다. 즉 복점을 이용하지 않더라도 천天의 의지를 추측할 수 있으며, 주술을 행하지 않더라도 왕이 덕을 닦음으로써 재앙을 사전에 피할 수 있다고 생각하게 되었던 것이다. 혁명적革命的인 발상이었다.

이로 인하여 주周 왕은 하늘로부터 명을 받아 천하를 통치하는 하늘의 아들, 즉 천자天子로 서서히 자리 잡았으며, 천자는 하늘이 내리는 경고(일식·지진·한발·수해 등)를 두려워하고 삼가지 않으면 안 된다는 천견설天譴說이 형성될 수 있었다.

催 높은(崔, 최) 사람(亻, 인)은 항상

재촉할 최, 핍박할 최, 일어날 최.

제갈량은 십여 만 명의 군사를 이끌고 위수 남쪽 고원 오장원에 진을 쳤다. 위나라 명제는 대장군 호군 진랑으로 하여금 보병과 기병 이만 명을 통솔해 제갈량과 대치한 사마의를 돕게 하였다. 일단 병사 수에서 위는 촉보다 우세하게 되었다. 위나라 책사들은 병력의 우위를 믿어 제갈량의 군대가 먼 곳에서 이동하여 왔으므로 지쳤을 때 빨리 전투를 치르는 것이 유리하다고 건의했다. 그런데 명제는 신중하게 적의 상황 변화를 가다리도록 명령했다.

제갈량이 여러 번 싸움을 걸어 왔으나 사마의는 꼼짝 않고 서서(立) 일체 응하지 않았다. 제갈량은 사마의에게 머리 장식 같은 여자들의 소지품들을 선물로 보내 그의 소심함을 비웃었다. 이 심리전에 사마의는 사마의대로 스스로 넘어간 것처럼 명제에게 상소문을 보내 전투를 허락해 달라고 재촉하였다(催). 명제는 허락하지 않고 오히려 근위대장 신비를 다시 파견해 사신의 깃발을 들고 가서 전투를 제지하라고 명했다.

제갈량이 다시 전투를 걸어오자 사마의는 병사들을 출동시키는 척했다. 신비는 사신의 깃발을 막사 입구에 꽂아 세우고 사마의를 제지했다. 사마의는 승복하는 척했다.

양군이 대치한 지 백여 일이 지났을 때 마침내 제갈량이 병으로 죽었다.

그보다 앞서 제갈량의 사신이 위군 진지로 왔을 때 사마의가 물었다.

"제갈 공의 식사량은 어느 정도인가?" "서너 되입니다."

계속해서 정무에 관해 질문했다.

"스무 대 이상의 채찍질에 해당하는 중죄는 모두 승상이 직접 살펴보고 처리합니다."

사마의가 말했다.

"그 정도 식사로 격무를 과연 얼마나 지탱할 수 있겠는가?"

상황을 짐작하면서도 싸움을 서두르는 체 한 사마의의 전략은 조정과 측근 부하들까지 속여 넘겼다. 하물며 넘어올 듯 넘어오지 않는 사마의를 보며 제갈량은 또 얼마나 속을 태웠겠는가.

羲 **제사에 쓸 양**(羊, 양) **과 양 잡는 톱**(我, 아) **그리고 양의 하체 다리**(丂, 교)**. 곧 제사에 쓸 고기 모양**

햇빛 희, 기운 희, 복희 희.

궁궐 궁문 앞에 설치했던 신문고는 백성의 원성과 관리의 비리를 고발하는 요즘 말로 하면 일종의 청문회였다. 억울한 일을 당한 백성은 북을 치고 나서 고대에 올라 절차에 따라 자신의 의견을 증언하였는데 이를 궁궐 담 안에서 관리가 자세히 듣고 임금에게 보고했다.

임금이나 정승 또는 지방장관이 행차할 때 길 옆의 나무 위나 민가의 지붕에 올라 징을 치고 억울한 일을 호소하거나 악정을 고발하는 것을 격쟁이라고 한다.

강원도 원성군 덕가산 서편에 욕바위가 있다. 고을 수령이 욕바위에 올라서면 키가 껑충한 백성 대표가 백성들의 요구와 관리의 악정을 소리 높여 지적한다. 이때 욕바위에 올라간 원님은 백성 대표의 얼굴을 보아서는 안된다. 그래서 백성들은 요즘처럼 마스크를 쓰지 않아도 괜찮았다. 백성 대표는 여러 가지 잘못된 점에 대하여 원님에게 거나하게 욕을 해도 죄가 되지 않았다.

요즘도 무슨 청문회聽聞會가 많은데 예보다 기운(羲)이 많이 떨어져 보인다.

暉 태양(日, 일)이 갑옷(軍, 군)에 비치니

빛날 휘, 햇빛 휘.

주周 부족은 역사에 나타날 때까지는 실제로 어디에서 왔는지, 그때까지 어떻게 살았는지 별로 알려지지 않은 작은 부족이었다. 처음에는 섬서성 위수 북쪽에 있는 빈이라는 곳에 도읍했다는 것이 『시경』에 보인다. 아마 태양이 빛나는(暉) 초원에서 농업과 목축을 주로 하며 살았을 것이다.

그들은 섬서성에 들어와 상 문화와 접촉하고 상 문자를 배웠다. 그때 그들이 살았던 곳을 주원이라고 부르는데 거기에서도 갑골문이 나온다. 그중에는 주周라는 글자가 새겨진 것도 나오고 복골卜骨도 남아 있다.

복골에 새겨진 글자는 아주 작게 새겨져 있는데 렌즈로 확대해야 겨우 읽을 수 있을 정도이다.

주는 상 문화를 탐욕스러울 정도로 재빨리 흡수했다.

그럴 때 산동성에서 안휘성에 이르는 바다에 인접한 여러 부족들이 상에 반란을 일으켰다. 그래서 상왕 주紂가 대군을 이끌고 원정을 떠났고, 그 빈틈을 이용하여 주가 상을 멸망시켰다. 사실은 군사력으로 상과 주를 서로 비교해 보면 상이 주보다 훨씬 강했다. 그 대신 주는 언론言論을 잘 이용했다.

주는 '술만 마셔대는 상나라를 멸망시키겠다.'며 여론을 조성했다. 남이야 술을 먹던 떡을 먹던 주가 상관할 일은 아니었다. 그리고 상이 술을 마셨다는 것은 제사 때에 술을 사용한 것이지 매일 술만 마시고 사는 알코올 중독자 집단은 아니었다. 유비통신은 성공하고 상은 주에게 멸망당했다.

이러나저러나 주나라 사람들은 술을 별로 좋아하지는 않았던 듯 보인다. 주周 부족 하면 소수 정예의 전투 집단이 연상되고 아마도 꾸밈이 적으면서도 다혈질적인 사람들이었던 것 같다.

주 족은 강 족과 통혼 관계에 있었다. 이 강 족이 바로 백이와 숙제가 살던 나라이다. 낙양에서 조금 동쪽으로 가면 숭산이 있는데 그곳에 있는 악신岳神이 강 족 조상이다. 그 신의 이름이 백이므로 백이는 산의 신으로 본래 신의 이름이었다.

朗 달빛(月, 월)이 아름답게(良, 양)

밝을 랑.

주周나라가 비록 상을 멸망시켰지만 서주 초기에서 중기까지 청동기는 거의 상 기술자가 만들었고 문서도 글에 밝은(朗) 상 유민들이 작성했다. 상은 비록 멸망했지만 그들의 문화는 포실했던 셈이다.

주는 상에 필적할만한 문화를 가지고 있지 못했기 때문에 상을 점령하고도 '대방 은'이라는 말을 써야만 했다. 은은 상의 수도 이름이다. 무력으로는 압도했으나 문화는 뒤떨어졌던 것이다.

그 이후에도 중국에는 종종 그러한 일들이 있었다. 진秦이나 원元 그리고 청淸도 변경 민족이었는데 중원을 정복하고도 결국은 한족 전통 문화에 흡수되는 신세가 되고 말았다. 무력은 가지고 있었으나 문화를 가지고 있지 못했기 때문이다. 그러한 변경 민족 처지가 상·주시대부터 있었던 것이다. 따라서 중국은 단일 민족이 아니라 여러 민족이 늘 역동적力動的으로 움직이면서 그들의 역사를 형성해 온 나라라고 보면 된다.

耀 빛(光, 광)이 왕후의 옷(翟, 적)에 비쳐

빛날 요, 해 비칠 요, 요일 요.

인조가 반정에 성공한 뒤에 장인 한준겸에게 왕으로서 가장 먼저 해야 할 일이 무엇인가 물었다. 한준겸이 말했다.

"광해군은 은상을 분별없이 지나치게 하여 나라를 잃고 말았습니다. 따라서 지금은 마땅히 은상을 절제하여야 합니다. 아주 빛나고(耀) 혁혁한 공이 아니면 잠시 미루어 두도록 하십시오."

은상이 내리면 명예와 재산과 지위가 동시에 생겼다.

이전에 선조가 선농단에서 친경례를 베푸는데 소가 임금의 말을 잘 듣자 도승지 박근원이 이 일은 국가의 경사라 풀무질하여 한 품계 승진했다. 양사가 상훈 남발은 국기를 흔든다 반발하여 없었던 일이 된 적이 있었다.

더 이전에 집현전 학자 하위지는 『역대병요』를 편찬한 공으로 편찬 총재관 수양대군으로부터 한 품계 특진하는 상을 받았으나 거절하고 병을 핑계로 낙향하였다. 임금이 아직 어린데 일개 대군이 상훈을 미끼로 신하에게 추파를 던지는 것이 부당하고, 신하들도 종실의 풍파에 흔들려서는 안 된다는 명분이 있었다.

120. 旋璣懸斡, 晦魄環照
선 기 현 알 회 백 환 조

혼천의는 매달려 도는데
달은 그믐이 지나면 다시 비친다.

璇璣 : 혼천의가(원구의 표면에 하늘의 모양을 그려서 해·달 같은 천체의 운행을 재는 데 쓰이는 기계.)

懸斡 : 매달려 도는데

晦魄 : 그믐이 지나면 달은

環照 : 다시 둥글게 비친다.

『후한서』 '璇璣動作 與天相應' – 혼천의가 작동하면 더불어 하늘의 모양도 응한다.

璇 옥(玉, 옥)이 빙글빙글 도는(旋, 선) 모양

옥 이름 선.

사위는 도를 얻어 옥(璇)을 손에 들고 다니고, 복희는 도를 얻어 만물을 생성하는 기운 가운데 들어갔다. 북두성은 도를 터득하여 영원히 운행하고, 해와 달은 도를 터득하여 꺼지지 않고 빛나며, 감배는 도를 터득하여 곤륜산에 들어가고, 풍이는 도를 터득하여 황하에 노닐며, 견오는 도를 터득하여 태산에 살고, 황제는 도를 터득하여 하늘에 오르며, 전욱은 도를 터득하여 북방 현궁에 살고, 우강은 도를 터득하여 북극에 서 있다. 서왕모는 도를 얻어 소광산에 살며, 늘 싱싱하게 젊어 태어난 때도 죽은 때도 알지 못한다. 팽조는 도를 얻어 유우 때부터 오패 때까지 살았고, 부열은 도를 터득하여 무정을 도와 천하를 차지했고, 죽은 뒤에는 별이 되어 동유를 타고 기미에 올라 성신과 나란히 있게 되었다.

璣 구슬(玉, 옥)이 몇(幾, 기) 개

잔 구슬 기, 혼천의 기.

세조의 왕위 탈취에 저항해 미친 체하고 방랑하던 김시습은 한계산 동구에 은거했다. 반체제 시인 홍유손도 한계산에 은둔했다. 한계산은 설악산 대청봉에서 내륙으로 감싸 뻗은 연맥이다.

남효온이 금강산 유람을 갔다 돌아오는 길에 한계산으로 홍유손을 찾아갔다. 홍유손은 골짜기 바위에 시를 써놓고 그를 맞았다.

단군보다 앞서 태어나
기자와 만나고 마한 땅을 눈에 담네.
화랑들과 어울려 놀다
불승을 차마 못 잊어
인간세에 아직 머물러 있다네.

글자 하나마다 잔 구슬(璣)이 박혀 있다.

한계산 동쪽 어귀에 가장 큰 절이 백담사다. 신라 선덕여왕이 창건했을 때 한계사라 했던 것이 세조 원년에 백담사로 고쳐 불렀다.

懸 마음(心, 심)에 매다니(縣, 현)

매달 현, 달릴 현, 멀 현.

❀ 不懸齒牙(불현치아)

기원전 209년 진 2세 황제에 반란의 기치를 든 진승은 진陳 회양에 입성하자 나라이름을 장초라 하고 왕위에 올랐다. 2세 황제는 중신들에게 대책을 물었다. 중신들은 대부분 진승이 반역자이니 군사를 보내 토벌하면 된다고 하였다.

숙손통이 말했다.

"천하는 이미 통일되었고 위로는 현명한 군주가 있습니다. 온 백성이 태평성대를 누리는 지금 반란 따위는 일어날 턱이 없습니다. 진승의 무리들은 좀도둑에 지나지 않습니다. 이런 자들은 어찌 치아의 사이에 놓겠습니까?"

2세 황제는 이 말에 만족해서 숙손통에게 후한 상을 내렸다.

그러나 뒷이야기지만 진승의 반란이 신호탄이 되어 전국적인 반란이 일어나 끝내 진秦은 멸망하고 만다. 숙손통은 뒤에 진에서 도망하여 설薛 땅에 숨어 살다가 유방이 불러 한조에서 유신으로 제도를 정비하는데 일조하였다.

요즘도 이런 사람들이 간혹 보인다.

斡 자루를 잡고 돌리는 모양

돌 알, 구를 간, 옮길 간, 주장할 간, 자루 간.

부처가 아난과 길을 가고 있었다. 길가에 굴러다니는(斡) 종이를 아난이 주어 들었다.

"이 종이는 향을 쌌던 모양입니다. 아직도 향내가 남아 있습니다."

또 조금 가다가 아난은 썩은 새끼줄을 발견했다.

"이 새끼줄은 생선을 묶었던 같습니다. 아직도 비린내가 남아 있습니다."

부처가 포서했다.

"사람도 이와 같을 것이다."

晦 하늘(日, 일)은 자주(每, 매)

그믐 회, 늦을 회, 어두울 회, 안개 회, 얼마 못될 회.

어떤 사람이 공자에게 물었다.

"자장과 자하 중 누가 더 현명합니까?"

"자장은 좀 지나치고 자하는 좀 모자라다오晦."

"그렇다면 자장이 더 낫다는 말씀입니까?"

"지나친 것과 모자라는 것은 둘 다 좋지 않습니다."

魄 빛이 나는(白, 백) 귀신(鬼, 귀)

넋 백, 달 백.

장자가 조릉 숲을 거닐다 이상한 까치 한 마리가 남쪽에서 날아오는 것을 보았다. 날개넓이가 일곱 자가 넘고 눈은 커서 한 치나 되어 보였다. 이 새는 장자 이마를 스쳐 근처 밤나무 가지에 가 앉았다.

장자가 혼자 중얼거렸다.

"대체 어떤 새이기에 날개는 큰 데 도망가지 않고 눈은 큰 데 잘 보지 못하는가?"

그는 바지를 걷고 빠른 걸음으로 밤나무 숲 가까이 가 화살을 잡아 새를 겨누었다.

그런데 문득 주위를 살펴보니 매미 한 마리가 서늘한 그늘을 즐기느라 여념이 없었다. 그 옆에는 사마귀 한 마리가 숨어서 매미를 잡으려는 생각에 홀려 있었는데 저 이상한 까치는 바로 그 사마귀를 잡아먹을 생각에 자신이 어떤 처지에 있는지를 잊고 있었다.

이것을 보고 장자는 온 몸에 소름이 끼쳤다.

"아아! 사물은 이처럼 물고 물려서 이해가 뒤엉켜 있구나!"

장자는 화살을 내던지고 도망치듯 달아났다.

그러자 그때까지 장자를 감시하던 밤 숲지기가 쫓아오면서 "도둑 잡아라!"하고 꾸짖었다.

장자는 집에 돌아온 뒤 석 달 동안 밖에 나가지 않았다. 제자가 물었다.

"무슨 일입니까?"

"나는 사물에 넋이(魄) 빠져 자신의 존재를 잊었다."

環 구슬(玉, 옥)이 둥그렇게 뜬 눈(睘, 경)을 닮았다

옥고리 환, 도리옥 환, 둘릴 환, 두를 환.

환環은 장례를 할 때 죽은 이의 부활을 기원해서 사자의 소맷부리(襟)에 놓는 고리 모양 주술적 옥기이다. 다수의 고리 모양 옥기가 은허에서 출토되었다.

환環은 환還과 통용한다.

照 불(灬, 화)이 밝게(昭, 소)

비칠 조, 빛날 조, 비교할 조.

임백호가 술 핑계를 못 찾아 고민하고 있었다. 그는 갑자기 아내에게 말했다.

"여보 오늘은 내 목숨이 물방울처럼 뚝 떨어진 날인데 술 한 상 차려주오."

"아니 당신 생일은 아직 열 달이나 남았는데 무슨 말씀이시오?"

백호는 능청스럽게 말했다.

"어머니 뱃속에서 나온 날이 무어 그리 대단하겠소? 태어나기 열 달 전에 목숨이 물방울처럼 뚝 떨어진……"

말이 다 끝나기도 전에 얼굴이 붉어진 아내는 술상을 차리러 피마처럼 달려 나갔다.

밖에는 아직 해가 훤하게 비치고(照) 있었다.

121 指薪修祜, 永綏吉卲

지 신 수 우 영 수 길 소

섶 같은 정열로 수양하여 복을 받으니
영원히 편안하고 높게 길하다.

指薪 : 섶을 가리켜
修祜 : 복을 닦으니
永綏 : 길이 편안하여
吉卲 : 높이 길하다.

『장자』 '指窮於爲薪 火傳也 不知其盡也' – 땔감이 되어서 궁한 것 같으나 불로 전하면 그 다함을 알 수가 없다.

指 손(扌, 수)으로 가리키니(旨, 지)

가리킬지, 손가락 지, 발가락 지, 뜻 지, 아름다울지.

자고가 제나라에 사신으로 가게 되자 공자에게 물었다.

"왕명은 지엄합니다. 제나라는 저를 정중하게 대하겠지만 급하게 속내를 보여 교섭하려 하지는 않을 것입니다. 평범한 사내 하나도 좀처럼 마음을 움직이기가 어려운데 하물며 제후의 마음을 어떻게 움직일 수 있겠습니까? 그래서 걱정이 됩니다. 만약 이번 임무가 잘 성사되지 않으면 반드시 벌을 받을 터이고, 일이 잘 된다하더라도 틀림없이 기운이 다 빠져 병에 걸리고 말 것입니다. 저는 어제 아침에 왕명을 받자 저녁에는 몸에 열이나 계속 얼음물을 마셨습니다. 그러고 보니 저는 아직 일을 시작하기도 전에 애를 써서 이미 병이 생긴 모양입니다. 이래서야 남의 신하로서 임무를 다 할 수가 있겠습니까. 선생님 어떻게 해야 할지 가르쳐 주십시오."

공자가 손가락으로 하늘을 가리키며(指) 말했다.

"세상에는 크게 경계할 일이 두 가지가 있다. 하나는 운명이고 하나는 의리이다. 자식이 어버이를 사랑하는 것은 운명이며 신하가 군주를 섬기는 일은 의리이다. 세상 사람들은 이 두 가지에 구속되어 있다. 그러므로 자식은 신분 고하를 막론하고 어버이를 편하게 모시는 것이 효행이며, 신하는 사태를 가리지 않고 군주를 편하게 모시는 일이 충성이다. 스스로 자기 마음을 삼가는 자는 눈앞에 어떤 일이 일어나든 그것 때문에 감정이 움직이지 않아 편하게 운명을 따르게 된다. 이것을 제일 큰 덕이라고 한다. 사람은 남의 신하로서 또는 자식으로서 본래 어쩔 수 없는 점이 있는 법이니 오직 일을 충실하게 하고 핑계 댈만한 구석은 버려야 한다. 생사를 생각하지 말고 그대로 가서 부딪쳐 보아라."

薪 **초목(艹, 초)이 새로(新, 신) 변하다**

땔나무 신, 섶 신, 월급 신, 풀 신.

순이 요에게 물었다.

"백성을 어떻게 다스리면 순한 풀(薪)처럼 복종합니까?"

요가 말했다.

"나는 완고한 백성을 깔보지 않고 가르치며 가난한 백성을 버리지 않으며 구제하고 죽은 자를 애통해하고 고아를 사랑하며 과부를 애처로워한다. 이것이 내가 애써 마음 쓰는 바이오."

"훌륭하긴 합니다만 위대하다고는 말할 수 없습니다."

"그럼 어떻게 하면 되겠소?"

"하늘은 본래 있는 대로 이루어져 있고 대지도 본래 있는 대로 안정되어 있습니다. 해와 달은 빛나고 사철은 교대로 운행합니다. 낮과 밤의 교체에 일정한 규칙이 있고 구름이 흘러 비가 오듯이 자연은 본래 잘 다스려지고 있는 것입니다. 백성들도 쓸데없이 간섭만 하지 않으면 본래 있는 대로 평화롭게 살아갑니다."

요가 놀라서 말했다.

"그럼 내가 하는 짓은 세상일에 집착하여 스스로 마음만 어지럽히고 있었다는 말이군. 그대는 하늘의 자연과 화합되어 있지만 나는 사사로이 인간과 결합되어 있었군."

修

머리카락을 날리며(彡, 삼) **먼 곳**(攸, 유)**을**

다스릴 수, 닦을 수, 옳게 할 수, 정리할 수, 꾸밀 수, 엮을 수, 길 수, 키 높이 수.

노자가 말했다.

"몸을 닦는(修) 데는 약한 것이 강한 것보다 낫고 어리석은 것이 똑똑한 것보다 낫다."

제자가 흠을 끄집어내려 물었다.

"무슨 말씀입니까?"

"바람이 세게 불면 큰 나무는 뿌리가 뽑혀 쓰러지지만 갈대는 다만 휘어질 뿐이다. 똑똑한 사람은 남의 미움을 받기 쉬우나 어리석은 사람은 남들이 모두 좋아하는 법이다."

祐

신(示, 시)**을 숭상하면**(右, 우)

복 우, 도울 우, 다행할 우.

황희가 정승으로 있을 때 친구가 집으로 찾아왔다. 황희는 술상을 들여와 친구와 허영수하며 술을 마셨다.

조금 후 어린아이 여럿이 들어와 상 옆에 앉더니 상위에 차린 빈대떡과 인절미를 주어 먹기 시작했다. 황희는 그것을 보고 나무라지 않고 빙그레 웃고만 있었다.

친구가 말했다.

"대감 손자들이군요?"

아이들이 음식을 다 먹고 나가자 황희가 말했다.

"그 아이들은 머슴의 자식들일세."

"아니 그런 아이들을 어릴 적부터 그렇게 버릇없이 가르치면 어떡합니까?"

황희가 말했다.

"내 손자나 머슴이 낳은 아이들이나 모두가 똑같은 복(祜)을 타고난 사람이네. 모두 하늘이 내린 귀한 생명들이 아니겠나?"

永 **물(水, 수)이 흘러가는 분기점(丶, 주)은**

길 영, 오랠 영, 멀 영.

이몽량이 지붕을 고치려 기와 골을 세고 있었다. 기와 골을 세면 기왓장 수를 계산할 수 있었기 때문이었다. 그런데 기와 골이 많아서 자꾸 헷갈렸다. 오래(永) 쳐다보았더니 나중에는 머리가 아프고 목도 뻣뻣해 졌다. 아들 항복이 마침 옆을 지나다 물었다.

"아버님 왜 그러십니까?"

이몽량이 그 이유를 설명하자 항복이 방긋 웃었다.

"아버님 낙숫물 자리를 세어 보면 됩니다."

綏 실(糸, 사)을 받아서(受, 수)

인끈 수, 편안할 수.

어느 시골 훈장이 엿을 매우 좋아해 엿 상자를 벽장 속에 감추어 두고 혼자서만 먹었다. 한 아이가 물었다.

"훈장님 무엇을 그리 맛있게 잡숫고 계십니까?"

"내가 몸이 아파서 약을 먹고 있단다. 어린아이 들이 먹으면 당장 죽는 약이란다."

어느 날 훈장이 출타했을 때 아이들은 벽장에서 엿을 꺼내 모두 나누어 먹었다. 그리고는 훈장이 아끼는 벼루를 바닥에 던져 두 동강을 내었다.

훈장이 돌아와 보니 아이들이 모두 서당 바닥에 누워 신음하고 있었다.

훈장이 깜짝 놀라 물었다.

"도대체 무슨 일이냐?"

한골 나가는 집 아이가 일어나 말했다.

"저희들이 서당에서 놀다가 그만 훈장님이 아끼는 벼루를 깨뜨리고 말았습니다. 그래서 죽으려고 훈장님이 벽장에 넣어 둔 약을 꺼내서 다 나누어 먹었습니다. 그런데 죽지는 않고 배만 아파서 이렇게 누워있습니다."

훈장은 비로소 마음이 편안해져(綏) 웃었다.

"이놈들아 어서 일어나지 못할까? 내가 잘못했다. 다음부터는 나누어 먹도록 하자."

吉 선비(士, 사)가 말(口, 구)하면

길할 길, 즐거울 길, 이로울 길, 초하루 길, 착할 길.

판서의 두 아들이 한밥을 먹고 나서 서로 자기가 높다고 다투었다.

형이 말했다.

"내가 너보다 일찍 태어났으니 내가 높지 않느냐?"

동생이 말했다.

"형이 태어났을 때 아버지는 참판이어서 형은 참판의 아들이었지만 내가 태어났을 때 아버지는 판서였기 때문에 사람들이 나를 판서 아들이라 불렀소. 그러니까 내가 형보다 더 높지 않겠소?"

즐겁게들(吉) 놀고 있다.

劭 **병부**(卩, 절)**로 부름**(召, 소) **받으면**

힘쓸 소, 높을 소.

병자호란 때 인조가 청 태종 앞에서 무릎을 꿇고 추워서 기운을 펴지 못하고 오그라들어 항복하게 되었을 때 남한산성 안에서 남아있던 신하들 중 임금을 위해 자살하자는 의논이 있었다. 어떤 사람이 말했다.

"수지부모受之父母 신체발부身體髮膚를 훼손하는 자살은 강상에 어긋나기에 선비가 할 일은 못됩니다. 임금을 모시다 적병에게 잡혀가면 내 손으로 힘써(劭) 목에 칼을 넣지 않더라도 적 병사가 대신 칼질을 해주지 않겠는가?"

결국 한 사람도 스스로 죽지 않고 치욕을 받았다.

122. 矩步引領, 俯仰廊廟
구 보 인 령 부 앙 랑 묘

법도에 맞는 걸음과 옷깃을 여며 위의를 갖추고
낭묘에서는 머리를 숙였다가 쳐든다.

矩步 : 바른 걸음걸이로

引領 : 옷깃을 여미고

俯仰 : 고개를 숙였다 쳐들어

廊廟 : 낭묘를 지난다.

『예기』 '習其俯仰詘伸' – 부앙할 때 가운데서 굽히는 것을 익혀라.

矩 **커다란(巨, 거) 화살(矢, 시)을 만드는 모양**

곡척 구, 법 구, 거동 구, 모질 구.

어느 날 마술사魔術師가 도시에 들어갔다. 그는 도시에 하나밖에 없는 우물에 가루약을 뿌려 놓고 이 샘물을 마시면 미치게 될 것이라고 말했다. 우물이 하나 더 있었지만 그것은 왕궁 안에 있었다.

저녁이 되자 도시 사람들은 갈증을 느꼈다. 사람들은 미칠 위험을 무릅쓰고 우물의 물을 마셨다. 그래서 밤이 되자 도시 사람들은 모두 미쳐버렸다.

왕과 왕비는 그 물을 마실 이유가 없었다. 대신들도 왕궁 안의 우물에서 물을 마셨기에 미치지 않았다. 그래서 궁궐 안은 축하연과 노래 소리로 가득 찼다.

다음날 아침 미친 백성들이 궁궐을 에워쌌다. 거기에는 궁궐 경비원警備員과 왕의 군사들도 있었다. 그들은 말했다.

"우리 임금과 왕비가 미쳐버린 것 같다. 우리는 미친 왕의 지배를 받을 수가 없다."

왕은 수상에게 어떻게 해야 할 것인지를 물었다. 수상은 말했다.

"제가 조언해 드릴 말은 이 한 가지입니다. 바로 뒷문으로 빠져 나가 궁궐 밖에 있는 우물의 물을 마시고 서둘러 돌아오십시오."

법(矩)이란 이런 것이고, 마술사가 우물에 넣은 가루약은 사실은 사람들의 의식을 깨어나게 하는 묘약이었다.

步 사마귀가 걸어가는 모양

걸을 보, 다닐 보, 두 발자취 보, 하나 보, 독보 보, 운수 보, 나루 보, 머리치장 할 보.

예전에 상여도가에서 초상난 집에 가 대신 울어주는 곡비를 빌려 주었다. 곡비가 우는 소리가 얼마나 슬프고 감동을 주는 가에 따라 임대료가 달랐다. 사람들이 듣고 따라 울지 않을 수 없는 곡비가 받은 하루 삯이 벼 한 섬이었다. 망자와 산자를 연계하는 주술이었다.

아들을 잘 낳거나 다산하는 여인이 신었던 버선을 복버선이라 하여 역시 남에게 빌려주었다. 아들을 못 낳거나 또는 뱃속에 선 아이가 아들이길 바라는 양반집 마님들이 복버선을 빌려 신고 다녔다. 작물의 씨를 뿌리거나 모종을 할 때 다산부를 품을 주고 불러와 두룩 옆에 서 있게 하였다. 다산과 결실을 연계하는 주술이었다.

어떤 특정한 집에서 돈을 빌려 장사를 하면 번창한다 하여 자기 돈이 있더라도 구지 먼 데까지 걸어가(步) 그 집 돈을 굳이 빌려 썼는데 이를 복전이라 한다. 돈과 사람을 연계하는 주술이었다.

引 활(弓, 궁)을 세운(丨, 곤) 모양

활 당길 인, 이끌 인, 인도할 인, 기운 들여 마실 인, 열길 인.

순조 때 영국 함대가 서해안西海岸을 항해하다 비인 마량진에 정박했다. 마량진 첨사가 조사를 위해 영국 군함에 승선했다. 영국군은 첨사를 맞이하기 위하여 배 중앙으로 인도하여(引) 의자를 제공하였으나 첨사는 거기에 앉지 않았다. 그는 시중이 헐레벌떡 뒤늦게 가지고 온 돗자리를 바닥에 편 다음에야 그 위에 앉았다.

초대 미국 공사 박정양이 워싱턴의 앰배서더 호텔에서 근무할 때 호텔에 이미 비치되어 있던 침대를 사용하지 않고 반드시 바닥에 요를 펴고 잤다. 그를 만나려 각국 공사들이 찾아오면 부리나케 침대에 요를 씌웠다.

그들은 자칫 자신의 편안한 흔적을 남들이 보는 것을 치욕으로 알았던 것이다.

領 우두머리(頁, 혈)가 명령을 내려서(令, 령)

다스릴 령, 옷깃 령, 거느릴 령, 고개 령, 받을 령, 차지할 령.

조조는 촉蜀 북쪽 경계선과 이어진 섬서성 남부 농隴 지방까지 침공하여 점령하여 다스렸다. 영領 사마의 생각으로는 조금만 무리하면 유비의 본거지인 촉까지 손에 넣지 싶었다. 그래서 조조에게 이참에 촉으로 쳐들어가자 건의했다. 이에 조조가 말했다.

“사람이란 만족하기 어려운 법이오. 지금은 모든 병사가 지쳤고 촉으로 가자면 길이 없는 험악한 산을 넘어야 하오. 이미 농을 얻었는데 촉까지 바라는 것은 지나친 욕심이 아니겠소(人若無足 旣得隴 又望蜀)?”

조조는 더 이상 원정이 무리라는 사실을 이미 계산하고 있었던 것이다.

俯 사람(亻, 인)이 관청(府, 부)에 가면

구부릴 부, 머리를 숙일 부, 깊숙이 숨어있을 부, 굽을 부.

주周 무왕이 죽자 동생 주공이 어린 조카 성왕을 보좌했다. 그리고 아들 백금에게 자신을 대신해서 봉지인 노나라로 보내면서 훈계했다.

"나는 문왕의 아들이고 무왕의 동생이고 성왕의 아저씨이다. 하늘 아래 결코 낮은 신분이 아니다. 그래도 나는 손님이 찾아오면 머리를 감다가도 머리를 잡은 채 뛰어나갔고, 밥을 먹다가도 음식을 뱉어내고 자리에서 일어나 뛰어나가 맞이했다. 그러면서도 항상 천하의 어진 인재들을 잃지 않을까 걱정하고 있다. 커도 산이고 작아도 산이다. 너는 노나라에 가면 사냥터에서만 놀지 말고 솔선수범率先垂範하여 절대로 다른 사람에게 교만해서는 안 된다."

仰 두 사람이 서로 마주보고 있는 모양

쳐다볼 앙, 우러를 앙, 사모할 앙, 임금 분부 앙, 의뢰할 앙, 믿을 앙.

요堯 임금이 허유에게 천하를 넘겨주려 했다.

"만약 해와 달이 하늘에 밝은데 관솔불을 태운다면 그 빛은 헛되지 않겠습니까? 때맞추어 비가 내리는 데 여전히 논에 물을 댄다면 소용없는 짓이 되고 맙니다. 선생께서 임금이 되면 천하가 잘 다스려 질 터인데 어리석은 내가 이렇게 천하를 맡고 말았습니다. 돌이켜 보건데 선생께 비하면 나는 너무도 부족합니다. 부디 천하를 맡아 주십시오."

허유가 요를 쳐다보고(仰) 대답했다.

"그대는 이미 천하를 잘 다스리고 있소. 그런데 아둔한 나더러 그대를 대신하라니, 천자라는 이름이나 얻기 위해 대신하란 말이오? 대저 이름이란 손님과 같아서 실질에 의탁해서 찾아드는 일시적인 것에 지나지 않습니다. 그대는 나더러 손님이 되라는 말입니까? 뱁새가 숲 속에 둥지를 지을 때 나뭇가지 몇 개면 족하고, 두더지가 강물을 마셔 작은 배를 채우는 데 몇 모금이면 족합니다. 나는 이미 그러한 경지를 홀로 즐기고 있으니, 자 그대도 그만 돌아가 쉬도록 하시오. 나에게 천하란 아무 소용도 없는 것이오. 숙수가 음식을 잘못 만든다고 보통내기 시동이나 신주가 술 단지와 고기 그릇을 들고 그를 대신할 수는 없는 일 아니겠소?"

廊 **집(广, 엄) 안에서 젊은이(郎, 랑)는**

곁채 랑, 행랑 랑, 묘당 랑.

흉노를 회유하는 방법으로 한 원제는 호한사 선우에게 화번공주를 시집보내기로 했다. 그러나 공주를 보내기는 아까워 대신 궁녀 중에서 뽑아 보내려 했다.

원제는 평시에 궁중화가 모연수에게 궁녀들의 모습을 그려 오게 하여 마음에 드는 여인을 불러 총애했는데 궁녀들은 모연수에게 뇌물을 주어 자신을 더 아름답게 그려 달라 부탁했었다. 왕소군은 자신의 용모에 워낙 자신이 있어서 모연수에게 뇌물을 주지 않았다. 앙심을 품은 모연수는 궁녀 중 가장 아름다운 왕소군을 가장 못난 여자로 그려 놓았다.

원제는 궁녀들의 초상화를 검토해 가장 못난 왕소군을 선우에게 보내기로 결정하였다. 왕소군이 흉노로 떠나는 날 원제에게 인사하러 들렀다. 묘당(廊)에서 왕소군을 본 원제는 경악하고 말았다. 그녀는 천하의 절색이었던 것이다. 그러나 이미 칙령을 내린 이상 취소할 수는 없었다. 원제는 이 음모에 연루된 모연수를 비롯한 관계자 모두 목을 베어 분을 풀었다.

후에 이백은 그녀가 떠나던 날 광경을 시로 읊었다.

昭君拂玉鞍 소군은 백옥 안장을 털었다.
上馬啼紅顔 말위에 오는 홍안은 울었다.

今日漢宮人 오늘은 한궁 사람이나
明朝胡地妾 내일은 오랑캐의 첩.

결국 왕소군은 사막에서 독을 마시고 자살하였다.

廟 집(广, 엄)에서 아침(朝, 조)마다 인사드리는

사당 묘, 묘당 묘, 모양 묘.

초楚 장왕은 어느 날 중신들과 밤에 연회를 벌였다. 갑자기 바람이 불어 등불이 모두 꺼져 사방이 캄캄해졌다. 이때 평소 임금 애첩을 남몰래 사모하던 신하가 얼른 그 여자를 끌어안고 더듬었다. 애첩은 몹시 놀라고 민망스러워 반항하다 신하의 갓끈을 잡아채고 소리쳤다.

"왕이시여. 불이 꺼진 틈을 이용해서 저에게 수작을 부린 사람이 있어 갓끈을 끊었으니 불을 밝혀 그를 벌해 주십시오."

장왕은 얼른 소리쳤다.

"연회에 참가한 신하들은 지금 즉시 모두 갓끈을 끊으시오."

신하는 그날 밤 집으로 돌아와 조상을 모신 사당(廟)에 꿇어앉아 말했다.

"조상님 용서하십시오. 저는 장왕을 위하여 목숨을 바치려 합니다."

123 東帶矜莊, 徘徊瞻眺
속 대 궁 장 배 회 첨 조

띠를 묶고 행동을 단정하게 하고
천천히 걸어서 먼 곳을 바라본다.

束帶 : 관을 쓰고 띠를 매고

矜莊 : 장중하게 자랑하고

徘徊 : 정처 없이 이리저리 떠돌아다니면서

瞻眺 : 우러러 쳐다본다.

『논어』 '赤也束帶立於朝' – 적은 속대하고 조정에 섰다.

『광아』 '徘徊便旋也' – 배회는 편하게 돌아다니는 것이다.

「주희」 '瞻眺庭宇肅 仰首但秋旻' – 뜰에서 엄숙히 하늘을 쳐다보니 머리를 우러러 다만 가을이 늦었구나.

束 나무를 묶은 모양

묶을 속, 동일 속, 얽을 속, 약속할 속.

속신束薪은 섶을 가리키는데 '격하게 흐르는 물, 속신을 흐르게 하지 못한다.'라는 구절이 『시경』에 두세 차례 보인다. 이것은 섶을 강에 띄우고 잘 흘러가는 지, 어디에서 멈추는 지에 따라 길흉을 점치는 방법이었다.

일본에도 이와 비슷한 '미나와하에'라는 풍속이 있었다.

帶 허리에 띠를 묶은 모양

띠 대, 찰 대, 뱀 대, 둘레 대, 쪽 대, 대하증 대.

그때엔 존재도 없었고, 비존재도 없었으며
바람도 없었고, 그 위로 하늘도 없었으니
무엇이, 어디에, 누구 보호 아래 숨어 있었던 것일까?
깊이와 둘레(帶)를 알 수 없는 심연의 물이 있었던 것일까"

그때엔 죽음도 없었고, 죽지 않음도 없었으며
밤도 없었고, 낮도 없었으며
일자만이 저 스스로 바람 없이 숨 쉬고 있었을 뿐.
그 외에 존재하는 것은 아무 것도 없었다.

어둠만 있었으니 태초에 모든 것은
어둠 속에 감추어진 아무런 차별도 없는 혼돈이었다.
그때 모든 것은 형태도 없이 텅 비어 있었지만
일자는 열의 힘으로 비로소 존재로 나타나게 되었다.

처음에 그 일자에게 나라는 의욕이 생기고
그것이 사유의 처음 씨앗이 되었으니
그 지혜로운 마음을 탐구하던 스승들은
마침내 비존재에서 존재의 끈을 찾게 되었다.

그 끈은 어둠을 가로질러 빛으로 펼쳐졌지만
그 위에 무엇이 있었고, 그 아래에 무엇이 있었을까?
그곳에 창조의 힘과 충만한 사유의 힘이 있었으니

아래에는 에너지가 위에는 충동력이 있었구나.

진실로 누가 알 것이며, 누가 단언할 수 있겠는가?
창조가 어디에서부터 생겨나고 어디에서부터 비롯된 것인지
신조차 이 세계가 창조된 이후에 생겨났으니
창조가 어디서부터 생겨났는지 누가 알 수 있겠는가?

아무도 모를 것이다. 만물이 어디서 생겨났는지
그가 산출하였는지 혹은 산출하지 않았는지
가장 높은 하늘에서 이 세상을 살피는 자
오로지 그만 알 것인가? 아니 그도 모를 거야.

矜 요즘(今, 금)도 창(矛, 모)을 쥔 사람이

자랑할 긍, 창 자루 긍, 민망할 근, 아낄 긍, 공경할 긍, 높일 긍, 불쌍할 긍, 꾸밀 긍, 교만할 긍, 창 자루 근.

전찬이 유생 옷을 입고 형 왕을 알현하자 유자를 싫어하던 형 왕이 그를 놀리려고 물었다.

"선생이 입은 옷은 어찌 그리 초라합니까?"

전찬이 민망한(矜) 표정으로 형 왕을 쳐다보았다.

"세상 옷 중에는 이보다 더 초라한 것도 있습니다."

형 왕이 혁혁해서 들려주기를 원하자 전찬이 말했다.

"갑옷이야말로 이보다 더 초라하지요."

왕이 무슨 뜻이냐고 묻자 그가 설명하였다.

"겨울에 춥고 여름에 덥기로 갑옷보다 더한 것이 없습니다. 저는 가난해서 이렇

게 초라한 옷을 입고 있습니다. 그러나 지금 대왕께서는 만승 군주요, 부유함은 천하에 대적할 자가 없는데도 백성에게 갑옷 입히기를 좋아합니다. 백성에게 갑옷을 입히는 것은 의로운 일이 아닙니다. 전쟁이란 남의 머리를 자르고 배를 가르며 성곽을 무너뜨리고 자녀를 묶어 오는 일입니다. 이것은 명예가 아닙니다. 남을 해치려 하면 남도 나를 해치려 할 것입니다. 남을 위험에 빠뜨리려 하면 남도 나를 위험에 빠뜨릴 것입니다. 그래서 갑옷이야말로 세상에서 가장 초라한 옷이라고 한 것입니다."

형 왕은 입을 다물었다.

莊 풀(艹, 초)이 자라는 기상이 굳세니(壯, 장)

엄할 장, 씩씩할 장, 단정할 장, 공경할 장, 여섯 거리 장, 농막 장, 가게 장, 별장 장.

임진왜란 때 왜병이 해주를 함락시킨 여세를 몰아 삼천 명 정도가 연안 성을 포위했다. 연안 부사 이정암은 불과 군사 백여 명으로 성을 지켜야 했다.

그는 민가에서 섶나무와 짚을 거두어 동헌 마당에 쌓아 놓고 전투에 패하면 스스로 불에 타 죽겠다고 각오했다. 옛날에 탕 왕이 이미 쓴 방법이었다. 어쨌든 이러한 부사의 행동은 병사들을 감동시켰고 모두 죽을 각오로 씩씩하게(莊) 삼일 밤낮을 싸웠다. 왜군은 천여 명이 전사하자 살 맞은 뱀처럼 도망갔다.

이정암은 전투가 끝난 뒤 조정으로 장계를 보냈다. '적이 아무 날 성을 포위하였는데 아무 날 물러갔다.'고만 썼다. 그리고 '민가에서 섶나무와 짚을 강제로 거두었으니 죄를 기다린다.'고 하였다.

임금은 적을 물리치기도 지난했을 터인데 싸워서 이긴 공을 자랑하지 않는 이정함의 충정을 헤아리며 울었다.

徘 **자축거리면**(彳, 척) **안 돼**(非, 비)

배회할 배, 어슷거릴 배.

한말에 강원도江原道 장관長官으로 있던 이규완이 퇴근한 후 삼베적삼을 입은 채 지게를 지고 거름을 나른다고 어슷거리다(徘) 훈련을 마치고 돌아오는 수비대 병사 여럿과 마주쳤다. 지친 병사들이 모두 이 촌로의 지게에 배낭을 얹고 장관 관사까지 가자고 하였다.

촌로는 짐이 무거워 걸음도 제대로 걸을 수 없었다. 겨우 장관 관사 앞까지 절뚝거리며 날라다 주고는 아무 말 없이 관사로 들어갔다.

그제서야 놀란 병사들은 무릎을 꿇고 죄를 청했으나 이규완은 평소 엄한 모습과는 달리 한 번 씩 웃고 없던 일로 하였다.

徊 **사람**(亻, 인)**이 돌아오는**(回, 회) **때**

거닐 회, 어두울 회.

선조 때 정승 이원익은 지금 어의동 산기슭에 집이 있었다. 퇴근하면 다 헤진 옷을 입고 돗자리를 짜서 회목이 두툼했다. 어느 날 산지기가 소나무를 자르던 아이를 잡아 돗자리를 짜고 있는 이 촌노인에게 데리고 와 큰 소리로 으름장을 놓았다.

"이보게 영감, 이 아이를 잠시 데리고 있게. 만약 놓치면 나에게 곤장을 맞을 테니 그리 알게."

그는 예예하고 허리를 굽혔다.

동국대학교가 있는 남산 청학동에 좌의정 이행의 집이 있었다. 어느 날 녹사가 그에게 보고할 일이 있어 말을 타고 청학동 입구로 들어왔다. 한 노인이 나막신을 신고 다 헤진 옷을 입고 두서없이 거니는(徊)지라 녹사는 목에 힘을 주고 정승이 어디 계시냐고 물었다.

그러자 노인이 "여기 있지 않소?"하고 정색을 하자 녹사는 어이가 없어서 그만 말에서 떨어지고 말았다.

瞻 눈(目, 목)으로 쳐다보는(詹, 첨)

쳐다볼 첨, 우러러볼 첨.

나물을 뜯는 것이나 땔나무를 하는 것뿐 아니라 초목의 무성한 모습을 보는 것도 역시 혼 흔들기의 주술적呪術的 의미를 지닌다.

첨瞻은 '내려다보다 올려다보다 또는 둘러 보다.'라는 뜻으로, 생명력生命力을 지니고 있는 모든 것이 대상이 된다.

眺 눈(目, 목)으로 점괘(兆, 조)를

바라볼 조, 멀리 볼 조.

어떤 사람이 밤길을 걷다 새끼줄을 밟았다. 그런데 그는 자기가 뱀을 밟았다고 생각하자마자 머리끝이 쭈뼛해지고 등에서는 식은땀이 흘러 내렸다. 그는 얼른 그 자리를 피해 도망쳤다.

그의 머리에 떠올랐던 뱀은 실제 존재하는 것은 아니었지만 존재하지 않는 것이라 할 수도 없다. 왜냐하면 그 사람의 의식 속에는 그가 밟은 것이 새끼줄이 아니라 살아있는 뱀이었기 때문이다.

꿈에서 깨어나지 않는 이상 꿈은 실재로 느껴진다. 꿈속에서도 여인을 안으면 몽정夢精을 하고 호랑이를 만나면 달아나지 않는가?

우리는 모두 각자가 만든 자토 안에서 살고 있다.

그런데 우리가 살아가는 현실 역시 꿈속이 아닐까?

더 멀리 보아(眺) 더 큰 깨달음이 찾아온다면 지금 겪는 생생한 현실도 그 순간 허망한 꿈이 되고 마는 것은 아닐까?

124. 孤陋寡聞, 愚蒙等誚
고 루 과 문 우 몽 등 초

세상 물정에 어둡고 견문이 적어서
어리석고 무지하면 남들이 꾸짖는다.

孤陋 : 견문이 적어서 세상 물정에 어둡고 고집이 세고
寡聞 : 견문이 적어서
愚蒙 : 우매한
等誚 : 무리를 꾸짖는다.

『예기』 '孤陋而寡聞' – 고집이 세고 견문이 적다.
『예기』 獨學而無友 則孤獨而寡聞 – 홀로 배워서 친구가 없으면 곧 고독하고 견문이 적다.
「두보」 '此語亦足爲愚蒙' – 이 말은 역시 우매하기에 족하다.

孤 **아이(子, 자)가 오이(瓜, 과) 밭에 혼자서**

외로울 고, 아비 없을 고, 배반할 고, 우뚝할 고, 나 고.

고종은 덕수궁으로 물러난 후에 신변의 위험과 고독(孤)으로 노이로제에 걸렸다. 주변 사람을 못 믿어 침전인 함녕전 가운데 방은 비워 두고 곁방을 전전하며 잤고 자리에 누워도 가깝던 사람들과 헤어져 마음이 서운하고 허전해서 새벽까치가 울 때까지 잠이 들지 못했다.

외로움을 달래려 후궁을 7명 들였는데 그중 복녕당 양 씨가 유일한 딸인 덕혜옹

주를 낳았다. 고종은 옹주를 매우 사랑했다. 회갑을 맞은 해에 낳은 자식이거나 자신의 얼굴을 빼닮았다는 이유만도 아니고 나라를 잃고 유폐당하고 근신들조차 배신한 마당에 궁궐 깊은 곳에 구부리고 사는 처지에서 태어난 가냘픈 혈육이었기 때문이었을 것이다.

陋 언덕(阝, 부) 옆에 감추어진(㔷, 루)

졸을 루, 추할 루, 더러울 루, 고루할 루.

정도전의 패션은 허술하다 못해 누추하게 보일 정도로 감각이 없었다. 하루는 그가 말을 타고 조정으로 나가는데 한쪽 신발은 희고 한쪽 신발은 검은 짝신을 신고 나왔다. 하인이 그것을 지적했으나 그는 태연하게 길을 재촉했다.

"이상하게 생각할 것 없다. 왼쪽에서 보는 사람은 오른쪽도 흰 신으로 생각할 것이고 오른쪽에서 보는 사람은 왼쪽도 검은 신으로 생각하지 않겠나?"

속이 넓고 큰 사람은 차림새에 무관심하고 속이 좁고(陋) 작은 홍패 문관들이나 패션에 신경을 쓴다는 말인가?

寡 사당에서 근심하는 사람 모양

과부 과, 적을 과, 드물 과, 나 과.

사당에서 죽은 남편을 생각하며 우는 여자 모양.

그 걱정하는 모습을 우優라고 하며 흐트러진 모습이 요擾이다.

聞 문(門, 문) 안에서 귀(耳, 이)를 기울이며

들을 문.

❀ 百聞(백문)이 不如一見(불여일견)

전한前漢 선제 때 강羌 족이 반란을 일으켰다. 이 전쟁에 가장 적합한 장수는 조충국이었으나 그는 이미 시골에 은퇴한 칠순이 넘은 노인이었다.

칙사가 조충국의 집을 찾아가 선제의 뜻을 전하자 그는 즉석에서 말했다.

"강 족의 토벌에 소장보다 나은 사람은 없습니다."

선제는 조충국을 불러 무슨 작전이 있는지 물었다. 이에 조충국은 대답했다.

"백 번 듣는 것보다 실제 한 번 보는 것이 더 잘 알 수 있습니다. 현지에 나가 정세를 충분히 검토한 후에 말씀드리겠습니다(百聞不如一見 兵難隃度)."

선제는 조충국에게 부절을 주었다.

원숭이(禺, 우) 같은 마음(心, 심)

어리석을 우, 고지식할 우, 어두울 우, 우둔할 우, 업신여길 우.

❀ 愚公移山(우공이산)

태행산과 왕옥산은 기주의 남쪽 하양의 북쪽에 있었다. 이 산 밑에 나이 구십이 넘은 우공이 살고 있었다. 그런데 양쪽 산이 높아 길을 가로막아 어디로 가려면 불편하기 짝이 없었다. 우공은 가족회의를 열어 산을 깎아 평지로 만들자고 제의했다. 모두가 찬성했으나 늙은 부인만 반대했다. 도저히 불가능한 일이라는 것이다. 그러나 우공은 자식과 며느리를 데리고 공사에 착수했다. 삼태기에 산을 깎아 먼 바다에 가지고 가 버렸다. 지수가 비웃었다.

"그렇게 평생을 해도 조그만 산기슭 하나 헐지 못할 것입니다."

이 말을 들은 우공은 오히려 지수를 가엾게 여기며 대답했다.

"내가 죽으면 아들이 하고 아들이 죽으면 손자가 하고 이렇게 대대로 계속 하다 보면 저 산을 옮겨 평지로 못 만들 건 또 없지 않은가?"

하늘에서 이 말을 들은 천제는 감동해서 산 하나는 삭동에 또 하나는 옹남에 옮겨 주었다.

蒙 **풀(艹, 초)로 돼지(豕, 시) 한 마리(一, 일)를 덮으니(冖, 멱)**

어두울 몽, 어릴 몽, 속일 몽, 덮을 몽, 입을 몽, 무릅쓸 몽, 날릴 몽, 나라 이름 몽.

몽蒙은 꿈에 나타나는 몽마夢魔가 행하는 주술 재앙이다.

복사에는 외몽畏夢이라는 것이 있는데 외畏는 귀신 모양이다. 이 꿈에 나타나는 귀신을 쫓고자 개改라는 의례가 행해진다.

몽夢은 길흉을 나타내는 징조로 여겨져 그것을 가지고 점을 쳤다. 대복과 점몽이라는 관직이 있어서 꿈의 길흉을 점쳤는데, 그 점친 결과를 연말에 통계를 내었다. 길몽 기록은 왕에게 바치고 악몽에 대해서는 당증이라는 의례를 행하여 액막이를 하였다.

等 **절(寺, 사)에 대나무(竹, 죽)는**

가지런할 등, 등급 등, 무리 등, 헤아릴 등, 기다릴 등, 계단 등, 같을 등.

고대 히브리 신은 돼지는 불결한 동물이기 때문에 이를 먹거나 손을 대면 부정을 탄다고 경고했다. 그로부터 1500년이 지난 후 알라신은 예언자 마호메트를 통하여 돼지는 다른 동물보다 효과적으로 알곡이나 쭉정이들을 고농도 지방과 단백질로 바꾸는 동물이라고 추켜올렸다. 그러나 지금까지 수백만의 유대인들과 수억의 회교도들은 돼지를 불결한 동물로 여긴다. 왜 그럴까?

중동은 돼지 사육에 적합한 지역이 아니다. 사람들은 돼지고기를 아주 맛이 있는 귀한 고기로 여겨서 먹고 싶은 유혹에 항상 시달린다. 그러나 중동지방은 식용에 충족될 만큼의 돼지를 사육하기에는 생태학적生態學的으로 적절한 형편이 못되었다. 소규모의 사육은 유혹만 크게 할 뿐이었다.

그러므로 잘 헤아리면(等) 차라리 돼지고기의 식용을 아예 금지하고 양·염소·소 등을 치는 데 정성을 바치는 것이 더 나았다.

誚 **꾸짖을 때는 말**(言, 언)**을 옳게**(肖, 초)

꾸짖을 초.

선조 때 정승 이항복이 조정에서 집으로 돌아오는 길에 한 여인이 벽제에 밀려 길바닥에 넘어졌다. 요즘 식으로 말하면 사소한 접촉사고가 난 것이다. 벽제는 정승 행차 때 하인들이 가마에 앞서 길을 치우는 것을 말한다.

화가 난 여인은 이항복의 집까지 따라와 고래고래 욕을 했다(誚).

"머리 허연 늙은 것이 종을 풀어 행패를 부렸으니 네가 정승이라고 위세를 부리는 거냐? 이놈아 네 죄는 귀양을 보내 마땅하다."

마침 사랑에 와 희영수하던 손님이 말했다.

"누구를 저렇게 욕을 하는 것입니까?"

"머리 허연 늙은이가 누구겠습니까?"

"아니 그럼 잡아다 혼을 내지 않고 왜 가만히 있는 것입니까?"

"작은 일이지만 내 쪽에서 먼저 잘못해서 일어난 일이고 사사로운 감정으로 저 여인을 혼낸다면 그것은 공인의 자세가 아니지 않소? 그래서 실컷 욕을 해서 분을 풀고 가도록 가만히 있는 것이오."

125 謂語助者, 焉哉乎也
위 어 조 자 언 제 호 야

어조라 일컫는 한문의 조사에는
언·재·호·야가 있다.

謂語 : 말을 일컬어

助者 : 돕는 것에는

焉哉 : 언과 재

乎也 : 그리고 호와 야가 있다.

謂

위(胃, 위)**를 밥통이라 이른다**(言, 언)

이를 위, 고할 위, 일컬을 위.

❁ **謂天蓋高 不敢不跼 謂地蓋厚 不敢不蹐**(위천개고 불감불국 위지개후 불감불척)

– 하늘이 높다 하니 감히 굽히지 않을 수 없고 땅이 두텁다 하니 감히 살살 걷지 않을 수 없다.

『시경』「소아정월」에 나오는 글이다. 여기에서 국척跼蹐이란 말이 나왔다. 마음이 황송하여 몸을 굽히는 태도를 말한다.

語

내(吾, 오)**가 하는 말**(言, 언)

말씀 어, 말할 어.

오吾는 축고(口) 위에 오五 형태 도구를 둔 모양. 오五가 어떤 도구인지는 잘 알려져 있지 않다. 그러한 모양으로 뚜껑을 덮어서 축고를 지킨다는 의미일 것이다. 그래서 오吾는 원래 축고가 지닌 주술적 힘을 지킨다는 뜻이 있다.

언言은 공격적인 말, 어語는 방어적인 말로서 언어言語는 서로 대립적 의미를 지닌다. 말이란 사실은 긴장을 주는 것이며 주술적 능력이 작용하는 것이다.

문자는 이러한 말의 기능을 형태를 주어 정착시킨 것이다.

助

힘(力, 력)**을 포개서**(且, 차)

도울 조, 자뢰할 조, 유익할 조.

❀ 助長(조장)

맹자가 제자 공손축과 호연지기浩然之氣에 대하여 토론하였다. 맹자가 비유를 들어 설명했다.

"송宋에 살던 농부는 벼가 더디게 자라는 것이 성에 차지 않아서 볏대를 뽑아 잡아 늘렸는데 모두 말라 죽고 말았다. 호연의 기를 키우려면 마음의 기운을 서서히 키워나가야 한다는 것을 잊어서는 안 된다(勿忘 勿助長也)."

者

늙으면(耂, 로) **수염이 희어지는**(白, 백)

사람 자, 놈 자. 것 자, 이 자, 어조사 자.

❀ 無遠慮者 必有近憂(무원려자 필유근우)

『논어』「위령공편」에서 공자가 한 말이다. 먼 앞날의 계획을 생각하지 않는 자는 필히 근심이 가까이 있다는 훈계이다.

원려遠慮가 여기서 나왔다.

焉 바른(正, 정) 사람을 어찌 더불어 삶나(灬, 화)

어찌 언, 어디 언, 의심쩍을 언, 이에 언, 어조사 언.

북녘 바다에 곤이라는 물고기가 있다. 알에서 갓 깨어날 때는 새끼손가락 크기지만 다 큰 곤의 크기는 몇 천리나 되는지 알 수 없다. 이 물고기가 변해서 새가 되면 붕이라고 한다. 붕의 등 넓이 역시 몇 천리나 되는지 알 수 없다. 힘차게 날아오르면 날개는 하늘 그득히 드리운 구름과 같아 보인다. 붕은 바다 기운이 움직여 힘진 바람이 일어날 때 그것을 타고 남쪽 바다로 날아가려 한다. 남쪽 바다란 곧 천지를 말한다. 재해가 말하기를 붕이 남쪽 바다로 날아갈 때, 사방 삼천리에 파도를 일으키고 회오리바람을 타고 구만리 하늘을 올라 유월 대풍과 더불어 간다고 했다.

아지랑이와 먼지는 하늘과 땅 사이에 살아있는 것들이 서로 입김을 내뿜어 생긴다. 하늘은 파랗게 보이는 데 그것은 과연 제 색깔일까. 아니면 멀리 떨어져 끝이 없기 때문에 그런 색을 내는 것일까. 붕이 높이 떠서 아래를 내려다보면 우리가 올려다 볼 때처럼 새파랗게 보일 것이다.

가령 고인 물이 깊지 않으면 큰 배를 띄울 힘이 생기지 않는다. 물 한 잔을 마루 패인 곳에 부으면 작은 풀잎은 떠서 배가 되지만 잔을 놓으면 바닥에 닿고 만다. 마찬가지로 바람 쌓인 것이 두텁지 않으면 대붕 큰 날개를 띄울 만한 힘이 생길 수 없다. 붕은 구만리를 올라가야 날개 밑에 충분한 바람이 쌓인다. 그 뒤에 비로소 바람을 타고 푸른 하늘을 머금으며 바야흐로 남쪽으로 머리를 돌린다.

매미와 비둘기가 붕을 비웃었다.

“우리는 힘껏 날아올라 느릅나무나 다목나무 가지에 머무르기도 하지만 때로 거기에도 이르지도 못하고 땅바닥에 떨어진다. 그래도 우리 삶은 즐겁기만 하다. 그런데 저 새는 무슨 일로 구만리나 올라가 홀로 남명으로 떠나려고 하는가. 스스로 자신을 괴롭히는 짓이다.”

교외 들판에 나가는 사람은 하룻밤 동안 곡식을 찧어야 하고 천리 길은 가는 사람은 석 달 동안 식량을 모아 준비해야 한다. 그러니 이 조그만 날짐승들이야 어떻게 대붕의 비상을 알 수 있겠는가.

작은 지혜는 큰 지혜에 미치지 못하고, 짧은 수명은 긴 수명에 미치지 못한다. 조균은 밤과 새벽을 모르고 씽씽매미는 봄과 가을을 모른다.

초楚 남쪽에 명령이라는 나무가 있는데 그 나무에게는 잎이 피고 자라는 봄이 오백 년이고 잎이 말라 떨어지는 가을이 오백 년이다. 아득한 옛날에는 대춘이라는 나무가 있었다. 대춘은 팔천 년 동안 봄이고 다시 팔천 년 동안 가을이었다. 그런데 지금 불과 칠백 년 동안 산 팽조를 장수한 사람으로 삼아 세상 사람들이 우러러 이에 견주려 한다. 이 어찌(焉) 슬픈 일이 아니겠는가.

哉 **창(戈, 과)이 과연 좋은가(吉, 길)**

그런가? 재, 비로소 재, 어조사 재.

❀ **矍鑠哉 是翁也**(확삭재 시옹야)

농왕 외효 수하에 있다 뒤에 광무제를 섬긴 복파장군 마원은 천하의 용장이었다. 그는 평소에 이렇게 말했다.

"전쟁터에서 싸우다 죽어 시신을 말가죽으로 묶어 매장되는 것이야말로 대장부의 본회다(大丈夫當以馬革裹屍)."

어느 때 변방에서 반란이 일어났다. 마원은 출전을 희망했으나 광무제는 워낙 나이가 들어 염려하여 허락하지 않았다. 이에 마원은 무장하고 말을 타고 어전 앞을 달려 젊은이 못지않은 건강을 과시했다.

광무제도 할 수 없이 웃으며 말했다.

"기운도 좋소(矍鑠哉). 이 노인老人은(是翁也)."

乎 딱따기 모양

그런가 호, 에 호, 를 호, 아 호, 어조사 호.

호乎는 '부르다 또는 시키다.'는 뜻으로 사용되어 일을 일으키고, 혜兮는 일으킨 것을 정지한다는 뜻이다. 이것은 상대방을 저주하는 주술 행위였다. 주술 의식을 하는 사람을 미인媚人이라 불렀다.

미媚는 눈 위에 주술적인 장식을 더한 모양으로 전쟁터 제 일선에서 북을 울리던 여자가 바로 미인들이었다.

也 뱀(也, 야)이다

잇기 야, 또 야, 라 야, 어조사 야.

이 책에 배경으로 넣은 주제를 슬슬 정리할 때가 된 듯하다(也). 나는 이 책 서두 '작가의 말'에서 이 책은 단순히 한자를 익히는 데도 유용하지만 글 속에 세 가지 주제를 넣어 써 나가겠다고 하였다.

그것은 '나란 무엇인가', '세계란 무엇인가', '나와 세계의 관계를 어떻게 설정할 것인가'였다. 그리고 이 세 가지 주제를 압축하면 '나란 무엇인가'로 돌아온다고 하였다.

나란 무엇인가에 대한 사유는 항상 나를 사로잡는 주제였다. 그동안 한자를 하나하나 설명하면서 여러 가지 이야기를 하면서 살펴보았던 이 주제를 이제는 간단하게 정리해 보려 한다.

나는 헤아릴 수 없는 시공간에 떠있는 한 개의 별이었다.

세계는 내 밖의 모든 것들을 가리킨다. 무생물에서부터 식물과 동물 그리고 모든 사람과 신을 통틀어 이르는 개념이다. 때로 나는 담론의 무지에 대하여 비판하기도

했다. 담론이나 개념을 세계에 넣어도 좋다.

세계는 나에게 다가와 나를 선명하게 드러내고 나를 변화시키고 나의 인식 속에서 나와 하나가 된다.

더 무슨 설명이 필요할까?

세계는 바로 나였다. 세계가 바로 나였고 내가 바로 세계였다. 나와 세계가 동일하므로 나와 세계의 관계를 설정하는 일은 무의미하고 불필요하다.

이 단계에서 각자의 자토가 성립한다. 자토는 한계가 많은 감각기관과 편협한 사유를 통하여 각자가 만들어 가는 시공간이다. 자토는 각자의 삶속에서의 새로운 경험과 사유에 의하여 확장되기도 하고 축소되기도 하고 정지한 채로 유지되기도 한다. 그래서 자토는 결국 또 하나의 독자적인 우주일 수밖에 없다.

우리는 여기를 넘어서야 한다.

다행히 자토는 항상 문이 열려있었다. 여기와 저기는 근원에서 언제나 열려있었다.

자! 지금 당장 자토 밖으로 달려 나가자. 그곳에서 더 깊고 자유로운 근본적인 나의 삶을 이야기 해보자.

참고문헌

『노자 도덕경과 왕필의 주』, 노자 지음, 김학목 옮김, 홍익출판사, 2012.

『노장신론』, 진고응 지음, 최진석 옮김, 소나무, 1997.

『논어』, 학민문화사, 2003.

『대학·중용』, 한국교육출판공사, 1986.

『목간과 죽간으로 본 중국고대문화사』, 도미야 이타루 지음, 임병덕 옮김, 사계절, 2005.

『몽구』, 이한 지음, 유동환 옮김, 홍익출판사, 1997.

『사기열전』, 사마천 지음, 이언호 평역, 큰 방, 2002.

『삼국유사』, 일연 지음, 대경출판사, 1991.

『서경』, 한국교육출판공사, 1986.

『설문해자』, 허신 지음, 금하연 엮음, 일월산방, 2015.

『순자』, 순자 지음, 김학주 옮김, 을유출판사, 2009.

『시경』, 한국교육출판공사, 1986.

『신서』, 유향 지음, 임동석 옮김, 예문서원, 1999.

『싸움의 한국학』, 이규태, 기린원, 1989.

『예기』, 보경문화사, 1995.

『인도철학과 불교』, 권오민 지음, 민족사, 2006.

『장자』, 안동림 역주, 현암사, 1998.

『장자철학』, 리우샤오간 지음, 최진석 옮김, 소나무, 1998.

『전국책』, 유향 지음, 임동석 역해, 고려원, 1993.

『주술의 사상』, 시라카와 시즈카·우메하라 다케시 지음, 사계절, 2008.

『주역』, 학민문화사, 1998.

『중국사상문화사전』, 미조구찌 유우조 외 2명 지음, 김석근 외 2명 옮김, 민족문화문고, 2003.

『중국철학사』, 가노 나오키 지음, 오이환 역, 을유출판사, 1998.

『중국통사』, 서연달 외 2명 지음, 중국사연구회 옮김, 청년사, 1997.

『천자문』, 주흥사 지음, 성동호 역해, 홍신문화사, 1995.

『춘추좌전』, 한국교육출판공사, 1986.

『한비자』, 한비 지음, 김원중 옮김, 글항아리, 2010.

『한자대전』, 이가원 편저, 한영출판사, 1977.

『한자의 세계』, 시라카와 시즈카 지음, 솔출판사, 2008.

『회남자』, 유안 지음, 이석명 옮김, 소명출판, 2010.

천자문으로 세상 보기

발행일 1쇄 2017년 3월 20일
지은이 김동련
펴낸이 여국동

펴낸곳 도서출판 인간사랑
출판등록 1983. 1. 26. 제일 - 3호
주소 경기도 고양시 일산동구 백석로 108번길 60 - 5 2층
물류센타 경기도 고양시 일산동구 문원길 13 - 34(문봉동)
전화 031)901 - 8144(대표) | 031)907 - 2003(영업부)
팩스 031)905 - 5815
전자우편 igsr@naver.com
페이스북 http://www.facebook.com/igsrpub
블로그 http://blog.naver.com/igsr
인쇄 인성인쇄 **출력** 현대미디어 **종이** 세원지업사

ISBN 978 - 89 - 7418 - 764 - 4 03150

이 도서의 국립중앙도서관 출판시도서목록(CIP)은 서지정보유통지원시스템 홈페이지(http://seoji.nl.go.kr)와
국가자료공동목록시스템(http://www.nl.go.kr/kolisnet)에서 이용하실 수 있습니다.(CIP제어번호: CIP2017004290)